U0006661

注意男人劈腿的詭計

（為何大太太會變成姨太太，姨太太會變成大太太）

　　某大學蕭姓講師騙余姓太太說想改運，且單身比較容易取得美國居留權。以「兩年後復合，兩年間她可隨時同住」的「復合切結書」，說服她辦理假離婚手續。之後不到一個月，蕭姓講師就到大陸與許姓女子結婚。一週後余姓大太太上門興師問罪，隨即持「復合切結書」提告，結果一審判余女勝訴。

　　隨後二太太的許女亦提告，確認婚姻有效之訴，許女也因信賴蕭已離婚的戶籍登記才結婚；法官認定許女是「善意而且無過失」，符合民法重婚的例外規定而有效。最後因大太太的前婚姻依法視為消滅，因此大太太贏了官司，卻要不回老公，只能要求分配蕭講師的財產、請求賠償及精神慰撫金。（見本書第 32 及 561 頁）

大太太贏了官司，卻丟了老公

| 前　妻 | 用詐術假離婚　前婚有效 | 花言巧語真結婚　後婚有效 | 後　妻 |

結　果

在一夫一妻制下，前婚姻自後婚姻成立之日起視為消滅。

（民法第 988 條之 1）

債務人逃債　不能逕向保證人求償

（2010 年 5 月 7 日立法院通過民法修正）

　　過去主債務人住所、營業所或居所變更，導致債權人求償困難者，債主就利用民法第 746 條第 2 款「保證人喪失先訴抗辯權」之規定，直接向保證人求償。此規定因剝奪保證人之權利，立法院乃將此規定刪除。

　　未來若甲貸款違約，銀行以甲已搬家為由，向保證人乙要債，乙即可主張「先訴抗辯權」，要求銀行須先強制執行處分甲的財產，否則可拒絕還債；因此銀行必須先努力尋找甲，或設法完成財產強制執行，不能輕率逕找保證人乙要債。（見本書第 400,401 頁）

公司保證人責任　限任職期間

　　企業中高階主管因擔任公司董事、監察人，而成為公司債務的保證人；但離職後卻須一輩子負擔公司保證人責任。因此乃增列民法第 753 條之 1 規定，即法人董事、監察人或其他有代表權者擔任法人保證人時，只負擔其任職期間法人所生債務的保證責任。（見本書第 402 頁）

（2010 年 5 月 8 日，自由時報，A21 版。）

法學的知識・民主的基石

Law
法律叢書

圖表說明

民法概論

（增修二版）

Fraus et jus nunquam cohabitant.
Fraud and justice never dwell together.
詐欺與正義，勢不兩立。

Maris et foeminae conjunctio est de jure natarae.
男女之結合，係基於自然之法則。

Diesmal haben die armen Leute den Sieg erfochten……Aber es
hilft ihnen nichts, wenn sie nicht auch das Erbrecht besiegen.
現在是窮人獲得勝利，但如他們未能征服繼承法，就毫無作用可言。
－海涅（Heinrich Heine）　評論1930年的革命

By Dr. Zui-Chi Hsieh

謝瑞智　著

維也納大學法政學博士

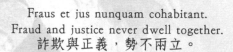

臺灣商務印書館

增修二版序

　　本書初版以來，廣受大專院校師生及高普特考生的喜愛，故陸續有學界先進來函指教與鼓勵，由衷感謝。

　　因本書係蒐集多年來高普特考命題之內容，分析其趨勢，再針對最新修正之民法條文撰寫，**並附以圖表說明**，頗能符合初學者、從事法學研究及考生之需要，故深受讀者好評。尤其近年來民法條文修改頻繁，從總則起全面修正，到 99（2010）年 2 月間又修正物權編，刪除永佃權，增訂農育權，地役權修正為不動產役權，5 月 19 日又修正公布更改姓氏之規定（民 1059、1059 之 1）；筆者以為大致可以定案，結果於 5 月 26 日又修正債編，面對這種頻繁的修改，確實很難撰著民法專書，不過本書仍及時掌握關鍵內容，並附圖表解說，俾使讀者能輕易的解構其間複雜之法律關係。書後亦附最新民法修正後 2010 年至 2011 年 8 月高普特考測驗題共五百餘題，供讀者作考試準備之參考。

謝瑞智　謹識

2011 年 10 月

序

　　筆者四十年來在大專院校講授法學，所撰之講稿大部分係用簡易之文體，配合圖表方式寫成，以便提綱挈領，分析法律之結構，而學生在聽講或研讀時，也較易把握重點，能有系統地幫助記憶；尤其對於準備參加各種考試者，可在最短時間內深入該科領域，收效至宏。故深獲莘莘學子之喜愛，佳評如潮。

　　民法有關之講義亦於三十餘年前完稿，然其間民法各編均陸續修改，不少內容尚須重新斟酌，而社會變遷一日千里，為因應時代之需要，乃將舊日講稿，依新修訂民法條文之順序，理論與實際互為印證，終於完成《法律百科全書》〈民法〉專著之編纂。本書則以百科之專著為本，並參考各家名著、筆者所發表之各類著作，尤其是5月底新公布之繼承法修正條款，終結「父債子還，出嫁背債」規定，以及歷年高普特考命題之方向，重予彙整，完全為初學者及欲全盤了解民法或準備參加考試之學者而撰著，故有深入淺出，簡單易懂之優點。因民法法理結構之深奧，**乃用圖表輔助說明**，俾更清楚掌握民法之精髓。

　　蓋為方便讀者之閱讀，內容並依一般教科書與論著綜合方式；書後並附有2008年高普特考測驗題共四百餘題，讀者若能對照本文研讀，將可瞭解各類考試之趨勢，確立準備方向，並可掌握內容要點，以最經濟之人力，達事半功倍之效。

謝 瑞 智 謹識

2009 年 8 月

凡 例

凡 例

人器4Ⅱ 人體器官移植條例第4條第2項
土17 .... 土地法第17條
工會12 .... 工會法第12條
工團17Ⅰ 工業團體法第17條第1項
公66Ⅰ 公司法第66條第1項
公任28Ⅰ 公務人員任用法第28條第1項
公考6 .... 公務人員考績法第6條
公退4 .... 公務人員退休法第4條
公選14 .... 公務人員選舉罷免法第14條
公證26Ⅰ 公證法第26條第1項
少85之1 .... 少年事件處理法第85之1條
少施3 .... 少年事件處理法施行細則第3條
日民133 .... 日本民法第133條
中法7 .... 中央法規標準法第7條
戶籍49Ⅱ 戶籍法第49條第2項
民203 .... 民法第203條
民訴635 .... 民事訴訟法第635條
民航98 .... 民用航空法第98條
民物施7 .... 民法物權編施行法第7條
民親施6-2 ..... 民法親屬施行細則第6之2條
民總施4-1 ..... 民法總則施行法第4-1條
司釋185 .... 司法院大法官會議釋字第185號
　　　　　　解釋
合8 .... 合作社法第8條
刑312 .... 刑法第312條
刑訴5 .... 刑事訴訟法第5條
行訴13 .... 行政訴訟法第13條
仲7Ⅰ 仲裁法第7條第1項
老2 .... 老人福利法第2條
兵3 .... 兵役法第3條
技10Ⅰ 技師法第10條第1項
姓6Ⅱ 姓名條例第6條第2項
非訟118 ...... 非訟事件法第118條
兒少31 .... 兒童及少年福利法第31條
兒少性22Ⅰ .. 兒童及少年性交易防制條例第22條
　　　　　　第1項

保137Ⅰ 保險法第137條第1項
律4Ⅰ 律師法第4條第1項
建4Ⅰ 建築師法第4條第1項
破2 .... 破產法第2條
海101 .... 海商法第101條
涉外3 .... 涉外民事法律適用法第3條
消保21Ⅱ 消費者保護法第21條第2項
耕5 .... 耕地三七五減租條例第5條
記4Ⅰ 記帳士法第4條第1項
原1Ⅱ .... 原住民敬老福利生活津貼暫行條
　　　　　　例第1條第2項
院1543 .... 司法院院字第1543號解釋
專59 .... 專利法第59條
票20 .... 票據法第20條
強4 .... 強制執行法第4條
國籍3 .... 國籍法第3條
國賠8Ⅰ 國家賠償法第8條第1項
商團17Ⅰ 商業團體法第17條第1項
商標37 .... 商標法第37條
勞9 .... 勞動基準法第9條
傳17 .... 傳染病防治法第17條
提8 .... 提存法第8條
著39 .... 著作權法第39條
道安57 .... 道路交通安全規則第57條
敬3 .... 敬老福利生活津貼暫行條例第3
　　　　　　條
農16Ⅰ 農會法第16條第1項
會6Ⅰ 會計師法第6條第1項
漁20 .... 漁會法第20條
憲170 .... 中華民國憲法第170條
監組3之1Ⅰ .. 監察院組織法第3之1條第1項
證交166 ...... 證券交易法第166條
礦8 .... 礦業法第8條
鐵2① 鐵路法第2條第1款

民法概論　　目錄大綱　　謝瑞智博士著

第一編　總則

第一章　民法概念 1
第二章　權利與義務 13
第三章　民法總則序說 21
第四章　自然人 27
第五章　法人 46
第六章　社團法人與財團法人 63
第七章　權利客體 70
第八章　法律行為 75
第九章　期日與期間 162
第十章　消滅時效 168
第十一章　權利之行使 187

第二編　債編通則

第一章　債之概念 196
第二章　債之發生 198
第三章　債之標的 222
第四章　債之效力 232
第五章　多數債務人及多數債權人 257
第六章　債之移轉 263
第七章　債之消滅 268

第三編　債編分則

第一章　買賣 277
第二章　互易 289
第三章　交互計算 291
第四章　贈與 293
第五章　租賃 297
第六章　借貸 309
第七章　僱傭 315
第八章　承攬 318
第九章　旅遊 324
第十章　出版 328
第十一章　委任 332
第十二章　經理人及代辦商 339
第十三章　居間 344
第十四章　行紀 347
第十五章　寄託 350

第十六章　倉庫 355
第十七章　運送 358
第十八章　承攬運送 366
第十九章　合夥 368
第二十章　隱名合夥 375
第二十一章　合會 378
第二十二章　指示證券 383
第二十三章　無記名證券 389
第二十四章　終身定期金 394
第二十五章　和解 397
第二十六章　保證 399
第二十七章　人事保證 404

第四編　民法物權

第一章　通則 407
第二章　所有權 422
第三章　地上權 451
第四章　農育權與永佃權 460
第五章　不動產役權 467
第六章　抵押權 476
第七章　質權 501
第八章　典權 514
第九章　留置權 523
第十章　占有 530

第五編　親屬

第一章　親屬概說 541
第二章　婚姻 550
第三章　父母子女 587
第四章　監護 616
第五章　扶養 625
第六章　家 629
第七章　親屬會議 631

第六編　繼承

第一章　繼承與遺產繼承人 635
第二章　遺產之繼承 645
第三章　遺囑 663
附錄一：99、100 年高普特考測驗題之出現率 677
　　　二：99 年高普特考測驗題 678
　　　三：100 年高普特考測驗題 717
索引 745

民法概論　　目　錄　　謝瑞智博士著

增修二版序
序

第一編　總　則

第一章　民法概念 1
第一節　民法的概念 1
一、民法的意義 1
二、民法的性質 1
三、民法的法源 3
四、民法的制定經過 4
第二節　民法的原則 5
一、權利本位的原則 5
二、社會本位的原則 6
第三節　民法的效力、適用與解釋 8
一、民法的效力 8
二、民法的適用 9
三、民法的解釋 9

第二章　權利與義務 13
第一節　權利的概念 13
一、法律關係原則上即權利義務關係 13
二、權利的本質 13
三、權利之要素 14
四、權利之分類 14
第二節　義務之概念 18
一、義務之意義與本質 18
二、權利與義務之關係 18
三、義務之分類 19

第三章　民法總則序說 21
第一節　民法編制概說 21
一、民法之編制與民法總則 21
第二節　法例 23
一、民法適用之順序 23
二、法律行為之方式 24

　　三、使用文字之方式 25
　　四、確定數量之標準 26
第四章　自然人 27
　第一節　權利之主體 27
　　一、權利之概念 27
　　二、權利主體之意義 27
　　三、自然人與法人 28
　第二節　權利能力 28
　　一、權利能力之意義與種類 28
　　二、權利能力之始期與終期 29
　第三節　死亡宣告 31
　　一、死亡之概念 31
　　二、死亡宣告之要件 31
　　三、死亡宣告之效力 32
　　四、失蹤人財產之管理 32
　　五、同時死亡之推定 33
　第四節　行為能力 33
　　一、意思能力 33
　　二、責任能力 34
　　三、行為能力 35
　第五節　受監護宣告人（原禁治產人） 38
　　一、受監護宣告人之概念 38
　　二、受監護宣告之效力 38
　　三、受監護宣告之撤銷 39
　　四、受監護宣告與死亡宣告 40
　第六節　受輔助宣告人 41
　　一、受輔助宣告人之概念 41
　　二、受輔助宣告之效力 41
　　三、受輔助宣告之撤銷 42
　第七節　人格權 42
　　一、人格權之意義 42
　　二、人格權的性質 42
　　三、人格權的保護 43
　第八節　住所 43
　　一、住所與其他名詞之不同 44
　　二、住所之種類 44
　　三、住所之法律效力 45
　第九節　外國人 45

一、外國人之權利能力 45
二、外國人之行為能力 45
第五章　法人 46
第一節　法人之概念 46
一、法人之意義 46
二、法人之種類 46
第二節　公法人與私法人 48
一、意義 48
二、公法與私法之區別實益 48
三、公私混合法人 49
第三節　社團法人、財團法人與合夥 49
一、社團法人與財團法人 49
二、社團法人與合夥 50
第四節　法人之設立與登記 51
一、法人之設立 51
二、法人之登記 52
三、法人之住所 52
第五節　法人之能力 53
一、權利能力 53
二、行為能力 53
三、侵權行為能力 54
第六節　法人之機關 56
一、機關之種類 56
二、法人之董事 56
三、法人之監察人 57
第七節　法人之監督 58
一、業務之監督 58
二、清算之監督 59
第八節　法人之消滅 59
一、法人之解散 59
二、法人之清算 61
第六章　社團法人與財團法人 63
第一節　社團法人 63
一、社團之設立 63
二、社團社員 64
三、社團總會 65
四、社團之解散 66
第二節　財團法人 66

一、財團之設立 66
二、財團之組織、管理與解散 67
第三節 外國法人 68
一、外國法人之認許 68
二、外國法人之權利能力 69
三、外國法人之登記及撤銷 69

第七章 權利客體 70

第一節 權利客體之概念與種類 70
一、權利客體之概念 70
二、權利客體之種類 70
第二節 物 71
一、物之意義 71
二、物之種類 71

第八章 法律行為 75

第一節 概說 75
一、法律現象 75
二、法律事實 78
第二節 法律行為 79
一、行為概說 79
二、法律行為與準法律行為 80
三、法律行為之要件 82
四、法律行為之分類 83
五、法律行為之方式 86
六、法律行為之標的 86
第三節 行為能力 92
一、行為能力概說 92
二、行為能力之比較 93
三、行為能力之態樣 94
第四節 意思表示 101
一、意思表示之概念 101
二、意思表示之分類 102
三、意思與表示之不一致 104
四、故意不一致 105
五、偶然或無意之不一致 108
六、意思表示之不自由 112
七、意思表示之生效時期 115
八、意思表示過程之比較 118
九、意思表示之解釋 118

第五節　條件及期限 119
　一、法律行為之附款 119
　二、條件 120
　三、期限 126
第六節　代理 129
　一、代理之意義 129
　二、代理之類似制度 130
　三、代理之種類 133
　四、代理之三面關係 134
　五、代理人之能力 135
　六、代理權 136
　七、無權代理 142
第七節　無效之法律行為 146
　一、無效 146
　二、無效之原因 147
　三、無效行為之轉換 148
　四、無效行為之效果 149
　五、無效與撤銷之不同 150
第八節　得撤銷之法律行為 151
　一、撤銷 151
　二、撤銷權之性質 151
　三、撤銷之原因 152
　四、撤銷權之主體與客體 152
　五、撤銷權之行使 153
　六、撤銷之效力 154
　七、撤銷權之消滅 155
第九節　效力未定之法律行為 157
　一、效力未定法律行為 157
　二、效力未定法律行為之種類 158
第九章　期日與期間 162
第一節　期日與期間概說 162
　一、意義 162
　二、期日、期間與期限之區分 162
　三、期日與期間之作用 163
　四、期日與期間之適用範圍 164
　五、期日與期間之計算方法 164
第二節　年齡之計算法 167
第十章　消滅時效 168

第一節　時效之概念 168
　一、時效之意義 168
　二、時效設立之理由 168
　三、時效之種類 169
第二節　消滅時效 170
　一、意義 170
　二、消滅時效之期間 170
　三、消滅時效與除斥期間 172
　四、消滅時效之客體 173
　五、消滅時效之起算 176
　六、消滅時效之中斷 176
　七、消滅時效之不完成 182
　八、消滅時效之效力 184
　九、消滅時效之強行規定 186

第十一章　權利之行使 187
第一節　行使權利之原則 187
　一、權利行使之概念 187
　二、各種權利之區別 187
　三、權利行使之限制 188
第二節　權利之自力救濟 191
　一、自力救濟之概念 191
　二、自衛行為 191
　三、自助行為 194

第二編　債編通則

第一章　債之概念 196
第一節　債之內容 196
　一、債之意義 196
　二、債權 196
　三、債務 197
第二節　債權之特性 197
　一、債權之性質 197
　二、債權與物權 197

第二章　債之發生 198
第一節　契約 198
　一、契約之意義 198
　二、契約之分類 199

　　三、契約自由之原則及其限制 ……………………………200
　　四、契約之成立 ………………………………………………202
　　五、懸賞廣告 …………………………………………………204
　　六、優等懸賞廣告 ……………………………………………205
　第二節　代理權之授與 …………………………………………206
　　一、代理權之發生 ……………………………………………206
　　二、共同代理 …………………………………………………207
　　三、無權代理 …………………………………………………207
　第三節　無因管理 ………………………………………………208
　　一、意義 ………………………………………………………208
　　二、無因管理之效力 …………………………………………208
　第四節　不當得利 ………………………………………………210
　　一、意義 ………………………………………………………210
　　二、不當得利之例外 …………………………………………210
　　三、不當得利之效力 …………………………………………211
　第五節　侵權行為 ………………………………………………212
　　一、一般侵權行為 ……………………………………………212
　　二、特殊侵權行為 ……………………………………………215
　　三、賠償責任範圍 ……………………………………………219
　　四、損害賠償債權之特性 ……………………………………220
第三章　債之標的 …………………………………………………222
　第一節　種類之債 ………………………………………………222
　第二節　貨幣之債 ………………………………………………224
　第三節　利息之債 ………………………………………………224
　第四節　選擇之債 ………………………………………………225
　　一、選擇之債之概念 …………………………………………225
　　二、選擇之債與種類之債之區分 ……………………………226
　第五節　任意之債 ………………………………………………227
　　一、任意之債之概念 …………………………………………227
　　二、任意之債與選擇之債之區分 ……………………………227
　第六節　損害賠償之債 …………………………………………228
　　一、損害賠償之債之概念 ……………………………………228
　　二、損害賠償之債之分類 ……………………………………228
　　三、損害賠償之方法 …………………………………………229
　　四、損害賠償之範圍 …………………………………………230
　　五、賠償代位 …………………………………………………231
第四章　債之效力 …………………………………………………232
　　一、債之對內效力 ……………………………………………232

二、債之對外效力..232
第一節　給付..233
一、給付之種類..233
二、債務人之注意義務..234
三、債務人不給付之責任..236
四、債務不履行之效力..239
五、情事變更原則..239
第二節　遲延..240
一、債務人之遲延..240
二、債權人之遲延..241
第三節　保全..242
一、債權人之代位權..242
二、債權人之撤銷權..244
第四節　契約之效力..247
一、契約之標的..247
二、定型化契約之限制..247
三、契約之確保..249
四、契約之解除..250
五、雙務契約..253
六、涉他契約..255

第五章　多數債務人及多數債權人....................................257
第一節　可分之債..257
一、意義..257
二、可分之債之要件..257
三、可分之債之效力..258
第二節　連帶之債..258
一、連帶債務..258
二、連帶債權..261
第三節　不可分之債..262
一、不可分債權..262
二、不可分債務..262

第六章　債之移轉..263
第一節　債權讓與..263
一、債權讓與之限制..263
二、債權讓與之性質..263
三、債權讓與之效力..264
第二節　債務承擔..265
一、債務承擔之方法..265

二、債務承擔之效力 266

第七章　債之消滅 268
第一節　清償 268
一、清償之主體 268
二、受領清償人 269
三、清償之標的 269
四、清償地 270
五、清償期 270
六、清償費用 270
七、清償之抵充 271
八、清償之效力 272
第二節　提存 272
一、提存之概念 272
二、提存之方法 272
三、提存之效力 273
第三節　抵銷 273
一、抵銷之要件 274
二、抵銷之效力 274
第四節　免除 275
第五節　混同 275
一、債權及債務同歸一人時 276
二、混同之效力 276

第三編　債編分則

第一章　買賣 277
第一節　買賣之概念 277
一、買賣之意義 277
二、買賣之成立 277
第二節　買賣之效力 278
一、出賣人之義務（對於出賣人之效力） 278
二、買受人之義務（對於買受人之效力） 281
三、對於買賣雙方之效力 282
四、買賣費用之負擔 283
第三節　買回 283
一、買回之意義 283
二、買回之期限 284
三、買回之效力 284
第四節　特種買賣 284

一、試驗買賣 284
二、貨樣買賣 285
三、分期付款買賣 285
四、拍賣 286

第二章　互易 289
第一節　互易之概念 289
一、互易之意義 289
二、互易之效力 289

第三章　交互計算 291
第一節　交互計算之概念 291
一、交互計算之時期 291
二、交互計算之效力 291
三、交互計算之終止 292

第四章　贈與 293
第一節　贈與之概念 293
一、贈與之效力 293
二、贈與之性質 294
三、贈與之撤銷 294
四、贈與履行之拒絕 295
五、贈與撤銷之程序及其效力 295
六、特種贈與 296

第五章　租賃 297
第一節　租賃之概念 297
一、租賃之意義 297
二、租賃之成立及期限 297
三、租賃期限之更新 297
四、租賃之性質 298
第二節　租賃之效力 298
一、出租人之權利義務（對出租人之效力）..................298
二、承租人之權利義務（對於承租人之效力）..............300
三、租賃對於第三人之效力 302
第三節　租賃關係之消滅 303
一、租期屆滿 303
二、終止契約 303
第四節　特種租賃 304
一、房屋租賃之特別規定 304
二、基地租賃之特別規定 305

　　三、耕地租賃 306
　　四、權利租賃 308
第六章　借貸 309
　第一節　使用借貸 309
　　一、使用借貸之意義 309
　　二、使用借貸之預約 309
　　三、使用借貸之效力 309
　　四、使用借貸之終止 310
　　五、使用借貸與租賃 310
　第二節　消費借貸 311
　　一、消費借貸之意義 311
　　二、消費借貸之性質 311
　　三、消費借貸之種類 312
　　四、消費借貸之預約 312
　　五、消費借貸之效力 313
第七章　僱傭 315
　第一節　僱傭之概念 315
　第二節　僱傭之效力 315
　　一、受僱人之權利義務 315
　　二、僱用人之義務 316
　第三節　僱傭關係之消滅 316
　　一、屆期與終止契約 316
　　二、遇重大事由之終止 316
　第四節　僱傭契約與勞動契約 317
第八章　承攬 318
　第一節　承攬之概念 318
　第二節　承攬之效力 318
　　一、對於承攬人之效力 318
　　二、對於定作人之效力 320
　　三、權利行使之期間 322
　第三節　承攬契約之終止 322
　　一、定作人之終止契約 322
　　二、承攬契約之當然終止 322
　第四節　承攬與僱傭之不同 323
第九章　旅遊 324
　第一節　旅遊之概念 324
　　一、旅遊之意義 324

　　二、旅遊契約之性質 324
　第二節　旅遊契約之效力 324
　　一、旅遊營業人之權義 324
　　二、旅客之權義 326
　第三節　短期時效與契約之終止 326
　　一、短期時效 326
　　二、契約之終止 327
　第四節　護送旅客返還之義務 327
　　一、由旅客負擔費用 327
　　二、由旅遊營業人負擔費用 327

第十章　出版 328
　第一節　出版之概念 328
　　一、出版之意義 328
　　二、出版契約之立法 328
　第二節　出版之效力 328
　　一、出版權之授與及消滅 328
　　二、出版權授與人之權義 328
　　三、出版人之權義 329
　第三節　出版關係之消滅 331

第十一章　委任 332
　第一節　委任之概念 332
　　一、委任之意義 332
　　二、委任契約之成立 332
　　三、委任之性質 332
　　四、委任與其他契約 333
　第二節　委任與僱傭及承攬 333
　　一、委任與僱傭 333
　　二、委任與承攬 334
　第三節　委任之效力 334
　　一、受任人之權限 334
　　二、受任人之義務 335
　　三、委任人之義務 336
　第四節　委任關係之消滅 338

第十二章　經理人及代辦商 339
　第一節　經理人 339
　　一、經理人之意義 339
　　二、經理人之權利 339
　　三、經理人之義務 340

　四、經理權之消滅 ………………………………………341
　第二節　代辦商 …………………………………………341
　一、代辦商之權限 ………………………………………341
　二、經理人與代辦商之區分 ……………………………342
　三、代辦商之權利義務 …………………………………342
　四、代辦商之消滅 ………………………………………343

第十三章　居間 ………………………………………………344
　第一節　居間之概念 ……………………………………344
　一、居間人之權利義務 …………………………………344
　二、委託人之權義 ………………………………………345
　三、居間契約之消滅 ……………………………………345
　第二節　居間與委任及代辦商 …………………………346
　一、居間與委任之區分 …………………………………346
　二、居間與代辦商之區分 ………………………………346

第十四章　行紀 ………………………………………………347
　第一節　行紀之概念 ……………………………………347
　一、行紀之意義 …………………………………………347
　二、行紀人與代辦商之區分 ……………………………347
　第二節　行紀人之義務 …………………………………348
　一、直接履行義務 ………………………………………348
　二、遵從指定價額 ………………………………………348
　三、保管義務 ……………………………………………348
　四、委託物處置義務 ……………………………………348
　五、移轉權利之義務 ……………………………………348
　第三節　行紀人之權利 …………………………………349
　一、報酬及費用請求權 …………………………………349
　二、拍賣提存權 …………………………………………349
　三、介入權 ………………………………………………349

第十五章　寄託 ………………………………………………350
　第一節　一般寄託 ………………………………………350
　一、寄託之概念 …………………………………………350
　第二節　寄託之效力 ……………………………………351
　一、受寄人之義務 ………………………………………351
　二、寄託人之義務 ………………………………………352
　第三節　特殊寄託 ………………………………………353
　一、消費寄託 ……………………………………………353
　二、混藏寄託 ……………………………………………353
　三、法定寄託 ……………………………………………353

第十六章 倉庫 355
第一節 倉庫之概念 355
第二節 倉庫契約之效力 355
一、倉庫營業人之義務 355
二、倉庫營業人之權利 357
第三節 倉庫契約之消滅 357
一、契約期限屆滿 357
二、當事人終止 357

第十七章 運送 358
第一節 運送之概念 358
一、運送之意義 358
二、運送業之分類 358
三、短期時效 359
第二節 物品運送 359
一、物品運送與契約之成立 359
第三節 物品運送契約之效力 359
一、託運人之義務 359
二、運送人之義務 360
三、運送人之責任 361
四、運送人責任之減免 362
五、運送人損害賠償之範圍 362
六、運送人之權利 363
七、受貨人之權利 364
八、相繼運送 364
第四節 旅客運送 364
一、運送人之義務 364
二、運送人之權利 365
三、短期時效 365

第十八章 承攬運送 366
第一節 承攬運送之概念 366
一、承攬運送之意義 366
二、承攬運送之性質 366
第二節 承攬運送之效力 367
一、承攬運送人之責任 367
二、承攬運送人之權利 367
三、損害賠償請求權之時效 367

第十九章 合夥 368

第一節　合夥之概念 368
　一、合夥之意義 368
　二、合夥之性質 368
第二節　合夥之內部關係 369
　一、合夥人之出資義務 369
　二、合夥財產之構成 369
　三、合夥事務之執行 370
　四、合夥之損益分配 370
第三節　合夥之對外關係 372
　一、合夥之對外代表 372
　二、合夥人連帶負責 372
第四節　合夥之轉讓、退夥及入夥 372
　一、合夥股份之轉讓 372
　二、退夥 372
　三、入夥 373
第五節　合夥之解散及清算 373
　一、解散 373
　二、清算 374

第二十章　隱名合夥 375
第一節　隱名合夥之概念 375
　一、隱名合夥之意義 375
　二、合夥與隱名合夥之區別 375
第二節　隱名合夥之效力 376
　一、內部關係 376
　二、外部關係 376
第三節　隱名合夥契約之終止 377
　一、準用合夥之規定 377
　二、隱名合夥之終止 377
　三、隱名合夥終止之效果（出資及餘額之返還） 377

第二十一章　合會 378
第一節　合會之概念 378
　一、合會之意義 378
　二、合會之性質 378
　三、合會之種類 378
　四、合會之成立 379
第二節　合會之主體 380
　一、會首之資格 380
　二、會員之資格 380

第三節　合會之效力 380
　一、會首之權義 380
　二、會員之權義 381

第二十二章　指示證券 383
第一節　指示證券之概念 383
　一、指示證券之意義 383
　二、指示證券之性質 384
　三、指示證券與其類似概念 384
第二節　指示證券之承擔及被指示人之抗辯權 385
　一、指示證券之承擔 385
　二、被指示人之抗辯權 385
第三節　指示證券發行之效力 385
　一、指示人與領取人之資格 385
　二、指示人與被指示人間之關係 386
　三、被指示人與領取人間之關係 386
第四節　指示證券之讓與 387
　一、讓與之主體 387
　二、讓與之方法與效力 387
第五節　指示證券之消滅 387
　一、指示證券之撤回 387
　二、消滅時效之完成 388
　三、證券宣告無效 388

第二十三章　無記名證券 389
第一節　無記名證券之概念 389
　一、無記名證券之意義 389
　二、無記名證券之性質 389
　三、無記名證券與指示證券 390
第二節　無記名證券之發行 390
　一、發行人之責任 390
　二、無記名證券發行之效力 390
第三節　無記名證券之給付 391
　一、證券之提示 391
　二、依證券內容給付 392
　三、證券之交還 392
第四節　無記名證券之喪失 392
　一、一般無記名證券之喪失 392
　二、利息、年金及分配利益之無記名證券之喪失 393
　三、無利息見票即付之無記名證券喪失之例外 393

第二十四章　終身定期金 394
第一節　終身定期金之概念 394
一、終身定期金之意義 394
二、終身定期金之性質 394
第二節　終身定期金之效力 395
一、終身定期金契約之效力 395
二、終身定期金權利之專屬性 395
三、終身定期金契約之終止 395
四、遺贈給與準用定期金之規定 396
第二十五章　和解 397
第一節　和解之概念 397
一、和解之意義 397
二、和解之性質 397
第二節　和解之效力 397
一、確定之效力 397
二、創設性效力 398
三、和解之執行 398
第三節　和解之撤銷 398
第二十六章　保證 399
第一節　保證之概念 399
一、保證之意義 399
二、保證之性質 399
第二節　保證之效力 400
一、保證人與債權人間之關係 400
二、保證人與主債務人間之效力 401
第三節　保證責任之消滅 402
一、一般消滅原因 402
二、特別消滅原因 402
第四節　特種保證 403
一、共同保證 403
二、連帶保證 403
三、信用委任 403
第二十七章　人事保證 404
第一節　人事保證之概念 404
一、人事保證之意義 404
二、人事保證之性質 404
第二節　保證人之責任 405

一、保證人之賠償責任 405
二、得減免保證人賠償金額之情形 405
三、人事保證之期間 405
四、僱用人負通知義務之情形 406
第三節　保證契約之終止 406
一、保證人之終止權 406
二、人事保證關係之消滅 406
三、請求權之時效 406

第四編　民法物權

第一章　通則 407

第一節　物權法之概念 407
一、物權之意義 407
二、物權法之意義 408
三、物權法之性質 408
四、物權法定主義 408
第二節　物權之種類 410
第三節　物權之效力 411
一、物權之優先權 411
二、物權之追及權 412
三、物上請求權 412
第四節　物權之創設及其得喪變更 413
一、物權創設之立法例 413
二、物權之得喪變更概說 413
三、物權變動之原則 414
四、物權行為 415
五、準物權行為 416
六、物權行為之特性 416
七、物權得喪變更之要件 417
第五節　物權之消滅 419
一、混同 419
二、拋棄 420
三、因其他原因而物權消滅 420

第二章　所有權 422

第一節　所有權之通則 422
一、所有權之意義 422
二、所有權之性質 423
三、所有權之權能 423

四、所有權之保護......424
五、所有權物上請求權與所有權損害賠償請求權之區分......425
六、所有權之取得時效......425
第二節　不動產所有權......428
一、不動產所有權之範圍......428
二、土地相鄰之關係......430
第三節　動產所有權......435
一、概說......435
二、取得時效與即時取得......435
三、先占......437
四、遺失物之拾得......438
五、埋藏物之發見......441
六、添附......442
第四節　共有......444
一、共有之概念......444
二、分別共有......445
三、共有物之分割......446
四、共有物讓與之責任......449
五、公同共有......449

第三章　地上權......451
第一節　用益物權概述......451
第二節　地上權之概念......451
一、地上權之意義......451
二、地上權與其他相類權利之區別......452
第三節　地上權之取得......453
一、基於法律行為者......453
二、基於法律行為以外者......453
第四節　地上權之期間......453
一、定有存續期間者......453
二、未定存續期間者......454
第五節　地上權之效力......454
一、地上權人之權利......454
二、地上權人之義務......455
第六節　地上權之消滅......456
一、消滅之原因......456
二、消滅之效果......457
第七節　區分地上權......457
一、區分地上權之意義......457

二、區分地上權人之使用收益 457
三、第三人利益之斟酌與補償 458
四、權利行使 459

第四章　農育權與永佃權 460

第一節　永佃權之概念 460
一、永佃權之適用 460
二、永佃權之意義 460
第二節　農育權 461
一、農育權之意義 461
二、農育權與耕地租用之異同 462
第三節　農育權之取得 462
一、基於法律行為而取得 463
二、基於法律行為以外之原因而取得 463
第四節　農育權之效力 463
一、農育權人之權利 463
二、農育權人之義務 464
第五節　農育權之消滅 465
一、農育權之終止 465
二、農育權之拋棄 465

第五章　不動產役權 467

第一節　不動產役權之概念 467
一、不動產役權之意義 467
二、不動產役權修正之原因 467
三、不動產役權之種類 468
四、不動產役權之行使與變更 468
五、不動產役權之特性 469
第二節　不動產役權之取得 470
一、基於法律行為而取得 470
二、基於法律行為以外之原因而取得 470
第三節　不動產役權之租金 471
一、無支付租金之約定 471
二、須支付租金之規定 471
第四節　不動產役權之效力 472
一、不動產役權人之權利 472
二、不動產役權人之義務 472
三、不動產役地所有人之權利 472
第五節　不動產役權之消滅 473
一、不動產役權之消滅原因 473

　　二、不動產役權取回工作物 474
　第六節　其他不動產與自己不動產役權 474
　　一、其他不動產役權之設定 474
　　二、自己不動產役權之規定 474
　　三、其他不動產物權與自己不動產物權準用不動產役權之規定......475
　第七節　鄰地通行權與不動產役權之異同 475
　　一、區分 475
　　二、相同 475

第六章　抵押權 476
　第一節　擔保物權概述 476
　　一、擔保物權之種類 476
　　二、擔保物權之性質 477
　　三、債權人平等之原則 477
　第二節　抵押權之概念 478
　　一、抵押權之意義 478
　　二、抵押權之種類 478
　　三、抵押權之特性 479
　第三節　抵押權之取得 479
　　一、法律行為 479
　　二、法律規定 480
　　三、因繼承而取得 480
　第四節　抵押權之效力 480
　　一、抵押權之範圍 480
　　二、抵押人之權利 481
　　三、抵押權人之權利 482
　　四、抵押權之實行 483
　　五、多數抵押權之分配 485
　　六、共同抵押 488
　　七、物上保證人之求償權 491
　　八、物上保證人之免責規定 492
　　九、抵押權與質權 492
　第五節　抵押權之消滅 493
　　一、抵押物滅失 493
　　二、主債權消滅 493
　　三、除斥期間屆滿 493
　　四、抵押權之實行 494
　第六節　最高限額抵押權 494
　　一、最高限額抵押權之概念 494

二、最高限額抵押權之擔保範圍 495
三、最高限額抵押權原債權之確定 497
四、最高限額抵押權原債權確定後之效力 499
第七節　權利抵押權 500
一、概說 500
二、設定方式 500

第七章　質權 501
第一節　質權之概念 501
一、質權之意義 501
二、質權之種類 501
第二節　動產質權 501
一、動產質權之意義 501
二、動產質權之特性 502
三、動產質權之取得 502
四、動產質權之範圍 503
五、動產質權之效力 503
六、動產質權之消滅 505
七、最高限額質權與營業質之準用規定 506
第三節　權利質權 507
一、權利質權之概念 507
二、權利質權之設定 508
三、權利質權之效力 509
四、權利質權對第三債務人之效力 512
五、權利質權之消滅 513

第八章　典權 514
第一節　典權之概念 514
一、典權之意義 514
二、典權之社會作用 514
三、典權之特性 515
第二節　典權之取得 516
一、法律行為 517
二、法律行為以外之事實 517
第三節　典權之期限 517
第四節　典權之效力 518
一、典權人之權利義務 518
二、出典人之權利義務 520
三、土地及其建築物之典權與租賃關係 521
第五節　典權之消滅 521

　　一、回贖權之行使 ……………………………………521
　　二、回贖期間屆滿 ……………………………………521
　　三、出典人之找貼 ……………………………………522

第九章　留置權 ……………………………………523
　第一節　留置權之概念 …………………………………523
　　一、留置權之意義 ……………………………………523
　　二、留置權之性質 ……………………………………523
　　三、留置權與其他類似權利之區分 …………………524
　第二節　留置權之發生 …………………………………526
　　一、積極要件 …………………………………………526
　　二、消極要件 …………………………………………526
　第三節　留置權之效力 …………………………………527
　　一、留置權人之權利 …………………………………527
　　二、留置權人之義務 …………………………………527
　第四節　留置權之實行 …………………………………528
　　一、留置物之留置 ……………………………………528
　　二、留置物之拍賣 ……………………………………528
　第五節　留置權之消滅 …………………………………528
　　一、另提擔保 …………………………………………528
　　二、返還留置物 ………………………………………528
　　三、喪失留置物占有之請求時效 ……………………528
　　四、物上代位權 ………………………………………528
　第六節　準留置權 ………………………………………529
　　一、規定於債編 ………………………………………529
　　二、規定於物權編 ……………………………………529

第十章　占有 ……………………………………530
　第一節　占有之概念 ……………………………………530
　　一、占有之意義 ………………………………………530
　　二、占有之性質 ………………………………………530
　　三、民法上占有與刑法上持有之區分 ………………530
　第二節　占有之分類 ……………………………………531
　第三節　占有之變更 ……………………………………533
　　一、他主占有變為自主占有 …………………………533
　　二、善意占有變為惡意占有 …………………………533
　第四節　占有之取得 ……………………………………534
　　一、原始取得 …………………………………………534
　　二、繼受取得 …………………………………………534
　第五節　占有之效力 ……………………………………535

　　一、占有權利之推定 535
　　二、權利之取得 536
　　三、善意占有人之權利義務 536
　　四、惡意占有人之權利義務 537
　　五、占有之保護 537
　　六、共同占有 538
　第六節　占有之消滅 539
　第七節　準占有 539
　　一、準占有之要件 540
　　二、準占有之效力 540

第五編　親屬

第一章　親屬概說 541
　第一節　親屬法概說 541
　　一、親屬法與民法總則 541
　　二、親屬法是民法中的一部分 541
　　三、親屬法的特質 542
　第二節　親屬之意義與分類 542
　　一、意義 542
　　二、親屬之分類 543
　第三節　親系與輩分 544
　　一、意義 544
　　二、親系之分類 544
　　三、輩分 545
　第四節　親等 545
　　一、意義 545
　　二、血親親等之計算 545
　　三、姻親親等之計算 547
　第五節　親屬關係之發生與消滅 547
　　一、血親關係 547
　　二、姻親關係 548
　第六節　親屬關係之效力 548
　　一、民法 548
　　二、刑法 549
　　三、民刑訴訟法 549
　　四、公證法 549

第二章　婚姻 550
　第一節　婚約 550

一、婚約之意義 550
二、婚約之方式 550
三、婚約之要件 550
四、婚約之無效與撤銷 551
五、婚約之效力 552
六、婚約之解除 553
第二節　婚姻概說 555
一、婚姻之意義 555
二、現代婚姻之特質 555
第三節　結婚之要件 556
一、實質要件 557
二、形式要件 559
第四節　結婚之無效及撤銷 559
一、結婚之無效 559
二、結婚之撤銷 561
三、結婚無效及撤銷之損害賠償 562
四、婚姻之解消 564
五、婚姻之不解消 564
第五節　婚姻之普通效力 565
一、夫妻地位之立法主義 565
二、婚姻之效力 565
第六節　夫妻財產制 567
一、概說 567
二、夫妻財產制之種類 567
第七節　離婚概說 575
一、意義 575
二、離婚與婚姻撤銷 575
第八節　離婚之方式 576
一、兩願離婚 576
二、裁判離婚 577
三、調解或和解離婚 581
第九節　離婚訴訟 581
一、訴訟之提起 581
二、離婚請求權之消滅 582
第十節　離婚之效力 583
一、離婚效力之發生 583
二、身分上之效力 583
三、子女之監護 584
四、財產上之效力 585

第三章　父母子女 587
第一節　親子關係概說 587
一、一般概念 587
二、親子關係之種類 587
第二節　子女之姓氏及住所 588
一、子女之姓氏 588
二、子女之住所 589
第三節　婚生子女 590
一、意義 590
二、受胎期間之推定 590
三、婚生子女之推定 591
四、婚生子女之否認 591
第四節　非婚生子女 592
一、非婚生子女與父母之關係 592
二、非婚生子女取得法律上身分關係（準婚生子女） 593
第五節　認領 594
一、意義 594
二、任意認領 594
三、強制認領 595
四、認領之效力 596
第六節　非婚生子女之準正 596
一、準正之意義 596
二、準正之要件 596
三、準正之效力 597
第七節　收養之意義與要件 597
一、收養之意義 597
二、收養之要件 597
第八節　收養之無效及撤銷 599
一、收養之無效 599
二、收養之撤銷 600
第九節　收養之效力 602
一、親子關係上之效力 602
二、親屬關係上之效力 602
三、家屬關係上之效力 603
第十節　收養關係之終止 603
一、收養終止之原因 603
二、收養終止之無效及撤銷 605
三、法院為裁判應審酌之事由 606

　　四、收養終止之效力 606
　第十一節　父母對子女權利義務概說 607
　　一、親權之意義 607
　　二、行使親權之父母 608
　　三、服從親權之子女 609
　第十二節　親權之內容 609
　　一、子女對父母之義務 610
　　二、父母對子女之權利義務 610
　　三、父母對子女財產上之權利義務 612
　　四、父母與子女之利益相反之行為 612
　第十三節　親權行使之方法 613
　　一、共同行使或負擔為原則 613
　　二、由父或母單獨行使 613
　第十四節　親權之消滅 613
　　一、親權消滅之原因 613
　　二、親權消滅之效力 614

第四章　監護 616
　第一節　監護之概說 616
　　一、意義 616
　　二、監護與親權之區別 616
　第二節　監護開始之事由 617
　　一、未成年人之監護 618
　　二、受監護宣告人之監護 618
　第三節　監護人之選任及類別 618
　　一、未成年人之監護人 618
　　二、成年人之監護人 620
　第四節　監護人之資格、辭職與撤退 620
　　一、監護人之資格 620
　　二、監護人之辭職 621
　　三、監護人之另行選定與改定 621
　第五節　監護事務 622
　　一、未成年人之監護 622
　　二、成年人之監護 624
　　三、輔助人之設置及其相關規定之準用 624

第五章　扶養 625
　第一節　扶養之意義、範圍及順序 625
　　一、扶養義務之意義 625
　　二、扶養之範圍 625

三、扶養之順序 626
第二節 扶養要件、方法與扶養義務之消滅 627
一、扶養之要件 627
二、扶養之程度 628
三、扶養之方法 628
四、扶養程度及方法之變更 628
五、扶養義務之消滅 628

第六章 家 629
第一節 家之概念 629
一、家之意義 629
二、家之組織 629
第二節 家長及家屬之權利義務 630
一、家長之權利 630
二、家長之義務 630
三、家屬之權利 630
四、家屬之義務 630

第七章 親屬會議 631
第一節 親屬會議之概念 631
一、親屬會議之意義 631
二、親屬會議之組織 631
第二節 親屬會議之權限 632
一、關於無人承認繼承之遺產之權限 632
二、關於繼承及遺囑之權限 633
三、其他權限 633
第三節 親屬會議之開會與決議 633
一、開會 633
二、決議 633
三、由法院處理 634

第六編 繼承

第一章 繼承與遺產繼承人 635
第一節 繼承之概念 635
一、繼承之意義 635
二、繼承法之性質 635
第二節 遺產繼承人 636
一、繼承人 636
二、繼承人之資格 636

　　三、繼承人之順序 637
　第三節　代位繼承 639
　　一、代位繼承之要件 639
　　二、代位繼承之效力 639
　第四節　應繼分 640
　　一、法定應繼分 640
　　二、指定應繼分 641
　第五節　繼承權之喪失 641
　　一、絕對之失權事由 641
　　二、相對之失權事由 642
　第六節　繼承權之回復 642
　　一、繼承權回復請求權之性質 643
　　二、繼承回復請求權之行使 643
　　三、繼承權回復之時效 643
　　四、繼承回復請求權之效力 643

第二章　遺產之繼承 645
　第一節　繼承之效力 645
　　一、繼承之開始 645
　　二、繼承之標的 645
　　三、繼承之費用 648
　　四、共同繼承 648
　第二節　繼承之承認 648
　　一、繼承之承認 648
　　二、概括繼承 649
　第三節　繼承之拋棄 652
　　一、繼承拋棄之意義 652
　　二、繼承拋棄之期間 653
　　三、胎兒之拋棄繼承 653
　　四、繼承拋棄之方式 654
　　五、繼承拋棄之效力 654
　　六、繼承拋棄之辦理 655
　第四節　遺產之分割 657
　　一、遺產分割之意義 657
　　二、遺產分割之方法 657
　　三、遺產分割之計算 658
　　四、遺產分割之效力 659
　第五節　無人承認之繼承 661
　　一、繼承人之搜索 661

二、遺產管理人之職務 661
三、管理人之報酬 662
四、賸餘財產之歸屬 662

第三章　遺囑 663
第一節　遺囑之概念 663
一、遺囑之意義 663
二、遺囑之內容 663
三、遺囑之能力 663
四、出家人或神父之遺產問題 664
第二節　遺囑之方式 664
一、遺囑之方式 664
二、遺囑種類之分析 666
三、自書遺囑範例 667
第三節　遺囑之效力 668
一、遺囑生效之時期 668
二、遺囑之無效 669
三、遺囑之失效 669
四、遺囑之撤銷 669
五、遺贈 670
六、遺贈之失效與無效 670
七、遺贈之標的物 670
第四節　遺囑之執行 671
一、遺囑執行之準備程序 671
二、遺囑執行之程序 672
三、遺囑見證人資格之限制 673
第五節　遺囑之撤回 673
一、概說 673
二、遺囑撤回之方法 673
第六節　特留分 674
一、特留分之比例 674
二、特留分之計算 675
三、遺贈之扣減 676

附錄一：99、100 年高普特考測驗題之出現率 677
二：99 年高普特考測驗題 678
三：100 年高普特考測驗題 717

索引 745

第一編　總　則

第一章　民法概念

第一節　民法的概念

一、民法的意義

　　民法（英：civil law；德：bürgerliches Recht；法：code civil）係私法之一部分，即規範私人間一般社會生活之法律。舉凡權利義務的主體，此包括自然人與法人，債權如契約及各種交易，物權如所有權、地上權等，有關身分關係如親屬、繼承等，以及各種權利義務等均為民法規定的主要內容。民法在性質上為規範人民生活的原則性法律，與各人日常生活息息相關。民法就意義言之，可分形式與實質兩方面：

(一)**形式意義**（狹義民法）	僅指國家經立法程序制定，由總統公布之民法法典而言，凡未冠有民法之名稱，即使具有私法的內容，亦非此所指之民法。	即指民法法典而言。
(二)**實質意義**（廣義民法）	即凡是規律人類社會生活與私法關係的法律，統稱為民法。	除民法外，如票據法、公司法、海商法、土地法、專利法、商標法等均屬之。

二、民法的性質

(一)**依法律關係的主體**
1. 公法：公法規律國家與個人關係之法律。如憲法、選罷法、行政法、刑法、訴訟法等均屬之。
2. 私法：私法係規律私人相互關係之法律。如民法、商事法等均屬之。
3. **民法是私法**：民法係規定人類社會生活關係的法律，所以民法是屬於私法。

(二)**依法律規定的內容**
1. 實體法：即規定權利義務本體之法律。
2. 程序法（助法）：係規定行使權利或履行義務之手續的法律。
3. **民法是實體法**：是規定權利義務之實質的法律。

(三)**依法律適用的範圍**
1. 普通法：係適用於全國之法律。如憲法、民法、刑法等是。
2. 特別法：係適用於特定人、特定時期、特定地區、特定事項的法律。如陸海空軍刑法、公司法、銀行法等是。
3. **民法是普通法**：民法因係適用於全國，規律一般人民日常生活之權利義務的私權關係的法律，故又稱為普通私法。如規定特殊事項或只適用於特定地區或特定人者為特別私法，如民法雖有物權規定，但有關土地問題則規定在土地法等是。

(四)**依法律規定區域的不同**
1. 國內法：係規律一國內之政府與人民。
2. 國際法：係規律國家間關係之法。
3. **民法是國內法**：即規律國內一般人民社會生活關係的法律，故為國內法。

(五)**依法律規定來源之不同**
1. 固有法：係基於本國社會之歷史、風俗習慣或固有規範，自然發展而形成的法律。
2. 繼受法：係將他國的法律，移植為本國的法律。
3. **民法兼有固有法與繼受法**：民法總則編與債編之內容，多是由繼受外國法制而成，而物權編之典權部分及親屬、繼承編之內容，則多由固有法而成。故我民法則兼有固有法與繼受法。

(六)**依法律規定包含事項之不同**
1. 原則法：係就某種事項於一般情形時所適用之法律。
2. 例外法：係就該事項如有特別情形時，應排除原則法而為適用的法律。
3. **民法既為原則法亦為例外法**：民法所規定的事項，雖於一般情形時有其適用，但也有不少係排除原則的規定而適用者。如民法第6條規定：「人之權利能力，始於出生」，此為原則法，而第7條規定：「胎兒以將來非死產者為限，關於其個人利益之保護，視為既已出生。」則為例外法。故民法既為原則法，亦為例外法。

(七)**依法律效力之強弱**
1. 強行法：凡法律規定的內容，不許當事人以意思變更適用的法律，稱為強行法。
2. 任意法：凡法律規定的內容，允許當事人得以意思變更適用的法律，稱為任意法。
3. **民法有強行及任意規定**：民法大致言之，債編則多為任意規定；但亦有例外，如對利率之限制即為強行規定（民203）。而親屬編多為強行規定；但亦有例外，如夫妻財產制，即為任意規定（民1004以下）。

三、民法的法源

　　所謂民法之法源，即構成民法的所有法規及一切法律原則之意。其主要者爲一切民法有關之成文法及不成文法。

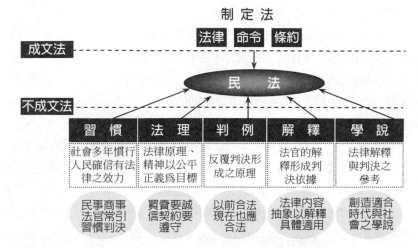

(一)**成文法：**

　　1.法律：一般稱爲法律有形式意義與實質意義之法律之分。

　　　⑴形式意義：本憲法所稱之法律，謂經立法院通過，總統公布之法律（憲170）。此包括民法法典及其他特別民法。

　　　⑵實質意義：凡規範民事之實質作用的法規均屬之。

　　2.命令：係國家機關依其法定職權或基於法律之授權，而強制實行之公的意思表示。包括行政命令與法律命令。

　　3.條約：係國際法主體之間，爲規定彼此的法律關係而締結的合約。條約依法公布後即有拘束締約國人民的效力。例如著作權條約或兩國漁業協定等，既與人民有關，其與民事事項有關者，不僅可爲民法適用之依據，且有優點於本國法律適用之效力。

(二)**不成文法：**其內容爲：

　　1.習慣：習慣者，就法律所未規定之事項，無背於公序良俗，爲社會一般人確信其有法之效力之多年慣行的事實。譬如在國內法之領域，涉及民事與商事問題，常常運用習慣法以爲解決。

2.法理：法理者，爲法律之原理，由法律之精神，以公平正義爲目標推演而得。我民法規定，民事，法律所未規定者，依習慣。無習慣者，依法理（民 1）。因法條相互間不乏規定矛盾，或有缺漏，則須賴邏輯推理以爲釐清。故法理亦爲法源之一。

3.判例：判例爲最高法院對於訴訟案件所爲之判決，成爲各級法院遇同類案件所沿用的慣例。原則上，在承認「判例之拘束力」下，因遇有相同或類似案件受到前判決之拘束，而致同樣的判決反覆執行時，判例之效力乃與法律同，即所謂「法官之創造法律」（judge-made-law）故成爲法律之重要淵源。

4.司法院大法官會議解釋：司法院解釋憲法，並有統一解釋法律及命令之權（憲78）。大法官所爲之解釋，有拘束全國各機關及人民之效力（司釋185）。是故大法官會議之解釋亦爲民法之法源。

5.學說：學說係指學者就法律問題所主張之見解，本無法律之效力，然學說常對制度、政策及實際法律之運用產生影響，並採爲編纂法典之參考。

四、民法的制定經過

1927（民國 16）年全國統一，國民政府設立法制局，先編訂民法。翌（1928）年夏，首先完成親屬、繼承兩編，因法制局奉令結束，未及施行。同年 12 月立法院成立，1929 年 1 月立法院組織民法起草委員會，從事草擬民法。其內容以仿自德、瑞爲多，間亦採日、俄、泰民法者。其編別及公布施行日期列述如下：

	第一編　規定財產關係之通則
	152 條，1929（民國 18）年 5 月 23 日公布，同年 10 月 10 日施行。
	總則編施行法，於同年 9 月 24 日公布，與總則編同時施行。
	第一章　法例……………………民事法通例
總則編	第二章　人…………………………權利之主體
	第三章　物…………………………權利之客體
	第四章　法律行爲…………⎫
	第五章　期日及期間………⎬權利之變動原因
	第六章　消滅時效…………⎭

	第七章　權利之行使…………權利通例
債　編	**第二編　規定對人之各種請求權** 604 條，1929（民國 18）年 11 月 22 日公布，19 年 5 月 5 日施行。 債編施行法，於 19 年 2 月 10 日公布，與債編同時施行。
物權編	**第三編　規定對物的支配權** 210 條，1929（民國 18）年 11 月 30 日公布，19 年 5 月 5 日施行。 物權編施行法，於 19 年 2 月 10 日公布，與物權編同時施行。
親屬編	**第四編　規定家族內親屬關係** 171條，1930（民國19）年12月26日公布，31（民國20）年5月5日施行。 親屬編施行法於 1931（民國 20）年 1 月 24 日公布，與親屬編同時施行。
繼承編	**第五編　規定家屬內財產繼承關係** 88 條，公布與施行日期，均與親屬編同。

第二節　民法的原則

一、權利本位的原則

　　在十八世紀後半葉，因個人主義、自由主義盛行，而法國大革命的民主主義理念是基於人類自由、平等、博愛之思想，於是權利本位的理念乃成斯時之法律原則，遂將人類從封建時代支配個人身分的制度下解放，以保障個人之自由平等；將所有社會關係從身分轉移至契約關係等，乃成民法之基本原則。茲分述之：

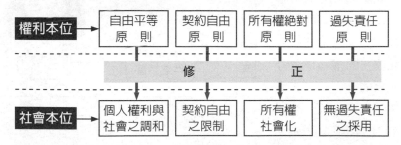

　　㈠**自由平等原則**：近代市民社會認為人生而平等，亦即廢止封建社會所存在的各種身分上支配，或奴隸制度，凡是市民社會之構成員，皆生而擁有自由市民所應具有之權利義務。因此民法第 6 條規定：「人之權利

能力，始於出生，……」乃是這種原則的規定。

　　㈡**契約自由原則**：為保障個人之自由平等，個人相互間之法律關係，委由各當事人自由意思之決定而形成，此即私法自治之原則（Privatautonomie）。在此原則下，個人所取得之權利與應負義務，任由當事人自由決定之，除非違法，否則應受法律之保護。在契約上所表現者為：契約訂立自由、契約內容自由、契約方式自由。

　　㈢**所有權絕對原則**：認為基於個人之自由意思，財產為個人之私有，個人有絕對之支配權，而不受侵犯（民 765）。

　　㈣**過失責任原則**：因尊重個人之自由意思，亦即個人行為有侵害他人權利時，須其行為在自由意思下，基於故意或過失，始負賠償責任。

二、社會本位的原則

　　上述的基本原則，促成工商業之自由競爭，資本主義呈現獨占經濟之狀態，造成貧富不均、勞資對立、公害勞動災害等社會問題。於是上述四原則，遂面臨重大之修正。

　　㈠**個人權利與社會之調和**：蓋個人權利能力平等之原則在社會上仍有缺陷，因此個人權利能力平等的形式平等乃有提升至實質平等的必要。此際個人自由平等之行使係附隨著社會的限制，亦即附帶義務。因此真正的權利是蘊含有義務的分擔，如威瑪憲法第 153 條之 3 規定：「所有權附隨義務。

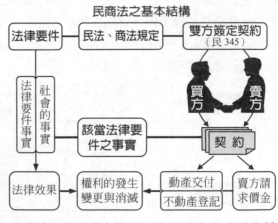

必須為公共利益而行使。」這種個人主義之修正，在民法上有「誠實信用之原則」、「交易之安全」、「公序良俗」、「權利濫用之禁止」、「無過失責任之原則」等，權利須受到公共福利之限制。

㈡**契約自由之限制**：在過去之權利觀念中，當事人之簽定契約，均任由雙方自由簽定，惟自由之結果，弱肉強食，形成經濟上和社會上之強者壓榨弱者之情形。甚至大企業壟斷市場，對於市場價格及支付價金之方法，完全受其操縱，消費大眾只有忍受其剝削，毫無抗拒之能力，在實質上已無締結契約之自由，有失制度之本旨，國家自應積極的予以干涉。如民法規定，法律行為不得違反強制或禁止之規定（民71），及有背於公共秩序或善良風俗（民72），否則無效，對急迫輕率及無經驗之保護（民74）、最高利率之限制（民205）、出租人終止契約之限制（民459）、勞工契約之國家監督（勞9以下），均為對契約自由原則所為之限制。

㈢**所有權之社會化**：在過去之權利觀念中，所有權為天賦人權之一，可以自由行使，法律不得加以干涉。惟其結果，個人資本發達，社會上貧富懸殊、問題叢生，乃不得不立法加以限制，德國威瑪憲法首先規定「所有權附帶義務」，從此對所有權之觀念，乃由絕對自由轉為相對自由。此外如民法規定，權利之行使，不得違反公共利益，或以損害他人為主要目的（民148）。所有人於法令限制之範圍內，得自由使用、收益、處分其所有物，並排除他人之干涉（民765）。土地所有人，不得設置屋簷或其他工作物，使雨水或其他液體直注於相鄰之不動產（民777）等。其他如土地法第208條以下規定國家因公共事業之需要，得依土地法之規定徵收私有土地是。

㈣**無過失責任之採用**：在過去之觀念中，必須是自己的故意或過失，致使他人受損害，才須負損害賠償責任，無過失，即無責任。至十九世紀以來，資本主義發達，大企業激增，人類可能遭遇之危險機會日多，而認為只要有損害之發生，不問行為人有無過失，均須負賠償的責任，此即「無過失責任」的原則。如工廠機器設備因維護不善而毀傷員工，公共汽車在路上急駛撞死行人，火車出軌致乘客受傷等，若必須業者有過失，始能賠償，則被害者之損失，將極難得到合理的補償。故近代立法，均傾向於縱使前舉企業的老板沒有過失，仍須負損害賠償的責任，我民法第187條及第188條，均屬無過失責任之規定。

第三節　民法的效力、適用與解釋

一、民法的效力

	內　　　　容
(一) 人的效力	1.民法原則上基於人民主權的結果，故凡具有國籍者，均有適用，此即採屬人主義之原則。惟因基於領土主權之結果，對於在國家領土內之外國人亦適用之，此即以屬地主義爲輔。 2.惟各國民法未盡統一，適用結果，不無衝突。因此乃有國際私法以爲調和。因此公布有「涉外民事法律適用法」以爲準據法。
(二) 時的效力	民法關於時的效力，是指民法應自何時發生效力？何時失其效力而言。原則上，民法應自公布施行之日起，發生效力；因廢止而失其效力。 1.法律不溯既往原則：即法律之效力只能適用於公布施行後所發生之事項，而不能溯及於法律實施以前所發生之事項，謂之法律不溯既往之原則。民法總則、債權、物權、親屬及繼承編之施行法第1條有不溯既往原則之規定。 2.法律不溯既往原則之例外：在民法除了上述之規定外，也在同樣之施行法中均有詳細列舉不溯既往之例外的規定。
(三) 地的效力	民法爲普通法，凡在國家領域內，無論其國籍如何，一律適用我民法爲原則，此即屬地主義之謂。惟如前述之涉外事件，如適用結果其法律關係有衝突時，則依「涉外民事法律適用法」適用之。又對享有治外法權者，如外國元首、外交使節、外國軍隊、軍艦、軍用飛機等，均係基於國際禮讓或互惠，如有特別規定者，則從其規定。
(四) 事項的效力	此指民法所適用之事項而言。因我民法採民商合一制度，故民法適用之範圍，當包括商事事項在內。即民法總則上一般原理原則均適用於商事法。而在民事範圍內，有些屬於特別法之範圍，如銀行法、合作社法、耕地三七五減租條例等，依特別法優於普通法之原則，優先適用特別法，特別法未規定者，始適用民法。
(五) 兩岸關係的適用	依憲法增修條文第11條規定：「自由地區與大陸地區間人民權利義務關係及其他事務之處理，得以法律爲特別之規定。」此即「臺灣地區與大陸地區人民關係條例」其第41條，兩岸民事事件適用原則爲： 1.臺灣地區人民與大陸地區人民間之民事事件，除本條例另有規定外，適用臺灣地區之法律。 2.大陸地區人民相互間及其與外國人間之民事事件，除本條例另有規定外，適用大陸地區之規定。

3.該條例民事章所稱行為地、訂約地、發生地、履行地、所在地、訴
訟地或仲裁地，指在臺地區或大陸地區。

二、民法的適用

(一)**社會紛爭的和平解決**：社會一旦發生紛爭，就需設法予以解決，訴
請法院解決，因費時費力，一般人都將其當作最終的手段來解決。當事
人很可能會嘗試和解，依照當事人的折衷來處理問題。或政府設置之「調
解制度」來解決。在這個過程中法律仍未在解決問題上扮演重要之角色。
但這種調解制度往往未能充分發揮既定之功能，因此，最後只有訴請法
院以裁判解決。這時法律之適用，才真正成為解決問題之關鍵。

(二)**法律之適用**：

1.民法適用之意義：民法為
實現其目的，必須將一般性之內
容，對照個別的具體事實，藉著
法律的解釋等過程，以實現法律
之內容，因此其適用過程為事實
之認定，與法律之解釋。則先確
定客觀所發生之事實，再從這些

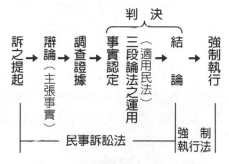

事實中，將適合於法律判斷之對象的事實，對照法律規範，予以解釋。

2.三段論法之運用：當事人訴請法院解決時，法官就依古典式論理
學之三段論法之形式來進行。即：

大前提：如因故意或過失，不法侵害他人之權利者，負損害賠償責
任之法律規定（民184）。

小前提：再對某甲有開車撞傷他人之損害賠償責任的認定。

結　論：自動的將會導引出「某甲應負責損害賠償」之判決。

三、民法的解釋

民法之解釋，即針對原則規定的民法條文，依立法精神及意旨，闡
明其文義及事理，以定其真義之謂。民法之解釋，因實施解釋主體之不
同，其效力亦異；效力較高者，為國家機關所為之解釋，此稱為有權解

釋，其他之解釋，則爲學理解釋。茲列述之：

㈠**有權解釋**（authentic interpretation）：即由國家機關所爲之解釋，效力最
高，此種解釋當優先於其他解
釋，直接適用於各個具體之事
實。此種解釋有立法解釋與司
法解釋兩種：

　　1.立法解釋：即由立法機
關以同一法律或另定法律，以
解釋民法法規之意義。

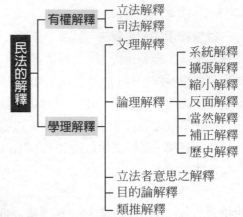

　　⑴在同一法律上解釋
　　　者：如民法第 66 條：
　　　「稱不動產者，謂土
　　　地及其定著物。不動產之出產物，尚未分離者，爲該不動產之
　　　部分」。第 67 條：「稱動產者，爲前條所稱不動產以外之物」。
　　⑵另於其他法律解釋者：如民法總則施行法第 10 條：「依民法總
　　　則規定法人之登記，其主管機關爲該法人事務所所在地之法院」
　　　以解釋民法第 30 條規定之「法人非向主管機關登記，不得成立」
　　　之「主管機關」的意義。

　　2.司法解釋：司法解釋有可能由法官於適用法律時加以闡明解釋，
但憲法規定係由司法院掌理（憲 78）。

㈡**學理解釋**：

　　1.文理解釋（grammatical interpretation）：即依據條文結構及字義，逐
字逐句推敲適用上有關的法條，而闡明其意義，此爲解釋法律最基本且
最主要之方法。又稱爲文字解釋。

　　2.論理解釋（logical interpretation）：是爲補正文理解釋之缺陷而設。
在爲論理解釋時，不拘泥於法文之字句，而參酌法令整體之構造，與其他
法令之關係，立法之目的與精神、沿革及社會生活之必要性上，依照論理
之法則，正確的把握法規之意義，加以解釋之謂。其解釋之方法如下：

　　　⑴系統解釋（systematic interpretation）：即解釋法文應注意法律全文

及其與其他法令之關連性；如民法第 75 條第 1 項：「無行爲能力人之意思表示無效。」解釋本條時，應另依民法第 76 條：「無行爲能力人，由法定代理人代爲意思表示，並代受意思表示」，則可知無行爲能力人，亦有表示意思之方法。

(2)擴張解釋（extensive interpretation）：將法律之文義參照法律之目的，予以擴大解釋的幅度，使法律的意義，更爲完備。如民法第 3 條親自簽名一語，應解釋爲除本人外，代理人以本人名義，代爲簽名亦符法律之規定。又如「禁止車馬通行」，當包括牛，驢等在內。

擴張解釋
驢馬或騾馬均不可通行

禁止車馬通行

反面解釋
人可通行

類推解釋
鹿不可通行

縮小解釋
乳母車可通行

(3)縮小解釋（restrictive interpretation）：如將法文之字句，依通常之文理方法解釋，將會使法律之意義擴大，而使法律之原意無法確定時，則予縮小其意義，而爲解釋。如民法第 31 條：「法人登記後，有應登記之事項，而不登記，或已登記之事項有變更而不爲變更之登記者，不得以其事項對抗第三人」。此之第三人應指善意之第三人爲限。又如前述「禁止車馬通行」係指汽車、貨車等而言，乳母車雖亦稱爲車，但由法律之目的言，應不在限制之列。

(4)反面解釋（contrary interpretation）：即從法律所規定之反面的意義來加以解釋之謂。如民法第 973 條規定：「男未滿十七歲，女未滿十五歲者，不得訂定婚約。」反之，如男滿 17 歲，女滿 15 歲者，即得訂定婚約是。又如前述「車馬禁止通行」之規定，從反面言，則人當然可以通行。

(5)當然解釋（拉：argumentum a forteriori）：即法文所規定的事項，其字面雖未明示，但依論理之法則，認爲某些事項當然包括在內之一種解釋。即所謂「舉重明輕原則」(argumentum a maiori ad minus），如不法傷人者應負賠償責任，其犯有更重之不法殺人者，當更應負賠償責任是。

(6)補正解釋：法文字句有欠完備或疏漏等情事，而予以補充或變更，以合於法律眞意之解釋。如「公共秩序與善良風俗」(民72)，及「誠實及信用方法」(民148II)等，均有補充解釋之必要。

(7)歷史解釋（historical interpretation）：即探求字義的演進、立法的原意與沿革，以追溯原有意義之解釋謂之歷史解釋。又稱爲沿革解釋。

㈢**立法者意思之解釋**：即參考立法史及立法過程之資料，藉以探究立法者立法時之價值判斷，以便探求法律條文之眞意之謂。

㈣**目的論解釋**（teleological interpretation）：法律公布施行後，法律脫離立法者而成爲客觀的獨立存在，法律之涵意，必須客觀的決定，此除了文理、論理之解釋外，必須從整體法律規範出發，以闡明規範意旨或其目的之解釋技術乃應運而生，此即目的論解釋。譬如「攜帶凶器竊盜罪」，依目的論解釋，可將鹽酸、硫酸解釋爲凶器。

㈤**類推解釋**（analogical interpretation）：即就法律所未規定之事項，援引其類似事項之規定，比附適用之謂，故亦稱類推適用。法諺所謂：凡有同一理由者，即有同一法律之存在，因此，對於類似之事物，判決也是類似的（Ubi eadem ratio, ibi eadem lex[idem jus], et de similibus idem est judicium）。如前述對於「禁止車馬通行」之規定，即以類推解釋之方式認爲，如以狗或其他動物拉著雪撬也應予禁止是。

第二章　權利與義務

第一節　權利的概念

一、法律關係原則上即權利義務關係

　　社會是人與人之間的結合關係，這個結合關係如由法律來加以觀察與評價，就可以稱為法律關係；譬如說是金錢的借貸關係。亦即個人之社會生活關係，是藉法律規範來維持其秩序，保障其安全，因此成為一種規範關係，此即法律關係。

　　這種法律關係，在自己之生活範圍內，一方面排除他人之干涉，獨占性的支配、使用與處分自己所擁有的物質，並在一定的原因下，要求他人為一定的作為與不作為，以維護自己之利益。但在另一方面，法律也要求自己不得侵犯他人之獨占性的生活範圍，在一定的原因下，也強制自己為一定的作為與不作為，以維護他人之權益。前者對自己而言，是一種權利，而後者即為義務。在買賣契約簽定以後，就構成了買賣雙方之權利義務關係；在買方支付價金下，賣方就應移轉標的物，而這種買賣關係，均透過法律規範，以保障其確實履行。因此法律關係，也就是權利義務之變動關係。

二、權利的本質

(一)意思說 （Willenstheorie）	認為權力是個人意思所能自由支配之範圍。依此，則對無意思能力之人，如幼兒或精神病等欠缺意思能力者，仍享有權利，將無法解釋。
(二)利益說 （Interessentheorie）	認為權利為法律所保護的利益。依此，則將權利與利益混淆在一起，對於有權利而無利益者，將無法解釋。
(三)法力說 （Machttheorie）	即認為權力者，為使人享受特定之利益，可從事某種行為之法律所賦予之力。此為一般之通說。

三、權利之要素

㈠**權利之主體**：擁有權利之人爲權利之主體。亦即享受私法上權利資格之主體。民法上權利之主體爲自然人與法人。

㈡**權利之內容**：即義務人對權利所應負之行爲或不行爲之意。

㈢**權利之客體**：即受法律之力所支配之對象。如下圖：

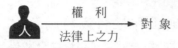

權利之客體，因權利之種類而不同，如在債權，爲特定人（債務者）之行爲（給付）；在物權，其權利之客體爲特定物或權利；在形成權，爲特定之法律關係；在親屬權，爲一定親屬之身分；在繼承權爲被繼承人之所有權利義務。

四、權利之分類

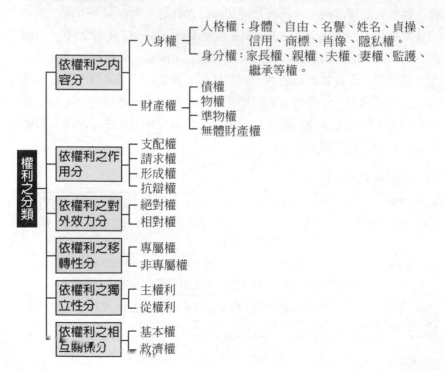

㈠**依權利之內容分：**

　　1.人身權：即與權利主體之人格、身分不可分離的權利。可分為人格權與身分權。

　　　⑴人格權：即存在於權利人自己身體上之權利，即以人格為標的之權利。人格權和個人人格相終始。如生命權與個人一生不可分離是。他如：身體權、自由權、名譽權、姓名權、貞操權、信用權、商標權、肖像權、秘密權等均是。

　　　⑵身分權：即存在於特定人身分關係上之權利，其主要係存在於親屬的身分關係上，亦可稱為親屬權。身分權和權利人的身分相終始。如家長權，以具有家長身分之權利人始得享有，而且從具有家長身分開始至不具家長身分時止，均享有家長權；另外尚有親權、夫權、妻權、監護權、繼承權等均是。

　　2.財產權：即以財產上利益為內容之權利，亦即以人身權以外之有形或無形的財產為標的之權利。可分為：

　　　⑴債權：即債權人對於債務人得請求為一定行為或不行為之權利。債權與債務為相對立之名稱。債權者，乃是對於特定人，請求特定行為內容的權利。例如：買賣、借貸均為發生債之關係的典型例子。

　　　⑵物權：即權利人直接去支配、管領特定物的權利。物權的效力，可以對任何人主張，亦即具有排除他人干涉的效力。依民法所定之物權只有八種：所有權、地上權、農育權、不動產役權、抵押權、質權、典權、留置權。除此之外，當事人不得任意創設（民757）。

　　　⑶準物權：準物權並非民法上所指之物權，但是在法律上將其視為物權，而準用民法有關物權規定的一種財產權。如漁業權（漁20）、礦業權（礦8）等均為準物權，權利人有直接管領該權利的無形利益。準物權通常須經過主管機關核准登記，始可取得其權利。

　　　⑷無體財產權：即以人類之精神智能所創造的無體物為標的而行

使之權利。此種權利之特徵，即爲存在於無體物上，如著作權、
專利權、商標權、商號權等是。

(二)**依權利之作用分：**

1.支配權：即得直接支配權利客體之權，亦即權利人得直接使權利
發生作用之權利。民法中之物權均爲支配權，親屬權中亦有爲支配權者，
如夫妻之同居權，親權人之保護教養及懲戒權等是。

2.請求權：即請求他人爲一定的作爲或不作爲的權利。有由債權發
生關係者，如債權人對於債務人請求履行債務是；有由物權關係發生者，
如所有物返還請求權、除去妨害請求權及防止妨害請求權（民767）。亦
有由親屬關係發生者，例如親屬權受到他人妨害時，請求除去其妨害是。
又繼承權被侵害者，被害人或其法定代理人得請求回復是（民1146）。

3.形成權：即由當事人一方之意思，使已成立的法律關係發生得、
喪、變更之效力，謂之形成權。形成權係一種獨特之權利，由權利人一
方之意思爲之，相對人並不負何等義務。形成權有種種狀態：

(1)使未發生效力之法律關係，發生效力：如法定代理人之承認權
（民79）、無權代理之承認權（民170）、其他承認權（民115）。

(2)使法律關係已發生之效力，再行變更：如選擇之債（民208）。

(3)使法律關係已發生之效力，歸於消滅：如撤銷權（民114），契
約解除權（民254），債務之抵銷權（民334）等是。

4.抗辯權：抗辯權是對抗他人行使權利的一種權利。就抗辯之作用
言，可分爲：

(1)永久的抗辯權：即對他人所請求的給付，能永久拒絕履行之權
利。如消滅時效已完成時，債務人之抗辯是。

(2)一時的抗辯權：即並非永久拒絕相對人之請求，不過使相對人
請求權之效力，僅一時被排除而已。如因契約互負債務者，在
他方未爲對待給付前，得拒絕自己之給付，此一般稱爲「同時
履行抗辯權」。

(三)**依權利之對外效力分：**

1.絕對權：亦稱爲「對世權」，即權利人得請求一般人不得侵犯其

權利之權。此種權利之特徵，主要在於對抗任何人，任何人均負有不作爲之義務。支配權都是絕對權，如物權、身分權、人格權是。

　　2.相對權：亦稱爲「對人權」，即權利人只能對抗特定人之權利。此種權利之特徵，主要在於對抗特定人，特定人須負有作爲或不作爲之義務。如債權就是典型的相對權，債權僅得對債務人主張其權利是。

　㈣**依權利之移轉性分**：

　　1.專屬權：即權利專屬於特定人，而不得分離移轉之權利。此種權利之特徵在於僅限於權利人本身始得享有，不能移轉，即不得讓與或繼承。如人格權、身分權；選舉權、服公職權等均是。

　　2.非專屬權：即得與權利人分離之權利；其得讓與、繼承、乃至拋棄者，均爲「非專屬權」，如通常之財產權、物權等是。

　㈤**依權利之獨立性分**：

　　1.主權利：即不依賴他項權利，而能獨立存在之權利，亦稱獨立權，如物權中之所有權、地上權、永佃權、典權等，與債權中之一般債權以及人格權、身分權等是。

　　2.從權利：即須依賴他項權利始能存在之權利。亦稱從屬權。從權利以主權利存在爲前提，原則上主權利消滅或移轉時，從權利亦隨之消滅或移轉。如保證債權、抵押權、質權、留置權，均爲債權之從權利是。

　㈥**依權利之相互關係分**：

　　1.基本權：法律直接創設之獨立權利。亦稱爲「第一權」，或「基礎權」。如所有權、主債權是。

　　2.救濟權：即爲基本權被侵害時，所發生之權利。又稱爲「第二權」。如回復原狀請求權、損害賠償請求權是。

　　「救濟權」與前述之「從權利」似相同，但實際仍有下列之不同：

　　　⑴救濟權因基本權之被侵害而發生，從權利則與主權利一併發生，或依特別設定行爲而發生。

　　　⑵救濟權以基本權受損害爲前提，故爲基本權之變形，從權利則以主權利之存在爲前提，故爲主權利之增加。

　　　⑶救濟權爲「請求權」，從權利多爲「支配權」。

第二節　義務之概念

一、義務之意義與本質

㈠**義務之意義**：所謂義務（英：duty；德：Pflicht；法：devoir），一般認為係由規範對特定人所課之拘束，不過法律上之概念乃是權利之對照語。即指法律規範對特定人課以一定作爲或不作爲之拘束。此種法律義務，一如對債權而存在之債務相同，義務乃是與權利相對應而存在，因此所稱之法律關係，不過是權利義務之關係。在義務有應作某種行爲之作爲義務，與不應作某種行爲之不作爲義務之分。當事人如有違背法律上規定之作爲或不作爲義務時，則有制裁及強制執行之方式以爲貫徹。從權利觀念之變遷言，權利應有公平行使其權利之義務。如威瑪憲法第153條規定：「所有權包含義務，所有權之行使，應同時顧及公共福利。」我民法第148條亦規定：「權利之行使，不得違反公共利益，或以損害他人爲主要目的。行使權利，履行義務，應依誠實及信用方法。」

㈡**義務之本質**：義務的本質爲何？有各種學說：

1. 意思拘束說	義務者，由法律所定，對於意思之拘束。但此說將使無意思能力者，可不必負擔義務之缺點。
2. 責任說	即義務者，乃法律上之責任也。 但事實上責任與義務兩者並不相等。蓋所謂民事上之責任者：係「當債務人不履行其債務時，由債權人對於債務人之財產或其他目的物加以強制執行，以滿足其債權之法律關係之謂」。因此，所謂責任（Haftung）係對於違反義務者，使其接受刑罰、強制執行或損害賠償等不利益之制裁爲基礎者，亦即因爲義務之伴隨著責任，乃能強化義務之拘束性，而責任也可以說是履行義務之擔保。因此，原則上義務常伴隨著責任而存在。
3. 法律拘束說	義務者，乃法律對特定人課以一定之作爲或不作爲之拘束也。此說爲一般之通說。

二、權利與義務之關係

㈠**權利與義務之相對應關係**：如：

　　1.物權之對世權（絕對權）：即權利人得請求一般人不得侵犯其權利，因此一般人即負有不得侵犯其權利之「不作為義務」，如有違反，即負有返還他人所有物、停止妨害或損害賠償之責任。

　　2.雙務契約：一方當事人所享有之權利，係因其本身負有義務所產生之對價關係。如買賣行為，買受人有請求出賣人移轉買賣標的物之權，而買受人也應相對的有支付價金之義務。

　　㈡**權利與義務之非對應關係**：如：

　　1.享受權利不負擔義務：如前述之形成權，只由當事人一方之意思，可使已成立的法律關係發生得、喪、變更，而相對人並不負何等義務。如民法第 170 條規定：「無代理權人以代理人名義所為之法律行為，非經本人承認，對於本人，不生效力」。此種承認權屬於形成權，本人行使承認權並無對應義務。本人於承認後，雖發生權利義務關係，然此係法律規定所生之結果，並非因行使承認權所生之對應義務。

　　2.負擔義務不享受權利：子女應孝敬父母（民 1084）。子女只有負擔義務而不能相對應的主張任何權利。

　　㈢**權利與義務關係密切合為一體**：如民法之親權、夫妻之同居義務等均是。

三、義務之分類

區分基準	項 目	內　　容	舉　　例
㈠ 依義務之 內容分	積極義務	即義務人必須積極的有一定之作為者，謂之積極義務。	如服兵役、納稅、承攬人必須完成承攬之工作等是。
	消極義務	即義務人必須消極的不為一定之作為者，謂之消極義務。	如對他人所有權負有不侵犯之義務，或不為一定競業等均是。
㈡ 依義務之 對外效力 分	絕對義務 （對世義務）	即任何人皆須負擔之義務，而一般人都須受其拘束，謂之絕對義務。	如人人均不得侵害他人身體或財產是。
	相對義務 （對人義務）	即僅特定人所應負之義務。只有特定人相互間始受其拘束，謂之相對義務。	如在買賣契約中，買受者與出售者相互間互負給付義務是。

(三) 依義務之 移轉性分	專屬義務	係指僅特定人始得負擔之義務,此種義務多由於義務本身在性質上不許由他人代行者。	如夫妻同居之義務。
	移轉義務	是可以將負擔移轉由他人來履行之義務。	如一般人之金錢債務,可由他人代為清償是。
(四) 依義務之 獨立性分	主義務	可以獨立存在的義務,謂之主義務。	如一般債務是。
	從義務	附屬於主義務而存在之義務,謂之從義務。	如利息債務是。
(五) 依義務發 生之順序 分	第一義務	即為原始義務,謂之第一義務。	如不侵害他人人格權之義務是。
	第二義務	即因不履行第一義務而發生之義務,謂之第二義務。	如有侵害他人權利時,即負回復原狀之義務,損害賠償之義務等是。

第三章　　民法總則序說

第一節　　民法編制概說

一、民法之編制與民法總則

(一)**民法編制之立法主義：**

1.羅馬式：羅馬式稱爲 Institutinen System 此式取法於羅馬五位法學家之一的凱由斯（Gaius）所著，專爲法學教育用的法律教科書「法學提要」（*Institutiones*），此提要共四卷，第一卷爲人之法；第二與第三卷爲物之法，第四卷爲不法行爲與訴訟關係之法。法國民法仿此制。以第一編人事；第二編財產及所有權之種種變更，第三編爲財產取得法，而沒有總則編爲其特色。荷、比、西等國及日本舊民法均採此制。

2.德國式：Pandekten 是從拉丁語 Pandectae 而來，而此 Pandectae 是指 Digesta（指羅馬時代編纂而成之法學會典）而言，將此法學會典予以體系化之法學稱爲 Pandekten 法學，其所確立之體系稱爲 Pandekten System。即自十九世紀中葉以後爲德國法學家所創，並用在普通法上，則將抽象的概念整理成爲總則一編，其他爲物權、債權、親屬及繼承共爲五編。我民法仿德、日法例，亦採此種編制法。

(二)**民商合一制：**

兩者關係	意　　義	採取國家	理　　由
民商合一	將民商法訂爲統一法典，關於商事方面除民法中規定外，其不能由民法中規定者，則分別訂定單行法規。	泰國、瑞士及中華民國	民法所定，偏重傳統固定，修改不易。尚且民法貴在規範國內事項，不具國際性，而商法符合變遷的社會，且簡便靈活，較具國際性。
民商分立	則於民法法典之外，另行制定商事法典。	日、德、法、義、荷、比	

㈢**民法結構**：人出生以後就面臨兩大問題，即財產關係，如衣、食、住、行之經濟層面的活動，與家族關係，如人與人之關係的親屬關係的活動。

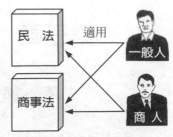

一般人與商人相同都可適用民法與商事法，稱為民商合一制。

首先民法的第一編是「總則」共 152 條，第二編是「債」共 604 條，第三編是「物權」共 210 條，第四編是「親屬」共 171 條，第五編是「繼承」共 88 條。

其次債權與物權合稱以財產法規範之。其權利主體是人（包括自然人與法人），其權利客體就是物與對特定人之給付。

再次是親屬與繼承合稱以家族法規範之。親屬編就是規範夫妻之關係與親子關係之法。繼承就是規範已死亡之被繼承人與繼承人關係之法。其結構可以簡表列述：

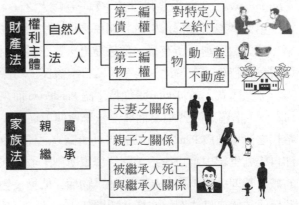

㈣**民法總則**：民法總則者，係民法之通則性原則之規定，為民法各編所共同適用外，其他各種特別民事法規，亦有其適用。

總則編內容分七章，共 152 條：

章　節	章　名	內　　　　　容
第一章	法例	規定適用於全部民事法之通例。我民法在法例之規定，計有民事法規適用之順序、法律行為之方式及確定數量之標準。
第二章	人	規定自然人及法人，即所謂權利之主體。
第三章	物	規定支配物之共同原則，包括有體物及無體物。
第四章	法律行為	規定私人行為，以意思表示為要素，而以發生私法上效果為目的之法律事實。

第五章	期日及期間	規定期間之計算方法。期日者：指不可分一整個之時間，如今天明天。而期間者，謂由一定時間至另一定時間，為其經過之時間。如本年 1 月 1 日至本年 12 月 31 日之一年期間。
第六章	消滅時效	規定由於一定期間內不行使權利，而發生請求權消滅之效果之原則。
第七章	權利之行使	規定權利是否行使及如何行使。

第二節　法　例

一、民法適用之順序

民法第 1 條規定：「民事，法律所未規定者，依習慣，無習慣者，依法理。」是即為民事法規適用之順序。故其適用之順序：第一為法律，其次為習慣，最後為法理。從法源上言，制定法是指法律，非制定法是指習慣與法理。

㈠**制定法**：制定法者，由國家立法機關所制定公布之法律。蓋制定法係以文章的形態來制定，故又稱為成文法。實質意義之制定法，不僅是立法機關所制定之民法典及民事特別法等法而已，其他委任命令、執行命令，以及條約等均包括在內。在民事事件中，應優先適用法律。此稱為「**法律優先主義**」。

　　1.民法典：現行民法典，共分五編，計 1225 條。

　　2.民事特別法：民法典之外，由其他法律為補充或限制民法者，稱為民事特別法。在民商合一制下，民法之外，如公司法、票據法、海商法、保險法、利率管理條例、土地法等，均屬特別民法性質，依「**特別法優於普通法**」之原則，特別法應優先適用之。

　　3.條約：條約是國家間締結的合約。此條約如直接包含民法上之規定，即為民法適用之對象。條約經立法程序通過後，即具有制定法之性質，其效力應與法律同等，故條約亦為法源之一。條約與國內法律發生牴觸時，應**優先適用條約**[①]，此如通商條約、著作權條約等。

[①]司法部 53.3.2 臺 53 函參字第 1450 號函；23 上 1074 刑事判例。

4.自治法規與行政規章：自治法規是指地方自治團體，基於自治權之授予，由其立法機關依一定程序制定之法規。至於行政規章是指各行政機關依其法定職權或基於法律授權訂定之命令（中法7）而言。例如法人登記規則、保險業管理辦法等均是。

㈡**非制定法**：包括習慣與法理：

1.習慣：民法第1條所指之習慣，實指習慣法而言。習慣法者，爲社會一般人多年慣行之事實，無背於公序良俗，而經國家確認具有法律效力之謂。習慣法只有補充法律之效力，並無優先或與法律有同等之效力。

2.法理：法理者，乃法律之原理，由法律精神，以公平正義爲目標推演而得。法理在適用時屬於第三順位。蓋法條規定有限，世事變化無窮，若欲以成文法盡爲規範，固有時而窮，即欲以習慣法以爲判斷是非之準據，有時爲新發生之事實，只有衡酌自然理則始可盡其功。因此法理具有彌補成文法與習慣之缺陷。故民法第1條乃有此規定。

二、法律行爲之方式

法律行爲有要式行爲與不要式行爲：

㈠**要式行爲**（英：formal act；德：formelles Geschäft 法：acte formel）：即有些行爲除有意思表示之外，尚須具備一定方式，始可成立者，稱爲要式行爲。民法中對要式行爲之規定如下：

1.法定方式：

　⑴須用文書者：如法人章程應記載事項（民47）、1年以上不動產租賃之契約（民422）、不動產物權之移轉或設定（民758Ⅱ）、債權質權之設定（民904）、結婚或離婚之要式行爲（民982、1050）、夫妻財產訂立（民1007）、收養之方法（民1079）、遺囑之方式（民1189）等均須以文書爲之。

　⑵須依一定形式者：如拍賣之形式（民391）等。

2.約定方式：即當事人約定，法律行爲必須依一定方式始能成立之謂。如當事人約定合夥應訂立書面契約是。

㈡**不要式行為**（英：informal act；德：formfreies Geschäft 法：acte informulé）：
即有些行爲不問有無方式，只要有意思表示，就可成立者，稱爲不要式
行爲。如買賣契約。

㈢**不依法定方式之法律行爲的效力：**

1.法律行爲不依法定方式者無效，但法律另有規定者，不在此限（民
73）。所謂法律另有規定者，如不動產之租賃契約，其期限逾 1 年者，應
以字據訂立之，未以字據訂立者，並非無效，而只視爲不定期限之租賃。
又如密封遺囑不具法律所定之方式，而具備自書遺囑之方式時，有自書
遺囑之效力（民 1193）。

2.契約當事人約定其契約須用一定方式者，在該方式未完成前，推
定其契約不成立（民 166）。

三、使用文字之方式

法律行爲之要式行爲中，有「以使用文字爲必要」（不動產之租賃契
約，其期限逾一年者，應以字據訂立之---民 422），以及「不以使用文字
爲必要」，有些行爲不問有無方式，只要有意思表示就可成立者，如買賣
契約、訂婚等是。法律行爲是否須使用文字，當視法律有無明文規定，
如法律無明文規定，當可由當事人自由意思決定之，如有明文規定必須
使用文字，而當事人並未使用者，依民法第 73 條規定：「法律行爲，不
依法定方式者，無效。但法律另有規定者，不在此限。」

至於「依法律之規定，有使用文字之必要者，得不由本人自寫，但
必須親自簽名。如有用印章代簽名者，其蓋章與簽名生同等之效力。如
以指印、十字或其他符號代簽名者，在文件上經 2 人簽名證明，亦與簽
名生同等之效力」（民 3）。茲分述之：

㈠**親自簽名**：法律行爲，有使用文字之必要者，得不由本人自寫，但
必須親自簽名，如由他人代爲書寫，但爲慎重計，仍規定應由本人親自
簽名。所謂親自簽名，如代理人於代理權限內替本人代爲簽名，依民法
第 103 條，自應對本人發生效力。

㈡**用印章代簽名**：所謂簽名，及自己書寫姓名之謂。經自己書寫姓名，

即不蓋章，亦能發生效力。若由他人代寫，於其姓名下加蓋印章，以代簽名，其效力亦與自己簽名無異。則其蓋章與簽名生同等之效力（民3Ⅱ）。蓋章在原則上須個別加蓋，惟基於事實需要，如發行鈔票，以機械方式加蓋印章，亦應認爲有效。

（三）**其他符號**：當事人如爲文盲，不能親自簽名，又未帶印章，如以指印、十字或其他符號（如畫押）代簽名者，爲防止假冒及容易舉證，必須在文件上經 2 人簽名證明，始與簽名生同等之效力（民3Ⅲ）。

（四）**印鑑**：將特定人使用的印章，預印存樣，存於有關係的機關，以供鑑證的，稱爲印鑑。其種類有： 1.在政府機關登記的印鑑。 2.在一般機關或銀行留存的印鑑。

四、確定數量之標準

關於數量之記載，當事人常常以文字及號碼爲同時或數次之表示（文字如一、二、三、四或壹、貳、參、肆；號碼如 1、2、3、4 或Ⅰ、Ⅱ、Ⅲ、Ⅳ），如有不相符合時，究以何者爲準？民法規定，有兩種辦法：

（一）**以文字為準**：關於一定之數量，同時以文字及號碼表示者，其文字與號碼有不符合時，如法院不能決定何者爲當事人之原意，應以文字爲準（民4）。所以免事實之糾紛，而期適用之便利也。對於認定標準，特別法另有規定時，當應依其規定辦理，如票據法第 7 條：「票據上記載金額之文字與號碼不符時，以文字爲準。」

（二）**以最低額為準**：民法第 5 條規定：「關於一定之數量，以文字或號碼爲數次之表示者，其表示有不符合時，如法院不能決定何者爲當事人之原意，應以最低額爲準。」此係指文字及號碼爲數次各別表示而言。凡以文字或號碼各爲數次之表示，而其所表示之數量，彼此有不相符合時，則以最低額爲準，以保護債務人之利益。

第四章　自然人

第一節　權利之主體

一、權利之概念

　　權利（英：right；德：Recht, Berechtigung），一方依據法律規範得要求他方為一定的作為、不作為，由此而獲取利益之謂。如在買賣契約，已支付價金之鑽石購買人，有對出賣人要求交付該鑽石之謂。如出賣人不交付鑽石時，得強制其履行，或以債務不履行請求損害賠償。

二、權利主體之意義

　　人與人之關係，稱為社會關係。私法上之法律關係，就是在各種不同的社會關係中，透過民法或其他私法之規定，形成人與人間之權利義務關係。這種法律關係必有其歸屬之主體，亦即能享受權利負擔義務的主體，一般稱為「權利主體」，而此權利主體得支配權利客體的「物」，基於意思的一致（如契約）或不基於意思的一致（如不法行為），而與其他法律主體發生法律關係，因而取得權利，負擔義務而言。這種法律主體，稱為「人」或「人格」，擁有這種法律主體之資格，稱為「權利能力」。此種民法上認定之權利主體之人有兩種：即自然人與法人。

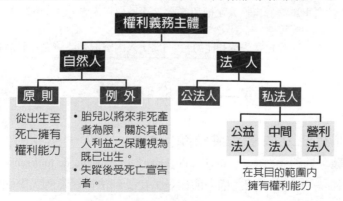

三、自然人與法人

㈠**自然人之意義**：自然人（英：natural Person；德：natürliche Person；法：personne physique），即由母體出生後，能存在於自然界之人類。不論其出生、性別、種族、國籍或信仰是如何，均為法律上所謂之自然人，並具有人格，而能為權利義務之主體。為法人之對照語。我民法規定凡自然人自出生至死亡為止，擁有完全之權利能力（民6）。胎兒以將來非死產者為限，關於其個人利益之保護，視為既已出生（民7），而權利能力不得拋棄（民16）。

㈡**自然人與法人**（英：natural & juridical person；德：natürliche u. juristische Person）：自然人祇須有人類出生之事實，即為已足，而法人則必須具備法律規定之要件，始能取得。人之所以能享受權利，而為權利之主體，係因其具有權利能力，是故權利並非自己獨立而存在，而是附屬於一定之主體而存在。沒有主體的權利，那是絕無可能。因此民法乃認為自然人與法人均得為權利之主體。惟自然人與法人兩者之成立要件及其性質並不完全相同；茲分述之：

	自 然 人	法 人
成立要件	祇要有人類出生之事實，就有權利能力。依民法第6條規定：「人之權利能力，始於出生，終於死亡」。	法人是以登記為成立之要件。依民法第30條規定：「法人非經向主管機關登記，不得成立」。
兩者區分	1.自然人之權利能力，始於出生，終於死亡。 2.性質上專屬於自然人之權利義務，如親權等。 3.自然人因死亡喪失權利能力。	1.法人只於法令規定之範圍內，始能享受權利，負擔義務。 2.專屬自然人者，法人不能享有或負擔。 3.法人因解散經清算完畢而消滅。

第二節　權利能力

一、權利能力之意義與種類

㈠**意義**：權利能力（德：Rechtsfähigkeit；法：capacité de jouissance）法學家耶爾利赫（Ehrlich）認為權力能力是「在受到法律保障的人際關係中，

一個人要進入這些關係的能力，並對法律所保護的利益，有享受的可能性。」亦即「權利能力的構成要素就是，一個人擁有政治上的權利，並有行使的能力，有進入法律所承認與保護的家族關係的能力，能取得財產權，並將其佔爲己有之能力，有請求法律保護其人格、自由、生命、身體的權利。」簡言之，就是能享受權利，負擔義務的能力。

(二)種類：

1.一般權利能力	（德：allgemeine Rechtsfähigkeit）：凡是人類都擁有其權利能力，而且不因性別、宗教、種族、階級、身分等而有所不同，此不論本國人或外國人亦均如此。民法第 6 條規定：「人之權利能力，始於出生，終於死亡。」第 16 條規定：「權利能力不得拋棄。」
2.特別權利能力	（德：besondere Rechtsfähigkeit）：此指外國人雖應平等與我國國民同樣享有權利能力。但民法總則施行法第 2 條規定：外國人在法令限制內，有權利能力。如土地法第 18 條係採平等互惠原則，而土地法第 17 條，則某些權利仍然禁止外國人之享有。此從國家政策之觀點言，對外國人權利能力之限制，稱爲特別權利能力。

二、權利能力之始期與終期

(一)始期：

　　1.出生：依民法第 6 條：「人之權利能力，始於出生」。惟所謂出生，學說不一，有陣痛說、一部露出說、全部露出說、斷帶說、生聲說及獨立呼吸說等。我民法係採胎兒與母體分離，開始獨立呼吸時爲出生。至

自然人

人之權利能力始於出生，終於死亡

胎兒　出生　死亡

權利能力之始期　　權利能力之終期

於出生是早產或身體畸型殘缺，對權利能力並無影響。

　　2.胎兒之概括保護：因人之權利能力始於出生，胎兒當無權利能力，則對胎兒將無保護，因此民法第 7 條規定：「胎兒以將來非死產爲限，關於其個人利益之保護，視爲既已出生。」此係採取概括保護主義，以胎兒將來可得享受之利益，只概括的在法律上均予保護。

胎兒將來非死產時，則其權利能力受到保護。	民 7
胎兒之受胎期間，從子女出生回溯第 181 日起至 302 日止。	民 1062
胎兒於扶養義務人被害致死時，加害人對於胎兒亦應負賠償責任。	民 192
侵害生命權之非財產上損害賠償（慰藉金請求權）。	民 194
胎兒為繼承人時，非保留其應繼分，他繼承人不得分割其遺產。胎兒關於遺產之分割，以其母為代理人。	民 1166

　　自然人必須出生，方有權利能力，而胎兒得為權利之主體，以日後未死產者為條件，使得出生前所成立之權利主體，例如本於不法行為而生之損害賠償請求權是。蓋民法第 7 條乃是第 6 條之例外規定，用以保護個人出生前之利益也。

　　㈡**終期**：民法第 6 條後段：「人之權利能力，……終於死亡。」此之死亡，有兩種情形：

　　1.自然死亡：人一旦死亡，則權利能力歸於消滅。何謂死亡，學說上有脈搏停止說（以脈博停止跳動，為人之死亡時）及心臟鼓動停止說（以心臟停止鼓動，為人之死亡時）。通說係採心臟鼓動停止說。惟衛生署為適用人體器官移植，以腦波之停止補充心臟鼓動停止等傳統死亡之認定標準（人器 4Ⅱ）。

　　此外二人以上同時遇難，不能證明其死亡之先後時，推定其為同時死亡（民 11），故其權利能力，亦同時終止。

　　故如父與子同時遇難，推定其為同時死亡，則父與子相互間不發生繼承關係。因此子之妻對父親之遺產不能經其丈夫之繼承而成為繼承人，而由其子之子女直接代位繼承祖父之遺產（民 1140）。

　　2.死亡宣告：即法院對失蹤人經過法定期間，得因利害關係人之聲請，宣告其死亡之制度。經宣告死亡者，法律上推定其為死亡，其權利能力之終期與自然死亡相同，自其被宣告死亡時終止。

　　3.死亡時期：死亡時期與出生時期均對各種法律關係的變動同等重要。主要係決定下列各種時期：㈠繼承開始。㈡遺囑發生效力。㈢各種保險金之請求權發生效力。㈣撫恤金及年金請求權的發生。

第三節 死亡宣告

一、死亡之概念

死亡（英：decease；德：Tod）自然人之生存機能在生理上永久終止謂。人死亡之後在戶籍上被刪除，而死亡在法律上之權利義務的得喪變更有決定性之關係。傳統之說法，認爲心臟鼓動的完全停止就是人之死亡，但自從心臟移植成功之後，死亡之定義乃開始動搖。事實上主宰一個人之思考與統一人格的身體功能是在腦部，因此腦波之一定期間的停止（腦死）乃成爲死亡之新的判定標準。而人體器官移植條例於 1987 年 6 月 19 日公布，從此移植器官適用腦死判定程序，以腦波之停止補充心臟鼓動停止等傳統死亡之認定標準（人器 4II）。死亡之效果在消滅自然人之權利能力，並開始繼承遺產。但是有關代理、委任等各個法律關係及其他一身專屬之權利義務並不能繼承，因死亡而隨著消滅。民法尚有失蹤宣告之制度。經宣告死亡者，法律上推定其爲死亡，其權利能力之終期與自然死亡相同，自其被宣告死亡時終止。

二、死亡宣告之要件

死亡宣告（德：Todeserklärung），即法院對失蹤人，經過法定失蹤期間後，得因利害關係人或檢察官之聲請，宣告該失蹤人死亡之制度也。此種死亡宣告制度，是對於「權利能力終於死亡」之例外。依民法第 8 條規定：「失蹤人失蹤滿七年後，法院得因利害關係人或檢察官之聲請，爲死亡之宣告。失蹤人爲八十歲以上者，得於失蹤滿三年後，爲死亡之宣告。失蹤人爲遭遇特別災難者，得於特別災難終了滿一年後，爲死亡之宣告。」

種　　　類		失蹤期間	期間之起算	視爲死亡時	
普通失蹤	未到 80 歲者	7 年	最後生存之確認時	失蹤期間屆滿	民 8 I
	80 歲以上	3 年			民 8II
特別失蹤	戰爭失蹤	1 年	戰爭終止時	戰爭終止時	民 8III
	船難失蹤	1 年	船舶沈沒時	船舶沈沒發生時	
	其他危難失蹤	1 年	水災地震等危難過後	危難過後	
	空難失蹤	6 個月	航空器失事	從航空器失事時	民航 98

三、死亡宣告之效力

㈠**死亡宣告與婚姻**：失蹤人於宣告死亡之後尚生存時，得向法院提起撤銷死亡宣告之訴（民訴 635）。撤銷死亡宣告之判決，不問對於何人均有效力。因此判決前之善意行為，於撤銷

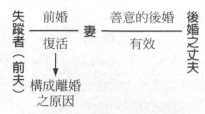

死亡宣告後，其行為仍為有效。在死亡宣告後，受死亡宣告者（失蹤者）之配偶（譬如妻）再婚時，如雙方都是善意，於撤銷死亡宣告後，對於前婚可依民法第 1052 條構成離婚之原因，對於後婚，雖違反重婚之規定（民 985），但重婚之雙方當事人因善意且無過失信賴一方前婚姻消滅之兩願離婚登記或離婚確定判決而結婚者，不在此限（民 988 Ⅰ ③）。但前婚姻自後婚姻成立之日起視為消滅（民 988 之 1）。見本書第 527 頁。

㈡**死亡宣告之撤銷**：即檢察官或有法律上利害關係之人，對於死亡宣告之判決，得以具有法定原因，而提起請求法院除去該宣告效力之訴也（民訴 635）。撤銷死亡宣告，或更正死亡之時之判決，不問對於任何人均有效力（民訴 640 Ⅰ）。但判決確定前之善意行為，不受影響（民訴 640 Ⅰ）。

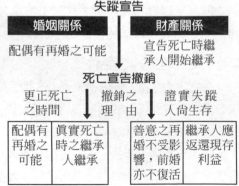

因宣告死亡取得財產者，如因撤銷死亡宣告或更正死亡之時之判決失其權利，僅於現受利益之限度內，負歸還財產之責（民訴 640 Ⅱ）。所謂因宣告死亡取得財產者，係指以宣告死亡為原因而直接取得失蹤人所有財產權之人而言；即繼承人、受遺贈人及死因契約之受贈人等。

四、失蹤人財產之管理

失蹤人失蹤後，未受死亡宣告前，其財產之管理，依非訟事件法之規定（民 10）。即失蹤人未置財產管理人者，其財產管理人依下列順序定

之：1.配偶；2.父母；3.成年子女；4.與失蹤人同居之祖父母；5.家長。不能依上列順序定財產管理人時，法院得依利害關係人或檢察官之聲請，選任財產管理人（非訟 109 II）。財產管理人應以善良管理人之注意，保存財產，並得為有利於失蹤人之利用或改良行為。但其利用改良致變更財產之性質之虞者，非經法院許可，不得為之（非訟 118）。

勞工保險被保險人如為漁業生產勞動者或航空、航海員工或坑內工，除依本條例規定請領保險給付外，於漁業、航空、航海或坑內作業中，遭遇意外事故致失蹤時，自失蹤之日起，按其平均月投保薪資百分之七十，給付失蹤津貼；於每滿 3 個月之期末給付一次，至生還之前 1 日或失蹤滿 1 年之前 1 日或受死亡宣告判決確定死亡時之前 1 日止（勞 19 V）。

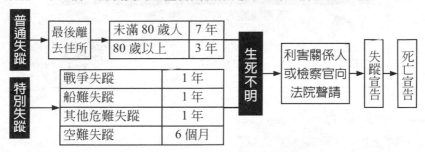

五、同時死亡之推定

同時死亡之推定（德：Vermutung des gleichzeitigen Todes），民法第 11 條：「二人以上同時遇難，不能證明其死亡之先後時，推定為同時死亡。」失蹤人是否同時死亡，關係繼承至為重大，如甲乙為夫妻關係，兩人共乘漁船出海而遭遇海難死亡，如無子女，則推定其為同時死亡，則甲之財產仍由甲之家族所得，惟如能證明甲先死，乙後死，則因乙繼承甲之財產，甲之財產將由乙之家族所得。

第四節　行為能力

一、意思能力

意思能力（德：Willensfähigkeit），即行為人可以判斷自己行為之性質

之精神能力。一個人有無意思能力，須每一行爲個別判斷始可。但大致言之，未滿 7 歲之幼童或精神障礙者、酗酒泥醉人等應無意思能力（無意識能力人）。近代法因採私法自治之原則，如無意思能力者之法律行爲應爲無效，當然不發生權利義務之法律效果（民 75）。如爲無行爲能力者應由法定代理人代爲意思表示，又依過失責任之原則，無意思能力者之侵權行爲不發生責任問題，但應由監督義務者代負責任。因此一個人必須對於其所做的行爲，有預見其將發生何種效果之能力，稱爲意思能力，民法第 187 條所稱之「識別能力」就是指此能力。

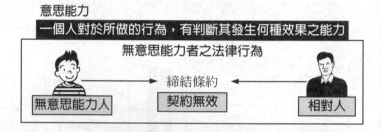

二、責任能力（德：Zurechnungsfähigkeit）

㈠**民法上**：又稱爲侵權行爲能力。即行爲人能辨識自己責任之知能，即行爲人爲侵權行爲時，有了解須負法律責任之精神能力。行爲人欠缺此能力時，如未成年人、精神障礙或其他心智缺陷之行爲人無識別能力，則不負侵權行爲之責任，但由其法定代理人負損害賠償責任（民 187）。責任能力之有無雖依具體案件而判斷，但原則上則以意思能力爲決定。但通常未成年人都以 12 歲前後認爲有責任能力。不過雖是有行爲能力人，行爲時無意思能力者，其行爲仍無效（民 75）。無行爲能力人或限制行爲能力人，不法侵害他人之權利者，以行爲時有識別能力

爲限，與其法定代理人連帶負損害賠償責任。行爲時無識別能力者，由其法定代理人負損害賠償責任（民 187 I）。

㈡**刑法上**：關於責任能力之意義，因主張道義責任論與社會責任論而不同。在道義責任論認爲責任能力是行爲人具有自由意思，並有辨別是非之能力，而在犯罪時具有故意或過失，依此而行爲之能力。此爲判例與通說。至於社會責任論，則認爲行爲人因具有侵害社會之危險性格，社會爲求自衛，所採之防衛手段則爲刑罰，而行爲人能適應刑罰之能力（刑罰適應性）。我刑法並未積極規定責任能力，只是自第 18 條至第 20 條消極性加以規定，此即未成年人，心神喪失、精神耗弱人、瘖啞人之責任能力的規定。

三、行爲能力

行爲能力（德：Geschäftsfähigkeit, Handlungsfähigkeit；法：capacité d'exercice）即私法上能單獨從事有效法律行爲的能力。因行爲能力係以意思能力爲基礎而形成，而意思能力就是行爲人在行爲時，能正常判斷、識別及預期之精神能力。自然人與法人雖都有權利能力，但不一定都有行爲能力。在自然人中，無意思能力者之行爲，因認爲無效，所以法律定有保護制度。此外，與意思能力無關，爲了保護不具有完全獨立交易能力之未成年人、受監護宣告人，則有無效

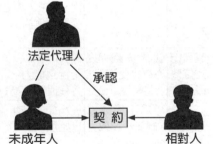

法定代理人　承認
契約
未成年人　相對人

或撤銷之保護規定。如無行爲能力人之意思表示無效（民 75 I）、限制行爲能力人爲意思表示及受意思表示，除純獲法律上利益及日常生活所必需者外，應得法定代理人之允許（民 77）、限制行爲能力人訂立契約須經法定代理人之承認（民 79）、未達結婚年齡之結婚，得撤銷（民 989）、受監護宣告之人無行爲能力（民 15）。法人依法人實在說，則在其目的範圍內有行爲能力。

一個人的行爲，如果是法律所允許的就稱爲合法行爲；譬如日常生活所做的必要行爲，只要不侵犯他人就是合法行爲，都會發生一定的法律效果，如買賣、借貸等。如一個人所從事的行爲不是法律所允許的，

就稱爲違法行爲；如損壞或偷盜他人物品，或侵占他人土地等，這些也會發生侵權行爲的法律效果，在民法上就須負回復原狀或損害賠償之責，而在刑法上就會因犯罪行爲而受刑罰之制裁。

　㈠行爲能力之比較：

	意思能力	行爲能力	權利能力	責任能力
意　義	個人對自己的行爲有判斷識別其法律效果的精神能力。	個人以自己的意思表示能發生一定的法律效果之能力。	凡人都有享受權利負擔義務之能力。	對於違法行爲在法律上能負責任之能力，即個人於違法行爲時，有無辨識能力爲準。
具體標準	意思能力之有無，乃事實問題，故滿7歲後，依個案判斷之。	須達一定年齡，如滿20歲或未成年人已結婚者有完全行爲能力，滿7歲以上之未成年人有限制行爲能力，未滿7歲之小孩，受監護宣告人無行爲能力。	自然人（未出生之胎兒）以及法人均擁有權利能力，不因罪犯，受監護宣告人而有區別。	大致在12歲以上，原則上以意思能力爲準，即以行爲人在行爲時有無識別能力，以決定其有無責任能力。
有該能力之效果	就是7歲程度亦得接受贈與。	滿20歲以上就有完全行爲能力，可以作各種財物交易行爲。	擁有權利，並負擔義務。	本人須負各種損害賠償責任。
無該能力之效果	行爲不能成立，應無法律效力。	行爲如未被承認，則自始無效。	既不擁有權利，亦不負擔義務。	如本人欠缺意思能力，本人雖不負責，但應由法定監督義務者負損害賠償之責。
關　係	有意思能力者未必都有行爲能力，蓋行爲能力爲法律之規定，但行爲能力是以有意思能力爲基礎，故無意思能力，當無行爲能力。	無論有無行爲能力，都擁有權利能力。原則上，有行爲能力就有責任能力，但有行爲能力人行爲時，無意思能力者，其行爲無效（民75），從而不負法律責任。	有權利能力人不一定都擁有意思能力與行爲能力。	權利能力乃人人都能享有；行爲能力原則上以年齡爲決定之標準，責任能力則以意思能力之有無爲決定之標準。

㈡行為能力之態樣：

1.完全行為能力人：即一個人能以獨立的意思，作完全有效的法律行為之意。

　⑴成年人：滿 20 歲之成年人（民 12），有完全行為能力。年齡之計算法依民法第 124 條。

　⑵未成年已結婚者：未成年人已結婚者，有行為能力（民 13Ⅲ）。又未達法定結婚年齡，如男未滿 18 歲，女未滿 16 歲而結婚者，雖得撤銷，但在未依法撤銷以前，應認為有行為能力（24 院 1282）。

2.限制行為能力人：當一個人的心智尚未完全成熟，其知識經驗仍較成年人淺薄，計較得失權衡利害，尚無法週密。因此滿 7 歲以上之未成年人，有限制行為能力（民 13Ⅱ）。限制行為能力人未得法定代理人之允許，所為之單獨行為，無效（民 78）。限制行為能力人未得法定代理人之允許，所訂立之契約，須經法定代理人之承認，始生效力（民 79）。惟法律對於限制行為能力人的行為能力設有特別的效力規定或限制規定時，應優先適用其規定①。

3.無行為能力人：即在法律上絕對不能為法律行為能力之人。此種人縱然有意思能力，其所為之行為，在法律上仍無效力。蓋無行為能力人，雖不得謂為全無意思能力，然確有意思能力與否，事實上不能確定，

①此類特別法為：票據上雖有限制行為能力人之簽名，不影響其他簽名之效力（票8）。年滿16歲之工人，均有加入產業或職業工會為會員之權利義務（工會12）。年滿15歲經其法定代理人的允許，得加入為漁會會員（漁15Ⅱ）。無行為能力人或限制行為能力人不得擔任公司經理人（公30⑥）。證券商之業務人員，應年滿20歲（證交54）。未成年人及受監護宣告人不得被選為遺產管理人（非訟147）。未成年人、受監護宣告人不得為仲裁人（仲7Ⅰ）。農會會員（農13）、工業同業公會會員代表（工團16）及商業同業公會會員代表等均須年滿20歲以上（商團16）。見施啟揚著：民法總則，第88頁。

亦不易證明，故設此規定，以防無益之爭論。依民法規定，無行爲能力人，包括：未滿 7 歲人（民 13 I）及受監護宣告人（民 15）。

第五節　受監護宣告人（原禁治產人）

一、受監護宣告人之概念

受監護宣告人（英：interdicted persons；德：Entmündigter；法：interdit），係指因精神障礙或其他心智缺陷，致不能爲意思表示或受意思表示，或不能辨識其意思表示之效果者，法院得因本人、配偶、四親等內之親屬、最近 1 年有同居事實之其他親屬、檢察官、主管機關或社會福利機構之聲請，爲監護之宣告（民 14 I）。受監護宣告者，即以法律禁止此種人自行處理其財產，縱使爲之，在法律上亦屬無效。

受監護之宣告，由法院爲之。確定受監護宣告之有無，實際上頗爲困難，故審判前應訊問鑑定人，非就應受監護宣告人之精神或心智狀況訊問鑑定人後，不得宣告（民訴 603）。法院應依民事訴訟法第三章第 597 條以下規定，以裁定爲受監護之宣告。

二、受監護宣告之效力

㈠受監護宣告之效力的性質：

1.創設性之效力：無論何人，一旦受監護之宣告，即爲無行爲能力人（民 15）。在未經撤銷宣告前，凡屬受監護人之行爲，不問其行爲當時，有無意思能力，均不發生法律上之效力。惟此爲原則，尚有例外，如無行爲能力人或限制行爲能力人，不法侵害他人權利時，當視其行爲時有無識別能力

爲斷。其已有識別能力者，則應使行爲人與法定代理人連帶負賠償之責任，若其行爲時實無識別能力，則應使法定代理人獨負賠償之責（民187 I）。

2.絕對之效力：即受監護宣告之效力，是爲絕對的。則一經宣告，不僅對於被宣告之人發生效力，即對於一般人亦均發生效力。

⇔受監護宣告之結果：

1.受監護宣告人無行爲能力：應即爲其置監護人（民1110），以代其爲法律行爲。至法院爲監護之宣告時，應依職權就配偶、四親等內之親屬、最近 1 年有同居事實之其他親屬、主管機關、社會福利機構或其他適當之人選定 1 人或數人爲監護人，並同時指定會同開具財產清冊之人。法院爲上項選定及指定前，得命主管機關或社會福利機構進行訪視，提出調查報告及建議。監護之聲請人或利害關係人亦得提出相關資料或證據，供法院斟酌（民1111）。關於其財產之管理，及財產上之法律行爲，皆準用關於未成年人監護之規定，即以監護人於其監護權限內，爲受監護人之法定代理人（民1113及1098）。

2.其他資格之限制：

　⑴參加公務人員考試應體格檢查，受監護宣告人當不得參加考試（公考6）。

　⑵不得擔任公務人員（公任28 I⑧）。

　⑶無選舉權，亦不得登記爲候選人（公選14、26 I⑨）。

　⑷未成年人與受監護或輔助宣告人，不得爲監護人（民1096）；不得爲遺囑見證人（民1198 I②）及遺囑執行人（民1210）；亦不得遴任爲民間公證人（公證26 I⑧）或充當公證書上見證人（公證79 I②）。

　⑸受監護宣告者不得擔任無限公司股東（公66 I④）；不得擔任商業同業公會會員（商團17 I③）。不得爲工業同業公會會員代表（工團17 I③）；亦不得爲農會會員（農16 I③）及漁會會員（漁17 I③）。

　⑹受監護宣告者不得充任律師（律4 I⑥）、會計師（會6 I②、④）、記帳士（記4 I②）、建築師（建4 I①、②）及技師（技10 I②）。

三、受監護宣告之撤銷

受監護之原因消滅時，法院應依聲請權人之聲請，撤銷其宣告（民

14Ⅱ）。所謂監護之原因消滅，係指受監護宣告人之精神上已康復，至能處理自己之事務之狀態而言。撤銷有二種情形：

㈠**聲請撤銷監護宣告**：依民法規定得聲請監護宣告之人，於監護宣告之原因消滅後，得聲請撤銷監護宣告（民訴619）。此種撤銷，稱為「撤銷監護」，使已發生效力之宣告，不再發生效力，即不生溯及效力，而自撤銷時起回復行為能力。

㈡**聲請撤銷監護宣告之效力**：在撤銷監護宣告判決確定前，監護人所為之行為，不失其效力。在撤銷監護宣告判決確定前，受監護宣告之人所為之行為，不得本於宣告監護之裁定，而主張無效（民訴617）。

四、受監護宣告與死亡宣告

項目 區別	受監護宣告	死亡宣告
㈠ 宣告之原因不同	因精神障礙或其他心智缺陷，致不能為意思表示或受意思表示或不能辨識其意思表示之效果為其原因（民14）。	因失蹤人失蹤已達法定期間為其原因。
㈡ 聲請人不同	本人、配偶、四親等內之親屬、最近 1 年有同居事實之其他親屬、檢察官、主管機關或社會福利機構（民15之1）。	利害關係人或檢察官。
㈢ 保護對象不同	為保護有精神障礙或心智缺陷人及與其交易之相對人之利益。	為保護與被死亡宣告者有利害關係人之利益。
㈣ 效力不同	受監護宣告者，即為無行為能力人。此項效力乃為絕對的，在未經撤銷宣告前，凡屬受監護有無意思能力，均不發生法律上之效力。	受死亡宣告者不論在財產或身分上，即在私法上均結束一切關係，惟不及於公法範圍。但失蹤人於宣告死亡後尚生存時，得向法院提起撤銷死亡宣告之訴，但判決前之善意行為，於撤銷死亡宣告後，其行為仍為有效。

習題：監護宣告應具備什麼要件？設甲為已成年而受監護宣告之人，有一筆土地，乙欲購買之。乙應如何為意思表示，始得成立有效之買賣契約？（100普）

第六節　受輔助宣告人

一、受輔助宣告人之概念

對於因精神障礙或其他心智缺陷，致其為意思表示或受意思表示，或辨識其意思表示效果之能力，顯有不足者，法院得因本人、配偶、四親等內之親屬、最近一年有同居事實之其他親屬、檢察官、主管機關或社會福利機構之聲請，為輔助之宣告（民15之1Ⅰ）。

二、受輔助宣告之效力

因受輔助宣告之人，其精神障礙或其他心智缺陷程度，較受監護宣告之人為輕，但其為意思表示或受意思表示，或辨識其意思表示效果之能力，顯有不足者，被宣告後有下列效力：

㈠**行政罰法及刑法均得減輕其刑**：行為時因精神障礙或其他心智缺陷，致其辨識行為違法或依其辨識而行為之能力，顯著減低者，得減輕其刑（行罰9Ⅳ、刑19Ⅱ）。

㈡受輔助宣告之人為下列行為時，應經輔助人同意。但純獲法律上利益，或依其年齡及身分、日常生活所必需者，不在此限（民15之2）：

1. 為獨資、合夥營業或為法人之負責人。
2. 為消費借貸、消費寄託、保證、贈與或信託。
3. 為訴訟行為。
4. 為和解、調解、調處或簽訂仲裁契約。
5. 為不動產、船舶、航空器、汽車或其他重要財產之處分、設定負擔、買賣、租賃或借貸。
6. 為遺產分割、遺贈、拋棄繼承權或其他相關權利。
7. 法院依前條聲請權人或輔助人之聲請，所指定之其他行為。

第78條至第83條規定，於未依前項規定得輔助人同意之情形，準用之。第85條規定，於輔助人同意受輔助宣告之人為第1項第1款行為時，準用之。第1項所列應經同意之行為，無損害受輔助宣告之人利益之虞，而輔助人仍不為同意時，受輔助宣告之人得逕行聲請法院許可後為之。

㈢受輔助宣告人得聲請法院許可為法律行為：第 15 條之 2 第 1 項所列應經輔助人同意之行為，無損害受輔助宣告之人利益之虞，而輔助人仍不為同意時，受輔助宣告之人得逕聲請法院許可為之（民 15 之 1Ⅲ）。

㈣準用限制行為能力人之有關規定：

1.民法第 78 條至第 83 條規定，於未依民法第 15 條之 2 第 1 項規定得輔助人同意之情形，準用之（民 15 之 2Ⅱ）。

2.民法第 85 條法定代理人允許限制行為能力人獨立營業之規定準用之。

三、受輔助宣告之撤銷

準用監護宣告之撤銷的有關規定（民訴 624 之 2）。

第七節　人格權

一、人格權之意義

人格權（德：Persönlichkeitsrecht；法：droit de personnalité），即專屬於人格之自由、生命、身體等人格利益的總稱。又如**隱私權**，即個人私生活不受干涉，名譽、精神或智慧之創造（如專利、著作、藝術等）以及**姓名或肖像**之獨占使用及各種**私秘權**等均是。這些均在近代法中被列為人格權之一。

二、人格權的性質

㈠**人格權係終身權利**：人之權利能力，始於出生，終於死亡（民 6）。胎兒以將來非死產者為限，關於其個人利益之保護，視為既已出生（民 7）。

㈡**人格權不可拋棄**：權利能力及行為能力，不得拋棄（民 16）。自由不得拋棄。自由之限制，以不背於公共秩序或善良風俗者為限（民 17）。因此，為維護人性尊嚴，個人之生命、身體、健康、名譽、信用、私秘權等之人格權，當亦不可拋棄，如有拋棄行為，其拋棄應無效。

㈢**人格權不可轉讓**：蓋人格權為一身專屬權，專屬於個人一身，故不得為讓與或繼承之標的。

㈣**人格權不可侵犯**：人格權受侵害時，得請求法院除去其侵害；有受侵害之虞時，得請求防止之。如有侵害得請求損害賠償或慰撫金 (民18)。即：

　　1.財產上之損害賠償：即侵害生命權之賠償 (民192)、侵害身體、健康之賠償 (民193)。

　　2.非財產上之損害賠償 (即慰撫金)：侵害生命權之非財產上賠償 (民194)、侵害身體健康之非財產法益之賠償 (民195)。

三、人格權的保護

㈠ 一般 規定	1.除去侵害 請求權	人格權受侵害時，得請求法院除去其侵害；有受侵害之虞時，得請求防止之 (民18Ⅰ)。
	2.損害賠償 請求權	人格權受侵害時，以法律有特別規定者爲限，得請求損害賠償或慰撫金 (民18Ⅱ)。此所謂特別規定者，即一般侵權行爲 (民184)、侵害生命、身體、健康之賠償 (民192~195) 是。
㈡ 特別 規定	1.能力之保 護	權利能力及行爲能力，不得拋棄 (民16)。權利能力，包括享受權利與履行義務之能力。行爲能力，則爲人之行爲在法律上能發生效力之能力。
	2.自由之保 護	自由不得拋棄。自由之限制，以不背於公共秩序或善良風俗者爲限 (民17)。依憲法第二章第 8 條至第 15 條及第 23、24 條之規定，均係對自由之保障，其與個人人格關係重大。
	3.姓名權之 保護	姓名權受侵害者，得請求法院除去其侵害，並得請求損害賠償 (民19)。按姓名權者，因區別人己而爲人格之一種，其所保護者爲身分上「同一性的利益」。
	4.死後人格 保護	即對於已死之人公然侮辱者，處拘役或三百元以下罰金。對於已死之人犯誹謗罪者，處 1 年以下有期徒刑、拘役或一千元以下罰金 (刑312)。

第八節　住　所

　　所謂住所 (拉：domicilium；英、法：domicile；德：Wohnsitz) 即依一定事實，足認以久住之意思，住於一定之地域者，即爲設定其住所於該地 (民20)。因此主觀上須有久住於該地之意思，客觀上須有久住該地之事實。

一、住所與其他名詞之不同

(一) 居所	係自然人因一定之目的而暫時寄居之處所。與住所之區別在於住所有久住之意思，而居所則無。依法一人不得同時有兩個以上住所（民20Ⅱ），但對居所並無限制。
(二) 營業所	即商人營業上活動中心之一定的場所。一般人決定債務清償地是以住所為標準，而商人關於營業上之法律關係，則以營業所為標準。
(三) 現在地	即為自然人現在寄身之處所。以住所為法律上之住所言，現在地則為偶然之處所。
(四) 第宅	此為自然人居住之宅第，與法律上所稱之住所自不相同。

二、住所之種類

(一)**意定住所**：此係依當事人之意思自由設定之住所。意定住所，固可自由設定，亦可自由廢止。

　　1.住所之設定：依一定事實，足認以久住之意思，住於一定之地域者，即為設定其住所於該地（民20）。

　　2.住所之廢止：依一定事實，足認以廢止之意思離去其住所者，即為廢止其住所（民24）。

(二)**法定住所**：即指法律上規定之住所，為其住所，而不許當事人自由設定或變更。有狹義的法定住所及擬制住所兩種：

　　1.狹義的法定住所：

　　　(1)無行為能力人或限制行為能力人，以其法定代理人之住所為住所（民21）。

　　　(2)夫妻之住所，由雙方共同協議之；未為協議或協議不成時，得聲請法院定之。法院為上項裁定前，以夫妻共同戶籍地推定為其住所（民1002）。

　　2.擬制住所：

　　　(1)居所：遇有下列情形之一者，其居所視為住所（民22）：

　　　　①住所無可考者。

　　　　②在我國無住所者，但依法須依住所地法者，不在此限（民22）。

　　　(2)因特定行為選定居所者，關於其行為，視為住所（民23）。

三、住所之法律效力

(一) 民法上	決定因失蹤而宣告死亡（民8）及債務履行清償地之標準（民314）。
(二) 票據法上	決定行使或保全票據上權利之處所（票20）。
(三) 訴訟法上	決定審判管轄（民訴1、568、583、597、626；少14、刑訴5、行訴13）及訴狀送達之處所（民訴136、刑訴55、行訴71）。
(四) 破產法上	決定破產管轄及船舶碰撞之訴訟之標準（破2、海101）。
(五) 國際私法上	決定準據法之標準（涉外3、4、6、12、20、27、28）。
(六) 國籍法上	決定歸化及回復國籍之標準（國籍3、4、5、15）。

第九節　外國人

外國人（英：foreigner；德：Ausländer；法：entranger），指擁有外國國籍及無國籍之自然人。外國人在法律上之地位，原則上與我國人相同，均須服從當地法律之支配。惟在國際法上外國人所享之權利雖不確定，而得由各國任意定之。

一、外國人之權利能力

我法制原則上採平等主義。即外國人當應平等與我國民同樣享有權利能力。但民法總則施行法第2條規定：「外國人於法令限制內，有權利能力。」但必要時仍設有限制。如土地法第17至19條、水利法第16條、礦業法第6條、漁業法第5條等規定是。

二、外國人之行為能力

(一)外國人之行為能力，依涉外民事法律適用法第1條第1項之規定：「人之行為能力，依其本國法。」即在其本國有行為能力者，始有行為能力。

(二)同法第2項規定：「外國人依其本國法無行為能力或僅有限制行為能力，而依中華民國法律有行為能力者，就其在中華民國之法律行為，視為有行為能力。」

第五章　法　人

第一節　法人之概念

一、法人之意義

　　法人（英：corporation, body corporate, juridical person；德：juristische Person；法：personne morale）者，非自然人，而法人是人或財產的結合，由法律賦予權利能力（人格），能享受權利負擔義務之組織。法人是依法律規定而成立（民 25）。法人之本質有法人擬制說、法人否認說、法人實在說等學說。原來擁有權利能力之典型者是自然人，但在社會上除了自然人以外，擁有一定目的而結合多數人成立之團體，或捐助財產而形成之組織，也由法律賦予權利能力；前者稱為社團法人，後者稱為財團法人。法人又可分為公法人與私法人；前者為國家或地方自治團體、公立學校等；後者為社團法人與財團法人。此外，凡依國家法律所設立之法人，稱為本國法人。非依該本國法律所設立之法人，稱為外國法人。

二、法人之種類

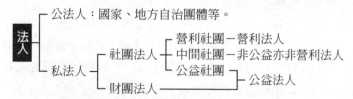

　　㈠**依法律根據之不同**：即依設立所依據法律之不同，可分為：

　　1.公法人：擔當國家部分之作用的法人稱為公法人。如國家、地方自治團體，以及公立學校等是。

　　2.私法人：依國家私法而設立之法人，謂之私法人。如公司等是。在私法人中，依法人組織基礎之不同，可分為社團法人與財團法人：

　　⑴社團法人：係由人之集合體而成立之社員團體，即以所有社員為

組織基礎，具有獨立人格，經營共同事業之法人。社團法人原則上**採準則主義**，社團法人又依成立目的之不同，可分為公益法人、營利法人與中間社團法人。

①公益法人：以公益為目的之法人。公益法人之設立，採許可主義，須得主管機關之許可。惟公益法人之中，也有社團法人，也有屬於財團法人者。前者如農會、工會、商會、漁會、商業同業公會等是；後者如學校法人、宗教法人、社會福利之慈善團體，雖亦公益法人，但係屬財團法人。

②營利法人：以營利為目的之社團。營利社團法人之設立，則採準則主義，須依特別法之規定辦理。如公司、商業銀行是。

③中間社團：既非以公益為目的，亦非以營利為目的之社團。如同學會、同鄉會、俱樂部及各種學術研究社等是。

(2)財團法人：係依財產之集合而成立之法人，即以捐助財產為組織基礎依捐助人所定之目的而設立之法人。財團法人之目的與組織，須依照捐助章程，由捐助行為而確定，不能隨意變更之。財團法人之集合對象為財產，故悉為公益法人，絕不能變為營利法人。財團法人之設立，與前述公益法人相同，**係採許可主義**，須得主管機關之許可。如寺廟或其他慈善團體是。

㈡**依設立住所之不同**：法人依其設立時住所地址之不同，可分為本國法人與外國法人。

1.本國法人：依據中華民國法律設立之法人。

2.外國法人：依據外國法律設立之法人，經認許之外國法人，於法令限制內，與同種類之我國法人有同一之權利能力（民總施12 I）。

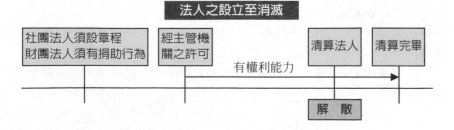

第二節　公法人與私法人

一、意義

　　法人在傳統分類上，可分爲公法人與私法人，以擔當國家統治作用之法人，稱爲公法人，其他則稱爲私法人。其區別標準及實益，列述之：

公法、私法、社會法

　　㈠**公法人**：以執行國家之公共事務爲目的，依據公法而成立之法人，稱爲公法人，在法令上有稱爲「公法人之法人」。最廣義認爲國家及地方自治團體就是一種公法人，但通常認爲是在國家之下，爲特定之國家目的而設立之法人，並依其目的在必要限度下賦予行政權之謂。如國家、地方自治團體（如省市、縣市及鄉鎮市等）、公立學校等均係以行使國家統治權，或依公法而設立者，又農田水利會依水利法第12條規定，係秉承政府推行農田灌溉事業，其第2項明定，農田水利會爲公法人。

　　㈡**私法人**：爲達成私人自由意思之決定，依據私法而設立之法人，稱爲私法人。如民法上之社團或財團及各種公司企業等，均依民法之規定而設立，故爲私法人。至於農會係依農會法而設立，其主要目的係在謀求農民之利益，依農會法第2條規定，農會爲法人，而法人之設立，應依民法之規定，故農會爲私法人。

二、公法與私法之區別實益

	區分基準	公 法 人	私 法 人
㈠ 民事 方面	1.**訴訟管轄**之不同	關於公法人之訴訟，多依行政救濟程序，由行政法院管轄。	私法人之訴訟，則依民事訴訟程序，由普通法院管轄。
	2.**債權執行**之不同	在公法人依國稅法之徵收方式爲之。	在私法人，則依民事訴訟法爲強制執行。

	3.侵權責任之不同	公法人對於侵權行為，以法律規定者為限，始負賠償責任（憲法第 24 條、國家賠償法、冤獄賠償法等）。	私法人則依民法第 28 條及第 188 條負損害賠償責任。
(二)刑事方面	1.瀆職罪之成立	公法人之職員可依刑法上之瀆職罪追訴。	私法人的職員則否。
	2.偽造文書問題	公法人之職員偽造文書，成立偽造公文書罪。	私法人則成立偽造私文書罪。

三、公私混合法人

近年來因公法與私法之混淆，有社會法或公私混合法之產生。使公法人與私法人之區分頓感困難，此夾在兩者之中間領域的法人，稱為社會法人。如社會福利法人等均是。

第三節　社團法人、財團法人與合夥

一、社團法人與財團法人

私法人之中，以設立時組織基礎之不同，又可分為社團法人與財團法人。社團法人，係依人之集合而成立者，即以所有社員為組織基礎，具有獨立人格，經營共同事業之法人。至於財團法人，係依財產之集合而成立者，即以捐助財產為組織基礎，依捐助人所定之目的而設立之法人。兩者之區別標準為：

(一)區別標準：

項目 區別	社 團 法 人	財 團 法 人
1.組織基礎	以人之集合體而成立者。故須有數人始能成立，社團不僅有管理員，亦有社員及社員總會。	以捐助財產為組織基礎者。故只有一人亦可單獨捐助成立。財團只有管理人，而無社員，亦無社員總會。
2.目的	可為公益、亦可為營利，亦可為既非公益又非營利之中間性社團。	僅須以公益為目的。
3.設立許可	只以公益為目的之社團，於登記前，應得主管機關之許可（民46）。	財團於登記前，應得主管機關之許可（民59）。

4. **組織性質**	社團得依社員總會決議隨時變更組織及章程（民 50）。	財團組織及章程之變更，均聲請法院決定（民 63）。
5. **決議與執行** **機關**	社團有社員總會之議決機關及董事監察人之執行機關（民 50）。	財團則無社員，亦無總會。
6. **法人之解散**	社團得隨時以全體社員三分之二以上之可決、解散之（民 57）。	財團只能因情事變更，致目的不能達到時，由主管機關變更其目的及組織，或解散（民 65）。

㈡**區別實益：**

　　1.社團法人：社團中有以營利為目的者，其設立應依特別法之規定（民 45），其以公益或其他事項為目的者，則依民法之規定（民 46 以下）。

　　2.財團法人：並無社員，亦無社員之營利，係以公益為目的，其設立均應得主管機關之許可（民 59）。

二、社團法人與合夥

　　社團係由人之集合而成之社員團體，從其目的分為非經濟的社團及經濟的社團；非經濟的社團，應於民法中規定，至經濟的社團，則規定於特別法中。一般認為社團須有 2 人以上始能成立，並須登記（民 30、46），在社團法人，不僅有管理員，而且有社員，社員僅參與社員總會作成決議，始形成團體的意思，並以此監督機關的行為。有關社團的資產負債，均屬社團所有，社員除應分擔之出資外，不負任何責任。至於合夥，係 2 人以上互約出資，以經營共同事業之契約（民 667）。此共同事業之種類，並無限制，祇要不背公序良俗，不論營利（如營商合夥）或非營利（如學術、宗教、娛樂），均得為合夥之共同事業而經營。此外合夥須合夥人互約出資，合夥人彼此間具有對等給付之關係。合夥財產為合夥人全體之公同共有（民 668）。合夥財產不足清償債務時，各合夥人對於不足之額，負連帶責任（民 681）。其區別標準如下：

項目 區別	社　團　法　人	合　　夥
㈠ **設立基礎**	2 人以上，依共同的目的而組織成立之團體。	2 人以上，互約出資，以經營共同事業之契約。

(二) 目的	可爲公益，亦可爲營利，亦可爲既非公益又非營利之中間社團。	在經營共同事業。
(三) 設立登記	社團只以公益爲目的，始應得主管機關之許可，其他須登記。	得自由設立。
(四) 組織性質與決議執行	社團必須有一定之組織，社團法人之活動，有社員總會之議決機關，及董事監察人之執行機關。	合夥人僅爲各個人之集合。
(五) 財產狀態	社團的資產負債，均屬社團所有。	合夥財產，爲合夥人全體之公同共有。
(六) 債務責任	社團法人之債務，原則上以社團擁有之財產爲擔保。	合夥財產不足清償債務時，各合夥人對於不足之額，負連帶責任。

第四節　法人之設立與登記

一、法人之設立

　　法人之設立，各國立法例，有自由放任與法定主義、特許主義、許可主義、登記主義、準則主義與強制主義等立法主義。**我民法所採取之主義爲：**

(一) 法律主義	即法人非依本法或其他法律之規定，不得成立（民25）。因此，凡社團或財團，均須依民法或其他法律之規定，始得成爲有人格之法人。
(二) 特許主義	對於較重要之特殊法人，採特許主義；如中央銀行、中國國際商業銀行等之設立，特制定中央銀行法、中國國際商業銀行條例之規定是。
(三) 許可主義	對於公益社團及財團法人之設立，於登記前，應得主管機關之許可（民46、59）。
(四) 登記主義	法人非經向主管機關登記，不得成立（民30）。
(五) 準則主義	對於營利社團及非營利非公益之中間社團，採準則主義。如依特別法之公司法（民45）的規定，公司的設立，原則上採準則主義。惟其業務須經政府特許者，並須經主管機關許可，於領得許可文件後，方得申請公司登記（公17I）。如保險公司等（保137I）。
(六) 強制主義	憲法規定，人民既有結社的自由，每個人應有參加各種社團或不參加的自由，這種不參加的自由，稱爲「消極的結社自由」（negative

Vereinsfreiheit）。惟例外的，國家對於影響社會重大之職業，爲達成管理之目的，乃以法律規定這些從業人員必須加入組織，採這種強制主義者，如律師公會、醫師公會等是。

二、法人之登記

㈠**登記之意義**：即將有關法人的成立及其存續狀態，記載於登記簿，以備公共閱覽之謂。法人藉登記制度之公信力，可使善意第三人明瞭法人是否確實存在，其內部組織情形及其財務狀況，以保護交易之安全。民法上法人必須向主管機關登記，始能成立（民30）。同樣是法人，有關以營利爲目的之社團，另依特別法之規定，如公司，非在中央主管機關登記，不得成立（公6）。法人登記之「主管機關」，依民法總則施行法第10條規定，指該法人事務所所在地之法院。法人之登記有設立登記（民30）、變更登記（民31）、解散登記、清算人任免或變更登記、清算終結登記等五種。

㈡**登記之效力**：即法人以登記爲法人成立之要件（民30），具有創設性之效力，因登記而成爲法人，非經登記，不能取得法人資格。而以營利爲目的之社團的公司也須在中央主管機關登記後，始能成立（公6）。故公司如未經合法註冊，則雖名爲有限公司，仍難認有獨立之人格，即應以合夥論（20上2014）。經法人登記之事項，有其公信力，得以之對抗第三人，第三人不得諉爲不知。法人登記後，有應登記之事項，而不爲登記，或已登記之事項有變更而不爲變更之登記者，不得以其事項對抗第三人（民31）。

三、法人之住所

法人既與自然人同爲權利之主體，享有權利能力及行爲能力，依法並有當事人能力（民26），自有設定住所之必要。依民法第29條規定：「法人以其主事務所之所在地爲住所。」所謂事務所，係指法人執行業務之處所。事務所僅有一處者，以該事務所所在地爲住所。事務所如同時有數處時，以主事務所所在地爲住所。法人之主事務所與分事務所皆須登記（民48 I ③、61 I ③）。法人如爲公司，應以其本公司所在地爲住所（公3）。

第五節　法人之能力

一、權利能力

㈠**權利能力之始期與終期**：民法上雖無明文規定，惟解釋上可推論為：法人之權利能力始於向主管機關登記而成立（民 30），終於解散後，辦理清算終結之登記後（民 40II），其法人人格即行銷結（非訟 99）。

㈡**權利能力之範圍**：法人於法令限制內有享受權利，負擔義務之能力。但專屬於自然人之權利義務不在此限（民 26）。依此，則法人之權利能力，與自然人比較，其範圍較為狹小，應受下列之限制：

1. 法令上 之限制	即法人的權利能力，須受法律及命令之限制。而自然人之權利能力，必須以法律才能限制。所謂得以法律限制者，如公司不得為他公司無限責任股東或合夥事業之合夥人（公 13）。其得以命令限制者，如受設立許可法人之董事或監察人，不遵主管機關監督之命令，或妨礙其檢查者，得處以五千元以下罰鍰（民 33）。
2. 性質上 之限制	因法人為社會之組織體，而非為自然人，在法律上雖有人格，然與自然人不同；因此，專屬於自然人之權利義務，法人自不得享有或負擔。所謂專屬於自然人，如生命權、身體權、自由權、貞操權等人格權，及以自然人之身分存在為基礎之親權、家長權、繼承權、扶養請求權、扶養義務等。
3. 目的上 之限制	此指法人之權利能力須受法人目的之限制。我民法因無明文規定，有肯定與否定二說。此項理論在日本民法 43 條有規定：法人依法令及章程或捐助章程所定目的之限制內，享有權利義務。蓋此規定是採自英美法之「逾越權限之原則」（Doctrine of Ultra Vires）。而我公司法第 12 條規定：「公司設立登記後，有應登記之事項而不登記，或已登記之事項有變更而不為變更之登記者，不得以其事項對抗第三人。」故肯定說也有其道理[1]。

二、行為能力

㈠**法人有無行為能力**：法人是否與自然人相同具有行為能力，因法人本質所採學說而不同。

　　1.採擬制說者：認為法人係法律所擬制，自無意思能力，從而應無

---

[1]見洪遜欣著：民總，第 156 頁。

行爲能力，當然不能自爲行爲。法人僅得由董事代爲法律行爲，但董事自身之行爲，並非法人之行爲，只因董事係法人之法定代理人，依代理之規定，其效力及於法人而已。此又稱爲代理人說，或消極說。

2.採實在說者：認爲法人有行爲能力。法人既有團體意思，董事爲法人之代表，爲法人之機關，在職務上依法人意思所爲之行爲，乃法人自身之行爲，非董事個人之行爲，而係以法人機關之資格，代表法人爲之而已。此又稱爲機關說，或積極說。我民法第 27 條規定，法人董事就法人一切事務，對外代表法人。**故通說係採實在說。**

㈡**法人行爲能力之範圍**：解釋上應以法人之權利能力的範圍爲標準來決定。故法人之行爲能力亦應受法令及法人性質之限制（民 26）。如踰越此限制以外所爲之行爲，即不得謂爲法人之行爲，而應由代表機關之個人負責。如公司法第 16 條規定：「公司除依其他法律或公司章程規定得爲保證人外，不得爲任何保證人。」

三、侵權行爲能力

㈠**法人責任能力之學說**：法人之責任能力，即法人之侵權行爲能力。凡故意或過失不法侵害他人之權利者，爲侵權行爲，行爲人應負損害賠償責任（民 184）。法人有無責任能力，亦因對於法人本質所採之學說而異：

1.採擬制說者：因否定法人本身之行爲能力，自不能爲侵權行爲，故無責任能力。代理行爲如有侵權行爲，應依代理的有關規定負賠償責任。此又稱爲「代理說」。

2.採實在說者：認爲法人有行爲能力，當即有責任能力。且董事爲法人之機關，董事在其職務上所作的行爲，就是法人的行爲，如董事在執行職務時，有加損害於他人，就是法人的侵權行爲，應由該行爲人與法人連帶負賠償之責任（民 28）。此說亦稱爲「機關說」。

㈡**法人之侵權行爲責任**：

1.連帶賠償責任：民法第 28 條後段規定，侵權行爲發生後，法人應「與該行爲人連帶負賠償之責。」故一旦發生侵權行爲，除行爲人應負責任外，法人應負連帶賠償之責。

2.董事或其他有代表權人對法人之責任：法人之機關（董事或其他有代表權人）與法人間之內部關係，可準用委任契約之規定，則應視該法人機關所爲之行爲是否爲執行職務範圍內之行爲，並已否盡善良管理人之注意以爲斷，如其行爲有違反此項注意義務，致他人受損害時，法人於賠償後，對於行爲人有求償權。

3.法人與僱用人之侵權責任之不同：法人對董事或其他有代表權人之侵權行爲所負責任（民28）與僱用人對於受僱人之侵權行爲所負責任（民188）之不同：

項目 區別	法人侵權行爲責任	僱用人侵權行爲責任
(1)連帶責任對象	須爲法人之董事或其他有代表權之人。	須爲僱用人之受僱人。
(2)能否免責	法人應自己負責，無免除責任規定。	由僱用人與行爲人負連帶賠償責任。但如僱用人選任受僱人及監督其職務之執行已盡相當之注意，或縱加相當之注意，而仍不免發生損害者，不負賠償責任。
(3)連帶責任內容	法人應與行爲人連帶負賠償責任。	僱用人對選任受僱人及監督其職務之執行已盡相當之注意，僱用人固不負賠償責任，但被害人依此規定不能受損害賠償時，法院因其聲請得斟酌僱用人與被害人經濟狀況，令僱用人爲全部或一部之損害賠償。
(4)求償權	只有連帶責任，無求償權。	僱用人賠償損害時，對於侵權行爲之受僱人有求償權。

習題：法人之權利能力與自然人有何不同？其職員因執行職務所加予他人之損害，法人是否應負損害賠償責任？（99身障四）

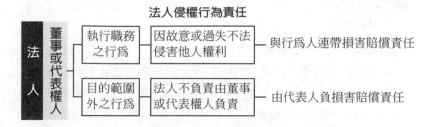

法人侵權行爲責任

第六節　法人之機關

一、機關之種類

　　法人之一切行爲都是由決定法人之意思、執行法人事務之構成份子爲其實現，此即法人之機關。就其對外與第三人之關係言，純係代表法人，並無其個人獨立之人格。就其對內關係言，各有其個人獨立之人格，與法人發生權利義務之關係。因此法人之行爲實際係由構成法人機關之自然人實現者，此種構成法人機關之自然人，即爲機關擔當人。法人機關的種類可大別爲三：

(一) 意思機關	爲決定法人意思之機關，亦稱決議機關，在社團法人爲**社員總會**。
(二) 執行機關	爲代表法人執行法人事務之機關，即**董事**或其他有代表權之人。無論社團或財團法人，均須設置。
(三) 監督機關	爲監察法人執行事務情況之機關。通常稱爲**監察人**，此監察人雖非必設（民27IV），但一般法人多有設置。

二、法人之董事

　　董事者，係法人之必須具備之常設機關，對外代表法人，對內執行職務者也。因法人需有機關爲其從事各項活動，董事即爲法人之必設機關（民 27 I），董事就法人一切事務，對外代表法人。董事有數人者，除章程另有規定外，各董事均得代表法人（民 27II）。法人爲達其一定之目的事業，自不能不設置執行事務之機關，故由董事執行法人職務，而法人對於其董事或其他代表之人因執行職務所加於他人之損害，與該行爲人連帶負賠償之責任（民28）。

　　(一)**董事之任免**：董事之任免，係指董事之選任、罷免及辭職而言。

　　　1.任免程序：

　　　　(1)社團法人：應於章程內訂定之（民47③），而其任免之決定，則應經社員總會之決議（民 50II②），其決議以出席社員過半數決之（民52 I）。如任免董事有違反法令時，社員得於決議後 3 個月內請求法院撤銷其決議。但出席社員對召集程序或決議方

　　　法，未當場表示異議者，不在此限（民56 I）。

　　（2）財團法人：則由捐助人以捐助章程訂定之，捐助章程未訂定時，法院得因主管機關、檢察官或利害關係人之聲請，為必要之處分（民62）。

　　2.董事之資格及人數：通說認為法人之董事必須為自然人，而公司法規定董事不得少於 3 人，由股東會就有行為能力之人選任之（公192）。董事之人數民法並無限制，惟須於章程內訂定之（民47③）。董事有數人時，則組織董事會（公192），以共同行使董事的職權。

　㈡**董事之職權**：法人董事之職權，可由對內與對外兩方面言之。茲分述之：

　　1.對內執行職務：凡法人內部一切事務，概由董事負執行之責。並由全體董事過半數之同意決議執行（民27）。其主要項目為：（1）聲請登記（民30、48 II、61 II）。（2）召集社員總會（民51）。（3）編造財產目錄與社員名簿（民總施8）。（4）聲請法人破產（民35）。（5）法人財產之清算（民37）。

　　2.對外代表法人：董事就法人一切事務，對外代表法人（民27 II），此即董事的代表權。此對外代表權原則上雖無限制，但有例外：

　　（1）即對於董事代表權所加之限制，不得對抗善意第三人（民27 III）。又法人登記後，有應登記而未登記，有變更而未為變更登記者，不得以其事項對抗第三人（民31）。

　　（2）社員對於總會決議事項，因自身利害關係而有損害社團利益之虞時，該社員不得加入表決，亦不得代理他人行使表決權（民52 IV）。此當適用於董事。

三、法人之監察人

　　監察人為監察法人事務執行之機關，雖非必設機關（民27 IV），但實際上一般法人及團體多有監察人之設置。

　㈠**監察人之任免程序與選任行為之法律性質**：原則上與董事同。即：

　　1.社團法人：應於章程內訂定之（民47③），而其任免之決定，則應經社員總會之決議（民50 II②）。

2.財團法人：其監察人之任免，得由捐助人以捐助章程訂定之，如未訂定，法院得因利害關係人之聲請，爲必要之處分（民62）。

㈡**監察人之職權：**

1.對內職權：監察人是監察法人事務之執行。監察人有數人者，除章程另有規定外，各監察人均得單獨行使監察權（民27IV）。此稱爲單獨執行主義，在性質上雖不必設定組織，但也有組織「監事會」之情形。

2.對外職權：監察人爲法人之對內機關，原則上無對外代表法人之權，但例外亦得代表法人，如公司法規定，董事爲自己或他人與公司有交涉時，由監察人爲代表人是（公213、223）。

第七節　法人之監督

法人之監督者，即對於法人所經營之業務，與法人之解散，以至於清算，由國家機關予以監督之謂。可分爲業務監督與清算監督：

一、業務之監督

即受設立許可之法人，其業務屬於主管機關監督，主管機關得檢查其財產狀況及其有無違反許可條件，與其他法律之規定（民32）。此所謂設立許可之法人，即指公益爲目的之社團（民46），及財團（民59）。民法爲使主管機關能有效監督，定有下列制裁辦法：

㈠**法人違反設立許可條件之撤銷：**法人違反設立許可之條件者，主管機關得撤銷其許可（民34）。

㈡**法人之宣告解散：**法人之目的或其行爲，有違反法律、公共秩序或善良風俗者，法院得因主管機關、檢察官或利害關係人之請求，宣告解散（民36）。

㈢**妨礙監督權行使之處罰：**受設立許可法人之董事或監察人，不遵主管機關監督之命令，或妨礙其檢查者，得處以五千元以下之罰鍰。若董事或監察人違反法令或章程，足以危害公益或法人之利益者，主管機關得請求法院解除其職務，並爲其他必要之處置（民33）。

二、清算之監督

法人之清算，屬於法院監督，法院得隨時爲監督上必要之檢查及處分（民42）。因法人解散後，即須開始清算，法人在清算中，其目的事業已停止進行。因此清算監督，是在監督法人之解散是否正當，而清算人有無不正當行爲。

㈠監督方法：

1.法院除得隨時爲監督上必要之檢查外，關於清算中法人財產之處分及債務之負擔，亦在監督範圍之內，必要時應得爲適當之處分。

2.法人經主管機關撤銷許可（民34）或命令解散（民65）者，主管機關應同時通知法院（民42）。其依章程規定（民48Ⅰ⑨、61Ⅰ⑧），或總會決議（民57）解散者，董事應於15日內報告法院（民42Ⅲ）。法院亦可因主管機關、檢察官或利害關係人之聲請而解散，俾法院及時行使監督權。

㈡監督之效果及處罰：法院爲期清算之適當，強制清算人遵守，認爲有必要時，得解除清算人之任務（民39）。清算人不遵法院監督命令，或妨礙檢查者，得處以五千元以下之罰鍰。董事未依民法第42條第3項規定，於法人經依章程規定或總會決議解散時，於15日內報告法院者亦同（民43）。

第八節　法人之消滅

自然人之權利能力，始於出生，終於死亡。法人之權利能力，始於法人之設立，終於法人之清算終結。法人之消滅者，即法人人格終止而喪失其權利能力之謂。法人之消滅須經**法人之解散**與**法人之清算**兩個階段；解散爲法人消滅之原因，清算爲法人消滅之程序。

一、法人之解散

法人之解散（英：dissolution），指法人發生不能存續之事由時，即停止其積極的活動，以便處理其未了事務之謂。法人雖因解散而失其權利能力，但法人人格是否一經解散，即歸消滅？學說有人格消滅說、同一

法人說、清算法人說、擬制存續說等四種主張，我民法第 40 條第 2 項規定：「法人至清算終結止，在清算之必要範圍內，視為存續。」是採擬制存續說。

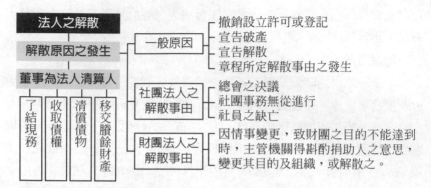

（一）解散之事由：

1.社團與財團之一般解散事由：

(1)撤銷設立許可或登記：法人違反設立許可之條件者，主管機關得撤銷其許可（民34）。則與自始不成立者無異也。惟撤銷許可僅限於受設立許可之法人，即公益法人；若為營利法人，因其設立毋需許可，故無所謂許可之撤銷，而應屬撤銷登記（公 9IV）。

(2)宣告破產：即法人之財產不能清償債務時，董事應即向法院聲請破產。倘董事不為聲請，致法人之債權人受損害時，其有過失之董事，應負賠償之責任，其有二人以上時，應連帶負責（民35）。所謂不能清償債務，有「債務超過說」與「支付不能說」，通說認為為保護債權人利益，以消極財產（負債）超過積極財產（資產）的客觀狀態，即債務超過其總財產之「**債務超過說**」為主。法人一經宣告破產，則當然解散。

(3)宣告解散：法人之目的或其行為，有違反法律、公共秩序或善良風俗者，法院得因主管機關、檢察官或利害關係人之請求，宣告解散（民36）。聲請法院宣告解散法人時，應附具應為解散之法定事由文件；由利害關係人聲請者，並應釋明其利害關係

（非訟60）。蓋法人之被宣告解散，即將消滅其原有之人格，猶如自然人之死亡宣告，自須由法院爲之，行政機關不能干涉。

(4)章程所定解散事由之發生：無論社團或財團法人，其章程定有解散事由者，其事由發生時，法人即可解散。如定有法人存立時期者（民48Ⅰ⑨、61Ⅰ⑧）期滿即爲解散事由之發生。

2.社團法人之特別解散事由：

(1)總會之決議：社團得隨時以全體社員三分之二以上之可決，解散之（民57）。

(2)社團事務無從進行：社團之事務，無從依章程所定進行時，法院得因主管機關、檢察官或利害關係人之聲請解散之（民58）。聲請宣告解散時，應附具應爲解散之法定事由文件（非訟60）。

(3)社員之缺亡：社員得隨時退社，如退社社員過多，而致無法維持時，只有解散。

3.財團法人之特別解散事由：因情事變更，致財團之目的不能達到時，主管機關得斟酌捐助人之意思，變更其目的及其必要之組織，或解散之（民65）。

二、法人之清算

法人清算（英：liquidation），指已解散之法人，清理其所有未了之事務，以結束其法律關係，使法人歸於消滅的程序之謂。清算之程序有：1.法人因宣告破產而解散：則依破產程序處理之。 2.法人因破產以外之原因而解散：須由清算人依清算程序處理之。

(一) 清算人 之任免	1.法定清算人：法人解散後，其財產之清算，由董事爲之（民37）。又因法人之清算，屬於法院之監督，故法院認爲清算人不勝任時，得解除其任務（民39）。 2.選任清算人：清算人原則上應由董事擔任，但其章程有特別規定，或總會另爲決議，亦得選任董事以外之人爲清算人（民37）。但法院認爲必要時，得解除其任務（民39）。 3.指定清算人：不能依第37條規定，定其清算人時，法院得因主管機關、檢察官或利害關係人之聲請，或依職權，選任清算人（民38）。但法院認爲必要時，得解除其任務（民39）。

(二) 清算人 之職務	清算人之職務如下（民40）：1.了結現務。 2.收取債權。 3.清償債務；得提前清償（民316）。4.移交賸餘財產於應得者（民44）。
(三) 清算之 程序	清算之程序，除本通則有規定外，準用股份有限公司清算之規定（民41）。按清算程序在公司法上規定特詳（公323~356），法人之清算程序，要與公司法上所定關於股份有限公司清算之程序相同，故除民法中所規定者，如清算人之任免、職務、清算之監督，賸餘財產之歸屬等，當須依法辦理外，至於其未規定者，準用股份有限公司之規定。

第六章　社團法人與財團法人

第一節　社團法人

一、社團之設立

　　所謂社團法人，係依人之集合而成立者，即以所有社員為組織基礎，具有獨立人格，經營共同事業之法人。社團之設立，必須具備一定之要件，有為公益社團與營利社團共通者，亦有其特有之要件者，茲分述之：

(一) 共通要件	1. 須有設立人	社團之成立，以人為基礎，惟設立人應為幾人，民法未加規定，解釋上咸認應有 2 人以上。但在營利社團，公司法有特別規定（公2），而合作社法規定須有 7 人以上（合8）。
	2. 須訂立章程	設立社團應訂定章程（民47），章程內應記載事項，可分為必要記載事項與任意記載事項： (1)必要記載事項（民47）：①目的。②名稱。③董事之人數、任期及任免。設有監察人者，其人數、任期及任免。④總會召集之條件、程序及其決議證明之方法。⑤社員之出資。⑥社員資格之取得與喪失。⑦訂定章程之年、月、日。 (2)任意記載事項（民49）：社團之組織，及社團與社員之關係，以不違反第 50 條至第 58 條之規定為限，得以章程定之。惟此一經記載，即與必要記載之事項，有同等之效力，自不得任意違反或變更之。
	3. 須經登記	社團之設立，民法採登記主義，即法人非經向主管機關登記，不得成立（民30）。其應行登記之事項有九項（民48 I）。社團之登記，須由董事向其主事務所及分事務所所在地之主管機關行之，並應附具章程備案（民48 II）。
(二) 個別要件	1. 須經許可	以公益為目的之社團，於登記前，應得主管機關之許可（民46）。其中最多之營利社團為公司，依公司法之規定成立，原則上採準則主義。
	2. 依特別法	以營利為目的之社團，其取得法人資格，依特別法之規定（民45）。

二、社團社員

㈠**社員之意義**：社員者，即爲社團法人之構成分子，對於法人有享受權利與負擔義務之資格。蓋社團爲人之集合，必有構成員爲其組織基礎，故凡有權利能力者，皆得爲社員，即屬法人，亦可爲他法人之社員。關於社員資格之取得與喪失，乃係章程之必要記載事項（民47Ⅰ⑥），故須符合章程中所定之條件始可。

㈡**社員資格之取得**：社員資格之取得方式，可分爲：

1.參與設立：社團之設立人，於社團成立後，即當然取得社員之資格，成爲法人之社員。

2.入社：設立人以外之人，在社團成立後經過入社手續，而成爲社員者。

㈢**社員資格之喪失**：社員資格，除因社員之死亡或社團之消滅而當然喪失外，民法規定，人爲的喪失有開除（民50Ⅱ④），退社（民54）。已開除或退社之社員，對於社團之財產，無請求權。但非公益法人，其章程另有規定者，不在此限。前項社員，對於其開除或退社以前應分擔之出資，仍負清償之義務（民55Ⅱ）。

㈣**社員之權利義務**：

1.社員之權利：社員對社團應享之權利有二：

(1)共益權：即參與法人社團事務之權利，如總會之出席權與表決權（民52、53）、全體社員十分之一之少數社員召集總會之請求權（民51Ⅱ）、撤銷總會決議請求權（民56）等是。

(2)自益權：即社員自己有受領或享有財產上利益分配之權利。如利益分配請求權，以營利社團爲多，又剩餘財產分配請求權及社團設備利用請求權等均是。

2.社員之義務：社員對社團應盡之義務，主要者爲出資義務；如繳納會費或股款等是。其他尚有出席義務、參與表決義務及執行事務之義務等是。

㈤**社團社員之平等權**：社團是個自治體，基於自治精神，社團之章程對於社員不得因其性別、宗教、種族、階級、黨派而有不同之區別。如

普通社員、贊助社會、榮譽社員等均是，章程如無特別規定，則依「平等權利及平等對待原則」，使全體社員享受同等權利，負擔同等義務。因此社員有平等之表決權（民52II）。

三、社團總會

㈠**社團總會之概念**：社團總會為社團之最高機關（民50I），亦即由全體社員所組織，而為社團內部所必要之最高意思機關。

　　1.總會之權限：社團總會之專屬權限，有變更章程，任免董事及監察人，監督董事及監察人職務之執行，有正當理由得開除社員等四種（民50）。

　　2.總會之召集：總會非經召集程序，不得成立。因此總會並無「自行集會權」。關於總會召集之條件及程序，均應依章程之規定（民47④），此外，總會之召集，除章程另有規定外，應於30日前對各社員發出通知。通知內應載明會議目的事項（民51IV）。在此的通知係採**發信主義**。

　　總會由董事召集之，每年至少召集一次。董事不為召集時，監察人得召集之（民51I）。此外如有全體社員十分之一以上之請求，董事亦應召集之（民51II）。亦有經法院許可由社員自行召集者（民51III）。

㈡**總會之決議**：總會為社團之最高意思機關，社團意思之形成，係由全體社員以決議方式為之。茲分述之：

　　1.表決權：凡為社員，均有平等之表決權（民52II）。但營利社團之公司各股東除有第157條第3款，特別股之股東行使表決權之順序限制或無表決權外，每股有一表決權（公179）。

　　2.決議之方法：總會的決議方法，即出席人數及表決同意人數，每因決議之事項而有不同，大致可分為兩種：

　　　⑴通常決議：即依普通多數決定之，就是以出席社員過半數之議決決定（民52I）。

　　　⑵特別決議：即依加重多數決定，民法規定有兩種情形：

　　　　①變更章程之決議：社團變更章程之決議，應有全體社員過半數之出席，出席社員四分之三之同意。如不召集總會，則須

　　　　有全體社員三分之二以上書面之同意，始得爲之。受設立許
　　　　可之社團，變更章程時，並應得主管機關之許可（民53）。
　　　②解散社團：社團得隨時以全體社員三分之二以上之可決，解
　　　　散之（民57）。
　　3.決議之效力：總會之決議，有拘束全體社員之效力。惟其召集程
序或決議方法，違反法令或章程時，社員得於決議後 3 個月內請求法院
撤銷其決議，此稱爲「撤銷決議之訴」。但出席總會之社員對召集程序
或決議方法，未當場表示異議者，不在此限（民56Ⅰ）。總會決議之內容
違反法令或章程者，其決議當然無效（民56Ⅱ）。

四、社團之解散

　　社團的解散，除適用一般法人共同解散事由外，尚有特殊之解散事
由，茲分述之：

(一) 多數社員 之可決	社團得隨時以全體社員三分之二以上之可決，解散之（民57）。按社團之組織，既因於多數社員之意思而成立，則社團之取消，自亦可因多數社員之意思而解散。故除民法第 35 條（法人之破產）、第 36 條（法人因其目的或行爲違反法律、公序良俗而被宣告解散）及第 58 條（社團未依章程而法院宣告解散）所定得爲社團解散之各原因外，並得依總會決議行之。
(二) 事業無從 進行	社團之事務，無從依章程所定進行時，法院得因主管機關、檢察官或利害關係人之聲請解散之（民58）。

第二節　財團法人

一、財團之設立

　　財團法人者，係依財產之集合而成立者，即以捐助財產爲組織基礎，
依捐助人所定之目的而設立之法人。就其性質言，須以公益爲目的，故
均爲公益法人。如救濟院、慈善會等均屬之。就其組織言，具有獨立人
格，故信託捐款，普通集資等，均非此之所謂財團，茲分述之：

(一) 設立人	財團之設立，與社團之設立相同，須有設立人。惟社團以社員為組織基礎，故解釋咸認須有 2 人以上之設立人；反之，財團，即非以社員為成立之基礎，凡捐助財產者，即為設立人，故其設立人僅有 1 人，亦可成立。
(二) 訂立捐助 章程	設立行為又稱為捐助行為。即設立財團應訂立捐助章程，但以遺囑捐助者，不在此限（民 60 I）。捐助章程，應訂明法人目的及所捐財產（民 60 II）。財團之組織及其管理方法，由捐助人以捐助章程或遺囑定之。捐助章程或遺囑所定之組織不完全，或重要之管理方法不具備者，法院得因主管機關、檢察官或利害關係人之聲請，為必要之處分（民 62）。
(三) 財團設立 應登記事 項	財團設立時，應登記之事項如下（民 61）： 1.目的。 2.名稱。 3.主事務所及分事務所。 4.財產之總額。 5.受許可之年、月、日。 6.董事之姓名及住所。設有監察人者，其姓名及住所。 7.定有代表法人之董事者，其姓名。 8.定有存立時期者，其時期。 財團之登記，由董事向其主事務所及分事務所所在地之主管機關行之。並應附具捐助章程或遺囑備案。
(四) 須經許可 與登記	財團於登記前，應得主管機關之許可（民 59）。原則上採許可主義。許可後應由董事向其主事務所及分事務所所在地之主管機關行之。並應附具捐助章程或遺囑備案（民 61 II）。其應登記之事項依民法第 61 條之規定。

二、財團之組織、管理與解散

(一)**組織及管理方法之補充**：按財團之組織及其管理方法，須由捐助人以捐助章程或遺囑而規定者，蓋以財團之集合，本基於捐助人之意思而成立，則其內部之組織，及其管理之方法，自須尊重捐助人之意思。但捐助人往往並不熟悉法律，容有記載不完全之情事，若章程所定之組織不完全，或重要管理方法不具備時，則無由達其一定之目的，而影響於利害關係人者甚鉅。故依民法第 62 條之規定法院得因主管機關、檢察官或利害關係人之聲請，為必要之處分，俾資救濟。

(二)**財團組織之變更**：依民法第 63 條規定：「為維持財團之目的或保存

其財產，法院得因捐助人、董事、主管機關、檢察官或利害關係人之聲請，變更其組織。」如董事人數之增減，監督人員之設置等是。又如因情事變更，致財團之目的不能達到時，主管機關亦得斟酌捐助人之意思，變更其必要之組織（民65）。

　　㈢**董事行為無效之宣告**：依民法第 64 條規定：「財團董事，有違反捐助章程之行為時，法院得因主管機關、檢察官或利害關係人之聲請，宣告其行為為無效。」按捐助章程所規定之事項，執行財團法人事務之董事，自應切實遵守，同時財團法人，並無總會及其他監督機關，董事職權極大，難免有越軌行為，有濫用職權，而有違反章程，以圖私利之情形時，為保護利害關係人及公共利益起見，使得提起行為無效之訴，法院亦得因主管機關、檢察官或利害關係人之聲請，而宣告其行為為無效。

　　㈣**財團之解散**：財團之解散，除適用法人一般之解散事由外，尚有特殊之解散事由。即民法第 65 條規定，因情事變更，致財團之目的不能達到時，主管機關若不能斟酌捐助人之意思，變更財團之目的及其必要之組織而使財團存續者，得應斟酌捐助人之意思，將財團解散之。

第三節　外國法人

　　法人有本國法人與外國法人之別，至於其認定標準，學說上有準據法主義、設立人主義、設立地主義、住所地主義及事業地主義。依民法第 25 條：「法人非依本法或其他法律之規定，不得成立。」依此，則依據我民法成立之法人，為我國法人，否則當為外國法人，故係採準據主義。又法人非經向主管機關登記，不得成立（民30），是兼採住所地主義。

一、外國法人之認許

　　外國法人之認許，依民法總則施行法第 11 條規定：「外國法人，除依法律規定外，不認許其成立。」足見，得予認許之外國法人，以法律有規定者為限。則主管機關認許外國法人時，當須依據該法人目的事業之法律規定辦理，如認許外國公司，依照公司法第八章之規定是。

二、外國法人之權利能力

㈠**外國法人經認許後始有權利能力**：外國法人經認許後，於法令限制內，與同種類之我國法人有同一之權利能力（民總施12）。因此，外國法人服從我國法律之義務，與我國法人相同（民總施12Ⅱ）。

㈡**外國法人在我國設事務所者，登記後亦有權利能力**：外國法人在我國設事務所者，準用民法總則第30條、第31條、第45條、第46條、第48條、第59條、第61條及民法總則施行法第12條之規定（民總施13）。

㈢**未經認許之外國法人無權利能力**：未經認許成立之外國法人，以其名義與他人為法律行為者，其行為人就該法律行為應與該外國法人負連帶責任（民總施15），以保護社會交易之安全。

三、外國法人之登記及撤銷

外國法人經認許後，在我國設有事務所者，為使我國主管機關便於監督起見，亦應負登記之義務，此依民法總則施行法第13條規定，準用關於法人設立登記之規定。外國法人如為公益社團或財團法人時，於登記前，應取得主管機關之許可。

在我國設有事務所之外國法人，如有民法總則第36條所定情事，即其目的或行為，有違反法律、公序良俗或善良風俗者，法院得因主管機關、檢察官或利害關係人之請求撤銷之（民總施14）。

第七章　權利客體

第一節　權利客體之概念與種類

一、權利客體之概念

　　權利之成立有三要素：即權利之主體、權利之標的與權利之客體。**權利之主體**，即為擁有權利之人，**權利之標的**，即為權利之內容，而**權利之客體**，即為權利所支配之對象。一般概念上都將權利的標的視為權利客體，而我民法在第二章將權利主體之人，作一般性之規定，但對權利客體並未有一般性之規定者，乃是權利種類繁多，權利客體亦相應的有各種不同之類別，因此無法制定一般性通則，僅在總則編中將最重要權利客體之「物」設若干規定而已。

二、權利客體之種類

　　蓋權利客體的種類，因權利之種類而不同。一般較主要之客體為：

種　類	內　　　　容
(一) 請求權 之客體	乃是請求特定義務人應作為與不作為者。
(二) 支配權 之客體	1.物權：物權係直接對物之支配，故其客體為一定之物。包括動產與不動產。 2.權利：權利亦得作為其他權利之客體，如地上權、農育權及典權得作為抵押權之標的物（民882）；債權得為質權之標的物（民900）。 3.精神的創作：由人的智能作用而形成之產物，如著作、發明等是，乃是無體財產權之客體。 4.人：人也可以為權利之客體，如親屬權，是以支配一定身分關係之相對人為客體。而人格權，係以生命、身體、自由、名譽等與權利主體無法分離之利益為目的之權利為客體，此即權利主體本人。
(三) 形成權	形成權僅由當事人一方之意思表示，而產生法律效果之權利，並無客體之問題。

第二節　物

一、物之意義

　　物（德：Sache；法：chose），乃作爲權利客體之外界的一部，此係對權利主體之人的對照語。現代法律上之所謂物，指人力所能支配，除人類本身外，凡能滿足吾人生活所需，而堪充權利客體之有體物及無體物而言。民法上之物，除了有體物外，應包括無體物。所謂有體物，係指占有一定空間而有實體存在者而言，有動產與不動產，不動產如土地、房屋（民66）；凡不動產以外之物，即爲動產（民67）。不過近年來因科技發達，除物品外，不論固體、液體或氣體，只要人力可以支配者，均稱爲物。至於無體物指能源、熱、光而言，在刑法上，電能、熱能及其他能量，關於本章之罪，以動產論（刑323），足證物應不以有體物爲限。

　　此外，物須人類能使用、收益及處分者始可稱爲法律上之物，否則，如宇宙間之日月星辰，因人類無法支配，自不能稱爲法律上之物。又法律上之所謂物，必須爲外界之一部，而非屬於人身者。則不但人之身體髮膚，不能稱爲物，即使人工補充部分，如義齒、義手、義足等，已與人身連爲一體時，亦不能視爲物。

二、物之種類

(一)**學理上分類：**

　　1.私法能否作爲交易之對象爲準：

　　　(1)融通物：私法上得爲交易之對象。

　　　(2)不融通物：不能爲交易之對象。

　　　　①公用物：國家或公共團體之供公用之所有物，如機關廳舍。

　　　　②公共用物：供公衆使用之物，如道路、公園、河川。

　　　　③違禁物：依法禁止交易之物，如鴉片、僞造、變造之通用貨幣、武器等。

公用物

道路

武器禁
止買賣

2.是否能以同種類代替之物爲準：

　(1)代替物：以同種類可以代替之物，如酒、牛乳或　　
　　金錢等。

不代替物　觀世音菩薩像

　(2)不代替物：依其特性不能以同種之物代替之物，
　　如美術工藝品、建築物、古董、馬等。

3.以物在不變更性質或減少價值可否分割爲準：　　　　

可分物–麥

　(1)可分物：即在社會一般之交易觀念上，依其性質
　　及不變更價值下可分割之物，如金錢、穀物等。

　(2)不可分物：如予分割即會損及性質與價值之物，　不可分物–汽車
　　如馬、汽車、家具、建物等。　　　　　　　　　　

4.以物之構成部分有無個性、個數或其形態爲準：

　(1)單一物：通常爲一個物，其構成部分不可分者，　單一物
　　如書一冊，書桌、牛、馬等。　　　　　　　　　　

　(2)合成物：通常爲一個物，但其構成部分在交易上
　　亦獨立價值之物，如汽車與輪胎等。　　　　　　　集合物

　(3)集合物：即多數單一物或合成物集合而成之物，　
　　如倉庫內之商品、工廠廠房、機器設備等。

5.以物品是否因使用致消滅爲準：　　　　　　　　　　消費物

　(1)消費物：物品依照本來的用法，一次使用而消滅　
　　或減少價值者，如金錢、飲食、燃料等。

　(2)不消費物：可重複使用之物，如土地、建物、書　法律百科全書
　　籍等。

6.是否依當事人主觀意思之指定爲準：

　(1)特定物：在具體交易時，當事人具體指定之物，如某號之土地
　　或特定建築物等。

　(2)不特定物：在具體交易時，當事人只以種類、品名、數量等爲
　　問題之物，如啤酒一打、牛乳一瓶等。

㈡**法律上分類：**

　1.以能否移動爲準：

(1)動產：不動產以外之物，無記名債權、百貨公司禮券、車票等。

(2)不動產：土地及其定著物，如土地、建物等（民66）。

2.以是否具備獨立效用而得為權利義務之客體為準：

(1)主物：不僅具備獨立之物，並常受從物輔助之物，如房屋與建材是。

(2)從物：為非主物之成分，常助主物之效用，而同屬於一人之物。但交易上有特別習慣者，依其習慣。主物之處分及於從物（民68）。此之「處分」，解釋上包含物權行為及債權行為。即處分行為與負擔行為。從物如房屋之建材、電燈之燈傘。

3.以是否為生產孳息為準：

(1)原物：為生產孳息之物，如生產果實之樹木、生產乳品之牛、羊等。

(2)孳息：即由原物所產生之收益，有：

①天然孳息：即果實、動物之產物、礦山的礦物，及其他依物之用法所收穫之出產物（民69 I）；如由母馬而生子馬，由乳牛而生產牛奶。

②法定孳息：許可他人使用其物而取得之報酬，如利息、租金及其他因法律關係所得之收益（民69 II）。

③孳息之歸屬：有收取天然孳息權利之人，其權利存續期間內，取得與原物分離之孳息（民70 I）。有收取法定孳息權利之人，按其權利存續期間內之日數，取得其孳息（民70 II）。

4.以物之成分為準：

(1)重要成分：非毀損不能分離，或分離需費過鉅者，是為物之重要成分；如第812條第1項：「動產與他人之動產附合，非毀損不能分離，或分離需費過鉅者」是。

(2)非重要成分：即物之成分可以分離者，為物之非重要成分。如

　　　　裝置於汽車內之收音機等是。

習題：請舉例解釋下列「物」有關之法律概念。
　　㈠可分物及不可分物。㈡物之重要成分與非重要成分。㈢主物與從
　　物。㈣天然孳息與法定孳息。（98 身障三）

第八章　法律行為

第一節　概　說

一、法律現象

法律現象者，由法律事實適用法律規定所生之結果。法律現象雖相當複雜，但不外乎權利之取得、變更與消滅三者：

```
            ┌ 原始取得：如無主物先占（民 802）、遺失物之拾得（民 803-807）、埋
            │          藏物之發現（民 808），取得時效（民 768-770）之取得等。
    權  利 ┤
    之取得 │          ┌ 移轉之繼受取得┌ 特定繼受取得：贈與。
            │          │              └ 概括繼受取得：繼承。
            └ 繼受取得┤
                       └ 創設繼受取得：設定地上權、不動產役權、農育權等。
權
利   權  利 ┌ 主體之變更：權利人變更：如買賣、贈與、繼承等。
之   之變更 │          ┌ 量的變更：物的增加、已付合、混合、加工或減少等。
變         ┤ 內容之變更┤
更         │          └ 質的變更：代物清償、代位物（質權之變賣價金等）。
            └ 作用之變更：如買賣不破租賃等。
    權  利 ┌ 絕對的消滅：如拋棄權利、債務清償等。
    之消滅 └ 相對的消滅：物權之移轉、債權之讓與等。
```

㈠**權利之取得**（英：acquisition；德：Erwerb）：亦稱權利之發生，即權利附著於其主體之現象之謂。可分為：

1.原始取得：原始取得者，非基於他人既存之權利，而由於獨立之事實，取得之權利，亦稱權利之絕對的發生。如：

⑴因先占而取得無主物之所有權（民 802）。

⑵因發見埋藏物而占有者，取得埋藏物之所有權（民 808）。

⑶因拾得遺失物而取得遺失物之所有權（民 807）。

⑷因拾得漂流物、沈沒物或其他因自然力而脫離他人占有之物，而取得所有權（民 810）。

⑸因加工而取得附合物之所有權（民 811、812）。

(6)因善意受讓占有動產，而取得動產之所有權（民801）。

(7)因取得時效而取得他人之物之所有權（民768至770）。

(8)因除斥期間之屆滿（出典人於典期屆滿後，經過2年，不以原
　　典價回贖者）典權人即取得典物之所有權（民923）。

　2.繼受取得：繼受取得者，非由於獨立之事實，而係基於他人既存
之權利而取得其權利，亦稱權利之相對的發生。此種取得，以他人權利
之存在為前提，舊權利人稱為前主或被繼受人，新權利人稱為後主或繼
受人。繼受取得，有基於取得人之意，依法律行為而取得者；如因買賣
而取得標的物之所有權。亦有非基於取得人之意思，而由法律規定而取
得者；如因繼承而取得遺產之所有權等是。

　　繼受取得因其取得形態之不同，又可分為移轉繼受取得與創設繼受
取得：

(1)移轉繼受取得：就他人既存之權利，不變更其內容，完全移轉
　　於繼受人，使其取得該權利之謂。此種繼受取得，其前後權利
　　之內容完全相同，只變更其權利主體而已。如購置房屋，買受
　　人自應取得出售人就該房屋同一之權利也。

①特定繼受取得：係基於各個原因，而分別繼受取得各個權利
　　之謂。如因買賣而取得所有權，因贈與而取得不動產所有權
　　等是。

②概括繼受取得：係基於一個原因，將多數權利概括的視為一
　　體，而繼受取得之謂。如因繼承而取得被繼承人之財產是。

(2)創設繼受取得：就他人既存之權利，創設新權利而繼受取得該
　　新權利之謂。此種繼受取得，在前主仍保有其原權利，只特為
　　後主創設新權利。因後權利係基於前權利而取得，可以說後權
　　利為前權利內容之一部，故仍不失為繼受取得。如於他人土地
　　所有權上設定地上權、農育權、典權、抵押權、質權等均是。

㈡**權利之變更**（英：modification；德：Abänderung）：即在不影響權利之
本質下，變更權利之形態之謂。因其變更形態之不同，又可分為：

　1.主體之變更：即權利之本身不變，僅變更權利人之謂。此種變更

有下列情形：

　　⑴前主變為後主：如因買賣而變更物之所有人。

　　⑵少數主體變為多數主體：如個人之遺產，由子女共同繼承是。

　　⑶多數主體變為少數主體：如共有人中之一人，拋棄其共有是。

　　2.內容或客體之變更：即權利之主體不變，僅變更權利之標的之謂。又可分為：

　　⑴量的變更：如債之一部因清償而減少，又不動產租賃租金之增減（民 442），或所有權客體之物的增加（擴建房屋）、附合、混合、加工（民 811-816）或減少等。

　　⑵質的變更：如普通債權變為損害賠償債權，選擇之債變為特定之債，或代物清償（民 319）代位物－質權之變賣價金（民 892）等是。

　　3.作用之變更：如租賃權原不能對抗第三人，但於租賃物交付後，則租賃權亦有對外之效力，此即買賣不破租賃原則（民 425）。因此權利作用之變更，亦可解釋為權利內容變更之一種。

　㈢**權利之消滅**（英：loss；德：Verlust）：即權利與其主體脫離之現象之謂，亦稱權利之喪失。通常有下列兩種情形：

　　1.絕對消滅：權利之絕對消滅者，即權利之本身，客觀的失其存在，亦即權利人在形式上實質上均喪失權利之謂。故又稱為客觀的消滅。其情形如下：

　　⑴基於權利人之意思：如權利因拋棄，致原權利人喪失其權利是。

　　⑵非基於權利人之意思：

　　　①依法律規定而消滅：如權利因除斥期間屆滿，原權利不復能行使其權利是。

　　　②因標的物滅失而消滅：如房屋因失火燒毀，其所有權因而消滅是。

　　　③債權因清償而消滅：當事人將債務清償，債權自然消滅。

　　　④因效用之終了而消滅：如消費借貸，借用人因借用物依借貸目的使用完畢而消滅。

　　2.相對消滅：權利之相對消滅者，即權利本身不消滅，僅與原來之權利主體分離，而移屬於新權利主體之謂。按其性質，僅為權利主體之變更或權利之移轉而已。其情形為：

　　⑴基於權利人之意思：如物權之移轉，債權之讓與。

　　⑵非基於權利人之意思：如因權利人之死亡，致財產被繼承是。

二、法律事實

　　人的社會生活關係，由法律規定來加以規範與評價，就可以稱為法律關係。而在社會生活中，發生一定法律效果之原因事實的全部，就是法律要件。法律關係之形成及法律效果之發生，必須法律要件完備。而法律要件之構成，有時只有單一之事實，如胎兒一出生就發生親屬關係，人之死亡就發生繼承關係；但有時必須具備數個事實者，譬如契約之成立則須具備三個法律事實，其一為要約之意思表示，其二為承諾之意思表示，以及其為要約與承諾之一致。此種構成法律要件之事實，有狀態與事件。狀態者，係基於人之精神作用而發生；事件者，乃與人之精神作用直接無關之事物。狀態又可分為內部的狀態與外部狀態。而內部狀態又分為意識的狀態與認識的狀態，前者是要或不要的問題，後者即不知道事實（善意）或明知事實（惡意）等之分。至於外部的狀態乃是指「行為」，此即適法行為與違法行為。茲列表並加說明之：

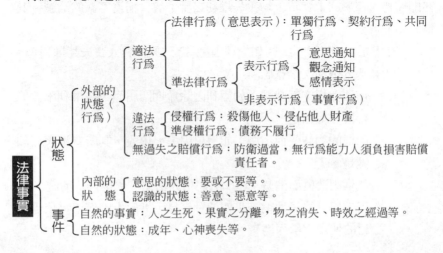

第二節　法律行為

一、行爲概說

　　行爲（英：action；德：Handlung）者，指基於人類自由意思之身體活動。在刑法上刑事責任歸屬之前提，必須有行爲。而民法上權利義務之客體除物以外，即爲行爲。如債之客體，即爲債務人之清償行爲。行爲又分爲積極行爲（作爲）與消極行爲（不作爲）：如債務人於清償期屆至時，必須爲給付行爲，此係爲一定之作爲。此外，民法第 199 條第 3 項

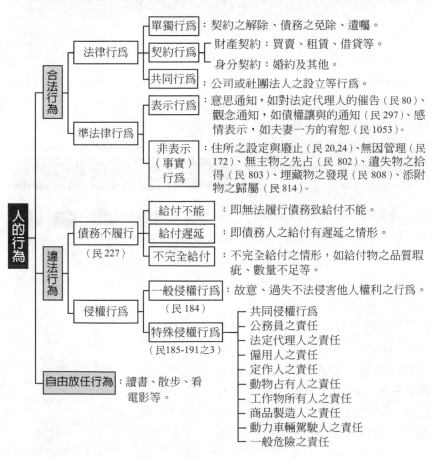

規定：「不作為亦得為給付。」亦即表示不作為得為權利客體；如與人約定不喝酒則贈與電子錶乙個，此種不喝酒之行為即屬不作為。此外，對於他人之物不得侵害，亦屬不作為。

　　一個人的行為，如果是法律所允許的就稱為合法行為；譬如日常生活所做的必要行為，只要不侵犯他人就是合法行為，都會發生一定的法律效果，如買賣、借貸等。如一個人所從事的行為不是法律所允許的，就稱為違法行為；如不履行債務或損壞或偷盜他人物品，或侵占他人土地等，而發生侵權行為的法律效果，在民法上就須負回復原狀或損害賠償之責，而在刑法上就會因犯罪行為而受刑罰之制裁。茲將行為態樣列表如上：

二、法律行為與準法律行為

　　㈠**法律行為**（德：Rechtsgeschäft；法：acte juridique）：一般學理上認為係私人行為，以意思表示為要素，依其內容而能發生私法上權利關係變動之法律事實也。如當事人為契約之簽定、物之買賣、租賃，或金錢之借貸等均為法律行為。通常能發生權利關係變動者，稱為**有效之法律行為**，不生權利關係變動者，稱為**無效之法律行為**，雖然有效，但有得撤銷之原因（如意思表示之瑕疵）而成為無效時，稱為得撤銷之法律行為。在社會生活上具代表性的法律行為是以意思表示一致之**契約形態**，如買賣、借貸契約。此外有單方意思表示之**單獨行為**，與集體意思表示之共同行為

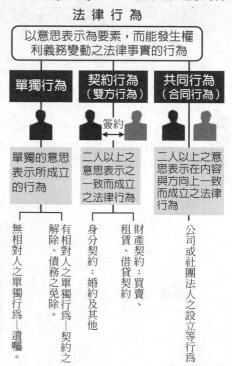

法律行為

以意思表示為要素，而能發生權利義務變動之法律事實的行為

單獨行為	契約行為（雙方行為）	共同行為（合同行為）
單獨的意思表示所成立的行為	二人以上之意思表示之一致而成立之法律行為	二人以上之意思表示在內容與方向上一致而成立之法律行為
無相對人之單獨行為─遺囑。 有相對人之單獨行為─契約之解除、債務之免除。	身分契約：婚約及其他 財產契約：買賣、租賃、借貸契約	公司或社團法人之設立等行為

等三種。單獨行爲有相對人者，如催告、同意、契約之解除、債務之免除等，無相對人者，如物權之拋棄、遺囑等是。共同行爲如社團之設立行爲與總會之決議等是。

　　㈡**準法律行爲**（德：geschäftsähnliche Handlung）：即法律行爲以外之合法行爲，得適用法律行爲之規定者，其與法律行爲雖均以內部之意思表達於外部之行爲，然而法律行爲是行爲人有意使其發生法律效果爲要件，而準法律行爲，其所生之法律效果乃係法律之規定，非由行爲人意思之參加，此爲兩者之不同。此又分爲：

　　1.表示行爲：係表達心裡狀態於外部，而得發生法律效果之行爲。表示行爲又可分爲三種：

　　　⑴意思通知（Willensmitteilung）：即將自己之意思通知於他人之私
　　　　法上行爲。此非以行爲人企圖發生法律效果爲必要，而其所爲
　　　　之表示，依法律規定當然發生一定效果也。如對法定代理人承
　　　　認之催告（民80）、對債務人之請求（民129Ⅰ）、對要約之拒絕
　　　　（民155）或承認之拒絕（民170Ⅱ）等是。

　　　⑵觀念通知（Vorstellungsmitteilung）：亦稱事實通知。即行爲人就
　　　　某種事實之觀念或認識所爲之表示。如債權讓與之通知（民
　　　　297）、承諾遲到之通知（民159Ⅰ）、總會召集之通知（民51）。

　　　⑶感情表示（Gefühläußerung）：即行爲人基於感情作用所爲之表
　　　　示。如夫妻之一方重婚或與人通姦，經他方於事前同意或事後
　　　　宥恕者，依法應喪失離婚請求權（民1053）。此項同意或宥恕之
　　　　表示，不以具有法律之效力意思爲要件，此點與法律行爲稍有
　　　　不同，故列屬準法律行爲。

　　2.非表示行爲（事實行爲（Realakt））：即基於事實上之狀態或經過，法律因其所生之結果，特付以法律上效力之行爲。如住所之設定與廢止（民20、24）、無因管理（民712）、無主物先占（民802）、遺失物之拾得（民807）、埋藏物之發現（民808），以及添附物之歸屬（民814）等是。

三、法律行爲之要件

法律行爲之成立要件者，即法律行爲能成立或發生法律上效果，所不可缺少之法律事實也。又分爲：

㈠**成立要件**：法律行爲之成立要件，指法律行爲之成立所不可缺少之要件。又可分爲：

1.一般成立要件：係指一切法律行爲之成立，均須具備之要件。通說認爲：

　　⑴當事人（權利義務之主體）：如買賣契約之買主、賣主，通常法律行爲之行爲人與效果的歸屬，是同一人，但例外亦有他人之情形，如第 103 條以下之代理。

　　⑵目的（法律行爲之內容）：即當事人藉法律行爲所欲達成或實現之事項。如買賣契約之財產權的移轉。

　　⑶意思表示（行爲目標）：即當事人爲發生一定之法律效果，對外表示之行爲。如契約中之要約或承諾。

2.特別成立要件：係指個別法律行爲所特有之要件。即除了一般要件之外，尙須具備特殊之事實，其法律行爲始能成立者，此項特殊之事實，即爲特別成立之要件。如要式行爲，須履行法定之方式，始能成立。此如遺囑行爲（民 1189）爲要式行爲。

㈡**生效要件**：法律行爲之生效要件，指法律行爲成立後，發生法律上效果，所不可缺少之要件。又分爲：

1.一般生效要件：係指一般法律行爲之生效，均須具備之要件。茲從法律行爲之成立要件，以說明有效要件：

　　⑴當事人：當事人須有意思能力及行爲能力。

　　⑵意思表示須無瑕疵：當事人之意思表示須健全而無瑕疵。

　　⑶標的須適當：法律行爲之標的，必須可能、確定、合法（不違反個別的強行規定）及正當（不違反第 72 條之規定）。

2.特別生效要件：即法律行爲之生效，應特別具備之要件：如遺贈，須遺贈人死亡，始得生效是。

四、法律行為之分類

區分基準	分　類	內　　　　容
依意思表示結合方式為準	單獨行為	由當事人一方之意思表示，即可成立之法律行為。又可分為： ㈠有相對人之單獨行為：有相對人者，即須向相對人表示，其行為始能成立，如催告、同意、撤銷、契約之解除（民258）、債務之免除（民343）等。 ㈡無相對人之單獨行為：無須向相對人表示，其行為亦得成立，如物權之拋棄（民764）、遺囑（民1189）等是。
	契約行為	又稱雙方行為即由複數的當事人---通常是二人以上之意思表示趨於一致，而成立之法律行為。又分為： ㈠財產契約：如買賣契約（民345）、租賃契約（民421）等。 ㈡身分契約：如婚姻與繼承等。
	共同行為（合同行為）	即依不相對立之多數當事人，因其意思表示在內容與方向上趨於一致而成立之法律行為。如社團之設立行為（民48）與總會之決議（民52）、股份有限公司股東會的決議（公174）等法律行為是。
依有無財產關係為準	財產行為	因與財產有直接關係，可分為： ㈠債權行為：乃發生債之關係變動之法律效果行為。 　1.單獨行為：如買賣契約之撤銷或解除（民255）或無因管理。 　2.雙方行為：如買賣（民345）、贈與（民406）、租賃（民421）。 ㈡物權行為：乃發生物權關係變動之法律效果的行為。有： 　1.單獨行為：如所有權之拋棄（民764）。 　2.雙方行為：如設定抵押權（民860）及設定質權（民884）。 ㈢準物權行為：此雖以物權以外之權利之變動為目的之行為，但得直接引起與物權行為同等之法律效果者。如債權之讓與（民294）、債務之免除（民343）、無體財產權（著作權、專利權、商標權）的讓與等。
	身分行為	與財產無直接關係，但以發生身分法上的效果為目的之行為。 ㈠親屬行為：乃發生親屬法上效果之法律行為。

		1. 單獨行為：如婚姻之撤銷（民989以下）、非婚生子女之認領（民1065）。 2. 雙方行為：如婚約（民972）、結婚（民982）、收養（民1072）。 (二)繼承行為：乃發生繼承法上效果之法律行為。此種行為大致均為單獨行為，如繼承之拋棄（民1174）。
	身分的財產行為	由於身分的關係而成立之財產行為，如夫妻財產契約的制訂，扶養費的請求，拋棄或限定繼承等。
依是否依一定方式為準	要式行為	即須依一定方式，始能成立之法律行為。有： (一)法定要式行為：即法律規定須具備一定方式之法律行為，但法律另有規定者不在此限（民73）。如法人之章程（民47）、財團法人捐助章程（民60）、拍賣（民391）、結婚（民982）、夫妻財產制契約（民1007）、兩願離婚（民1050）、遺囑（民1189）等均是。 (二)約定要式行為：即由當事人約定，其契約須用一定方式而成立之法律行為。故在該方式未完成前，推定其契約不成立（民166）。
	不要式行為	即無須依一定方式，就能成立之法律行為。如一般之動產買賣是。
依是否以交付實物為準	要物行為（踐成行為）	即於雙方意思表示之一致外，尚須有物之交付始能成立之法律行為。如使用借貸（民464）、消費借貸（民474）、寄託（民589）等。
	諾成行為（不要物行為）	乃僅以雙方意思表示一致，即能成立之法律行為，如買賣是。
以給付有無原因為準	要因行為（有因行為）	在法律行為中，以財產之給付為標的時，如須以財產給付之原因為要素，始發生效力者。如買賣及其他一般之債權行為等是。
	不要因行為（無因行為）	在法律行為中，凡以財產之給付為標的，但不須有給付財產之原因為要素者。通常之物權行為及票據行為等，如房屋移轉登記是。
以當事人之給付是否互受利益為準	有償行為	乃因當事人一方之給付，而他方亦須給與對價之法律行為。如買賣（民345）、互易（民398）、租賃、僱傭。
	無償行為	乃當事人一方為給付，而他方無須給與對價之法律行為。如贈與（民406）。

是否具有獨立性為準	獨立行為	乃法律行為，具有獨立的實質內容者，稱為獨立行為。如買賣、婚姻是。
	補助行為	乃其自身無獨立之實質內容，而僅有補助他行為之效力的法律行為。如允許（民77）、承認（民79）。
以其成立是否附於其他法律行為為準	主行為	乃不須其他法律行為之存在，亦得獨立成立之法律行為，一般之法律行為均為主行為。如債權契約、消費借貸契約等是。
	從行為	乃必以主行為之存在為要件，始能隨同成立之法律行為。如保證契約係以主債權契約之存在為要件，而夫妻之財產制契約係以婚姻之存在為要件者。
以其效力之發生是否以死亡為準	生前行為	乃行為人在生存時，即發生效力之法律行為，通常之法律行為均屬之。
	死後行為	又稱為死因行為，乃行為人死亡始發生效力之法律行為。如遺囑（民1199）及遺贈（民1201）。
以其能否完全發生效力為準	完全行為	乃能完全發生效力之法律行為。如通常有效之法律行為。
	不完全行為	不完全行為：乃不能完全發生效力之法律行為，通常可分為三種： ㈠無效之法律行為：即完全不能發生效力之法律行為。又有： 　1.絕對無效：如違反強制或禁止規定之法律行為（民71）。 　2.相對無效：虛偽意思表示之法律行為（民87）。 ㈡得撤銷之法律行為：即不能確定為有效之法律行為。如錯誤意思表示之法律行為（民88）。 ㈢效力未定之法律行為：即發生效力與否尚不能確定之法律行為。如限制行為能力人未得法定代理人之允許所訂立之契約（民79），附有停止條件之法律行為（民99 I）。
以其是否直接發生財產權利之變動為準	處分行為	法律行為直接發生財產權利之移轉、變更、消滅者。如讓與動產所有權（民761）、債權讓與行為等是（民294）。
	負擔行為（義務行為）	非直接處分標的物，而是雙方當事人約定負有交付標的物之義務者。如租賃契約，一方提供租賃物，另一方交付租金是。

五、法律行為之方式

法律行為有要式行為與不要式行為：

㈠**要式行為**：即有些行為除有意思表示之外，尚須具備一定方式，始可成立者，稱為要式行為。民法中對要式行為之規定如下：

1.法定方式：

　⑴須用文書者：如法人章程應記載事項（民47）、1年以上不動產租賃之契約（民422）、不動產物權之移轉或設定（民758 II）、債權質權之設定（民904）、結婚或離婚之要式行為（民982、1050）、收養之方法（民1079）、遺囑之方式（民1189）、夫妻財產訂立（民1007）等均須以文書為之。

　⑵須依一定形式者：如拍賣之形式（民391）等。

2.約定方式：即當事人約定，法律行為必須依一定方式始能成立之謂。如當事人約定合夥應訂立書面契約是。

㈡**不要式行為**：即有些行為不問有無方式，只要有意思表示，就可成立者，稱為不要式行為。如買賣契約。

㈢**不依法定方式之法律行為的效力**：

1.法律行為不依法定方式者無效，但法律另有規定者，不在此限（民73）。所謂法律另有規定者，如不動產之租賃契約，其期限逾1年者，應以字據訂立之，未以字據訂立者，並非無效，而只視為不定期限之租賃。又如密封遺囑不具法律所定之方式，而具備自書遺囑之方式時，有自書遺囑之效力（民1193）。

2.契約當事人約定其契約須用一定方式者，在該方式未完成前，推定其契約不成立（民166）。

六、法律行為之標的

即指法律行為之內容能發生法律效果而言。

㈠**標的須可能**：法律行為之內容必須有實現之可能。如不可能實現應為無效。不可能的情形為：

法律行為之標的	(一)**標的須可能**：法律行為之內容必須有實現之可能。如不可能實現應為無效。
	(二)**標的須合法**：法律行為之標的須合法，不得違反強行規定，亦不得有脫法行為。
	(三)**標的須正當**：法律行為不得違背公共秩序、善良風俗或獲取暴力之行為，否則無效。
	(四)**標的須確定**：法律行為之內容，於法律行為成立時，必須確定或可能確定，否則法律行為無效。

1.	**事實不能**	即事實上不可能實現者，如挾泰山以超北海。
	法律不能	因法律規定不能實現者，如禁止買賣武器是。
		事實不能其法律行為無效。至於法律不能，大致係標的違法的問題，該法律行為無效（民71）。
2.	**自始不能**	法律行為之標的於成立時就已不能實現者，如房已燒毀，仍訂立買賣契約。
	嗣後不能	法律行為成立後，因客觀事實之變更而不能實現，如房屋買賣契約成立後房屋燒毀。
		自始不能之法律行為無效。嗣後不能之法律行為，會發生債務履行不能之問題。
3.	**主觀不能**	因當事人本身之理由不能實現者，如不諳日文而答應擔任日文翻譯。
	客觀不能	從客觀立場以觀，不能實現者，如根治糖尿病的藥為目前醫學所不能。
		客觀不能影響法律行為之效力，主觀不能則產生債務履行問題。
4.	**全部不能**	法律行為之內容，全部不能實現者，如購二頭牛，已全部死亡。
	一部不能	法律行為之內容只有一部分不能實現者，如購二頭牛，其中一頭死亡。
		全部不能之法律行為無效。如僅一部不能，則除去不能之部分，其他部分亦可成立者，此部分仍為有效。
5.	**永久不能**	永久繼續無法變為可能是，如欲出售之古董已燒毀。
	一時不能	法律行為之內容雖不能實現，嗣後可以改變者，如武器之買賣可能解禁。
		永久不能因永遠不能實現，其法律無效。一時不能，因可能實現，故其法律並非無效。

　　關於**標的不能之效力**設有明文，如民法債編第 246 條規定：「以不能之給付爲契約標的者，其契約爲無效。但其不能情形可以除去，而當事人訂約時並預期於不能之情形除去後爲給付者，其契約仍爲有效。附停止條件或始期之契約，於條件成就或期限屆至前，不能之情形已除去者，其契約爲有效。」則對一般法律行爲之標的，如係不能，當可依此解釋適用之。

　　㈡**標的須合法**：法律行爲之標的須合法，不違反強行規定，且合於公序良俗，亦不得有脫法行爲。

　　1.須不違反強行規定：即法律行爲違反強行規定者，無效。但其規定並不以之爲無效者，不在此限（民 71）。因此所謂強行規定，有強制與禁止之分：

　　　　⑴強制規定：即法律命令當事人應爲某種行爲之規定者。如法人須設董事（民 27 I）。

　　　　⑵禁止規定：即法律命令當事人不得爲某種行爲之規定者。如權利能力及行爲能力，不得拋棄（民 16）、自由不得拋棄（民 17），法律行爲有背於公序良俗者，無效（民 72）等是。

　　2.區別強行規定與任意規定之標準：

　　　　⑴從文字與規定之形式：如條文中有「應」、「須」或「不得」等，則屬強行規定。凡條文中有但書或其類似規定者，多爲任意規定。如民法第 68 條：「但交易上有特別習慣者，依其習慣。」

　　　　⑵從保護公共利益之觀點：普通關於維護社會秩序與國家利益，或爲保護一定之人所特設之規定，多爲強行規定。如：

　　　　　①關於權利能力、行爲能力、法人及物權之種類、內容之規定。

　　　　　②親屬、繼承法上關於親權、繼承次序、夫婦制度等身分關係之規定。

　　　　　③關於土地法上之規定。

　　　　　④關於保護勞工之勞工法規。

　　　　　⑤一般債權法上規定，多以任意法規爲多，但關係第三人之權利關係者，則爲強行法規。

3.違反強行規定之效果：

 ⑴原則上：依民法第 71 條規定：「法律行為，違反強制或禁止之規定者，無效。」其情形有二：

  ①違反強制規定，如：

   A 不動產物權之移轉或設定未以書面為之者，違反民法第 758 條第 2 項規定。

   B 父母為未成年子女訂定婚約者，違反民法第 972 條規定。

   C 未成年人未得法定代理人同意，自行訂婚，違反民法第 974 條規定。

   D 未成年之夫妻，自行離婚，未得法定代理人同意，違反民法第 1049 條規定（院 1543）。

  ②違反禁止規定，如：

   A 私自買賣犀牛角等違禁物品。

   B 販賣鴉片或安非他命等（院 1585）。

   C 以訂立蓄養如奴婢之契約為標的，自非有效（33 上 5780）。

 ⑵例外：違反強行規定者，其法律行為雖無效，但第 71 條但書規定：「但其規定並不以之為無效者，不在此限。」如民法第 981 條：「未成年人結婚，應得法定代理人之同意。」原為強制規定，但依第 990 條規定，並不以之為無效，縱有違反，法定代理人祇得向法院請求撤銷之。又如第 984 條：「監護人與受監護人，於監護關係存續中，不得結婚」，原為禁止規定，但依第 991 條規定，並不以之為無效，縱有違反，受監護人或其最近親屬，得向法院請求撤銷之。凡此均不受第 71 條前段規定之影響。

 ㈢**標的須正當**：標的須正當者，即法律行為，不得違背公共秩序、善良風俗或獲取暴利之行為，否則，應為無效之意。

 1.不得違反公序良俗：

  ⑴公序良俗之標準：惟公序良俗之標準，每因時代之變遷而轉變。因此何種行為係違反公序良俗，常難有定論，惟通常指法律行為違反國家社會一般利益及道德觀念而言。茲列舉數例，以為

準則：

①夫妻離婚後訂約，使其所生子女與其父或母斷絕關係，此種法律行為，於法當然無效（院 1341）。

②以人身為抵押標的之契約，根本不生效力，即不得據以責令相對人負交人義務（18 上 1745）。

③購買養女非法圖利，屬民法第 72 條問題，應為無效（49 釋 87）。

④男女不娶不嫁，原無違背公序良俗問題，但如以契約強制為之，則為違背（19 院 256）。

⑤甲乙均為養子，於養父母健在時預立分管合約為財產之瓜分，載明該約俟父母百年後始生效力，固堪認係以父死亡之日為契約發生效力之始期之法律行為，然養子甲乙對於其父之財產不待其父之自行贈與，或於壽終後再行協議分割，乃急不暇擇，於父生前預行訂約剝奪母之應繼分，此項矇父欺母而訂立之契約，與我國崇尚孝悌之善良風俗有違，故該契約即在無效之列（46 臺上 1068）。

⑥夫妻間恐一方於日後有虐待或侮辱他方情事，而預立離婚契約者，其契約即違背善良風俗（50 臺上 2596）。

⑦數人於法院拍賣不動產時，約定圍標金，即為違背善良風俗（56 臺上 587）。

⑧有婦之夫，涎被上訴人之美色，誘使同居，而將某地所有權移轉於同居之女子，復約定一旦終止同居關係，仍須將該地返還，以達久佔私慾，則此約定為違背善良風俗（65 臺上 2436）。

(2)違背公序良俗之效力：依民法第 72 條規定：「法律行為有背於公共秩序或善良風俗者，無效。」當事人自不得依據這種無效的法律行為請求為相對給付或其他義務之履行，亦不得請求損害賠償。此外，如法律行為雖有違背公序良俗，惟構成法律行為要素之意思表示，倘因被脅迫所為時，依照民法第 92 條規定，僅得由表意人撤銷其意思表示，並非當然無效（60 臺上 584）。

2.須非暴利行為：

⑴暴力行為之概念：依民法第 74 條第 1 項規定：「法律行為，係乘他人之急迫、輕率或無經驗，使其為財產上之給付，或為給付之約定，依當時情形顯失公平者，法院得因利害關係人之聲請，撤銷其法律行為，或減輕其給付。」此即學說上所稱之「暴利行為」。此項暴利行為是違背公序良俗（民 72）與誠信原則（民 148II）的特別規定。

⑵暴利行為之效力：法院得因利害關係人之聲請，撤銷其法律行為，或減輕其給付。則須經撤銷，其行為視為自始無效（民 114），雙方自當回復原狀，各得依據物上請求權，請求返還其所為給付。但第三人善意取得之物權，仍得受法律之保護（民 801、886、948）。惟利害關係人之聲請，須於法律行為後 1 年內為之（民 74II）。此項期間為除斥期間，逾期即喪失其聲請權。

㈣**標的須確定**：

1.標的確定之概念：標的須確定者，指法律行為之內容，於法律行為成立時，必須已經確定，或可能確定，否則法律行為無效。

⑴一般不確定之情形：通常不確定之情形有二：

①法律行為的範圍全無限制，而由當事人一方之意思自由定之：如一方允許他方之一切請求是。此項不確定，將使債務人受無限拘束，是為真正之不確定，其法律行為無由成立，當然無效。

②法律行為的範圍業已限定，惟其內容尚未完全確定者：如一方允許他方為選擇之給付是，此如購買物品未言明價格，僅約定依市價時，此項約定並非不確定，因有市價可為確定之故。

⑵日後確定標的之方法：法律行為之標的雖以當時確定為必要，但日後確定者，亦無不可。日後確定標的之方法，其情形有四：

①依法律規定：如數量之確定依民法第 4、5 條，出生日之確定，依民法第 124 條第 2 項，給付物之品質的確定，依民法第 200 條第 1 項，利率之確定依民法第 203 條是。

②由當事人確定：如種類之債（民 200II）及選擇之債（民 208），

均由當事人確定。

③由第三人確定者：如選擇之債，由當事人以外之第三人依誠信原則，以確定其應為之給付是。

④依其他事實而確定：如買賣契約之價金，依交付時之市價計算者，從其市價。如當事人之意思不明時，則應依習慣定之。

2.標的不確定之效果：我民法對於標的不確定之效力，未設明文，惟依論理解釋，法律行為之標的，於法律行為成立時不確定，或以後又無其他標準可資確定者，則其法律效果無由發生，其法律行為，自難認為有效。

習題：法律行為違反「取締規定」者，其效力如何？請具體舉例說明之。（100 特身四）

第三節　行為能力

一、行為能力概說

行為能力（德：Geschäftsfähigkeit, Handlungsfähigkeit；法：capacité d'exercice），即私法上能單獨從事有效法律行為的能力。因行為能力係以意思能力為基礎而形成，而意思能力就是行為人在行為時，能正常判斷、識別及預期之精神能力。

自然人與法人雖都有權利能力，但不一定都有行為能力。在自然人中，無意思能力者之行為，因認為無效，所以法律定有保護制度。此外，與意思能力無關，為了保護不具有完全獨立交易能力之未成年人、受監護宣告人，則有無效或撤銷之保護規定。如無行為能力人之意思表示無效（民75 I）、限制行為能力人為意思表示及受意思表示，除純獲利益及日常生活所必需者外，應得法定代理人之允許（民77）、限制行為能力人訂立契約須經法定代理人之承認（民79）、未達

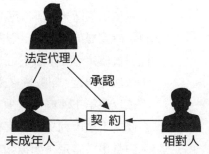

結婚年齡之結婚，得撤銷（民 989）、受監護宣告人無行為能力（民 15）。法人依法人實在說，則在其目的範圍內有行為能力。

二、行為能力之比較

	意思能力	行為能力	權利能力	責任能力
意　義	個人對自己的行為有判斷識別其法律效果的精神能力。	個人以自己的意思表示能發生一定的法律效果之能力。	凡人都有享受權利負擔義務之能力。	對於違法行為在法律上能負責任之能力，即個人於違法行為時，有無辨識能力為準。
具　體標　準	意思能力之有無，乃事實問題，故滿 7 歲後，依個案判斷之。	須達一定年齡，如滿20歲或未成年人已結婚者有完全行為能力，滿 7 歲以上之未成年人有限制行為能力，未滿 7 歲之小孩，受監護宣告人無行為能力。	自然人（未出生之胎兒）以及法人均擁有權利能力，不因罪犯，受監護宣告人而有區別。	大致在 12 歲以上，原則上以意思能力為準，即以行為人在行為時有無識別能力，以決定其有無責任能力。
有該能力之效果	就是 7 歲程度亦得接受贈與。	滿20歲以上就有完全行為能力，可以作各種財物交易行為。	擁有權利，並負擔義務。	本人須負各種損害賠償責任。
無該能力之效果	行為不能成立，應無法律效力。	行為如未被承認，則自始無效。	既不擁有權利，亦不負擔義務。	如本人欠缺意思能力，本人雖不負責，但應由法定監督義務者負損害賠償之責。
關　係	有意思能力者未必都有行為能力，蓋行為能力為法律之規定，但行為能力是以有意思能力為基礎，故無意思能力，當無行為能力。	無論有無行為能力，都擁有權利能力。原則上，有行為能力就有責任能力，但有行為能力人行為時，無意思能力者，其行為無效（民75），從而不負法律責任。	有權利能力人不一定都擁有意思能力與行為能力。	權利能力乃人人都能享有；行為能力原則上以年齡為決定之標準，責任能力則以意思能力之有無為決定之標準。

三、行為能力之態樣

㈠**無行為能力**（英：incompetent；德：Geschäftsunfähiger；法：incapable, personne incapable）：法律行為者，既為人之意識作用及其表現，在從事法律行為時，該當事人當須具有正常意思決定之能力，亦即須擁有意思能力為必要條件。因此如不具備意思能力，其所為之法律行為，自不發生法律效果，乃為自明之理。但是一個人有無意思能力，單從外表並不容易察知，而從表意者之精神發達之程度，當時的精神狀態，或依法律行為之種類等亦均有所差異，此原係依個別的事件，與具體個案而決定者，當無法作一致的規範。所謂無行為能力人，指不能有效為法律行為之人。我民法規定，無行為能力人有兩種：一為未滿 7 歲之未成年人（民 13 I），二為受監護宣告人（民 15）。

	意　　義	無 能 力 者	無能力者 之法律效果
意思 能力	能判斷自己行為的結果之精神能力。	7 歲以下之幼兒、白癡、泥醉人等無意思能力。	無　效
行為 能力	能確定有效而單獨成立民法上法律行為之能力。	未成年人、受監護宣告人。	無　效

1.無行為能力人之行為：

⑴無行為能力人之法律行為無效：依民法第 75 條規定：「無行為能力人之意思表示無效。」所謂意思表示，即為法律行為之意思，指表示意思與接受意思而言。因法律行為，以意思表示為要素，意思表示既已無效，則其法律行為自應無效。此項無效，為絕對無效，不因已得法定代理人之事先允許，或事後承認而發生效力。此與限制行為能力人所為之法律行為，須視是否經其法定代理人之允許或承認而定者，大不相同。惟此僅以法律行為為限，若為事實行為，例如拾得遺失物或發見埋藏物等，因無須以意思表示為基礎，故在法律上仍然有效而取得所有權。無行為能力人之法律行為無效，以財產行為為限，若為身分上行為，則依身分法之特別規定。

(2)法定代理人代爲法律行爲：依民法第 76 條規定：「無行爲能力人，由法定代理人代爲意思表示，並代受意思表示。」即無行爲能力人凡欲對他人爲有效之意思表示，即由法定代理人代爲之，他人欲對於無行爲能力人爲有效之意思表示，亦可由法定代理人代受之。所謂法定代理人者：

①未成年人之法定代理人爲父母（民 1086），未成年人無父母，或父母不能行使代理權時，應設監護人，監護人則爲未成年人之法定代理人（民 1098）。

②受監護宣告人以監護人爲法定代理人（民 1110、1113）。

無行爲能力人與限制行爲能力人

		要　件	意思表示方式	須要同意之行爲	
無行爲能力人	未滿 7 歲	未滿 7 歲之未成年人	須得法定代理人事先允許或事後承認	原則上	其法律行爲得法定代理人事先允許或事後承認。
				例　外	爲事實行爲；如拾得遺失物、發現埋藏物等。
	受監護人	因心神喪失或精神耗弱者	監護人爲法定代理人（民 1110）之同意	所有財產行爲	
	無識別能力人	在無意識或精神錯亂中者	法定代理人代理	由法定代理人代爲意思表示或代受意思表示	
限制行爲能力人		滿 7 歲以上未成年人，且未結婚者	須得法定代理人之允許	原則上	所有財產行爲
				例　外	①純獲法律上利益免除責任之行爲。②日常生活所必須之行爲。

2.無識別能力人之行爲：我民法第 75 條後段規定：「雖非無行爲能力人，而其意思表示，係在無意識或精神錯亂中所爲者，亦同。」所謂「雖非無行爲能力人」係指有行爲能力人或限制行爲能力人而言。所謂「無意識」，指全然缺乏意思能力而言；如在夢遊中是。所謂「精神錯亂」，係指精神發生障礙暫時喪失意思能力而言；如一時之心神喪失是。因在無意識中所爲，非出於心理上之眞正意思，故亦認爲絕對無效。

類別	對　象	內　容			法律效力
無行為能力人	1.未滿7歲人	應由法定代理人代爲意思表示或代受意思表示。			有效（民76）
	2.受監護宣告人	本人所爲之單獨行爲或契約行爲。			無效（民75）
	3.無識別能力人	無意識或精神錯亂中所爲之行爲（如一時心神喪失、或夢遊等）。			
限制行為能力人	1.7歲以上 2.未滿20歲之未婚人	法定代理人不允許	單獨行爲	一般法律行爲。	原則上無效（民78）
				純獲法律利益日常生活所必需。	例外有效（民77）
			契約行爲	一般契約行爲。	法定代理人承認有效不承認就無效（民79）
				純獲法律利益日常生活所必需。	例外有效（民77）
				使用詐術使人信其爲有行爲能力人或已得法定代理人之允許。	強制有效（民83）
		法定代理人允許	個別允許	爲意思表示或受意思表示。	有效（民77）
				允許處分財產。	有處分能力（民84）
				允許獨立營業。	有營業能力（民85）
完全行為能力人	1.滿20歲之正常成年人 2.未成年人已結婚者	個人所爲之法律行爲。			有效

(二)**限制行爲能力**（德：beschränkter Geschäftsfähiger）：所謂限制行爲能力人，指滿7歲以上未滿20歲之未成年人，且未結婚者而言（民13 II,III）。限制行爲能力人，僅有不完全之意思能力，其行爲能力，實介於無行爲能力人與行爲能力人之間，故受一定之限制。

　　1.須經允許之法律行爲：限制行爲能力人爲意思表示及受意思表示，應得法定代理人之允許（民77）。即限制行爲能力人，自爲法律行爲時，事前須得其法定代理人之同意。法律行爲原則上以財產行爲須得法

定代理人之同意；身分上行為除有特別規定外，無須得法定代理人之同意。所謂特別規定，如未成年人訂婚（民974）或結婚（民981）、未成年人之兩願離婚（民1049）或未滿7歲被收養時，由法定代理人代為並代受意思表示，滿7歲以上之未成年人，應得法定代理人之同意（民1076之2）。

2.無須允許之法律行為：限制行為能力人關於財產上之行為，原以得法定代理人之允許為原則，但如事事均須允許，也有困難，故民法特設例外規定：

(1)純獲法律上利益之行為：限制行為能力人純獲法律上利益之行為，無須得法定代理人之允許（民77但）；此純獲法律上利益，必須限制行為能力人毫無負擔始可。此如單純契約之解除（民258），單純契約之終止（民263），接受債務之免除（民343），單純贈與之承諾（民406）及單純遺贈之承認（民1207）等，均對限制行為能力人有益無損，自得單獨為之。

(2)日常生活所必需之行為：限制行為能力人，依其年齡及身分，為日常生活所必需者，無須得法定代理人之允許（民77但）。如小學生購買書籍、文具，到飲食店飲食，或理髮、購買車票、投自動販賣機等，以便利限制行為能力人日常生活。

(3)就法定代理人允許處分之財產：法定代理人允許限制行為能力人處分之財產，限制行為能力人，就該財產有處分之能力（民84）。所謂處分，指將財產上權利移轉於他人之法律行為。如父母以一定金錢匯給留學國外之未成年子女，作為生活學費之開支，支付房租等是。

(4)法定代理人允許獨立營業之行為：法定代理人允許限制行為能力人獨立營業者，限制行為能力人，關於其營業，有行為能力（民85 I）。此種能力在學理上稱為「部分行為能力」（德：Teilgeschäftsfähigkeit），經法定代理人之允許後，關於其營業範圍內有行為能力。

又限制行為能力人，就其營業有不勝任情形時，法定代理人得將其允許撤銷或限制之。但不得對抗善意第三人（民85II）。

3.未得法定代理人之允許：則視該法律行為是為單獨行為或契約行為而不同。

(1)單獨行為未得允許者無效：民法第 78 條規定：「限制行為能力人，未得法定代理人之允許，所為之

單獨行為無效。」按單獨行為者，即由一方之意思表示而成立之行為。有的是有相對人，如契約之解除、債務之免除等是，亦有無相對人者，如寄附行為是。大抵此種行為，要皆有損於行為人。故應使其得法定代理人之允許，方為有效。

(2)契約行為如經承認亦生效力：民法第 79 條規定：「限制行為能力人未得法定代理人之允許，所訂立之契約，須經法定代理人之承認，始生效力。」此經承認之法律行為，溯及於為法律行為時，發生效力（民 115）。承認依民法第 116 條規定，應以意思表示為之。此項意思表示應向相對人為之，又限制行為能力人，如因達於成年而變為有行為能力，或因結婚而變為有行為能力，則於限制原因消滅後，經本人自己承認者，應與法定代理人之承認，有同一效力（民 81 I）。

4.相對人之保護：限制行為能力人未得法定代理人之允許所為之法律行為，在限制行為能力人之法定代理人或其本人（如本人在成年後）

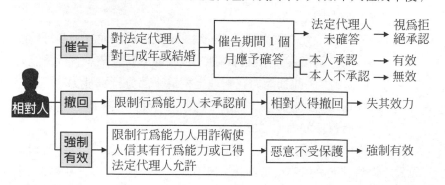

承認以前，常使相對人處於不確定之地位，爲保護相對人之利益，民法
特賦予三種權利：

(1)催告權：民法第 80 條規定：「前條契約相對人，得定一個月以
上之期限，催告法定代理人，確答是否承認。於前項期限內，法
定代理人不爲確答者，視爲拒絕承認。」又限制行爲能力人於限
制原因消滅後，尚未自行承認其未經允許所訂立之契約以前，該
相對人亦得向限制行爲能力人本人爲同一之催告 (民 81 II)。

受催告人如於催告後，爲確切之承認時，則其法律行爲自始
有效；拒絕時，則其法律行爲，自始不發生效力。惟受催告人
在催告所定期限內，不爲確答者，視爲拒絕承認，即法律行爲，
確定自始不生效力 (民 81 II)。

(2)撤回權：民法第 82 條規定：「限制行爲能力人所訂立之契約，
未經承認前，相對人得撤回之，但訂立契約時，知其未得允許
者，不在此限。」此即相對人之撤回權。相對人爲撤回之意思
表示後，契約即根本失其效力，相對人不得更爲催告，而限制
行爲能力人亦不得再爲承認。

(3)強制有效之法律行爲：

①強制有效之要件：限制行爲能力人用詐術使人信其爲有行爲
能力人或已得法定代理人之允許者，其法律行爲爲有效 (民
83)。蓋限制行爲能力人之法律行爲，原則上法律規定須得其
法定代理人之允許或承認者，原爲保護限制行爲能力人而
設，若限制行爲能力人，已能使用詐術，則不僅智力不薄，
且能進而陷人於不利，在「**惡意不受保護**」及「**詐欺與惡意
不得對任何人享有利益**」(Fraus et dolus nemini patrocinari debent)
之原則下，爲保護相對人，法律乃強制使其法律行爲爲有效。

②強制有效之效力：限制行爲能力人，如用詐術使人相信其有
行爲能力或已得允許，致相對人發生錯誤而與其爲法律行
爲，相對人自得依第 92 條之規定，撤銷自己之意思表示，或
依情形以侵權行爲爲理由，依第 184 條之規定，請求損害賠償。

允許與承認之異同

區分基準		允　許（民77、78、79、82~85）	承　認（民79~82）
不同點	1.作用不同	於事前行使之，爲行爲能力之補充。	於事後行使之，爲法律效力之補充。
	2.溯及效力	效力發生於法律行爲成立之時，無溯及效力問題。	效力發生於法律行爲成立之後，如無特別規定，有溯及之效力。
	3.有效範圍	即以允許之行爲範圍爲限。	即以承認個別契約之行爲爲範圍。
	4.相對人之撤銷或撤回	法定代理人允許限制行爲能力人獨立營業有不勝任情形時，法定代理人得將其允許撤銷或限制（民85）。	限制行爲能力人所訂立之契約，未經承認前，相對人得撤回之（民82）。
	5.事前或事後	爲事前之同意行爲。	爲事後之同意行爲。
相同點		1.由限制行爲能力人之法定代理人行使。 2.在補充限制行爲能力人意思之欠缺。 3.均以意思表示爲之，並適用於意思表示及法律行爲之規定。 4.均爲非要式行爲，且爲有相對人之單獨行爲。	

催告與撤回之異同

區分基準		催　告	撤　回
不同點	1.性質	催告爲意思通知，爲準法律行爲，準用意思表示及法律行爲之規定。	撤回爲對未發生效力之行爲，防止其發生之意思表示，適用意思表示及法律行爲之規定。
	2.期間	須定1個月以上之期限而爲催告。	須在契約未經承認前撤回契約。
	3.善意或惡意	不論相對人是否善意均可催告。	須相對人在訂約時，不知未得法定代理人之允許。
	4.效果	催告後，如受催告人確切之承認時，則法律行爲自始有效。	相對人爲撤回之意思表示後，契約則根本失其效力。
相同點	1.性質	同爲形成權，依法得發生法律效果。	
	2.對象	均向法定代理人或限制行爲能力人本人行使。	
	3.善意或惡意	相對人以善意爲條件，並爲限制行爲能力人未經法定代理人允許而成立之契約。	

㈢**完全行爲能力**：即一個人能以獨立的意思，作完全有效的法律行爲之意。

　　1.成年人：滿 20 歲之成年人（民 12），有完全行爲能力。年齡之計算法依民法第 124 條。

　　2.未成年已結婚者：未成年人已結婚者，有行爲能力（民 13Ⅲ）。又未達法定結婚年齡，如男未滿 18 歲，女未滿 16 歲而結婚者，雖得撤銷，但在未依法撤銷以前，應認爲有行爲能力（24 院 1282）。

第四節　意思表示

一、意思表示之概念

　　意思表示（德：Willenserklärung；法：déclaration de volonté），即表意人將其內心所欲發生法律效果的意思，表達於外部之行爲。公法上及國際法上之行爲雖亦適用，但用在私法上較爲普遍而重要。通常用在契約之要約與承諾及遺囑爲多。是爲法律事實中最重要之部分。如甲有向乙購買房屋之意思，而乙也有出售之意思，雙方表示願買願賣，即能發生法律上效果，足以構成買賣契約之法律行爲是。當事人則將此買賣的意思以語言、文字或其他方法表示於外。如只將其意思蘊藏於內，而未表示於外，則是僅有意思而無表示，非此之所謂意思表示。

　　㈠**意思表示構成要素的分析**：因此意思表示是經過下列過程而成立，學說上稱爲意思表示之要件。茲分述之：

表意者之意識作用	1.基於一定動機所決定之心理作用（動機）。 2.欲發生一定法律效果之主觀的意思（內心之效果意思）。 3.將此意思表示於外之意思（表示意思）。 4.有表示於外之外表行爲的意思（行爲意思）。
外部作用	由外部客觀的表示行爲而成立。

　　動機原來是在意思表示之外，並非構成意思表示之內容，因此當非構成法律行爲之內容。但因與第 88 條之

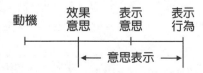

動機　效果意思　表示意思　表示行爲

← 意思表示 →

錯誤有關,動機如對外表示,亦將構成法律行為之內容[1]。

㈡意思表示的成立要件:

1.效果意思:即表意人在內心裏有一定的動機,期望能發生一定之法律效果而表示的意思。即上表之 1.與 2.情形又稱效力意思或法效意思。如上例買受人甲期望獲得房屋一棟,向出賣人乙表示,而乙因期望獲得價金而同意時,此種意思表示,導致雙方簽定買賣契約,完成買賣之法律行為。如僅期望發生人情、道德或宗教關係者,如父子間之平時的借貸、親友間之邀約或宗教上之活動等,因不發生民法上之權利義務關係,自無法律效果,當不屬意思表示。因此效果意思乃法律行為之內容,亦屬意思表示之基礎。

2.表示意思:即表意人欲使其效果意思表達於外部之意思。故表示意思實為連絡法效意思與其後之表示行為之心理作用。換言之,僅內心已有效果意思,而無表示意思,則無從發生表示行為。反之,只有表示行為,如無表示意思連絡其間,則其表示行為,並非為使之發生法律上效果所為的表示,則意思表示不成立。如某甲在拍賣場,舉手招呼友人,則此種舉手雖同於表示行為,因無表示意思,當不能認為某甲之舉手,乃為買受之意思表示也。

3.表示行為:即表意人將內部之效果意思表達於外部之行為。意思表示必須有此表示行為,否則他人無從推知其效果意思,因此表示行為不僅須為自由自覺之意識作用,並能由該行為推知其內心之效果意思。若因被詐欺或被脅迫而為者,則非本於自由意識之作用,當有民法第 92 條之適用,若出於錯誤或不知而為者,則依第 88 條處理。表示行為必須具備上述要件,始得成立完全有效之法律行為。

二、意思表示之分類

意思表示,因其區別標準之不同,有種種分類:

---

[1]參照玉田弘毅著:圖解民法講議,昭和 57 年,住宅新報社,第 81 頁。

區分基準	種　類	內　　容	舉　　例
一、是否以單純的意思表示爲準	(一)單純之意思表示	即只須有欲發生法律上效果之意思表示，就能成立之意思表示。通常諾成行爲所爲之意思表示均屬之。	如法定代理人對於未成年人之行爲表示同意是。
	(二)非單純之意思表示	即除須有欲發生法律效果之意思表示外，尚須依一定方式或有物之交付，始能成立之意思表示也。	如讓與指示證券之意思表示，須依背書之方式以爲表示，又貸與之意思表示須有借用物之交付是。
二、是否以其他意思爲準	(一)獨立之意思表示	即不待其他意思表示，即能獨立發生法律上效果之意思表示。	如債務之免除、捐助行爲或遺囑等是。
	(二)非獨立之意思表示	即必待其他之意思表示，始能發生法律上效果之意思表示。	凡能構成雙方行爲及共同行爲之意思表示均屬之。如契約之要約、承諾是。
三、以意思表示之方式爲準	(一)明示之意思表示	即以言語、文字或其他習慣上常用之表達方式，直接表示意思者。一般的意思表示均爲明示。	如買賣電視，一位開價要出售，一位答應要購買等均是。
	(二)默示之意思表示	即以使人推知其意思之方法，間接表示意思之謂。即依當事人約定或在習慣上，足以間接地推斷其有此意思，始得認定。若單純的沉默，除有特別規定，認爲意思表示外，則不得謂爲默示之意思表示（29 上762）。	如民法第 80 條第 2 項及第 170 條第 2 項之規定，被催告人逾期未爲確答者，則視爲拒絕承認之意思表示是。
四、有無相對人爲準	(一)有相對人之意思表示	即必須有相對人存在，並須向相對人表示，始能成立之意思表示。	如承認之催告、債務之免除、契約之解除等是。此項意思表示又可分爲對話與非對話的意思表示兩種。
	(二)無相對人之意思表示	即不須相對人存在，並無須向相對人表示即能成立之意思表示。	如遺囑、捐助行爲等是。

五 以相對人 是否特定 為準	(一) 對特定人之 意思表示	即其意思表示，必須向特定之相對人為之，始能成立之謂。	如承諾、允許、撤銷、免除等均是。
	(二) 對不特定人 之意思表示	即其意思表示，不須向特定之相對人為之，亦能成立之謂。	如懸賞廣告是。
六 是否有瑕 疵為準	(一) 有瑕疵之意 思表示	即非本於表意人之眞正意思而為之意思表示，又稱不健全之意思表示。	如錯誤、心中保留、通謀之虛偽表示或被詐欺、被脅迫而為之意思表示等均屬之。
	(二) 無瑕疵之意 思表示	即本於表意人之眞正自由的意思而為之意思表示者，此意思表示，其法律行為，自始即有完全之效力。	一般之意思表示都是無瑕疵的意思表示。

三、意思與表示之不一致

意思表示是由表意人內部之意思（效果意思）與外部之表示（表示行為），兩種要素結合而成，如兩者不合時，即產生意思與表示之不一致問題，其意思表示即有欠缺。

(一)**不一致之情形**：意思與表示不一致，有兩種情形：

1.故意之不一致：即表意人明知，而有意使意思與表示不一致者；如心中保留、虛偽意思表示，及隱藏行為（民86、87）等是。

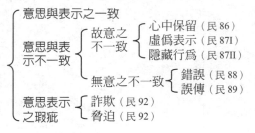

2.無意之不一致：即表意人不知其意思與表示不一致而為意思表示者；如錯誤、不知及誤傳（民88至91）等是。

(二)**不一致之效力學說**：意思與表示不一致時，其效力如何？有下列三說：

1. 意思主義	重視表意人內心之效果意思以決定意思表示之效果。若表示之意思與內心的眞意不符時，其表示應為無效，以保護表意人。
2. 表示主義	即以外部之表示為準。蓋表意人之內心的眞意，外人無從知悉，故應以其所表示於外者為準。
3.	即兼顧表意人之利益與交易之安全，稱為折衷主義。

折衷主義	(1)意思表示的折衷主義：即站在意思主義之立場，並考慮對方及第三者之利益，以決定意思表示之效果的想法。 (2)表示主義的折衷主義：即站在表示主義之立場，並考慮表意人之利益，以決定意思表示之效果的想法。

我民法對意思表示之規定，則以表示主義為主，而以意思主義為例外。

四、故意不一致

㈠**非真意表示**：又稱為**心中保留**（拉：reservatio mentalis；英：mental reservation；德：Mentalreservation）**或單獨的虛偽表示。即表意人無欲為其意思表示所拘束之意，而為意思表示者**（民 86 前段）。如話劇演員在演出中所講之台詞，或為安慰病中情人，佯為承諾結婚或在酒醉中哄騙女友是。此種非真意表示，包括戲謔或憤怒表示，不論其動機為善為惡，均所不問。因表意人將其真意蘊藏於內心，而故意為虛偽之表示，故稱為心中保留。

　　1.非真意表示之要件：非真意表示，須具備下列三要件：

　　　㈠須有意思表示之存在。

　　　㈡須表示與真意不一致。

　　　㈢須表意人自知其表示與真意不一致。

　　2.非真意表示之效力：

　　　㈠原則為有效：非真意表示，表意人雖有不受拘束之意，然表意人既係故意而為，法律為保護交易之安全，原則上仍認其為有效。故民法第 86 條前段規定，其意思表示不因之無效。易言之，表意人不得以非真意表示為理由，而主張其意思表示為無效，或主張撤銷之。

　　　㈡例外為無效：惟如相對人明知其為非真意表示，而仍與之為法律行為時，自無予該相對人以特別保障之必要。故民法第 86 條

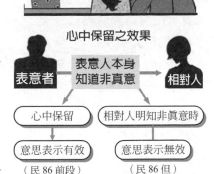

心中保留之效果

但書規定：「但其情形為相對人所明知者，不在此限。」惟如相對人知情，致意思表示無效時，能否對抗善意之第三人？通說認為可依民法第 87 條第 1 項但書之規定，類推適用，即為保護交易之安全，不得以其無效，對抗善意第三人。

(二)**虛偽表示：**

　　1.意義：虛偽表示（拉：simulatio；德：Scheingeschäft；法：simulation）又稱雙方的虛偽表示，為通謀虛偽表示之簡稱。即表意人與相對人通謀而為虛偽意思表示之謂（民 87 I）。因係表意人與相對人通謀而為者，故稱為通謀虛偽表示。通常此種行為之目的在欺騙政府機關或第三人。如同意締結假買賣契約以逃避強制執行，又如公務員用假結婚以圖領取眷屬實物津貼是。

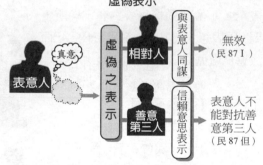

虛偽表示

　　所謂通謀虛偽表示，乃指表意人與相對人互相故意為非真意之表示而言，故相對人不僅須知表意人非真意，並須就表意人非真意之表示相與為非真意之合意，始為相當，若僅一方無欲為其意思表示所拘束之意，而表示與真意不符之意思者，尚不能指為通謀而為虛偽意思表示（62 臺上 316）。

　　2.虛偽表示之效力：

　　　⑴對於當事人者：民法第 87 條第 1 項：「表意人與相對人通謀而為虛偽意思表示者，其意思表示無效。」所謂無效，即對於任何一方當事人均屬無效，縱有第三人主張為有效，當事人間仍為無效。

　　　⑵對於第三人者：民法第 87 條但書：「不得以其無效，對抗善意第三人」，所謂善意，指不知其為虛偽表示而言，若知其為虛偽表示，則為惡意而非善意。所謂第三人，乃指虛偽表示之當事人及概括繼受人以外之第三人。所謂不能對抗，指善意第三

人固得主張其無效，但亦可主張其有效，若主張其有效時，表意人不得以無效對抗之，蓋所以保護交易之安全也。如某甲為逃避債務，將珠寶虛偽出賣與某乙，某乙又將該珠寶賣給不知情之某丙，則甲、乙間為通謀之虛偽意思表示，其買賣契約應為無效，但不得以無效對抗善意之某丙，當然丙仍得主張其為有效，如珠寶業已交付某丙，某甲只得向某乙請求損害賠償，而無法向某丙請求返還珠寶。

㈢**隱藏行為**（德：verdecktes Geschäft）：**又稱為隱匿行為，即虛偽之意思表示，隱藏有他項確實之法律行為之謂。**易言之，從表面上看是為虛偽意思表示，但其中隱藏有真正之意思表示者，此自與一般虛偽意思表示而未藏有他項法律行為者不同。如表示買賣，而實欲贈與，此之贈與即為隱藏行為。如建商甲男實以房屋贈與女友乙，礙於其家人或其他親友耳目，而與乙通謀，作成買賣之契約是。此時依民法第87條第2項規定：「虛偽意思表示，隱藏他項法律行為者，適用關於該項法律行為之規定。」

1.隱藏行為與虛偽表示之不同：

項目 區別	隱　藏　行　為	虛　偽　表　示
意義	於虛偽意思表示之下隱藏有他項法律行為。	表意人與相對人通謀而為虛偽意思表示。
性質	雖係虛偽表示，但具有成立他種法律行為之意思。	當事人間之行為並無產生法律效果之意思。
目的	在達成另一法律行為。	在詐騙第三者或其他違法行為。
效力	如具備法律行為之有效要件，則適用該項法律行為之規定。	無論具備何種要件，其意思表示無效。
對第三人	得對抗第三人。	不得對抗善意第三人。

2.隱藏行為之效力：隱藏行為係當事人之真意所在，並不能因其意思表示之隱藏，而竟認為無效，應視該隱藏行為是否具備一般法律行為之有效要件以為決定，如具有他種法律行為之有效要件，則應適用關於該項法律行為之規定（民87II）。

㈣**信託行為**（拉：fiducia；德：fiduziarisches Rechtsgeschäft；法：fiducia）：

亦稱**虛偽信託**。與虛偽意思表示，似同而實異。即當事人為達成某種經濟上目的，授與相對人超過必要限度之權利，使其為權利人，而僅許可其於經濟目的範圍內，行使權利之法律行為也。易言之，所謂信託行為，係指信託人授與受託人超過經濟目的之權利，而許可其於經濟目的範圍內行使權利之法律行為而言。就外部關係言，受託人固有行使超過委託人所授與之權利，就委託人與受託人之內部關係言，受託人仍應受委託人所授與權利範圍之限制（70 臺上 617）。

1.類型：信託行為有兩種類型：

(1)管理信託：以管理財產為目的，讓與財產於他人，使其在管理目的之範圍內，行使其財產權之行為。

(2)擔保信託：以擔保債權為目的，將物之所有權讓與債權人，使其在擔保目的範圍內，行使其所有權，或稱為讓與擔保。

2.效力：

(1)對外效力：信託行為對外應完全有效。蓋信託行為在外表上，是信託人將財產所有權移轉於受託人，使其成為權利人，自應依其外表而發生效力，以保護信賴其外表行為之第三人，而利交易之安全。

(2)對內效力：受託人有依照約定，行使其權利，受託人若違反信託之目的，而為處分行為時，其處分行為仍為有效，惟信託人得向受託人請求因其違反義務所受之損害賠償，以保護信託人之利益。

五、偶然或無意之不一致

即表意人不知其意思與表示不一致而為意思表示之謂。偶然不一致與故意不一致，其不同之點，在於前者於意思表示時其不一致全然不知，而後者則已經明知。偶然不一致有錯誤及誤傳等二種。

㈠**錯誤**（拉：error；英：mistake；德：Irrtum；法：erreur）：錯誤者，乃表意人誤解事實，致其意思與表示偶然的不一致之謂。此種對事實之誤解，有為法律之錯誤，如誤解保證債務而為連帶債務是；有為事實之錯誤，

如誤認鹿而爲馬是。兩者皆爲意思表示，但均偶然與其真意不合，而造成錯誤。民法第 88 條所謂錯誤，即指此而言。

錯誤之種類		舉 例 說 明
動機之錯誤		誤信該地將變更地目，而以高價購地之情形。
表示之錯誤	內容之錯誤	誤解保證債務與連帶債務係相同，而爲連帶債務是。
	表示行爲之錯誤	欲書寫十萬元而誤寫爲千萬元是。

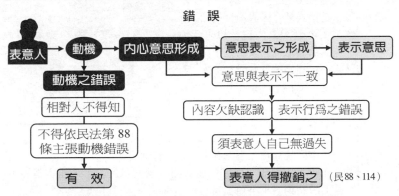

錯 誤

1. 錯誤之種類：錯誤之類型有三大類：

(1)動機之錯誤	係表意人內心的意思與事實不一致之情形。如誤認物價將會波動，而大量囤積貨物是。此種動機上錯誤，通說均認爲原則上對於意思表示之效力，並無影響。
(2)內容之錯誤	乃意思表示時內容之錯誤之謂。即指民法第 88 條第 1 項所定：「意思表示之內容有錯誤」而言。因意思表示之內容，包括當事人、標的物及法律行爲三者，故所謂意思表示內容之錯誤，即指上述三者之錯誤。 ①當事人之錯誤：指當事人同一性的錯誤，即指意思表示之相對人有錯誤。如本欲與甲訂立法律行爲，而誤與乙作成行爲是。 ②標的物之錯誤：此指意思表示之標的物有錯誤而言。如誤以甲屋爲乙屋而租賃，原欲購買葡萄酒，誤指米酒而購買是。此種錯誤爲意思表示內容之錯誤。 ③當事人之資格或物之性質之錯誤：此種錯誤原爲動機之錯誤，但依民法第 88 條第 2 項：「當事人之資格或物之性質，若交易上認爲重要者，其錯誤，視爲意思表示內容之錯誤。」所謂當事人之資格，即指法律行爲相對人之身分、品行、能力與財富而言。如誤某甲懂德文而實際不懂是。至於物之性質，即指物之價值與用途。如誤以

	鍍金爲純金是。至交易上是否認爲重要，應就各個法律行爲，以客觀的社會觀念決定。 ④法律行爲之錯誤：即當事人欲作成甲法律行爲而誤爲乙法律行爲者，是爲法律行爲之錯誤。如將美金一元與人民幣一元誤爲同價值，或將連帶保證債務（民748）誤爲一般保證債務（民739）而擔保是。
(3)表示行爲之錯誤	又稱爲**不知**（Unwissenheit）。即指表意人對於意思表示之內容完全欠缺認識，致表示行爲有錯誤而言。民法第 88 條第 1 項規定：「表意人若知其事情即不爲意思表示者」是指表意人因表示行爲錯誤，致將不欲表示之內容予以表示而言。如欲寫十萬元誤寫爲千萬元，又如不知其爲捐款名冊，而爲之簽名等是。表示行爲之錯誤與內容之錯誤不同： ①內容之錯誤：係因表意人對其表示之內容，原有認識，惟認識不正確，故而發生錯誤。故其意思與表示均同時存在，不過其間欠缺一致而已。 ②表示行爲之錯誤：係因表意人對其所表示之內容，根本無認識而言，故又謂之「不知」。 

2.錯誤與不知：錯誤係表意人對事物之認識不正確，致與眞意不一致之意思表示。而不知係表意人對於事物完全不知情而爲意思表示是。如欲寫 2,800 萬而誤寫 2,800 元是。民法第 88 條第 1 項：「表意人若知其事情即不爲意思表示者」係指此而言。

區分基準	錯　　誤	不　　知
意思與表示	意思與表示雖均具備，但兩者欠缺一致。	表意人雖有意思存在，但對表示事項完全不知情。
認識程度	表意人雖對事物有認識，只是認識不正確。	表意人完全無認識。
認識對象	因認識與表示不一致，致爲錯誤之表示。	表意人對於表示之對象完全無認識。
表意人意思	對事物之表示有認識，而表意人認其表示無錯誤。	表意人對於事物完全不知情，若知情就不爲意思表示。

3.錯誤之效力：錯誤之意思表示，在法律上之效力，可分析如下：

(1)原則上得撤銷：依民法第 88 條第 1 項：「意思表示之內容有錯

誤，或表意人若知其事情即不為意思表示者，表意人得將其意思表示撤銷之。但以其錯誤或不知事情，非由表意人自己之過失者為限。」既謂「得撤銷」，則表意人未撤銷前，其意思表示仍屬有效存在，經撤銷後，錯誤的意思表示，則自始歸於無效（民114）。

⑵例外不得撤銷：即依法律規定，表意人在某種情形下，不得將其錯誤之意思表示撤銷之。此種情形，有下列兩項：

　①由於表意人之過失：依前述，意思表示有錯誤時，表意人固得將其撤銷，但必須此項錯誤非由於表意人自己之過失所引起者為限（民88 I但）。若該錯誤是由表意人自己之過失所引起，致他人蒙受損害，則仍須負責，而不得撤銷。

　②由於除斥期間之經過：除斥期間者，即法律限制撤銷權行使之期間，期間已滿，即不得撤銷之意。錯誤之意思表示，表意人固得將其撤銷，惟此項撤銷權，自意思表示後，經過 1 年而消滅（民90）。此 1 年期間，應以意思表示發生效力之時起算（52臺上 1278）。

⑶表意人之賠償責任：因錯誤而撤銷意思表示時，表意人對於信其意思表示有效而受損害之相對人或第三人，須負損害賠償責任。但其撤銷之原因，受害人明知或可得而知者，則不在此限（民91）。

⑷賠償範圍：表意人賠償之範圍，以相對人或第三人所受信任利益之損害（Vertrauensschaden）為限。所謂信任利益之損害者，即信其意思表示為有效而受到損害之意，此又稱為消極利益。如因訂約所支出之費用，履行準備之費用等是。至於積極利益，又稱履行利益，即因法律行為有效，所能獲取之利益，則不得請求。

㈡**誤傳**：誤傳者，乃意思表示之內容，因傳達人或傳達機關傳達錯誤之謂。誤傳之意思，並非表意人之真意，而是表意人囑託傳達之意思，因傳達錯誤所致，故此非表意人之故意，而是傳達的表示與表意人之真

意偶然的不一致。

　　1.傳達錯誤的情形：即表意人因使用人、電報局及其他傳達機關，而表示其意思時，因而傳達不實，致其所爲之意思表示錯誤之謂。易言之，即傳達人或傳達機關將當事人所表示之內容傳達錯誤之情形（民89）。如以電報通知某甲，託換美鈔，而電碼竟譯成託換日幣是。

　　2.誤傳之效力：

　　　　⑴傳達錯誤之撤銷：意思表示傳達有誤者，因與錯誤相類似，對
　　　　　於其效力，民法規定與錯誤同。即意思表示，因傳達人或傳達
　　　　　機關不實者，表意人得將其意思表示撤銷之（民89）。

　　　　⑵撤銷之除斥期間：如表意人於傳達時有過失者，如選任傳達人
　　　　　不善或監督不週等是，則依但書之規定，不得爲撤銷之原因。
　　　　　至因誤傳而生之撤銷權，亦因1年間不行使而消滅（民90）。

　　　　⑶錯誤表意人之賠償責任：誤傳之意思表示撤銷後，對於信其表
　　　　　示爲有效之相對人或第三人應負損害賠償責任，此稱爲「無過
　　　　　失責任」。惟受害人明知或可得而知其誤傳者，表意人可不負
　　　　　賠償責任（民91）。

六、意思表示之不自由

　　意思表示之不自由者，乃表意人因受他人之不當干涉，致無法以自由意志，作意思表示也。此之意思表示之不自由，則爲有瑕疵之意思表示。此種意思不自由之情形，有詐欺及脅迫二種，在民刑法上各有不同之法律效果。

　　1.民法上：表意人因被他人之詐欺或脅迫而爲意思表示時，蓋與意思自治及契約自由之原理相違背，表意人得撤銷其意思表示，但詐欺係由第三人所爲者，以相對人明知其事實或可得而知者爲限，始得撤銷之。惟被詐欺而爲之意思表示，其撤銷不得以之對抗善意第三人（民92）。但如因脅迫而爲意思表示，其撤銷仍可對抗善意第三人。另一方面，因詐欺脅迫可構成侵權行爲，行爲人應負損害賠償責任。

　　2.刑法上，詐欺與脅迫則構成犯罪行爲（刑304、305、339、346），須

受刑事制裁。

㈠**詐欺**：

1.意義：**詐欺（Betrug）者，以故意欺罔他人，使其陷於錯誤，並因之而爲意思表示之行爲也**。詐欺既是故意行爲，自以行爲人有意思能力爲前提，如行爲人係於無意識或精神錯亂中所爲者，雖使他人陷於錯誤而爲意思表示，亦不構成詐欺，但詐欺之成立，不以有行爲能力爲必要，民法所謂「因被詐欺而爲意思表示」（民92）。

2.詐欺之效力：

⑴關於當事人之效力：

①原則得撤銷：

A 如詐欺人是由表意人之相對人所爲者：表意人得撤銷其意思表示（民92Ⅰ）。

B 如詐欺由第三人所爲者：如有相對人者，則以相對人明知或可得而知其因詐欺而爲意思表示者爲限，表意人得撤銷其意思表示（民92Ⅰ但）。如無相對人者，則詐欺縱由第三人所爲，表意人亦得撤銷其意思表示。

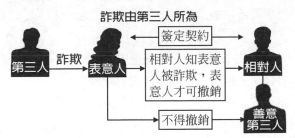

詐欺由第三人所爲

②例外不得撤銷：依民法規定，不得撤銷之情形有二：

A 相對人不知或不可得而知者：詐欺係由第三人所爲者，以相對人明知其事實或可得而知者爲限，始得撤銷之（民92）。

B 撤銷之除斥期間已過者：撤銷應於發見詐欺後，1年內爲之。但自意思表示後，經過10年，不得撤銷（民93）。此1年與10年均爲除斥期間，依此規定，一旦撤銷之除斥期間已過，表意人則不得撤銷。而此1年之期間係自表意人發

現詐欺之事實起算。

　(2)關於第三人之效力：被詐欺而爲之意思表示，其撤銷不得以之對抗善意第三人（民92II）。所謂善意第三人，指不知表意人被詐欺情形之第三人。如甲被乙詐欺，而將汽車出賣與

> 他說公司要週轉資金，我才答應保證，他既拿去買彩券等於詐欺，而且賭博行爲是違反公序良俗…。

> 他借錢，你當保證人，而且彩券是公營的，不違反公序良俗，所以找你保證人還錢！至於他騙你，是你們之間的事。

乙，乙又轉賣給善意的丙（第三人），嗣後甲雖撤銷其買賣，使之無效，但丙仍得主張其爲有效，甲不能向丙請求返還汽車，只能向乙請求損害賠償。

　(二)**脅迫**（拉：metus；英：coercion, duress；德：Drohung；法：menace）：指因使用脅迫行爲，使他人心生恐怖，致爲逃避其危害，所爲之意思表示也。脅迫須爲一定之行爲，不論以口頭、文字或其他舉動，均非所問（4上1980）。

> 趕快簽字，不然要你好看！

　1.脅迫之效力：分三點說明之：

　　(1)意思表示之撤銷：因被脅迫而爲意思表示者，表意人得撤銷其意思表示（民92I），在未撤銷前，其意思表示仍然有效，一經撤銷，即溯及的自始無效。

　　(2)撤銷權之除斥期間：因被脅迫而爲意思表示之撤銷權，其除斥期間與詐欺同，即應於脅迫終止後1年內爲之。但自意思表示後，經過10年不得撤銷（民93）。

　　(3)關於善意第三人：被脅迫而爲之意思表示，其撤銷得以之對抗善意第三人，此係脅迫因較詐欺爲重，故得對抗善意第三人，以保護被脅迫人之利益。

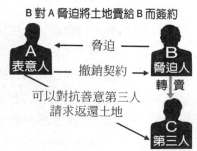

B對A脅迫將土地賣給B而簽約

A 表意人　←── 脅迫 ──　B 脅迫人

　　　　　　撤銷契約 ──→　轉賣

可以對抗善意第三人
請求返還土地

C 第三人

2.被脅迫之賠償請求權：被脅迫而為意思表示者，其受有損害時，如何請求損害賠償：

(1)依侵權行為請求賠償：因被脅迫而為意思表示者，表意人固得於民法第 93 條所定之期間內，撤銷其意思表示，但表意人於其撤銷權因經過此項期間而消滅後，仍得依第 197 條第 1 項所定之時效未完成前，本於侵權行為之規定，請求損害賠償(民184)。

(2)拒絕履行債務：經損害賠償請求權之時效完成後，因脅迫行為對於被害人取得債權者，被害人對該債權之廢止請求權，雖因時效而消滅，仍得拒絕履行（民 198）。

(三)詐欺與脅迫兩者之異同：

區分基準	詐　　欺	脅　　迫
1.內心狀態	表意人因陷於錯誤而為意思表示。	表意人因被脅迫後內心陷於恐懼而為意思表示。
2.意思表示之情形	欺罔他人，使其陷於錯誤，而作符合詐欺人之意思而為表示者。	被脅迫人係因心生恐怖而為意思表示者。
3.第三人所為	詐欺係由第三人所為者，以相對人明知或可得而知者為限，始得撤銷。	脅迫不論是由何人所為（對方或第三人），相對人是否知悉，均得撤銷。
4.對抗第三人	其撤銷不得以之對抗善意第三人。	脅迫之撤銷得以對抗善意第三人。
5.除斥期間之起算	自表意人發現詐欺之事實起算。	自脅迫終止時起算。
相　同　點	1.兩者都是屬於意思表示之不自由。 2.詐欺與脅迫只對行為而言，不必有獲利或財產上損失為條件。 3.表意人因此所為之意思表示得撤銷之。 4.除斥期間均為 1 年：撤銷應詐欺後 1 年內為之，脅迫於終止後 1 年內為之。	

七、意思表示之生效時期

蓋意思表示之成立與效力之發生，其時期原各不同。其效力之發生有與成立同時者，如權利拋棄之意思表示，其效力則於行為完成時發生（民 764）；亦有與成立異時者，如遺囑因遺囑人完成遺囑要件之時而成

立，但其效力之發生，則爲遺囑人死亡之時（民 1199）。意思表示於何時發生效力？則視其成立時，有無相對人而不同：

㈠**無相對人之意思表示**：指意思表示之成立，無須向相對人爲之，學說咸認原則上於表示行爲完成同時，即發生效力。如捐助行爲（民 60），或如前述，所有權之拋棄（民 764），其效力與其行爲之完成，同時發生。但有例外，如繼承之拋棄（民 1175），則溯及於意思表示之前生效，又如遺囑須於意思表示成立後，俟遺囑人死亡才發生效力（民 1199）。

㈡**有相對人之意思表示**：指意思表示之成立，必須向相對人爲之，並須俟相對人明知其內容，始能發生效力。惟民法以第 94 條及第 95 條，將此種意思表示分爲對話人間之意思表示與非對話人間之意思表示，分別規定其效力發生時期。

　1. 非對話人間之意思表示：非對話人間之意思表示，係表意人與相對人間，須經過傳達媒介，始能交換意見之謂。

發信人 → 意思決定 → 意思表示成立 → 發信 → 到達 → 了解 → 相對人

表意主義｜發信主義 書信已投入郵箱｜達到主義 意思表示已到達相對人（民 95）｜了解主義 相對人已了解（民 94）

　　⑴意思表示生效時期之立法主義：
　　　①表意主義：意思表示一經成立，其效力即發生。如信函之作成是。
　　　②發信主義：亦稱投遞主義，即以意思表示脫離表意人支配範圍時，爲其生效時期。如書信已投入郵箱之時是。
　　　③達到主義：亦稱受信主義，即以表意人之意思表示達到相對人時，爲其生效時期。如書信已送達相對人是（民 95 I）。
　　　④了解主義：亦稱明瞭主義，即表意人之意思表示，相對人已了解時，爲其生效時期。如書信已爲相對人拆閱之時是。
　　⑵民法規定：依民法第 95 條第 1 項規定：「非對話而爲意思表示者，其意思表示，以通知達到相對人時，發生效力。」係採**達到主義**。所謂達到，係指意思表示達到相對人之支配範圍，置於

相對人隨時可以了解其內容之客觀狀態而言。

①達到主義之結果：民法規定，有下列結果：

A　通知達到後不得撤回：非對話人間之意思表示，既於達到時發生效力，則意思表示達到後，原則上應不得撤回，但撤回之通知，同時或先時到達者，不在此限（民 95 I 但）。因此同時或先時到達，則得撤回。

B　通知發出後意思表示即為成立：即表意人於發出通知後，死亡或失其行為能力（如受監護－禁治產之宣告－民 14），或其行為能力受限制（如第 85 條第 2 項情形）者，其意思表示，似應無效，然相對人不知表意人之死亡，或失其能力，或其能力受限制，因而為種種之行為者有之，此時如使無效，則相對人易蒙不測之損害，故其意思表示，不因之失其效力（民 95 II）。

②達到主義之例外：非對話人間之意思表示，如相對人之住所不明，或不知相對人之姓名時，則其通知，無由達到，故民法第 97 條規定：「表意人非因自己之過失而不知相對人之姓名、居所者，得依民事訴訟法公示送達之規定，以公示送達為意思表示之通知。」關於公示送達之程序，依民事訴訟法第 149 條至第 153 條之規定為之。

2.對話人間之意思表示：民法第 94 條規定：「對話人為意思表示者，其意思表示以相對人了解時，發生效力。」本條係採**了解主義**。

3.向無受領能力人為意思表示：所謂受領能力，是指有完全的行為能力，得獨立有效的接受意思表示之意。茲分兩種情形說明之：

(1)對話之意思表示：向無行為能力人或限制行為能力人為意思表示時，以對話為之者，應向其法定代理人為意思表示，而其意思表示為法定代理人了解時，為生效時期（民 76、77）。

(2)非對話之意思表示：如相對人為無行為能力人，或限制行為能力人，其所受之意思表示，不能十分了解，故須其通知，達到法定代理人時，始生效力（民 96）。

八、意思表示過程之比較

		種類	原　則	例　　　　　外	法條
意思之欠缺	表意者知道不一致之情形	心中保留	有　效 (表示主義)	心中保留之情形爲相對人所明知者，則其意思表示應爲無效。(表示主義之界限)	民86
		虛僞表示	無　效 (意思主義)	虛僞意思表示，原則上雖無效，但不得以其無效對抗善意第三人。(表示主義)	民87 I
	表意者不知不一致之情形	錯誤	無　效 (意思主義)	意思表示之內容有錯誤，或表意人若知其事情即不爲意思表示，如係由於表意人自己之過失，則不得主張無效。(表示主義)	民88 I
意思表示之瑕疵		詐欺	撤　銷 (意思主義)	被詐欺而爲之意思表示，其撤銷不得以之對抗善意第三人。(表示主義)	民92
		脅迫	撤　銷 (意思主義)	被脅迫而爲之意思表示，其撤銷得以之對抗善意第三人。(不採表示主義)	民92

九、意思表示之解釋

　　意思表示之解釋者，即確定意思表示之眞意之謂。表意人爲意思表示時，其意義往往有欠明瞭，如語言不清，或文字艱澀難懂，凡此均有待解釋，以資明確。惟意思表示解釋之標準，依民法第 98 條規定：「解釋意思表示，應探求當事人之眞意，不得拘泥於所用之辭句。」

(一) 解釋之原則	1. 積極方面	應探求當事人之眞意，所謂眞意，是指當事人所表示之眞正意思而言，至其內心之眞意如何，則非所問。若表意人內心之眞意，與所表示者不符時，則構成意思與表示不一致之問題，與此解釋無關。
	2. 消極方面	不得拘泥於所用之辭句。以免解釋流於機械形式的解釋，致影響內容，而害及當事人眞意之探求。
(二) 解釋之標準	一般認爲應顧及下列標準：	
	1. 當事人之目的	即當事人所期望達成社會經濟上之目的，也就是「當事人立約當時之眞意爲準，而眞意何在，應以過去事實及其他一切證據資料爲斷定之標準，不能拘泥於文字，致失眞意」(19 上 453)。
	2. 任意法規	在當事人無特別約定，而任意法規已有訂定者，即以該規定補充或解釋之。所謂特別約定者，民法在多數條文中訂有「當事人另有訂定者，不在此限。」(民 208)

3. 習慣	當事人之意思表示不明，又無任意規定，可為補充或解釋時，則依交易習慣，以為解釋之標準。但此習慣必須不違反法律之強行規定（民71）與公序良俗（民72）。
4. 誠信原則	誠信原則為行使權利、履行義務之基本原則（民148 II），故在解釋意思表示，不能依任意法規與交易習慣時，自可依誠信原則加以合理的解釋與補充。
5. 法理	法理者，乃法律之原理，由法律精神，以公平正義為目標推演而得，在解釋意思表示時，如無其他標準可資依據，可以法理補充解釋之。

第五節　條件及期限

　　法律行為乃是私法上之自治行為，當事人在意思自由的原則下，自得讓其意思表示之效果，使其發生或消滅，或加以限制。而當事人對於法律行為效力之發生或消滅所附加之限制，通常稱為法律行為之附款。這種附款有三：即條件、期限與負擔。

一、法律行為之附款

　　所謂法律行為之附款（德：Nebenbestimmung），即當事人對於法律行為效力之發生或消滅所附加之限制，通常稱為法律行為的附款。這種附款有條件、期限與負擔三種：

　㈠**條件**：即當事人以將來客觀上不確定事實之成否，以決定法律行為效力的發生或消滅的一種附隨條款。例如甲與乙約定，如乙能在班上拿到第一名，即贈送獎學金是。

　㈡**期限**：即當事人以將來確定事實的到來，以決定法律行為效力的發生或消滅的一種附隨條款。

種類	說　　　明	舉　　　例	法　律
始期	附始期的法律行為，於期限屆至時發生效力。相當於附停止條件的法律行為。	從明年元旦起，公寓要出租。	民102 I
終期	附終期的法律行為，於期限屆滿時失其效力。相當於附解除條件的法律行為。	到明年12月止出租公寓一間，此12月止，就是終期。	民102 II

	律行爲。		

(三)**負擔**：乃令當事人負擔某種義務，以決定法律行爲之效力之謂。

種類	說　　　明	舉　　　例	法　律
附負擔的贈與	贈與人有負擔者，如贈與人已爲給付而受贈人不履行其負擔時，贈與人得請求受贈人履行其負擔，或撤銷贈與。	學校約定,贈與留學獎學金,如學成歸國應回校服務;如受贈人不回校服務時,贈與人得撤銷贈與。	民 412 I
附負擔的遺贈	遺贈附有義務者，受遺贈人，以其所受利益爲限，附履行之責。如受遺贈人不履行其義務時，宜類推適用附負擔的贈與。	丁老先生與老人院約定將公寓一間過戶給老人院,丁老就在老人院終其餘年。	民 1205 民 412 I

(四)**條件與負擔之不同**：附條件之法律行爲與附負擔之法律行爲，雖均須俟未來事實之成否，以決定法律行爲之效力，惟其限制意思表示之效果，則各有不同：

附條件之法律行爲	附負擔之法律行爲
1.以客觀未確定之事實之成否爲決定要素。 2.附條件之意思表示，在條件未成就，期限未到來之前，不生效力。 3.有停止法律行爲效力之作用，但無強制性質。 4.附條件是規定在民法總則編。	1.以主觀已確定之事實爲決定要素。 2.附負擔之意思表示於意思表示成立時，早已生效，惟於不履行負擔時得請求履行或撤銷之。 3.有強制性質，但無停止法律行爲效力之作用。 4.附負擔是規定在民法債編贈與中。

二、條件

(一)**概說**：條件（拉：condicio；英、法：condition；德：Bedingung），即當事人將法律行爲效力的發生或消滅，取決於將來不確定事實之成功或失敗之附隨條款之謂。其實際上最重要者爲停止條件與解除條件。譬如：「考取大學將負擔學費」之「考取大學」乃停止條件；與

「如留級將停止支付學費」，此之「如留級」爲解除條件。因條件成就與否不確定，故與期限不同。

㈡條件之種類：

分類基準	種類	內　　　　　容
一、 以條件之 效力為準	㈠ 停止 條件	即限制法律行爲效力發生之條件也。附停止條件之法律行爲，於條件成就時，發生效力（民 99 I）。如甲與乙約：「你若考取國立大學，則贈與金錶」。此一贈與契約雖已成立，但其效力之發生（贈與金錶），全繫於乙能否考取國立大學之不確定事實。若乙果能考取，即此條件已成就，該法律行爲始發生效力，得請求給付金錶，因此又稱爲「**開始條件**」（Anfangsbedingung）。
	㈡ 解除 條件	即限制法律行爲效力之消滅之條件也。附解除條件之法律行爲，於條件成就時，失其效力（民 99 II）。如甲借與乙公寓一間，言明於乙配到公家宿舍時，即須歸還，如乙未配到公家宿舍，其效力即繼續存在，如分配到宿舍，則應歸還公寓，因此又稱爲「**終止條件**」（Endbedingung）。
二、 以某種事 實之發生 為準	㈠ 積極 條件	即以某種不確定事實之發生，爲其條件之內容。換言之，即以現狀之變更爲條件，若該條件成就時，必生一定之變動者。如你若結婚，則贈與金錶一個，是金錶之贈與，以結婚爲條件，顯係現未結婚，如條件成就，即爲結婚之變動是。
	㈡ 消極 條件	即以某種不確定事實之不發生，爲其條件之內容。換言之，即以現狀之不變動爲條件，若該條件成就時，現狀必不發生一定之變動者，如你若本年不結婚，則贈金萬元，是萬元之贈與，以不結婚爲條件，顯係現未結婚，條件成就，即仍無結婚之變動是。
三、 以條件之 成就是否 受當事人 意思之決 定為準	㈠ 隨意 條件	依當事人一方之意思，可決定其成就與否之條件。亦稱意定條件。如約定前往東京就贈與機票一張是，此時前往東京是由當事人任意決定。
	㈡ 偶成 條件	即條件之成否，非當事人之意思所能決定，而是取決於其他偶然之事實者。如「若我父母同意，就與妳結婚」。或「如若明日下雨，則如何……。」等是。
	㈢ 混合 條件	即條件之成否，取決於一方當事人及第三人之意思，或其他事實者。此又稱爲隨意條件與偶成條件之組合。如「你如與某女結婚，即贈與別墅一棟」，其條件爲結婚，而結婚之成否，又繫於相對人與第三人之意思一致以決定是。
	㈣ 表見 條件	即只具有條件的外形，而不具條件的實質者。故又稱爲假裝條件或非眞正條件。

㈢表見條件之效果：

表見條件情形	條 件 內 容	效 果
法定條件	既爲法律所定之生效要件，當事人不能決定當然有效（如遺囑效力之發生，以遺囑人死亡爲要素）。	（附法定條件則等於無條件）
不法條件	以違法或有背公序良俗爲條件（如約定終身不嫁或以殺人爲贈與之條件）。	無 效
不能條件	以不能爲停止條件者（條件永遠不能成就一如海底撈針就贈與別墅）。	無 效
	以不能爲解除條件者（條件永遠不能成就，則與未附條件同）。	無條件
既成條件	已成就的停止條件。	視爲無條件
	已成就的解除條件。	無 效
	確定不成就之停止條件。	無 效
	確定不成就之解除條件。	視爲無條件

　　1.法定條件：即法律所定，爲法律行爲效力的發生或消滅爲要件，非當事人之意思所能決定者，如遺囑之效力的發生，以遺囑人的死亡爲要素（民1199）是。此種條件，既爲法律所規定，自屬當然有效。

　　2.不法條件：即以違法或有背公序良俗之事項爲內容之條件者。如以殺人爲贈與之條件，因係違法行爲，不得作爲條件。如約定終身不娶不嫁爲贈與之條件，則有背公序良俗，又如約定以不作違法行爲爲條件者，表面上看，雖爲獎勵守法，事實上守法乃國民之義務，若以之爲法律行爲之要件，反足以助長不行法爲，故亦爲不法條件之一。凡法律行爲附有不法條件時，依民法第71條或72條之規定，當然爲無效。

　　3.不能條件：即以客觀上不能成就之事實爲內容之條件者。所謂不能，係以客觀不能爲標準，並非絕對不能，而是指相對不能而言。至不能原因是爲法律上不能或事實上不能，在所不問。如謂：「你如能從海底撈針，則贈與別墅一棟」是。以不能條件爲停止條件者，則條件永遠不能成就，該法律行爲自不能生效。以不能條件爲解除條件者，則條件亦永遠不能成就，即等於無條件（52臺上286、日民133）。

4.既定條件：即法律行為成立時，其條件之成否已客觀上確定者，又稱為既成條件或已定條件。因從條件之本質言，條件須為將來不確定之事實，以決定法律行為效力之發生或消滅，若事實已經確定，法律行為之效力已確定，即不能成為條件。此由於當事人在法律行為時，可能不知所附條件之事實已經發生，如約定你若考取高考，當贈與金錶，而實際上其早已考取，則此種條件，即為既定條件。其效力如何？我民法未有明文，可參照日本民法第 131 條規定決定之：「條件於法律行為當時，已經成就者，其條件為停止條件時，其法律行為視為無條件，為解除條件時，無效。條件之不成就，在法律行為當時已確定者，其條件為停止條件時，其法律行為無效，為解除條件時，視為無條件。」

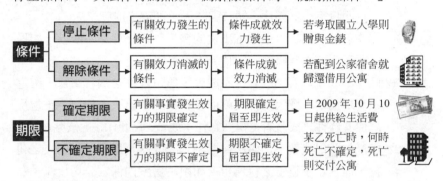

(四)**條件之成就與不成就**：

1.條件之成就：指條件之內容事實，業已實現也。

　(1)條件成就之種類：條件之成就，因條件之性質而不同：

　　①在積極條件：指該內容之事實的發生，為條件之成就。如甲與乙約，你若高考及格，則贈與金錶，乙果考取，是條件之內容事實，業已實現，則其條件已成就是。

　　②在消極條件：指該內容之事實的不發生，為條件之成就。如甲與乙約，你如不出國，即贈與公寓一棟。乙果不出國，是條件內容之事實不發生，則其條件已成就是。

　(2)條件成就之擬制：即條件原未成就，而由法律擬制其為成就也。即因條件成就而受不利益之當事人，如以不正當行為，阻其條

件之成就者,視爲條件已成就(民101 I)。如甲與乙約定,丙如
出國留學,當負擔其生活費,嗣甲暗中設法阻止丙出國,因丙
如出國,甲即爲受不利益,則甲之阻止行爲,應視爲條件已成
就。又所謂不正當行爲,並不以不法行爲或犯罪行爲爲限,只
須違反誠實信用之原則即可。如甲與乙約,如乙與丙女結婚,
則贈金錶,惟如甲故意說乙之壞話,致使丙不肯與乙結婚,即
爲違反誠信原則,應視爲條件已成就。

2.條件之不成就:指條件之內容事實,確定不實現也。

(1)條件不成就之種類:條件之不成就,亦因條件之性質而不同:

①在積極條件:以該內容事實的不發生,爲條件之不成就。如
以明日下雨爲條件,屆時因晴天,即爲不成就是。

②在消極條件:以該內容事實的發生,爲條件之不成就。如以
明日不下雨爲條件,屆時下雨爲不成就是。

(2)條件不成就之擬制:條件不成就,原以條件之內容事實,確定
不實現爲準。即因條件成就而受利益之當事人,如以不正當行
爲促其條件之成就者,視爲條件不成就(民101 II)。依此規定,
則條件雖已成就,仍由法律擬制其未成就,以保護相對人之利
益,而禁止不正當之行爲也。如甲將房屋向保險公司投保,嗣
甲故意放火將其燒燬,此時房屋雖燒燬,仍視爲未燒燬,不得
向保險公司請領保險金是。

㈤**附條件法律行爲之效力**:附條件之法律行爲,其法律上之效力,可
分爲條件成否確定時之效力與條件成否確定前之效力說明之:

1.條件成否確定時之效力:

(1)條件成就時之效力:

①當然發生法律效力:附條件的法律行爲,因受到條件的限制,
條件一旦成就,則法律行爲當然發生效力。可分爲:

種　類	說　　明	舉　　　例	法律
附停止條件	附停止條件之法律行爲,於條件成就	某甲與某乙約定,若考取國立大學,則贈與金錶。乙若考取,則爲停止條件之	民99 I

	時發生效力。	成就，甲應贈與乙金錶。	
附解除條件	附解除條件之法律行爲，於條件成就時，失其效力。	如甲借與乙公寓一間，言明於乙配到公家宿舍時，即須歸還，因某乙已配宿舍，則爲解除條件的成就，乙應歸還公寓。	民99II

②法律效果自條件成就時發生，惟當事人有特約者依其特約：條件成就後，原則上自成就時向將來發生效力，並無溯及效力，至條件成就之效果，應否追溯於法律行爲成立之時，在私法自治之原則下，如當事人間有特約，使條件成就之效果，不於條件成就之時發生者，依其特約（民99III）。因此，如有特約，自應許其溯及既往。

(2)條件不成就時之效力：條件不成就時之效力，我民法雖無規定，但依民法第 99 條之反面解釋，則附停止條件之法律行爲，在條件不成就時，應即確定不發生效力；附解除條件之法律行爲，在條件不成就時，應即確定不失其效力。

2.條件成否確定前之效力：

(1)期待權：附條件之法律行爲，於其條件成否未定前，當事人之一方即有因條件成就而取得權利，或回復權利的希望。此稱之爲希望權或期待權（Anwartschaftsrecht）。

(2)期待權之保護：期待權既爲一種權利，則與之對立之他造當事人自應有尊重此種權利之義務，此即爲附條件之義務人，故此附條件義務人，不得害及附條件權利人之利益，若害之，則爲不法行爲，須任損害賠償之責（民100）。如甲與乙約定，若乙能考取高考，則將自己之座車贈乙，在乙能否考取高考尚未確定前，甲將座車破壞，乙於考取高考時，得向甲請求損害賠償，乙如不能考取高考，則其條件未成就，自不得請求之。

(六)**不許附條件之法律行爲**：法律行爲基於私法自治及契約自由之精神，以得附條件爲原則，但遇有特殊情形時，基於法律規定、公共秩序與善良風俗或保護相對人之利益，亦得例外不許附加條件者，此不許附條件之法律行爲，稱爲**條件敵對行爲**（bedingungsfeindliche Rechtsgeschäfte）

忌避條件之法律行為，其主要者有：

　　1.不許附條件法律行為的原因：

　　　⑴法律之規定者：即法律明文規定不許附條件者，如債務之抵銷，其意思表示不許附條件（民335II），又如票據法規定，票據之背書附記條件者，其條件視為無記載（票36）。

　　　⑵公益上不許者：即凡法律行為，如有附條件，即有違反強行法規或有背公序良俗，則不許附條件。如結婚、收養、離婚、非婚生子女之認領等身分行為是。

　　　⑶私益上不許者：即法律行為，因私益關係不許附條件者。如附加條件，即有害於相對人之法律上利益者，均不許附條件，以保護相對人之利益。如抵銷債額之意思表示，不許附條件或期限，此項意思表示附有條件或期限者，無效（民335）。

　　2.不許附條件而附以條件之法律效力：

　　　⑴法律有規定者：如票據之背書附記條件者，其條件視為無記載（票36）。

　　　⑵違反強行法規或有背公序良俗者，法律行為無效。

　　　⑶違反私益者，原則上應為無效，但如相對人對附加條件表示同意者，其條件仍為有效。

三、期限

　㈠**期限之概念**：期限（拉：dies；德：Zeitbestimmung；法：terme）者，乃表意人以將來確定事實的到來為內容，以決定法律行為效力的發生或消滅的一種附隨條款。條件與期限都是法律行為的附款。如約定租賃公寓一間，自本年6月1日起3年，是為附期限的房屋租賃契約。茲分析之：

　　1.期限係為表意人任意加於其意思表示之附款：法律行為之附期限，係表意人自己任意所加之限制，此點與附條件之法律行為相同。所不同者，條件係繫於將來不確定事實之成否，而期限則繫於將來確定時期的到來。至於表意人所任意附加之期限，非法律所規定的法定期限，如民法第380條買回期限不得超過5年，第449條租賃契約之期限不得

逾 20 年，第 1204 條受遺贈的終身期限等，均爲法律所定，非此所指之期限。

　　2.期限係決定法律行爲效力之附款：在限制法律行爲之效力上，期限與條件同。但條件所限制者，係法律行爲效力內容之發生或消滅，而期限所限制者，係法律行爲效力時期之發生或消滅。法律行爲之附期限者，其效力因始期與終期而不同：

　　　　⑴始期：乃限制法律行爲效力之發生，於期限屆至時發生效力，此與停止條件相當，即在確定事實的到來之前，法律行爲之效力暫時處於停止狀態，俟其到來之時，法律行爲之效力，始告發生。如約定下月 20 日交還所借用之汽車，則此交還汽車，至下月 20 日發生效力是。

　　　　⑵終期：乃限制法律行爲效力之消滅，於期限屆滿時，失其效力。此與解除條件相當，即在確定事實未到來時，法律行爲之效力仍然存續，俟其到來時，法律行爲之效力，即告消滅。如約定設定地上權爲期 20 年，則此地上權之效力，至 20 年期滿而消滅是。

　　3.期限係爲將來確定事實之到來爲內容：期限係繫於將來確定期日之到來，而條件則繫於將來不確定事實之成否爲要件，此爲兩者之差異處。所謂將來確定期日之到來，固指已確定之時期，如時期未確定，而將來確定者亦同。前者如明年元旦，此固爲已確定之時期，後者如以事實表示亦無不可，如云：「某甲死時」，亦爲期限，蓋某甲將來必死，此即必有到來之一日，故亦爲期限，如說：「某甲結婚之日」，因某甲不一定姀婚，此爲不確定之事實，故應屬條件。

　　㈡**期限與條件之區別**：期限係繫於將來確定時期的到來，而條件則繫於將來不確定事實之成否，兩者之根本不同處前已述及，惟自羅馬法以來，學者尙列舉四點，以爲區分兩者之標準：

　　　　1.時期確定，到來亦確定，是爲期限。如「明年中秋節」，此爲確定且必可到來之時期。

　　　　2.時期確定，能否到來不確定，是爲條件。如「俟某甲成年時」。蓋某甲的成年固爲確定，然某甲說不定未達成年而死，則某甲能否成年尙

難逆料，故應屬於條件。

3.時期不確定，到來確定，是為期限。如「在某甲死亡之時」。某甲何時死亡，固屬難料，然終有一日會死亡，故為期限。

4.時期不確定，到來亦不確定，是為條件。如「俟某甲結婚之日」，某甲能否結婚，已屬難以逆料，而其於何時結婚更屬不可知，故應完全屬於條件。

⊜期限之種類：

區分基準	期限種類	內　　　容
一、 以期限效力為準	(一) 始期	乃限制法律行為效力之發生，於期限屆至時，發生效力，謂之始期。如與人約定，由明年 5 月 1 日起供給生活費是。此供給生活費之行為，附有明年 5 月 1 日之限制，非屆至該日，生活費之供給，不能生效。
	(二) 終期	乃限制法律行為效力之消滅，於期限屆滿時，失其效力，謂之終期。如與人約定，至明年 12 月 31 日止，租賃之房屋，即為滿期是。此租賃房屋行為，至明年 12 月 31 日屆至，即喪失效力。
二、 以期限是否確定為準	(一) 確定期限	即其期限內容之事實，不但已確定發生，且到來的時期亦已確定之謂。如與人約定「自明年 5 月 1 日起供給生活費」是。
	(二) 不確定期限	即其期限內容之事實，雖已確定發生，但其到來的時期不確定之謂。如與人約定「某乙死亡之時，則供給生活費」是。此為事實必會發生，但於何時發生，則不確定也。
三、 以是否自行約定為準	(一) 約定期限	即由當事人自己任意約定之期限也。如債務人與債權人約定，明年 5 月 1 日為清償債務之期限是。
	(二) 恩惠期限	由法院斟酌當事人之情況，允許債務人分期給付或緩期清償之期限也（民 318 I 但）。
四、 以能否實現為準	(一) 不能期限	即以相當久遠之時期為期限者，如約定於一百年以後，履行債務，此種約定，並無實際意義。

㈣附期限法律行為之效力：

1.期限的到來：期限之到來，是指構成期限之事實內容，業已發生之謂。我民法稱始期之到來為「屆至」，終期之到來為「屆滿」。

2.期限到來後之效力：

　　(1)始期之效力：附始期之法律行為，於期限屆至時，發生效力（民
　　　102 I）。

　　(2)終期之效力：附終期之法律行為，於期限屆滿時，失其效力（民
　　　102 II）。

　3.期限到來前之效力：附期限之法律行為，於期限到來前，當事人
對於將來所應得之利益有期待權。此種期待權，由於期限必可到來，較
之因條件所獲取之利益更為確定，法律上自應加以保護。即附期限法律
行為之當事人，於期限到來前，倘有損害相對人因期限到來所應得利益
之行為者，負損害賠償之責（民102III）。如有第三人侵害其期待權之利益
者，則應依第 184 條之規定，由該第三人負損害賠償之責。

　㈤**不許附期限之法律行為**：法律行為原則皆許附期限，但仍有不許附
期限者，此稱為忌避期限之法律行為。此大致與條件相同。但其範圍未
盡一致。此可分為兩方面說明之：

　1.公益方面：凡法律行為須即時確定的發生效力者，不得附以期限。
如結婚、離婚、收養、婚生子女之否認、婚生子女之認領等均不許附期限。

　2.私益方面：凡法律行為有絕對溯及之效力，或性質上附期限並無
意義者，則不得附以期限。如意思表示之撤銷。

　解除契約等形成權之行使，均應溯及的自始發生效力，如附始期，
則毫無意義。此形成權之行使，一經完成即生效，故亦不得附終期等是。

第六節　代　理

一、代理之意義

　代理（英：agency；德：Stellvertretung；法：représentation）者，指代理
人於代理權限內，以本人名義，向第三人（相對人）為意思表示，或由
第三人受意思表示，而直接對於本人
發生效力之法律行為（民 103）。例如甲
以乙之名義，向丙為意思表示，又甲
以乙之名義，親受丙之意思表示者，

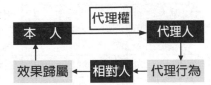

其效力直接及於乙是也。

上述所謂：「代理人於代理權限內」，係指代理人必須有代理權，其所為之代理行為才能直接對本人發生效力。代理人之代理行為，須以本人名義為之，代理人如以自己名義為之，即不得謂為代理。

㈠**顯名代理**：即代理人如明白表示以本人名義為之。

㈡**隱名代理**：若不明示以本人名義為之，惟為當事人所明知或可得而知其係為本人而為。

至於代理只限於合法行為，違法行為不得代理，代理人不得代理本人從事竊盜、詐欺、傷害等犯罪

行為，或民法上之侵權行為；如有代理，其代理應無效。通常代理人有侵權行為時，係因僱傭關係，而非代理關係，故受僱人於執行職務，不法侵害他人之權利者，由僱用人與行為人連帶負損害賠償責任（民188）。代理須直接對本人（被代理人）發生效力，因此，代理行為之結果，其本人（被代理人）當然為權利人或義務人。

二、代理之類似制度

㈠**代理與代表**：代理者，即於代理權限內，以本人名義代為意思表示或代受意思表示，而直接對於本人發生效力之行為。而代表者，代表人所為之行為，即視為本人之行為，其得代表者，不限於法律行為，亦可及於事實行為，如法人之董事是。

代理與代表之區別

代　　　理	代　　　表
1.代理人與本人為兩個獨立之人格者相互間之關係。	1.代表人與本人為彼此相連一致之關係，非為各自獨立之兩個獨立人格間之關係。
2.代理人之行為不得視為本人之行為，僅代理行為之效果直接對本人發生而已。	2.代表人所為之行為，直接被視為本人之行為。
3.代理者，僅限於法律行為，不能及於事實行為。	3.代表人，其得代表者，不限於法律行為，並可可及於事實行為，如法人之董事是。

㈡**代理與使者（傳達人）**（拉：nuntius；德：Bote）：所謂使者，是將本人已完成之意思表示，加以傳達，如送達書信之郵差，或送達電報之電信人員，此稱爲傳達機關之使者；或將本人已決定之意思向相對人表示，以完成其意思表示，如代爲傳言等，此稱爲表示機關之使者。此兩種情形，其效果意思，並非像代理是由代理人在代理權限內作成決定，在使者之情形，則是由本人作成決定。

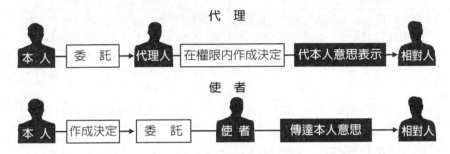

代理與使者之區別

代　　　　理	使　　　　者
1.代理人於代理關係上，仍爲獨立之人格，而得自行決定其意思表示。	1.使者在性質上只是本人之表示機關，無人格可言，只是傳達本人已決定之意思表示。
2.代理人係表示自己之意思，必須有意思能力。	2.使者並不自己爲意思表示，只是傳達他人之意思，因此，不必有意思能力。
3.代理可補充本人之意思。	3.使者除代爲傳達本人之意思外，不得有自己之意思。
4.代理人所爲之意思表示有欠缺或被詐欺等情事，應就代理人決之。	4.使者所傳達之意思表示有上述情形時，應就本人決定。
5.不許代理之法律行爲，代理人當不應代理。	5.不許代理之法律行爲，得利用使者爲傳達機關或表示機關，如結婚之意思表示，由介紹人傳達是。

㈢**直接代理與間接代理**：直接代理，即代理人以本人名義爲意思表示，或受意思表示，其效力直接及於本人之代理。而間接代理者，係以自己之名義，爲本人之計算，爲法律行爲，而其效力移轉於本人之代理也。

如民法債編之行紀（民576）是。即行為人先以自己之名義，為商業上之交易，其行為的效果，完全歸屬於代理人，然後再由代理人將其移轉於本人。**兩者區分如下：**

直　接　代　理	間　接　代　理
1.在直接代理，非具備完全行為能力人，亦得為代理人，如意定代理人，則可由限制行為能力人任之。	1.間接代理人所為之法律行為，應由代理人自行享受權利或負擔義務，非具備完全行為能力人，不得為之。
2.直接代理須以本人名義為之，其效力直接及於本人，不須經移轉手續。	2.間接代理無須以本人名義，而須以自己名義為之。其所取得之權利，與所負擔之義務，先由代理人收受，然後再將其效果移轉於本人，非經移轉，均與本人無關。
3.直接代理有三面關係（本人與代理人；代理人與相對人；相對人與本人）。	3.間接代理只有兩面關係（間接代理人與本人；間接代理人與相對人）。

㈣**代理與代理占有**：又稱為代為占有，即以他人（如質權人、承租人、受寄人等）代本人占有其物者，稱為代為占有。民法第 941 條稱為間接占有人。占有係事實行為，非代為法律行為。自與代理不同。代理與代理占有之區分：

代　　　　　理	代　理　占　有
1.代理乃代為法律行為，非代為事實行為。	1.占有為事實行為，代理占有即代為事實行為，非代為法律行為。
2.代理人與本人之關係，為法律關係，更必有第三人以為相對人，故代理則有三面關係。	2.代理占有僅有代理占有人與原占有人之兩面關係，而此為事實關係，亦無第三人以為相對人。
3.代理人之代理行為，限於構成法律行為之意思表示。	3.代理占有人之占有行為，係代為事實行為，非代為意思表示。

㈤**代理與代位權**（英、法：subrogation；德：Surrogation）：即債務人怠於行使其權利時，債權人因保全債權，得以自己之名義，行使其權利（民242）。行使代位權為保全債權方法之一，其與代理不同者，即代位權是債權人之固有權，債權人以自己之名義，為自己之利益行使此項權利，代理則不然。

三、代理之種類

區別標準	代理種類	意　　　　義
(一) 代理是否直接對本人發生效力	直接代理	即代理人於代理權限內，以本人名義為意思表示，或代受意思表示，直接對本人發生效力之代理。
	間接代理	即代理人，以自己之名義，為本人之計算為法律行為，而其效力移轉於本人之代理。如民法債編行紀之代理是。民法上之代理，指直接代理而言。
(二) 代理權發生之不同為準	意定代理 (任意代理)	其代理權是由於本人之授權行為而生之代理，一般之代理皆屬之。此意定代理乃運用本人所信賴之人為代理人，由本人授與代理權之行為，稱為授權行為。
	法定代理	其代理權是由於法律之規定而生之代理。如父母對子女之法定代理權，監護人之於被監護人之代理是。
(三) 代理人是否屬於主動地位為準	積極代理 (主動代理)	即代理人代理本人向相對人為意思表示之代理，直接對本人發生效力（民 103Ⅰ）。
	消極代理 (被動代理)	即代理人代理本人受領意思表示之代理（民 103Ⅱ）。
(四) 代理人有無代理權為準	有權代理	代理人擁有代理權，謂之有權代理。通常之代理，均為有權代理。
	無權代理	代理人沒有代理權，謂之無權代理。無權代理有表見代理，狹義的無權代理兩種形態。
(五) 以代理人代理範圍之不同為準	一般代理 (概括代理)	即代理權之範圍無特別限制之代理。如請人經營產業之代理是。我民法係指一般代理。
	特別代理 (部分代理)	即代理權之範圍，有特別限制之代理。如請人經營產業，限定只能代買，而不得代賣是。
(六) 以代理權是否屬於一人為準	單獨代理 (獨立代理)	代理權屬於一人，或數代理人各得單獨行使代理權者，稱為單獨代理。
	共同代理	即由 2 人以上連帶負責之代理，稱為共同代理。即代理人有數人者，其代理行為應共同為之。若僅由其中一人為之，即屬無權代理行為，非經該數人共同承認，對於共同代理不生效力（28 上 1532）。但法律另有規定或本人另有意思表示者，不在此限（民 168）。
(七) 以代理人之選任屬於一	本　代　理	一般的代理稱為本代理，即由代理人自己代本人為意思表示或代受意思表示的代理型態。
	複　代　理	即代理人將代理權轉授給他人，由此人行使代理權之

人或代理人 為準		謂。亦即代理人以自己之名義，再爲本人選任代理人，使再選任之代理人得於代理權的範圍內代理本人爲法律行爲者，稱爲複代理。此係複代理人仍爲本人之代理人，其所爲法律行爲直接對本人發生效力。

四、代理之三面關係

代理者，係代理人（B）以本人（A）之名義，向第三人（相對人 C）爲意思表示，或由其受意思表示，而直接對於本人發生效

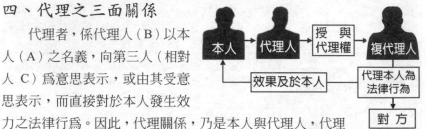

力之法律行爲。因此，代理關係，乃是本人與代理人，代理人與第三人，第三人與本人之間的三面關係。此種相互關係可說明如下：

(一)**本人與代理人之關係**：

1.代理權之存在：代理人必須擁有代理權，在意定代理，代理權是由本人所授與，在法定代理，代理權則由法律所規定。

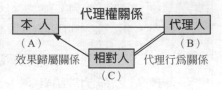

2.代理權之範圍：代理人須在代理權之範圍內從事代理行爲，如超出範圍之外，則由代理人自行負責。

3.代理權之限制：

　(1)共同代理：代理人有數人者，其代理行爲應共同爲之（民 168）。如由一人單獨代理，當屬無權代理。

　(2)雙方代理：代理人非經本人之許諾，不得爲本人與自己之法律行爲，亦不得既爲第三人之代理人，而爲本人與第三人之法律行爲。但其法律行爲，係專履行債務者不在此限（民 106）。

(二)**代理人與相對人之關係**：

1.代理意思之表示：代理人與相對人構成代理行爲之關係，由代理人之意思表示而發生，代理之意思表示，應以本人名義爲之（民 103），否則非代理行爲，此爲顯名代理。

2.代理行爲之瑕疵：

　　⑴原則：代理人之意思表示，因其意思欠缺、被詐欺、被脅迫，
　　　明知其事情，或可得而知其事情，致其效力受影響時，其事實
　　　之有無，應就代理人決之（民105）。

　　⑵例外：代理人之代理權，係以法律行為授與者，其意思表示，
　　　如依照本人所指示之意思而為時，其事實之有無，應就本人決
　　　之（民105但）。

　㈢**本人與相對人之關係：**

　　1.效果歸屬問題：代理人於代理權限內，以本人名義所為之意思表
示，直接對本人發生效力（民103）。惟代理人有侵權行為時，則不能適用
代理原則，但本人為僱用人時，則應負損害賠償責任（民188）。

　　2.本人之能力：蓋本人係取得權利，負擔義務之主體，故本人須具有
權利能力。在意定代理，本人原則上須具有意思能力及行為能力，始能將
代理權授與代理人。在法定代理，因係法律所明定，本人不必有意思能力
及行為能力，故未成年人及受監護宣告人都是法定之被代理人。

五、代理人之能力

　㈠**代理人之能力：**分權利能力、行為能力及意思能力說明之：

　　1.權利能力：代理行為，係直接對本人發生效力，代理人係代理本人
之行為，既非權利義務之主體，自不以具有權利能力為必要。但本人則必
須有權利能力。因此，如外國人在我國，依法不得買受農地、林地（土17），
然如以外國人為代理人訂立買賣農地或林地之契約，其契約應該有效。

　　2.行為能力：

　　⑴法定代理人之行為能力：法定代理制度，原是為保障未成年人
　　　之權益而設，故法定代理人自須有完全行為能力。因此，未成
　　　年人及受監護人，不得為監護人（民1096）。

　　⑵意定代理人之行為能力：意定代理人之代理行為，其效力直接
　　　及於本人，代理人並不因之享受權利或負擔義務，因此，代理
　　　人不以具有完全行為能力為必要。民法規定，代理人所為或所
　　　受意思表示之效力，不因其為限制行為能力人而受影響（民

104）。故限制行為能力人亦得代理他人為法律行為。

3.意思能力：代理人如無意思能力，何能完成代理之任務？故關於代理人之意思表示要件之事項，其有無瑕疵等，應就代理人決之(民105)。依此，如代理人無意思能力，一旦有問題時，亦將無法就其決定也。

(二)**代理行為之瑕疵：**

1.原則上代理行為有無瑕疵，應就代理人決之：代理人之意思表示，因其意思欠缺、被詐欺、被脅迫或明知其事情，或可得而知其事情，致其效力受影響時，其事實之有無，應就代理人決之（民 105）。此為代理行為之瑕疵問題，其情形如下：

(1)意思欠缺：係指意思與表示不一致之情形，凡真意保留(民86)、虛偽表示（民87）、錯誤與不知（民88）、誤傳（民89）等是。

(2)被詐欺或被脅迫：不以相對人所為者為限，即第三人之詐欺、脅迫亦包括在內（民92）。

(3)明知或可得而知其事情：如受害人或相對人明知或可得而知者（民91、92）均是。

因上述事實之有無，影響意思表示之效力至鉅，故應就代理人決之。此項原則於法定代理及意定代理均有其適用。但因該事實而生之撤銷權仍屬本人，僅其得撤銷或無效事實之有無，應就代理人決定而已。惟此項原則有例外：

2.例外即代理人之意思表示，如係依照本人所指示之意思而為時，則應就本人決定（民105但）。

六、代理權

代理權（德：Vertretungsmacht, Vollmacht；法：pouvoir de representation），乃代理人以本人名義為法律行為，則以本人名義為意思表示，或受意思表示而使其法律效力，直接歸屬於本人之法律權能(das rechtliche Können)。

(一)**代理權之發生：**

1. 法定代理權	代理權是基於法律規定而發生，其情形有三： (1)法律之規定：如父母之為未成年子女之法定代理人（民 1086 I），父母不能行使之法定監護人（民1094），監護人為受監護宣告人之法定代理

	人（民 1098），夫妻於日常家務互為代理人（民 1003）等是。 (2)法院之選任：如法院選任之法人清算人（民 38）、受監護宣告人之選定監護人（民 1098、1111）、法院指定遺囑執行人（民 1211）等是。 (3)私人之選任：由親屬會議選定遺產管理人（民 1177，非訟 147）或遺囑執行人（民 1211）、選任或改任失蹤人財產管理人（非訟 112）、選任公司的臨時管理人（非訟 183）。
2. 意定代理權	(1)意定代理權之發生：指由於本人之授與代理權而發生之代理權，謂之意定代理。此意定代理權係以法律行為授與者，其授與應向代理人或向代理人對之為代理行為之第三人，以意思表示為之（民 167）。 (2)授權行為與其基本法律關係：在代理關係中有兩種概念必須予以釐清，一為授權行為，即為發生代理權之法律行為，通說認為係有相對人之單獨行為，此為對外關係；另一為基本法律關係，即本人與代理人間之內部關係，此種基本法律關係，多與委任、僱傭、承攬或合夥等「處理事務契約」（Geschäftsbesorgungsvertrag）同時為之，都因契約行為而發生。此項契約，代理人有為本人處理事務或完成工作之義務，因處理事務或完成工作，代理人必須有代理權，始能與第三人為法律行為。代理人有代理權時，其效果才能直接歸屬於本人。

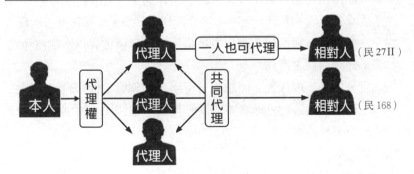

　　㈡**代理權之範圍**：代理權之範圍，即代理人之權限，乃代理人於何種權限範圍內，代理本人為意思表示或代受意思表示而使其效力直接及於本人之謂。如代理人之行為，有逾越代理權之範圍，即不得謂為有權代理，至其確定方法分述如下：

　　1.原則：

　　　(1)法定代理：即代理權之範圍，應依法律規定定之。如法人董事之權限（民 27），父母對於未成年子女之代理權限（民 1088），監

護人之代理權限（民1098）。

(2)意定代理：即依本人的意思表示而發生者，亦即代理權之範圍，
應依授權之意思表示定之。如因委任而有代理權限（民532）是。

2.例外：如代理權之範圍，法律未規定，而本人亦未授權時，則有
待解釋之補充。茲參照日本民法規定說明如下：

(1)管理行爲得爲代理：所謂管理行爲，係指不發生權利設定或喪
失之行爲，包括保存行爲、利用行爲及改良行爲等。惟此僅以
法律行爲爲限，不適用於事實行爲。

①保存行爲：乃維持財產現狀之法律行爲。如房屋修繕契約之
訂立、到期債務之清償、聲請不動產保存登記之行爲等，代
理人有權爲之。至於代理人所爲之事實行爲，則應適用委任
或無因管理之規定（民528、172）。

②利用行爲：在不變更物或其他權利之性質而爲利用之行爲。
如出租房屋收取租金，或將金錢存儲銀行收取利息是。

③改良行爲：在不變更物或其他權利之性質，而爲改良之行爲。
如重新裝潢房屋，將無息債權變爲有息債權等以增加財產之
經濟價值之行爲。

(2)處分行爲不得代理：所謂處分行爲，即爲發生權利設定或喪失
之行爲。此等行爲非經本人特別授權，或法律有特別規定，代
理人不得爲之。

㈢**代理權之限制：**

1.法律之限制：

(1)自己代理及雙方代理之禁止：在一般的代理關係中，必須是三
面關係，如只有兩面關係，就非眞正之代理關係，應不發生代
理之效力。因此民法第 106 條規定：「代理人，非經本人之許
諾，不得爲本人與自己之法律行爲，亦不得既爲第三人之代理
人，而爲本人與第三人之法律行爲。但其法律行爲，係專履行
債務者，不在此限。」茲列表說明其意義與效力：

		例　示　說　明
意 義	自己代理	即當事人的一方，就同一法律行為，又同時代理相對人者，稱為自己代理；如一面代理本人為意思表示，同時自己又為相對人而受意思表示是。又稱為自己契約。如甲為乙之代理人，而將乙之房屋出售與自己是。
	雙方代理	即代理人既代理本人而又代理第三人，其一人同時代理雙方當事人為法律行為；如一面受甲之授權為其代理人而為意思表示，同時又受乙之授權，代理乙為相對人而受意思表示是，又稱為狹義雙方代理。如代理人乙一方面代理甲出售房屋，同時又代理相對人丙買受此房屋是。
法 律 效 力	原則禁止	良以如許代理人代理本人與自己為法律行為或一人可同時代理雙方當事人為法律行為，因其本人與自己之利害衝突，或其所代理雙方當事人利益之矛盾，不僅難以杜絕流弊，代理人亦無法盡其職責，故法律予以禁止。
	例外允許	(1)經本人許諾者：經本人許諾為自己代理或雙方代理時，其代理行為，即屬完全有效，惟此係指意定代理而言，在法定代理自不適用。 (2)其法律行為係專履行債務者：自己代理或雙方代理，如係專履行債務者，雖未得本人之許諾，代理人亦得為之。惟所謂履行債務，乃指狹義之清償，不包括重新交換利益之代物清償在內。

(2)共同代理之限制：所謂共同代理，即對同一事項有 2 人以上連帶負責之代理，稱為共同代理。依民法第 168 條規定：「代理人有數人者，其代理行為應共同為之，但法律另有規定或本人另有意思表示者，不在此限。」依此，則非共同代理人全體所為之代理行為，對本人不生效力。在此所謂法律另有規定，如董事有數人者，除章程另有規定外，各董事均得代表法人（民 27Ⅱ）。另商號得授權於數經理人，但經理人中，有 2 人之簽名者，對於商號，即生效力（民 556）。又合夥之事務，如約定或決議由合夥人中數人執行者，由該數人共同執行之（民 671Ⅱ）。又對未成年人之親權，由父母共同行使之（民 1089Ⅰ），此均為適例。

(3)複代理之禁止：複代理者，代理人以自己之名義，再為本人選

任代理人，使再選任之代理人得於代理權之範圍內，代理本人為法律行為，使其法律效力直接歸屬於本人者，稱為複代理。複代理人之選任，

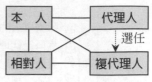

雖由原代理人為之，但複代理人所為之行為，仍須以本人名義為之，並直接對本人生效，故為複代理，而非為代理人之代理。

民法對於複代理未設規定，但於僱傭、委任及合夥等契約，設有禁止之明文（民484Ⅱ、537）。故就立法精神言，在意定代理，原則上應不得選任複代理人。至於法定代理，通說認為關於財產法上之法律行為，可以同意複代理，但關於身分行為，其代理人應不得選任複代理。

2.本人所加之限制：本人為授權行為時，得將代理權之範圍限制之，代理人就本人對於代理權所加之限制，理應受其拘束。惟為維護交易之安全，我民法第 107 條規定，「代理權之限制及撤回，不得以之對抗善意第三人。但第三人因過失而不知其事實者，不在此限。」

蓋代理權之受有限制及被撤回與否，第三人固無由知之，若許其得以對抗，是使善意第三人常蒙不測之損害也。故除其限制及撤回之事實，本可得知，而由於第三人自己之過失陷於不知者外，均不得以其代理權之限制及撤回為對抗之理由。蓋為保護善意第三人之利益計也。

㈣**代理權之消滅**：即代理關係終了之謂。蓋法定代理以法律規定之身分為基礎；意定代理以本人對代理人之信任為基礎，如這些基礎發生動搖，則代理關係隨之終了而消滅。茲就原因與效果說明如次：

1.消滅之原因：有共同原因與各別原因：

⑴共通消滅之原因：即法定代理與意定代理之共通消滅原因。有三點：

①授權之法律關係終了：代理權之消滅，依其所由授與之法律關係定之（民108Ⅰ）。此可分為：

法定代理	代理權之消滅是由於法定授權之法律關係終了。如子女已成年，或因監護關係所由授與之代理權，依監護關係之終了而消滅。

| 意定代理 | 代理權之消滅是由於本人授權之基本法律關係終了。如委任、僱傭、承攬之關係所由授與之代理權，因契約關係之結束而消滅。 |

②本人死亡、破產或喪失行為能力：

A 本人死亡：

	法定代理	法定代理原係為補助本人能力所不及，本人如已死亡，已無代理之必要，代理權當應消滅。
原則	意定代理	意定代理是以本人對代理人之信任為基礎，本人如已死亡，被繼承人所信任者可能與繼承人不同，則其代理自應消滅。
例外		惟如授權行為，另有意思表示，自應從其表示，或法律另有規定，則依其規定（民550但、564）。

B 本人破產：本人破產時，除法律另有規定外（民550、564、687
Ⅰ②、民訴73），因本人被宣告破產，其財產即屬於破產財
團之範圍，自無代理權可言，故應為代理權之消滅。

C 本人喪失行為能力：

| 法定代理 | 本人若喪失行為能力，其權限全部由法定代理人代理。 |
| 意定代理 | 其代理權原為本人所授與，本人既喪失行為能力，其代理權原則上應歸消滅，如民法第550條之規定，但民法第564條尚有例外，則商號所有人死亡，經理權或代辦權不因之而消滅。 |

③代理人死亡、破產或喪失行為能力：因代理權是一種能力，
而非財產權，代理人之繼承人無從繼承，故代理人死亡時，
代理權自應消滅。代理人一旦破產，則喪失其信用基礎，自
不得為代理人，代理權亦應消滅。代理人如受監護宣告而喪
失行為能力，即因無行為能力人之意思表示無效（民75）。但
法律另有規定者，從其規定（民550但）。

(2)特別消滅原因：

①法定代理之特別消滅原因：法定代理既基於法律之規定，其
特別消滅原因也應就各種法律規定決之。如父母之喪失親權
（民1090）、另選監護人（民1106）、未成年人之成年或結婚，受
監護宣告人之撤銷宣告、破產管理人之撤換（破85）、失蹤人財

產管理之改任（非訟 111）或遺產管理人之解任（非訟 148）等。

②意定代理之特別消滅原因：

A 授與之法律關係消滅：代理權之消滅，依其所由授與之法律關係定之（民108 I）。

B 代理權之限制：代理權之限制者，即本人對於代理權所加之限制也（民 107）。此項代理一經限制，則因其限制而一部分消滅。

C 代理權之撤回：乃本人收回對代理人所授與之代理權，即代理權得於其所由授與之法律關係存續中，撤回之。但依該法律關係之性質不得撤回者，不在此限（民108 II）。代理權一經撤回，代理人則無代理權，其代理權當然消滅。

2.消滅之效果：可分為當事人之效果與對第三人之效果：

(1)對當事人之效果：代理人須交還授權書（民 109）；代理權消滅後，代理人即不得再以本人名義為法律行為，否則，即為無權代理。

(2)對第三人之效果：

①本人對於第三人之授權人責任：代理權之限制及撤回，不得以之對抗善意第三人，但第三人因過失而不知其事實者，不在此限（民 107）。

②代理人對第三人之賠償責任：無權代理人，以他人之代理人名義所為之法律行為，對於善意之相對人，負損害賠償之責（民 110）。

七、無權代理

無權代理（德：Vertretung ohne Vertretungsmacht；法：représentation non fondée），無權代理者，即未經本人授權所為之代理行為之謂。在無權代理，本人與代理人之間無法律上之連絡，故不得如普通代理，使其效力直接及於本人。但在法律便宜上，仍規定若干之例外。無權代理可分為「表見代理」與「狹義的無權代理」兩類：

㈠**表見代理**（德：Scheinvollmacht）：即代理人雖無代理權，但有相當理

由，足使人信其有代理權時，法律乃使
本人負授權責任之代理之謂。按本人由
自己之行為，表示以代理權授與他人，
或他人妄稱為本人之代理人，已為本人
所明知，而仍不為反對之表示者，則對
於第三人均應負授權人之責任。蓋第三
人既確信他人有代理權，因而與他人為

法律行為，其效力自應直接及於本人，否則第三人將蒙不測之損害也。
惟第三人明知他人無代理權，或依其情形，可得而知，而猶與他人為法
律行為者，則係出於第三人之故意或過失，本人自不負授權人之責任（民
169）。惟身分行為不得成立表現代理。

此種授權的表示方式如：

1.公司許他人以其支店名義營業
者，他人所開設之店，固不因此而成為
公司之支店，惟其許他人使用自己支店
名義與第三人為法律行為是（28 上 1573）。

2.民法第 169 條規定之表見代理，
係為保護第三人而設，本人如有使第三人信以為其有以代理權授與他人
之行為，而與該他人交易，即應使本人負授權人責任，而此項表見代理
云者，原係指代理人雖無代理權，而有可使人信其有代理權之情形而言，
與民法第 107 條所定代理權之限制及撤回之情形無關（70 臺上 3515）。

3.如本人明知他人表示為其代理人而不為反對之表示者，稱為「**容
忍授權**」，此時以本人實際知其事實為前提，其主張本人知此事實者，
應負舉證之責（68 臺上 1081）。

㈡**狹義之無權代理**：

1.意義：狹義之無權代理，係指表見代理以外之無權代理而言，其
情形有四：

　⑴根本無代理權，且不具備表見代理要件之代理。

　⑵授權行為無效之代理。

(3)逾越代理權範圍之代理。

(4)代理權消滅後之代理。

2.效力：

(1)本人與相對人之關係：此乃代理行爲之效力問題，規定於民法
　　第170條、171條：

對本人之效力	①承認：無代理權人以代理人之名義所爲之法律行爲，非經本人承認，對於本人不生效力（民170Ⅰ）。承認係有相對人之單獨行爲，爲一種形成權，而屬於本人。承認之意思表示應向無權代理人或其相對人爲之（民116）。經本人承認後，如無特別訂定，溯及爲法律行爲時，發生效力（民115）。 ②拒絕承認：拒絕承認，係對無權代理行爲表示不予同意之行爲。經本人拒絕承認者，則自始對本人不生效力。
對相對人之保護	①催告權：無權代理行爲之相對人，得定相當期限，催告本人確答是否承認，如本人逾期未爲確答者，視爲拒絕承認（民170Ⅱ）。 ②撤回權：無代理權人所爲之法律行爲，其相對人於本人未承認前，得撤回之。但爲法律行爲時，明知其無代理權者，不在此限（民171）。撤回是相對人以意思表示阻止無代理權人所爲之法律行爲喪失效力之謂。撤回權爲形成權之一種，撤回須向本人或無權代理人爲之。一經撤回，即自始失其效力。

(2)無權代理人與相對人之關係：此乃無權代理人之損害賠償問
　　題，規定於民法第110條：「無代理權人，以他人之代理人名
　　義所爲之法律行爲，對於善意之相對人，負損害賠償之責。」
　　茲就其責任根據、要件及內容說明之：

責任根據	無權代理人責任之法律上根據，學者意見不一： ①契約責任：無權代理，既無本人之授權，即係自爲行爲，而成爲契約之當事人，故應爲契約所拘束。但無權代理人，除未得本人代理之授權外，其他皆與有權代理相同，即係代理人以本人名義爲法律行爲，故無權代理人實非契約當事人，與相對人並無契約，則此說並不適當。 ②擔保契約：無權代理人與相對人間，常有默示的擔保契約，無權代理行爲倘遇本人不承認時，應負賠償責任。此說純爲擬制之說法，並不適合實際。 ③侵權行爲：無權代理既未經本人之授權，而遽代理本人與他人爲法律行爲，自是侵權行爲，應負賠償責任。然侵權行爲是以故意、過失爲要件，而無權代理，縱證明自己無過失，仍難免除責任，倘經本人承認，其代理行爲即爲有效，尚有何侵權？ ④過失行爲：無權代理，其代理行爲，係出於代理人之過失，就其過失，應負賠償責任。但無權代理之責任，並不以故意過失爲要件，已如前述。

	⑤特別責任：無權代理人之責任，係由於民法規定之一種特別責任，此種責任，並不以故意過失為要件，而是無過失責任。依判例：「無權代理人責任之法律上根據如何，見解不一，而依通說，無權代理人之責任，係直接基於民法之規定而發生之特別責任，並不以無權代理人有故意或過失為其要件，係屬於所謂原因責任、結果責任或無過失責任之一種，而非基於侵權行為之損害賠償。故無權代理人縱使證明其無故意或過失，亦無從免責。」（56臺上305）此說為**目前之通說**。
責任要件	民法第110條規定，無權代理人對於善意之相對人，負損害賠償之責。其要件為： ①須有無代理權之行為：即須未經授權，而以本人之代理人名義為法律行為。 ②須相對人為善意：即須相對人不知其為無代理權者。 ③須本人未為承認：依第170條之反面解釋，若本人已經承認，即變為有權代理，對本人直接生效，自無須由代理人負責。
責任之內容	無權代理人對於相對人之負責內容為何？我民法第110條規定，無權代理人應負損害賠償責任。至於損害賠償範圍如何，民法雖未明文規定，目前有三說；以**履行利益說為通說**： ①信賴利益說：即無權代理人，衹須賠償相對人因信其有代理權所失去實際利益之損害，亦稱消極利益。 ②履行利益說：即無權代理人，須賠償相對人於代理行為生效時，可取得之利益，亦稱積極利益。 ③折衷說：即無權代理人，如於行為時不知其無代理權者，僅應賠償信賴利益，否則應負賠償履行利益之責任（洪遜欣著：第506頁）。

(3)本人與無權代理人之關係：

①無權代理人如為本人之利益而為，經本人承認者，直接對本人發生效力；如本人不承認時，則成立無因管理，應適用關於委任之規定（民178）。

②無權代理人如為本人之不利益而為，致使本人受有損害者，則構成侵權行為（民184），應對本人負損害賠償責任。

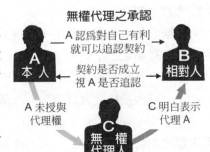

無權代理之承認

A認為對自己有利就可以追認契約

契約是否成立視A是否追認

A　本人

B　相對人

A未授與代理權

C明白表示代理A

C　無權代理人

㈢**無權代理之承認**：所謂同意，有事前及事後之同意，事後之同意，即

所謂承認。蓋以除去法律行為效力發
生障害為標的，而於法律行為之成
立，並無關係，故無特別訂定，而其
法律行為已經承認者，則應溯及為法
律行為之時，發生效力，所以保護第
三人之利益也（民115）。無代理權人
以代理人之名義所為之法律行為，非
經本人承認，對於本人，不生效力。前項情形，法律行為之相對人，得
定相當期限，催告本人確答是否承認，如本人逾期未為確答者，視為拒
絕承認（民170）。

依 85 臺上 963：「無代理權人以代理人之名義所為之法律行為，係
效力未定之法律行為，固得經本人承認而對於本人發生效力。惟本人如
已為拒絕承認，該無權代理行為即確定的對於本人不生效力，縱本人事
後再為承認，亦不能使該無權代理行為對於本人發生效力。」

第七節　無效之法律行為

一、無效

無效（英：invalidity, nullity；德：Unwirksamkeit, Ungültigkeit, Nichtigkeit；
法：nullité, invalidité, inefficacité），即法律行為因某種原因而不發生當事人
所意圖之法律效果之謂。

（一）無效之要件：

1.缺乏生效要件：即法律行為欠缺生效要件，而在法律上自始的、
當然的，且確定的不發生預期的法律效力。如契約須有要約與承諾才能
成立，如只有要約而無承諾，當然契約不能成立。

2.雖不生法律效果但須負法律責任：法律行為雖不發生法律效果，
但法律行為本身仍須負法律上責任。如其行為有不當得利，當事人則須
負返還其利益之義務（民179）；若有侵權行為者，當事人須負損害賠償
責任（民184）。否則，應依民法第113條之規定，回復原狀或損害賠償。

無效之法律行為，在法律行為成立時，即無法律上之效力。

　　3.係當然不生效力：此與得撤銷之行為不同。得撤銷行為，必須撤銷權人為撤銷之意思表示，其法律行為始喪失其效力，而無效之法律行為，既不須當事人有何主張，亦不須法院為無效之宣告，惟當事人間就其法律行為之效力有爭執時，得提起確認之訴，如民法規定，婚姻之無效，原為當然無效，但當事人仍不妨提起確認婚姻無效之訴是。

　　4.係確定的不生效力：無效之行為，在法律行為時，已確定不生效力，不因事後之情事變更或當事人之行為而回復為有效（73 上 712）。又無效之行為在法律行為當時即已確定不生效力，與得撤銷之行為須經撤銷權人之撤銷始失其效力者，顯有不同（32 上 671）。

　　5.係以絕對無效為原則：無效之法律行為，原則上無論何人均得主張之，且對於任何人均得主張其為無效，此為絕對無效。惟例外，如法律有明文規定時，為保護善意第三人之利益，當事人不得以其無效對抗善意第三人，此為相對無效。如當事人通謀而為虛偽意思表示，雖為無效，但不得以之對抗善意第三人是。

　　(二)**無效與效力未定**：無效與效力未定的法律行為也不同：

無 效 的 法 律 行 為	效 力 未 定 的 法 律 行 為
1.無效之行為，係於行為當時，即確定不生效力。 2.舉例：如違背公序良俗之行為，於行為當時即確定不生效力，其後縱有情事變更，或當事人之承認，仍不能由無效而變為有效（民72）。	1.效力未定之行為，即效力是否發生，尚屬未定，並非於行為當時，即確定不生效力。 2.舉例：如限制行為能力人所為之行為，在法定代理人未承認前，其效力尚未確定，並非於行為當時，即確定不生效力（民79）。

二、無效之原因

　　無效之原因係法律行為欠缺生效之要件。即當事人在從事法律行為時欠缺行為能力，對於法律行為之標的不確定，或其所欲發生之法律效果不可能發生，抑不適法、不適當之情形，或意思表示與真意不一致時，則構成一般無效之原因。此外，無權代理之拒絕承認（民 170）等，則為特殊之無效原因。

法律行為之無效要件				無效原因之適例
(一) **一般** **無效** **原因**	當 事 人	自然人	無意思能力 無行爲能力	1.無行爲能力人之行爲（民75）。 2.欠缺意思能力人之行爲（民75）。
		法　人	無行爲能力	3.限制行爲能力人未得允許之單獨行爲（民78）。
	意思表示不一致			1.心中保留之行爲（民86）。 2.虛偽之意思表示（民87）。
	標的之不確定、不可 能、違法、不適當			1.違反強行規定之行爲（民71）。 2.違背公序良俗之行爲（民72）。 3.違反法定方式之行爲（民73）。 4.以不能之給付爲標的（民246）。
(二) **特殊無** **效原因**	意思表示之不到達。 停止條件之不成就。 代理權之不存在。			

三、無效行爲之轉換

　　無效行爲轉換（德：Konversion od. Umwandlung）無效之法律行爲，若具備他法律行爲之要件，並因其情形，可認當事人若知其無效，即欲爲他法律行爲者，其他法律行爲，仍爲有效（民112），此即學者所謂無效行爲之轉換。如甲的法律行爲無效，因其行爲具有乙之生效要件，且依乙的法律行爲可達同一之目的者，依當時情形，足以認定當事人若知甲行爲爲無效，即願爲乙之行爲者，此時應使甲行爲轉換爲乙行爲而認爲有效是也。如右表：

無效行爲之轉換

法律行爲　　　效果	注
(1)甲..................乙 (2)甲'..................乙'	(1)的行爲雖然無效， 將其轉換成(2)的行爲 ，並承認其效力。

　　(一)**要件**：無效之法律行爲，必須具備一定要件，始得轉換爲其他有效之法律行爲：

　　　1.須原來之法律行爲爲無效：此無效，應包括當然無效，經撤銷無效與全部無效或部分無效等在內。

　　　2.須具備其他法律行爲之要件：無效的法律行爲，如具備其他法律行爲之要件時，當可使其轉換，反之，則不得轉換。如不具備法定方式之結婚，無效。因其不具有其他法律行爲之要件，不能轉換爲其他法律行爲。又如簽發票據而無效者，可轉換爲普通證券或借據憑證。

3.須當事人有欲為其他法律行為之意思：如前述，以甲的法律行為為無效，因其行為具有乙之生效要件，依當時情形，足以認定當事人若知甲行為為無效，即願為乙之行為者，此時，應使甲行為轉換為乙行為而認為有效，才是合理。

㈡**轉換之方式**：

1. 法律上 之轉換	乃由於法律明文規定而轉換。如遲到之承諾，視為新要約（民160 I）。不動產之租賃契約，其期限逾 1 年者，應以字據訂立之，未以字據訂立者，視為不定期限之租賃（民422）。密封遺囑，不具備前條所定之方式，而具備第1190條所定自書遺囑之方式者，有自書遺囑之效力（民1193）。
2. 解釋上 之轉換	即依當事人之意思而轉換。如支票因欠缺法定要件而無效，惟仍可轉換為普通債券。又如保險單之質入雖為無效，可認為係收取保險金之委託。又街道沿線地之讓與，雖為無效，仍可認為係不動產役權之設定是。

㈢**轉換之限制**：無效法律行為之轉換，仍應受其範圍之限制，其情形為：

1.轉換為不要式行為時：即先前之無效法律行為不論是要式或不要式之行為，都可自己轉換，不受限制。如不具備法定方式而無效之票據，若可作為不要因之債務負擔行為者，其行為仍為有效。

2.轉換為要式行為時：有兩種情形：

⑴須嚴守法定方式者，如票據行為，通常不可承認其轉換。

⑵如僅欲確保當事人意思之證據，而要求其作成書面者，則可以轉換，如民法第1193條，密封之遺囑轉換為自書遺囑是。

四、無效行為之效果

無效之法律行為，因無任何效力可言，每使不知無效原因之相對人蒙受損害，故民法第113條規定：「無效法律行為之當事人，於行為當時，知其無效或可得而知者，應負回復原狀或損害賠償之責任。」所以保護相對人之利益也。茲分述之：

㈠**須當事人於行為當時**，明知或可得而知其行為為無效：如一方已為給付或受損害時，他方應即負責回復原狀或損害賠償。

反之，如當事人於行為當時，不知或不可得而知其行為為無效者，即

可不負責任。

㈡**損害賠償之方法**，以回復原狀爲原則，金錢賠償爲例外：當損害之後，如有回復原狀之可能，應先請求爲原狀之回復，不能回復時始請求金錢賠償（民213、214）。

㈢**本條可與分則對照應用**：即凡屬無效行爲，在當事人有惡意或善意而有過失時，如爲：

　　1.債權行爲：則可依不當得利之規定，請求返還給付（民182）。

　　2.物權行爲：則可依占有之規定，請求回復占有（民953~955）。

　　3.其標的物滅失毀損：依民法第956條：惡意占有人，或無所有意思之占有人，因可歸責於自己之事由，致占有物滅失或毀損者，對於回復請求人，負損害賠償之責。如更有損害，亦可依侵權行爲之規定，請求賠償。

五、無效與撤銷之不同

無　　　　效	撤　　　　銷
無效者不必有特定之主張，當然無效。	因特定人之主張（撤銷）始不發生效力。
無效之行爲從開始即應以無效來處理。	在未撤銷前仍以有效來處理。
原則上無論何人皆得主張無效。	得撤銷之行爲，其效力處於未確定之情形。
放置而不理，其無效仍不改變。	放置而不理，可能不會變成無效。
無效之行爲，自始無效，縱經承認，亦無溯及效力。	經撤銷後，視爲自始無效；但結婚撤銷之效力不溯及既往（民998）。

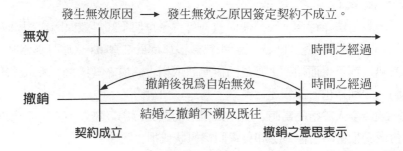

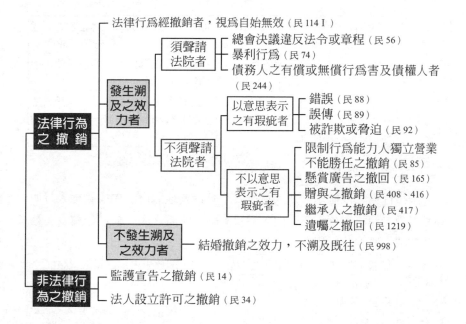

第八節　得撤銷之法律行為

一、撤銷

　　所謂撤銷（德：Anfechtung），即法律行為之意思表示有瑕疵，由撤銷權人行使撤銷權，使法律行為之效力溯及的歸於消滅之謂。無效之行為在法律行為當時即已確定不生效力，與得撤銷之行為須經撤銷權人之撤銷始失其效力者，顯有不同（32 上 671）。

　　撤銷在民法上意義列表如下：

二、撤銷權之性質

　　撤銷權者，係指以自己之意思表示，溯及的消滅法律行為之效力的權利。因此，撤銷權之性質，可分析如下：

（一） 為權利而 非義務	即撤銷權人得行使撤銷之權利，並無行使撤銷之義務。撤銷權人如不行使其撤銷權，或因除斥期間之經過而不能行使，則其法律行為自始有效。

(二) 為形成權	撤銷權係撤銷人一方之意思表示，而溯及的消滅法律行爲之效力的權利，此無待於相對人之一定行爲或不行爲相配合，故爲一種形成權。
(三) 為固有權	撤銷權係由撤銷權人所擁有，即由有撤銷權人以自己之名義行使，而直接對自己發生效力，故撤銷權爲實體法上之固有權利。
(四) 為從權利	撤銷權係附屬於有瑕疵法律行爲所生之權利，不得與基於得撤銷之法律行爲所生之權利分離而獨立移轉，如其權利關係消滅，撤銷權亦因而消滅，故爲從權利。

三、撤銷之原因

　　法律行爲之得撤銷，乃因意思表示有錯誤或瑕疵，由撤銷權人行使其撤銷權，使法律行爲之效力，溯及的歸於消滅之謂。此前已述及，茲將其撤銷之原因分析如次：

(一) 一般之撤 銷原因	意義	共通於一般法律行爲之撤銷原因，即意思表示之錯誤或瑕疵。
	內容	錯誤之意思表示（民 88）。 誤傳（民 89）。 被詐欺或脅迫（民 92）。
(二) 特別之撤 銷原因	意義	就特種法律所規定之撤銷原因，因此而爲撤銷時，如無特別規定，仍應適用民法第 114 至 116 條之通則規定。
	內容	限制行爲能力人獨立營業不能勝任（民 85）。 懸賞廣告之撤回（民 165）。 債務人之行爲有害及債權者，債權人得撤銷之（民 244）。 贈與之撤銷（民 408、416）。 繼承人之撤銷（民 417）。 未成年人結婚未得法定代理人同意撤銷（民 990）。 遺囑之撤回（民 1219）。

四、撤銷權之主體與客體

| (一)
撤
銷
權 | | 即指得行使撤銷權之人。何人有撤銷權，民法並未明定，惟得撤銷之法律行爲，一般均爲有瑕疵之法律行爲或意思表示，故撤銷權之主體，自應屬於與該法律行爲有關係之人。依法理言，應指下列之人： |
| | 1.表意人 | 即意思表示有瑕疵之人。如急迫、輕率或無經驗之行爲人（民 74 I）、或如錯誤、不知、誤傳、被詐欺或脅迫而爲意思表示之行爲人（民 88 I、89、92 I），精神錯亂或被詐欺被脅迫而結婚之行爲人（民 996、997）等是。 |

之 主 體	2.代理人	撤銷權之行使與一般權利之行使同，並不以本人為限，自得由表意人之代理人代為之，由代理人行使時，其撤銷權仍屬於本人而非屬於代理人，並不因代理關係而變更其原來之性質。
	3.承繼人	撤銷權人之繼承人及概括性繼受人（受遺贈人、公司合併後之繼受人），均得承繼撤銷權人行使撤銷權。蓋撤銷權並非專屬於本人，如遇本人死亡，應許其繼承人繼承該撤銷權，但撤銷權之除斥期間應合併計算。
	4.債權人	債務人所為之無償行為，有害及債權者，或債務人所為之有償行為，於行為時明知有損於債權人之權利者，債權人得聲請法院撤銷之（民244）。
	5.利害關 係人	如暴利行為的利害關係人具有撤銷權（民74）。
(二) 撤 銷 權 之 客 體	即因有瑕疵而被撤銷已發生效力之法律行為或意思表示，是為撤銷權之客體。	
	1.撤銷之自始 無效	法律行為經撤銷者，視為自始無效（民114 I）。此之所謂得撤銷之法律行為，其因撤銷而喪失，是指喪失法律行為之效力，並非喪失法律行為本身。
	2.結婚撤銷不 溯既往	其次結婚撤銷之效力不溯及既往（民998）。

五、撤銷權之行使

(一)**撤銷方法**：撤銷權行使之方法，有兩個方式：

1.原則：撤銷應以意思表示為之（民116 I）。此為原則之規定。撤銷法律行為之意思表示，法律上並未限定其表示方法，無論其為明示或默示，均可發生效力（29上1633）。

2.例外：須向法院聲請撤銷者，以法條有明文規定者為限，此為例外；如暴利行為（民74）、債務人損害債權（民244）、結婚之撤銷（民996、997）及其條文上有請求撤銷字樣等均屬之。

(二)**撤銷之相對人**：撤銷之意思表示，應向何人為之？依民法規定為：

1.相對人確定時：如相對人確定者，撤銷之意思表示，應向相對人為之（民116II）。相對人為受監護宣告人或未成年人，應向其法定代理人為之（民76）。但詐欺是由第三人所為者，以相對人明知其事實或可得而知者為限，始得撤銷之（民92 I）。相對人死亡時，以其繼承人為相對人。

2.相對人不確定時：如懸賞廣告、動產所有權或占有之拋棄等，通說認為，不須向任何人為之，僅能讓一般人客觀的了解其撤銷之意思表示即可。

六、撤銷之效力

㈠**撤銷之效力**：

1.撤銷之溯及效力：法律行為經撤銷者，視為自始無效（民 114 I）。故得撤銷之法律行為，在未撤銷前，為有效之行為，一經撤銷，即等於未為法律行為，溯及於行為當時，視為自始無效。惟為顧及身分關係上實際情況，例外如婚姻之撤銷，則不溯及既往（民 998）。

2.撤銷之絕對效力：法律行為經撤銷後，視為自始無效，此無效，以絕對無效為原則，但為維護交易之安全，例外亦有不得對抗善意第三人者，此如被詐欺而為之意思表示，其撤銷不得對抗善意第三人（民 92 II），因錯誤而為撤銷時，表意人須對受損害之第三人負賠償責任（民 91）。

3.對於撤銷人自己：如為當事人所明知其得撤銷，或可得而知者，其法律行為撤銷時，準用第 113 條；即撤銷之當事人，自應對相對人負回復原狀或損害賠償之責任（民 114 II）。

㈡**撤銷效力之具體內容**：撤銷有溯及的效力，其具體內容說明如次：

1.債權行為經撤銷者：其已成立之債權債務關係，溯及的歸於消滅。依此，如債務人尚未給付者，則無庸給付，其已給付者，債務人得請求不當得利之返還。

2.物權行為經撤銷者：其物權則回復未為物權行為前之原狀，原物權人得依其物上請求權，向取得物權之相對人及第三人請求返還其物。惟如該物已移轉第三人者，該第三人得依占有及登記之規定（民 801、886、948）請求法律之保護。

3.結婚行為經撤銷者：結婚之撤銷不溯及既往（民 998），以免婚生子女，變成非婚生子女。

4.原因行為（債權行為）與給付行為（物權行為）皆得撤銷或僅撤銷其一者：

⑴皆得撤銷者：如某甲因被詐欺或脅迫而與乙簽訂汽車買賣契約，於尚未發現詐欺或脅迫前，將汽車登記過戶並交付於乙，此時原因行為與給付行為同被撤銷，則其債權關係溯及的歸於消滅外，甲當然得直接回復其汽車，並得依其物上請求權，向乙請求撤銷其汽車移轉登記。

⑵如僅撤銷原因行為者：其給付行為仍然有效，只能依不當得利之規定，向乙請求撤銷其汽車之過戶登記，俟完成登記後，始取回其汽車。

⑶如僅撤銷給付行為者：則雖回復其汽車所權，但債權關係不消滅。

七、撤銷權之消滅

乃指撤銷權因發生消滅之原因，致不復能行使之謂。其原因有：

㈠**撤銷權已行使**：因撤銷權係形成權的一種，行使撤銷權之目的，乃在使有瑕疵之法律行為歸於消滅，故撤銷權一經行使，其目的已完成，撤銷權自應歸於消滅，此乃行使撤銷權之當然結果。

㈡**除斥期間之經過**：關於撤銷權之行使，民法上都有除斥期間之規定，如撤銷權人不於此法定期間內行使，則其撤銷權即因期間之經過而消滅。

1.撤銷權之除斥期間：撤銷權如不在法定期間內行使，則其撤銷權因期間之經過而消滅，一般之除斥期間列舉如下：

法律行為之性質	撤銷之限制與除斥期間	民法
⑴暴利行為	利害關係人得聲請法院撤銷其法律行為，但此項聲請，應於法律行為後 1 年內為之。	民74II
⑵錯誤或誤傳	其撤銷權自意思表示後，經過 1 年而消滅。	民90
⑶被詐欺或脅迫	其撤銷權自發現詐欺或脅迫終止後 1 年為之，但自意思表示後，經過 10 年，不得撤銷。	民93
⑷被詐欺或被脅迫而結婚	得於發見詐欺或脅迫終止後，6 個月內向法院請求撤銷之。	民997
⑸債權人之撤銷權	自債權人知有撤銷原因時起 1 年間不行使，或自行為時起經過 10 年而消滅。	民245

(6)贈與人之撤銷權	自贈與人知有撤銷原因時起，1 年內不行使而消滅。	民416II
(7)贈與人之繼承人的撤銷權	自知有撤銷原因之時起，6 個月間不行使而消滅。	民417但
(8)未達結婚年齡	當事人或其法定代理人得向法院請求撤銷之。但已達結婚年齡或已懷胎者，不得請求撤銷。	民989
(9)未成年人結婚未得法定代理人同意	法定代理人得向法院請求撤銷之，但自知悉其事實之日起，已逾 6 個月，或結婚後已逾 1 年，或已懷胎者，不得請求撤銷。	民990
(10)違反監護關係之撤銷	受監護人或其最近親屬，得向法院請求撤銷之。但結婚已逾 1 年者，不得請求撤銷。	民991
(11)結婚時不能人道	他方得向法院請求撤銷，但自知悉其不能治之時起已逾 3 年者，不得請求撤銷。	民995
(12)結婚時精神不健全	得於常態回復後 6 個月內向法院請求撤銷。	民996
(13)因被詐欺或被脅迫而結婚	發現詐欺或脅迫終止後，6 個月內向法院請求撤銷。	民997

　　㈢撤銷權人之承認：所謂承認，即撤銷權人拋棄其撤銷權，使得撤銷之法律行為可以確定有效之意思表示。經承認之法律行為，如無特別訂定，溯及為法律行為時發生效力（民115）。撤銷權人承認後，撤銷權即歸於消滅。承認行為為單獨行為。承認應以意思表示為之，如相對人確定者，其意思表示應向相對人為之（民116）。蓋法律行為其有瑕疵者，原已發生效力，此之承認只在維持原來發生之效力而已。此包括承認「得撤銷之法律行為」以及「效力未定之法律行為」在內。

得撤銷法律行為與效力未定法律行為之承認

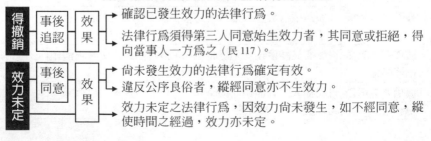

第九節　效力未定之法律行為

一、效力未定法律行為

效力未定者，指法律行為之發生效力與否，尚未確定，必待其他行為之介入始能確定之謂。

㈠效力未定法律行為與其他行為之區分：

		無 效 行 為	得 撤 銷 行 為	效 力 未 定
意　義		乃法律行為欠缺生效要件，而在法律上自始的、當然的，且確定的不發生預期之法律上效力。	乃法律行為之意思表示有瑕疵，由撤銷權人行使撤銷權，使法律行為之效力，溯及的歸於消滅。	乃法律行為之發生效力與否，尚未確定，必待其他行為之介入始能確定。
主要區分		不待特定人之主張，即當然不發生當事人所欲發生之效力。	須有特定撤銷權人之撤銷，始得無效。	法律行為當時，生效與否，尚未確定。
		行為當時，即確定不生效力。	在未撤銷前，效力業已發生。	效力是否發生尚屬未定，並非於行為當時，即確定不生效力。
		確定無效，不因時之經過而生效。	撤銷權人拋棄其撤銷權（予以承認），或因除斥期間之經過，而喪失撤銷權，法律行為則確定自始有效。但經撤銷者，則溯及無效。	其他行為介入之期間並無限制，其效力未定之狀態，不因時之經過而臻於確定。
適　例	行為能力之欠缺	無行為能力人之行為（民75）。欠缺意思能力人之行為（民75）。限制行為能力人未得允許之單獨行為（民78）。	限制行為能力人獨立營業不能勝任（民85）。	限制行為能力人未得允許之契約（民79）。無權處分之行為及無代理權人之代理行為（民118、170）。
	意思表示不一致	心中保留之行為（民86）。虛偽之意思表示（民87）。	錯誤及誤傳（民88、89）。被詐欺或被脅迫（民92）。	

| 標的不適當 | 違反強行法規之行為（民71）。違背公序良俗之行為（民72）。 | 暴利行為（民74）。 | |

二、效力未定法律行為之種類

㈠須得第三人同意之行為：即法律行為須得第三人之同意始生效力者，其同意或拒絕，得向當事人之一方為之（民117）。有關同意之用語及種類如下：

用語	同意之時間	民法規定適例
允許	事前同意	1.限制行為能力人為意思表示及受意思表示，應得法定代理人之允許（民77）。 2.限制行為能力人未得法定代理人之允許，所為之單獨行為，無效（民78）。 3.監護人對於受監護人之財產，非為受監護人之利益，不得使用或處分。為不動產之處分時，並應得親屬會議之允許（民1101）。
承認	事後同意	1.限制行為能力人未得法定代理人之允許，所訂立之契約，須經法定代理人之承認，始生效力（民79）。 2.限制行為能力人於限制原因消滅後，承認其所訂立之契約者，其承認與法定代理人之承認，有同一效力（民81）。 3.無權利人就權利標的物所為之處分，經有權利人之承認，始生效力（民118Ⅰ）。 4.無代理權人以代理人之名義所為之法律行為，非經本人承認，對於本人，不生效力（民170Ⅰ）。 5.第三人與債務人訂立契約承擔其債務者，非經債權人承認，對於債權人，不生效力（民301Ⅰ）。
同意	事前及事後同意	1.法律行為須得第三人之同意，始生效力者，其同意或拒絕，得向當事人之一方為之（民117）。 2.未成年人之訂婚及結婚，均應得法定代理人同意（民974、981）。 3.夫妻之一方，對於共同財產為處分時，應得他方之同意（民1033Ⅰ）。 4.夫妻兩願離婚者，得自行離婚，但未成年人，應得法定代理人之同意（民1049）。 5.夫妻之一方被收養時，應得他方之同意（民1076）。 6.遺產分割後，其未清償之被繼承人之債務，移歸一定之人承受，或劃歸各繼承人分擔，如經債權人同意者，各繼承人免除連帶責任（民1171Ⅰ）。

1.同意之方法：

(1)以意思表示爲之：同意既爲法律行爲，自須以意思表示爲之。蓋同意爲相對人之行爲，且以原法律行爲之當事人爲相對人，則同意或拒絕之意思表示，自得向當事人之一方爲之（民117）。

(2)爲不要式行爲：同意爲非要式行爲，則意思表示並無確定之方式，以口頭或書面，以明示或默示爲之，均屬有效。

2.同意可否拒絕或撤回：

(1)同意得拒絕：法律行爲須得第三人同意始生效力者，該第三人不特有同意權，且有同意拒絕權。拒絕之方法與同意同，得向原法律行爲當事人之一方爲之（民117）。凡須得第三人同意之法律行爲，經第三人拒絕同意時，即屬確定自始不生效力。

(2)同意之撤回應視事前同意或事後同意而不同：

①事前同意：須視被同意之法律行爲已否生效爲斷，其已生效者不得撤回。若尙未生效，則可依照德國民法規定於法律行爲前撤回之。

②事後同意：其同意之意思表示，達到相對人時，該法律行爲則確定生效，不得撤回。

3.同意之效力：須得第三人同意之法律行爲，其經同意者，則確定有效；若經拒絕，則無效；惟未經同意，亦未經拒絕時，則有下列四種不同情形：

(1)得撤銷者：如未成年人結婚未得法定代理人之同意者，雖仍有效，惟法定代理人得請求法院撤銷之（民981、990）。

(2)未經允許即無效者：如限制行爲能力人未得法定代理人之允許，所爲之單獨行爲，無效（民78）。

(3)無效但不得對抗第三人者：如夫妻之一方，對於共同財產爲處分時，應得他方之同意，否則無效，但此項同意之欠缺，不得對抗第三人（民1033）。

(4)效力未定者：如無權代理人之代理行爲（民170），限制行爲能力人未得法定代理人之允許所訂立之契約（民79），未經承認前，

其效力尚未確定，此即效力未定行為之典型。

㈡**無權處分之行為**：乃無權利人，以自己之名義，就他人權利標的物所為之處分行為也。此種行為，在刑法上可能構成犯罪行為，在民法上亦構成侵權行為，自不應發生法律上效力，但有時出於行為人之善意或過失者，亦復有之，如一律使之無效，頗多不便，故設救濟之規定。

　　1.無權處分之效力：

　　⑴經有權利人之承認：即無權利人，就權利標的物所為之處分，經有權利人之承認，始生效力（民118Ⅰ）。無權處分在未經有權利人承認前，係屬效力未定之行為，而非無效。如經有權利人之承認，則溯及為處分行為時生效。

　　⑵處分後取得其權利：即無權利人就權利標的物為處分後，取得其權利者，其處分自始有效。但原權利人或第三人已取得之利益，不因此而受影響（民118Ⅱ）。即無權利人處分權利標的物，在其初雖未得有權利人之承認，而其後已從有權利人讓受其權利者（例如因買賣或承繼關係而取得其物），則溯及法律行為之時發生效力，使其處分，自始有效。此為無效法律行為之「回復」。如子女於父親生前將父親之田產讓與某甲為業，縱令當時是無權處分，但其後該子女因繼承父親之遺產而取得此項田產之所有權，此時該處分行為溯及於為處分時發生效力（31上2898）。

　　　此外，無權利人就權利標的物為處分後，迄其取得其權利之期間內，原權利人對該項標的物，未為使用收益者，固不生問題，倘仍使用收益，則承認無權利人之處分為自始有效，即顯然足以妨害原權利人及第三人在該期間內使用收益之權能，殊不相宜，故但書規定：「原權利人或第三人已取得之利益，不因此而受影響」。

　　⑶數處分相互牴觸時之效力：

　　　①相互牴觸時：即無權人就權利標的物所為數處分相牴觸時，如於處分後取得權利者，以其最初之處分為有效（民118Ⅲ）。所謂數個處分相牴觸者，乃指2個以上之處分，性質上不能

並存而言。所謂以最初之處分爲有效者，即指就標的物所爲之第一次物權行爲。如甲將乙所寄存之汽車先賣與丙，後賣與丁，再後又出賣與戊，均依民法第 761 條第 2 項之規定，使丙丁戊取得間接占有，以代交付，嗣甲因繼承而取得乙所寄存之汽車，則以最初出賣與丙之法律行爲爲有效是。

　②不相牴觸時：似可一併有效，而不適用此之規定，例如甲將乙所寄存之汽車，先向丙設定質權，後將該車出賣與丁，此時，雖有兩個處分行爲，因不相牴觸，故似可一併生效。

　2.無權處分與無權代理行爲：無權處分與無權代理行爲兩者頗爲類似，茲將其同異點說明如次：

		無 權 處 分（民 118）	無 權 代 理（民 170）
相異點	行爲名義	須以自己之名義處分他人權利標的物。	即擅自以本人之名義，並表明爲本人之代理人。
	行爲方式	其行爲方式爲處分行爲。包括法律上及事實上之處分。	其行爲方式只限於法律行爲之代理。
	行爲範圍	只限於物權行爲，不含債權行爲。	只關於意思表示等法律行爲之代理。
	法律責任	無權處分人如於處分後未能取得權利，亦未獲本人之承認，其處分行爲無效，則應依民法第 113 條之規定，負回復原狀或損害賠償之責。惟其處分雖經有權利人的承認，而發生效力，如其處分符合侵權行爲的要件，不因爲有權利人的承認而免除無權處分人損害賠償之責。	無代理權人，以他人之代理人名義所爲之法律行爲，對於善意之相對人負損害賠償之責（民 110）。
相同點		1.二者均爲無權利人所爲之法律行爲，因效力未定，故在行爲當時，生效與否，尚未確定。 2.因二者均屬效力未定，須經有權利人之承認始生效力，拒絕同意，即確定自始無效。 3.經有權利人承認後，如無特別規定，溯及於法律行爲時發生效力。 4.無權處分人，就權利標的爲處分後，取得其權利者，其處分自始有效（民 118 Ⅱ）；在無權代理人，爲無權代理行爲後，取得本人之權利者，解釋上亦應如上之規定。	

第九章　期日與期間

第一節　期日與期間概說

一、意義

(一)**期日**（英：date；德：Termin）：指時點不能區分或視爲不能區分的特定日之謂。如約定 8 月 1 日上午 9 時履行債務是。此爲不得區分之特定日。又如 10 月 1 日，雖該 1 日有 24 小時之時間繼續進行，然終不出該 1 日之最後時辰，此即視爲不能區分之特定日。因此期日可以說是指某一特定之時刻而言，也就是時間過程中的某一個「點」。故學者以期日爲靜的觀察之時間。期日是對期間的觀念而言，在訴訟法上更有特殊之意義。

(二)**期間**（英：term, period；德：Frist；法：délai）：就是以一定之時間爲起點，一定之時間爲終點，其中間時間之繼續部分；如借貸期間自 2009 年 5 月 1 日至 2010 年 5 月 1 日是。蓋此則須經過 12 個月之久，既有相當之長度，復有繼續進行之狀態，有連續綿延之時間，在法律的觀念上就是「線」，故學者以期間爲動的觀察之時間。

二、期日、期間與期限之區分

	期　　　日	期　　　間	期　　　限
意義	指某一特定時刻，視爲不可分之時間。如某日某時。	指以一定時間至另一定時間，其經過時間之繼續部分。如某日至某日。	乃以將來確定事實的到來爲內容，以決定法律行爲效力的發生或消滅的附隨條款。此種附期限之效力，因始期與終期而不同。
法律性質	期日在法律觀念上爲時間過程中的某一點。爲靜的觀察之時間。	期間在法律觀念上就是線。爲動的觀察之時間。	因以將來的發生爲內容，故爲點到線的時間附款。
	如出生日、死亡日、	如借貸期間自 97 年 5	附始期期限，於期限屆至時發

適例	清償日等。	月 1 日至 98 年 5 月 1 日。	生效力。如約定下月 2 日交還借用之汽車，則於下月發生效力。 附終期期限，於期限屆至時失其效力。如約定設定地上權爲期 10 年，則此地上權之效力，至 10 年期滿而失效。

三、期日與期間之作用

期日與期間在法律關係上之作用，摘要分述如下：

㈠**定權利能力之始期與終期**：如人之權利能力，始於出生，終於死亡（民 6），即依自然人之出生及死亡之時間，定其權利能力之始終。

㈡**行為能力之成立**：如滿 20 歲爲成年（民 12）。

㈢**定推定事實及法律上假定之時期**：如：

1.受死亡宣告者，以判決內所確定死亡之時，推定其爲死亡（民 9 I）。

2.出生之月、日，無從確定時，推定其爲 7 月 1 日出生。知其出生之月，而不知其出生之日者，推定其爲該月 15 日出生（民 124 II）。

3.一人同「時」不得有兩住所（民 20 II）。

4.匯票之保證，未載明年、月、日者，以發票年、月、日爲年、月、日（票 59 II）。

㈣**定權利取得或消滅之時期**：如：

1.取得時效之期間：以所有之意思，10 年間和平、公然、繼續占有他人之動產者，取得其所有權（民 768）。如 20 年和平繼續占有他人未登記之不動產者，得請求登記爲所有人（民 769）。

2.消滅時效之期間：請求權，因 15 年間不行使而消滅，但法律所定期間較短者，依其規定（民 125）。

㈤**定除斥期間**：法律行爲因暴利而由利害關係人聲請撤銷者，則應於法律行爲後 1 年內爲之（民 74），逾限即不許再行聲請。

㈥**在其他法律上之作用**：如憲法上總統或中央民意代表之任期、刑法上之刑期、行政法上之納稅期日、訴訟法上言詞辯論期日等，均有相當之作用。

四、期日與期間之適用範圍

法令、審判或法律行爲所定之期日及期間，除有特別訂定外，其計算須依民法關於期日及期間之規定計算（民119），此即關於計算期日及期間之一般規定。蓋關於期日及期間，有以法令定之者，如民事訴訟法第154條以下、刑事訴訟法第63條以下等所規定之期日及期間是；有以審判定之者，此不論爲民事審判、刑事審判或軍事審判及行政訴訟等審判；又有以法律行爲定之者，此即不論其爲單獨行爲、雙方行爲等均是。凡此期日及期間之計算，如無特別訂定時，則應受民法第119條之拘束。

五、期日與期間之計算方法

(一)**計算之方法**：期日及期間之計算方法有二種：

類　別	說　　　明	條　文
自然計算法	即以實際時間爲計算之方法。	民120 I
曆法計算法	即依國曆爲計算之方法。	民120II~民124

1.自然計算法：即依實際時間爲計算之方法。

1小時　=60分鐘

1日　　=24小時

1週　　=7日

1月　　=30日

1年　　=365日

即自起算之瞬間計算期間的方法，稱爲自然計算法。依此即年不分平閏，月不分大小，均以實際時數爲準據，不以人爲而增減。如以8月2日上午10時起30小時爲例，則至翌日下午4時屆滿是。

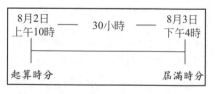

我民法第123條第2項規定：「月或年非連續計算者，每月爲三十日，每年爲三百六十五日。」所謂非連續者，即不必繼續經過之意。自然計算法，雖較爲精確，然計算較長之期間時，並不方便，故有曆法計算法。

　　2.曆法計算法：即依國曆以爲計算之方法。稱日者並非 24 小時之集合，而係自午夜零時至午後 12 時。稱週者非爲 7 日之集合，而是指星期日零時起至星期六之末而言。稱月者，非指 30 日，而是指該月之 1 日零時起至月之末日午後 12 時而言。稱年者，非指 365 日，而是指元月 1 日起至 12 月 31 日末時而言。此種計算法，月有大小、年有閏年、其日數長短均照曆法定之，謂之曆法計算法。如租賃契約約定，租期自 6 月 30 日起 6 個月，其終止日期爲 12 月 31 日。依我民法第 123 條第 1 項規定：「稱月或年者，依曆計算。」曆法計算法，事實上雖不精確，但對長期間之計算，甚爲方便，適合交易上之需要，各國亦多明定以曆法計算法爲原則，以自然計算法爲例外。

㈡計算之起算及終止：

　　1.期間之起算點：期間之起算點，因其以時來定期間與以其他單位來定期間而不同：

　　　⑴以時定期間者：即時起算（民 120 I ）。所謂即時起算，即自當時起算之意。如約定上午 8 時開始，工作 4 小時，其起算點應自上午 8 時起算至中午 12 時爲止。此種規定，係採自然計算法。

　　　⑵以日、星期、月或年定期間者：以日、星期、月或年定期間者，其始日不算入（民 120II）。所謂其始日不算入，即指法律行爲當日不算入，而自次日起算之意。如於 10 月 1 日訂立買賣契約，約定 20 日後交貨，即應從翌日，即 10 月 2 日起，算至第 20 日爲 10 月 21 日。此種規定，乃因 1 日之期間，應自零時起算，而因通常之法律行爲，不可能均在午前零時爲之，因此，以未滿 24 小時算爲 1 日，實爲不當，故須自次日起，其始日不算入。此種規定，係採曆法式算法。惟如期間恰自零時開始者，其始日可否算入，日本民法第 140 條規定其始日可算入，我民法並未規定，通說爲不算入。此外，當事人如另有約定，應依其約定，當排除本條項之適用。

　　2.期間之終止點：

(1)以日、星期、月或年定期間者：以期間末日之終止，爲期間之
終止（民121I）。此即以日、星期、月或年定期間之終止點。所
謂「期間末日」乃指該期間最後 1 日而言。所謂「期間末日之
終止」，乃指該期間最後 1 日之午夜 12 時而言。如 5 月 1 日爲
法律行爲，約定期間爲 10 日，則應從翌日 5 月 2 日起算，算至
第 10 天，即 5 月 11 日之午夜 12 時之末，爲期間末日之終止點。
又如從星期日起算一星期之期間，以星期六午夜 12 時之末爲終
止點。從月之 1 日起算 1 個月之期間，以其月之末日午夜 12 時
之末爲終止點；從 1 月 1 日起算 1 年之期間，以其年 12 月 31
日午夜 12 時之末爲終止點是。

(2)期間不以星期、月或年之始日起算者：以最後之星期、月或年
與起算日相當日之前一日，爲期間之末日。但以月或年定期間，
於最後之月，無相當者，以其月之末日，爲期間之末日（民
121II）。所謂相當日，即指與起算日名稱或數目相同之日而言。
如於星期一午後 3 時起算，約定一星期之期間，則從翌日星期
二起算，以下星期二之前一日即相當日，爲期間之末日。月或
年之終止點準此計算。又如於 1 月 30 日起算，約定 1 個月之期
間，至 2 月無相當日，此時則以 2 月之末日（平年爲 28 日，閏
年爲 29 日），爲期間之末日。

　　3.期日及期間終止點之延長：又稱爲**末日之延長**。即於一定期日或
期間內，爲意思表示或給付者，其期日或其期間之末日，適値星期日、
紀念日或其他休息日時，以其休息日之次日代之（民 122）。此即爲終止
點之延長。所謂星期日，即週曆之第一日。所謂紀念日，即國定紀念日。
所謂其他休息日，即某一地方或某一社會階層之休息日，如理髮業之公
休、銀行業之結算日等。蓋期日或期間之末日爲休息日時，甚多商號於
是日並不營業，當事人不能爲意思表示或給付，故規定以其休息日之次
日代之，以防無益之爭議。惟如期間之末日爲星期六時，因星期六下午
休息，故應以星期一上午代之（59 上 469）。蓋此爲任意規定，如當事人
願於是日爲意思表示或給付，對方並不反對者，亦不違法。

4. 期間之逆算：即期間之計算自一定起算日，往後回溯計算之期間。

(1)民法上之逆算：總會之召集，除章程另有規定外，應於 30 日前對各社員發出通知。通知內容載明會議目的事項（民 51IV）。此即期間之逆算。如某社團定於 2009 年 7 月 31 日召開社員總會，則應於 30 日前發出開會通知，即自 7 月 30 日凌晨回溯 30 日，其末日即 7 月 1 日，開會之通知應於 7 月 1 日零時前，即 6 月 30 日 24 時前送達各社員。

	2009年 7月1日	2009年 7月30日	7月31日
零時前送 達通知書	←——逆算30日——→		開會日

(2)公司法上之逆算：公司法上之逆算亦採同樣方式。依公司法第 172 條規定：「股東常會之召集，應於二十日前通知各股東，對於持有無記名股票者，應於三十日前公告之。股東臨時會之召集，應於十日前通知各股東，對於持有無記名股票者，應於十五日前公告之。」其逆算方法一如上述。

第二節　年齡之計算法

年齡自出生之日起算。出生之月日，無從確定時，推定其為 7 月 1 日出生。知其出生之月，而不知其出生之日者，推定其為該月 15 日出生（民 124）。年齡也是一種期間，但其算法與一般期間之算法不同，即不適用「始日不算入」的規定，而是「自出生之日起算」。如 1982 年 1 月 3 日出生之人，至 2002 年 1 月 2 日，為滿 20 歲而成年，取得完全能力。惟如棄嬰等無從知悉其出生期日者，則依第 24 條後段推定其出生日，既為推定，當事人或有利害關係人，自得提出反證認定之。

按人之法律生活的權利義務關係與年齡密切關連，如行為能力、遺囑能力（民 1186）、刑事責任能力（刑 18、63）、服兵役義務（兵 3）與參政權（憲 45、130、選 14）等均以年齡為準據，故出生之年月日必須確定之。

第十章　消滅時效

第一節　時效之概念

一、時效之意義

　　所謂時效（德：Verjährung），係指一定之事實狀態，繼續經過一定期間，就發生權利之取得或喪失之法律事實之制度。析言之：

　　㈠**時效須有一定之事實狀態**：即一切之時效制度，必須以具備一定之事實狀態爲前提，如占有、準占有、權利之不行使狀態之繼續等是。

　　㈡**時效須經一定之期間**：即以一定期間之經過爲其要素。無須經過一定期間者，自不得謂爲時效。如動產之即時取得（民801、886、948）。

　　㈢**時效須發生權利之取得或喪失法律事實**：即因時效而取得權利或喪失權利而言。其爲權利取得之原因者，稱爲取得時效，其爲權利喪失之原因者，稱爲消滅時效，學者總稱之爲「時效」。

二、時效設立之理由

　　時效是指經過一定的時間，就承認權利之得喪變更的制度，故有違私法自治之原則。此外，以長期占有他人之所有物即可取得其所有權，或長期不償還債務，即可免除債務之履行，這種時效規定總令人覺得不符道德規範。因此究竟這一制度之理論根據爲何？可歸納爲：

　　㈠**社會秩序之安定**：一種事實狀態，縱使未具有眞實之權利關係，只要其長久繼續存在，也因其受到社會一般人所信賴，並在這個事實狀態之基礎上，建構更多的法律關係，如果事後再讓眞正的權利者出現，而將此事實狀態推翻，即將破壞迄今所建構的法律關係及法律之安定，其結果反而違反法律之根本目的，故法律爲確保社會秩序之安定，乃特設時效制度，將長久存在之事實狀態逕行視爲正當的權利關係。

　　㈡**採證之困難**：長久存在之事實狀態，如有發生爭訟情形時，因時間久遠，證據容易散逸滅失，或證人死亡而無法舉證。在理論上，權利不因舉

證困難而喪失效力，但在「訴訟經濟」之原則下，任由當事人無限制的興訟，也非維護私權的良好方式；故設立時效制度以代證據，免除現有權利人舉證之煩，使法律關係早日確定，以保護現有權利之安全。

㈢**權利之不行使**：正當權利人，既已長久不行使其權利，正所謂「權利上之睡眠者」故法諺曰：「法律幫助勤勉人，不幫睡眠人」（Vigilantibus et non dormientibus, jura subveniunt.）雖不能認為有意拋棄其權利，自不必法律來加以保護也。

三、時效之種類

㈠**取得時效**（erwerbende Verjährung）：係指經過一定期間繼續占有他人之物，而取得其所有權，或經過一定期間，事實上繼續行使其他財產權者，即取得其權利之時效制度。取得時效包括動產、不動產所有權及其他財產權的取得。此係規定在民法物權編第 768 條至 772 條。

㈡**消滅時效**（erlöschende Verjährung）：消滅時效者，乃權利人於法定期間內，繼續不行使其權利，致其請求權因時效之完成而歸於消滅之法律事實也。茲分述之：

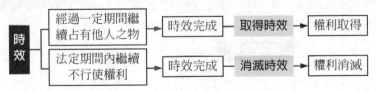

分類 區別項目	取　得　時　效	消　滅　時　效
1.法律性質	規定在民法物權編，發生物（動產或不動產）之所有權取得之效果（民 768~770）。	規定在民法總則編，因權利人繼續不行使請求權，致相對人取得拒絕履行義務之抗辯權（民 144）。
2.事實狀態	基於一定期間繼續占有他人之物的事實狀態，而受法律之保護。	基於法定期間內繼續「不行使請求權」之事實狀態，而不受法律之保護。
3.權利對象	以取得占有之權，此占有物為他人之動產或他人未登記之不動產。	拒絕權利人之請求權。

4.**法律效果**	如為動產，則取得所有權，如為不動產，則可請求登記為所有人取得所有權。	發生請求權消滅之法律效果（民125），相對人可提出抗辯拒絕義務之履行。
5.**法律關係**	取得時效之效力，僅向後發生，而不溯及於占有開始之時生效，此外，取得時效之取得，乃原始取得，故以前存於該物上之一切法律關係，均因取得時效之完成而歸於消滅。	請求權因不行使而消滅，係指債務人取得抗辯權，致請求權人之行使權利發生障礙而已，如債務人仍為履行，則權利人仍有受領之權利。

第二節　消滅時效

一、意義

消滅時效（拉：praescriptio extinctiva；英：statute of limitations, limitation of actions；德：Verjährung；法：prescription extinctive ou libératoire），乃權利人於一定期間內，不行使其權利，致其請求權因時效之完成而歸於消滅之法律事實也。凡所有權以外之財產權都會涉及消滅時效之問題。蓋時效期間悉依法律之規定，不得以法律行為加長或減短之，並不得預先拋棄時效之利益（民147）。

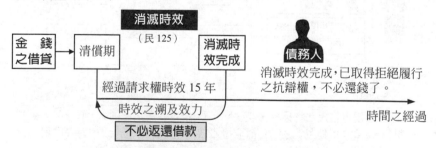

二、消滅時效之期間

㈠**依民法規定**，設有一般期間與特別期間：

期間種類	期間	消滅時效之內容
一、一般期間	15年	請求權，因15年間不行使而消滅。但法律所定期間較短者，依其規定（民125）。

| 二、特別期間 | 5 年 | 利息、紅利、租金、贍養費、退職金及其他 1 年或不及 1 年之定期給付債權，其各期給付請求權，因 5 年間不行使而消滅（民 126）。
1.「定期給付債權」者，乃指須經過一定期間反覆給付金錢或物品的債權。就整體言之，謂之定期給付債權，如利息債權、贍養費債權是。定期給付債權之特徵：
　(1)須有發生此定期債權之基本債權，如利息債權，必須有原本債權為其產生之基礎。
　(2)須經過一定期間反覆而給付，如利息債權，須按期終而復始反覆給付是。
　(3)其請求權得各自獨立，如未屆清償期之利息債權，即不能獨立行使，亦不能為定期給付債權是。
　(4)須其給付之標的不以金錢為限，給付之數量亦無須同一，倘屬於定期反復終始的給付，即為定期給付債權。
2.「各期給付請求權」者，乃指反覆給付之每一分期的債權，如每期利息請求權，每期贍養費請求權是。 |
| | 2 年 | 下列各款請求權，因 2 年間不行使而消滅（民 127）：
1.旅店、飲食店及娛樂場之住宿費、飲食費、座費、消費物之代價及其墊款。
2.運送費及運送人所墊之款。
3.以租賃動產為營業者之租價：即指以動產租與他人使用收益而收取租金為業者而言，如為租賃不動產（非以租賃動產為營業），即其租金請求權應適用第 126 條 5 年之規定。
4.醫生、藥師、看護生之診費、藥費、報酬及其墊款。
5.律師、會計師、公證人之報酬及其墊款。
6.律師、會計師、公證人所收當事人物件之交還。
7.技師、承攬人之報酬及其墊款。
8.商人、製造人、手工業人所供給之商品及產物之代價。 |

　㈡**民法總則以外之特別時效期間**：消滅時效期間，在民法各編或其他法律尚有若干特別規定，茲分述之：

時效期間	案　　　　　例	法　條
10 年	(1)因侵權行為所生之損害賠償請求權長期時效。 (2)繼承回復請求權。	民197 I 後 民1146 II
5 年	(1)國家賠償請求權自損害發生時起。 (2)對監護人之賠償請求權。（自 2009 年 11 月 23 日生效）	國賠8 I 後 民1109

3 年	(1)對於指示證券因承擔所生之請求權。	民717
	(2)對匯票承兌人及本票發票人所得行使之票據權利。	票22 I 前
2 年	(1)因侵權行為所生之損害賠償請求權短期時效。	民197 I 前
	(2)出租人對承租人之賠償請求權及承租人之償還費用請求權、工作物取回權。	民456
	(3)旅客運送之賠償請求權。	民623 II
	(4)對監護人之賠償請求權。（至 2009 年 11 月 22 日改為 5 年）	民1109
	(5)船舶碰撞所生之請求權。	海99
	(6)保險契約所生之請求權。	保65
	(7)領取勞工保險給付之請求權，自得請領之日起 2 年。	勞保30
	(8)國家賠償事件請求權，自請求權人知有損害時起。	國賠8 I 前
1 年	(1)定作人之瑕疵修補請求權及承攬人之損害賠償請求權。	民514
	(2)寄託契約之報酬請求權。	民601之2
	(3)物品運送之賠償請求權。	民623 I
	(4)占有人的占有物上請求權。	民963
	(5)執票人對發票人之追索權。	票22 I II
	(6)共同海損所生之債權。	海125
6 個月	(1)貸與人的賠償請求權及工作物取回權。	民473
	(2)對旅店、飲食店等場所主人的損害賠償請求權。	民611
	(3)匯票、本票背書人之追索權。	票22 III
4 個月	支票執票人對前手之追索權。	票22 II
2 個月	(1)經理人或代辦商違反競業禁止之損害賠償請求權，自商號知有違反行為時起。	民563 II
	(2)支票背書人對前手之追索權。	票22 III

三、消滅時效與除斥期間

在法律上與消滅時效雷同者為除斥期間。所謂「除斥期間」（Ausschlußfrist）者，乃法律對於某種權利所預定之存續期間，亦稱「預定期間」。蓋除斥期間，自始固定，經過此期間後，權利即歸於消滅，並不得展期，故亦曰「不變期間」。其與消滅時效之區別，略述如下：

(一)消滅時效與除斥期間之區別：

分類 區別項目	消 滅 時 效	除 斥 期 間
1. 適用之權利	因時效之完成而消滅之權利多為請求權，但其請求權本身並不消	因除斥期間之經過而消滅之權利多為形成權（主要為撤銷權），除

	滅。	斥期間經過其權利本身歸於消滅。
2. 期間之展延	在消滅時效期間內，得因中斷或不完成而展延期間。	係預定存續期間，即爲法定不變期間，不發生中斷或不完成之問題，故不能展延期間。
3. 期間之起算	消滅時效之起算，民法有一般性規定（民128），自請求權可行使之時，或爲行爲時起算。	除斥期間民法未有一般性規定，除有特別規定外，均自權利成立之日起算。如暴利行爲（民74）、結婚之撤銷（民989）等。
4. 當事人主張	消滅時效，須由當事人主張提出抗辯，法院不得依職權審酌採爲裁判之資料。	除斥期間經過後，形成權消滅，當事人縱不主張，法院亦得依職權調查採爲裁判之資料。
5. 利益之拋棄	消滅時效已完成者，當事人得拋棄其利益，使時效完成的效力歸於無效。	除斥期間已屆滿者，其利益不得拋棄。
6. 期間之長短	通常較長，一般期間爲15年（民125）。	通常較短，一般最長不超過10年（民93）。

　　㈡**消滅時效與除斥期間之區別標準**：法律所規定之期間，究爲時效期間或爲除斥期間，如何辨識，其區別標準爲：

　　　　1.由條文之內容辨識：原則上，法條中有「請求權因若干年不行使而消滅」，「因時效而消滅」，如民法第126、127、197、473、563Ⅱ等多爲消滅時效。而僅規定「經過若干年而消滅」者，則爲除斥期間，如民法第74、90、93、498、807、923Ⅱ、924、949、1063條等，則多爲除斥期間。

　　　　2.由權利之本質辨識：我民法以請求權爲消滅時效之客體，而形成權則只有除斥期間。

習題：消滅時效與除斥期間之區別何在？（99身障三）

四、消滅時效之客體

　　消滅時效所能適用的範圍，稱爲消滅時效的客體。

　　㈠**以請求權爲客體**：民法第125條規定：「請求權，因十五年間不行使而消滅。」即以請求權爲消滅時效之客體。惟此項請求權，不以債權所生之請求權爲限，由物權所生之請求權，即所謂物上請求權（民767），亦

包括在內，但已登記不動產所有人之回復請求權，及已登記不動產所有人之除去妨害請求權，均無消滅時效之適用（司釋 107、164）。

不適用消滅時效規定的權利為：

1.支配權：如所有權、用益物權、擔保物權、無體財產權、狀態權等。

2.形成權：如承認權、選擇權、撤銷權、抵銷權、解除權等。惟形成權只有除斥期間。

3.抗辯權：是為對抗請求權所主張之權利，故非時效之客體。

㈡**各種請求權之分析**：消滅時效既以請求權為客體，所謂請求權，係請求他人為一定的作為或不作為之權利。有由債權發生者，為債權請求權；有由物權發生者，為物上請求權；有由身分發生者，為身分請求權，這些請求權是否都為消滅時效之客體？茲分述之：

消滅時效適用之客體			
適用	債權請求權	一切債權請求權。	
	物上請求權	動產。 不動產未登記者。	
	身分權請求權	非純粹身分關係的請求權。	
不適用	物上請求權	已登記之不動產	回復請求權（司釋 107）。
			除去妨礙請求權（司釋 164）。
			妨害防止請求權（前解釋之類推）。
	身分權請求權	純粹身分關係的請求權。	

1.債權請求權：因債權關係而生之請求權，通常為買賣、租賃、借貸、僱傭、承攬、運送……等關係而發生，此類債權之請求權自應從速行使，以免日久而發生舉證之困難，如其怠於行使，應適用消滅時效之規定。例如飲食費代價之請求權，規定因 2 年間不行使而消滅（民 127）。

2.物上請求權：所謂物上請求權，係由物權而生之請求權，乃民法第 767 條所規定：所有人對於無權占有或有侵奪其所有物者，得請求返還之（此即所有物返還請求權）。對於妨害其所有權者，得請求除去之（此即所有物妨害除去請求權）。有妨害其所有權之虞者，得請求防止

之（此即所有物妨害防止請求權）。此三種權能否為消滅時效之客體？

　　學理上有肯定與否定兩說；但依最高法院判例及大法官會議之解釋可獲下列結論：

　　　　⑴得適用為消滅時效之客體者：未登記之不動產所有權及動產物
　　　　　權所生之物上請求權。

　　　　⑵不得適用為消滅時效之客體者：已登記之不動產所有人的所有
　　　　　物返還請求權及除去妨害請求權。至於所有物妨害防止請求
　　　　　權，司法院雖未解釋，得依大法官之解釋推論認為仍以不適用
　　　　　為宜。

　3.身分權之請求權：

　　　　⑴純粹身分關係的請求權：如請求權係純粹因身分關係而生者，
　　　　　不適用消滅時效之規定。蓋由人格權或身分權而生之非財產
　　　　　權，如其請求之內容係關於人格或身分關係，而無財產價值者，
　　　　　不得認為消滅時效之客體。依判例：請求權因 15 年間不行使而
　　　　　消滅，固為民法第 125 條所明定，然其請求權若著重於身分關
　　　　　係者，即無該條之適用（例如因夫妻關係而生之同居請求權）。
　　　　　履行婚約請求權，純係身分關係之請求權，自無時效之可言（48
　　　　　臺上 1050）。

　　　　⑵非純粹身分關係的請求權：如請求權係由非純粹身分關係所產
　　　　　生，而有財產上價值者，則與一般請求權相同，得為消滅時效
　　　　　之客體。如因人格權，姓名權受侵害之損害賠償請求權（民 18、
　　　　　19、195），侵害生命權之損害賠償請求權（民 194），離婚配偶之
　　　　　贍養費請求權（民 1057），親屬扶養費之請求權（民 1114 以下），
　　　　　繼承權回復請求權（民 1146）等是。

習題：
一、請說明何種請求權無消滅時效之適用？（99 身障三）
二、基於身分關係而生之請求權，是否有消滅時效規定之適用？試說明之。
　　（99 特三）

五、消滅時效之起算

消滅時效期間之起算，自請求權可行使時起算。以不行為為目的之請求權，自行為時起算（民128）。茲分作為與不作為兩類說明其起算點：

㈠**以行為為目的之請求權**：以行為為目的之請求權，以請求權可行使時起算（民128前段）。所謂請求權可行使時，乃權利人行使請求權時，法律上無任何障礙，阻止其行使之謂。障礙有事實上障礙與法律上障礙：

障礙種類	內　　　　　容
1. 事實上障礙	乃權利人特殊情形，如債權人生病，出外旅行等致不能行使請求權是。此時儘可由代理人為之，不得謂為請求權不可行使，故不影響時效的起算。
2. 法律上障礙	乃為法律限制權利之行使，在此障礙未除去以前，權利人無法行使其權利，故不問權利之種類如何，皆阻止時效之進行。時效期間之起算點，每因各該法律行為而不同，茲分述之： (1)附確定期限之債權：以期限屆滿之時為起算點，但始日不算入（民120Ⅱ）。如債務履行日為5月1日，則以5月2日為第1日而起算。 (2)附不定期限之債權：以期限屆至之時為起算點。 (3)附停止條件之債權：以條件成就時為起算點。 (4)定有清償期之債權：以清償期限屆滿時為起算點。 (5)未定清償期之債權：債權人得隨時請求清償，而消滅時效期間應自權利（債權）成立之時為起算點（民315）。 (6)於通知終止契約或催告後，期間屆滿時為起算點（民450Ⅲ）。 (7)分期付價買賣之債權：為保護買受人之利益，並顯分期付價買賣之效用，以債務人喪失分期付價之時起算為宜（民389）。

㈡**以不行為為目的之請求權**：此即消極要求相對人不為一定行為之請求權，依民法第199條第3項規定：「不作為亦得為給付。」我民法於第128條後段規定，消滅時效以不行為為目的之請求權，自行為時起算。所謂自行為時起算者，即自義務人有積極為行為時，開始進行。

六、消滅時效之中斷

㈠**消滅時效中斷之涵意**：按時效中斷（德：Unterbrechung）者，仍在時效進行中，因有與消滅時效相反之事由發生，使以前所經過之期限，歸於消滅，以後仍須重新開始進行時效之謂也。消滅時效，原以在法定期

間不行使權利為要素，如於此期間內有與消滅時效相反之法定事由發生，自應中斷。準此以觀，消滅時效之中斷，其涵意為：

　　1.時效中斷之事實，必須在時效進行之中：如消滅時效為 10 年者，必須在此 10 年之進行期間內，有發生中斷事由始可中斷，其逾 10 年者，縱有中斷事由，亦不得溯及既往，使業已屆滿之時效期間，歸於無效而重行起算。

　　2.時效之中斷必須有與消滅時效相反之事由發生：如此才能中斷時效效果，而此事由以法律有規定者為限，學者稱為消滅時效中斷之事由。

　　3.時效中斷後，已經進行之時效期間完全消滅，必待中斷事由終止後，始能重行起算時效之期間。

時效中斷	時效中斷事由	法　條	視為不中斷情形	法　條
法定中斷	(一)請求	民129 I ①	請求後 6 個月內不起訴，視為不中斷	民130
	(二)承認	民129 I ②		
	(三)起訴	民129 I ③	(一)撤回起訴 (二)駁回起訴	民131
	(四)與起訴有同一效力之事項：	民129 II		
	1.依督促程序聲請發支付命令	民129 II ①	(一)撤回聲請 (二)駁回聲請 (三)支付命令失其效力 (四)債務人於法定期間內提出異議	民132 民132 民132 民訴519 I
	2.聲請調解或提付仲裁	民129 II ②	(一)撤回調解之聲請 (二)駁回調解之聲請 (三)調解不成立 (四)撤回仲裁之請求 (五)仲裁不能達成判斷	民133 民133 民133 民133 民133
	3.申報和解債權或破產債權	民129 II ②	撤回申報	民134
	4.告知訴訟	民129 II ④	訴訟終結後 6 個月內不起訴	民135
	5.開始執行行為或聲請強制執	民129 II ⑤	(一)法院因權利人聲請而撤銷執行處分	民136 I

行		(二)法院因法律上要件欠缺而撤銷執行處分	民136 I
		(三)撤回強制執行之聲請	民136 II
		(四)駁回強制執行之聲請	民136 II
自然中斷	占有之喪失	民771	

　　(二)**消滅時效中斷之事由**：消滅時效中斷之事由，依民法第 129 條規定，共有下列四種：

　　1.請求（德：Anspruch）：

　　(1)產生時效中斷之效力：請求者，指因時效進行而受不利益之當事人，對其相對人主張其權利之謂。如債權人催告債務人請求履行債務是。請求有廣狹二義：

　　①廣義：包括訴訟上與訴訟外一切行使權利之行為。

　　②狹義：專指訴訟外之請求而言。我民法於第 129 條之請求，專指訴訟以外之請求而言，此項請求可發生中斷消滅時效之效力。

　　(2)視為時效不中斷情形：依民法第 130 條規定：「時效因請求而中斷者，若於請求後六個月內不起訴，視為不中斷。」依此規定請求僅發生「相對中斷效力」，此乃為保護相對人利益而設之規定。

　　2.承認（德：Anerkennung）：承認者，指因時效受利益之當事人，對權利人確認其權利存在之謂。承認之性質，僅為觀念之通知，僅因債務人一方行為而發生效力，無須債權人同意。承認不以任何形式為必要，亦得以默示為之，所謂默示者，如支付利息，部分本金之償還、提供擔保、請求緩期清償等是。

　　3.起訴（德：Klageerhebung）：

　　(1)產生時效中斷之效力：起訴者，指因時效而受不利益之當事人，

以訴訟方法行使其權利之謂。起訴為權利人行使權利最確實而有效之方法，故民法規定，起訴為時效中斷事由之一（民129 I③）。所謂起訴，專指民事訴訟而言，不包括刑事訴訟及行政訴訟，但在刑事訴訟程序中提起附帶民事訴訟（刑訴487 I），或在行政訴訟程序中附帶請求損害賠償（行訴7），自得認為本條之起訴，而屬於民事訴訟範圍。

(2)視為時效不中斷之情形：依民法第131條規定：「時效因起訴而中斷者，若撤回其訴，或因不合法而受駁回之裁判，其裁判確定，視為不中斷。」

4. 與起訴有同一效力之事項：依民法第129條第2項規定共有五項：

(1)依督促程序送達支付命令：督促程序者，乃債權人向法院聲請，對債務人發支付命令之程序。

　①產生時效中斷之效力：民訴法第508條規定：「債權人之請求，以給付金錢或其他代替物或有價證券之一定數量為標的者，得聲請法院依督促程序發支付命令。」此即產生時效中斷之效力。

　②視為時效不中斷之情形：又時效因聲請發支付命令而中斷者，若撤回聲請，或受駁回之裁判，或支付命令失其效力時，視為不中斷（民132）。

(2)聲請調解或提付仲裁：

　①產生時效中斷之效力：

　　A 聲請調解：聲請法院調解，係指民事訴訟法所規定之調解而言（民訴403以下），但不以此為限，凡依其他法律有聲請調解之規定者，亦應解為有該條（民129）之規定（48臺上936）。凡此均有中斷時效之效力。

　　B 提付仲裁：依證券交易法所為有價證券交易所生之爭議，不論當事人間有無訂立仲裁契約，均應進行仲裁（證交166）。故提付仲裁，亦應發生中斷時效之效力。

　②視為時效不中斷之情形：依民法第133條規定：「時效因聲請調解或提付仲裁而中斷者，若調解之聲請經撤回，被駁回、

調解不成立或仲裁之請求經撤回、仲裁不能達成判斷時，視為不中斷。」

(3)申報和解債權或破產債權：

①產生時效中斷之效力：即債權人聲請和解債權或申報破產債權，應自申報時起發生中斷之效力：

　　A 申報和解債權：債務人不能清償債務者，在有破產聲請前，得向法院聲請和解（破 6 I）。法院許可和解後，債權人得申報和解債權（破 12 I ③）。

　　B 申報破產債權：法院於宣告破產後，債權人應向破產管理人申報其債權之謂（破 65 I ⑤）。

②視為時效不中斷之情形：依民法第 134 條規定：「時效因申報和解債權或破產債權而中斷者，若債權人撤回其申報時視為不中斷。」

(4)告知訴訟（德：Streitverkündigung）：

①產生時效中斷之效力：即當事人一造於訴訟繫屬中，將訴訟告知於因自己敗訴而有法律上利害關係之第三人，以促其參加訴訟，以免敗訴（民訴 65 I）。如甲將車售與乙，此時第三者丙主張該車為其所有，訴請乙交還該車時，乙乃將被訴之事告知甲。就此例而言，乙告知訴訟，對甲已表明行使權利之意思；即在買賣契約中，出賣人甲應擔保第三人丙，不得對該車主張任何權利，如有則出賣人甲應負除去的義務，此項責任稱為追奪擔保責任（民 349），買受人乙對出賣人甲的擔保請求權時效即發生中斷的效力。

②視為時效不中斷之情形：上例，如第三人丙勝訴，而出賣人甲未履行其擔保義務，則買受人乙對於出賣人甲，須另提訴訟解決之擔保責任，此時依民法第 135 條規定：「時效，因告知訴訟而中斷者，若於訴訟終結後，六個月內不起訴，視為不中斷。」即買受人乙與第三人丙間之訴訟終結後，6 個月內起訴，請求甲履行擔保義務，否則時效視為不中斷。

(5)開始執行行爲或聲請強制執行：

　　①產生時效中斷之效力：執行者，乃執行機關，依民事上之強
　　　制執行，使義務人履行其義務之謂。此爲權利人在訴訟上行
　　　使權利之最後方法，自應認爲是時效中斷之事由（民 129 Ⅱ ⑤）。

　　②視爲時效不中斷之情形：依民法第 136 條規定：「時效因開
　　　始執行行爲而中斷者，若因權利人之聲請，或法律上要件之
　　　欠缺而撤銷其執行處分時，視爲不中斷。時效因聲請強制執
　　　行而中斷者，若撤回其聲請，或其聲被駁回時，視爲不中斷。」

㈢**消滅時效中斷之效力**：時效中斷者，自中斷之事由終止時重行起算
（民 137）。消滅時效中斷之效力有二：一爲關於時之效力，二爲關於人之
效力，茲分述之：

　　1.對於時的效力：消滅時效中斷關於時之效力，乃在因中斷事由之
發生，遂使已進行之時效歸於無效，而須重行起算時效期間之進行也。
重行起算，有三種情形（民 137）：

　　(1)一般事由而中斷：時效中斷者，自中斷之事由終止時重行起算。
　　　即中斷以前，已經過之時效期間，全歸無效。自中斷事由終止
　　　後，時效從新進行，計算時效。

　　(2)因起訴而中斷：因起訴而中斷之時效，自受確定判決，或因其
　　　他方法訴訟終結時，重行起算。

　　(3)因確定判決而中斷：經確定判決或其他與確定判決有同一效力
　　　之執行名義所確定之請求權，其原有消滅時效期間不滿 5 年
　　　者，因中斷而重行起算之時效期間爲 5 年。

　　2.對於人的效力：消滅時效中斷關於人的效力，可分爲兩點說明之：

　　(1)相對的效力：時效中斷，以當事人、繼承人、受讓人之間爲限，
　　　始有效力（民 138）。故時效之中斷僅有相對的效力。蓋消滅時
　　　效中斷之事由係因時效而受利益或不利益之當事人之行爲，故
　　　時效之中斷，其效力之所及，自應以此等人爲限。所謂當事人，
　　　即爲中斷行爲之人及其相對人；所謂繼承人，乃指當事人之包
　　　括承繼人；所謂受讓人，乃指當事人之特定繼受人；此等人係

因時效對其有利害關係，故時效之中斷對其亦生效力。

(2)例外：消滅時效之中斷，僅有相對之效力，此僅爲原則而已，如法有特別規定，自可爲例外：如

①連帶債權人中之一人爲給付之請求者，中斷其時效時，爲其他債權人之利益，亦生效力（民285）。

②債權人向主債務人請求履行，及爲其他中斷時效之行爲，對於保證人亦生效力是（民747）。

七、消滅時效之不完成

㈠**意義**：指時效期間將近完成之際，因一定事由之發生，使請求權之行使遭遇障礙，民法乃特准時效暫時停止進行，俟障礙事由消除後，再經過一定期間，時效始完成之謂。學說上又稱爲時效之停止。時效之停止，有廣狹二義：

1.廣義：凡時效進行中，遇有障礙之情事發生，均得停止進行者，是爲廣義之停止。

2.狹義：僅在時效將近完成之時，遇有障礙之情事發生，始認爲時效之停止者，是爲狹義之停止。此又稱爲消滅時效的不完成。我民法僅於時效將近完成之際，有停止規定，是採狹義之停止，故不稱停止，而稱不完成者，其理在此。

消滅時效之不完成，其已進行之時效，並不歸於無效，於不完成之事由終止時，時效仍恢復進行，並將前後兩時效接續計算。

㈡**時效不完成與時效中斷之區別**：時效不完成與時效之中斷，兩者之目的都在保護因時效進行而受不利益之當事人，且兩者都是時效之障礙現象，二者兩仿，不易區別，茲列表比較如下：

分類 區別	時 效 不 完 成	時 效 中 斷
内容不同	發生停止事由時，使已進行之時效期間暫時停止，俟停止事由消滅，再經過一定期間，時效始完成之謂。	發生中斷事由時，使已進行之時效期間，完全滯於無效之謂（在法律上等於沒有時效之進行），中斷事由終止後，時效重行起算。

事由不同	時效之不完成，乃是由於請求權之行使受到當事人行為以外的障礙，其障礙之原因有五項（民 139~143）。	時效之中斷，乃是由於當事人間之行為，其原因有八項（民 129）。
效力不同	效力是絕對的，對任何人均得主張時效不完成，故為對世是效力。	效力是相對的，蓋時效中斷以當事人、繼承人、受讓人之間為限，始有效力，故為對人之效力。

習題：消滅時效中斷與消滅時效不完成有何區別？試各指一例說明之。（100 普）

㈢**消滅時效不完成之事由**：消滅時效不完成之事由，依我國民法規定如下：

1.因事變關係之不完成：即時效之期間終止時，因天災或其他不可避之事變，致不能中斷其時效者，自其妨礙事由消滅時起，1 個月內，其時效不完成（民139）。

2.因繼承關係之不完成：即屬於繼承財產之權利，或對於繼承財產之權利，自繼承人確定或管理人

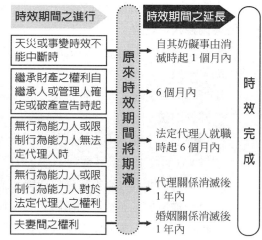

選定，或破產之宣告時起，6 個月內，其時效不完成（民140）。蓋行使權利履行義務，必須有其主體，而此時缺少為中斷行為人，或缺少受中斷行為人，其主體既未確定，自宜停止時效之進行，使其暫不完成也。

3.因行為能力關係之不完成：即無行為能力人或限制行為能力人之權利，於時效期間終止前 6 個月內，若無法定代理人者，自其成為行為能力人，或其法定代理人就職時起，6 個月內，其時效不完成（民141）。

4.因法定代理關係之存續而不完成：即無行為能力人，或限制行為能力人，對於其法定代理人之權利，於代理關係消滅後 1 年內，其時效

不完成（民 142）。按無行爲能力人，或限制行爲能力人，對於法定代理人之權利，應於代理關係消滅（如親權喪失或本人已屆成年）後 1 年內，其時效不完成，以保護此等無能力人或限制行爲能力人之利益。

5.因婚姻關係的不完成：夫對於妻，或妻對於夫之權利，於婚姻關係消滅後 1 年內，其時效不完成（民 143）。按夫對於妻之權利，或妻對於夫之權利，在婚姻關係存續中，固應維持家室之和平，即在婚姻關係消滅後，亦應停止時效之進行，故在 1 年內，時效不完成。

八、消滅時效之效力

消滅時效之效力，因消滅時效之完成而發生。惟消滅時效完成後，在法律上之效力分三方面說明之：

㈠**及於債務人之效力**：

1.各國之立法例：消滅時效完成後，對於當事人間所發生之效力，立法例頗不一致：

　⑴權利消滅主義：即消滅時效完成後，權利之本身（如請求權），歸於消滅。

　⑵訴權消滅主義：即消滅時效完成後，權利本身仍然存在，僅訴權（在訴訟上主張其權利）因時效而消滅。故如義務人履行時，對權利人則不得以不當得利爲由，請求返還之。

　⑶抗辯權發生主義：即消滅時效完成後，權利本身並不消滅，訴權依然存在，不過當債權人行使權利時，債務人得提出抗辯而拒絕給付。

2.我民法規定：

　⑴債務人得提出抗辯並拒絕給付：民法在學說上以採抗辯主義者爲多，實例上亦如此。

　　主此說者認爲民法第 125 條至第 127 條規定之時效期間，雖規定請求權於一定期限內不行使而消滅，但依第 144 條第 1 項規定：「時效完成後，債務人得拒絕給付」，依此因債務人有拒絕給付之抗辯權，故採抗辯權發生主義。即時效期間經過後，

債權、物權、請求權及訴權，均不消滅，僅使債務人取得拒絕給付的抗辯權而已。此種抗辯權在性質上爲滅　性抗辯權，又稱永久性抗辯權，即債權人仍得向債務人請求，惟債務人得拒絕給付。債務人如爲給付，債權人當可本於權利而受領。債務人如以消滅時效完成爲理由而拒絕給付時，法院即得依債務人的援用抗辯權而駁回債權人之請求；反之，如債務人不爲拒絕給付之抗辯，法院不能依職權以消滅時效業已完成爲由，即認請求權已歸消滅而駁回債權人之請求。凡此在判例上亦作如此解釋。

(2)債務人仍爲給付者，不得請求返還：依民法第 144 條第 2 項規定：「請求權已經時效消滅，債務人仍爲履行之給付者，不得以不知時效爲理由，請求返還；其以契約承認債務或提出擔保者，亦同。」蓋請求權雖經時效完成而消滅，但其債務仍然存在，不過變爲無責任之債務，此即所謂自然債務（Naturobligation），此時如債務人仍爲給付之履行，債權人仍得有效受領，並非不當得利（民 179）。

㈡及於債權人之效力：

1.債權人得行使擔保權利：凡以抵押權、質權或留置權擔保之請求權，雖經時效消滅，債權人仍得就其抵押物、質物或留置物取償（民 145 I）。蓋對人之請求權，雖已消滅，而對於物上擔保，則仍未消滅，故得行使權利也。惟就抵押物取償，須於被擔保債權之請求權時效完成後 5 年內爲之，否則其抵押權消滅（民 880），當不得就擔保物取償。

2.債權人得行使權利之限制：依民法第 145 條第 2 項規定：「前項規定，於利息及其他定期給付之各期給付請求權，經時效消滅者，不適用之。」蓋以此種債權，既有一定給付期，本應從速請求履行，不應使經久而不確定也。

㈢消滅時效及於從權利之效力：

1.以時效效力及於從權利爲原則：依民法第 146 條前段規定：「主權利因時效消滅者，其效力及於從權利。」按權利有主從之別，從權利

之時效，雖未完成，而主權利既因時效而消滅，則從權利亦隨之而消滅，此蓋以從隨主之原則也。如原本與利息；原本既因時效而消滅，雖利息之時效尚未完成，則此利息之從權利亦應隨之而消滅。

2.從權利不消滅之例外規定：依民法第 146 條但書規定，如法律有特別規定則不在此限。此即法律上有從權利不因主權利之罹於時效而消滅之情形，此為例外之規定；如民法第 145 條第 1 項，又抵押權為物權，本不因時效而消滅。惟以抵押權擔保之債權，已因時效而消滅，而抵押權人於消滅時效完成後，須經 5 年不實行抵押權，抵押權才消滅（民 880）。

九、消滅時效之強行規定

消滅時效制度因與公益有關，故關於時效之規定，均屬強行規定。如：

㈠**時效期間不得加長或減短**：依民法第 147 條前段規定：「時效期間，不得以法律行為加長或減短之。」此即時效期間禁止加減之規定。依此規定，舉凡時效期間之加減，或以契約約定使時效無法完成，或創設時效中斷之原因，皆為違反強行規定之行為，應解為無效（民 71）。

㈡**時效利益之拋棄**：時效之利益，能否拋棄，應就時效完成前與時效完成後，分別論之：

1.時效完成前不得拋棄：依民法第 147 條後段規定：「不得預先拋棄時效之利益。」蓋時效制度，原為公益而設，債務人多為經濟上之弱者，如於時效完成前，得預先拋棄，債權人當可乘債務人之窮困，迫令其預先拋棄，則時效制度將等於虛設，有害公益，自非法之所許。

2.時效完成後得以拋棄：時效完成後，拋棄其時效之利益者，則與公益無關，依第 147 條之反面解釋，應許其拋棄（26 渝上 353）。蓋債務人於時效完成後拋棄時效之利益，此乃由於債務人之任意給付，法律自無保護之必要也。

第十一章　權利之行使

第一節　行使權利之原則

一、權利行使之概念

　　權利之行使者，權利人為享受權利之利益，以實現其權利內容所為之正當行為也。權利的行使因權利之內容而有各種不同之情形。有為法律行為者，如撤銷權、抗辯權等，以權利人之意思表示行使之。有為準法律行為者，如行使催告權而為催告是。亦有為事實行為者，如所有權人直接支配其所有物是。

二、各種權利之區別

項目\區別	權利之行使	權利之主張	權利之實現	權利之享有
意義	權利人為享受權利之利益，以實現權利之內容之行為。	確認權利內容之存在的表示行為。	權利之內容已經實現之謂。	權利人享有權利之利益。
權利之行使與權利之主張	凡行使權利時均可謂為主張權利。如提起給付之訴或形成之訴，固為行使權利，亦為主張權利。	凡主張權利時，非必即為行使權利。如提起確認之訴，或權利之讓與，則只能認為是主張權利而不能謂為行使權利。		
權利之行使與權利之實現	權利之行使為實現權利之方法，如債權人請求給付乃為行使權利。		權利之實現為行使權利之目的，稱為權利之實踐性。如債務人履行義務、償還債務為實現權利。權利之實	

			現，固須經權利之行使，如所有權經權利之行使而實現是。但亦有須其他事實者如抵押權之實行，須抵押人之聲請，由法院拍賣而實現是（民873）。
權利之行使與權利之享有	行使權利人，不一定為享有權利人，如無行為能力人之權利由法定代理人代為行使，而無行為能力人則享有權利之利益。		享有權利者不一定是行使權利人，其例如上。

三、權利行使之限制

權利行使之限制者，乃權利人行使其權利時，不得有背於社會公益，而須受法律之限制之謂。蓋法律之承認權利，不僅在保護權利人

行使權利之原則

禁止違反公共利益 ─

禁止權利之濫用 ─　如違反 →　不生法律效力

誠實信用之原則 ─

個人權益，蓋亦為維持社會秩序及增進公共利益，故權利人行使權利，當須符合法律賦予權利之本旨。此種本旨，依我民法第 148 條第 1 項規定：「權利之行使，不得違反公共利益，或以損害他人為主要目的」。其第 2 項規定：「行使權利，履行義務，應依誠實及信用方法」。

今可分析成下列三種原則：

㈠**禁止違反公共利益**：現代法律思想，承認權利社會化之理論，因此法律除了保護權利人個人之利益外，並以維持社會秩序及增進公共利益為目的。民法上對「權利之行使，不得違反公共利益」（民 148），乃為權利社會化之規定。

㈡**禁止權利之濫用**：權利濫用之禁止者，乃對於行使權利，超越其應

有之範圍，故予以禁止之謂。各國都有類似禁止規定。我民法第 148 條第 1 項後段規定：「權利之行使，不得以損害他人爲主要目的」，是採德國之立法例。如有加損害於他人者，被害人當可請求損害賠償（民 184 I）。

　　1.禁止權利濫用之適例：凡有無違反權利之本質，而與社會利益背道而馳者，均可認爲權利之濫用。如：

　　⑴在鄰舍空地建築高牆，以妨害鄰舍通風採光，被害人當可訴請拆除是。

　　⑵餐飲業者，不講求廢氣排煙之法，任煙害之發生，致污染鄰居之空氣是。

　　⑶父母對子女固有懲戒之權（民 1085），但如嚴刑拷打，濫施體罰等凌虐之行爲，亦爲權利之濫用，自可停止其親權之行使。

　　⑷強迫妻女爲娼爲盜，違背公共秩序與善良風俗者，亦爲權利之濫用是。

　　2.權利濫用之法律上效果：權利人果有濫用權利情事，在法律上應生如何之效果：

　　⑴無法排除他人之形式上之侵害行爲：如土地所有權之效力雖及於土地之地上及地下，但如對於他人所有之建築物，因略爲傾斜而致有侵入到自己沒有利用價值之土地範圍內，此時，雖可訴請法院准其排除之，但如此種請求有濫用所有權之嫌時，法院可以駁回其請求。不過法院仍協調雙方之利益，以損害賠償方式解決之。

　　⑵可認定爲違法行爲，而負損害賠償責任：因行使權利而有損害他人時，因欠缺違法性，而不應認爲不法行爲；但如有濫用權利之行使時，則不發生違法阻卻之效果，因此而構成侵權行爲之損害賠償責任（民 184）。

　　⑶因權利之行使原可產生新的法律關係者，因權利之濫用，法律遂不使之發生：如出租人以承租人之小額的債務不履行爲理由

而解除契約時，可能構成解除權之濫用，而不發生效力。

　⑷有顯著之權利濫用情事，其權利准被剝奪：如父母濫用其對子女之懲戒權時，其最近親屬或親屬會議，得糾正之。糾正無效時，得請求法院宣告停止其權之全部或一部（民1090）。

　㈢**誠實信用之原則**（德：Treu und Glauben；法：bonne foi）：誠實信用者，即斟酌事件之特別情形，衡量雙方當事人彼此之利益，使其法律關係臻於公平妥當之一種法律原則（82 臺上 1654）。法諺云：「公平與善良乃法律之法律」（Aequum et bonum est lex legum.）誠信原則是為達成此理想之手段。依民法第 148 條第 2 項規定：「行使權利，履行義務，應依誠實及信用方法」。誠信原則在學理上稱為「**帝王條款**」（德：königlicher Paragraph）。

1. **誠信原則** **之任務**	誠信原則有補充或解釋法律及契約的任務，在法律規定語意含糊，或前後牴觸，難於適用時，自可依誠信原則加以合理解釋或補充。依民法第 98 條之規定：「解釋意思表示，應探求當事人之真意，不得拘泥於所用之辭句」，故可依誠信原則，以為解釋或補充。
2. **誠信原則** **之適用範圍**	誠信原則為法律最高指導原則，下列規定符合誠信原則： ⑴脫法行為的禁止：所謂脫法行為（德：Gesetzumgehung），係指表面上迴避強行法之禁止規定，而事實結果竟能達到與強行法規所禁止之同一目的之法律行為。例如債權人以折扣或其他方法，巧取利息限制以外的利益（民 206）。 　因脫法行為違背誠信原則，在私法上，脫法行為人所行使之權利，不生法律效力。 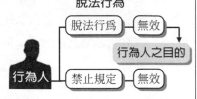 脫法行為 脫法行為　無效 行為人之目的 行為人 禁止規定　無效 ⑵詐欺、脅迫及不正當行為之禁止：民法第 92 條第 1 項規定：「因被詐欺或被脅迫，而為意思表示者，表意人得撤銷其意思表示。但詐欺係由第三人所為者，以相對人明知其事實或可得而知者為限，始得撤銷之。」賦予被害人以撤銷權，使詐欺行為因撤銷權之行使而歸於無效。 ⑶告知及通知義務：契約訂立時或訂立後，有告知的義務或通知的必要而行為人怠於告知或通知者，當使相對人陷於不利，尤其保險契約上的告知義務更不可或缺。違反告知或通知義務，致相對人受有損害時，除法律另有規定外，依誠信原則，負損害賠償責任。 ⑷暴利行為之禁止：依民法第 74 條規定：「法律行為，係乘他人之急迫、輕率或無經驗，使其為財產上之給付，或給付之約定，依當

時情形顯失公平者，法院得因利害關係人之聲請，撤銷其法律行為，或減輕其給付。此項聲請，應於法律行為後一年內為之」。暴利行為亦屬違背誠信原則的一種。

(5)公平原則之遵守：民法第 359 條規定：「買賣因物有瑕疵，而出賣人依前五條之規定，應負擔保之責者，買受人得解除其契約，或請求減少價金。但依情形，解除契約顯失公平者，買受人僅得請求減少價金。」此即為其適例。

第二節　權利之自力救濟

一、自力救濟之概念

自力救濟（英：self-help；德：selbsthilfe；法：justice privée, justice personnelle）法諺云：「有權利就有救濟」（Ubi jus，ibi remedium）乃羅馬法以來公認之基本原則，但在國家權力尚未強固，法律制度尚未建立之原始社會，一旦私人之基本權益遭受侵害，必須依賴自己之力量，對加害者予以制裁，即人人擁有一種以目反目，以牙反牙之同害報復權利（jus talionis），此即吾人所稱之「私力制裁」或「自力救濟」。此係對「公力制裁」而言。即國家一方面以法律保障人民的基本權益，另一方面，本於公權力之作用，對有侵害他人權益之違法者，給予適當之懲罰，以實現法律所要求之狀態，此即公力制裁，亦即「公力救濟」。

一般法學上所稱之「自力救濟」，係指當權利受侵害時，因事出非常，來不及依國家所定之法律程序請求救濟，而以自己之力量直接對違反義務人予以制裁，以防止權利被侵害或促使履行義務之謂。在法律上得稱為自力救濟者，在民法上有自衛行為與自助行為。

自衛行為者，權利人於事出非常之際，法律許其以己力排除侵害之行為，可分為正當防衛與緊急避難。自助行為則係情況緊急時，以己力保護自己之行為。

二、自衛行為

即當權利受侵害時，為求防衛自己或他人權利之遭受侵害，或為避免自己或他人之危險，來不及請求國家之保護，在必要範圍，由法律放

任其以自力謀求救濟之行爲。法律不認爲自衛行爲係一種違法行爲，因此在民法上不構成侵權行爲，可免除民事賠償責任。依民法之規定，自衛行爲有正當防衛與緊急避難。

(一)正當防衛：

　　1.正當防衛之概念：正當防衛（英：self-defense；德：Notwehr；法：légitime défense）：即對於現在不法之侵害，爲防衛自己或他人之權利所爲之行爲，不負損害賠償之責。但已逾越必要程度者，仍應負相當賠償之責（民149）。如防衛行爲超過了必要程度，稱爲「防衛過當」。在決定防衛行爲是否「過當」時，應該從具體的、客觀的情事來判斷。譬如爲了制止持刀劍之強盜的侵害，持木棍將之毆傷，就是正當防衛。

　　2.正當防衛之效果：可分爲四點：

對持刀劍之強盜以木棍反擊是正當防衛行爲

　　⑴因正當防衛而致他人受到損害，並不構成侵權行爲，故防衛者不負民事上的損害賠償責任。

　　⑵防衛過當而造成他人損害時，防衛者應依法負相當的損害賠償責任。

　　⑶因爲防衛行爲，致侵害者以外的第三人受到損害時，除該行爲另外可以構成緊急避難之外，對該第三人應負賠償責任。

　　⑷爲保全他人的權利而行正當防衛，則防衛行爲在一定的條件之下，可能與該他人之間構成民法上無因管理的關係。

(二)緊急避難：

　　1.緊急避難之概念：緊急避難（英：necessity；德：Notstand；法：état de nécessité）：民法第 150 條第 1 項：「因避免自己或他人生命、身體、自由或財產上急迫之危險，所爲之行爲，不負損害賠償之責。但以避免危險所必要，並未逾越危險所能致之損害程度者爲限。」同條第 2 項復規定：「前項情形，其危險之發生，如行爲人有責任者，應負損害賠償之

責」。緊急避難在性質上屬於**放任行為**，亦有認為係**權利行為**。

　　緊急避難行為可分為**防禦的避難行為**（德：Verteidigungsnotstand），與**攻擊的避難行為**（德：Angriffsnotstand）兩種。前者例如某甲為了救護自己的同學乙，而持木棍將襲擊乙的瘋狗擊斃；後者例如甲、乙二人共划一舟，遭風翻覆行將溺斃，而甲為圖避免自己被淹死，遂搶奪乙所抱持之浮木，終致乙被淹死是。不論是防禦或攻擊的避難行為，均為法律所許。

　　2.緊急避難之效果：

　　　⑴倘具備了前面所說的緊急避難要件，即成立緊急避難，對於因避難行為所加諸他人的損害，在民事上不須負損害賠償責任。但有下列情形，仍須負賠償責任：

　　　　①危險的發生，行為人與有責任者。

　　　　②避難行為過當者：即因避難行為致對他人構成損害，已超過危險所能致之損害程度。

　　　⑵緊急避難係因以正當防衛致加損害於侵害人以外之第三人而成立者，行為人對該第三人，亦無須負賠償責任。

　　　⑶為避免他人權利上急迫的危險而為緊急避難者，行為人對該他人的關係，有時得成立無因管理。這種情況與前面曾提過正當防衛行為成立無因管理的情形相同，故不再贅述。

　　㈢**正當防衛與緊急避難之不同：**

項目 區別	正　當　防　衛	緊　急　避　難
原因不同	以有不法侵害為前提，則正對不正之關係。	必須有緊急危險為前提。則正對正之關係。
目的不同	以防衛一切權利之受侵害為目的。	以避免生命、身體、自由或財產之急迫危險為目的。

觀念不同	係基於權利主義觀念，爲積極保衛權利之安全。	係基於放任主義觀念，爲消極避免損害。
對象不同	以不法侵害之特定人爲對象。	對任何人均得爲之。
過當標準不同	是否過當，不以權益之均衡爲其唯一之標準。	須顧及權益之均衡性，即避難行爲所加致他人之損害，不得逾越其危險所能致之損害。

三、自助行爲

　　私權之保護雖以依賴公權力爲原則，但在某種特定情形下，如情況緊急，來不及請求公力救濟，則由法律規定，允許私人得爲自助行爲，以便能及時保護自己之權利，此即法律上所稱之「自助行爲」，因自助行爲，係屬法律上之例外規定，因此法律上更須嚴格加以明定。民法上的自助行爲，尚可分爲「一般自助行爲」與「特殊自助行爲」兩種，茲分述之：

　　㈠一般自助行為：

　　1.自助行爲：自助行爲即爲保護自己權利，對於他人之自由或財產，施以拘束、押收或毀損者，不負損害賠償之責。但以不及受法院或其也有關機關援助，並非於其時爲之，則請求權不得實行或其實行顯有困難者爲限（民 151）。本規定乃是就自助行爲的一般概念，做了原則性的規定，故根據此規定所爲的自助行爲，稱之爲「一般自助行爲」。

　　2.自助行爲之效果：自助行爲的效果主要在使自助行爲阻　違法。此可分二點說明：

　　　　⑴暫時性自助行爲：即爲保護自己權利，對於他人之自由或財產，施以拘束、押收或毀損者，不負損害賠償責任。如住宿飯店旅客不付住宿費準備溜走時，老闆留置其財物是。

　　　　⑵正常司法程序：即民法第 152 條規定：依第 151 條之規定，拘束他人自由或押收他人財產者，應即時向法院聲請處理。此項聲請被駁回或其聲請遲延者，行爲人應負損害賠償之責。

　　　　　①應即時向法院聲請處理：即權利人拘束義務人的自由時，應即時將被拘束人送交管轄法院，如當地無法院，可將其送附

近警察機關爲必要之處理。

②權利押收義務人之財產者，應即時聲請強制執行或假扣押。

如聲請被駁回或聲請遲延者，行爲人應負損害賠償責任。

㈡**特殊自助行為**：所謂「特殊自助行爲」，乃相對於前述之「一般自助行爲」而言。因此民法除了在第 151 條、第 152 條對自助行爲做了原則性的規定外，更於某些特殊的場合中，另以條文明定行爲人得行自助行爲，此即爲「特殊自助行爲」。其主要內容計有民法第 445 條不動產出租人的留置權、第 612 條場所主人的留置權、第 791 條土地所有人的留置權、第 797 條第 1 項土地所有人對越界枝根的刈除權，及第 960 條占有人的追止權等。

第二編　債編通則

第一章　債之概念

第一節　債之內容

一、債之意義

債係特定人間，一方請求他方為特定行為（作為或不作為）之法律關係。此法律關係為權利義務關係。在權利關係方面，得請求他方為一定行為之權利，稱為**債權**。在義務關係方面，則被請求為一定行為之義務，稱為**債務**。因此債權與債務兩者係處於相對立之地位，民法規定之債，乃是債權與債務之法律關係。

二、債權（拉：obligatio；德：Obligation, Forderung；法：obligation, droit de créance）

即債權人對於債務人得請求為一定行為或不行為之權利。債權與債務為相對立之名稱，債權者，即一方對於他人有請求其為一定行為的權利，而他方負有一定行為的義務，此即債務。例如：買賣、借貸均為發生債之關係的典型例子。

債之關係，以特定人間財產上之利益為主，因此個人財產上之利益，應自為權衡，如雙方合意，而不違反公共利益，法律自不必干涉。故我國民法上債篇之規定，原則上為任意

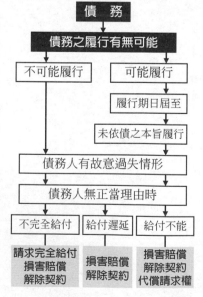

法，可適用私法自治之原則，於當事人有反對之約定時，排除其適用。但遇與公益有直接利害關係時，則例外為強行之規定，例如對於利息限制之規定。

三、債務（英：debt, obligation；德：Schuld, Obligation；法：obligation）

　　某人（債務者）對其他特定人（債權者）負一定行為（給付）為內容之義務之謂。與債權相對應，為債權法上之義務，同樣事務，由債權者而言是債權，由債務者而言，就是債務。債務之代表性為金錢債務，其他如物之移轉債務或作為債務等是。

第二節　債權之特性

一、債權之性質

㈠**為請求權**	債權並非支配權，而是請求權之一種。
㈡**為相對權**	債權係對特定人之請求權，不能向特定債務人以外之人請求。
㈢**不可侵性**	債權不受任何侵犯，侵害債權者，應負侵權行為責任。
㈣**無排他性**	對同一之債務人，可同時有多數債權人，則平等的從債務人之財產比例接受償還之原則，稱為**債權人平等之原則**。也有可能數人負同一之債務之情形，此時則多數債務人應按各人平等比例負擔債務，稱為**債務平均分擔之原則**。

二、債權與物權

區分基準	債　權	物　權
㈠**功能不同**	保護財物交易之安全。	保護財物之權利及利用之安全。
㈡**性質不同**	債權係對於特定之請求權。	為直接支配財物之權利。
㈢**效力不同**	1.債權無排他性，對同一債務人，可同時有多數債權人，則平等的從債務人之財產比例接受償還之原則。 2.債權則無追及權。	1.具有排他性，在同一物上不能同時存在二以上內容不相容之物權。 2.物權有追及權。
㈣**適用原則不同**	適用契約自由之原則，債權人平等之原則及債務平均分擔之原則。	適用物權之法定主義。

第二章　債之發生

　　即自始的發生債之關係的法律現象之謂。債之發生原因，可分爲法律行爲與基於法律規定者；基於法律行爲：如契約行爲是。基於法律規定者：如無因管理是。

　　我民法所定**債之發生之原因，有契約、代理權之授與、無因管理、不當得利及侵權行爲五種**。然債之發生除上述所舉之外，如因共有關係而發生費用償還請求權，及因親屬關係而發生扶養請求權等，均屬債之發生之原因。

第一節　契　約

一、契約之意義

　　契約（英：contract；德：Vertrag；法：contrat）：即指 2 人以上當事人之合意而產生權利義務關係之法律行爲之意。因此，當事人互相表示意思一致者，無論其爲明示或默示，契約即爲成立（民 153 I）。所謂契約書，則爲記載契約之書面文件，契約之成立，雖可自由爲之，但要式契約，則必須具備一定方式，始能成立。

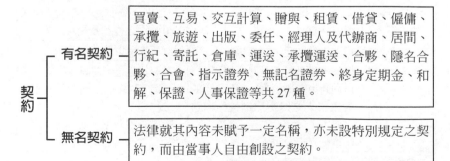

契約 — 有名契約	買賣、互易、交互計算、贈與、租賃、借貸、僱傭、承攬、旅遊、出版、委任、經理人及代辦商、居間、行紀、寄託、倉庫、運送、承攬運送、合夥、隱名合夥、合會、指示證券、無記名證券、終身定期金、和解、保證、人事保證等共 27 種。
契約 — 無名契約	法律就其內容未賦予一定名稱，亦未設特別規定之契約，而由當事人自由創設之契約。

二、契約之分類

債權契約有別於物權與身分契約。債權契約之類型如下：

分類標準	類型	說明
法律是否規定為準	有名契約（典型契約）	民法將日常生活常見的契約賦予一定名稱，並設有特別規定之契約。
	無名契約（非典型契約）	即不屬於有名契約的所有契約而言。在契約自由原則下，任何契約都可締結。
依當事人是否互負對價關係	雙務契約	即雙方當事人互負有對價關係之債務契約。所謂對價關係，指契約雙方當事人所負之債務，具有互為對價之性質，如一方支付價金，另一方移轉財產，稱之為雙務契約。如買賣、互易、租賃、合夥等均屬之。
	單務契約（片務契約）	僅由一方當事人負債務之契約，則屬單務契約。如贈與、保證、使用借貸、消費借貸、無償的委任等是。此與雙務契約不同，並不生同時履行抗辯權與危險負擔之問題。
依當事人有否給付為準	有償契約	即當事人之一方之給付，而約定他方須為對價給付之契約。如買賣、互易、及附利息之消費借貸均屬之。
	無償契約	即僅由一方當事人負債務之契約，而不自他方當事人取得對價給付之契約是。如贈與、使用借貸等均屬之。
須否交付目的物	諾成契約	僅須契約當事人意思表示合致，即可成立而不須目的物交付之契約。一般債權契約，如買賣、租賃、贈與，均為諾成契約。
	要物契約	即契約之成立除意思表示之合致外，並須目的物之交付者，稱為要物契約。如使用借貸、消費借貸、寄託及押、租金契約等是。
是否成立一定方式	要式契約	即須具備一定方式始能成立之契約，如民法規定終身定期金契約（民 730）及期限逾 1 年之不動產租賃契約（民 422），須要式契約。
	非要式契約	即契約之成立僅須當事人意思表示之合致，而不須具備任何方式者，稱為非要式契約。近代民法因標榜契約自由之原則，一般契約以非要式為多。
是否給付為契約成立之原因	要因契約	以給付財產為標的之契約，如其給付為契約成立之原因者，稱為要因契約。民法上之典型契約均是。
	不要因契約	不以給付原因為契約成立之要件者，稱為不要因契約。如物權契約屬於不要因契約，又票據行為亦屬之。

是否須預約為準	主契約	即契約能獨立存在，而不須以他契約之存在爲前提者，稱爲主契約。一般契約均屬主契約。
	從契約	以其他契約之存在爲前提之契約，稱爲從契約。如利息契約、定金契約、違約金契約、保證契約等是。
是否以他契約之存在爲前提	本　約	即履行預約而訂立之契約，稱爲本契約。如契約之基本要素及權利義務關係，都已明確規定者，則屬本約。
	預　約	約定將來訂立一定契約之契約，稱爲預約。民法上之婚約，則爲預約。
是否一次履行	一時契約	即債之關係經當事人爲一次之給付即可實現者，稱爲一時契約。如買賣、贈與是。
	繼續性契約	即契約關係須當事人繼續的履行才能實現者，稱爲繼續性契約。一般勞務性均爲繼續性契約。如僱傭、租賃、終身定期金是。
是否需個別磋商爲準	個別磋商之契約	傳統式由雙方當事人個別磋商，經雙方意思表示之合致所簽定之契約。
	定型化契約	即企業當事人之一方，決定契約之一定形式與內容，而他方如欲同意簽定契約，只有同意其內容之規定，而成立之契約。依消費者保護法規定：指企業經營者爲與不特定多數消費者訂立同類企業之用，所提出預先擬定之契約條款，稱爲定型化契約條款（消保2⑦）。

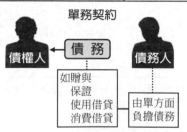

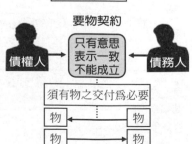

三、契約自由之原則及其限制

㈠**契約自由之原則**（英：liberty of contract；德：Vertragsfreiheit；法：liberté contractuelle）：即個人在社會生活中，能依自己的意思，自由的締結契約，以規

範私法關係，而國家最好不要干預，稱為私法自治之原則（Privatautonomie）。在此原則下個人所取得之權利與應負義務，任由當事人自由決定之，除非違法，否則應受法律之保護。因此在契約上之表現者為契約內容之自由、契約締結之自由、契約方式的自由。

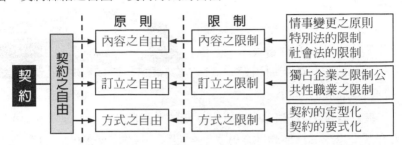

但在古代社會，人人之社會生活關係，一出生其身分與階級早已確定，不能依個人之自由意思作任何變更，惟隨著文化之發展，因個人主義思想之抬頭，身分與階級之封建制度逐漸被打破，契約遂成決定個人之社會關係的重要方式，於是確立「從身分到契約」之原則。這個原則乃刺激個人之競爭的心理，促進基於創意的生氣活潑之活動力，而成為社會進步之原動力，因此近代資本主義之文明，可謂係**契約自由的原則**與**私有財產制**兩者為基礎發展而成者。

但在契約自由下，資本主義發達之結果，適得其反，弱肉強食，形成經濟上和社會上之強者壓榨弱者之情形。甚至大企業壟斷市場，對於市場價格及支付價金之方法，完全受其操縱，消費大眾只有忍受其剝削，毫無抗拒之能力。因此，國家乃對契約之自由逐漸加以限制。如 1911 年瑞士債務法第 2 條首揭此旨，一方面為避免經濟弱者被強者壟斷犧牲，由個人契約進入集體契約，以保護勞工階級，一方面又明定不能或不法或違反善良風俗為內容者，其契約無效。我民法第 71 條及第 72 條規定，法律行為不得違反強制或禁止之規定，及有背於公共秩序或善良風俗，否則無效，對急迫輕率及無經驗之保護（民 74）、最高利率之限制（民 205）、出租人終止契約之限制（民 459）、勞工契約之國家監督（勞 9 以下），均為對契約自由原則所為之限制。

四、契約之成立

契約之成立，除須具備一般法律行為之成立要件外，尚須當事人雙方之意思表示趨於一致。亦即要約與承諾之意思表示，完全一致時，契約始為成立。茲分述之：

㈠**要約**：要約係以締結契約為目的之意思表示。要約之意思表示，必以成立一定契約為目的，如相對人承諾時，契約就能成立。

契約之成立

要約者　承諾者

承諾之意思表示

　　1.要約表示之方法：要約之方法，法律並無限制，明示或默示均可，只要客觀上足認其為要約之意思表示，即可發生要約之效力。但在要式契約，其要約亦以要式為必要。要約與通說所謂「要約之引誘」不同。貨物標定賣價陳列者，固可視為要約，但價目表之寄送，目的是在引誘他人為要約之意思表示，不得視為要約（民154II）。此即為二者之區別。

　　2.要約之效力：

　　⑴對於要約人之效力：

　　　①要約之拘束力：要約一經生效，要約人即因要約而受拘束（民154 I），不得撤回或變更，是為要約之拘束力。但如要約人於要約當時預先聲明不受拘束，或依其情形或事件之性質，可認當事人無受其拘束之意思者，則要約人得不受要約之拘束（民154 I 但）。此為拘束力之除外的規定。如車站售票處掛出「客滿」的牌子而拒絕售票是。

　　　②要約之拘束力的限制：

　　　　A 要約之拒絕：要約經拒絕者，失其拘束力（民155）。如將要約擴張、限制或為其他變更而承諾者，視為拒絕原要約而為新要約（民160II）。

　　　　B 逾限承諾：要約定有承諾期限者，非於其期限內為承諾，失其拘束力（民158）。要約未定有期限者，如為對話要約，非立時承諾，即失其效力（民156），如為非對話要約，則

依通常情形，可期待承諾達到時期內，相對人不爲承諾時，其要約喪失拘束力（民157）。

C　要約之撤回：要約之撤回，係阻止要約發生效力之意思表示，因此撤回要約之通知，須與要約同時或先時到達相對人者，始能生效（民95 I）。如其到達在要約到達之後，而按其傳達方法，依通常情形應先時或同時到達，其情形爲相對人可得而知者，相對人應向要約人即發遲到之通知。相對人怠於此項通知者，其要約撤回之通知，視爲未遲到（民162），仍生撤回之效力。

(2)對於相對人之效力：要約如經相對人承諾，其契約即告成立。要約人及爲承諾之相對人均受其拘束。但如相對人對於要約不爲承諾，亦不負任何義務，也無通知要約人之必要，只是因當事人之意思表示不合致，而契約不能有效成立，當事人自不受其拘束而已。

㈡**承諾**：乃答覆要約人，願意訂立契約的意思表示，爲構成契約的意思表示之一，要約經承諾後，始能成立契約，惟須與要約之內容完全一致，如將要約擴張、限制或變更而爲承諾者，視爲拒絕原要約而爲新要約（民160II）。

1.承諾之方法：承諾應以意思表示爲之。但如要約人有限定（如限定須以書面承諾），或當事人間有約定者，亦得依特約爲之。如依習慣或其事件之性質，承諾無須通知者，在相當時期內，有可認爲承諾之事實時，其契約即爲成立。此項規定，於要約人在要約當時預先聲明承諾無須通知者，準用之（民161）。

2.承諾之效力：承諾的效力就是使契約成立。所以承諾生效的時期，就是契約成立的時期。其效力之發生爲：

(1)對話之承諾：當事人如爲對話時，以要約人了解時發生效力（民94）。

(2)非對話之承諾：當事人如爲非對話時，其意思表示，以通知達到要約人時發生效力（民95）。

3.承諾之遲到：要約如定有承諾期限，須在期限內承諾，才可成立契約。若其承諾在期限外到達，就是遲到，遲到之承諾，因要約已失其拘束力，應視爲新要約（民160 I）。但承諾之通知，按其傳達方法，依通常情形，在相當時期內可達到而遲到者，要約人應向相對人即發遲到之通知。要約人怠於爲此項通知者，其承諾視爲未遲到（民195）。

4.承諾之撤回：承諾之撤回通知，依民法第95條第1項但書規定，應與承諾之通知同時或先時到達，始生撤回之效力。承諾之撤回，準用關於要約撤回之規定（民163）。

五、懸賞廣告（德：Auslobung）

以廣告聲明對完成一定行爲人給與報酬者，稱爲懸賞廣告（民164~165之4）。如將遺失的文件或密告通緝犯而逮獲者，懸賞一百萬元爲其適例。

（一） 懸賞廣告 之性質	有單獨行爲與契約之不同立法例。學者間亦有如是二種見解。惟爲免理論爭議影響法律之適用，並使民法之體例與規定之內容一致，乃規定「對於不知有廣告而完成廣告所定行爲之人，準用之」（民164IV），以明示本法採取契約說之旨。
（二） 懸賞廣告 之效力	數人先後分別完成前項行爲時，由最先完成該行爲之人，取得報酬請求權；數人共同或同時分別完成行爲時，由行爲人共同取得報酬請求權（民164II）。 如廣告人知悉最先通知之人非最先完成指定行爲之人，竟對於最先通知而非最先完成之人給與報酬，當不能免其對於最先完成行爲之人再給付報酬之義務，惟其善意不知另有最先完成行爲人而以爲最先通知者即爲最先完成行爲者時，始應予以保護，免其再負給付報酬之義務（民164III）。不知有廣告而完成廣告所定行爲之人，因不知要約之存在，原無從成立契約。惟因懸賞廣告之特性，亦應使其有受領報酬之權利。且其受領報酬之權利，與知廣告而完成一定行爲之人，應無分別；因此乃規定於不知有廣告而完成廣告所定行爲之人，皆可準用（民164IV）。
（三） 懸賞廣告 權利之歸 屬	因完成一定行爲之結果，如何取得一定權利者，例如專利、著作權者，因係行爲人個人心血及勞力之結晶，其權利仍屬於行爲人。但廣告中如有特別聲明，例如對於行爲人有請求其移轉於己之權利，則依其聲明（民164之1）。

(四) 懸賞廣告 之撤回	預定報酬之廣告，如於行爲完成前撤回時，除廣告人證明行爲人不能完成其行爲外，對於行爲人因該廣告善意所受之損害，應負賠償之責。但以不超過預定報酬額爲限（民165 I）。廣告人於廣告中，定有完成行爲之期間者，通常情形，可解爲廣告人於該期間內，有受其拘束而不撤回之意思，未便由廣告人任意於期間屆滿前予以撤回，以免一般大衆誤信其不撤回而從事指定行爲致受不測之損害，因此設有推定廣告人拋棄其撤回權之規定，俾對行爲人有適度之保護，兼符廣告人之意思（民165 II）。

六、優等懸賞廣告（德：Preisausschreibung）

(一)**優等懸賞廣告之定義**：以廣告聲明對完成一定行爲，於一定期間內爲通知，而經評定爲優等之人給與報酬者，爲優等懸賞廣告（民 165 之 1 前段）。近日常見獎勵學術上、技術上之發明、發現或徵求學術上、技術上或文學上之著作、製造品或爲運動競賽，僅對於入選之作品或成果給付報酬之懸賞廣告，其性質雖屬懸賞廣告之一種，惟與本法第 164 條所定者仍有不同之處。

(二)**優等懸賞廣告之特點**：其特點有三：(1)廣告中聲明完成一定行爲者須經評定爲優等始給與報酬。(2)須定有一定期間。(3)須有應徵之通知。此項行爲於評定完成時發生效力，廣告人對經評定爲優等之人，負給付報酬之義務（民165 之 1 後段）。

(三)**優等懸賞廣告之評定**：前條優等之評定，由廣告中指定之人爲之。廣告中未指定者，由廣告人決定方法評定之（民165 之 2 I）。依前項規定所爲之評定，對於廣告人及應徵人有拘束力（民165 之 2 II）。

(四)**共同取得報酬請求權**：被評定爲優等之人有數人同等時，除廣告另有聲明外，共同取得報酬請求權（民165 之 3）。經評定之結果，優等者有數人同等時，爲示公平，應由數人共同取得報酬請求權。但廣告另有聲明者，依契約自由原則，從其聲明。

(五)**優等懸賞廣告權利之歸屬**：第 164 條之 1 之規定，於優等懸賞廣告準用之（民165 之 4）。

第二節　代理權之授與

代理權者，代理人以本人名義爲法律行爲，直接對本人發生效力也。代理權發生之原因有意定代理及法定代理兩種；前者係因本人之意思表示而發生者，後者即基於法律規定而發生。本項所稱代理權之授與，專指意定代理人之授與而言。

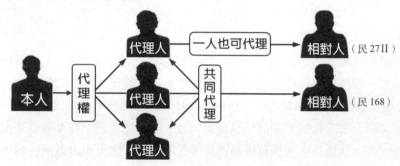

一、代理權之發生

意定代理既由本人之意思表示而發生，則必有授與代理權之法律行爲，此項行爲即爲授權行爲。依民法，「代理權係以法律行爲授與者，其授與應向代理人或向代理人對之爲代理行爲之第三人，以意思表示爲之。(民167)」由此得知，代理權之授與，不是委任契約，亦非無名契約，而是**有相對人之單獨行爲**。當本人之意思表示（對話）於相對人了解，或（非對話）意思表示於到達相對人時發生效力，不以相對人承諾爲必要。

至於代理權之授與，得以明示爲之，如表意人以默示表示意思亦可：「公同共有物之處分，固應得公同共有人全體之同意，而公同共有人中之一人，已經其他公同共有人授與處分公同共有物之代理權者，則由其一人以公同共有人全體之名義所爲處分，不能謂爲無效。此項代理權授與之意思表示不以明示爲限，如依表意人之舉動或其他情事，足以間接推知其有授權之意思者，即發生代理權授與之效力。」(32上5188)

代理權之授與既爲單獨行爲，故限制行爲能力人未得法定代理人之允許，所爲之單獨行爲無效(民78)。如得法定代理人之允許就有效。

二、共同代理

即由數人之代理人共同行使代理權之代理。即代理人有數人者,其代理行為應共同為之,但法律另有規定或本人另有意思表示者,不在此限 (民 168)。所謂法律另有規定,如董事有數人者,除章程另有規定外,各董事均得代表法人 (民 27 II)。另商號得授權於數經理人,但經理人中,有二人之簽名者,對於商號即生效力 (民 556)。又合夥之事務,如約定或決議由合夥人中數人執行者,由該數人共同執行之 (民 671 II)。又對未成年人之親權,由父母共同行使之 (民 1089 I),此均為適例。

三、無權代理

即未經本人授權所為之代理行為之謂。此之無權代理,通常分為二種:

㈠**表見代理**:即代理人雖無代理權,但有相當理由,足使人相信其有代理權時,法律乃使本人負授權責任之代理之謂。即「由自己之行為表示以代理權授與他人,或知他人表示為其代理人而不為反對之表示者,對於第三人應負授權人之責任。但第三人明知其無代理權或可得而知者,不在此限」(民 169)。

㈡**狹義無權代理**:即代理人無代理權,而且外形上亦無可認其有代理權時,所為之代理,稱為狹義無權代理。其情形有四:⑴根本無代理權,且不具備表見代理要件之代理。⑵授權行為無效之代理。⑶逾越代理權範圍之代理。⑷代理權消滅後之代理。

關於未受委任之無權代理一律無效,民法為保護本人及相對人之利益,設有下列規定:

　1.本人之承認:無代理權人以代理人之名義所為之法律行為,非經本人承認,對於本人不生效力 (民 170 I)。然如本人承認,即溯及代理行為成立時發生效力 (民 115)。

　2.相對人之催告:前項情形,法律行為之相對人,得定相當期限,催告本人確答是否承認,如本人逾期未為確答者,視為拒絕承認 (民 170 II)。此在保護相對人,賦予催告權。

3.相對人之撤回：無代理權人所爲之法律行爲，其相對人於本人未承認前，因對相對人不利，故該相對人得撤回之。但爲法律行爲時，明知其無代理權者，不在此限（民171）。

<h1 style="text-align:center">第三節　無因管理</h1>

一、意義

　　無因管理（拉：negotiorum gestio；德：Geschäftsführung ohne Auftrag；法：gestion d'affaires），即未委任，又無法律上義務，而爲他人管理事務之行爲（民172）。無因管理之成立，須有下列要件：

　　㈠**須有為他人利益之意思**：即須有因管理而生之利益，使其歸諸於他人享有之意思。如甲修繕與乙共有之房屋，就乙之應有部分，亦得成立無因管理。

　　㈡**須無法律上義務**：即民法上所謂：「未受委任並無義務」，即以當事人間，原無管理義務爲前提。

　　㈢**須有管理事務之事實**：必須有管理他人事務之事實，始足構成無因管理。所謂事務，凡可以滿足吾人生活之需要而得爲債之標的者均屬之。管理者，除管理行爲外，亦包括處分行爲。其爲事實行爲或爲法律行爲，均非所問。如代爲照顧貓狗、修繕房屋、出售物品、救助性命等，均可成立無因管理。

無因管理

即未委任，又無法律上義務。

鄰居的主人到外國旅遊

管理

二、無因管理之效力

　　即管理人與本人間所發生債權債務之關係。

　　㈠**管理人之義務**：

　　1.管理義務：管理人爲本人管理事務，應依本人明示或可得推知之意思，以有利於本人之方法爲之（民172後段）。

2.注意之義務：管理人就其管理事務應盡注意義務。如管理人於管理上有過失，應負責任，固當然之理。然管理人意在免除本人生命、身體或財產上之急迫危害時，對於因管理所生之損害，以有惡意或重大過失爲限，始任損害賠償之責（民 175）。如火災發生時，爲救人，而將名貴骨董摔壞是。依此之反面解釋，管理人對於輕過失，仍應負責。

3.賠償義務：管理人違反本人明示或可得推知之意思，而爲事務之管理者，對於因其管理所生之損害，雖無過失，亦應負賠償之責。如其管理係爲本人盡公益上之義務，或爲其履行法定扶養義務，或本人之意思違反公共秩序善良風俗者，不適用之（民 174）。

4.通知義務：管理人開始管理事務時，以能通知爲限，應即通知本人，如無急迫之情事，應俟本人之指示（民 173）。

5.計算義務：無因管理準用民法第 540 條至第 542 條關於委任之規定（民 173 II）。即對於管理事務進行之狀況報告本人。管理關係終止時，應明確報告其顛末（民 540）。其所收取之金錢物品及孳息，應交付於本人。管理人以自己之名義爲本人取得之權利，應移轉於本人（民 541）。管理人爲自己之利益，使用應交付於本人之金錢，或使用應爲本人利益而使用之金錢者，應自使用之日起，支付利息，如有損害，並應賠償（民 542）。

⑵**本人之義務**：無因管理人既不能因管理事務而請求給付報酬，又不能違反本人之意思，其因管理所得之利益，又須移歸於本人，不應使其遭受損失，故本人有下列義務：

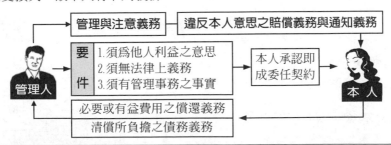

如某日甲見乙跳水自殺，乃下水拯救，乙雖得獲救，但甲在救助過程中，因掛在脖子上之金項鍊脫落遺失，甲得依無因管理向乙主張項鍊之損失。

1.管理事務利於本人者：管理事務利於本人，並不違反本人明示或可得推知之意思者，管理人為本人支出必要或有益之費用，或負擔義務，或受損害時，得請求本人償還其費用及自支出時起之利息，或清償其所負擔之債務，或賠償其損害（民176 I）。

2.管理事務不利於本人者：管理事務不利於本人，或違反本人明示或可得推知之意思者，如本人仍因而獲得利益者，本人所負之義務，僅以不超過其所得之利益為限（民177）。但管理人如係為本人盡公益上之義務，或為其履行法定扶養義務或本人之意思違反公共秩序善良風俗者，縱違反本人之意思，管理人仍有民法第176條第1項之請求權（民176II）。

㈢**無因管理之承認**：管理事務經本人明示或默示之承認者（如表示謝意或指示方法），應溯及開始管理時發生管理之效力。本人與管理人間之權利義務，因本人之承認使無因管理變成委任契約，自應適用關於委任之規定（民178）。

第四節　不當得利

一、意義

無法律上之原因，而受利益，致他人受損害者，稱為不當得利（拉：condictio；英：unjust enrichment；德：ungerechtfertigte Bereicherung, Kondiktion；法：enrichissement sans cause, enrichissement injuste ou illégitime）。受害人有請求返還其利益之權，而受益人有返還其利益之義務。雖有法律上之原因，而其後已不存在者，亦同（民179）。

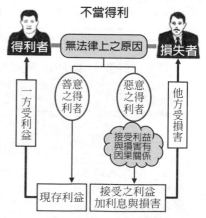

不當得利

得利者　無法律上之原因　損失者

一方受利益　善意之得利者　惡意之得利者　他方受損害

接受利益與損害有因果關係

現存利益　接受之利益加利息與損害

二、不當得利之例外

當事人有不當得利情形，自應返還其利益，但其給付有下列情形之一者，不得請求返還（民180）：

（一）**給付係履行道德上之義務者**：原無法律上義務，但如基於道德上義務爲給付者，則不得請求返還。如扶養無扶養義務之人是。

（二）**債務人在清償屆滿前**，原無清償之義務。但如債務人自願提早清償，則不得請求返還。因債務人得於期前爲清償（民 316），並非無債務而爲清償，故不得請求返還。

（三）**非債清償**：因清償債務而爲給付，給付時明知無給付之義務，而仍自願給付者，不得請求返還。但應由受領人負舉證之責。

（四）**因不法之原因而爲給付**，如因賭博而負之債務是。惟不法之原因，如僅在受領人一方者；如因回贖綁票或因被詐欺被脅迫而爲給付，不在此限。

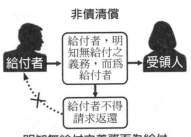

非債清償

給付者 ← 給付者，明知無給付之義務，而爲給付者 → 受領人

給付者不得請求返還

明知無給付之義務而爲給付

你跟我性交易，也是違法，怎能還！

你是妓女服務不好，錢還給我！

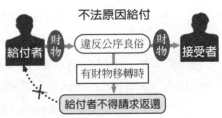

不法原因給付

給付者 —財物→ 違反公序良俗 ←財物— 接受者

有財物移轉時

給付者不得請求返還

三、不當得利之效力

（一）**受領人之義務**：不當得利成立後，受領人負有返還其所受利益之義務（民 179）。茲述之：

1.返還標的物：不當得利之受領人，除返還其所受之利益外，如本於該利益更有所取得者，並應返還。但依其利益之性質或其他情形不能返還者，應償還其價額（民 181）。

2.返還之範圍：返還之範圍，視受益人之爲善意或惡意而有別：

　（1）受領人爲善意時：不當得利之受領人，不知無法律上之原因，而其所受之利益又因不可抗力而滅失者，此際或因善意而消費者，不問其有無過失，均應免負返還其利益或償還價額之責任

（民 182 I）。其不知或不存在之原因如何，則非所問。

(2)受領人爲惡意時：受領人於受領時知無法律上之原因者，應將所得之利益，附加利息，一併償還，如有損害，並應賠償（民 182 II）。

㈡**第三人之返還義務**：「不當得利之受領人，以其所受者，無償讓與第三人，而受領人因此免返還義務者，第三人於其所免返還義務之限度內，負返還責任。」(民 183) 蓋第三人之受益，既係由於無償讓與而來，如贈與或遺贈是。原則上受損人只能向原受領人請求返還，而不能向第三人請求返還，因此該第三人對於受損人並無返還義務。惟原受領人如爲善意，因其已無償讓與第三人，而原受領人已無現存利益，依法免負返還義務（民 182 I）。如此則受損人白白的損失，另一方面該第三人又無償取得利益，故法律乃課第三者以返還之義務。

第五節　侵權行爲

侵權行爲 （拉：delictum；英：torts；德：unerlaubte Handlung, Delikt；法：délit（civil）, acte illicite），因故意或過失，不法侵害他人之權利或利益所發生之損害，應負賠償責任之行爲。侵權行爲可分爲一般侵權行爲與特殊侵權行爲。

一、一般侵權行爲

一般侵權行爲是民法 184 條第 1 項所規定的侵權行爲：「因故意或過失，不法侵害他人權利者，負損害賠償責任。故意以背於善良風俗之方法，加損害於他人者，亦同。」第 2 項規定：「違

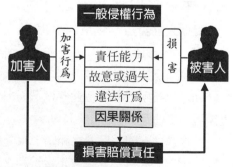

反保護他人之法律，致生損害於他人者，負賠償責任。但能證明其行爲無過失者，不在此限。」一般侵權行爲的構成有下列三種情形：

　1.權利之侵害：因故意或過失不法侵害他人之權利或利益。

　2.故意以背於善良風俗之加害：故意以背於善良風俗之方法，加損害於他人之情形。

　3.違反保護他人之法律：違反保護他人之法律者，推定其有過失。即因違反保護他人之法律所生之損害，負賠償義務之責。

㈠**權利之侵害：**

　1.主觀要件：

　　⑴須有責任能力：民法上的侵權行爲，須於行爲時有識別能力，始負責任。所謂識別能力就是對於自己不法侵害他人權利的行爲，有正常的辨識能力。故如無行爲能力人或限制行爲能力人於行爲當時，無識別能力者，當然無責任能力（民187Ⅰ），如行爲人在無意識或精神錯亂中所爲時，亦然（民75、187Ⅳ）。

　　⑵具有故意或過失即意思責任：侵權行爲的成立，原則上採過失責任主義，須以行爲人有故意或過失爲要件。惟行爲人違反保護他人之法律者，推定其有過失。

　2.客觀要件：

　　⑴須爲自己之行爲：侵權行爲必須以自己的行爲侵害他人權利，始能成立。

　　⑵須侵害他人權利：這裡所稱之權利，是指一切私權，包括財產與非財產權（人格權、身分權等）如有妨害他人權利之行使或享有均屬之。

　　⑶須行爲不法：不法者，除了違背強行法規外，並包括違背善良風俗之行爲在內。但如有違法阻卻之事由，就不構成侵權行爲。

　　⑷須有發生損害：須行爲人因侵害他人權利，致發生損害。

　　⑸須行爲與損害間有因果關係存在：損害之發生必須是因侵權行爲所造成，且兩者之間有因果關係存在，始負賠償責任。

㈡**故意以背於善良風俗之加害：**民法第184條第1項後段：「故意以背於善良風俗之方法，加損害於他人者亦同。」其保護之標的爲權利以外之其他法益。

　　1.須有故意以違背善良風俗之方法加害：善良風俗指一般道德觀念而言，加害行為包括作為與不作為，但不作為須違背善良風俗應為作為之義務。並須有故意，是否有違背善良風俗由被害人舉證。如與有配偶者相姦，私娼寮容留有夫之婦與人相姦，以誇大廣告，誘使他人與其簽訂買賣契約，致受損害等是。

　　2.須侵害權利以外之其他利益：民法第 184 條第 1 項後段所保護者，為權利以外之其他利益，如為法律認定之權利則屬同條前段之規定。

　　㈢**違反保護他人之法律**：民法第 184 條第 2 項規定：「違反保護他人之法律，致生損害於他人者，負賠償責任。但能證明其行為無過失者，不在此限。」

　　1.須有違反保護他人之法律：凡直接或間接以保護個人之權利或利益為目的之法律者，均屬之。如違反保護他人之法律者，推定其有過失，民法第 184 條第 2 項有明文規定。又……道路交通安全規則第 122 條第 1 款及第 128 條分別規定：「腳踏車載物寬度，不得超過把手」，「慢車（包括腳踏車）在夜間行車，應開啟燈光」，旨在保障公眾之安全，倘被上訴人夜間乘腳踏車未燃亮燈光，而其後載竹簍復超過規定寬度，即難謂其未違反保護他人之法律（66 臺上 1015）。

　　飼料管理法第 27 條第 1 項規定，為保護他人之法律，如刑事判決認定相對人違反該條項之規定，抗告人並受騙而購買此等未經核准擅自製造之飼料，予以使用，致其飼養之豬隻死亡，依民法第 184 條第 2 項規定，即應推定相對人為有過失。雖於刑事法上所犯之罪，由於牽連關係不另單獨宣告其刑，抗告人仍非不得於刑事訴訟程序附帶提起民事訴訟，對該相對人及其他依民法應負賠償責任之人請求賠償其損害（70 臺抗 406）。

　　2.過失之推定：第 184 條第 2 項後段：「但能證明其行為無過失者，不在此限。」即被害人能證明加害人係違反保護他人之法律者，並須對加害人具有過失負舉證責任。

　　⑴玻璃娃娃摔死：罹患先天全骨不全症的「玻璃娃娃」顏旭男於五年前，在學校由陳姓同學抱往地下室上體育課時，因天雨路滑，摔跤多處骨折致死，顏家訴請學校、陳姓同學等人連帶損害賠償，一審原判顏家

敗訴，但臺灣高等法院於 2005 年 8 月 24 日改依民法第 184 條第 2 項判顏家勝訴，可以獲得 333 萬餘元賠償[①]。

(2)照顧同學被判重刑：法官認爲如何妥適照顧殘障人士，是相當專業的工作，陳姓學生並非專業工作者，未量力而爲，亦應負過失侵權責任。

(3)後改判不必負責：對此審判，各方反應認爲此項判決不符情理原則，導致今後沒人願意幫助玻璃娃娃。經過最高法院發回更審後，高等法院於 2006（民國95）年 7 月 25 日更審宣判「玻璃娃娃」摔死損害賠償案，認定景文高中未在謙敬樓地下室提供無障礙設備，亦未對殘障的同學實施個別化體育教學，顯然違反保護他人之法律，應負賠償責任。法官認定陳姓同學是出於熱心，無償助人，改判他不必負賠償責任。

二、特殊侵權行爲

㈠**共同侵權行為**：數人共同不法侵害他人之權利者，連帶負賠償責任。不能知其中孰爲加害人者，亦同（民 185 I）。造意人及幫助人視爲共同行爲人（民 185 II），例如在集會遊行中，數人共同毆傷他人或毀損他人之物是。共同侵權行爲有眞正的共同侵權行爲、準共同侵權行爲及造意或幫助行爲三種。

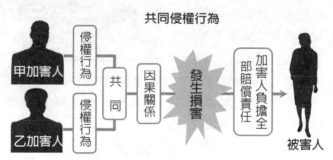

但數人共同不法侵權他人之權利者，不論其爲眞正的共同侵權行爲、準共同侵權行爲，抑屬造意或幫助行爲，均應連帶負損害賠償責任（民 185）。

㈡**公務員之侵權責任**：公務員因故意違背對於第三人應執行之職務，致第三人受損害者，負賠償責任；其因過失者，以被害人不能依他項方

---

① 見 2005 年 8 月 25 日各報。

法受賠償時爲限，負其責任（民186）。

惟公務員縱有違背職務而受有損害，如法律上設有救濟方法，被害人應盡其法律上之救濟，除去其損害，而因故意或過失，怠於爲之者，毋庸保護，如不依上訴聲明不服等均是。此時被害人咎由自取，致使公務員不負損害賠償責任（民186II）。目前國家賠償法已定有特別法，故對於因公務員而造成之損害，以運用國家賠償法者爲多。

　㈢**法定代理人之責任**：

　　1.有識別能力時：無行爲能力人或限制行爲能力人不法侵害他人之權利者，以行爲時有識別能力爲限，與其法定代理人連帶負損害賠償責任。

　　2.無識別能力時：行爲時無識別能力者，由其法定代理人負損害賠償責任（民187 I）。其成立要件爲：

　　3.法定代理人責任之成立要件：

　　　⑴須爲無行爲能力人或限制行爲能力人之法定代理人：所謂法定代理人，依民法規定父母爲其未成年子女之法定代理人（民

1086）。監護人爲受監護人之法定代理人（民1098）。受監護宣告（禁治產）人之監護除第1110條至第1112條之2規定外，準用關於未成年人監護之規定（民1113 I）。

　　　⑵須無行爲能力人或限制行爲能力人有違法加害於他人之行爲；此因無行爲能力人或限制行爲能力人，行爲時有無識別能力而異其責任。

　　4.法定代理人之免責：無行爲能力人或限制行爲能力人不法

侵害他人之權利，如法定代理人對其監督並未疏懈，或縱加以相當之監督，而仍不免發生損害者，法定代理人不負損害賠償責任（民187II）。

5.無行為能力人或限制行為能力人之無過失責任：無行為能力人或限制行為能力人不法侵害他人之權利，於行為時無識別能力，而法定代理人就其監督又未疏懈，則行為人及其法定代理人均不負賠償責任。如此將使被害人失其保障，實非所宜。此種情形，法院因被害人之聲請，得斟酌行為能力人與被害人之經濟狀況，令行為人負擔全部或一部之損害賠償（民187III）。此外，如有行為能力人在無意識或精神錯亂中所為之行為，致第三人受損害時，法院亦得因被害人之聲請，斟酌行為人與被害人之經濟狀況，令行為人負擔全部或一部之損害賠償（同條第4項）。

㈣**僱用人的責任**：

1.僱用人之賠償責任：受僱人在執行僱用人之事業，而有不法侵害他人之權利時，被害人對加害人之僱用人請求損害賠償，稱為僱用人的責任。即受僱人因為在執行職務時，不法侵害到他人的權利者，由僱用人與行為人的受僱人連帶負損害賠償責任（民188I）。但僱用人在選任受僱人以及監督其職務之執

行，已盡了相當的注意，或縱然加以相當的注意而仍不免發生損害者，僱用人不負賠償責任（民188I但）。

2.僱用人之結果責任：僱用人就受僱人之選任及監督，已盡注意之能事，固不負賠償之責。惟法院得因被害人之聲請，斟酌僱用人與被害人之經濟狀況，令僱用人為全部或一部之損害賠償（民188II）。這就是無過失責任之又一規定。

3.僱用人之求償權：受僱人因執行職務不法侵害他人之權利，法律規定僱用人應負賠償責任，惟僱用人賠償損害時，對於為侵權行為之受僱人，有求償權（民188III）。

㈤**定作人的責任**：承攬人因執行承攬事項，不法侵害他人之權利者，定

作人不負損害賠償責任，但定作人於定作或指示有過失者，不在此限（民189）。尚且此種損害須與定作人之過失有因果關係，定作人始負損害賠償責任。而被害人主張定作人有過失者，應負舉證責任。

㈥**動物占有人之責任**：動物加損害於他人者，由其占有人負損害賠償責任。但依動物之種類及性質，已為相當注意之管束，或縱為相當注意之管束而仍不免發生損害者，不在此限（民190）。但動物係由第三人或他動物之挑動，致加損害於他人者，其占有人對於該第三人或該他動物之占有人，有求償權（民190II）。

㈦**工作物所有人的責任**：土地上之建築物或其他工作物，所致他人權利之損害，由工作物之所有人負賠償責任。但其對於設置或保管並無欠缺，或損害非因設置或保管有欠缺，或防止損害之發生，已盡相當之注意則不負賠償責任（民191I）。前項損害之發生，如別有應負責任之人時，賠償損害之所有人，對於該應負責者，有求償權（民191II）。

㈧**商品製造人之責任**：商品製造人因其商品之通常使用或消費所致他人之損害，負賠償責任。但其對於商品之生產、製造或加工、設計並無欠缺或其損害非因該項欠缺所致或於防止損害之發生，已盡

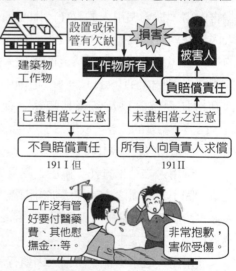

相當之注意者，不在此限。前項所稱商品製造人，謂商品之生產、製造、加工業者。其在商品上附加標章或其他文字、符號，足以表彰係其自己所生產、製造、加工者，視為商品製造人。商品之生產、製造或加工、

設計，與其說明書或廣告內容不符者，視爲有欠缺。商品輸入業者，應與商品製造人負同一之責任（民191之1）。

(九)**動力車輛駕駛人之責任**：汽車、機車或其他非依軌道行駛之動力車輛，在使用中加損害於他人者，駕駛人應賠償因此所生之損害。但於防止損害之發生，已盡相當之注意者，不在此限（民191之2）。

(十)**一般危險之責任**：經營一定事業或從事其他工作或活動之人，其工作或活動之性質或其使用之工具或方法有生損害於他人之危險者，對他人之損害應負賠償責任。但損害非由於其工作或活動或其使用之工具或方法所致，或於防止損害之發生已盡相當之注意者，不在此限（民191之3）。

三、賠償責任範圍

(一)**損害賠償之當事人**：加害人之一方爲債務人，受害之一方爲債權人，茲分述之：

1.債務人：原則上侵權行爲的行爲人，就是損害賠償的債務人。但在特殊侵權行爲，則另有法定代

理人、僱用人、定作人、動物占有人、工作物所有人、商品製造人、駕駛人或事業經營人。

2.債權人：原則上被害人爲債權人，但被害人以外，也有可能成爲賠償債權人。

(二)**損害賠償之方法**：原則上以得請求回復原狀爲原則（民213），應回復原狀者，如經債權人定相當期限催告後，逾期不爲回復時，債權人得請求以金錢賠償其損害（民214）。若不能回復原狀或回復顯有困難時，應以金錢賠償其損害（民215）。

(三)**損害賠償之範圍**：損害賠償，除法律另有規定或契約另有訂定外，應填補被害人所受損失及所失利益（民216 I）。學理上稱爲完全賠償責任。侵權行爲之損害賠償或債務不履行之損害賠償當應適用此原則。另依規定分述之：

1. **侵害生命權之損害賠償**	(1)不法侵害他人致死者，爲被害人支出殯葬費、醫療費及增加生活上需要費用之人，不論其與被害人之關係是如何，均得請求賠償（民 192 I）。 (2)被害人對於第三人負有法定扶養義務者，加害人對於此第三人，亦應負賠償責任（民 192 II）。 (3)不法侵害他人致死者，被害人之父母、子女及配偶，雖非財產上之損害，亦得請求賠償相當之金額（民 194）。
2. **侵害身體健康之損害賠償**	(1)財產上損害賠償：不法侵害他人之身體或健康者，對於被害人因此喪失或減少勞動能力，或增加生活上之需要時，應負賠償責任（民 193 I）。此項損害賠償，法院得因當事人之聲請，定爲支付定期金。但須命加害人提出擔保（民 193 II）。 (2)非財產法益之損害賠償：不法侵害他人之身體、健康、名譽、自由、信用、隱私、貞操或不法侵害其他人格法益而情節重大者，被害人雖非財產上之損害，亦得請求賠償相當之金額。其名譽被侵害者，並得請求爲回復名譽之適當處分（民 195 I）。此項請求權，不得讓與或繼承。但以金額賠償之請求權已依契約承諾，或已起訴者，不在此限（民 195 II）。前二項規定，於不法侵害他人基於父、母、子、女或配偶關係之身分法益而情節重大者，準用之（民 195 III）。 
3. **物之損害賠償請求權**	不法毀損他人之物者，被害人得請求賠償其物因毀損所減少之價額（民 196）。此項賠償係以金錢爲之。

四、損害賠償債權之特性

㈠損害賠償請求權之消滅時效與不當得利之返還：

　　1.消滅時效之規定：因侵權行爲所生之損害賠償請求權，自請求權人知有損害及賠償義務人時起，2 年間不行使而消滅。自有侵權行爲時起，逾 10 年者亦同（民 197 I）。侵權行爲之損害賠償請求權，一債權也，因清償及其他方法而消滅，固屬當然之事。至關於消滅時效，則應設特

別規定，俾久爲社會所遺忘之侵權行爲，不至忽然復起，更主張損害賠償之請求權，以擾亂社會之秩序，且使相對人不至因證據湮滅而有難於防禦之患。

2.不當得利之返還：損害賠償之義務人，因侵權行爲受利益，致被害人受損害者，於前項時效完成後，仍應依關於不當得利之規定，返還其所受之利益於被害人（民197II）。至損害賠償之義務人，因侵權行爲而受利益，致被害人蒙損害時，於因侵權行爲之請求權外，更使發生不當得利之請求權，且此請求權，與因侵權行爲之請求權時效無涉，依然使其獨立存續。

㈡**債務履行之拒絕**：因侵權行爲對於被害人取得債權者，被害人對該債權之廢止請求權，雖因時效而消滅，仍得拒絕履行（民 198）。因侵權行爲，對於被害人取得債權，例如因詐欺而對於被害人使爲債務約束時，被害人對於加害人，有債權廢止之請求權。然在請求權有因時效而消滅者，以原則論，既已消滅，則被害人不能據此請求權提出抗辯，以排斥債權人履行之請求。然似此辦理，不足以保護被害人，故本條特設例外之規定，使被害人於債權廢止之請求權因時效消滅後，仍得拒絕債務之履行也。如 28 上 1282：「因被脅迫而爲負擔債務之意思表示者，即爲侵權行爲之被害人，該被害人固得於民法第九十三條所定之期間內，撤銷其負擔債務之意思表示，使其債務歸於消滅，但被害人於其撤銷權因經過此項期間而消滅後，仍不妨於民法第一百九十七條第一項所定之時效未完成前，本於侵權行爲之損害賠償請求權，請求廢止加害人之債權，即在此項時效完成後，依民法第一百九十八條之規定，亦得拒絕履行。」

第三章　債之標的

即債務人基於債之關係所應爲之行爲。債務人之行爲，稱爲給付，故債之標的，亦曰給付。即債權人基於債之關係，得向債務人請求給付（民199 I）。依此即債之標的，即爲債務人之給付。債之標的必須可能、合法及確定。在給付上不以有財產上之價格爲限，凡可受法律保護之利益，皆得爲債之標的，且不作爲亦得爲給付（民199 II,III）。

債 之 標 的

種　　類	內　　容	注 意 之 特 點
特定之債	給付特定物	給付之前有善良管理之注意義務與危險負擔。
種類之債	只決定給付不特定物之種類與數量	應定特定時期，否則今年的白米與明年的白米品質不同是。
貨幣之債	給付金錢	不可能有不能履行之情形。如遲延給付，就產生遲延利息問題。
利息之債	給付利息	注意最高利率之限制與巧取利益之禁止。
選擇之債	數宗給付中選擇其中爲給付	選擇權人之特定問題。
損害賠償之債	以回復原狀或填補損害爲給付	產生過失或無過失問題。

第一節　種類之債

種類之債（德：Gattungsschuld；法：obligation de genre）：即債務人得以某種類之物爲給付標的之債也；亦即以給付不特定之物爲標的之債。例如給付啤酒一打、白米或大豆若干是。此種之債，債務人得以種類相同之物以爲給付，此與特定之債不能用其他相同之物代替給付之性質者不同。如以特定之物爲給付標的者，則爲**特定之債**。給付物僅以種類指示者，依法律行爲之性質或當事人之意思不能定其品質時，債務人應給以

中等品質之物（民200I）。此項情形，債務人履行種類之債而提出給付物，置於債權人可得受領之狀態後，或經債權人之同意指定其應交付之物時，其物即爲**特定給付物**（民200II）。

種　類　之　債	區分標準	特　定　之　債
債務人得以某種類之物爲給付之標的。如白米。	標 的 物	即具體指定特定物爲給付。如特定之馬。
不因情事變更而免除責任之種類之債。如白米百斤是。	情事變更	雖情事變更仍須負責。如特定之馬病死。
於給付時可以變更給付物。	變　更給 付 物	不能變更給付物。
無給付不能問題。	給付不能	可能發生給付不能。如特定馬病死。

(一)**種類之債之特定方法**：有二種：

　　1.債務人交付其物之必要行爲完結時：如何始爲完結，係指債務人清償種類之債而提出給付物，置於債權人可得受領之狀態而言。此依清償地決定之。

　　　　(1)依債權人住所地：於債權人之住所地爲清償（民314②）。但債權人預示拒絕受領之意思，或給付兼需債權人之行爲者（如必須債權人接收其物），債務人得以準備給付之意思通知債權人即可，無須實行提出（民235但）。

　　　　(2)依債務人之住所地：即須債權人至債務人之住所地由債務人提出給付物，才是交付其物之必要行爲完結。如屆時債權人並未往取，此時祇須債務人以準備給付之意思通知債權人即可，無須實行提出（民235但）。

　　　　(3)送交清償地以外之處所：依債權人請求將標的物送交清償地以外之處所者，自債務人發送其標的物時，爲必要之完結（民374）。

　　2.經債權人同意指定其應交付之物時：即債權人同意依債務人之指定而決定應交付之物（民200II）。如債權人及債務人同意應交付之物時，則變更種類之債爲特定之債的契約。

　　(二)**特定之效力**：種類之債經特定時，其給付之物即告確定，因此其物因不可抗力而滅失或毀損時，債務人自應免付給付義務（民225I）。

第二節　貨幣之債

即以給付一定數額之貨幣，爲債之標的者也。給付貨幣爲標的之債，則視其以特種通用貨幣爲給付，或以外國通用貨幣爲給付。如當事人約定以特種通用貨幣爲給付者，原則上應給付該貨幣，如其貨幣至給付期失通用效力時，應給以他種通用貨幣（民201）。如以外國通用貨幣定給付額者，債務人得按給付時，給付地之市價，以中華民國通用貨幣給付之。但訂明應以外國通用貨幣爲給付者，不在此限（民202）。

第三節　利息之債

利息之債（德：Zinsobligation；法：obligation de l'àintérêt）：即以利息爲給付標的之債。利息者債權人基於原本債權，比例其數量及使用之期間所得之收益。利息之發生有由於法律之規定者，稱爲法定利息，有由於當事人約定者，稱爲約定利息。其計算利息之標準，即爲利率。

㈠**法定利率**：應付利息之債，其利率未經約定，亦無法律可據者，週年利率爲 5%（民203）。

㈡**債務人之提前清償權**：約定利率逾週年百分之十二者，經 1 年後，債務人得隨時清償原本。但須於 1 個月前預告債權人（民204）。

㈢**最高利率之限制**：約定利率，超過週年百分之二十者，債權人對於超過部分之利息，無請求權（民205）。

㈣**巧取利益之禁止**：債權人除週年百分之二十之限定利息外，不得以折扣或其他方法，巧取利益（民206）。

㈤**複利**：利息不得滾入原本，再生利息。但當事人以書面約定，利息遲付逾 1 年後，經催告而不償還時，債權人得將遲付之利息滾入原本者，依其約定。前項規定，如商業上另有習慣者，不適用之（民207）。

第四節　選擇之債

一、選擇之債之概念

選擇之債（拉：obligatio alternativa；德：Wahlschuld；法：obligation alternative），即給付之標的，雖有數宗，債務人祇須履行其一，即可消滅債權者，以法律無特別規定或契約無特別訂定爲限，使債務人有選擇權，藉以保護債務人之利益也（民208）。如三冊書籍中選擇其中之一冊，選擇手錶或懷中錶做爲給付，即爲適例。

㈠**選擇權之行使**：選擇權屬於債務人。債權人或債務人有選擇權者，應向他方當事人以意思表示爲之。由第三人爲選擇者，應向債權人及債務人以意思表示爲之（民209）。選擇權，定有行使期間者，如逾期不行使，應使選擇權移轉於他方當事人。選擇權，未定有行使期間者，如於債權至清償期經催告後逾期而仍不行使，應使其選擇權移轉於催告人。其選擇權由第三人行使者，如第三人不能或不欲行使時，應使其選擇權屬於債務人。此蓋爲選擇權定有行使期間與未定有行使期間，及由第三人爲選擇者，應如何之結果之分別規定，藉免無益之爭議也（民210）。

㈡**給付之不能**：即選擇給付之數宗標的中，因天災不可抗力，或因有選擇權人之過失，致自始不能或嗣後不能給付，其債權應存在於餘存給付中，是屬當然之事。但其不能之事由，應由無選擇權之當事人負責者，不在此限（民211）。

此給付之不能有二種情形：

1.給付自始不能：數宗給付中，以自始不能之給付爲債之標的者，其契約爲無效（民246 I）。如數宗給付中之一宗自始不能時，債之關係僅存在於餘存之給付（民211 I前段）。

2.給付嗣後不能：有二種情形：

  ⑴因不可歸責於雙方當事人之事由，致給付不能者：這時債之關係，存在於餘存之給付。如應給付建地五百坪或山坡地二甲，山坡地因土石流被埋而不能給付時，選擇之債即爲建地五百坪。

(2)因可歸責於有選擇權之當事人之事由，致給付不能者：當然不應再選擇該不能給付為債之標的，使該選擇之債因選擇權人之故意或過失而變更為損害賠償之債。其情形有二：

①債權人為選擇權人：如因其過失，致給付不能，債權人除應負損害賠償責任外，另應就餘存之可能給付，選定一種，以履行債務。

②債務人為選擇權人：如因其過失，致給付不能，債務人亦祇就餘存之給付，履行其債務。若此選擇之債有一部不能給付，而其他部分之履行，於債權人無利益時，債權人得拒絕該部分之給付，請求全部不履行之損害賠償（民226II）。

(3)因可歸責於無選擇權人之事由，致給付不能者：依第 211 條但書之規定，但其給付不能之事由，應由無選擇權之當事人負責者，如侵權行為，選擇權自不因此喪失，相對人仍得請求可能之給付，或請求因給付不能而生之損害賠償。

㈢**選擇之效力**：選擇之債經選定後，即成單純之債。選擇之債，經選擇者，其效力溯及於債之發生時（民212）。但選擇之債其選定之給付係種類之債者，尚須依種類之債的規定，再行特定（民200）。

二、選擇之債與種類之債之區分

區分基準	選 擇 之 債	種 類 之 債
給付之特性	數宗之給付各有特性，其相互間各有個性。	其給付則為同種之物，同品質與同數量之物。
是否特定	因選擇之意思表示而特定，亦可因給付不能而特定。	不因選擇之意思表示而特定，亦無給付不能而特定。
有無給付不能問題	數宗之給付，選擇特定物為標的者，有給付不能之問題。	除了該物在世上已不存在，否則不發生給付不能問題。
效力問題	數宗之給付，因選擇而溯及既往發生效力。	因特定而變更為特定之債，無溯及效力。
舉　　例	如一棟房屋中之第五樓或第八樓之一戶，又如 A 棟房屋中之一戶或 B 棟房屋中之一戶，均為選擇之債。	如啤酒一打，麵粉一百斤。

第五節　任意之債

一、任意之債之概念

　　任意之債（拉：obligatio facultativa；德：Schuld mit alternativer Ermächtigung；法：obligation facultative）：即原定以某種給付爲目的，而亦得以他種給付來代替原定給付之債之謂。如原應給付一頭牛，不過亦得給 20 萬元之以爲代替之債務。代替之債民法上規定者爲：

　　㈠以本國通用貨幣代替外國通用貨幣（民 202）。

　　㈡在損害賠償，債權人得請求支付回復原狀所必要之費用，以代回復原狀（民 213Ⅲ）。

　　㈢在損害賠償應回復原狀，如經債權人催告，逾期仍不回復，得請求以金錢賠償其損害（民 214）。

　　㈣保證人受主債務人之委任，而爲保證者，主債務未屆清償期者，主債務人得提出相當擔保於保證人，以代保證責任之除去（民 750Ⅱ）。

二、任意之債與選擇之債之區分 （78 臺上 1753）

區分基準	任　意　之　債	選　擇　之　債
代替或選擇	債務人或債權人得以他種給付代替原定給付之債。	即數宗給付中，選擇一種爲給付之債。
給付是否特定	其給付物爲特定，代替給付僅居於補充地位而已。故債務人代替權時，債權人祇得請求原定之給付，債權人有代替權有時，債務人應爲原定之給付。	在特定前，數宗給付處於同等地位以待選擇，非予特定，債務人不能爲給付，債權人亦不能請求特定之給付。
不能給付情形之不同	給付如自始不能，或嗣後不能。債權均歸消滅。	數宗給付有自始不能或嗣後不能給付者，債之關係僅存在於餘存之給付。
行使方法	代替權之行使，則爲要物行爲，代替之意思雖已表示，若未同時提出代替物，其債之標的仍爲原定給付。	選擇權之行使，以意思表示爲之，即生效力。

第六節　損害賠償之債

一、損害賠償之債之概念

即以賠償損害爲標的之債,一般以回復原狀或塡補他人所受之損害爲給付之標的。對損害賠償發生之要件通說認爲:

㈠**須有發生損害之原因事實**:即法律行爲所生之損害,如保險契約所定事由之發生,侵權行爲而生之損害等。

㈡**須有損害之發生**:須有發生損害,才有回復原狀或塡補損害之可言。

㈢**須損害與原因事實有因果關係**:即所生之損害與原因事實之間,須有原因結果之關係。至於因果關係之標準,通說採相當因果關係之範圍內,始負損害賠償之責。

㈣**須賠償義務人有過失**:以賠償義務人有過失爲賠償成立要件,但在債務不履行,除有過失者外,亦不乏就不可抗力或事變負責之情形,即例外亦採無過失主義者。

二、損害賠償之債之分類

分類基準	分　類	內　　　容
㈠法定或約定	1.**法定損害賠償**	(1)侵權行爲:由於侵害他人權利而生之損害賠償(民184)。 (2)債務不履行:因債務人未依債之本旨而爲給付之損害賠償(民226、227、231)。 (3)依法律之特別規定: 　①因締結條約而發生之損害賠償: 　　A 錯誤表意人之損害賠償(民91)。 　　B 無代理權人對善意相對人之損害賠償(民110)。 　　C 無效法律行爲當事人之損害賠償(民113)。 　　D 因契約標的給付不能之損害賠償(民247)。 　②因對他人造成損害之賠償: 　　A 適法管理時,本人對管理人支出費用之損害賠償(民176)。 　　B 水流地所有人如須設堰,雖對岸土地非其所有,亦應賦予設堰,惟對於因此所生之損害,應支付償金(民785)。

		C 土地所有人因他人之物品或動物偶至其地受有損害之賠償（民791）。 D 鄰地所有人使用其土地之損害賠償（民792）。 ③無因管理（民173 II、174~176）及不當得利之損害賠償（民182 II）。 ④違反競業禁止及受寄人使第三人保管之損害賠償（民563、593）。 ⑤因身分上關係之損害賠償： 　A 解除或違反婚約之賠償（民977、978、979）。 　B 判決離婚之損害賠償（民1056）。 (4)負擔保責任之損害賠償： ①第三人負擔契約之損害賠償（民268）。 ②權利瑕疵擔保不履行之損害賠償（民353）。 ③物之瑕疵擔保不履行之損害賠償（民360）。
	2.約定損害賠償之債	當事人依契約訂定而產生之損害賠償。如因違約金之約定或保險契約所成立之賠償（民250）。
(二) 原始 或轉 變	1.原始的損害賠償之債	自開始就存在損害賠償之債權者，是為原始的損害賠償之債。如保險契約或侵權行為所生之債。
	2.轉變的損害賠償之債	即本來的債並非損害賠償之債，其後因法定或約定原因而轉變為損害賠償之債之謂。如債務不履行而發生之損害賠償是。

三、損害賠償之方法

(一)**原則回復原狀**：負損害賠償責任者，除法律另有規定或契約另有訂定外，應回復他方損害發生前之原狀（民213 I）。因回復原狀而應給付金錢者，自損害發生時起，加給利息。如奪取金錢而返還時應加利息用為補償是。第1項情形，債權人得請求支付回復原狀所必要之費用，以代回復原狀（民213 III）。如打破玻璃，則應重新裝修玻璃。

(二)**例外金錢賠償**：侵害生命、身體、健康或減少勞動能力之金錢賠償（民192-195）。應回復原狀者，如經債權人定相當期限催告後，逾期不為回復時，債權人得請求以金錢賠償其害（民214）。不能回復原狀或回復顯有重大困難者，應以金錢賠償其損害（民215）。

四、損害賠償之範圍

損害賠償，除法律另有規定或契約另有訂定外，應以填補債權人所受損害及所失利益為限（民216 I）；故有約定及法定賠償範圍：

㈠**約定賠償**：契約訂定之賠償：

1.事前約定：即在損害賠償發生前預先約定之賠償，如保險法所定之保險金額之約定及當事人違約金之約定（民250）。

2.事後約定：即於損害發生後，當事人和解時約定賠償金額者（民736）。

㈡**法定賠償**：即法律規定之賠償，有一般範圍及特殊範圍：

1.一般範圍：即民法第216條規定之「所受損害」及「所失利益」：

  (1)所受損害：亦稱積極損害，即既有財產因損害而減少之情形。如身體、健康之受害，而支付醫藥費或精神上痛苦，或物之損害等。

  (2)所受利益：亦稱消極損害，即原來應可增加利益，因發生損害，致不得獲利益而言。依通常情形，或依已定之計劃、設備或其他特別情事，可得預期之利益，視為所失利益。

2.特殊範圍：

  (1)過失相抵：損害之發生或擴大，被害人與有過失者，法院得減輕賠償金額，或免除之。重大之損害原因，為債務人所不及知，而被害人不預促其注意或怠於避免或減少損害之規定，於被害人之代理者，為與有過失。前二項人或使用人與有過失者，準用之（民217）。

過失相抵

你怎麼突然站起來！

你把飲料潑在我身上！

  (2)損益相抵：基於同一原因事實受有損害並受有利益者，其請求之賠償金額，應扣除所受利益（民216之1）。

  (3)賠償義務人生計關係之酌減：損害非因故意或重大過失所致

者，如其賠償致賠償義務人之生計有重大影響時，法院得減輕其賠償金額（民218）。

五、賠償代位（即賠償義務人之權利讓與請求權）

關於物或權利之喪失或損害，負賠償責任之人，得向損害賠償請求權人，請求讓與基於其物之所有權或基於其權利對於第三人之請求權。第264條之規定，於前項情形準用之（民218之1）。因損害賠償請求權人，行使請求權而受賠償，如仍許其保有其物或權利，則等於取得雙重利益，似有欠公平，故有此賠償代位制度。如將物品寄託時被竊，則寄託人可向受寄人請求損害賠償，此時受寄人可要求寄託人將該物之所有權物上請求權讓與，或要求寄託人讓與對盜取該寄託物之盜取人的損害賠償請求權。

讓與請求權之成立，須具下列要件：

㈠**須有物或權利之喪失或損害**：其情形爲：

1.物之喪失：如水晶杯被摔破而全滅。動產因附合而爲不動產之重要成分（民811）。

2.物之損害：即有不法毀損他人之物者，被害人得請求賠償其物因毀損所減少之價額（民196）。如租用汽車者，因過失致撞壞汽車是。

3.權利之喪失：即喪失權利行使之要件。如票據因喪失而無法行使。

4.權利之損害：即權利之價值減損而言。如受任人因處理委任事務有過失而怠於索取債務，致債務人變爲無支付能力是（民544）。

㈡**須因物或權利之喪失或損害，而對權利人負賠償責任**：如租借汽車在駕駛時，被撞毀之賠償責任是（民468Ⅱ）。

第四章　債之效力

　　所謂債之效力（德：schuldrechtliche od. obligatorische Wirkung），乃債之關係成立後，實現債的內容所生之法律上效力之謂。債之內容應包含債權及債務之全部。

　　㈠**債權人而言**：有請求債務人爲一定行爲的權利。

　　㈡**債務人而言**：就負有爲一定之行爲的義務，此之一定行爲即爲給付（包括作爲及不作爲）。

　　債之效力有普通及特別兩種；債之特別效力規定在各種債之中。債之普通效力有：

一、債之對內效力

　　即債務人不履行債務時，債權人對債務人有下列法律手段對付之。

　　㈠**請求力**：債務人不依債之本旨給付時，債權人得請求債務人給付之力。

　　㈡**訴求力**：又稱爲訴權。即債權人不得違反債務人之意思而以自力實現債權之內容，債務人如不自發性的給付時，債權人得以債務人爲對象訴請法院請求支付。

　　㈢**執行力**：經法院裁判後，法院乃以強制力實現債權。法院之強制，稱爲強制執行或強制履行。

二、債之對外效力

　　即債務在給付之前，債權之實現，因受第三人影響時，債權人對第三人有何法律手段可以主張：

　　㈠**債權人代位權**：即債務人怠於行使其權利（如債務人不向第三人索還欠款），債權人得以自己之名義，代替債務人行使索債的權利（民242）。如甲、乙簽訂買賣房屋契約，而乙將房屋轉賣給丙，又不向丙索取代金，甲爲保全其債權，乃代乙向丙請求支付價金之謂。

㈡**債權人撤銷權**：即債權人對於債務人之所爲有害及債權者，債權人得聲請法院撤銷之。亦即債務人所爲如爲無償行爲，有害及債權者，債權人得聲請法院撤銷，如爲有償行爲，於行爲時明知有損害於債權人之權利者，以受益人於受益時亦知其情事者爲限，債權人得聲請法院撤銷之（民244）。

第一節　給　付

給付（德：Leistung；法：prestation），債之標的爲債務人之給付，故給付者，債務人履行其作爲或不作爲之義務也。因此債權人基於債之關係，得向債務人請求給付（民199 I）。通常是指債務人以履行債權之內容（目的）之行爲。譬如買賣房屋，債權人之賣主得要求買主支付房屋價金，而債權人應交付房屋給購買人，並配合登記過戶則爲適例（民345）。

一、給付之種類

給付之種類	項　目	意　　義	舉　　例
㈠ 積極給付與消極給付	積極給付	債務人積極爲某種作爲而給付是。	如提供一定之勞務或給付一定財產是。
	消極給付	不作爲亦得爲給付（民199 III）。	如豪雨時飛機不得起降是。
㈡ 可分給付與不可分給付	可分給付	即給付之標的可以分割，分割後其性質與價值不變更者是。	如種類之債（白米一百斤）或貨幣之債（新臺幣五萬元）是。
	不可分給付	即給付之標的物不可分割，分割後其性質或價值會發生變更者是。	如給付山羊一隻或鑽石一顆、汽車乙輛是。
㈢ 特定給付與不特定給付	特定給付	即債之關係成立時，具體指定給付對象是。	如汽車出賣人、房屋出賣人、手錶出賣人指定給付是。
	不特定給付	即債之關係成立時。	如種類之債或貨幣之債均無特定問題。

（四）一時性給付與繼續性給付	一時性給付	債務人一次作爲即可實現債之本旨者，稱爲一次給付。	如特定物之互易或買賣均是。
	繼續性給付	即須在相當時間內分數次才能履行債務者，稱爲繼續性給付。	如勞務債務、分期付款債務。
（五）單一給付與合成給付	單一給付	債務人之單一行爲即可完成給付者。	如甲出售汽車於乙，甲交付車輛，乙支付價金是。
	合成給付	債務人須有多數之合成行爲始可完成給付者。	如分期付款債務，債務人如未按期給付，債權人當得解除全部契約是。

二、債務人之注意義務

（一）**故意過失之責任**：債務人於給付時，自應加以相當注意，如缺乏注意，對於所生之損害，即須負債務不履行之責任。此項責任原則上以故意或過失爲要件。

1.故意過失之意義：所謂故意，乃債務人明知自己行爲能發生一定之結果，而仍決意使其發生或容許其發生之意，債務人有此故意行爲，應負責任（民220Ⅰ）。所謂過失，乃債務人對於其行爲之結果應注意並能注意而不注意，或雖預見而確信其不發生者，即爲過失。過失之責任，依事件之特性而有輕重，如其事件非予債務人以利益者，應從輕酌定（民220Ⅱ）。此故意或重大過失之責任，不得預先免除（民222）。

2.故意與過失之規定：故意與過失尤在侵權行爲與債務不履行之條件上，具有重要意義。在民法上，對違法行爲之效果，在原則上並不分故意與過失，如第184條之侵權行爲是。法律規定債務人應負過失責任時，對於故意當更應負責。如：

　　(1)就故意與重大過失負責：

　　　①因急迫危險而爲管理之免責：管理人爲免除本人之生命、身體或財產上之急迫危險，而爲事務之管理者，對於因其管理所生之損害，除有惡意或重大過失者外，不負賠償之責（民175）。

　　　②受領遲延時債務人之責任：在債權人遲延中，債務人僅就故意或重大過失，負其責任（民237）。

③贈與人之責任：贈與人僅就其故意或重大過失，對於受贈人
　負給付不能之責任（民410）。

(2)就具體過失應與處理自己事務為同一之注意免責：

①具體輕過失之最低責任：應與處理自己事務為同一注意者，
　如有重大過失，仍應負責（民223）。

②受任人之依從指示及注意義務：受任人處理委任事務，應依
　委任人之指示，並與處理自己事務為同一之注意，其受有報
　酬者，應以善良管理人之注意為之（民535）。

③受寄人之注意義務：受寄人保管寄託物，應與處理自己事務
　為同一之注意，其受有報酬者，應以善良管理人之注意為之
　（民590）。

④合夥人之注意義務：合夥人執行合夥之事務，應與處理自己
　事務為同一注意。其受有報酬者，應以善良管理人之注意為
　之（民672）。

(3)就抽象過失（善良管理人）之注意負責：

①承租人之保管義務：承租人應以善良管理人之注意，保管租
　賃物，租賃物有生產力者，並應保持其生產力（民432 I）。

②借用人之保管義務：借用人應以善良管理人之注意，保管借
　用物（民468 I）。

③受任人之注意義務：受任人處理委任事務，其受有報酬者，
　應以善良管理人之注意為之（民535後段）。

④受寄人之注意義務：受寄人保管寄託物，其受有報酬者，應
　以善良管理人之注意為之（民590後段）。

⑤質權人之注意義務：質權人應以善良管理人之注意，保管質
　物（民888 I）。

⑥留置物保管之注意義務：民法第888條質權人之注意義務，
　於留置權準用之（民933）。

⑦監護人之注意義務：監護人應以善良管理人之注意，執行監
　護職務（民1100）。

㈡**事變之責任**：民法既採故意或過失之責任，如債務人無過失，自不必負責，但民法卻例外規定債務人就事變亦須負責者。可分爲二種：

1.通常事變：即債務人如給予嚴密的注意，仍可避免發生者，如旅店、飲食店或浴堂之主人對於客人所攜帶物品之毀損、喪失等（民 606、607）。運送人對於運送物之喪失、毀損或遲到（民 634），旅客運送人對於旅客因運送所受之傷害及運送之遲到（民 654）等，均須負責。

2.特別事變：亦稱不可抗力，即人力所不能抗拒之事變是。如債務人在遲延中，對於因不可抗力而生之損害（民 231 II），質權人於質權存續中，其因轉質所受不可抗力之損失，亦應負責（民 891）。

㈢**無行爲能力人或限制行爲能力人之責任**：債務人爲無行爲能力人，或限制行爲能力人者，其責任依民法第 187 條之規定定之（民 221）。

㈣**對於代理人或使用人過失之責任**：債務人之代理人或使用人，關於債之履行，有故意或過失時，債務人應與自己之故意或過失，負同一責任，但當事人訂有免除責任之特約者，則不在此限（民 224）。

三、債務人不給付之責任

即債務人不依債務之本旨而爲給付者，其情形有三：

種　　類	要　　件	效　　果
給付不能	1.債務人有給付責任。 2.債權發生之嗣後不能給付。 3.自始不能給付，則契約無效。	1.損害賠償。 2.解除契約權。 3.債權人之代償請求權。
不完全給付	1.債務人有給付責任。 2.給付不完全之情形	1.債權人可請求完全給付。 2.損害賠償。 3.解除契約權。
不爲給付	1.債務人有給付責任。 2.有給付之可能，只是給付遲延。 3.該遲延是違法之情形。	1.損害賠償。 2.解除契約權。

㈠**給付不能**：即債務人不能依照債的本旨而履行債務之謂。若僅給付困難，尚不能稱爲給付不能（32 上 4757）。此之不能，指嗣後不能而言，自始不能則契約無效（民 246）。

1.給付不能之種類：

區分基準	種 類	內 容	舉 例
法律行為成立時為準	自始不能	法律行為成立時已存在給付不能，或已潛在有給付不能之要素者，均屬自始不能。	如買賣馬乙匹於簽約時已罹疾病，於交付時病死者為自始不能；如簽約後罹病，雖經醫治，仍免死亡，為嗣後不能。
	嗣後不能	法律行為成立後，始發生給付不能者。	
以債務人個人之事由為準	主觀不能	給付不能是債務人個人之事由而不能者。	如被盜物之出售，出售人既未占有該物，故為主觀不能。又如歌星答應演唱，因罹病而無法履行，為客觀不能。
	客觀不能	給付不能非由債務人個人之事由而生，而因以外之情事而不能之謂。	
以實現之程度為準	全部不能	給付如全部均不能之謂。	如訂購著作物有部分印刷不清楚，如只一部分不清楚，但影響重大，可以全部不能而拒絕接受，如影響不大，亦可接受，則為一部不能。
	一部不能	給付只其中一部不能實現債務本旨之謂。	
以給付期間之長短為準	永久不能	不能給付之障礙永遠存在，無法除去之謂。	如歌星答應演唱，屆期因罹病，無法履行，如因而病死，則永無法實現，此即永久不能。如病癒，延期舉行，則為暫時不能。
	暫時不能（一時不能）	給付有短暫時間不能實現，嗣後除去障礙仍可實現之謂。	
以自然現象或人為法律之區分為準	事實上不能（自然不能）	因自然現象而不能之謂。	如橋樑因大水沖毀，不能通行為事實不能。如約定以走私進口槍械，此契約則因標的之不法而無效。
	法律不能	如違反法律強制或禁止之規定是。	
以標的可否給付為準	標的不能	即以不能之給付為契約標的者，契約無效（民246 I）。	如建商出售預售屋，而該地係禁建區，即為標的不能。
	給付不能	即債務人應為給付，但不能實現之謂。	如簽訂房屋買賣契約，房屋因燒毀不能交屋是。

2.給付不能之效力：因給付不能是否可歸責於債務人之事由而不同：

  (1)因不可歸責於債務人之事由，致給付不能者：

    ①債務人免負給付義務：因不可歸責於債務人之事由，致給付

不能者，因債務人無過失可言，依法應免給付義務（民225Ⅰ）。但須負舉證責任。

②債權人之代償請求權：給付不能雖不可歸責於債務人，然可歸責於第三人，而對第三人有損害賠償請求權者，應許債權人向債務人請求讓與其損害賠償請求權，或交付其所受領之賠償物（民225Ⅱ）。

(2)因可歸責於債務人之事由，致給付不能者：尚有兩種情形（民226）：

①全部不能時：債權人得向債務人請求因給付不能而生之損害賠償。

②一部不能時：其給付僅一部不能者，若他部分之履行，於債權人無利益時，債權人得拒絕該部之給付，而請求全部不履行之損害賠償。

（二）**不完全給付**：即債務人違反債之本旨而為給付之謂。如給付物之品質有瑕疵、數量有虧欠、或給付之方法、時間或處所不當，致給付物毀損是。如給付有傳染病之豬，致債權人原有之豬被傳染疾病等是。

因此民法規定，因可歸責於債務人之事由，致為不完全給付者，債權人得依關於給付遲延或給付不能之規定行使其權利。因不完全給付而生前項以外之損害者，債權人並得請求賠償（民227）。

按不完全給付，有瑕疵給付及加害給付兩種，瑕疵給付，僅發生原來債務不履行之損害，可分別情形，如其不完全給付之情形可能補正者，債權人可依遲延之法則行使其權利；如其給付不完全之情形不能補正者，則依給付不能之法則行使權利。

不完全給付如為加害給付，除發生原來債務不履行之損害外，更發生超過履行利益之損害，例如出賣人交付病雞致買受人之雞群亦感染而死亡，或出賣人未告知機器之特殊使用方法，致買受人因使用方法不當引起機器爆破，傷害買受人之人身或其他財產等是。遇此情形，則依民法第227條第2項：「因不完全給付而生前項以外之損害者，債權人並得請求賠償。」

（三）**不為給付**：即於應給付時，能為給付，而不為給付之謂。此種情事，

既非給付不能，實即給付遲延之性質。

四、債務不履行之效力

債務不履行可分給付不能、不完全給付與不為給付三者，此時債權人得依法聲請法院強制執行（強4）。亦得解除契約，如有損害，並得請求賠償。

(一) 強制執行	即對於給付可能者，予以強制執行。
(二) 解除契約	債務係基於契約而發生者，債權人可解除契約。
(三) 損害賠償	因可歸責於債務人之事由而致債務不履行時，得請求損害賠償，此包括民法第 226、231、232 條及第 233 條第 3 項之規定。此項債之標的，則依法第 213 條以下各條之規定。再如債務人因債務不履行，致債權人之人格權受侵害者，準用第 192 條至第 195 條及第 197 條之規定，負損害賠償責任（民 227 之 1）。

五、情事變更原則

(一)**意義**：所謂情事變更原則（拉：clausula rebus sic stantibus；英：principle of rebus sic stantibus），即法律關係成立後，因不可歸責於當事人之事由，致情事劇變，非當時所得預料，而依該關係原應發生之效果顯失公平者，當事人得聲請法院增、減其給付或變更其他原有之效果（民 227 之 2 I）。此項規定，於非因契約所發生之債準用之。

(二)**情事變更原則之要件**：

1.須有法律行為或其他法律關係之成立：所謂法律行為，凡契約及單獨行為均屬之。所謂其他法律關係，指因法律行為以外之原因而成立法律關係，如侵權行為、無因管理或不當得利而成立之法律關係。

2.須於法律關係成立後發生情事變更之情事：即法律關係成立後，因不可歸責於當事人之事由，致情事劇變，致依該法律關係原應發生之效果顯失公平而言。

3.須因不可歸責於當事人之事由所致：是指其情事變更非因可歸責於當事人兩造之事由所致者而言。

　　4.須非當事人所得預料者：須情事變更的原因非當事人所得預料者，始有本條之適用。

　　5.須由法院公平裁量之：即當事人得聲請法院增、減其給付或變更其他原有之效果。

第二節　遲　延

　　遲延（拉：mora；英：delay；德：Verzug；法：demeure），按債務人不履行其債務，或債權人不受債務之履行時，應各負遲延之責任。故民法上所謂遲延包括債務人之遲延及債權人之遲延二種：

一、債務人之遲延

　　即債務人於應為給付，而不於清償期為給付之謂。

　　㈠**給付遲延之要件如下：**

　　1.須債務已屆清償期：應為給付之時間，因其給付有無確定期限而不同：

　　　　⑴給付有確定期限者：債務人自期限屆滿時起，如未給付，即應負遲延責任（民229 I ）。

　　　　⑵給付無確定期限者：債權人得隨時請求給付，一經催告，即應給付，如未給付，自受催告時起，負遲延責任，其經債權人起訴而送達訴狀，或依督促程序送達支付命令，或為其他相類之行為者，與催告有同一之效力（民229 II）。前項催告定有期限者，債務人自期限屆滿時起負遲延責任（民229 III）。

　　2.須因可歸責於債務人之事由而遲延給付：債務人之遲延，以有可歸責於債務人之事由為限，如因不可歸責於債務人之事由，致未為給付者，債務人不負遲延責任（民230）。

　　㈡**給付遲延之效力：**

　　1.債務人方面：

　　　　⑴賠償損害：債務人給付遲延者，債權人得請求其賠償因遲延而

生之損害（民231Ⅰ）。

(2)由於事變者：債務人既有遲延，則雖因不可抗力而滅失其給付之標的物，致不能給付，其原因究係本於債務人遲延之故，仍使債權人得請求其不履行之損害賠償；但債務人能證明縱使不遲延給付，而仍不免發生損害者，不在此限（民231Ⅱ）。

(3)支付遲延利息：遲延之債務，以支付金錢為標的者，債權人得請求依法定利率計算之遲延利息，但約定利率較高者，仍從其約定利率（民233Ⅰ）。惟對於利息，無須支付遲延利息（民233Ⅱ）。以上兩種情形，債權人證明有其他損害者，並得請求賠償（民233Ⅲ）。

2.債權人方面：遲延後之給付，對於債權人無利益者，債權人得拒絕受領，並得請求因不履行而生之損害賠償（民232）。

二、債權人之遲延

即債權人對於債務人已提出之給付，拒絕受領，或不能受領之謂（民234）。又稱**受領遲延**。

(一)**債權人遲延之要件**：

1.須債務人已提出給付：必須債務人已提出給付，如債務人尚未提出給付，則無債權人遲延之可言。即債務人已依債務本旨，提出給付，使債權人處於可受領之地位，則可發生提出之效力；或債權人預先表示拒絕受領，或給付兼需債權人之行為者（如必須債權人接收其物），債務人得以準備給付之事情，通知債權人，以代提出（民235）。

2.須債權人拒絕受領或不能受領：給付無確定期限，或債務人於清償期前得為給付者，債權人就一時不能受領之情事，不付遲延責任。但債務人之提出給付，係由於債權人之催告，或債務人已於相當期間前預告債權人者，則此時之債權人，已有受領之準備，自仍須令債權人負受領遲延責任（民236）。

(二)**債權人受領遲延之效力**：債權人遲延受領時，債務人之責任如下：

1.債務人責任減輕：

(1)在債權人遲延中，債務人僅就故意或重大過失，負其責任（民237）。

(2)在債權人遲延中，債務人無須支付利息（民238），以保護債務人利益。

(3)債務人應返還由標的物所生之孳息或償還其價金者，在債權人遲延中，以已收取之孳息爲限，負返還責任（民239）。

(4)債權人遲延者，債務人得請求其賠償提出及保管給付物之必要費用（民240）。

(5)債權人對於連帶債務人中之一人有遲延時，爲他債務人之利益亦生效力（民278）；則其效力及於他債務人之謂。

2.債務人責任免除：有交付不動產義務之債務人，於債權人遲延後，得拋棄其占有。此項拋棄，應預先通知債權人。但不能通知者，不在此限（民241）。如給付標的爲動產者，債權人遲延後，債務人得將其給付物爲債權人提存之，以消滅其債務（民326）。

第三節　保　全

保全乃債權人爲確保其債權，將來能獲清償，得代債務人向他人（第三債務人）行使之權利。亦即債權人於債務人怠於行使權利，或有害其權利時，爲鞏固自己債權起見，得代債務者行使其權利，或排除債務人之詐害行爲之謂。前者稱爲代位或間接訴權；後者稱爲撤銷權，或詐害行爲撤銷權。

一、債權人之代位權（法：action oblique, action indirecte, action subrogatoire）

債務人怠於行使其權利時（例如債務人不向第三人索還欠款），因會影響債權人之利益，債權人爲保全債權，得以自己之名義，代債務人行使其權利。譬如乙向甲借一千萬元，而乙對丙擁有一千五百萬元債權，乙無其他財產，也不向丙催討債務，而乙對丙之債權即將面臨時效消滅之情形，此時甲乃代乙對丙行使債權，使時效中斷，此即債權人代位權

之制度。

(一)**代位權行使之要件：**

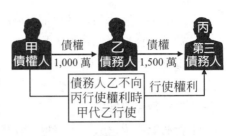

1.須因保全債權：代位權之行使，祇於保全債權之必要而行使，故非至債務有不能受清償之危險，不得行使。

2.須債務人已負遲延責任：如債務之給付有確定期限，則期限屆滿時；如無確定期限，則經催告後，債權人始得行使代位權。但專為保存債務人權利人之行為，如聲請登記、中斷債權之消滅時效等行為，雖債務人不負遲延責任，亦得為之（民 243）。

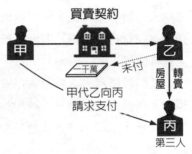

3.須債務人怠於行使其權利：即債務人能行使權利而不行使，致財產減少，而使債權人有不能受清償之危險，始能代位行使。

4.須非專屬於債務人之一身專屬權：如扶養費或慰撫金等因屬專屬權，故不得代位行使。

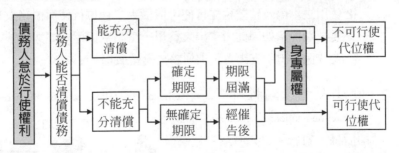

(二)**代位權行使之方法：**

1.債權人行使代位權應以自己名義為之（民 242 I），如以債務人名義行使其權利，則屬代理，應適用代理之規定，而非此之代位權。

2.債權人應以善良管理人之注意為之。否則，如有生損害於債務人，則應負損害賠償責任。

3.民法第 242 條規定代位權行使之範圍，就第 243 條但書規定旨趣推之，並不以保存行為為限，凡以權利之保存或實行行為目的之一切審判上或審判外之行為，如假扣押、假處分、聲請強制執行、實行擔保權、催告、提起訴訟等，債權人皆得代位行使（69 臺抗 240）。

(三)代位權行使之效力：

1.對於第三人之效力：債權人係代債務人行使權利，故被代位行使之第三人對於債權人，與對於債務人同，得以對於債務人之一切抗辯，如同時履行抗辯、權利瑕疵抗辯、權利不發生或消滅之抗辯等，均得以之對抗債權人。

2.對於債務人之效力：在債權人行使代位權時，債務人並未喪失其權利，在債權人對第三人提起訴訟時，債務人仍得與該第三人和解或處分其權利，惟如債務人之行為有害及債權，債權人即可行使撤銷權（民 244）。

3.對債權人之效力：

　(1)債權人代債務人行使債權：債權人因行使代位權所得之利益，
　　　應歸屬於債務人。因此行使代位權之債權人與其他債務人仍立
　　　於同等地位共同分配其利益。其債權並不因而直接或優先受償。
　(2)費用之求償及留置權之行使：債權人之代位行使與債務人等於
　　　委任關係，如因此所支出之費用，得請求償還。如與受領給付
　　　物或保管上所支出者，則對該物有留置權（民 928）。

二、債權人之撤銷權（拉：actio Pauliana；德：Gläubigeranfechtungsrecht；

　　　法：action paulienne, action révocatoire）

即債權人對於債務人所為之無償行為，有害及債權者，債權人得聲請法院撤銷之。亦即債務人所為之行為，如將自己之財產低價出售或予贈與，致債權人無法受償，這種行為實際上是詐害債權人的行為。因此如為無償行為則得聲

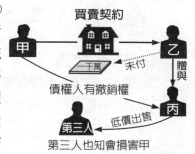

買賣契約
甲　乙
千萬　未付
債權人有撤銷權
贈與
第三人　低價出售　丙
第三人也知會損害甲

請法院撤銷（民244 I），如爲有償行爲，則須行爲時明知有損害於債權人之權利者，以受益人於受益時亦知其情事者爲限，債權人得聲請法院撤銷之（民244 II）。債務人之行爲非以財產爲標的，或僅有害於以給付特定物爲標的之債權者，不適用前二項之規定。債權人依第 1 項或第 2 項之規定聲請法院撤銷時，得並聲請命受益人或轉得人回復原狀。但轉得人於轉得時不知有撤銷原因者，不在此限（民244 III,IV）。

如甲將五百萬元借給乙，而乙在無其他財產之情形下，將自己名下之不動產贈與給丙；這時乙之債權人甲感到將使自己的債權無法回收，故甲得聲請法院撤銷乙對丙之贈與契約。

甲 債權人 — 債權 五百萬 → 乙 債務人 — 財產之贈與等 有害債權人行爲 → 丙 受益人

聲請法院撤銷贈與以取回債權

(一)撤銷權之要件：

1.須債務人之行爲係以財產爲標的：債務人之行爲，如非以財產爲標的，即不得適用撤銷權之規定（民244 III）。所謂以財產爲標的，如債權之讓與、債務之免除、權利之拋棄等是。

2.須債務人之行爲有損害債權人之債權：如債務人之資力豐厚，就是有無償之財產轉移亦不至影響，自不得撤銷，而是債務人有減少積極財產，或消極的增加債務，因而削弱其清償資力，造成不能清償債權或困難者是。

3.須視債務人之行爲是有償與無償而不同：有償行爲須以惡意爲要件，無償則無此要件。

　　(1)無償行爲：債務人所爲之無償行爲，有害及債權者，債權人得聲請法院撤銷之（民244 I）。

　　(2)有償行爲：債務人所爲之有償行爲，於行爲時明知有損害於債權人之權利者，以受益人於受益時亦知其情事者爲限，債權人得聲請法院撤銷之（民244 II）。

有損害債權人之行爲 → 對於債權人有損害意思 → 損害行爲是以財產權爲目的 → 債權人聲請法院撤銷 → 撤銷即視爲自始無效，回復財產

㈡**撤銷權之行使**：債權人撤銷權之行使方法，與一般撤銷權不同，一般撤銷權僅依一方之意思表示爲之爲已足，而民法第 244 條所規定之撤銷權，則必須聲請法院撤銷之，因此在學說上稱之爲**撤銷訴權**。撤銷訴權雖亦爲實體法上之權利而非訴訟法上之權利，然倘非以訴之方法行使，即不生撤銷之效力，在未生撤銷之效力以前，債務人之處分行爲尚非當然無效，從而亦不能因債務人之處分具有撤銷之原因，即謂已登記與第三人之權利當然應予塗銷（56 臺上 19）。債權人行使其撤銷權，如僅請求撤銷債務人之行爲，則應以行爲當事人爲被告，即其行爲爲單獨行爲時，應以債務人爲被告，其行爲爲雙方行爲時，應以債務人及其相對人爲被告，故其行爲當事人有數人時，必須一同被訴，否則應認其當事人之適格有欠缺（28 上 978）。

㈢**撤銷權之效力**：

1.對於債務人及受益人之效力：債務人之行爲，一經撤銷，即視爲自始無效（民 114 I）。債務人與受益人所爲有償與無償行爲既已無效，其所喪失之財產，當然復歸於債務人（民 179），而爲其總債權人之共同擔保。

2.對於債權人之效力：債務人之行爲經債權人撤銷者，因債務人與受益人互負回復原狀之義務，原來屬於債務人之權利，仍屬於債務人，債權人並無優先受償之權，只能與其他債權人共同分配利益而已。

3.對於轉得人之效力：債權人聲請法院撤銷時，得並聲請命受益人或轉得人回復原狀。但轉得人於轉得時不知有撤銷原因者，則應依物權法上善意受讓人之規定，取得權利，不得令其回復原狀（民 244IV）。如此，方足以維護交易安全並兼顧善意轉得人之利益。

㈣**撤銷權之消滅**：

1.債權之消滅：債權既已消滅，則撤銷權因失其基礎，自應消滅。

2.除斥期間之經過：債權人之撤銷權，自債權人知有撤銷原因時起，1 年間不行使，或自行爲時起經過 7 年而消滅（民 245）。

第四節　契約之效力

一、契約之標的

依契約自由之原則，契約雖可自由簽定，但契約之標的仍須合法、可能及確定等為生效要件。如以不能之給付為契約之標的，其契約不生何等效力。

㈠**契約之無效**：當事人得自由以契約訂定債務關係之內容，而其標的，則以可能給付為必要。故以客觀之不能給付（不問其為相對的不能或絕對的不能）為標的之契約，法律上認為無效。

1.但係主觀之不能給付，其契約仍應認為有效，使債務人負損害賠償之責，此無待明文規定也。至給付之不能，如祇係暫時，並非繼續者，或其契約中已含有待不能給付之情形除去後始生效力之意者，其契約為附有停止條件之契約，不得以訂定契約時不能給付之故而遽認為無效也（民246 I）。

2.又以附停止條件之契約，或以附始期之契約，為不能給付之約定者，其不能給付之情形，於條件成就以前或到期以前既經除去者，於事實上既無妨礙，其契約自應認為有效（民246II）。

㈡**當事人之賠償責任**：

1.契約因以不能之給付為標的而無效者，當事人於訂約時知其不能或可得而知者，對於非因過失而信契約為有效致受損害之他方當事人，負賠償責任（民247 I）。

2.給付一部不能，而契約就其他部分仍為有效者，或依選擇而定之數宗給付中有一宗給付不能者，準用前項之規定（民247II）。

3.前二項損害賠償請求權，因2年間不行使而消滅（民247III）。

二、定型化契約之限制

當事人一方預定契約之條款，而由需要訂約之他方，依照該項預定條款簽訂之契約，學說上名之曰「附合契約」（contratdádhésion）。此類契約，通常由工商企業者一方，預定適用於同類契約之條款，由他方

依其契約條款而訂定之。預定契約條款之一方，大多為經濟上較強者，而依其預定條款訂約之一方，則多為經濟上之較弱者，為防止契約自由之濫用，外國立法例對於附合契約之規範方式有二：其一，在民法法典中增設若干條文以規定之，如義大利於 1942 年修正民法時增列第 1341 條、第 1342 條及第 1370 條之規定；其二，以單行法方式規定之，如以色列於 1964 年頒行之標準契約法之規定是。

以上兩種立法例，各有其優點，衡之我國國情及工商業發展之現況，為使社會大眾普遍知法、守法起見，宜於民法法典中列原則性規定，乃於民國 88 年增訂本條，明定附合契約之意義，「**為依照當事人一方預定用於同類契約之條款而訂定之契約**」，此類契約他方每無磋商變更之餘地。

㈠**民法規定**：為防止此類契約自由之濫用及維護交易之公平，依照當事人一方預定用於同類契約之條款而訂定之契約，為下列各款之約定，按其情形顯失公平者，該部分約定無效（民247之1）：

　　1.免除或減輕預定契約條款之當事人之責任者。

　　2.加重他方當事人之責任者。

　　3.使他方當事人拋棄權利或限制其行使權利者。

　　4.其他於他方當事人有重大不利益者。

至於所謂「**按其情形顯失公平者**」，係指依契約本質所生之主要權利義務，或按法律規定加以綜合判斷而有顯失公平之情形而言。例如以在他人土地上有建築物而設定之地上權，約定地上權期間為 1 年或約定買受人對物之瑕疵擔保之契約解除權為 10 年等是。

㈡**消費者保護法之規定**：

　　1.定型化契約之意義：指以企業經營者提出之定型化契約條款作為契約內容之全部或一部而訂定之契約（消保2⑨）。所謂定型化契約條款，係指企業經營者為與不特定多數消費者訂立同類契約之用，所提出預先擬定之契約條款。定型化契約條款不限於書面，其以放映字幕、張貼、牌示、網際網路、或其他方法表示者，亦屬之（消保2⑦）。

　　2.定型化契約之適例：如搭乘飛機或觀看電影等，搭乘時已同意其

所規定之條款，此時購票之乘客並不認爲其行爲無效，此種契約均屬定型化契約。今日一般民眾與大企業締結契約，如運送、保險、電氣、瓦斯之供應，或勞工與大企業簽定僱傭契約都是屬於此類契約。這種現象因企業之獨占化而有逐漸擴大之勢。一般人因無法更改契約之內容，亦無選擇是否締結契約之自由，「契約自由之原則」在實質上已受限制，因此國家爲保障契約內容之合理性，當有必要介入執行嚴格之監督。

　　3.定型化契約之解釋原則：

　　　⑴企業經營者在定型化契約中所用之條款，應本平等互惠之原則。定型化契約條款如有疑義時，應爲有利於消費者之解釋（消保 11）。

　　　⑵定型化契約中之條款違反誠信原則，對消費者顯失公平者，無效（消保 12 I）。

　　4.定型化契約之審閱期間：企業經營者與消費者訂立定型化契約前，應有 30 日以內之合理期間，供消費者審閱全部條款內容（消保 11 之 1 I）。違反此項規定者，其條款不構成契約之內容。但消費者得主張該條款仍構成契約之內容（消保 11 之 1 II）。中央主管機關得選擇特定行業，參酌定型化契約條款之重要性、涉及事項之多寡及複雜程度等事項，公告定型化契約之審閱期間（消保 11 之 1 III）。

三、契約之確保

　　當事人爲確保契約之履行，得約定定金或違約金。

　　㈠**定金**：定金係爲確保契約之履行，由當事人一方交付於他方之金錢或其他代替物。當事人一方由他方受有定金時，推定其契約成立（民 248）。

　　㈡**定金之效力**：定金交付後，除當事人另有約定外，其效力如下（民 249）：

　　　1.契約已履行時：定金之目的是在確保契約之履行，契約既經履行，其收受定金之一方當事人，自應將定金返還或作爲給付之一部。

2.契約不能履行時：

　　⑴契約因可歸責於付定金人之事由，致不能履行時：不得請求返
　　　還。

　　⑵契約因可歸責於受定金人之事由，致不能履行時：收受人應加
　　　倍返還其所受定金。

　　⑶契約因不可歸責於雙方當事人之事由，致不能履行時：定金應
　　　返還之。

㈢**違約金**：乃當事人間約定，債務人不履行債務時，應支付之金錢或
其他之給付（民 250 I、253）。

1.違約金之效力：

　　⑴原則爲損害賠償總額之預定：違約金，除當事人另有訂定外，
　　　視爲因不履行而生損害之賠償總額（民 250II）。

　　⑵例外爲債務不履行之損害賠償：即當事人間如特別約定，債務
　　　人不於適當時期，或不依適當方法履行債務時，即須支付違約
　　　金者，債權人除得請求履行債務外，違約金視爲因不於適當時
　　　期或不依適當方法履行債務所生損害之賠償總額（民 250II）。

2.違約金之減少：惟債務已爲一部履行者，法院得比照債權人因一
部履行所受之利益，減少違約金（民 251）。其違約金所約定之金額過高
者，法院得減至相當之數額（民 252）。

四、契約之解除

㈠**契約解除之意義**：乃當事人之一方，行使解除權，向他方爲意思表
示，使契約效力溯及的歸於消滅之法律行爲。

㈡**解除權發生之原因**：

　　1.約定解除：契約當事人得於訂立契約時，約定保留解除權，以解
除契約。原則上契約既由雙方合意簽定，亦可在雙方合意下解除之。此
項解除或爲雙務契約或爲單務契約，均可爲之。至於解除權之行使方法，
則依契約定之，如未約定，則適用民法第 257 條至第 262 條之規定。

　　2.法定解除：即由法律規定而解除契約者：

(1)一般解除權：即各種契約共同的解除原因，如：

　①非定期行為給付遲延之解除契約（民254）。

　②定期行為給付遲延之解除契約（民255）。

　③因給付不能之解除契約（民256）。

(2)特殊的法定解除權：即基於某種契約之特殊原因而解除：

　①物之瑕疵擔保效力而解除（民359）。

　②數物併同出賣時之解除契約（民363）。

　③承攬人不修補瑕疵之解除契約（民494）。

　④承攬人工作發生瑕疵之解除契約（民495）。

　⑤期前遲延之解除契約（民503）。

　⑥報酬概數預估過高之解除契約（民506）。

　⑦定作人不協力完成，由承攬人解除契約（民507）。

㈢**解除權之行使**：解除權，為形成權之一種，其行使應向他方當事人以意思表示為之，當事人之一方有數人時，解除之意思表示，應由其全體或向其全體為之。其非同時為之者，須於最後之意思表示生效時，始生解除之效力。解除契約之意思表示，不得撤銷（民258Ⅲ），但有法定撤銷之原因時仍得撤銷（民88以下）。

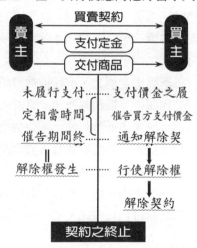

㈣**契約解除之效力**：契約一經解除，即溯及於訂約時失其效力，雙方當事人因契約解除而負有下列義務：

　1.回復原狀之義務：契約解除時，當事人雙方均負有回復原狀之義務。回復之範圍，除法律或契約另有訂定外，依下列規定（民259）：

　(1)由他方所受領之給付物，應返還之。

　(2)受領之給付為金錢者，應附加自受領時起之利息償還之。

　(3)受領之給付為勞務或為物之使用者，應照受領時之價額，以金

錢償還之。

(4)受領之給付物生有孳息者，應返還之。

(5)就返還之物，已支出必要或有益之費用，得於他方受返還時所得利益之限度內，請求其返還。

(6)應返還之物有毀損、滅失，或因其他事由，致不能返還者，應償還其價額。

2.損害賠償之義務：解除權之行使，不妨礙損害賠償之請求（民260）。即一方面解除契約，一方面仍得請求賠償因債務不履行已發生之損害，但非謂因契約解除而發生新賠償請求權（55 臺上 1188）。至當事人因契約解除而生之相互義務，準用關於雙務契約效力之規定（民261）。

3.雙務契約規定之準用：因契約解除而生之相互義務者，例如物品買賣，因契約成立而相互交付之物品或金錢之一部，自應因契約之解除，而相互負返還之義務是也。此種因契約解除而生之相互義務，應與因雙務契約而生之債務相同，故準用第 264 條同時履行抗辯權、第 265 條不安抗辯權、第 266 條之危險負擔及第 267 條因可歸責於當事人一方之給付不能之規定（民261）。

㈤**解除權之消滅**：解除權為形成權之一，除因行使，由解除權人拋棄或契約履行等權利共通消滅原因而消滅外，其特別消滅原因為：

1.經催告而不行使：解除權之行使，未定有期間者，他方當事人得定相當期限，催告解除權人於期限內確答是否解除，如逾期未受解除之通知，解除權即消滅（民257）。

2.受領物不能返還：有解除權人，因可歸責於自己之事由，致其所受領之給付物有毀損、滅失或其他情形不能返還者，解除權消滅（民262前段）。

3.受領物種類變更：有解除權人因可歸責於自己之事由，而加工或改造，將所受領之給付物變其種類者，解除權消滅（民262後段）。

㈥**契約之終止**：即契約當事人之一方終止契約，使契約之效力，向將來消滅之謂。其性質與契約之解除相同。關於終止之原因，有因契約而生者，應依契約之訂定。有因法律之規定而生者，如承租人之終止權（民

424、435）、出租人之終止權（民 440）、保證人之終止權（民 754 I）等是。應準用第 258 條及第 260 條之規定，即終止契約應向他方當事人以意思表示為之。當事人之一方有數人者，其意思表示，應由全體或向全體為之。已為終止契約之意思表示，不得撤銷，終止權之行使，亦不妨礙損害賠償之請求（民 263）。

習題：甲向書局購買「稅務法規彙編」一部，價款一千元，先付訂金二百元。請問：（99 身障四）
　　　㈠甲取書時，該項訂金如何處理？
　　　㈡甲於取書三日後，發現該書缺頁甚多，得向書局行使何種權利？

五、雙務契約

雙務契約（德：zweiseitiger Vertrag；法：contrat synallagmatique），為雙方當事人互負對價關係之債務之契約，其與只由一方當事人負債務之單務契約完全不同。例如買賣、租賃是。雙方同時為債權人亦為債務

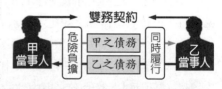

人，雙務契約特有之效力有二：一為同時履行抗辯，一為危險負擔。

㈠**同時履行抗辯**：即雙務契約當事人之一方，於他方未為對待給付前，得拒絕自己之給付，亦稱同時履行抗辯權（民 264 I）。如甲乙雙方約定成交牛一頭之買賣，在甲未支付價金前，乙得拒絕交牛。但他方已為部分之給付，依其情形，如拒絕自己之給付，有違背誠實及信用方法者，仍不得拒絕自己之給付（民 264 II）。如甲已付大部分價金，所餘尾款不多，若乙拒絕交牛，即有違誠信原則。但拒絕給付之當事人，須自己無先為給付之義務，否則，不得為此主張（民 264 I 但）。惟當事人之一方，應向他方先為給付者，如他方之財產於訂約後顯形減少，有難為對待給付之虞時，如他方未為對待給付或提出擔保前，得拒絕自己之給付（民 265）。此即不安之抗辯權。如甲向乙買牛，約定乙先交牛，但如訂約後，甲遭火

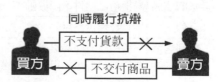

災，致陷於窮困潦倒，顯無支付價金能力時，乙得拒絕先行交牛。

　㈡**危險負擔**：即雙務契約之一方當事人，因給付不能所生之損害，應由有責任者擔負責任。給付不能之情形有二：

　　1.因不可歸責於雙方當事人之事由：因不可歸責於雙方當事人之事由，致一方之給付全部不能者，他方免為對待給付之義務。如僅一部不能時，應按其比例減少對待給付（民266Ⅰ）。如甲向乙購買牛二頭，牛在交付前全部死亡，此時無法交付牛，甲當無支付價金之義務；倘牛僅一頭死亡，則甲只需支付一頭之價金即可。

　　此項情形「已為全部或一部之對待給付時，得依不當得利之規定，請求返還。」如甲已先付價金之全部或一部，在未交付前，牛突發死亡時，甲當可依不當得利之規定，請求返還。

　　2.因可歸責於他方當事人之事由：按雙務契約，當事人一方所負擔之給付，若因歸責於他方之事由致給付不能者，應使其得免給付義務，然並不因此而喪失對於他方之對待給付請求權。惟因免除自己給付義務所取得之利益，或應行取得之利益均應由其所得請求之對待給付中扣除之，蓋以此種利益，係屬不當得利也（民267）。

　㈢**同時履行抗辯權與留置權之不同**：

區分基準	同時履行抗辯權	留　置　權
1.**行使對象**	債權因雙方當事人之對價關係，為互負義務，互享權利之契約相對人。	物權，在物權之排他性支配下，對任何人均得主張。
2.**保護對象**	所保護之對象係為雙務契約有對價關係之債權。	所保護之債權，指凡與留置物有牽連關係之債權，均屬之。
3.**標的種類**	得拒絕之給付不限於動產。	以動產為限。
4.**目的**	以互負給付為目的。	以擔保債權為目的。
5.**權利之消滅**	在確保雙方交易之履行，除一方無法對待給付外，不得提供擔保，使抗辯權消滅。	在確保債權之履行，故債務人得提供擔保使留置權消滅。

6.權利之執行	同時履行抗辯只能暫時拒絕相對人之請求。	相對人如不清償債務，得就留置之標的物受償。

六、涉他契約

涉他契約即契約當事人約定，由第三人爲給付，或向第三人爲給付之契約之謂。茲分述之：

㈠**第三人負擔契約**：即契約當事人之一方，約定由第三人向他方爲給付，如第三人不爲給付時，則本人對於他方，仍應負損害賠償之責任，以保護他方當事人之利益（民268）。此種契約之標的，雖爲第三人之給付，然其效力僅發生在契約當事人間，該第三人並不因約定而負擔債務，蓋契約債務人之責任，亦僅爲擔保第三人之給付而已。

㈡**第三人利益契約**（拉：pactum in favorem tertii；英：contract for the third party beneficiary；德：Vertrag zugunsten Dritter；法：stipulation pour autrui）：亦稱利他契約。即以契約訂定由當事人之一方向第三人爲給付之契約，第三人對於債務人亦有直接請求之權（民269 I）。此種契約中第三人所取得之權利，與一般債權同，債務人亦得對之行使由契約所生之一切抗辯（民270）。但第三人未表示享受契約上利益之意思前，當事人得變更其契約或撤銷之。如該第三人對當事人之一方，表示不欲享受其契約之利益者，則視爲自始未

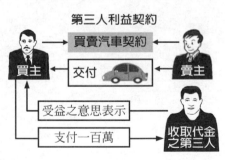

取得其權利（民269II,III）。如買賣雙方簽定輔車買賣契約，價格爲一百萬元，並由買方直接支付一百萬元給第三人，第三人乃因此取得該汽車之代金，此即第三人利益契約（右圖參照）。

㈢**第三人利益契約之效力**：

1.對於債權人之效力：第三人利益契約成立後，要約人之債權人得請求債務人向第三人爲給付之權利（民269 I 前段）。如債務人怠於給付，應負給付遲延之責。惟第三人對於此項契約，未表示享受其利益之意思

前,當事人得變更其契約或撤銷之（民269 II）。

2.對於債務人之效力：第三人利益契約成立後,債務人有向第三人為給付之義務,但債務人得以由契約所生之一切抗辯,對抗受益之第三人（民270）。

3.對於第三人之效力：第三人利益契約成立後,不僅要約之債權人得請求債務人向第三人為給付,即第三人對於債務人亦有直接請求給付之權（民269 I 後段）。但第三人對於當事人之一方表示不欲享受其契約之利益者,視為自始未取得其權利（民269 III）。

第五章　多數債務人及多數債權人

　　債之主體，如債務人爲多數，或債權人爲多數，或雙方均爲多數，不論其爲債之發生是多數，或發生後因轉讓或繼承等原因而變爲多數，其法律關係當較單數主體遠爲複雜，因此民法特將多數當事人之債務關係，分爲連合債務與連合債權關係，連帶債務與連帶債權關係、及不可分債務與不可分債權關係三種。

第一節　可分之債

一、意義

　　可以分給之債務或債權，乃指無害於本質及其價值而得分割其給付而言。如有多數債務人或多數債權人時，則多數債務人或多數債權人，應按各平等比例而負擔債務或享有債權，既合於事理之公平，且適於當事人之意思。至其給付本不可分而變爲可分者，亦同。然若法律別有規定，或契約另有訂定，不應平均分擔或分受者，則應從其所定（民 271）。

即同一債權有 2 人以上之債務人或債權人時，其債權可以分割之情形。此稱爲分割債權之關係，其債權稱爲可分之債或分割債權。如甲、乙、丙、丁四人對張三擁有四萬元之債權，即該債權可分割爲各一萬元時，指此四萬元之債權爲可分債權。

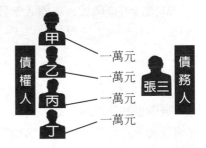

二、可分之債之要件

　　㈠可以分給之債之標的：所謂可以分給，是指不因分割而變更其本質及價值之給付而言。如米麥糖鹽之分割給付是。又如將轎車分割必將變成廢鐵；如將牛羊分割必將死亡，當即貶低其價值，是爲不可分性。

㈡**須債之主體為多數**：即債權人為多數時，是可分債權；債務人為多數時，為可分債務。即契約當事人之一方或雙方都是多數，才能構成可分之債。如雙方都是單數，就非可分之債。

三、可分之債之效力

㈠**可分債權**：可分之債之債權人為多數時，應按各債權人平等比例分受給付（民271），如甲、乙、丙三人共有債權300萬元，每人平均分得債權100萬元。

㈡**可分債務**：可分之債之債務人為多數時，應按各債務人平等比例分擔債務（民271）。如甲、乙、丙三人共有債務300萬元，每人平均分擔債務100萬元。

㈢**對內效力**：可分之債係規定數人負同一債務而其給付可分者，應各平均分擔之。此項屬可分之債，應於平均分擔後，各就其分擔之部分負清償之責，不能就他人於平均分擔後已清償之餘額，再主張平均分擔（62臺上2673）。

第二節　連帶之債

即債務人或債權人為數人，各債權人得單獨請求為全部給付，或各債務人有為全部之給付，並僅因一次之全部給付而使其債之關係歸於消滅也。

一、連帶債務

㈠**連帶債務之意義**：數人負同一債務，明示對於債權人各負全部給付之責任者，為連帶債務。無前項之明示時，連帶債務之成立，以法律有規定者為限（民272）。按連帶債務有因法律行為而發生者，有因法律規定而發生者

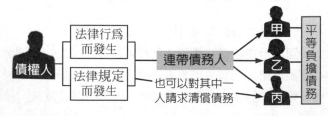

（第 185 條第 1 項、第 187 條第 1 項、第 188 條第 1 項），若各債務人並未明示連帶債務之意思時，則連帶債務之成立，應以法律有規定者爲限。蓋連帶債務者，使各債務人各獨立負有清償全部債務之義務，使債權人易於實行其權利也。

(二)連帶債務之效力：

1.債權人之權利：連帶債務之債權人，得對於債務人中之一人或數人或其全體，同時或先後請求全部或一部之給付。連帶債務未全部履行前，全體債務人仍負連帶責任（民 273）。

2.連帶債務人中一人所生事項之效力：

(1)發生絕對效力事項：因連帶債務人中之一人爲清償、代物清償、提存、抵銷或混同而債務消滅者，他債務人亦同免其責任（民 274）。按連帶債務人中之一人，對於債權人有債權者，他債務人以該債務人應分擔之部分爲限，得主張抵銷（民 277）。

①確定判決：連帶債務人中之一人，經債權人提起訴訟而受法院確定判決時，其判決如係基於該債務人之個人關係，則僅對於該債務人生效力。如非基於該債務人之個人關係，則對於其他債務人之利益，亦生效力（民 275）。蓋以本於連帶關係之性質，應有利益於其他債務人也。

②債務免除：債權人向連帶債務人中之一人免除債務，而無消滅全部債務之意思表示者，除該債務人應分擔之部分外，他債務人仍不免其責任（民 276 I）。

③消滅時效完成：連帶債務人中之一人消滅時效已完成者，就該債務人應分擔之部分，準用關於免除之規定（民 276 II）。

④受領遲延：債權人對於連帶債務人中之一人有遲延時，爲他債務人之利益，亦生效力（民 278）。

(2)發生相對效力事項：就連帶債務人中之一人，所生之事項，除前五條規定或契約另有訂定者外，其利益或不利益，對他債務人不生效力（民 279）。亦即只對於發生該事項之債務人與債權人間有其效力。茲分述之：

①履行之請求：債權人對於連帶債務人中之一人請求履行債務時，只對該被請求之債務人發生效力，對其他債務人不生效力。

②債務人給付遲延：連帶債務有確定期限者，屆期如不履行給付時，由全體負給付遲延責任。如只對其中某位債務人請求給付時，僅由該債務人負遲延責任。

③給付不能：連帶債務中，有一債務人給付不能，而其他債務人給付可能者，債權人可對其他債務人請求給付。

④消滅時效之中斷或停止：連帶債務人中之一人有時效中斷或停止者，僅對該債務人發生效力。

⑤連帶責任之免除：債權人如對連帶債務人中之一人免除連帶責任者，債務只就其應分擔之債務，負給付之責任，對其他債務人仍須付全部給付之責任。

3.連帶債務人相互間之關係：

⑴連帶債務人相互間之分擔義務：連帶債務人相互間，除法律另有規定或契約另有訂定外，應平均分擔義務。但因債務人中之一人應單獨負責之事由所致之損害，及支付之費用，由該債務人負擔（民280）。

⑵連帶債務人相互間之求償權：連帶債務人中之一人，因清償、代物清償、提存、抵銷或混同，致他債務人同免責任者，得向他債務人請求償還各自分擔之部分，並自免責時起之利息（民281 I）。上項情形，求償權人於求償範圍內，承受債權人之權利。但不得有害於債權人之利益（民281 II）。

⑶無償還資力人負擔部分之分擔：連帶債務人中之一人，不能償還其分擔額者，其不能償還之部分，由求償權人與他債務人按照比例分擔之。但其不能償還，係由求償權人之過失所致者，不得對於他債務人請求其分擔。上項情形，他債務人中之一人應分擔之部分已免責者，仍應依前項比例分擔之規定，負其責任（民282）。

⑷求償權之代位：民法第281條第1項情形，求償權人於求償範圍內，承受債權人之權利。但不得有害於債權人之利益（民281 II）。

二、連帶債權

即數人依法律或法律行爲，有同一債權，而各得向債務人爲全部給付之請求者，爲連帶債權（民283）。

㈠連帶債權之效力：

1.連帶債權人之權利：連帶債權人各得向債務人爲全部給付之請求（民283）。而債務人，亦得向債權人中之一人，爲全部之給付（民284）。

2.債權人中一人所生事項之效力：連帶債權人中之一人對於其他債權人之效力，有絕對及相對之分：

⑴發生絕對效力事項：

①請求給付：連帶債權人中之一人爲給付之請求者，爲他債權人之利益，亦生效力（民285）。

②受領清償等：因連帶債權人中之一人，已受領清償、代物清償、或經提存、抵銷、混同，而債權消滅者，他債權人之權利，亦同消滅（民286）。

③確定判決：連帶債權人中之一人，受有利益之確定判決者，爲他債權人之利益，亦生效力（民287）。

④免除：連帶債權人中之一人，向債務人免除債務者，除該債權人應享有之部分即行消滅外，其他債權人之權利，仍不消滅，依然存在（民288Ⅰ）。

⑤消滅時效完成：連帶債權人中之一人，因久不行使權利，致罹於消滅時效，則該債權人應享部分之債權，即行消滅，而他債權人之權利，亦依然存在。是一人所爲之免除，與一人之消滅時效完成，僅以其自己所享有之部分，消滅其權利，至於其他債權人之權利，則法應保護，不使消滅也（民288Ⅱ）。

⑥受領遲延：連帶債權人中之一人有遲延者，他債權人亦負其責任（民289）。蓋連帶債權，其債務人得對於選定之債權人而爲清償，連帶債權人之一人有遲延，若對於其他債權人不生效力，則債務人必於各債權人皆有遲延之情形，始生遲延之效力，是使債務人失其選擇之利益矣。故設本條，使不至

　　　　有此不當之結果，所以保護債務人。

　　(2)發生相對效力事項：就連帶債權人中之一人所生之事項，除前
　　　五條規定或契約另有訂定者外，其利益或不利益，對他債權人
　　　不生效力（民290）。

　　㈡**連帶債權人相互間之關係**：連帶債權人相互間，除法律另有規定或
契約另有訂定外，應平均分受其利益（民291）。

第三節　不可分之債

　　即債之主體為多數，而以同一不可分給付為標的之多數之債也。其
特點在於債之標的之給付不可分。所謂給付不可分，指給付非變其性質
或破壞其價值即不能分割而言。即同一之債權有 2 人以上債權人或債務
人時，其權利無法分割之情形，如 A、B 共同向 C 購買汽車一輛時，則

A、B 對 C 之債權是不可
分債權，又如 A、B 共有之汽
車出售予 C 時，則 A、B 對
C 之債務乃是不可分是。

一、不可分債權

　　數人有同一債權，而其給付不可分者，各債權人僅得請求向債權人
全體為給付，債務人亦僅向債權人全體為給付。除前項規定外，債權人
中之一人與債務人間所生之事項，其利益或不利益，對他債權人不生效
力。債權人相互間，準用第 291 條之規定（民293）。

二、不可分債務

　　數人負同一債務，而其給付不可分者，各債務人各有為全部給付之
義務，此與連帶債務並無稍異，故準用關於連帶債務之規定（民292）。因
此，不可分債務之債權人，得對於債務人中之一人或數人或其全體，同
時或先後請求全部或一部之給付（民273）。

第六章　債之移轉

債之移轉即指債權或債務，不變更其內容，而只變更其主體之謂。有三種情形：即債權讓與、債務承擔及概括承受。

第一節　債權讓與

債權讓與（英：voluntary assignment of debts；德：Abtretung od. Übertragung der Forderung Zessien；法：cession de créance），即債權人將其取得之債權移轉於受讓人之法律行為。凡屬一般債權，債權人均得讓與於第三人，但下列三種情形，則為例外（民294 I）：

一、債權讓與之限制

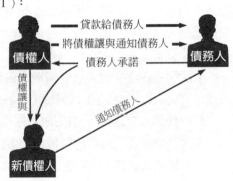

㈠依其性質不得讓與者：即注重當事人間彼此之信任，如僱傭、委任、租賃等契約而生之債權，原則上不得讓與，惟經債務人同意，或租賃物為房屋，經出租人同意，得讓與之（民443 I）。又如身分上之各種權利，如主體改變，給付內容也會改變等情形。

㈡依當事人之特約不得讓與者，在契約自由原則下，當然有效，惟不得以此特約對抗善意第三人（民294 II）。

㈢債權禁止扣押者：蓋此種債權如許扣押，則使債權人及其家屬所必需之生活無法維持（強122）。如終身定期金之債權。

二、債權讓與之性質

㈠ 準物權契約	債權讓與是債權人與第三人簽訂契約將債權移轉，因此並非債之發生原因，而是一種處分行為，這與物權契約具有物權移轉效果類似，故稱為準物權契約。

（二） 獨立性	債權讓與，係指在債之契約之外，還需有債權讓與之合意，故稱爲獨立性。
（三） 不要因契約	債權讓與既屬獨立性，則債權移轉之效力，不因原因行爲是否有效而受影響。如贈與行爲，不因受贈人之甲對於贈與人有扶養義務而不履行，致被撤銷贈與時（民416 I ②），甲之債權讓與的效力不受影響，仍然有效。

三、債權讓與之效力

(一)對於讓與人之效力：

1.從權利隨同移轉：債權讓與契約，一旦成立，該債權之擔保及其他從屬之權利，隨同移轉於受讓人（民295 I ）。所謂債權之擔保，包括人的擔保與物上擔保。前者如保證債權（42臺上248），後者如質權及抵押權。所謂其他從屬之權利，如違約金及因不履行債務之損害賠償請求權等。但與讓與人有不可分離之關係之從屬權利，則不隨同移轉。如留置權係對於債權人之獨立擔保，故不隨同移轉。未支付之利息，推定其隨同原本移轉於受讓人（民295）。

2.證明文件之交付與必要情形之告知：同時讓與人應將證明債權之文件，交付受讓人，並應告以關於主張該債權所必要之一切情形（民296）。

(二)對於受讓人之效力：債權讓與後，受讓人就擁有該債權及其從屬權利，因此凡是債務人得對抗債權人之事由，均得對抗受抗受讓人。

(三)對於債務人之效力：債權之讓與，非經讓與人或受讓人通知債務人，對於債務人不生效力。但法律另有規定者，不在此限。受讓人將讓與人所立之讓與字據提示於債務人者，與通知有同一之效力（民297）。在讓與人已將債權之讓與通知債務人者，縱未爲讓與或讓與無效，債務人仍得以其對抗受讓人之事由，對抗讓與人。前項通知，非經受讓人之同意，不得撤銷（民298）。債務人於受通知時，所得對抗讓與人之事由，皆得以之對抗受讓人。債務人於受通知時，對於讓與人有債權者，如其債權之清償期，先於所讓與之債權，或同時屆至者，債務人得對於受讓人，主張抵銷（民299）。

債權讓與及債務承擔二者均係債之移轉，而爲契約行爲，但兩者仍

有不同：

	債　權　讓　與	債　務　承　擔
主體變更	變更債權人	變更債務人
契約訂立	由債權人與第三人訂立契約使債權移轉，並通知債務人。	由第三人與債權人訂立契約，將債務移轉於第三人。或由第三人與債務人訂立契約，並經債權人承認，使債務移轉於第三人。
通知或承認	通知債權讓與為觀念之通知。	第三人與債務人訂定債務承擔契約，其債權人之承認為意思表示。
債權及從屬權利	債權之擔保及其他從屬之權利隨同移轉於受讓人。但與讓與人有不可分離之關係者，不在此限。	從屬於債權之權利，不因債之承擔而妨害其存在，但與債務人有不可分離之關係者不在此限。第三人為擔保債務人之債務，於自己之不動產設定抵押權、質權、或為之保證者，於債務移轉於承擔人時，當視為債權人拋棄其擔保之利益。

第二節　債務承擔

債務承擔（英：assumption of debt；德：Schuldübernahme；法：cession de dette），即以移轉債務為內容之契約。亦即第三人與債權人或債務人訂立契約，由其替代債務人承擔債務之契約。

一、債務承擔之方法

㈠**第三人與債權人訂約**：第三人與債權人訂立契約承擔債務人之債務者，其債務於契約成立時，移轉於該第三人（民300）。從而第三人為新債務人，舊債務人即可免其責任。因債務承擔，係為債務人之利益而設也。

㈡**第三人與債務人訂約**：第三人與債務人訂立契約承擔其債務者，非經債權

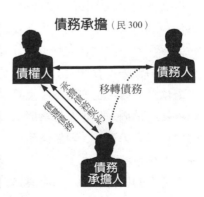

債務承擔（民300）

債權人　　　債務人

移轉債務

依舊債務承擔契約

舊債務契約

債務承擔人

人承認，對於債權人，不生效力（民
301）。因爲如果債務人可隨時將債務移
轉於第三人，恐有害債權人之利益，故
以經債權人同意爲限，始發生承擔之效
力。

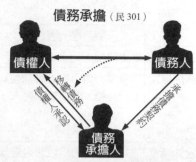

債務承擔（民301）

㈢**催告通知**：債務人或承擔人，得定
相當期限，催告債權人於該其限內確答
是否承認，如逾期不爲確答者，視爲拒絕承認。債權人拒絕承認時，則
其承擔之契約，對於債權人即不發生效力，此時之債務人或承擔人，得
撤銷其承擔之契約，使回復以前之狀態（民302）。

二、債務承擔之效力

債務承擔之主要效力，乃在於承擔人承擔債務，而使債務人脫離債
之關係。其效力爲：

㈠**對於債權人抗辯之援用**：債務人因其法律關係所得對抗債權人之事
由，承擔人亦得以之對抗債權人（民303 I）。即原債務人基於原債權債務
關係所具有之抗辯權，債務承擔人均得繼續援用行使。承擔人所得援用
之抗辯，僅限於原債務關係，而不得以屬於債務人之債權爲抵銷（民303
I 但）。承擔人因其擔債務之法律關係所得對抗債務人之事由，不得以之
對抗債權人（民303 II）。

㈡**從權利之隨同移轉**：按債務之承擔，不過以第三人代債務人而已，
其債務關係，並不變更，故從屬於債權之權利，不因債務之承擔，而妨
礙其存在。但與債務人有不可分離之關係者，性質上不能脫離債務人而
移轉於第三人，若亦適用此項規定，則於事理相反。第三人爲擔保債務
人之債務，於自己之不動產上設定抵押權、質權、或爲之保證者，於債
務移轉於承擔人時，當視爲債權人拋棄其擔保之利益，而消滅其權利。
但供擔保之第三人，對於債務之承擔已爲承認者，則不妨認其擔保之存
在（民304）。

㈢**併存的債務承擔**：即原債務人對於第三人承擔之債務仍負責任之債

務承擔也。民法規定有兩種情形：

　　1.財產或營業之概括承受：簡稱「概括承受」。就他人之財產或營業，概括承受其資產及負債者，因對於債權人為承受之通知或公告，而生承擔債務之效力。前項情形，債務人關於到期之債權，自通知或公告時起，未到期之債權，自到期時起，2 年以內，與承擔人連帶負其責任（民305）。

　　2.營業之合併：按一營業與他營業合併，而互相承受其資產及負債者，亦屬概括承受之一。營業既經合併，則兩種營業之資產，及其所負之一切債務，悉因合併而移轉於新營業，其合併之新營業，對於各營業所負之債務自應負其責任（民306）。

第七章　債之消滅

　　即指債之關係，客觀的失其存在而言。亦即債與主體脫離關係，使債之本身，亦客觀的失其存在也。債之消滅原因很多，如契約之解除、當事人死亡、法律行為之撤銷、解除條件之成就、消滅時效之完成等均是。我民法債篇僅就清償、提存、抵銷、混同、免除等五種加以規定。

　　債之關係，不問何種原因而消滅，其債權之擔保及其他從屬之權利，如抵押權或違約金，亦同時消滅（民307），蓋從權利附屬於主權利，當然之結果也。又有關負債字據者，係證明債權、債務之重要文件也。債務消滅後，債務人固有請求返還或塗銷負債字據之權，然必債之全部消滅而後可。若僅一部消滅，或負債字據上載有債權人他項權利者，債務人僅得請求將債務消滅事由，記入字據。又或債權人主張有不能返還或有不能記入之事情者，債務人亦得請求給與債務消滅之公認證書，以資證明而免危險（民308）。

第一節　清　償

　　清償（拉：solutio；英：performance, payment；德：Erfüllung, Zahlung；法：paiement）乃債務人向債權人，依債務本旨，實現債務內容之行為；亦即依債之標的而為給付，以消滅其債務之行為。清償為債務人之行為，亦為事實行為，一經受領，債之關係，即行消滅。

一、清償之主體

　　㈠**清償人**：清償人原則上應為債務人。

　　㈡**債務之代理人**亦得為清償人。

　　㈢**由第三人為債務之清償**，亦為法律所許可。惟在當事人訂定須由債務人本人為清償，或依債之性質不得由第三人清償，或債務人對第三人

清償有異議，並經債權人拒絕者，則爲例外。但第三人如就債之履行，有利害關係者，債權人仍不得拒絕（民311）。

二、受領清償人

㈠**向債權人或代理人清償**：受領清償人原則上爲債權人，或其代理人，有時第三人亦得爲有效之受領。其持有債權人簽名之收據者，視爲有受領權人，但債務人已知或因過失而不知其無權受領者，不在此限（民309）。

㈡**向第三人清償**：經第三人受領者，其效力如下（民310）：

　　1.經債權人承認，或受領人於嗣後取得債權者，有清償之效力。

　　2.受領人係債權之準占有人者，以債務人不知其非債權人者爲限，有清償之效力。蓋債權之準占有人，非債權人，而以爲自己意思行使債權人權利之人也。（債權人已將債權讓與他人而仍行使其權利，如收取利息之類是，爲債權準占有人）。債務人於清償時，不知其非債權人，而向其清償，爲保護善意之債務人起見，亦使其發生清償之效力。

　　3.向第三人爲清償，經其受領者，於債權人因而受利益之限度內，有清償之效力。

三、清償之標的

　　清償之標的者，債務人應依債務之本旨，實現其債務之內容也。下列情形雖非依債務本旨之清償，但民法亦設有特則定其效力：

㈠ 一部清償	債務人原無爲一部清償之權利，但法院得斟酌債務人之情況，許其於無甚害於債權人利益之相當期限內，分期給付，或緩期清償。至給付不可分者，法院得比照上列之規定，許其緩期清償（民318）。
㈡ 代物清償	即債務人以他種給付代替原定之給付，而債權人同意受領時，亦生清償之效力（民319）。如甲欠乙錢，而以房屋還之。 代物清償爲要物契約，其成

	立僅當事人之合意尚有未足，必須現實爲他種給付，他種給付爲不動產物權之設定或轉移時，非經登記不得成立代物清償。如僅約定將來應爲某他種給付以代原定給付時，則屬債之標的之變更，而非代物清償（65 臺上 1300）。
(三) **新債清償**	即因清償債務，而對於債權人又負擔新債務者，謂之新債清償，亦即以新債清償舊債，又稱之爲債務更新。在新債務不履行時，其舊債務仍不消滅（民 320）。如甲欠乙之房屋租金 10 萬元，由甲簽發支票一紙給乙，支票即爲新債務，屆時如支票未能兌現，則原房屋租金債務仍不消滅。

四、清償地

清償地，除法律另有規定或契約另有訂定，或另有習慣，或得依債之性質或其他情形決定者外，應依下列各款之規定：(一)以給付特定物爲標的者，於訂約時，其物所在地爲之。(二)其他之債，於債權人之住所地爲之（民 314）。標的物與價金應同時交付者，其價金應於標的物之交付處所交付之（民 371）。至於寄託，係爲寄託人之利益而設，非爲受寄人之利益而設，返還寄託物，應於保管其物之地返還之（民 600 I）。如百貨公司設立之寄物處是。

五、清償期

即債務人應爲清償債務之時期。清償期，除法律另有規定或契約另有訂定，或得依債之性質或其他情形決定者外，債權人得隨時請求清償，債務人亦得隨時爲清償（民 315）。如定有清償期者，債權人不得於期前請求清償，如無反對之意思表示時，債務人得於期前爲清償（民 316）。

六、清償費用

按清償債務，乃債務人解除義務之行爲，則因清償債務所生之費用，若法律別無規定，或契約別無訂定時，自應歸債務人負擔。然因債權人之變更住所或其他行爲，致增加清償費用者，其所增加之額，即應由債權人負擔（民 317），始爲公允。

七、清償之抵充

　　即債務人對於同一債權人負有數宗債務，而其給付種類相同者，如清償人所提出之給付，不足清償全部債額時，由清償人於清償時，指定其應抵充之債務（民 321）之謂。如清償人不為此項指定者，則依法律規定抵充之（民 322）。因此清償之抵充就有當事人指定與法定抵充：

　　㈠**當事人指定**：即民法第 321 條規定，由清償人抵充。

　　㈡**法定抵充**：即民法第 322 條規定，由法律規定，定其應抵充之債務：

　　　1.債務已屆清償期者，儘先抵充。

　　　2.債務均已屆清償期或均未屆清償期者，以債務之擔保最少者，儘先抵充，擔保相等者，以債務人因清償而獲益最多者，儘先抵充，獲益相等者，以先到期之債務，儘先抵充。

　　　3.獲益及清償期均相等者，各按比例，抵充其一部。

　　　4.在原本之外，如尚有支付利息及費用者，清償人所提出之給付，應先抵充費用，次利息、次原本（民 323）。

債權人　→　債務人

數宗債務之清償

法定抵充	由清償人指定應抵充之債務
（民 322）	（民 321）

不同種類債務之抵充順序

先抵充費用

次充利息

次充原本

（民 323）

舉例：話說乙女欠甲男 40 萬元，乙女因無力償還，乃被迫與甲男妥協同意出賣靈肉一次抵 10 萬元，共四次為 40 萬元作為代物清償。但甲男於完事後，主張此種行為因違反公序良俗而無效。故乙女仍欠甲男 40 萬元。

我現在還不能還。

妳欠我 40 萬元趕快還來。

睡一晚抵十萬元！

好！好！

妳知道這是違反公序良俗應該無效！

八、清償之效力

清償之主要效力，係在消滅債之關係，一經清償，債之目的已達到債之關係因而消滅。清償人得請求受領人給與受領證書，以資證明（民324）。

按關於利息或其他定期之給付，事實上多係按照時種期先後而為清償，如債權人給與受領一期給付之證書，未為他期之保留者，推定其以前各期之給付，已經清償。又依第 323 條之規定，債務人之清償，本應先充利息，後充原本。故既給與受領原本之證書，當然推定其利息亦已受領。又債權證書之返還，例須在清償債務之後，故已返還債權證書者，推定其債之關係為已消滅。此本條所申設也。

第二節　提　存

一、提存之概念

提存（德：Hinterlegung；法：consignation）乃清償人以清償債務為目的，將其給付物為債權人寄託於提存所，以代清償，而使債務歸於消滅之行為（民326）。

㈠**提存之原因**：提存之原因為(1)債權人受領遲延。(2)不能確知孰為債權人而難為給付（民326）。

㈡**提存之主體**：凡得為清償之人，均得為提存人。提存應於清償地之法院提存所為之（民327）。

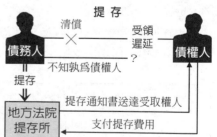

二、提存之方法

㈠**提存之聲請**：聲請提存應作成提存書一式二份，連同提存物一併提交提存物保管機構，如係清償提存，並應附具提存通知書（提8）。

㈡**提存所與提存之通知**：提存應向清償地之法院提存所為之。提存所應將提存通知書送達受取權人（提10III）。

㈢**拍賣或變賣給付物價金之提存**：給付物如不適於提存或有毀損滅失之虞，或提存需費過鉅者，清償人得聲請法院拍賣，而提存其價金（民331）。該給付物如有市價

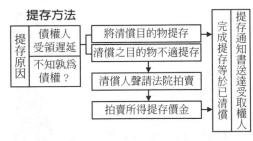

者，法院得許可清償人照市價出賣，而提存其價金（民332）。

㈣**提存費用之負擔**：關於提存拍賣及出賣等費用，均由債權人負擔（民333）。

三、提存之效力

㈠**提存人與債權人間之效力**：提存，一經依法完成後，即與清償有同等效力。嗣後給付物之毀損滅失等危險，均由債權人負擔，債務人亦無須支付利息，或賠償其未收孳息之損害（民328）。

㈡**債權人與提存所間之效力**：債務人提存後，債權人得隨時受取提存物，但債務人之清償，如係對債權人之給付而為之者，在債權人未為對待給付，或提出相當擔保前，得阻止其受取提存物（民329）。債權人對於提存物之權利，自提存後10年間不行使而消滅，其提存物歸屬於國庫（民330）。此項10年期間，自提存通知書送達發生效力之翌日起算（提11Ⅱ）。

第三節 抵　銷

抵銷（拉：compensatio；英：set off；德：Aufrechnung；法：compensation）二人互有債權，互負債務，各以其債權充債務之清償，使同時消滅債務關係之方法也。民法第334條規定：「二人互負債務，而其給付種類相同，並均屆清償期者，各得以其債務，與他方之債務，互為抵銷。但依債之性質不能抵銷或依當事人之特約不得抵銷者，不在此限。前項特約，不得對抗善意第三人。」此項意思表示附有條件或期限者無效（民335Ⅱ）。如甲對乙擁有債權500萬元，而乙對甲擁有債權400萬元，兩者抵銷後

乙尚欠甲 100 萬元。

一、抵銷之要件

抵銷須具備下列要件：

㈠**須 2 人互負債務**：即 2 人互負債務，亦互有債權，始得抵銷。但債之請求權，雖經時效而消滅，如在時效未完成前，其債務已適於抵銷者，亦得為抵銷（民337），始足以保護債權人利益。

㈡**雙方債務須為同種給付並均屆清償期**：雙方互負之債務，須其給付種類相同，始得抵銷。雙方給付物，種類相同，而品質不同時，不得抵銷。至清償地不同之債務，亦得抵銷，但他方因抵銷所生之損害，應使為抵銷之人賠償之（民336）。

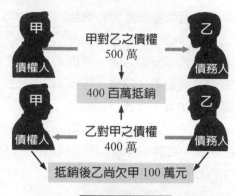

甲 債權人　甲對乙之債權 500 萬　乙 債務人

400 百萬抵銷

甲 債權人　乙對甲之債權 400 萬　乙 債務人

抵銷後乙尚欠甲 100 萬元

時效消滅與抵銷

甲與乙互有債權，但甲之債權已經時效而消滅，如甲對乙有抵銷之意思表示，如其債務適於抵銷，仍得為抵銷。

甲 —— 抵 銷 —— 乙

適合抵銷　甲之債權因時效消滅　甲有抵銷之意思表示　時間之進行

溯及的抵銷

㈢**債務之性質須能抵銷**：即債務之性質不適於抵銷或依當事人之特約不得抵銷者，則不許抵銷（民334但）。如不作為債務及單純之作為債務（如演講、演奏、表演等債務是），如許抵銷，即不能達到債權之目的。

㈣**法律上須不禁止抵銷之債**：法律上禁止抵銷者：

1.禁止扣押之債，及因故意侵權行為而負擔之債，其債務人不得主張抵銷（民338、339）。

2.受債權扣押命令之第三債務人於扣押後，始對其債權人取得債權者，不得以其所取得之債權與受扣押之債權為抵銷（民340）。

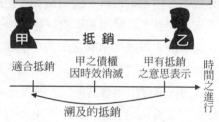

妳欠我的錢就這樣抵銷吧！

不行！我有丈夫了，而且強姦行為不能與債務抵銷。

3.約定應向第三人為給付之債務人，不得以其債務，與他方當事人

對於自己之債務爲抵銷（民341）。

二、抵銷之效力

當事人之一方向他方主張抵銷時，其相互間債之關係，則按其抵銷之數額而消滅，其抵銷之效力，並溯及最初得爲抵銷時（民335）。如一方之債權，不足抵銷全部債務時，其抵充之順序，則準用第 321 條至第 323 條清償抵充之規定（民342）。

第四節　免　除

免除（拉：acceptilatio；德：Erlaß；法：remise de dette），即債權人對債務人表示免除其債務的意思，而使債之關係消滅之謂（民343）。則債權人之單獨行爲即生債務免除之效力。因此，免除爲債權人拋棄其債權之行爲，因債權人一方之意思表示而成立，其性質爲**有相對人之單獨行爲**，毋須經他方債務人之同意，債之關係，即因此消滅。免除時只要債權人向債務人意思表示即可，如將債權證書以墨水塗銷，而將其寄送債務人，即可視爲免除。免除雖係債權人之自由，但如有設定質權時，就無法免除。又如免除時有損害第二人之權利時，亦不允許免除。債之關係消滅時，其債權之擔保，及其他從屬之權利，亦同時消滅（民307）。

第五節　混　同

混同（拉：confusio；英：merger；德：Konfusion, Vereinigung；法：confusion）即相對立的兩種法律歸屬於同一人時，其中一法律地位爲另一法律地位所吸收而消滅者，稱爲混同。

而債之消滅之混同，即債權與債務同歸一人，等於自己向自己請求

給付，也是自己向自己履行債務，而使債之關係消滅（民344前段）。但其債權爲他人權利之標的或法律另有規定者，不在此限（民344後段）。

一、債權及債務同歸一人時

按因繼承及其他事由，其債權及債務同歸一人者，則其債之關係消滅，如甲爲乙之繼承人，甲欠乙 50 萬元，其後乙死亡，甲繼承乙之財產後也取得乙對甲之債權，此時即因債權債務同屬一人，債之關係因而消滅。然不得因此而害及他人之權利。故其債權，若爲他人權利之標的者，例如爲質權之標的物，則爲保護他人利益計，不使債之關係消滅。其法律別有規定者，亦同。

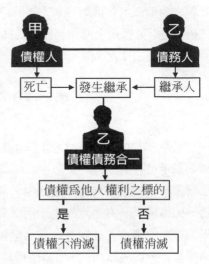

二、混同之效力

混同時債權仍例外不消滅之情形：

㈠**債權為他人權利之標的者**：例如爲質權之標的物，則爲保護他人利益計，不使債之關係因混同而消滅。

㈡**法律另有規定者**：如限定繼承人，對於被繼承人之權利、義務，不因繼承而消滅是（民1154Ⅲ）。

第三編　債編分則

第一章　買　賣

第一節　買賣之概念

一、買賣之意義

買賣（拉：emptio venditio；英：(contract of) sale；德：Kauf；法：vente）者，謂當事人約定一方移轉財產權於他方，而他方支付價金之雙務契約（民345 I）。所謂財產權，除依其性質（如租賃權），或法律之規定（如退休金），或當事人之約定，禁止讓與者外，包括債權、物權、無體財產權（如專利權）或準物權（如礦業權）。所謂價金，須以金錢充之，惟究為國內通用貨幣，或外國通用貨幣，則可不問，但若以金錢以外之物充價金者，則為互易契約，而非買賣。買賣為典型之有償契約，凡關於買賣之規定，對於其他有償契約，除為契約的性質所不許者外，均得準用之（民347）。

二、買賣之成立

買賣為合意契約，並無一定方式，只須當事人就標的物及其價金，互相同意時，買賣契約即為成立（民345 II）。

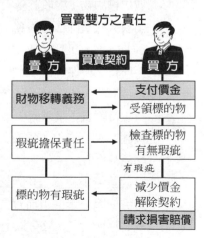

<h1 style="text-align:center">第二節　買賣之效力</h1>

一、出賣人之義務（對於出賣人之效力）

㈠**移轉財產權之義務**：買賣契約成立後，出賣人須即交付標的物，移轉其財產權於買受人，而買受人有支付約定價金之義務。是以物之出賣人，負有交付其物於買受人，並使其取得所有權之義務。權利之出賣人，負有使買受人取得權利之義務，如因其權利而得占有一定之物者，並負有交付其物之義務（民348）。買賣之標的物如爲動產，須爲占有之交付（民761 I）；如爲不動產，尚須登記始生效力（民758），如爲債權之買賣者，並須向債務人爲事實之通知（民297）。出賣人不履行此項義務時，買受人得依債務不履行之規定，行使其權利（民348、353）。

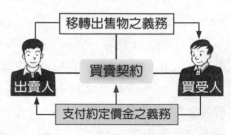

㈡**瑕疵擔保責任**：即出賣人就買賣標的物之權利或物之瑕疵，應負之法定責任之謂。有二種：

　　1.權利瑕疵擔保責任：權利瑕疵擔保責任之內容：

　　　⑴權利無缺之擔保：出賣人讓與物之所有權時，應擔保第三人就買賣之標的物，對於買受人不得主張任何權利（民349）。若有，則出賣人應負除去之義務，所謂「**追奪擔保**」（德：Haftung wegen Eviktion），即對買賣目的物之權利有瑕疵（缺陷）時，賣主對買主所負之擔保責任。此擔保責任，指權利之全部或一部屬於他人之情形時，如數量不足之情形，用益權或擔保權有限制情形時，買主得對賣主請求減少金額、損害賠償或解除契約（民359、360）。

　　　⑵權利存在之擔保：出賣人讓與債權或其他權利時，應擔保其權利確係存在（民350前段）。

　　　⑶有價證券未經宣告無效之擔保：有價證券之出賣人，應擔保其證券未因公示催告而宣告無效（民350後段）。出賣人對於權利瑕疵之擔保責任，只有以上三種，其他瑕疵，例如債權之出賣人，

對於債務人之支付能力，則並無法定擔保責任；其有特別約定者，亦僅推定其就債權移轉時債務人之支付能力，負擔保責任而已（民352）。

(4)權利瑕疵擔保責任之效果：具備上述要件後，出賣人則應負瑕疵擔保責任。於是民法第353條規定：「出賣人不履行第三百四十八條至第三百五十一條所定之義務者，買受人得依關於債務不履行之規定，行使其權利。」但買受人於契約成立時，知有權利之瑕疵者，除契約另有訂定外，出賣人不負擔保之責（民351）。原瑕疵擔保之義務，係爲買受人之利益而設，故有免除義務或加以限制之特約，當然有效。若出賣人故意不告知物之瑕疵，則違交易上之誠實及信用，雖有免除或限制特約，仍應認爲無效（民366）。

2.物之瑕疵擔保責任：即物之出賣人，對於買受人應擔保買賣標的物之價值、效用及品質。

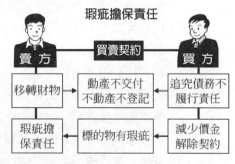

瑕疵擔保責任

(1)物之瑕疵擔保責任之內容：物之出賣人，對於買受人應擔保其物依第373條之規定危險移轉於買受人時，無滅失或減少其價值之瑕疵，亦無滅失或減少其通常效用，或契約預定效用之瑕疵。但減少之程度，無關重要者，不得視爲瑕疵。出賣人並應擔保其物於危險移轉時，具有其所保證之品質（民354）。

(2)物之瑕疵擔保責任之免除：即買受人於締結買賣契約時，若已明知標的物之價值或效用有滅失或減少之瑕疵，則是拋棄本於瑕疵而請求擔保之權利，不必使出賣人負其責任。又關於標的物之價值或效用，有滅失或減少之瑕疵，買受人因重大過失不知者，以出賣人曾經保證其無瑕疵爲限，始負擔保之責，如未保證其無瑕疵時，出賣人即可不負責任。但出賣人明知標的物

有瑕疵，而故意不告知買受人，則應使出賣人就其瑕疵，負擔保責任，蓋期確保交易之誠實及信用也（民355）。

(3)物之瑕疵擔保責任之效果：

①買受人得解除契約或請求減少價金：買賣因物有瑕疵，而出賣人依前五條之規定，應負擔保之責者，買受人得解除其契約，或請求減少其價金。但依情形，解除契約顯失公平者，買受人僅得請求減少價金（民359）。

②解約催告：買受人主張物有瑕疵者，出賣人得定相當期限，催告買受人於期限內，是否解除契約。買受人於該期限內不解除契約者，喪失其解除權（民361）。

③解約與從物：因主物有瑕疵而解除契約者，其效力及於從物；惟從物有瑕疵者，買受人僅得就從物之部分為解除（民362）。

④數物併同出賣時之解除契約：為買賣標的之數物中，一物有瑕疵者，買受人僅得就有瑕疵之物為解除。其以總價金將數物同時賣出者，買受人並得請求減少與瑕疵物相當之價額。此項情形，當事人之任何一方，如因有瑕疵之物，與他物分離而顯受損害者，得解除全部契約（民363）。

⑤解除權或請求權之消滅：買受人因物有瑕疵，而得解除契約或請求減少價金者，其解除權或請求權，於買受人對物之檢查並通知出賣人後 6 個月間不行使或**自物之交付時起經過 5 年而消滅**。此項關於 6 個月期間之規定，於出賣人故意不告知瑕疵者，不適用之（民365）。

前天買的電視機接觸不良，我要換一台全新的，不然要修好減為半價

您換一台新的好了，不然我給您修理一下，九折的價格給您。

⑥買受人得請求不履行之損害賠償：買賣之物，缺少出賣人所保證之品質者，買受人得不解除契約或請求減少價金，而請求不履行之損害賠

價；出賣人故意不告知物之瑕疵者亦同（民360）。

⑦買受人得請求另行交付無瑕疵之物：買賣之物，僅指定種類者，如其物有瑕疵，買受人得不解除契約或請求減少價金，而即時請求另行交付無瑕疵之物。出賣人就前項另行交付之物，仍負擔保責任（民364）。

⑧免除或限制擔保義務之特約：以特約免除或限制出賣人關於權利或物之瑕疵擔保義務者，如出賣人故意不告知其瑕疵，其特約為無效（民366）。

二、買受人之義務（對於買受人之效力）

㈠**交付價金及受領標的物**：買受人對於出賣人，有交付約定價金及受領標的物之義務（民367）。買賣標的物與其價金之交付，除法律另有規定或契約另有訂定，或另有習慣外，應同時為之（民369）。

1.標的物與價金之交付時期：標的物交付定有期限者，其期限，推定其為價金交付之期限（民370）。

2.價金支付拒絕權：買受人有正當理由，恐第三人主張權利，致失其因買賣契約所得權利之全部或一部者，得拒絕支付價金之全部或一部，但出賣人得請求買受人提存價金，或提出相當之擔保而仍請求給付價金（民368）。

3.價金交付之處所：標的物與價金應同時交付者，其價金應於標的物之交付處所交付之（民371）。

4.依重量計算價金之方法：價金之支付，應依標的物之重量計算者，其包皮之重量，應除去之，方合於真實之事理。但契約另有訂定或另有習慣者，則當從其訂定或習慣，俾符當事人之意思（民372）。

㈡**從速檢查通知義務**：買受人應按物之性質，依通常程序，從速檢查其所受領之物。如發現有瑕疵時，應即通知出賣人，怠於為此通知者，除依通常之檢查不能發現之瑕疵外，視為承認其所受領之物，出賣人之擔保責任，即因而消滅。其依通常檢查不能即知之瑕疵，至日後發現者，亦應即為通知，怠於為此通知者亦同（民356）。但出賣人故意不告知瑕疵者，買

受人縱未即爲通知，亦不得視爲承認（民357）。

㈢**負責保管**：買受人對於由他地送到之物，主張有瑕疵，不願受領者，如出賣人於受領地無代理人時，買受人有暫爲保管之責，並應依相當之方法，證明其瑕疵之存在，否則，除日後尚能證明者外，推定於受領時無瑕疵。送到之瑕疵物，如爲易於敗壞者，買受人無論爲自己或出賣人之利益，均得變賣之。惟變賣時，均須先得物之所在地官署、商會或公證人之許可，變賣後，應即通知出賣人，怠於通知時，出賣人因而受有損害者，買受人須負賠償之責（民358）。

三、對於買賣雙方之效力

㈠**利益承受及危險負擔**：

1.危險負擔：買賣標的物之危險，除契約另有訂定外，自交付時起，由買受人負擔（民373）。所謂交付，即移轉占有。下列三種情形，其占有雖未移轉，但其危險卻已移轉：

(1)不動產買賣：不動產買賣，非經登記不生效力（民758 I）。至於危險負擔，依47臺上1655：除契約另有訂定外，概自標的物交付時起，移轉於買受人，至買受人已否取得物之所有權，在所不問。

(2)買受人受領遲延：債權人受領遲延或不能受領者，債務人僅就故意或重大過失負責（民237）。

(3)代送標的物：買受人請求將標的物送交清償地以外之處所者，自出賣人交付其標的物於爲運送之人或承攬運送人時起，標的物之危險，由買受人負擔（民374）。買受人關於標的物之送交方法，有特別指示者，出賣人應依其方法而爲送交，否則買受人因此所生之損害，應使出賣人負賠償之責任，以保護買受人之利益。但出賣人無緊急之原因，違其指示者，對於買受人因此所受之損害，應負賠償責任（民376）。

2.利益移轉：此之所謂利益，即由標的物所生之利益，如法定孳息、天然孳息等是。此種利益，自交付時起，由買受人承受（民373）。

3.以權利爲買賣標的之準用：以權利爲買賣之標的，本無有體物可

以交付，自難適用物的交付之
規定。然權利之出賣人，因其
權利而得占有一定之物者（例
如地上權之買賣），其負交付其
物之義務，與物的出賣必須交
付其物者無異，故準用關於物
的交付責任之規定（民377）。

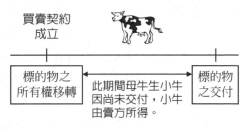

買賣契約
成立

標的物之
所有權移轉

此期間母牛生小牛
因尚未交付，小牛
由賣方所得。

標的物
之交付

四、買賣費用之負擔

買賣費用之負擔，民法之規定如下：

㈠**交付前負擔危險之買受人費用返還義務**：標的物之危險，於交付前
已應由買受人負擔者，出賣人於危險移轉後，標的物之交付前，所支出
之必要費用，買受人應依關於委任之規定，負償還責任。此項情形，出
賣人所支出之費用，如非必要者，買受人應依關於無因管理之規定，負
償還責任（民375）。

㈡**買賣費用之負擔**：買賣費用之負擔，除法律另有規定或契約另有訂
定，或另有習慣外，依下列之規定：

　　1.買賣契約之費用，由當事人雙方平均負擔。

　　2.移轉權利之費用、運送標的物至清償地之費用，及交付之費用，
由出賣人負擔。

　　3.受領標的物之費用，登記之費用及送交清償地以外處所之費用，
由買受人負擔。

第三節　買　回

一、買回之意義

買回（德：Wiederkauf；法：réméré, rachat），為出賣人於買賣契約，對
於出賣之標的物，於一定期限內，再向買受人買回之謂（民379 I）。按買
回契約，為保留權利之特約，故出賣人欲保留買回權利，須於為買賣契

約時訂立特約，方得享有買回權。又出賣人必須返還出賣時所領受之價金，否則不許買回。此項買回之價金，應與出賣時之價金數額相同，此屬當然之事，然當事人訂有特約者，應以特約所定之數額爲準（民 379 II）。又買回人於返還原價金外，仍須支付利息者，此項原價金之利息，自應返還於買受人，然此應視爲與買受人就標的物所得之利益抵銷，以免彼此核算之不便，方合於實際情形（民 379 III）。

二、買回之期限

買回之期限應於約定期限內爲之，其不得超過 5 年，如約定之期限較長者，縮短爲 5 年（民 380）。

三、買回之效力

買賣費用由買受人支出者，買回人應與買回價金連同償還之。買回之費用，由買回人負擔（民 381）。買受人爲改良標的物所支出之費用及其他有益費用，而增加價值者，買回人應償還之。但以現存之增價額爲限（民 382）。買受人因出賣人之行使買回權，對於出賣人，祇須交付買賣之標的物及其附屬物，不必返還其所收益，因收益視爲與價金之利息相抵銷也。又買賣之標的物，因可歸責於買受人之事由而不能交付，或標的物顯有變更者，因此所生之損害，買受人應負賠償之責任（民 383）。

第四節　特種買賣

買賣之種類不一，一般所稱之買賣，指當事人彼此約定一方移轉財產權而他方支付價金之契約，同樣是買賣尚有依特殊之方式而進行者：

㈠**民法上**：係指試驗買賣、貨樣買賣、分期付價買賣及拍賣等。

㈡**消費者保護法上**：有郵購買賣、訪問買賣、分期付款買賣等。

一、試驗買賣

試驗買賣（德：Kauf auf Probe；法：vente à l'essai），即關於買賣之標的物，以買受人承認爲條件之買賣也（民 384）。買賣關係成立後，特附以必

須買受人就買賣標的物表示承認之條件，始生買賣契約之效力，故試驗買賣契約，為停止條件而訂立之契約。例如買賣電腦，言明試用一週，適意（滿意）後（條件成就）買賣成立而生效，如不適意（條件不成就），則該買賣不生效是。買受人不適意時亦不須說明理由（如須說明理由，則非本條之試驗買賣）。因此：

(一) 容許試驗義務	試驗買賣之出賣人，有許買受人試驗其標的物之義務（民385）。
(二) 視為拒絕承認標的物	標的物經買受人試驗後，如即時表示承認之意思者，則買賣契約即行發生效力。若雖經試驗，而標的物尚未交付於買受人以前其有約定期限者，買受人不於期限內為承認之表示，則應視為拒絕。其無約定期限，而由出賣人定有相當之期限催告者，買受人不於所定期限內為承認之表示，亦應視為拒絕（民386）。蓋以契約之是否生效，亟應從速決定，不宜使之久不確定也。
(三) 視為承認標的物	標的物因試驗已交付於買受人，而買受人不交還其物，或於約定期限或出賣人所定之相當期限內不為拒絕之表示者，視為承認。買受人已支付價金之全部或一部，或就標的物為非試驗所必要之行為者，視為承認（民387）。

二、貨樣買賣

　　貨樣買賣（英：sale by sample；德：Kauf nach Probe oder Muster；法：vente sur échantillon），即依貨樣而定標的物之一種買賣契約。亦即出賣人對於買受人約明以符合貨樣之物品，為給付之無條件買賣也。此種買賣，出賣人應擔保買賣標的物與貨樣有同一之品質，買受人亦得提出貨樣，主張買賣標的物與貨樣同一品質，以明出賣人之責任（民388）。

三、分期付款買賣

　　分期付款買賣（英：installment sale；德：Abzahlungskauf；法：vente à tempérament），即當事人約定分期支付價金之一種特種買賣。分期付款買賣除支付價金方面有分期之特約外，其餘與一般買賣相同。依消費者保護法，係指買賣契約約定消費者支付頭期款，餘款分期支付，而企業經營者於收受頭期款時，交付標的物與消費者之交易型態（消保2I⑫）。

因此可分兩方面說明：

㈠**民法上**：分期付價之買賣，如約定買受人有遲延時，出賣人得即請求支付全部價金者，除買受人遲付之價額已達全部價金五分之一外，出賣人仍不得請求支付全部價金（民389）。分期付價之買賣，如約定出賣人於解除契約時，得扣留其所受領價金者，其扣留之數額，不得超過標的物使用之代價，及標的物受有損害時之賠償額（民390）。

㈡**消費者保護法上**：企業經營者與消費者分期付款買賣契約應以書面為之。此項契約書應載明下列事項（消保21Ⅱ）：

1.頭期款。

2.各期價款與其他附加費用合計之總價款與現金交易價格之差額。

3.利率。

企業經營者未依前項規定記載利率者，其利率按現金交易價格週年利率百分之五計算之。企業經營者違反第二項第一款、第二款之規定者，消費者不負現金交易價格以外價款之給付義務。

四、拍賣

拍賣（拉：subhasto；英：auction；德：Versteigerung；法：contrats aux enhéres），即多數應買人公開競爭以口頭出價，擇其最高之買手締結買賣契約之謂。與自由買賣之個別議價不同，因拍賣與標賣，雖皆為使競買人各自提出條件，擇其最有利者而出賣之方法。惟拍賣時，各應買人均得知悉他人之條件而有再行提出條件之機會，標賣時，各投標人均不知悉他人之條件而無再行提出條件之機會，此為其不同之點（32永上378）。通常拍賣有三次之喊價，在此種氣氛下，易受情緒之影響，故有欠缺慎重考慮之缺點，而不適於巨額之交易。

㈠**拍賣決定最高價之方法**：

1.由應買人競相依次加價，至無人出價時，此最後出價者為最高價。

2.由拍賣人先行定價，無人承買時，則依次降價，直至有人承買時，則定為最高價。

㈡**拍賣之程序**：拍賣依其程序之不同，有公的拍賣與私的拍賣；公的拍

賣依強制執行法規定之程序爲之，私的拍賣則依民法第391條以下之規定：

　1.拍賣之成立：拍賣，因拍賣人拍板或依其他慣用之方法，爲賣定之表示而成立（民391）。

　2.應買之表示：拍賣時，應買人爲應買之表示者，是爲要約，應買人應受其所出之最高價所拘束（民154）。

　3.拍賣人應買之禁止：拍賣人對於其所經管之拍賣不得應買，亦不得使他人爲其應買（民392），以防拍賣發生不公平之弊端。

　4.拍賣物之拍定：拍賣人除拍賣之委任人有反對之意思表示外，得將拍賣物拍歸出價最高之應買人（民393）。

　5.拍賣人得撤回其物：惟拍賣人對於應買人所出最高之價認爲不足者，得不爲賣定之表示而撤回其物，停止拍賣（民394）。

　㈢**拍賣之效力**：拍賣經拍賣人爲賣定之表示，則成立買賣契約。其發生效力爲：

　1.應買表示之效力：應買人所爲應買之表示，自有出價較高之應買或拍賣物經撤回時，失其拘束力（民395）。

　2.出賣人之義務：

　　⑴交付標的物及移轉財產義務。

　　⑵瑕疵擔保責任：法院的拍賣，依強制執行法第69條，拍賣物買受人就物之瑕疵無擔保請求權。但一般私的拍賣，應買人對於標的物應事先加以檢查，以免購買時發生權利瑕疵或物之瑕疵擔保責任。

　3.買受人之義務：

　　⑴支付價金：拍賣之買受人應於拍賣成立時，或於拍賣公告內所定之時，以現金支付買價（民396）。

　　⑵解約拍賣及賠償差額：拍賣之買受人，如不按時交付價金者，拍賣人得解除契約，將其物再行拍賣。再行拍賣所得之價金，如少於原拍賣之價金及再行拍賣之費用者，原買受人應負賠償其差額之責任（民397）。

㈣**拍賣與投標**：

區分基準	拍　　　賣	投　　　標
1.**競買方式不同**	拍賣時各應買人所提出應買之條件彼此公開，得在現場再出價競買。	投標時各人所提出之條件，完全秘密進行，互不知他人提出之條件及出價之數額。
2.**出價之拘束力不同**	應買人出價之表示，如有出價較高之應買人時，所出之價額則無效。	投標人所爲投標之價額，雖有出價較高之投票者，其拘束力仍然存在。
3.**出售與決標不同**	拍賣時，原則上應拍定給出價最高之應買人。	決標時，原則上應與出價最高者訂約，但亦可斟酌考慮投標人之信用資力，而與其他投標人訂約。
4.**標的不同**	拍賣，通常適用買賣契約。	投標，通常適用承攬契約，亦可適用買賣契約。

第二章　互　易

第一節　互易之概念

一、互易之意義

　　互易（英：exchange；德：Tausch；法：échange），即當事人雙方約定互相移轉金錢以外財產權之契約（民398）。又稱為交換。在社會科學上之用語，廣義如商品之交換，狹義即為金錢以外物品之相互交換。法律上即指狹義之交換而言。互易之原始的狀態，則為即時的占有相互移轉（現時互易）。互易之起源是贈物與回贈的相互贈與，此即相互給付為對價之關係。互易因以貨幣為媒介而轉化成買賣，買賣發展以後，民法之契約關係乃成買賣契約之依據。在當今自由經濟發達之國家互易雖不具重要地位，但在經濟統制之國家，往往為規避法律之管制，互易乃有取代買賣之情形，臺灣在二次大戰期間，日本政府為實施經濟統制，頒發很多經濟統制法令，當時的臺灣民間，以互易交換之情形極為普遍。

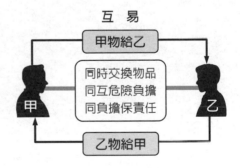

二、互易之效力

　　按互易雖與買賣及有償契約同為雙務契約，然其標的物則異。蓋買賣契約，係當事人之一方，移轉財產權於他方，他方支付價金為標的，而互易契約，則當事人雙方互相移轉金錢以外之財產權（動產或不動產）為標的也。互易因其給付內容之不同，有單約互易與混合互易兩種：

　　㈠**單約互易**：即當事人雙方約定互相移轉金錢以外財產權之契約（民398）。因此，沒有金錢介入其間，雙方當事人是出賣人也是買受人，因互

易之性質，究與買賣無異，故**準用關於買賣之規定**。

㈡**混合互易**：即當事人雙方約定除互為財產權移轉外，並須一方貼補金錢於他方者，則屬互易與買賣之混合契約，其金錢部分準用關於買賣之規定（民399）。其理由謂當事人之一方，約定以金錢之所有權，與其他之財產權，同時移轉者，其契約為互易契約。至其金錢部分，與買賣之價金無異，故準用關於買賣價金之規定。

第三章　交互計算

第一節　交互計算之概念

交互計算（英：current account；德：Kontokorrent；法：compte courant）者，謂當事人約定，以其相互間之交易所生之債權債務為定期計算，互相抵銷，而僅支付其差額之契約（民400）。按當事人雙方相互間，約定因交易而生之債權債務，為定期計算，互相抵銷，專就其相差額而為支付者，此種契約，是為交互計算。蓋以信用發達之社會，如使盡以現金交易，反多不便，故以交互計算代其效用，俾節省清償之手續，而靈活資金之運用。

一、交互計算之時期

交互計算之計算期，如無特別訂定，每6個月計算一次（民402）。按交互計算之計算期，如由當事人預先約定者，自應從其所定，若無特別訂定，應以每6個月計算一次。本條特設法定期限，蓋使便於適用也。

二、交互計算之效力

交互計算契約成立後，有下列效力：

㈠**交互計算之計入**：因交互計算所生之債權債務，應由雙方當事人各自計入交互計算之項目，以憑核算。

㈡**交互計算之利息**：記入交互計算之項目，得約定自記入之時起，附加利息。由計算而生之差額，得請求自計算時起，支付利息（民404）。按交互計算所記入之項目，得附加利息與否，應聽當事人之自由意思。其約定附加利息者，得自記入之時起算，至因交互計算結果所生之差額，當然可以支付利息。但其請求支付利息之起算時期，亦應明白規定，俾資適用。

㈢**交互計算之除去**：匯票、本票、本票及其他流通證券，記入交互計

算者，如證券之債務人不爲清償時，當事人得將該記入之項目除去之（民401）。按匯票、本票、支票及其他流通證券，雖許記入交互計算，互相抵銷，然若證券之債務人不爲清償時，則無從收抵銷之效用。故爲保護當事人之利益計，應將該記入之項目除去之，俾符實際。

（四）**交互計算之確定**：記入交互計算之項目，自計算後，經過 1 年，不得請求除去或改正（民405）。按記入交互計算之項目，如爲匯票、本票、支票及其他流通證券，債務人不爲清償時，當事人得將該項目除去，又計算如有錯誤，亦得請求改正。此種除去及改正之請求權，當事人固得隨時行使之，然使爲時過久，亦非所宜，故本條規定除去或改正之請求，應於計算 1 年內爲之，逾期即不得再行請求，蓋使權利之狀態，得以從速確定也。

三、交互計算之終止

當事人之一方，得隨時終止交互計算契約，而爲計算。但契約另有訂定者，不在此限（民403）。按一方交互計算契約之終止，非必於他方有所不利益也。故當事人之一方，隨時終止交互計算契約而計算固可，即約定於特定期間內不許終止交互計算契約，亦無不可也。

第四章　贈　與

第一節　贈與之概念

贈與（拉：donatio；英：gift；德：Schenkung；法：donation），稱贈與者，謂當事人約定，一方以自己之財產無償給與他方，經他方允受而成立之契約（民406）。譬如某商店在促銷商品，在商店門口廣發襯衫，某甲剛好路過，也接受贈送一件，此即典型之贈與。因此，贈與是由贈與人一方，為贈與之意思表示，經受贈人允受之意思表示，而成立之契約。受贈人當然也可以拒絕接受。故贈與為契約之一種，為法律行為之一。茲說明：

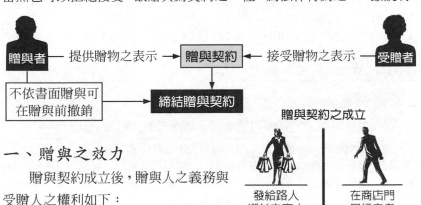

一、贈與之效力

贈與契約成立後，贈與人之義務與受贈人之權利如下：

㈠**移轉財產權之義務**：贈與契約一經發生效力，贈與人即有移轉財產權之義務。但贈與人於贈與約定後，其經濟狀況顯有變更，如因贈與致其生計有重大之影響，或妨礙其扶養義務之履行者，得拒絕贈與之履行（民418）。

㈡**受贈人之請求權**：贈與人就第408條第2項所定之贈與給付遲延時，受贈

人得請求交付贈與物；其因可歸責於自己之事由致給付不能時，受贈人得請求賠償贈與物之價額。惟受贈人不得請求遲延利息或其他不履行之損害賠償（民409）。

　　㈢**給付不能之責任**：贈與人僅就其故意或重大過失，對於受贈人負給付不能之責任（民410）。

　　㈣**瑕疵擔保責任**：贈與之物或權利如有瑕疵，贈與人不負擔保責任。但贈與人故意不告知其瑕疵，或保證其無瑕疵者，對於受贈人因瑕疵所生之損害，負賠償之義務（民411）。

二、贈與之性質

贈與之性質	㈠**為無償契約**：因贈與係一方以自己之財產無償給與他方，故原則上贈與人不負瑕疵擔保責任（民411）。
	㈡**為片務契約**：贈與只是贈與人履行贈與行為，受贈人並不負對價關係，故為片務契約。
	㈢**為諾成契約**：通常由贈與人要約，受贈人承諾，但亦可相反為之，因無須於契約成立時現實履行，故為諾成契約。
	㈣**為不要式契約**：贈與為不要式契約，但當事人亦可特立字據贈與之。

三、贈與之撤銷

　　受贈人對於贈與人，有下列情事之一者，贈與人得撤銷其贈與：

㈠ **任意撤銷**	即由贈與人任意撤銷之謂。贈與契約於具備成立要件時，即生效力。惟贈與為無償行為，應許贈與人於贈與物之權利未移轉前有任意撤銷贈與之權。現行條文規定，贈與物之權利未移轉前，贈與人得撤銷其贈與。其一部已移轉者，得就其未移轉之部分撤銷之（民408Ⅰ）。此項規定，於經公證之贈與，或為履行道德上義務而為贈與者，不適用之（民408Ⅱ）。
㈡ **法定撤銷**	乃贈與人有法定原因，由撤銷權人撤銷其贈與之謂。 ⑴贈與人之撤銷權： 　①對於贈與人、其配偶、直系血親、三親等內旁系血親或二親等內姻親，有故意侵害之行為，依刑法有處罰之明文者。 　②對於贈與人有扶養義務而不履行者。 　　前項撤銷權，自贈與人知有撤銷原因之時起，1年內不行使而消滅。贈與人對於受贈人已為宥恕之表示者，亦同（民416Ⅱ）。 ⑵繼承人之撤銷權：受贈人因故意不法之行為，致贈與人死亡或妨礙

> 其為贈與之撤銷者，贈與人之繼承人，得撤銷其贈與（民 417 I 前段）。
> (3)撤銷權之消滅：贈與之撤銷權自知有撤銷原因之時起，6 個月間不行使而消滅（民 417 但）。

據 2007 年 5 月 14 日媒體報導，有羅姓計程車司機十年前與妻子離婚時，將一棟房子贈與兩名未成年子女，幾年下來他生活陷入困難，子女已長大，乃要求兩名子女撫養，但子女稱自己都養不了自己，拒絕老父的要求，羅氣得向法院提起訴訟。臺北地方法院認為，兩名子女未履行撫養義務，判決羅有權撤銷贈與，收回房子。

兒10年不工作 [撤銷贈與] 父母討回6千萬豪宅

據報導李老先生 10 年前，將台北市安和路的豪宅送給兒子，兒子從此不工作，水電費、管理費都由父母代繳，甚至連自己兒子就學的學費，也向兩老伸手，老夫婦乃以兒子不扶養父母之「防不孝條款」為由，向台北地院訴請兒子還屋獲准。
（2011 年 4 月 14 日自由時報 A1。劉志原、簡明葳報導）

四、贈與履行之拒絕

贈與人於贈與約定後，履行其契約，則恐不能維持與自己身分相當之生計，或不能履行扶養義務者，應使其有拒絕履行贈與之權，以保護其利益。此即所謂「情事變更之原則」（拉：Clausula rebus sic stantibus；英：principle of rebus sic stantibus），學者稱之為「窮困之抗辯」（德：Notbedarfseinrede），即贈與人於贈與約定後，其經濟狀況顯有變更，如因贈與致其生計有重大之影響，或妨礙其扶養義務之履行者，得拒絕贈與之履行（民 418）。

五、贈與撤銷之程序及其效力

㈠**撤銷之程序**：贈與之撤銷，應向受贈人以意思表示為之。贈與撤銷後，贈與人得依關於不當得利之規定，請求返還贈與物（民 419）。贈與之撤銷權，因受贈人之死亡而消滅（民 420）。

㈡**撤銷權之效力**：法律行為經撤銷者，視為自始無效。

六、特種贈與

㈠**附有負擔之贈與**：贈與附有負擔者，如贈與人已爲給付而受贈人不履行其負擔時，贈與人得請求受贈人履行其負擔，或撤銷贈與。負擔以公益爲目的者，於贈與人死亡後，主管機關或檢察官得請求受贈人履行其負擔（民412）。

㈡**受贈人履行負擔責任之限度**：附有負擔之贈與，其贈與不足償其負擔者，受贈人僅於贈與之價值限度內，有履行其負擔之責任（民413）。按附有負擔之贈與，受贈人所應受之利益，其價值不足償其所負擔之義務者（例如甲以房屋租與乙居住，不收租金，而令乙擔任工作，以資抵償，實則租金祇值洋二十元，而所任之工作極繁，須有值洋五十元之報酬）。此時應使受贈人僅於贈與之價值限度內，有履行其負擔之責任（如前例受贈人僅得工作至二十元之價額是），以保護受贈人之利益。

㈢**附負擔贈與之瑕疵擔保責任**：附有負擔之贈與，其贈與之物或權利如有瑕疵，贈與人於受贈人負擔之限度內，負與出賣人同一之擔保責任（民414）。按附有負擔之贈與，其贈與物或權利如有瑕疵，則受贈人必因此瑕疵而減少其所受之利益，然其所約定之負擔則仍如故也。此時受贈人所得之利益，與所負之負擔，既非相當之價值，自受不當之損失。故爲保護受贈人之利益計，應使贈與人於受贈人負擔之限度內，負與出賣人同一之擔保責任，俾昭公允。

㈣**定期給付之贈與**：定期給付之贈與，因贈與人或受贈人之死亡，失其效力。但贈與人有反對之意思表示者，不在此限（民415）。其理由謂以定期給付爲標的之贈與，大抵皆爲專屬於當事人一身之法律關係。若當事人間無特別之意思表示，應隨贈與人或受贈人死亡而失其效力，不得移轉於繼承人也。

第五章　租　賃

第一節　租賃之概念

一、租賃之意義

租賃（拉：locatio conductio rei；英：lease；德：Miete und Pacht；法：louage des chases），謂當事人約定，一方以物租與他方使用、收益，他方支付租金之契約（民421 I）。此項租金，得以金錢或租賃物之孳息充之（民421 II）。

二、租賃之成立及期限

租賃為不要式契約，但不動產之租賃契約，其期限逾 1 年者，應以字據訂立之，未以字據訂立者，視為不定限期之租賃（民422）。租賃契約之期限，我民法規定，不得逾 20 年，逾 20 年者，縮短為 20 年，惟期滿時，當事人得更新之。租用基地建築房屋者，不適用此 20 年之規定（民449）。租賃期限屆滿後，承租人仍為租賃物之使用收益，而出租人不即表示反對之意思者，視為以不定期限繼續契約（民451）。

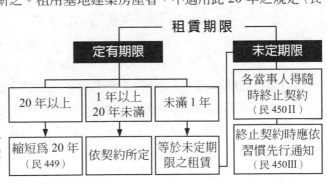

三、租賃期限之更新

（一） 約定更新	就是明示更新，亦即當事人另簽訂契約更新租賃的期限，此項更新依當然解釋不應超過 20 年，此項更新即民法第 449 條第 2 項之規定。
（二） 法定更新	就是默示更新，依民法第 451 條：「租賃期限屆滿後，承租人仍為租賃物之使用收益，而出租人不即表示反對之意思者，視為以不定期限繼續契約。」

四、租賃之性質

(一) **為有名契約** **及債權契約**	1.有名契約：即民法對租賃賦予一定名稱，並設有特別規定之契約，故為有名契約。亦稱典型契約。 2.債權契約：租賃為債權契約，無對抗一般人之效力，承租人之權利，如因出租人重複出租受有損害，亦只可依法聲請法院撤銷或請求損害賠償，無就出租人與他人所立之租賃契約請求確認無效之餘地（24 上 3694）。
(二) **為雙務契約** **及有償契約**	租賃契約係出租人將租賃物提供承租人使用收益，而承租人支付租金，故雙方互負債務，並互為對價，因此租賃契約是雙務契約，且為有償契約。
(三) **為諾成契約** **及非要式契** **約**	1.諾成契約：即當事人約定一方以物租與他方使用，他方支付租金，即生效力，不以押金之交付為成立要件（33 上 637），故為諾成契約，非要物契約。 2.非要式契約：租賃契約不拘任何方式均得為之（40 臺上 304）。至不動產之租賃，其期限逾 1 年者，依法應以字據訂立之，如未以字據訂立者，視為不定期限之租賃，當然仍然有效，故為非要式契約。

第二節　租賃之效力

一、出租人之權利義務（對出租人之效力）

(一)**保持約定狀態**：出租人應以合於所約定使用、收益之租賃物，交付承租人，並應於租賃關係存續中保持其合於約定使用、收益之狀態（民 423）。

(二)**修繕租賃物**：出租人有使承租人使用租賃物之義務，雖已交付其物，亦須為以後使用上必要之修繕，故除契約另有訂定或另有習慣外，其因修繕所需之費用，應由出租人負擔。又為完全其修繕義務計，於承租人之權利，亦得略加限制，故出租人關於保存租賃物所為之必要行為，承租人不得拒絕，為雙方均得持平之保護（民 429）。租賃物如有修繕

請房東幫我們修理廁所，如不修理我們將請工人修理，只好從租金扣修理費。

好！我馬上請工人修理

必要，承租人得定相當期限，催告出租人修繕，如出租人於期限內不為修膳時，承租人終止契約，或自行修繕請求出租人償還費用或於租金中扣除之（民430）。

(三)**瑕疵擔保責任**：

1.**權利瑕疵擔保責任**：出租人應擔保第三人就租賃物，對於承租人不得主張任何權利，若於租賃關係存續中，承租人因第三人就租賃物主張權利，致不能為約定之使用、收益者，則承租人得按不能使用、收益之部分，請求減少租金，若就存餘部分不能達租賃之目的者，得終止契約（民436）。

2.**物之瑕疵擔保責任**：租賃物為房屋或其他供居住之處所者，如有瑕疵，危及承租人或其同居人之安全或健康時，承租人雖於訂約時已知其瑕疵，或已拋棄其終止契約之權利，仍得終止契約（民424）。如租賃屋為輻射屋是。

(四)**稅捐之負擔**：就租賃物應納之一切稅捐，由出租人負擔（民427）。

(五)**費用之償還**：承租人就租賃物支出有益費用，因而增加該物之價值者，如出租人知其情事，而不為反對之表示，於租賃關係終止時，應償還其費用，但以其現存之增價額為限（民431 I）。此項費用償還請求權，自租賃關係終止時起，2年間不行使而消滅（民456）。

(六)**出租人之留置權**：不動產之出租人，就租賃契約所生之債權，對於承租人之物置於該不動產者，有留置權，但禁止扣押之物（強53），不在此限。此項情形，出租人亦僅於已得請求之損害賠償，及本期與以前未交之租金限度內，使得就留置物取償（民445）。

此項留置權，因下列情形而消滅：

1.**承租人取去留置物**：不動產出租人，就承租人所設備之動產而行使留置權時，原以置於該不動產者為限，若承租人已將其留置物取去，則其物已脫離得以留置之範圍，其留置權當然消滅。然於出租人不知之時，或知之並有異議而仍取去時，則有背誠實及信用，應使其留置權依然存續。但若承租人取去其物，係因執行業務，或適於通常之生活關係，非取去不足以維持其通常之生活時，或其所留之物尚足擔保租金之支付

者，雖經承租人將該物取去，乃無背於情理，故使出租人不得提出異議，即有異議，亦為無效（民446）。

2.出租人之自助權與終止契約：欲使不動產之出租人，得完全行使其留置權，須使出租人得以自己之力，阻止承租人之取去留置物，如承租人離去租賃不動產所在地之時，並應使出租人得占有其物，俾得完全其租賃契約所生之債權。承租人乘出租人之不知而取去其物，或不顧出租人之提出異議，而仍取去其物者，應使出租人有終止租賃契約之權，以保護其利益（民447）。

3.承租人提出擔保：承租人提出擔保，以避免出租人之行使留置權，或提出與各個留置物價值相當之擔保，以消滅對於該物之留置權，均於出租人之利益無害，故應許承租人為之（民448）。

二、承租人之權利義務（對於承租人之效力）

㈠**租賃物之使用收益**：承租人依租賃契約所取得之權利為租賃權。即承租人對於租賃物有使用及收益之權益。

㈡**租金之支付**：承租人對於出租人有支付租金之義務。

1.租金之標的：租金得以金錢或租賃物之孳息充之（民421II）。

2.支付時期：承租人應依約定日期，支付租金。無約定者依習慣，無約定亦無習慣者，應於租賃期滿時支付之。如租金分期支付者，於每期屆滿時支付之。如租賃物之收益有季節者，於收益季節終了時支付之（民439）。

3.支付遲延：承租人租金支付有遲延者，出租人得定相當期限，催告承租人支付租金，如承租人於其期限內不為支付，出租人得終止契約（民440I）。租賃物為房屋者，遲付租金之總額，非達2個月之租額，不得依前項之規定，終止契約。其租金約定於每期開始時支付者，並應於遲延給付逾2個月時，始得終止契約（民440II）。租用建築房屋之基地，遲付租金之總額，達2年之租額時，適用前項之規定（民440III）。

4.租金之變動：

⑴承租人因自己之事由，致不能為租賃物全部或一部之使用收益

者，不得免其支付租金之義務（民441）。

(2)租賃物為不動產者，因其價值之昇降，當事人得聲請法院增減其租金。但其租賃定有期限者，不在此限（民442）。

(3)租賃關係存續中，因不可歸責於承租人之事由，致租賃物一部滅失者，承租人得按滅失之部分，請求減少租金（民435 I）。承租人因第三人就租賃物主張權利，致不能為約定之使用收益者，亦同（民436）。

(三)**租賃物之保管：**

1.保管義務：承租人應以善良管理人之注意，保管租賃物。租賃物有生產力者，並應保持其生產力。承租人違反前項義務，致租賃物毀損、滅失者，負損害賠償責任。但依約定之方法或依物之性質而定之方法為使用收益，致有變更或毀損者，不在此限（民432）。

2.損害賠償責任：因承租人之同居人，或因承租人允許為租賃物之使用收益之第三人，應負責之事由，致租賃物毀損滅失者，承租人負損害賠償責任（民433）。租賃物因承租人之重大過失致失火而毀損滅失者，承租人對於出租人負損害賠償責任（民434）。

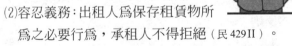

什麼！那個桌子已經很舊了，燒一點也要我賠，簡直毫無道理？

你要搬遷，但桌子上被香煙頭燒黑的部分你要賠償！不然我就從你的押金扣除。

3.保管義務之附屬義務：

(1)飼養義務：租賃物為動物者，其飼養費由承租人負擔（民428）。

(2)容忍義務：出租人為保存租賃物所為之必要行為，承租人不得拒絕（民429 II）。

(3)通知義務：租賃關係存續中，租賃物如有修繕之必要或防止危害有設備之必要，或有第三人主張權利者，承租人應即通知出租人。如怠於通知，致出租人不能及時救濟者，應賠償出租人因此所生之損害（民437）。

(四)**依法使用收益義務**：承租人應依約定方法，為租賃物之使用收益，無約定方法者，應依租賃物之性質而定之方法為之。承租人違反此項規定為租賃物之使用收益，經出租人阻止而仍繼續為之者，出租人得終止

契約（民438）。

(五)**不得任意轉租義務**：租賃權通常為不得讓與之債權，承租人非經出租人承諾，不得將租賃物轉租於他人。但租賃物為房屋者，除有反對之約定外，承租人得將其一部轉租於他人。承租人違反此項義務，將租賃物轉租於他人者，出租人得終止契約（民443）。承租人得出租人承諾而轉租者，承租人與出租人之租賃關係，仍為繼續。因次承租人對於租賃物所加之損害，應由承租人對於出租人負賠償責任（民444）。

聽說你房內多住一人，這我沒有同意！

我很喜歡妳，以後我們就同居！

出租人承諾之轉租

出租人 ← 不影響租賃契約 → 承租人

出租人 ← 有保管、支付租金及返還義務（民432、439、455）

承諾

承租人 → 產生租賃關係之權利義務

次承租人

(六)**返還租賃物義務**：租賃關係終止後，承租人應返還租賃物，租賃物有生產力者，並應保持其生產狀態，返還出租人（民455）。

三、租賃對於第三人之效力

(一)**租賃物之物權化**：即認為租賃物是屬於一種債權，但法律為強化其效力，使之物權化，如民法第425條規定：「出租人於租賃物交付後，縱將其所有權讓與第三人，其租賃契約，對於受讓人，仍繼續存在。」此即「**買賣不破租賃原則**」。惟此項原則，於未經公證之不動產租賃契約，其期限逾5年或未定期限者，不適用之（民425II）。

但有買賣不破租賃原則，我們還是要繼續承租。

真的嗎？

現在房子已經賣給我了，我要收回自用。

(二)**出租人就租賃物設定物權**，致妨礙承租人之使用收益者，承租人亦得以其租賃權對抗取得物權之第三人（民426）。

習題：何謂買賣不破租賃原則？試說明其意義。（99特警、99特三）

第三節　租賃關係之消滅

一、租期屆滿

租賃定有期限者，期限屆滿時，租賃關係，當然消滅（民450 I）。但期限屆滿後，承租人仍爲租賃物之使用收益，而出租人不即表示反對之意思者，視爲以不定期限繼續契約（民451）。

二、終止契約

㈠**不定期租賃**：租賃未定期限者，各當事人得隨時終止契約，但有利於承租人之習慣者，從其習慣（民450 II）。此項終止契約，應依習慣先期通知。但不動產之租金，以星期、半個月或 1 個月定期支付之期限者，出租人應以曆定星期、半個月或 1 個月之末日爲契約終止期，並應至少於 1 星期、半個月或 1 個月前通知之（民450 III）。

㈡**定期租賃**：定期租賃本應於期限屆滿時消滅，但有下列情形之一者，仍得於中途終止：

1.定有期限之租賃契約，如約定當事人之一方於期限屆滿前，得終止契約者，其終止契約，應依第 450 條第 3 項之規定，先期通知（民453）。

2.承租人死亡者，租賃雖定有期限，其繼承人仍得終止契約。但應依第 450 條第 3 項之規定，先期通知（民452）。

3.出租人不爲租賃物之修繕，承租人得終止契約（民430）。承租人遲付租金，出租人得終止契約（民440）。承租人未經出租人之同意，而將租賃物轉租於他人者，出租人得終止契約（民443 II）。

㈢**租賃關係消滅之效果**：

1.出租人應返還預收之租金：租賃契約，依前二條之規定終止時，如終止後始到期之租金，出租人已預先受領者，應返還之（民454）。

2.承租人應返還租賃物：承租人於租賃關係終止後，應返還租賃物。租賃物有生產力者，並應保持其生產狀態，返還出租人（民455）。

3.消滅時效期間及其起算點：出租人就租賃物所受損害，對於承租人之賠償請求權，承租人之償還費用請求權，及工作物取回權，均因 2

年間不行使而消滅。此項期間，於出租人，自受租賃物返還時起算。於承租人，自租賃關係終止時起算（民456）。

習題：某甲有房屋出租，租約到期後，房客因吸毒被通緝而逃亡，應如何做才能要回房屋？

答：房屋出租，租約到期，出租人可依民法第455條前段發存證信函，通知承租人返還房屋，如房客相應不理，出租人可向法院提起遷讓房屋訴訟要回房屋。

又承租人因吸毒逃亡而被通緝，房東可會同警察、里長進入房內查看房內有無違禁物，由警察機關依法扣押，其他物品，警察、房東無權移除。

因提起遷讓房屋訴訟，須繳納裁判費，因此房東出租房屋時，最好在租約內約定「如果承租人不繳房租，或不願返還房屋時，願逕受強制執行」，並將該租約持往法院公證處或民間公證人辦理公證，這樣房東就可以「公證書」作為執行名義，聲請強制執行。

第四節　特種租賃

特種租賃係因權利之社會化而產生，此以房屋、基地、耕地之租賃及權利租賃最為重要，茲依特別法優於普通法之原則，當應優先適用該有關特別法，如特別法未有規定，始適用民法。

一、房屋租賃之特別規定

㈠租金之限制：

1.政府出租：城市地方，應由政府建築相當數量之準備房屋，供人民承租自住之用。此項房屋之租金，不得超過土地及其建築物價額年息百分之八（土94）。

2.私人出租：城市地方房屋之租金，以不超過土地及其建築物申報總價年息百分之十為限。約定房屋租金，超過前項規定者，該管直轄市或縣（市）政府得依前項所定標準強制減定之（土97）。

㈡擔保金之限制：

1.利息計算之限制：以現金為租賃之擔保者，其現金利息視為租金

之一部。此項利率之計算，應與租金所由算定之利率相等（土98）。

2.金額之限制：土地法第98條擔保之金額，不得超過2個月房屋租金之總額。已交付之擔保金，超過前項限度者，承租人得以超過之部分抵付房租（土99）。

㈢房屋租賃之消滅：

1.租期屆滿。

2.出租人終止契約：承租人租金支付有遲延者，出租人得定相當期限，催告承租人支付租金，如承租人於其期限內不為支付，出租人得終止契約。租賃物為房屋者，遲付租金之總額，非達2個月之租額，不得依前項之規定，終止契約。其租金約定於每期開始時支付者，並應於遲延給付逾2個月時，始得終止契約（民440 I,II）。

3.房屋不定期租約終止之要件：出租人非因下列情形之一，不得收回房屋：

　⑴出租人收回自住或重新建築時。

　⑵承租人違反民法第443條第1項之規定轉租於他人時。

　⑶承租人積欠租金額，除以擔保金抵償外，達2個月以上時。

　⑷承租人以房屋供違反法令之使用時。

　⑸承租人違反租賃契約時。

　⑹承租人損壞出租人之房屋或附著財物，而不為相當之賠償時。

二、基地租賃之特別規定

㈠**租金之限制**：依土地法第105條規定，準用第97條，則租用基地建築房屋準用第97條之規定，則其租金以不超過土地及其建築物申報總價年息百分之十為限。

㈡**擔保金之限制**：依土地法第105條規定準用第99條，其擔保之金額，不超過2個月土地租金之總額。

㈢**請求地上權登記**：

1.租用基地建築房屋者，承租人於契約成立後，得請求出租人為地上權之登記（民422之1）。

2.租用基地建築房屋,應由出租人與承租人於契約訂立後 2 個月內,聲請該管直轄市或縣(市)地政機關爲地上權之登記(土102)。

㈣**基地租賃物權化**:租用基地建築房屋,於房屋所有權移轉時,房屋受讓人如無基地租賃權,基地出租人將可請求拆屋收回基地,殊有害社會之經濟。爲促進土地利用,並安定社會經濟,實務上於此情形,認爲其房屋所有權移轉時,除當事人有禁止轉讓房屋之特約外,應推定基地出租人於立約時,即已同意租賃權得隨建築物而移轉於他人;房屋受讓人與基地所有人間,仍有租賃關係存在(民426之1)。

㈤**互有優先承買權**:租用基地建築房屋,出租人出賣基地時,承租人有依同樣條件優先承買之權。承租人出賣房屋時,基地所有人有依同樣條件優先承買之權。此項情形,出賣人應將出賣條件以書面通知優先承買權人。優先承買權人於通知達到後 10 日內未以書面表示承買者,視爲放棄。出賣人未以書面通知優先承買權人而爲所有權之移轉登記者,不得對抗優先承買權人(民426之2)。

㈥**基地租賃之消滅**:

1.基地租期屆滿。

2.出租人終止契約:租賃物爲建築房屋之基地者,遲付租金之總額,達 2 年之租額時,出租人得終止契約(民440Ⅲ)。

3.不定期租賃收回基地之規定:租用建築房屋之基地,非因下列情形之一,不得收回(土103):

⑴契約年限屆滿時。

⑵承租人以基地供違反法令之使用時。

⑶承租人轉租基地於他人時。

⑷承租人積欠租金額,除以擔保現金抵償外,達 2 年以上時。

⑸承租人違反租賃契約時。

三、耕地租賃

以自任耕作爲目的,約定支付地租,使用他人之農地者,稱爲耕地租用,此項所稱耕作,包括漁牧(土106)。耕地租賃適用法律時,依特

別法優於普通法原則，優先適用耕地三七五減租條例，再適用土地法，最後適用民法。

㈠地租之限制：

1.耕地三七五減租條例第 2 條規定：耕地地租租額，不得超過主要作物正產品全年收穫總量千分之三百七十五。

2.耕地租賃期限：耕地租佃期間，不得少於 6 年；其原約定租期超過 6 年者，依其原約定（耕5）。

3.耕地租約之方式：耕地租約應一律以書面為之，租約之訂立、變更、終止或換訂，應由出租人會同承租人申請登記（耕6Ⅰ）。

4.耕地因災害或其他不可抗力致農作物歉收時，承租人得請求耕地租佃委員會查勘歉收成數，議定減租辦法，收穫量不及三成時，應予免租（耕11）。

5.預收地租及收取押租之禁止：出租人不得預收地租及收取押租（耕14）。違反上述規定者，處拘役或科四百元以上四千元以下罰金（耕23）。

6.地租之一部清償：耕作地之出租人不得預收租金（民457之1Ⅰ）。承租人不能按期支付應交租金之全部，而以一部支付時，出租人不得拒絕收受（民457之1Ⅱ）。

7.耕地租約之終止：

　⑴定期限耕作地租約之終止：耕作地租賃於租期屆滿前，有下列情形之一時，出租人得終止契約（民458）：

　　①承租人死亡而無繼承人或繼承人無耕作能力者。

　　②承租人非因不可抗力不為耕作繼續 1 年以上者。

　　③承租人將耕作地全部或一部轉租於他人者。

　　④租金積欠達兩年之總額者。

　　⑤耕作地依法編定或變更為非耕作地使用者。

　⑵未定期限耕作地租約之終止：未定期限之耕作地租賃，出租人有下列情形之一者，得終止契約（民459）：

　　①收回自耕。

　　②民法第 458 條情形。

　　③承租人違反善良管理人之注意義務，致未保持租賃物之生產
　　　力者。

　　④因可歸責於承租人之事由，致耕作地附屬物滅失者。

　　8.耕地出租人行使留置權之限制：出租人對於承租人耕作上必需之
農具、牲畜、肥料及農產物，不得行使民法第 445 條規定之留置權（土
118）。

　　9.耕地轉租之禁止：承租人應自任耕作，並不得將耕地全部或一部
轉租於他人。承租人違反上項規定時，原訂租約無效，得由出租人收回
自行耕種或另行出租（耕16）。

　　10.耕作地之優先承買或承典權：耕作地出租人出賣或出典耕作地
時，承租人有依同樣條件優先承買或承典之權。第426條之2第2項及
第3項之規定，於前項承買或承典準用之（民460之1）。

　　11.承租人對耕地之特別改良：承租人對於承租耕地之特別改良得自
由為之，其特別改良事項及用費數額，應以書面通知出租人，並於租佃
契約終止返還耕地時，由出租人償還之。但以未失效能部分之價值為限
（耕13、民461之1）。

　　12.租佃爭議之調解、調處：出租人與承租人間因耕地租佃發生爭議
時，應由耕地租佃委員會調解調處，不服調解、調處者，移送司法機關
處理。並免收裁判費用（耕26、27）。

四、權利租賃

　　關於權利之租賃，事所常見。例如著作權與國營礦業權之出租等是。
特別法雖設有規定（例如著作權法第 29 條），惟對於出租人與承租人間
之權利義務並未規範。故民法第463條之1增訂使權利租賃得準用一般
租賃之規定，俾因應經濟發展暨實務上之需要。

第六章　借　貸

第一節　使用借貸

一、使用借貸之意義

使用借貸（拉：commodatum；英：loan for use；德：Leihe；法：prêt à usage, commodat），即當事人約定，一方以物無償貸與他方使用，他方於使用後，返還其物之契約（民 464）。使用借貸必須是無償，如為有償，則為租賃而非使用借貸（67 臺上 2488）。如借用汽車即為適例。

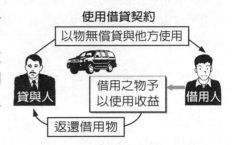

使用借貸契約
以物無償貸與他方使用
貸與人
借用之物予以使用收益
借用人
返還借用物

二、使用借貸之預約

預約為約定負擔訂立本約之義務之契約。通常在要式或要物契約始有其存在價值。使用借貸為要物契約，常先有預約之訂立，惟其亦為無償契約，故於預約成立後，預約貸與人如不欲受預約之拘束，應許其撤銷預約，但預約借用人已請求履行預約而預約貸與人未即時撤銷者，應限制其復任意撤銷其預約（民 465 之 1）。

三、使用借貸之效力

㈠**貸與人之義務**：貸與人故意不告知借用物之瑕疵，致借用人受損害者，負賠償責任（民 466）。借用人此項賠償請求權，自借貸關係終止時起，6 個月間不行使而消滅（民 473）。

㈡**借用人之義務**：

1.限制使用方法：借用人應依約定方法，或物之性質，使用借用物，非經貸與人同意，不得允許第三人使用（民 467）。

2.保管義務：借用人應以善良管理人之注意保管之，否則，致借用

物毀損滅失者,應負賠償責任。貸與人此項賠償請求權,自借用物返還時起,6個月間不行使而消滅(民468、473)。

3.負擔保管費及工作物之取回:使用借用物時所支出之通常保管費,或動物之飼養費,均由借用人負擔。借用人就借用物所增加之工作物,得取回之,但應回復物之原狀。此項取回權,自借貸關係終止時起,6個月間不行使而消滅(民469、473)。

4.返還借用物與連帶責任:借用人應於約定期限屆滿時返還借用物,其未定有期限者,應於借貸之目的完成時返還。其不能依目的定期限者,貸與人得隨時請求返還(民470)。數人共借一物者,對於貸與人應連帶負責(民471)。

四、使用借貸之終止

貸與人於有下列情形之一時,得終止契約(民472)。

㈠貸與人因不可預知之情事,自己需用借用物者。

㈡借用人違反約定或依物之性質而定之方法使用借用物,或未經貸與人同意,允許第三人使用者。

㈢因借用人怠於注意,致借用物毀損或有毀損之虞者。

㈣借用人死亡者。

五、使用借貸與租賃

區分基準	租　　　賃	使　用　借　貸
契約性質	雙務及有償契約。	單務及無償契約。
是否交付標的物	僅雙方合意即可生效,而交付租賃物為契約之義務。	交付標的物為借貸契約成立要件。
內容準據	租賃內容以使用、收益為主。	僅以使用為內容。
是否允許第三人使用	是否允許第三人使用,不受限制,但租賃人轉租時,應得出租人同意。	非經出借人同意,不允許第三人使用。
出租人之義務	出租人於租賃關係存續中,應保持租賃物合於約定之使用、收益之積極義務。	貸與人僅提供標的物給借用人使用之消極義務。

第二節　消費借貸

一、消費借貸之意義

消費借貸（拉：mutuum；英：loan for consumption；德：Darlehn；法：prêt de consommation），即當事人約定，一方移轉金錢或其他代替物之所有權於他方，而他方以種類、品質、數量相同之物返還之契約（民474 I）。消費借貸契約，固以當事人約定，一方移轉金錢或其他代替物之所有權於他方，他方以種類、品質、數量相同之物返還，並因物之交付而成立為典型；惟當事人之一方對他方負金錢或其他代替物之給付義務而約定以之作為消費借貸之標的者，例如：積欠工資、價金、工程款等而以之作為消費借貸時，亦應成立消費借貸契約，否則，必令當事人反覆交付而後始能成立消費借貸，非僅不便，且與社會生活之實情不符。惟其標的，仍以金錢或其他代替物為限，俾與消費借貸之係以種類、品質、數量相同之物返還之性質相等。

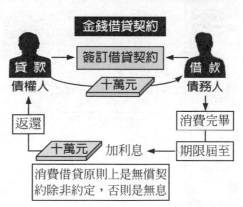

二、消費借貸之性質

(一) 消費借貸為片務契約	消費契約僅當事人一方之借用人負擔債務，貸與人不負擔債務，故為片務契約，又稱單務契約。
(二) 為無償或有償契約	法律上雖為無利息的無償契約為原則，實際上以附有利息之有償契約為多。

(三) 為要物契約	要物契約原是以目的物之交付爲原則，但在實務上並不合理，如高利貸常在貸款之前預先扣除利息，只交付一部分本金，以逃避20%利息之限制（民205）。又消費借貸在標的物交付之前，作成公證書或設定抵押權，乃今日商場之慣行，如以要物性嚴格言之，其效力雖有疑義，但學說或判例上認爲「公證書僅就請求權具體的表示爲已足，雖其請求權發生原因之記載，多少與事實不符，亦無礙其執行力」爲由，而承認該項公證書之效力。 至於抵押權方面，判例及學說上乃以「爲將來之債權之擔保爲由」，而承認該抵押權之效力。
(四) 為不要式契約	消費借貸之成立，不以具有一定方式爲必要，當事人有以字樣簽定，或作成公證書者，然此非法定方式，如27上3240判例：「消費借貸契約之訂立，法律上並無應以書面爲之規定，民法第三條第一項所謂依法律之規定有使用文字之必要者，即不包含消費借貸契約之訂立在內。」。

三、消費借貸之種類

(一) 以民法或特別法之規定為準	1.一般消費借貸：基於民法而成立之消費借貸，稱爲一般消費借貸。 2.特殊消費借貸：基於特別法而成立消費借貸，稱爲特殊消費借貸，如公債（依公債條例）、公司債（公司法第246條以下）等是。 特殊消費借貸優先適用該特別法，特別法無規定時，始適用民法。
(二) 以消費借貸之標的物為準	1.金錢借貸：此項借貸之標的物爲金錢。金錢借貸民法上以第480與481條規定。 2.金錢以外之借貸：此項借貸之標的物爲金錢以外之代替物。
(三) 以有否附利息或其他報償為準	1.附有利息或報償之借貸：消費借貸，約定有利息或其他報償者，如借用物有瑕疵時，貸與人應另易以無瑕疵之物。但借用人仍得請求損害賠償（民476 I ）。 2.無報償之借貸：消費借貸爲無報償者，如借用物有瑕疵時，借用人得照有瑕疵原物之價值，返還貸與人（民476 II ）。

四、消費借貸之預約

　　消費借貸爲要物契約，常先有預約之訂立。消費借貸如爲有償契約，預約借用人於預約成立後，成爲無支付能力者，爲免危及預約貸與人日後之返還請求權，自宜賦予預約貸與人撤銷預約之權。而在預約貸與人於預約成立後成爲無支付能力者，預約貸與人亦應有撤銷預約之權，方

符消費借貸預約之旨趣，以及誠信之原則。消費借貸之預約，其約定之消費借貸爲無報償者，準用第 465 條之 1 之規定（民 475 之 1）。

五、消費借貸之效力

㈠**貸與人之擔保責任**：消費借貸，約定有利息或其他報償者，如借用物有瑕疵時，貸與人應另易以無瑕疵之物。但借用人仍得請求損害賠償。消費借貸爲無報償者，如借用物，有瑕疵時，借用人得照有瑕疵原物之價值，返還貸與人。此項情形，貸與人如故意不告知其瑕疵者，借用人得請求損害賠償（民 476）。

消費借貸契約

㈡**借用人之義務**：

1.支付義務：利息或其他報償，應於契約所定期限支付之，未定期限者，應於借貸關係終止時支付之。但其借貸期限逾 1 年者，應於每年終支付之（民 477）。

2.返還借用物義務：

(1)定有期限者：借用人應於約定期限內，返還與借用物種類、品質、數量相同之物。

(2)未定期限者：未定返還期限者，借用人得隨時返還，貸與人亦得定 1 個月以上之相當期限，催告返還（民 478）。

3.返還不能之補償：借用人不能以種類、品質、數量相同之物返還者，應以其物在返還時、返還地所應有之價值償還之。返還時或返還地未約定者，以其物在訂約時或訂約地之價值償還之（民 479）。

4.金錢借貸返還之特別規定：關於金錢借貸之返還，除契約另有訂定外，依下列之規定（民 480）：

(1)以通用貨幣爲借貸者，如於返還時，已失其通用效力，應以返還時有通用效力之貨幣償還之。

(2)金錢借貸，約定折合通用貨幣計算者，不問借用人所受領貨幣價格之增減，均應以返還時有通用效力之貨幣償還之。

⑶金錢借貸，約定以特種貨幣爲計算者，應以該特種貨幣，或按返還時、返還地之市價，以通用貨幣償還之。

5.貨物或有價證券折算金錢之消費借貸：以貨物或有價證券折算金錢而爲借貸者，縱有反對之約定，仍應以該貨物或有價證券按照交付時交付地之市價所應有之價值，爲其借貸金額（民 481）。

商業發達後，有價證券常成爲交易之標的，而「貨物」是否包括有價證券在內，易滋疑義，爲明確計，增列「有價證券」亦在本條適用之列，以符實際，並杜爭議。

第七章　僱　傭

第一節　僱傭之概念

僱傭（拉：locoatio conductio operarum；德：Dienstvertrag；法：louage de services, contrat de travail），即當事人約定一方服勞務，一方給與報酬之契約也。勞務不僅身體，即高尚之精神，亦為勞務。報酬不僅金錢，各種給付，亦為報酬。近世各國所認僱傭契約，其勞務及給付之定義，俱依此為準，於實際上亦良便，故民法第 482 條規定：「稱僱傭者，謂當事人約定，一方於一定或不定之期限內為他方服勞務，他方給付報酬之契約。」不過僱傭契約之成立，必應規定明確，始杜無益之爭論。報酬為僱傭之一要件，故為人服勞務，不向人索報酬者，不得以僱傭論。例如子為父母服勞務，非因報酬而然，即不謂之僱傭契約。然有非受報酬不服勞務之情事者，仍應視為僱用人允給報酬。至報酬額之多寡，如無特約，可依公定價目表或習慣相沿之數而定（民 483）。

第二節　僱傭之效力

一、受僱人之權利義務

㈠**勞務之專屬**：受僱人之勞務有專屬性，僱用人非經受僱人同意，不得將其勞務請求權讓與第三人。受僱人非經僱用人同意，不得使第三人代服勞務。當事人之一方違反前項規定時，他方得終止契約（民 484）。

㈡**勞務之供給**：受僱人應依契約本旨及誠實信用之原則，提供勞務。若受僱人曾經自己明示或默示保證其有特種技能者，如無此種技能，自

屬違反契約,應使僱用人有終止契約之權。否則受僱人之有無特種技能,僱用人亦有審慎選擇之責任,自不得據此遽行解約,使受僱人蒙不當之損失,是又理之當然,無待明文規定(民485)。

㈢**受領遲延之報酬請求**:按僱用人怠於領受僱人所服勞務,與受僱人無故不為服務不同,故無論受僱人已否服畢,應以已為服務論,均應有請求報酬之權。然受僱人因此所得之利益,乃屬不當利益,故對於受僱人因不服勞務所節省之費用,或轉向他處服勞務所取得之利益,及可取而不取之利益,均許僱用人自其報酬額內扣除之,以昭平允(民480)。

㈣**受僱人之請求賠償**:受僱人服勞務,因非可歸責於自己之事由,致受損害者,得向僱用人請求賠償。前項損害之發生,如別有應負責任之人時,僱用人對於該應負責者,有求償權(民487之1)。

二、僱用人之義務

㈠**僱用人對受僱人之保護義務**:受僱人服勞務,其生命、身體、健康有受危害之虞者,僱用人應按其情形為必要之預防(民483之1)。

㈡**給付報酬**:報酬,應依約定之期限給付之。無約定者,依習慣。無約定,亦無習慣者,依下列之規定:

　　1.報酬分期計算者,應於每期屆滿時給付之。

　　2.報酬非分期計算者,應於勞務完畢時給付之(民486)。

第三節　僱傭關係之消滅

一、屆期與終止契約

僱傭定有期限者,僱傭關係於期限屆滿時消滅。僱傭未定期限,亦不能依勞務之性質或目的定其期限者,各當事人得隨時終止契約。但有利於受僱人之習慣者,從其習慣(民488)。

二、遇重大事由之終止

當事人之一方,遇有重大事由,其僱傭契約,縱定有期限,仍得期限屆滿前終止之。前項事由,如因當事人一方之過失而生者,他方得向

其請求損害賠償（民 489）。

第四節　僱傭契約與勞動契約

　　僱傭契約在資本主義社會提供相當之貢獻，民法雖規定僱傭契約是當事人間對等而自由簽訂的，但實際上因僱用者與勞工在經濟社會之實力上相當不同，因此契約內容總對勞工不利，而政府爲實現公正之契約，乃有勞動基準法之制定，以該法爲對象之契約，稱爲勞動契約。

　　當今民法之僱傭所適用之對象，以家族企業或不適用勞動基準法之事業爲主。一般之勞工則全部適用勞動基準法。民法只不過是扮演補充之作用而已。

第八章 承 攬

第一節 承攬之概念

承攬（拉：locatio conductio operis；德：Werkvertrag；法：Louage d'ouvrage et d'industrie, contrat d'entreprise），即當事人約定一方為他方完成一定之工作，他方俟工作完成給付報酬之契約也（民490）。為人完成工作者謂之承攬人，俟工作完成給付酬者，謂之定作人。承攬與僱傭不同，因承攬須完成工作才給付報酬；而僱傭為單純給付勞務，縱未違僱用人所預期之效果，仍得受領報酬。按報酬為承攬之一要件，故為人完成工作，不向人索報酬者，不得謂為承攬。然有非受報酬即不能完成工作之情事者，仍應視為定作人允給報酬。至報酬額之多寡，如無特約，應使其按照價目表或習慣相沿之數而定其給付（民491）。

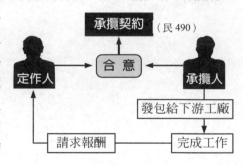

第二節 承攬之效力

一、對於承攬人之效力

㈠**完成工作之義務**：承攬人應依契約之內容完成一定工作。如承攬人不依約定內容完成工作，即可構成不完全給付。

1.遲延完成工作之責任：承攬人對於所約定之工作，須負責完成，如因可歸責於承攬人之事由，致工作逾約定期限始完成，或未定期限而逾相當時期始完成者，定作人得請求減少報酬或請求賠償因遲延而生之損害。此項情形，如以工作於特定期限完成或交付為契約之要素者，定

作人得解除契約，並得請求賠償因不履行而生之損害（民502）。

　　2.期前遲延之解除契約：在工作進行中，因可歸責於承攬人之事由，遲延工作，顯可預見其不能於限期內完成而其遲延可為工作完成後解除契約之原因者，定作人得依前條第2項之規定解除契約，並請求損害賠償（民503）。

　　3.遲延責任之免除：承攬人因可歸責於自己之事由，致工作遲延，定作人得於期前解約，亦得因逾期完成而請求減少報酬，其以特定期限完成或交付為契約之要素者，並得解除契約。惟定作人行使此種權利，必須於受領工作時聲明保留，如不為保留，則定作人所得主張之減少報酬請求權及解除契約權，即因受領而推定其為拋棄其權利，承攬人對於遲延之結果，自應不負責任。蓋此在保護承攬人之利益也（民504）。

　㈡瑕疵擔保：承攬人完成工作，應與買賣物品之出賣人同，應使其具備約定之品質，及無減少或滅失價值或不適於通常或約定使用之瑕疵（民492）。按工作之瑕疵，因定作人所供給材料之性質，或依定作人之指定而生者，自應由定作人任其責，不能有承攬契約之解除權，及修補或償還自行修補費用，或減少報酬或損害賠償之請求權。但承攬人明知其材料之性質或指示不適當，足以發生瑕疵，而故意不告知定作人者，亦有背於交易誠實信用之道，故仍使定作人得行使其權利（民496）。

　　工作物有瑕疵者，定作人得下列方法行使權利：

　　1.瑕疵修補：即工作有瑕疵，定作人不得據行請求解除契約或減少報酬，定作人得定相當期限，請求承攬人修補瑕疵，蓋承攬人所完成者，應無瑕疵之工作，決非有瑕疵之工作，若其工作有瑕疵，自應修補。至承攬人不於上述期限內修補瑕疵，定作人自行出費修補，並得向承攬人請求償還修補必要之費用。然修補瑕疵，有時需費過鉅者，例如房屋建築告竣，因土地疆界，位置不便，遽欲移動，則與創造無異，仍令承攬人修補，似覺過酷，故許其有拒絕權（民493）。

　　2.解除契約或減少報酬：承攬人不於上述規定內修補瑕疵，或拒絕修補，或其瑕疵不能修補者，定作人得解除契約或請求減少報酬。但瑕疵非重要，或所承攬之工作為建築物或其他土地上之工作物者，定作人

不得解除契約（民494）。

　　3.賠償損害：因可歸責於承攬人之事由，致工作發生瑕疵者，定作人
除依前二條之規定，請求修補或解除契約，或請求減少報酬外，並得請求
損害賠償（民495 I）。前項情形，所承攬之工作爲建築物或其他土地上之
工作物，而其瑕疵重大致不能達使用之目的者，例如承攬人利用海砂爲建
材建築房屋，如海砂嚴重腐蝕鋼筋，致不能達使用之目的時，此項規定對
定作人即有失公平，且有礙社會公益。定作人得解除契約（民495 II）。

　　4.預防瑕疵請求權：工作進行中，因承攬人之過失，顯可預見工作
有瑕疵，或有其他違反契約之情事者，定作人得定相當期限，請求承攬
人改善其工作，或依約履行。承攬人不於前項期限內，依照改善或履行
者，定作人得使第三人改善或繼續其工作，其危險及費用，均由承攬人
負擔（民497）。

　　5.負責期間：工作物之瑕疵，自工作交付後經過 1 年始發見者，定
作人不得主張。工作依其性質無須交付者，此 1 年之期間，自工作完成
時起算，如承攬人故意不告知其工作之瑕疵者，則延長其期間爲 5 年（民
498、500）。工作爲建築物，或其他土地之工作物。或爲此等工作物之重
大之修繕者，其瑕疵自工作完成後，5 年內發見者，承攬人仍須負責。
但承攬人故意不告知瑕疵者，則延長爲 10 年（民500）。上兩項期限，均
得以契約加長，而不得減短（民501）。

　　㈢**承攬人之法定抵押權**：承攬之工作爲建築物或其他土地上之工作
物，或爲此等工作物之重大修繕者，承攬人得就承攬關係報酬額，對於
其工作所附之定作人之不動產，請求定作人爲抵押權之登記；或對於將
來完成之定作人之不動產，請求預爲抵押權之登記。前項請求，承攬人
於開始工作前亦得爲之。前二項之抵押權登記，如承攬契約已經公證者，
承攬人得單獨申請之。第 1 項及第 2 項就修繕報酬所登記之抵押權，於
工作物因修繕所增加之價值限度內，優先於成立在先之抵押權（民513）。

二、對於定作人之效力

　　㈠**給付報酬**：

1.報酬給付之時期：按雙務契約之原則，兩造之義務，應同時履行。承攬為雙務契約，故須於交付工作時支給報酬，其工作之性質，無須交付者，應於工作完成之時，支給報酬。至工作係分部交付，而其報酬亦係就各部分定之者，則應於每一部分工作交付時，即給付該部分所應受領之報酬，以付雙務契約同時履行義務之旨趣（民505）。

建造完成

承攬人將搭建完成之農舍移交所有權給定作人　承攬人　←　支付金錢　——　定作人

2.實際報酬超過預估概數甚鉅時之處理：按訂立承攬契約之時，承攬人僅估計報酬之概數，而未確保其需用額，及至工作進行以後，始知須加巨額之報酬，方能完成其工作，於此情形，如其超過概數之原因，係不應歸責於定作人之事由，若強定作人續行契約，於理實有未當，故應使定作人於工作進行中或完成後，隨時得解除契約，以保護其利益。又前項情形，其工作如係建築物或其他土地上之工作物，或係此等工作物之重大修繕者，於此情形，如亦許定作人隨時得解除契約，則承攬人之損失，未免過鉅，故限於工作尚未完成時，方許定作人得通知承攬人停止工作，並得解除契約。倘其工作業已完成，僅許請求相當減少報酬，不許解除契約，以保護承攬人之利益。定作人依本條前二項之規定，雖許定作人解除契約，然不得因此害及承攬人之利益。故承攬人如因解除契約而致受有損害時，應使定作人負相當賠償之責任，方足以昭公允（民506）。

㈡**工作之協力完成**：工作需定作人之行為始能完成者，而定作人不為其行為時，承攬人得定相當期限，催告定作人為之。定作人不於前項期限內為其行為者，承攬人得解除契約，並得請求賠償因契約解除而生之損害（民507）。

㈢**視為受領工作**：承攬之工作，如依工作之性質，無須交付者，以工作完成時視為受領（民510）。

㈣**危險負擔**：工作毀損、滅失之危險，於定作人受領前，由承攬人負擔。如定作人受領遲延者，其危險由定作人負擔。定作人所供給之材料，因不可抗力而毀損、滅失者，承攬人不負其責（民508）。於定作人受領工作前，因其所供給材料之瑕疵，或其指示不適當，致工作毀損、滅失，或不能完成者，承攬人如及時將材料之瑕疵，或指示不適當之情事，通知定作人時，得請求其已服勞務之報酬，及墊款之償還。定作人有過失者，並得請求損害賠償（民509）。

三、權利行使之期間

定作人之瑕疵修補請求權、修補費用償還請求權、減少報酬請求權、損害賠償請求權或契約解除權，均因瑕疵發見後 1 年間不行使而消滅。承攬人之損害賠償請求權或契約解除權，因其原因發生後，1 年間不行使而消滅（民514）。

第三節 承攬契約之終止

一、定作人之終止契約

按承攬人未完成工作以前，定作人無論何時，得聲明解除契約，以保護定作人之利益，然不能因此不顧及承攬人之利益。故本條使定作人於不害承攬人利益之範圍內，行使解約之權，即就承攬人因解約而生之損害，應使定作人負賠償之責也（民511）。

二、承攬契約之當然終止

按承攬之工作，係以承攬人個人之技能，為契約之要素者，如承攬人於工作進行中死亡，或非由於承攬人之過失，而不能完成約定之工作，於此情形，應許終止契約。蓋以此種工作，既非他人所能代為完成，自應許其解約，較為適當也。惟承攬人雖於工作進行中死亡，或非因過失致工作不能完成，然其工作已有一部分完成，而已完成之部分，又於定作人實為有用者，自應使定作人負受領工作及支給相當報酬之義務，以保承攬人之利益（民512）。

第四節　承攬與僱傭之不同

區分基準	承　攬	僱　傭
目的不同	承攬雖亦有勞務，但以完成承攬之工作為主。	僱傭雖有完成工作之目的，但以服務為主。
報酬不同	承攬如未完成約定之工作，就不能請求報酬。	不論服勞務之結果如何，均能獲得報酬。
性質不同	因以完成工作為目的，其工作之內容與進度，由承攬人自己決定，故具有獨立性。	係以提供勞務，獲得報酬為目的，工作之性質應聽從僱用人指示辦理。故具有從屬性。
責任不同	承攬人執行承攬工作時，有侵害他人權利者，由承攬人負責，原則上定作人不負責任。	受僱人在執行職務時，有侵害他人權利者，由僱用人與受僱人連帶負賠償責任（民188）。

第九章 旅 遊

第一節 旅遊之概念

一、旅遊之意義

稱旅遊營業人者，謂以提供旅客旅遊服務為營業，而收取旅遊費用之人。上項遊遊服務，係指安排旅程及提供交通、膳宿、導遊或其他有關之服務（民514之1）。

二、旅遊契約之性質

（一）**旅遊契約是雙務契約**	即旅遊營業人提供旅遊服務，而旅客給付旅遊費用之雙務契約。
（二）**旅遊是有償契約**	即旅遊營業人及旅客，均須給付而取得對價之有償契約。
（三）**旅遊是不要式契約**	旅遊營業人如遇旅客有請求時，即應以書面記載旅遊事項，但此並非旅遊契約之成立所須踐行之事項，故為不要式契約。
（四）**旅遊是不要物契約**	旅遊只是「旅遊服務」與「旅遊費用」兩者之合意，契約即可成立，並無標的物之交付，故為不要物契約。

第二節 旅遊契約之效力

一、旅遊營業人之權義

㈠**提供旅遊服務之義務**：除當事人約定外，須安排旅程，具備提供交通、膳食、導旅或其他有關之服務。

㈡**應旅客之請求以書面記載事項**：旅遊營業人因旅客之請求，應以書面記載下列事項，交付旅客（民514之2）：

　　1.旅遊營業人之名稱及地址。

　　2.旅客名單。

3.旅遊地區及旅程。

4.旅遊營業人提供之交通、膳宿、導遊或其他有關服務及其品質。

5.旅遊保險之種類及其金額。

6.其他有關事項。

7.填發之年月日。

㈢**旅遊費用收取請求權**：旅遊營業人提供旅遊服務，得向旅客收取旅遊費用。

㈣**不得變更旅遊內容**：旅遊營業人非有不得已之事由，不得變更旅遊內容。旅遊營業人依前項規定變更旅遊內容時，其因此所減少之費用，應退還於旅客；所增加之費用，不得向旅客收取。旅遊營業人依第 1 項規定變更旅程時，旅客不同意者，得終止契約。旅客依前項規定終止契約時，得請求旅遊營業人墊付費用將其送回原出發地。於到達後，由旅客附加利息償還之（民 514 之 5）。

㈤**旅遊服務品質之維持**：旅遊營業人提供旅遊服務，應使其具備通常之價值及約定之品質（民 514 之 6）。

㈥**瑕疵擔保責任**：旅遊服務不具備通常之價值或品質者，旅客得請求旅遊營業人改善之。旅遊營業人不為改善或不能改善時，旅客得請求減少費用。其有難於達預期目的之情形者，並得終止契約。因可歸責於旅遊營業人之事由致旅遊服務不具備旅遊通常之價值或品質者，旅客除請求減少費用或並終止契約外，並得請求損害賠償。旅客依前二項規定終止契約時，旅遊營業人應將旅客送回原出發地。其所生之費用，由旅遊營業人負擔（民 514 之 7）。

㈦**協助處理旅客之身體財產上事故**：旅客在旅遊中發生身體或財產上之事故時，旅遊營業人應為必要之協助及處理。前項之事故，係因非可歸責於旅遊營業人之事由所致者，其所生之費用，由旅客負擔（民 514 之 10）。

㈧**協助旅客處理購物瑕疵**：旅遊營業人安排旅客在特定場所購物，其所購物品有瑕疵者，旅客得於受領所購物品後 1 個月內，請求旅遊營業人協助其處理（民 514 之 11）。

二、旅客之權義

㈠**請求旅遊服務**：即請求旅遊營業人依照約定提供旅遊服務(民514之1)。

㈡**旅客變更參加權**：旅遊開始前，旅客得變更由第三人參加旅遊。旅遊營業人非有正當理由，不得拒絕。第三人依前項規定為旅客時，如因而增加費用，旅遊營業人得請求其給付。如減少費用，旅客不得請求退還（民514之4）。

㈢**旅遊時間浪費之求償**：因可歸責於旅遊營業人之事由，致旅遊未依約定之旅程進行者，旅客就其時間之浪費，得按日請求賠償相當之金額。但其每日賠償金額，不得超過旅遊營業人所收旅遊費用總額每日平均之數額（民514之8）。

㈣**旅客隨時終止契約權**：旅遊未完成前，旅客得隨時終止契約。但應賠償旅遊營業人因契約終止而生之損害。旅客依前項規定終止契約時，得請求旅遊營業人墊付費用將其送回原出發地。於到達後，由旅客附加利息償還之（民514之9）。

㈤**給付旅遊費用**：遊客應有義務給付旅遊費用於旅遊營業人(民514之1)。

㈥**旅客之協力義務**：旅遊需旅客之行為始能完成，而旅客不為其行為者，旅遊營業人得定相當期限，催告旅客為之。旅客不於前項期限內為其行為者，旅遊營業人得終止契約，並得請求賠償因契約終止而生之損害。旅遊開始後，旅遊營業人依前項規定終止契約時，旅客得請求旅遊營業人墊付費用將其送回原出發地。於到達後，由旅客附加利息償還之（民514之3）。

第三節　短期時效與契約之終止

一、短期時效

旅遊有關之減少或退還費用請求權，損害賠償請求權及墊費用償還請求權，均自旅遊終了或應終了時起，**1年間不行使而消滅**（民514之12）。有鑑於旅遊行為時間短暫，為期早日確定法律關係，旅遊之權利以從速行使為宜，故明定為自旅遊終了或應終了時起，1年間不行使而消滅。

二、契約之終止

㈠**旅遊營業人之終止**：旅遊需旅客之行為始能完成，而旅客不為其行為者，旅遊營業人得終止契約，並得請求賠償因契約終止而生之損害（民514之3Ⅱ）。

㈡**旅客之終止**：

　　1.旅遊內容之變更：旅遊營業人依第514之5變更旅遊內容，而旅客不同意者，旅客得終止契約（民514之5Ⅱ）。

　　2.旅遊營業人之瑕疵擔保：旅遊服務不具備通常之價值或品質，經旅客要求改善而不改善或不能改善，其有難於達到預期目的之情形時，旅客得終止契約（民514之7Ⅰ）。

　　3.旅客終止契約前：旅遊未完成前，旅客得隨時終止契約（民514之9Ⅰ）。

第四節　護送旅客返還之義務

一、由旅客負擔費用

　　旅客得請求旅遊營業人墊付費用，將其送回原出發地，於到達後，由旅客附加利息償還之：

㈠旅客不協力完成旅遊，由旅遊營業人終止契約之情形（民514之3Ⅲ）。

㈡旅遊營業人變更旅遊內容，旅客不同意終止契約之情形（民514之5Ⅳ）。

㈢旅客隨時終止契約時（民514之9Ⅱ）。

二、由旅遊營業人負擔費用

　　旅遊內容有瑕疵，旅客終止契約時，旅遊營業人應將旅客送回原出發地，其所生之費用，由旅遊營業人負擔（民514之7Ⅲ）。

第十章　出　版

第一節　出版之概念

一、出版之意義

　　出版契約（英：publishing agreement；德：Verlagsvertrag；法：contrat d'edition），即當事人約定一方以文學、科學、藝術或其他之著作，爲出版而交付他方，他方擔任印刷或以其他方法重製及發行之契約。投稿於新聞紙或雜誌經刊登者，推定成立出版契約（民515）。此包括出版允諾契約與出版權設定契約兩者之概念，故爲雙務契約，一方應以著作物交付於他方，他方有爲重製而發行之義務。

二、出版契約之立法

　　按出版品者，謂用機械或化學之方法所印製，而供出售或散布之文書圖畫也。出版者，著作人與印刷發行人相互之契約也。關於出版品，已另有法律規定，關於出版，即著作人與印刷發行人相互間之權利義務，亦須特別規定，方足以資準據。

第二節　出版之效力

一、出版權之授與及消滅

　　出版權於出版授權與人依出版契約將著作交付於出版人時，授與出版人。依前項規定授與出版人之出版權，於出版契約終了時消滅（民515之1）。

二、出版權授與人之權義

　　㈠**交付著作及出版權之移轉**：著作財產權人之權利，於合法授權實行之必要範圍內，由出版人行使之（民516 I）。按著作人之權利可分爲著作

人格權及著作財產權，其中著作人格權專屬於著作人本身，不得讓與或繼承，而著作財產權則得讓與。本項並明示著作財產權人之權利，於合法授權實行之必要範圍內，由出版人行使。

㈡**瑕疵擔保責任**：出版權授與人，應擔保其於契約成立時，有出版授與之權利，如著作受法律上之保護者，並應擔保該著作有著作權（民516 II）。

㈢**告知義務**：出版權授與人，已將著作之全部或一部，交付第三人出版，或經第三人公開發表，為其所明知者，應於契約成立前將其情事告知出版人（民516III）。

㈣**禁止為不利於出版人處分**：出版權授與人於出版人得重製發行之出版物未賣完時，不得就其著作之全部或一部，為不利於出版人之處分。但契約另有訂定者，不在此限（民517）。

㈤**著作之修改權**：著作人於不妨害出版人出版之利益，或增加其責任之範圍內，得訂正或修改著作。但對於出版人因此所生不可預見之費用，應負賠償責任。出版人於重製新版前，應予著作人以訂正或修改著作之機會（民520）。

㈥**另交稿本於出版人重作之義務**：著作交付出版人後，因不可抗力致滅失者，出版人仍負給付報酬之義務。滅失之著作，如出版權授與人另存有稿本者，有將該稿本交付於出版人之義務。無稿本時，如出版權授與人係著作人，且不多費勞力，即可重作者，應重作之。前項情形，出版權授與人得請求相當之賠償（民525）。

三、出版人之權義

㈠**發行義務**：出版人應以適當之格式重製著作。並應為必要之廣告及用通常之方法推銷出版物。出版物之賣價，由出版人定之。但不得過高，致礙出版物之銷行（民519II,III）。

㈡**尊重著作人**：

1.不得增減變更：出版人對於著作，不得增減或變更（民519 I）。

2.不得合版或分版：同一著作人之數著作，為各別出版而交付於出

版人者，出版人不將其數著作，併合出版。出版權授與人就同一著作人或數著作人之數著作爲併合出版，而交付於出版人者，出版人不得將著作，各別出版（民521）。

　　3.給與著作人修改機會：出版人於重製新版前，應予著作人以訂正或修改著作之機會（民520II）。

　(三)**版數之約定與續版義務**：版數未約定者，出版人僅得出一版。出版人依約得出數版或永遠出版者，如於前版之出版物賣完後，怠於新版之重製時，出版權授與人得聲請法院令出版人於一定期限內，再出新版。逾期不遵行者，喪失其出版權（民518）。

　(四)**給付報酬之義務**：

　　1.著作之報酬：出版契約並不一定以報酬爲要件，如依情形非受報酬，即不爲著作之交付者，視爲允與報酬（民523 I）。

　　2.報酬之計算：

　　　(1)出版人有出數版之權者，其次版之報酬及其他出版之條件，推
　　　　定與前版相同（民523 II）。

　　　(2)報酬之全部或一部，依銷行之多寡而定者，出版人應依習慣計
　　　　算，支付報酬，並應提出銷行之證明（民524 II）。

　　3.給付報酬之時期：著作全部出版者，於其全部重製完畢時，分部出版者，於其各部分重製完畢時應給付報酬（民524 I）。

　(五)**危險負擔**：

　　1.著作滅失：著作交付出版人後，因不可抗力致滅失者，出版人仍負給付報酬之義務。滅失之著作，如出版權授與人另存有稿本者，有將該稿本交付於出版人之義務。無稿本時，如出版權授與人係著作人，且不多費勞力，即可重作者，應重作之。此項情形，出版權授與人得請求相當之賠償（民525）。

　　2.出版物滅失：重製完畢之出版物，於發行前，因不可抗力，致全部或一部滅失者，出版人得以自己費用，就滅失之出版物，補行出版，對於出版權授與人，無須補給報酬（民526）。

第三節　　出版關係之消滅

(一) 出版物銷完	出版人依法律規定出版著作，於出版物銷完時，出版契約即歸消滅。
(二) 出版權喪失	出版物賣完後怠於新版之重製，經法院令其再出新版，逾期不遵行者，喪失出版權（民 518 II）。
(三) 著作滅失	著作滅失而無稿本，亦無法重作者（民 525 II）。
(四) 著作無法完成	著作未完成前，如著作人死亡，或喪失能力，或非因其過失致不能完成其著作者，其出版契約關係消滅。前項情形，如出版契約關係之全部或一部之繼續，為可能且公平者，法院得許其繼續，並命為必要之處置（民 527）。

第十一章　委　任

第一節　委任之概念

一、委任之意義

　　委任（拉：mandatum；英：mandate；德：Auftrag；法：mandat）者，謂當事人約定，一方委託他方處理事務，他方允爲處理之契約（民528）。按本條爲規定委任之意義，及委任契約之成立要件，因一方委託他方處理事務，他方允爲處理，其委任契約，即爲成立。至於有否報酬，學說聚訟，各國立法例亦不一致。有以有報酬之委任，祇能以僱傭、承攬、居間等契約論，非眞正之委任者。本法則不問其受報酬與否，凡爲他人處理事務者，皆視爲委任也。

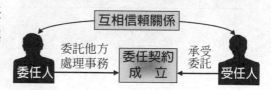

二、委任契約之成立

　　㈠**明示及默示成立契約**：委任契約普通均爲單獨及無償契約，其有給與報酬者，則爲雙務及有償契約。委任契約之成立，原則上須當事人意思表示一致，但若某人有承受委託處理一定事務之公然表示者，如對於該事務之委託，不即爲拒絕之通知時，視爲允受委託（民530）。

　　㈡**書面之委任**：對於委任事務之處理，須爲法律行爲，如該法律行爲，依法應以文字爲之者，其處理權之授與，亦應以文字爲之（民531）。

　　㈢**授權行爲要式性**：對於爲委任事務之處理，須爲法律行爲，而該法律行爲，依法應以文字爲之者，其代理權之授與，亦須以文字爲之（民531）。

三、委任之性質

㈠ 有名契約	委任契約民法第528至552條有規定，故爲有名契約。

(二) 勞務契約	民法第 529 條：「關於勞務給付之契約，不屬於法律所定其他契約之種類者，適用關於委任之規定。」因受任人處理委任事務，須勞務給付，其種類如僱傭、承攬等是。
(三) 諾成契約	即由委任人與受任人意思表示一致，即可成立之契約，而不須目的物之交付。
(四) 無償或有償契約	受任人處理委任事務，可以有報酬，也可以無報酬，由當事人間約定之。

四、委任與其他契約

委任爲典型之勞務給付契約，故關於勞務給付之契約，不屬於法律所定其他契約之種類者，均適用關於委任之規定（民 529）。委任以供給勞務爲手段，處理事務爲本旨，而不以處理事務完成一定工作爲必要。故與承攬之爲完成一定工作，及僱傭之爲單純給付勞務者，均有不同。

第二節　委任與僱傭及承攬

一、委任與僱傭

區分基準	委　　任	僱　　傭
(一) 目的不同	委任以處理事務爲契約之主要目的，其供給勞務只爲達成目的之手段。	僱傭在給付勞務獲取報酬爲目的。
(二) 權利義務關係之不同	受任人雖須依委任人之指示辦理，但亦有獨立之決定權（民 536）。	受僱人之服勞務，全須依僱傭人之指示，自己無獨立之裁量權。
(三)性質不同	委任契約有無償與有償。	僱傭契約必須給付報酬。
(四) 可否複委任	受任人應自己處理委任事務，但經委任人之同意或另有習慣或有不得已之事由者，得使第三人代爲處理（民 537）。	受僱人非經僱傭人同意，不得使第三人代服勞務（民 484）。

二、委任與承攬

區分基準	委　任	承　攬
(一) 目的不同	委任係委託處理事務為目的不以有一定結果為要件。	承攬須以完成一定工作為要件。
(二) 複委任	委任應自己處理委任事務，原則上不得「複委任」。	承攬不以自己完成工作為必要，故得為「次承攬」。
(三) 報酬之請求	如約定給付報酬，得按已辦理完成之部分請求報酬。	承攬之工作，以工作完成為要件，故工作完成後始得請求報酬。

第三節　委任之效力

一、受任人之權限

(一)**依委任契約、特別委任與概括委任**：受任人之權限，依委任契約之訂定。契約未訂定其權限時，則依委任事務之性質定之，蓋從其委任之性質上，推定其有此權限，所以資處理事務之便利。委任人得指定一項或數項事務而為特別委任，或就一切事務，而為概括委任（民532）。應悉依其自由之意思為之。所謂特別委任者，謂指定特種事項而為委任；所謂概括委任者，謂就一切事項悉行委任者也。

(二)**特別委任**：受任人受特別委任者，就委任事務之處理，得為委任人為一切必要之行為（民533）。

(三)**概括委任**：受任人受概括委任者，得為委任人為一切行為，此不僅可為法律行為，事實行為亦得為之。但為下列行為，須有特別之授權（民534）：

1. 不動產之出賣或設定負擔。
2. 不動產之租賃其期限逾2年者。
3. 贈與。
4. 和解。
5. 起訴。
6. 提付仲裁。

二、受任人之義務

㈠**處理事務依指示及注意義務**：受任人處理委任事務，應依委任人之指示，又為顧及委任人之利益計，自應特加注意，而其注意之程度，又視受有報酬與否而不同。其未受報酬者，則須與處理自己事務為同一之注意。其受有報酬者，應以**善良管理人之注意為之**（民535），否則應負損害賠償之責。此善良管理人的注意，就是**抽象輕過失責任**。

㈡**變更指示之限制**：受任人既非為自己之利益處理委任事務，故應以委任人所指示者為主，非有急迫之情事，並可推定委任人若知有此情事亦允許變更其指示者，不得變更委任人之指示（民536）。因此，受任人變更委任人指示之要件有二：一須有急迫情事。二須推知委任人知有此情事亦允許其變更指示。所以保護委任人之利益也。

㈢**處理事務之專屬性與複委任**：按委任之關係，基於信任而來，故委任人因信任受任人之結果，特委任受任人處理自己之事務，則對於委任人所委任之事務，受任人亦應由自己處理之，方合契約之本旨。若第三人既非委任人所信任，受任人自不得使第三人代為處理委任事務也，但經委任人之同意，或另有習慣，或有不得已之事由者，亦不妨使第三人代為處理，蓋有時因特種情形，受任人既不能自己處理，又不能使第三人代為處理，反使事務停頓，致難貫徹委任之初意，自不若轉使第三人代為處理，較易進行無阻也（民537）。

㈣**複委任之效力**：

1.依第537條之規定，受任人使第三人處理委任事務，須經委任人之同意，或另有習慣，或有不得已之事由，始為有效。若違反此項規定，並未經委任人同意，亦無習慣可以依據，且非有不得已之事由者，此時第三人之行為，應視為受任人自己之行為，如有損害，自應由受任人負其責任。反之受任人使第三人處理委任事務，係已得委任人同意，或有習慣可以依據，或有不得已之事由者，則受任人僅就第三人之選任，及其對於第三人所為之指示，負其責任（民538）。

2.委任人對第三人之直接請求權：受任人使第三人代為處理委任事務者，委任人對於該第三人關於委任事務之履行，有直接請求權（民539）。

㈤**受任人之報告義務**：受任人既受委任人之委任，處理某項事務，則應將委任事務進行之狀況，隨時報告於委任人，其於委任關係終止時，亦應將其所處理事務之始末情形，詳細報告於委任人（民540）。

㈥**交付金錢物品孳息及移轉權利之義務**：受任人於處理委任事務之際，其所收取之金錢、物品及孳息，既因委任之故而收取，自屬於委任人所有，至其後均應交付委任人。若受任人以自己名義取得權利，此權利既爲委任人之權利，亦應移轉於委任人（民541），此亦委任性質上當然之不可缺事也。

㈦**損害賠償**：

1.支付利息與損害賠償：受任人將應交付於委任人之金錢或應爲委任人利益而使用之金錢，爲自己之利益自行消費使用者，無論受任人有無過失，委任人曾否受損害，應自使用之日起，支付利息。如因此致委任人受損害者，並應賠償（民542）。

2.過失或逾越權限之賠償：受任人因處理委任事務有過失，或因逾越權限之行爲所生之損害，對於委任人應負賠償之責（民544）。

三、委任人之義務

㈠**處理委任事務請求權讓與之禁止**：委任關係，既爲專屬之法律關係，委任人非經受任人之同意，不得將處理委任事務之請求權，讓與第三人（民543）。

㈡**支付費用**：

1.預付必要費用：委任人因受任人之請求，應預付處理委任事務之必要費用（民545）。

2.償還墊款及其利息：受任人因處理委任事務，支出之必要費用，委任人應償還之，並付自支出時起之利息（民546Ⅰ）。

3.代償債務：受任人因處理委任事務，負擔必要債務者，得請求委任人代其清償，未至清償期者，得請求委任人提出相當擔保（民546Ⅱ）。

㈢**損害賠償**：受任人處理委任事務，因非可歸責於自己之事由，致受損害者，得向委任人請求賠償（民546Ⅲ）。

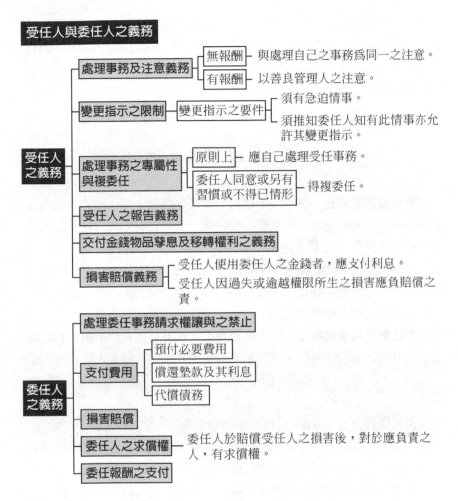

受任人與委任人之義務

受任人之義務

處理事務及注意義務
- 無報酬 — 與處理自己之事務爲同一之注意。
- 有報酬 — 以善良管理人之注意。

變更指示之限制 — 變更指示之要件
- 須有急迫情事。
- 須推知委任人知有此情事亦允許其變更指示。

處理事務之專屬性與複委任
- 原則上 — 應自己處理受任事務。
- 委任人同意或另有習慣或不得已情形 — 得複委任。

受任人之報告義務

交付金錢物品孳息及移轉權利之義務

損害賠償義務
- 受任人使用委任人之金錢者，應支付利息。
- 受任人因過失或逾越權限所生之損害應負賠償之責。

委任人之義務

處理委任事務請求權讓與之禁止

支付費用
- 預付必要費用
- 償還墊款及其利息
- 代償債務

損害賠償

委任人之求償權 — 委任人於賠償受任人之損害後，對於應負責之人，有求償權。

委任報酬之支付

(四)**求償權**：民法第 546 條第 3 項受任人處理事務，非可歸責自己之事由，致受損害者，如別有應負責任之人時，委任人對於該負責者，有求償權（民 546IV）。

(五)**委任報酬之支付**：

1.給付報酬之標準：報酬縱未約定，如依習慣，或依委任事務之性質，應給與報酬者，受任人得請求報酬（民 547）。

2.請求報酬之時期：受任人應受報酬之時期，契約有訂定者，自應從

其所定。若契約並未訂定，則須俟委任關係終止及爲明確報告顚末後，始
得請求給付。雖然受任人請求報酬，固應以委任關係之終止爲原則，但有
時受任人處理委任事務尙未完畢前，已終止委任關係，而委任關係終止之
原因，並非可歸責於受任人之事由者，亦應許受任人請求報酬，惟其請求
報酬之範圍，須以受任人對於事務已經處理之部分爲限耳（民548）。

第四節　委任關係之消滅

㈠**委任契約之終止**：當事人之任何一方得隨時終止委任契約。當事人
之一方，於不利於他方之時期終止契約者，應負損害賠償責任。但因非
可歸責於該當事人之事由，致不得不終止契約者，不在此限（民549）。

㈡**當事人死亡、破產或喪失行爲能力**：委任關係，因當事人一方死亡、
破產或喪失行爲能力而消滅。但契約另有訂定，或因委任事務之性質，
不能消滅者，不在此限（民550）。

㈢**委任事務之繼續處理**：第550條情形，如委任關係之消滅，有害於
委任人利益之虞時，受任人或其繼承人，或其法定代理人，於委任人或
其繼承人，或其法定代理人，能接受委任事務前，應繼續處理其事務（民
551）。

㈣**委任關係之視爲存續**：委任關係消滅之事由，如當事人之一方死亡、
破產、或喪失行爲能力等是。此種委任關係，消滅之原因，如係因一方
之事由而發生，必待他方知其事由或可得知其事由時，委任關係方使消
滅，在他方未知其事由以前，委任關係，即應推定其爲存續。本條設立
之意，既保護一方之利益，又不使他方蒙不利益也（民552）。

第十二章　經理人及代辦商

第一節　經理人

一、經理人之意義

　　經理人（英：procurator；德：Procurist）者，即由商號授與經理權，爲其管理事務及代其簽名之權利之人（民 553 I）。依此，分述如下：

　　㈠**經理人有爲商號管理事務之權利**：經理人既爲商號管理事務，所謂商號，即商人在營業活動上對外表彰自己之名稱。在商業登記法上所規定之「商業名稱」。經理人必先由商號授與經理權，始得爲商號管理事務。經理人應依商號所有人之意思管理商號之事務。至於商號所有人係自然人、法人或非法人之團體，均非所問。

　　㈡**經理人有爲商號簽名之權利**：經理人在業務關係上必須代表商號對外爲法律行爲或訴訟行爲，因此在經營商務之必要範圍內，對外爲法律行爲時，當有簽名之必要，使其法律效果直接歸屬商號所有人。

二、經理人之權利

　　㈠**經理權之授與**：商號將經理權授與經理人，得以明示或默示爲之（民553 II），因此其授與之方法不論是書面與口頭均可。

　　㈡**經理權之範圍**：

　　　　1.對內爲管理上一切必要行爲：經理人擁有經理權，得限於管理商號事務之一部或商號之一分號或數分號（民 553 III）。

　　　　2.對外之權限：有一般行爲及訴訟行爲：

　　　　　　⑴一般行爲：經理人對於第三人之關係，就商號或其分號，或其事務之一部，視爲其有爲管理上之一切必要行爲之權（民 554 I）。此項必要行爲，指須與商號業務有關之法律行爲及事實行爲而言。但有關不動產方面，除有書面之授權外，對於不動產，

不得買賣，或設定負擔（民 554II）。

　　⑵訴訟行為：經理人，就所任之事務，視為有代理商號為原告或被
　　告或其他一切訴訟上行為之權（民 555）。此之所謂訴訟包括民事、
　　刑事及行政訴訟而言。此之訴訟當以關係商號營業者為限。

　㈢**共同經理人之權限**：按商號因事務繁雜，非一經理人所能辦理者，
或商號所有人欲互相箝制，多設經理人者，亦可授權於數經理人，自不
必限定一人為經理。惟商號所有人授權於數經理人時，祇須經理人中二
人簽名，對於商號即生效力，蓋為便利交易起見，亦不必使商號中之對
經理人，全體簽名，始為有效也（民 556）。

　㈣**經理權之限制**：

　　1.對內方面：商號授與經理人之經理權，由商號加以限制，如大飯
店之某部門經理，則限於該部門之業務，如安全部經理、業務部經理是
（民 553III）。

　　2.對外方面：按經理人對於第三人之關係，有就商號或分號或其事
務之一部，視為其有一切必要行為之權。若商號所有人，就經理人本來
之權限，加以限制，亦不過為商號所有人與經理人相互間之關係，對於
不知情之第三人，自屬不生效力，否則不足以保交易上之安全。所有人
及經理人均不得以該事項曾受限制為理由，而以之對抗。然如依第 553
條第 3 項、第 554 條第 2 項及第 556 條各規定，第三人對於管理一部或
一分號事務之經理人，與其為不屬於該部或該分號事務之交易，對於無
書面授權之經理人，與其為不動產買賣或在不動產上設定負擔，對於應
由二人簽名之事項，與其中一人交易，僅由一人簽名，此種情形，第三
人應注意而不注意，即有損失，亦屬第三人自己之過失所致，則不問其
為善意與否，商號所有人及經理人，均得對抗之（民 557）。

三、經理人之義務

　㈠**執行職務之義務**：經理人受商號所有人之委託授權執行管理事務，
是處於受委任之性質，應以善良管理人之注意為之（民 535）。

　㈡**禁止競業之義務**：經理人或代辦商，非得其商號之允許，不得為自

己或第三人經營與其所辦理之同類事業，亦不得為同類事業公司無限責任之股東（民 562）。

　　(三)**違反競業禁止之賠償及時效**：經理人或代辦商，有違反第 562 條規定之行為時，其商號得請求因其行為所得之利益，作為損害賠償。此項請求權，自商號知有違反行為時起，經過 2 個月或自行為時起，經過 1 年不行使而消滅（民 563）。

四、經理權之消滅

　　(一)**終止契約**：商號與經理人之關係，既為委任關係，因此當事人之一方，均得終止契約，即商號得隨時解任經理人，經理人亦得隨時向商號辭任（民 549）。

　　(二)**經理人死亡、破產或喪失行為能力**：委任關係，因當事人一方死亡、破產或喪失行為能力而消滅。但契約另有訂定，或因委任事務之性質不能消滅者，不在此限（民 550）。但是經理權或代辦權，則不因商號所有人之死亡、破產或喪失行為能力而消滅（民 564）。以免商號之交易陷於停頓。

第二節　代辦商

　　代辦商（英：commercial agent；德：Handlungsagent）稱代辦商者，謂非經理人而受商號之委託，於一定處所或一定區域內，以該商號之名義，辦理其事務之全部或一部之人（民 558 I）。

一、代辦商之權限

　　代辦商對於第三人之關係，就其所代辦之事務，視為其有為一切必要行為之權。代辦商，除有書面之授權外，不得負擔票據上之義務，或為消費借貸，或為訴訟（民 558 II III）。又代辦商對於第三人之關係，就其所代辦之事務，視為其有為一切必要行為之權，此與經理人對於第三人之關係相同。至代辦商僅為商

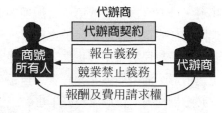

號之獨立輔助機關,故不得使代商號負擔票據上之義務,或爲消費借貸,或代表訴訟,以示限制。然若商號以書面授與代辦商以此種權限者,自亦爲法所許。

二、經理人與代辦商之區分

區分基準	經 理 人	代 辦 商
㈠是否獨立	經理人是隸屬於商號,爲商號管理事務之人。	代辦商是受商號之委託,獨立的辦理其事務之人。
㈡管理的對象	常管理一個特定之商號業務爲任務。	常代理管理一個或數個特定商號之業務爲任務。
㈢處理事務之地點	在商號之營業所處理事務。	在自己之營業所處理事務。
㈣費用負擔	由商號負擔執行業務之費用。	由自己負擔因營業所生之費用。
㈤報酬支付	通常由商號按期支付報酬。	通常按其承辦事務之多少,支付佣金。

三、代辦商之權利義務

㈠**代辦商報告義務**:代辦商,就其代辦之事務,應隨時報告其處所或區域之商業狀況於其商號,並應將其所爲之交易,即時報告之（民 559）。按代辦商所代辦之商業事務,其利與害,均由商號直接承受,且代辦商與商號,既非同在一處,故商號對於代辦商代辦之事務,有隨時決定方針之必要。

㈡**不爲同業競爭之義務**:經理人或代辦商,非得其商號之允許,不得爲自己或第三人經營與其所辦理之同類事業,亦不得爲同類事業公司無限責任之股東（民 562）。按經理人與代辦商,均爲商業上之輔助人,對於商號自有忠於其職責之義務,若未得商號之允許,一方爲商號辦理營業事務,一方又爲自己或第三人辦理同類之營業事務,或爲同事業公司之無限責任股東,則同業競爭之結果,勢必至有利自己或第三人,而損失其商號,故民法特予禁止之,以減免商號之危險。若經理人或代辦商有上述情形,而得商號之允許者,自不在禁止之列。蓋以商號既予允許,當必熟權利害,自無流弊發生也。

㈢**違反競業禁止之效力**:經理人或代辦商,有違反前條規定之行爲時,

其商號得請求因其行爲所得之利益，作爲損害償。前項請求權，自商號知有違反行爲時起，經過 2 個月或自行爲時起，經過 1 年不行使而消滅（民 563）。

　　㈣**報酬及費用償還請求權**：代辦商得依契約所定，請求報酬，或請求償還其費用。無約定者依習慣，無約定亦無習慣者，依其代辦事務之重要程度及多寡，定其報酬（民 560）。按代辦商爲獨立之商人，其所代辦之事務，自亦有其應得之權利。故商號之於代辦商，如有契約訂定，應給與報酬或償還費用者，自應依照契約所定，請求報酬，或請求償還其代墊之費用。又雖未約定報酬，而爲習慣所有者，應從習慣，其無約定亦無習慣者，仍應依其代辦事務之重要程度及多寡，定其報酬，以保護代辦商之利益。本條設此規定，蓋以杜無益之爭論也。

四、代辦商之消滅

　　㈠**代辦權終止**：代辦權未定期限者，當事人之任何一方得隨時終止契約。但應於 3 個月前通知他方。當事人之一方，因非可歸責於自己之事由，致不得不終止契約者，得不先期通知而終止之（民 561）。

　　㈡**代辦權之限制**：代辦權不因商號所有人之死亡、破產或喪失行爲能力而消滅（民 564）。

第十三章　居　間

第一節　居間之概念

居間（英：brokerage；德：Mäklergeschäft；法：courtage）者，謂當事人約定一方為他方報告訂約之機會，或為訂約之媒介，他方給付報酬之契約（民565）。居間契約必為有償，為居間契約之必要要件，與委任處理事務，係以無償為原則者，不同。

一、居間人之權利義務

㈠**忠實報告、媒介及調查**：居間人關於訂約事項，應就其所知，據實報告於各當事人。對於顯無履行能力之人，或知其無訂立該約能力之人，不得為媒介。以居間為營業者，關於訂約事項及當事人之履行能力或訂立該約之能力，有調查之義務（民567）。

㈡**隱名居間**：

　　1.由當事人指定者：當事人之一方，指定居間人不得以其姓名或商號告知相對人者，居間人有不告知之義務（民575 I）。違反者，應負債務不履行之責任。

　　2.居間人予以隱名：居間人不以當事人一方之姓名或商號告知相對人時，應就該方當事人由契約所生之義務，自己負履行之責，並得為其受領給付（民575 II）。

㈢**給付報酬**：

　　1.報酬及報酬額：如依情形，非受報酬，即不為報告訂約機會或媒介者，視為允與報酬。未定報酬額者，按照價目表所定給付之。無價目表者，按照習慣給付（民566）。

　　2.報酬之免除：居間人違反其對於委託人之義務而為利於委託人之

相對人之行為，或違反誠實及信用方法，由相對人收受利益者，不得向委託人請求報酬及償還費用（民571）。

　　3. 報酬之酌減：約定之報酬，較居間人所任勞務之價值，為數過鉅失其公平者，法院得因報酬給付義務人之請求酌減之。但報酬已給付者，不得請求返還（民572）。

　　4. 報酬請求之限制：居間人，以契約因其報告或媒介而成立者為限，得請求報酬。至於契約雖已成立，附有停止條件者，於該條件成就前，居間人不得請求報酬（民568），蓋停止條件成就，契約就不成立也。附有解除條件者，亦可以此類推。

　　5. 婚姻居間之報酬：因婚姻居間而約定報酬者，有違善良風俗，就其報酬無請求權（民573）。

　　㈣**費用償還**：居間人支出之費用，非經約定，不得請求償還。前項規定，於居間人已為報告或媒介而契約不成立者，適用之（民569）。

二、委託人之權義

　　㈠**給付報酬**：委託人因居間人之報告或媒介而訂立契約者，有給付報酬之義務（民568）。

　　㈡**居間人因媒介應得之報酬**，除契約另有訂定或另有習慣外，由契約當事人雙方平均分擔（民570）。

　　㈢**居間人無為給付或受領給付之權**：按居間人任務，僅以報告訂約之機會或為其媒介而止。至於當事人間如因契約而有所給付，或有所受領時，均須由各當事人自己為之，居間人無為當事人代為給付或受領給付之權也。

三、居間契約之消滅

　　因委任關係之消滅（民549），或當事人死亡、破產或喪失行為能力而消滅。但契約另有訂定，或因委任事務之性質，不能消滅者，不在此限（民550）。

第二節　居間與委任及代辦商

一、居間與委任之區分

區分基準	居　　間	委　　任
(一) 意義	即當事人約定，一方為他方報告訂約之機會，或訂約之媒介，他方給付報酬之契約（民565）。	即一方委託他方處理事務，他方允為處理之契約（民528）。
(二) 處理事務之範圍	服務範圍限於報告訂約機會或媒介訂約。	委任係受他人委託處理事務，其範圍法無限制。
(三) 契約性質	居間為有償契約。	原則上為無償，例外為有償。
(四) 法律性質	居間為勞務契約之一，故民法規定之居間外，其他亦可適用委任之規定（民529）。	委任為勞務契約之典型，故關於勞務契約，凡不屬於法律所定之其他契約均得適用委任之規定（民529）。

二、居間與代辦商之區分

區分基準	居　　間	代　　辦　　商
(一) 意義	即當事人約定，一方為他方報告訂約之機會，或訂約之媒介（民565）。	即受商號之委託，於一定處所或一定區域內，以該商號之名義，辦理其事務之全部或一部之人（民558）。
(二) 服務對象	居間人係為一般人服媒介之勞務，其服務對象無限制。	代辦商則係為一定之商號服務。
(三) 代理權	居間人無代理權，不得代為簽定契約。	代辦商有代理權，得代商號簽定契約。
(四) 營業體	居間人乃以媒介之營業體。	代辦商則代商號辦理業務，故自為營業體。

第十四章　行　紀

第一節　行紀之概念

一、行紀之意義

所謂行紀（ㄏㄤˊ　ㄐㄧˋ）（英：commission agent；德：Kommissinär；法：commissionnaire），即以自己之名義，為他人之計算，為動產之買賣或其他商業上之交易，而受報酬之營業（民 576）。俗稱牙行或經紀；此如證券公司代客戶買賣股票是。行紀人雖受他人之委託而為買賣行為，但係以自己之名義為交易行為，居於當事人地位，對於交易之相對人，自得權利，並自負義務（民 578）。故與代理及代辦商不同。其與委託人之關係，仍為委任，除本節另有規定外，適用關於委任之規定（民 577）。

二、行紀人與代辦商之區分

行紀人與代辦商雖同為營業主體，但兩者仍有不同：

區分基準	行　紀　人	代　辦　商
(一)委託主體	廣受一般人之委託而辦理事務之人。	受一定商號之委託而辦理事務之人。
(二)交易名義	以自己之名義為交易行為。	以委託人之名義為交易行為，故屬直接代理。

(三) **代理性質**	間接代理。	直接代理。
(四) **營業範圍**	受委託承辦動產買賣行為及其他 交易行為。	因受一定商號委託，於一定處所或 一定區域內，為增進該商號之營業 利益為主。

第二節　行紀人之義務

一、直接履行義務

行紀人為委託人之計算所訂立之契約，其契約之他方當事人，不履行債務時，對於委託人，應由行紀人負直接履行契約之義務。但契約另有訂定，或另有習慣者，不在此限（民579）。

二、遵從指定價額

(一)**差額之補償**：行紀人以低於委託人所指定之價額賣出，或以高於委託人所指定之價額買入者，應補償其差額（民580）。

(二)**利益歸屬**：行紀人以高於委託人所指定之價額賣出，或以低於委託人所指定之價額買入者，其利益均歸屬於委託人（民581）。

三、保管義務

行紀人為委託人之計算所買入或賣出之物，為其占有時，適用寄託之規定。惟占有之物，除委託人另有指示外，行紀人不負付保險之義務（民583）。

四、委託物處置義務

委託出賣之物，於達到行紀人時有瑕疵，或依其物之性質易於敗壞者，行紀人為保護委託人之利益，應與保護自己之利益為同一之處置（民584）。行紀人違背此項義務，致委託人受損害時，應負賠償責任。

五、移轉權利之義務

行紀人以自己之名義，為委託人之計算，而與他人為交易之行為。如因交易成立而取得權利者，應將該權利移轉於委託人（民577、541 II）。

第三節　行紀人之權利

一、報酬及費用請求權

行紀人得依約定或習慣請求報酬、寄存費及運送費，並得請求償還其為委託人之利益而支出之費用及其利息（民 582）。

二、拍賣提存權

㈠**拍賣取償**：委託人拒絕受領行紀人依其指示所買之物時，行紀人得定相當期限，催告委託人受領，逾期不受領者，行紀人得拍賣其物，並得就其對於委託人因委託關係所生債權之數額，於拍賣價金中取償之，如有賸餘，並得提存。委託人拒絕受領之物，如為易於敗壞之物時，行紀人得不經定期催告之程序，而逕行拍賣取償（民 585）。

㈡**拍賣提存**：委託行紀人出賣之物，不能賣出，或委託人撤回其出賣之委託者，如委託人不於相當期間，取回或處分其物時，行紀人得行使買入物之拍賣提存權（民 586）。

三、介入權

行紀人以自己之名義，為委託人之計算，而對第三人為交易行為，並非行紀人自為買受人或出賣人。但合於一定條件下，得自為買受人或出賣人者，即有自為買受人或出賣人之權利。此種權利，謂之介入權。

㈠**行使條件**：行紀人受委託出賣或買入貨幣、股票，或其他市場定有市價之物者，除有反對之約定外，行紀人得自為買受人或出賣人，其價值以依委託人指示而為出賣或買入時市場之市價定之。此項情形，行紀人仍得行使報酬及費用請求權（民 587）。

㈡**擬制介入**：行紀入得自為買受人或出賣人時，如僅將訂立契約之情事通知委託人，而不以他方當事人之姓名告知者，視為自己負擔該方當事人之義務（民 588）。

第十五章　寄　託

第一節　一般寄託

一、寄託之概念

㈠**寄託之意義**：所謂寄託（拉：depositum；英：bailment, deposit；德：Verwahrung；法：dépôt），即當事人一方，以物交付他方，他方允為保管之契約（民589）。

㈡**寄託之性質**：以物交付他方者，謂之寄託人，允為保管其物者，謂之受寄人。寄託之標的物，是否以動產為限，抑無論動產及不動產皆可寄託，各國立法例未能一致，民法則認動產、不動產皆可為寄託之標的物。又寄託是否因領

收其標的物而始成立（要物契約），抑因約定保管其標的物而始成立（諾成契約），各國立法例亦不一致。我民法規定為：

1. 要物契約	即寄託人以物交付他方，他方允為保管之契約，故為要物契約。
2. 非要式契約	寄託契約之成立無須具備任何方式，故為非要式契約。
3. 有償或無償契約	其定有報酬者，固為雙務契約並為有償契約。而未定報酬者，則為單務契約並為無償契約。

㈢**寄託之種類**：

種　類		內　　　　容
一般寄託		一般寄託是指民法第 589 條至 601 條之 2 所規定之寄託。因此一般所稱之寄託係指此而言。
特殊寄託	消費寄託	即民法第 602、603 條所規定之寄託。此不僅移轉所有權亦移轉占有權，如在銀行存款，則屬此。

混藏寄託	寄託物須爲代替物，其所有權未移轉於受寄人，但受寄人因寄託人之同意，得將寄託物與其自己或其他寄託人同一種類、品質之寄託物混合保管者，爲混藏寄託（民603之1）。
法定寄託	即民法第606條至第612條所規定之寄託。此爲依法當然成立之寄託。
倉庫寄託	即受報酬爲他人推藏及保管物品之營業。爲民法第613條以下所規定。
提　存	提存通說認爲是具有寄託之性質，故亦屬特殊寄託。爲民法第326條以下所規定。

第二節　寄託之效力

一、受寄人之義務

　(一)**保管寄託物**：

　　1.注意義務：受寄人保管寄託物，應與處理自己事務爲同一之注意，其受有報酬者，應以善良管理人之注意爲之（民590）。

　　2.不得使用寄託物：受寄人非經寄託人同意，不得使用寄託物或使第三人使用之，倘若使用，應給付相當報酬，如有損害，並應賠償，但能證明，縱不使用，仍不免發生損害者，不在此限（民591）。

　　3.不得使第三人保管：受寄人對於寄託物應自己保管，非經寄託人同意，或另有習慣，或有不得已之事由時，不得使第三人代爲保管（民592）。受寄人違反上述規定，使第三人代爲保管者，對於寄託物因此所受之損害，應負賠償責任，但能證明，縱不使第三人代爲保管，仍不免發生損害者，不在此限（民593 I）。受寄人依第592條之規定，使第三人代爲保管者，僅就第三人之選任其對於第三人所爲之指示，負其責任（民593 II）。

　　4.保管方法之變更：寄託物保管之方法經約定者，非有急迫之情事並可推定寄託人若知有此情事，亦允許變更其約定方法時，受害人不得變更之（民594）。

　(二)**返還寄託物**：

　　1.返還時期：寄託物返還之期限，雖經約定。寄託人仍得隨時請求返

還（民597）。未定返還期限者，受寄人得隨時返還寄託物。定有返還期限者，受寄人非有不得已之事由，不得於期限屆滿前返還寄託物（民598）。

2.返還內容：受寄人返還寄託物時，應將該物之孳息，一併返還（民599）。

3.返還處所：寄託為寄託人之利益而設，非為受寄人之利益而設，返還寄託物，應於保管其物之地返還之，而返還寄託物之費用，及寄託物之危險，均歸寄託人負擔。然受寄人依第592條之規定，經寄託人之同意或習慣或不得已之事由，而使第三人代為保管寄託物，或依第594條之規定，因危迫情事而變更保管方法致將寄託物轉置他處時，如必令其於原地返還，亦失於酷，故使受寄人得於物之現在地返還，以減輕其責任（民600）。

㈢**第三人主張權利時之返還及通知義務**：第三人就寄託物主張權利者，除對於受寄人提起訴訟或為扣押外，受寄人仍有返還寄託物於寄託人之義務。第三人提起訴訟或扣押時，受寄人應即通知寄託人（民601之1）。

二、寄託人之義務

㈠**償還費用**：受寄人因保管寄託物而支出之必要費用，寄託人應償還之，並付自支出時起之利息。但契約另有訂定者，依其訂定（民595）。

㈡**賠償損害**：受寄人因寄託物之性質或瑕疵所受之損害，除寄託人於寄託時，非因過失而不知寄託物有發生危險之性質或瑕疵，或為受寄人所已知者外，寄託人應負賠償責任（民596）。

㈢**給付報酬**：

1.依特約給與報酬：寄託原則上，不得請求報酬；但寄託契約當事人得訂定給與報酬。或依情形，非受報酬即不為保管者，受寄人得請求報酬（民589Ⅱ）。

2.給付時期：寄託約定報酬者，應於寄託關係終止給付之，分期定報酬者，應於每期屆滿時給付之。寄託物之保管，因非可歸責於受寄人之事由，而終止者，除契約另有訂定外，受寄人得就其已為保管之部分，請求報酬（民601）。

3.短期消滅時效：關於寄託契約之報酬請求權、費用償還請求權或損害賠償請求權。自寄託關係終止時起，1年間不行使而消滅(民601之2)。

第三節　特殊寄託

一、消費寄託

㈠**適用消費借貸之寄託**：亦稱**代替物寄託**，即寄託物爲代替物時，如約定寄託物之所有權移轉於受寄人，並由受寄人以種類、品質、數量相同之物返還於寄託人之契約者，稱爲消費寄託。銀行存款就是典型之適例。又稱**不規則寄託**（德：offenes Depot；法：dépôt irrégulier），自受寄人受領該物時起，準用關於消費借貸之規定。消費寄託，如寄託物之返還，定有期限者，寄託人

非有不得已之事由，不得於期限屆滿前請求返還。前項規定，如商業上另有習慣者，不適用之（民602）。

㈡**金錢寄託**：寄託物爲金錢時，推定其爲消費寄託（民603）。

二、混藏寄託

寄託物爲代替物，如未約定其所有權移轉於受寄人者，受寄人得經寄託人同意，就其所受寄託之物與其自己或他寄託人同一種類、品質之寄託物混合保管，各寄託人依其所寄託之數量與混合保管數量之比例，共有混合保管物。受寄人依前項規定爲混合保管者，得以同一種類、品質、數量之混合保管物返還於寄託人（民603之1）。

三、法定寄託

旅店或其他供客人住宿爲目的之場所主人，以及飲食店、浴堂之主人，其與客人之關係，因客人攜帶之物品既存放於場所內，法律規定，

主人與客人間成立多種法律關係之混合契約，故應認其與場所主人間，除有租賃、買賣、僱傭關係外，更有寄託關係，故場所主人對客人負有寄託之重大責任。

㈠**場所主人之無過失責任**：

1.旅店主人之無過失責任：旅店或其他供客人住宿為目的之場所主人，對於客人所攜帶物品之毀損、喪失，應負責任（民606）。

2.飲食店、浴堂主人之無過失責任：飲食店、浴堂或其他相類場所之主人，對於客人所攜帶通常物品之毀損、喪失，負其責任。

㈡**貴重物品之保管責任**：客人之金錢、有價證券、珠寶或其他貴重物品，非經報明其物之性質及數量交付保管者，主人不負責任。主人無正當理由拒絕為客人保管前項物品者，對於其毀損、喪失、應負責任。其物品因主人或其使用人之故意或過失而致毀損、喪失者，亦同（民608）。

㈢**責任免除**：

1.通常物品：即旅店主人僅就通常事變負責；因不可抗力或因物之性質或因客人自己或其伴侶、隨從或來賓之故意或過失所致者，主人不負責（民606但、607但）。

2.高價物品：客人之金錢、有價證券、珠寶，或其他貴重物品，未經報明其物之性質及數量交付保管者，主人不負責（民608 I）。

3.客人怠於通知：客人知其物品毀損、喪失後，應即通知主人。怠於通知者，喪失其損害賠償請求權（民610）。

4.減免責任揭示無效：主人以揭示限制或免除第606至608條所定之責任者，其揭示無效（民609）。

㈣**主人之權利**：主人就住宿、飲食、沐浴或其他服務及墊款所生之債權，於未受清償前，對於客人所攜帶之行李及其他物品，有留置權（民612）。客人不為清償時，得拍賣留置物取償之（民936、939）。

㈤**短期消滅時效**：依第606條至第608條之規定，對於旅店或其他住宿場所及飲食店、浴堂主人之賠償請求權，自客人發現喪失或毀損之時起，6個月間不行使而消滅。自客人離去場所後，不問其喪失或毀損係何時發見，經過6個月，其賠償請求權，亦因不行使而消滅（民611）。

第十六章　倉　庫

第一節　倉庫之概念

　　所謂倉庫（英：warehouse；德：Lager；法：magasins généraux），謂受報酬而爲他人堆藏及保管物品之營業。受報酬爲他人保管物品者，謂之倉庫營業人（民613），託其堆藏及保管物品而支給報酬者，謂之寄託人。倉庫營業人，因受領保管物品，實爲他人擔任寄託，其與他人間之關係，爲雙務、有償、要物契約，與寄託契約之一，謂之倉庫寄託。故民法規定，倉庫除本節有規定外，準用關於寄託之規定（民614）。

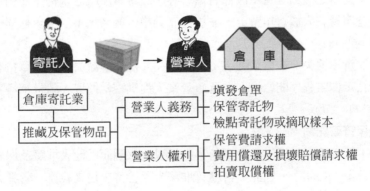

第二節　倉庫契約之效力

一、倉庫營業人之義務

㈠填發倉單：

　　1.寄託人請求填發：倉庫營業人於收受寄託物後，因寄託人之請求，應填發倉單。

　　2.倉單之法定記載事項：倉單爲要式證券，亦爲有價證券。因係要式證券，故倉單上必須記載法定事項，並由倉庫營業人簽名（民616）：

⑴寄託人之姓名及地址。

⑵保管之場所。

⑶受寄物之種類、品質、數量及其皮包之種類、個數及記號。

⑷倉單填發地，及填發之年月日。

⑸定有保管期間者，其期間。

⑹保管費。

⑺受寄物已付保險者，其保險金額、保險期間及保險人之名號。

倉庫營業人應將前列各款事項，記載於倉單簿之存根。

3.寄託物之分割與新倉單之填發：倉單持有人得請求倉庫營業人將寄託物分割為數部分，並填發各該部分之倉單。但持有人應將原倉單交還。前項分割，及填發新倉單之費用，由持有人負擔（民617）。

4.倉單之效力：倉單因係有價證券，故倉單所載之貨物，非由寄託人或倉庫持有人於倉單背書，並經倉庫營業人簽名，不生所有權移轉之效力（民618）。

5.倉單遺失、被盜或滅失：倉單遺失、被盜或滅失者，倉單持有人得於公示催告程序開始後，向倉庫營業人提供相當擔保，請求補發新倉庫（民618之1）。

㈡**保管寄託物**：

1.保管及保管場所：倉庫營業人係以受報酬而為他人堆藏及保管物品為營業（民613）。因此，自應有堆藏及保管寄託物之義務。營業人保管時，雖應由自己保管，但經寄託人同意或另有習慣，或有不得已之事由者，得使第三人代為保管（民614準592）。保管場所應依倉庫契約之規定，並須載明於倉單（民616②）。

2.保管期間：倉庫營業人於約定保管期滿前，不得請求移去寄託物。未約定保管期間者，自為保管時起經過6個月，得隨時請求移去寄託物。但應於1個月前通知（民619）。

㈢**檢點寄託物或摘取樣本**：倉庫營業人，因寄託人或倉庫持有人之請求，應許其檢點寄託物，摘取樣本，或為必要之保存行為（民620）。

二、倉庫營業人之權利

㈠**保管費請求權**：倉庫契約爲有償契約，準用有償委託之規定，倉庫營業人得請求保管費用。保管費應記載於倉單（民616⑥）。

㈡**費用償還及損害賠償請求權**：倉庫營業人就寄託物所支出之費用，如保險費及稅捐等費用，應由寄託人負責償還（民614準595）。而倉庫營業人因寄託物之性質或瑕疵所受之損害，寄託人應負賠償責任。但寄託人於寄託時，非因過失而不知寄託物有發生危險之性質或瑕疵，或爲受寄人所已知者，不在此限（民614準596）。

㈢**拍賣取償權**：倉庫契約終止後，寄託人或倉單持有人拒絕或不能移去寄託物者，倉庫營業人，得定相當期限，請求於期限內移去寄託物，逾期不移去者，倉庫營業人，得拍賣寄託物，由拍賣代價中扣去拍賣費用及保管費用，並應以其餘額交付於應得之人（民621）。

第三節　倉庫契約之消滅

一、契約期限屆滿

二、當事人終止

㈠**寄託人或倉單持有人**得隨時終止契約，請求返還寄託物（民614準597）。

㈡**倉庫營業人終止**：倉庫營業人於約定保管期間屆滿前，不得請求移去寄託物。未約定保管期間者，自爲保管時起經過6個月，倉庫營業人得隨時請求移去寄託物。但應於1個月前通知（民619）。

第十七章 運 送

第一節 運送之概念

一、運送之意義

所謂運送（英：carriage；德：Frachtgeschäft；法：transport），係以運送物品或旅客為營業而受運費之謂。稱運送人者，謂以運送物品或旅客為營業，而受運費之人（民622）。

二、運送業之分類

運送包括物品或旅客之運送，以及以通信為目的之運送。運送可分下列之不同：

分類基準	種　類	運　送　種　類
(一) 運送目的之不同	1.物品運送	即收受運費在陸上或水上為他人運送物品之營業。
	2.旅客運送	即收受運費在陸上或水上為運送旅客之營業。
	3.通信運送	即運送書信等郵件為目的之運送。
(二) 區域之不同	1.陸上運送	即經由陸地（包括湖泊、河川、港灣）之運送，民法第622條以下之規定是。
	2.海上運送	即由海商法上所規定之運送。民法並未規定。
	3.空中運送	即由空中所為之運送，係受民用航空法之規範。
(三) 手段之不同	1.鐵路運送	指以軌道或於軌道上空架設電線，供動力車輛行駛及有關設施之運送（鐵2①）。
	2.汽車運送	指以汽車為運輸工具所為運送。應優先適用公路法之規定。
	3.船舶運送	指以船舶所為之運送，此種運送以海上船舶為主，應優先適用海商法規定。其他有關湖泊、河川、港灣等則適用民法之規定。
	4.航空運送	指以航空器所為之運送，應優先適用民用航空法。

陸上運送

海上運送

空中運送

民法規定　　　海商法　　　民用航空法

三、短期時效

　　關於物品之運送，因喪失、毀損或遲到而生之賠償請求權，自運送終了，或應終了之時起，1 年間不行使而消滅。關於旅客之運送，因傷害或遲到而生之賠償請求權，自運送終了，或應終了之時起，2 年間不行使而消滅（民 623）。

第二節　物品運送

一、物品運送與契約之成立

　　物品運送者，謂收受運費在陸上或水上為他人運送物品之營業。物品運送契約（英：contract of carriage of Goods；德：Frachtvertrag, Gütertransportvertrag；法：contrat de transport de marchandises）者，即收受運費，以運送物品為目的所簽定之契約。物品運送契約，不以物品之交付或託運單及提單之作成為成立要件，故為諾成及不要式契約。

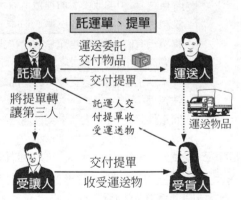

第三節　物品運送契約之效力

一、託運人之義務

　　託運人應注意處理事項：

㈠**填發託運單**	託運人因運送人之請求，應填給託運單並即簽名。	民 624
㈡**交付必要文件**	託運人對於運送人應交付運送上及關於稅捐警察所必要之文件，並應為必要之說明。	民 626
㈢**告知託運物性質**	運送物依其性質，對於人或財產有致損害之虞者，託運人於訂立契約前，應將其性質告知運送人。怠於告知者，對於因此所致之損害，應負賠償之責。	民 631
㈣**給付運費及其他費用**	運送人於運送物交付時，託運人有支給全部運費及其他費用之義務。若受貨人不清償其運費及其他費用，運送人並得依第 647 條之規定，對於運送物行使留置權。	民 646

二、運送人之義務

㈠**填發提單**：提單係運送人因託運人之請求，而填給託運人運送物品之收據，亦即託運人可據此提單提取貨物之憑證。

1. 提單之效力	⑴提單為要式證券	應記載下列事項，並由運送人簽名，始有效力（民625）： ①記載第 624 條第 2 項所列第 1 款至第 4 款事項。 ②運費之數額及其支付人為託運人或為受貨人。 ③提單之填發地及填發年月日。
	⑵提單為文義性證券	即運送人與提單持有人之間，關於運送事項，以提單上所記載者為準（民627）。
	⑶提單為有價證券	提單縱為記名式，仍得以背書移轉於他人。但提單上有禁止背書之記載者，不在此限（民628）。
	⑷提單為物權性證券	提單之交付，與物品之交付，有同一效力（民629）。
	⑸回贖性證券	受貨人請求交付運送物時，應將提單交還（民630）。
2. 提單之遺失	提單得依背書轉讓之有價證券，因其性質與倉庫近似，故有遺失，被盜或滅失時，則提單持有人得於公示催告程序開始後，向運送人提供相當之擔保，請求補償新提單（民629之1）。	

㈡**按時運送托運物品**：託運物品應於約定期間內運送之。無約定者，依習慣。無約定，亦無習慣者，應於相當期間內運送之（民632）。

㈢**依照託運人之指示**：按運送人原為託運人之利益而設，關於運送事項，自應依託運人之指示為主，非有急迫之情事，並可推定託運人若知有此種情事對於運送人之變更指示亦必表同意者，不得變更其指示，蓋恐運送人之輕易變更指示，害及託運人之利益。故變更指示，須以有急

迫之情事及可以推定表同意爲限（民633）。

㈣**中止運送、返還運送物或爲其他處置**：運送人未將運送物之達到通知受貨人前，或受貨人於運送物達到後，尚未請求交付運送物前，託運人對於運送人，如已填發提單者，其持有人對於運送人，得請求中止運送，返還運送物，或爲其他之處置。前項情形，運送人得按照比例，就其已爲運送之部分，請求運費，及償還因中止、返還或爲其他處置所支出之費用，並得請求相當之損害賠償（民642）。

㈤**通知受貨人或託運人**：運送人於運送物達到目的地時，應即通知受貨人（民643）。受貨人所在不明或對運送物受領遲延或其他交付上之障礙時，運送人應即通知託運人，並請求其指示（民650 I）。

三、運送人之責任

㈠**運送物之喪失、毀損或遲到之責任**：運送人對於運送物之喪失、毀損或遲到，應負責任（民634前段）。其喪失、毀損或遲到之事實應由託運人或受貨人舉證；而免責之主張，則應由運送人舉證。運送人除不可抗力或運送物之性質，或受貨人有過失外，均應負責，稱爲**通常事變責任**。

㈡**運送物因包皮瑕疵而喪毀之責任**：運送物因包皮有易見之瑕疵而喪失或毀損時，運送人如於接收該物時不爲保留者，應負責任（民635）。

㈢**相繼運送人之連帶責任**：運送物由數運送人相繼運送者，除其中有能證明無第635條所規定之責任者外，對於運送物之喪失、毀損或遲到，應連帶負責（民637）。

㈣**運送人之必要注意及處置義務**：如有第633條（變更指示）、650條（請求指示、運送物之寄存拍賣）、651條（受領權之歸屬訴訟時）之情形，或其他情形足以妨礙或遲延運送，或危害運送之安全者，運送人應爲必要之注意及處置。運送人怠於前項之注意及處置者，對於因此所致之損害應負責任（民641）。

㈤**運送物於運送途中，因不可抗力而喪失者**：運送人不得請求運費。其因運送而已受領之數額，應返還之（民645）。

四、運送人責任之減免

㈠**因不可抗力或託運人等過失所致**：運送人能證明運送物之喪失、毀損或遲到，係因不可抗力，或因運送物之性質，或因託運人或受貨人之過失而致者，不負責任（民634後段）。

㈡**高價物品不明告者**：金錢、有價證券、珠寶或其他貴重物品，除託運人於託運時報明其性質及價值者外，運送人對於其喪失或毀損，不負責任（民639 I）。

㈢**受貨人受領運送物時不為保留者**：按運送人之責任，以受貨人受領運送物，並支付運費及其他費用而消滅，故受貨人於受領運送物並支付費用時，必須預先保留其請求損害賠償之權利，運送人始負損害賠償之責任。若受貨人不為保留而逕行受領運送物並支付費用，則運送人之責任，自歸消滅（民648），但有二種例外。

　　1.運送物內部有喪失或毀損不易發見者，以受貨人於受領運送物後，10日內將其喪失或毀損通知於運送人者，運送人仍應負責。

　　2.運送物之喪失或毀損，如運送人以詐術隱蔽，或因其故意或重大過失所致者，運送人即使未於受領後，10日內向運送人通知，運送人仍須負責。

㈣**特約免責之效力**：運送人交與託運人之提單或其他文件上，有免除或限制運送人責任之記載者，除能證明託運人對於其責任之免除或限制明示同意外，不生效力（民649）。

五、運送人損害賠償之範圍

㈠**損害賠償原則**：運送物有喪失、毀損或遲到者，其損害賠償額，應依其應交付時目的地之價值計算之。運費及其他費用，因運送物之喪失、毀損，無須支付者，應由前項賠償額中扣除之。運送物之喪失、毀損或遲到，係因運送人之故意或重大過失所致者，如有其他損害，託運人並得請求賠償（民638）。

㈡**損害賠償例外**：

　　1.貴重物品之賠償責任：金錢、有價證券、珠寶或其他貴重物品，

除託運人於託運時報明其性質及價值者外，運送人對於其喪失或毀損，不負責任。價值經報明者，運送人以所報價額為限，負其責任（民639）。

　　2.遲到之損害賠償額：因遲到之損害賠償額，不得超過因其運送物全部喪失可得請求之賠償額（民640）。

　㈢**短期時效**：關於物品之運送，因喪失、毀損或遲到而生之賠償請求權，自運送終了，或應終了之時起，1年間不行使而消滅（民623 I）。

六、運送人之權利

　㈠**運費請求權**：運送人於運送完畢，當有運費請求權。惟運送物於運送中，因不可抗力而喪失者，運送人不得請求運費，其因運送而已受領之數額，應返還之（民645）。

　㈡**中止運送、返還運送物或為其他處置之運費**：託運人或提單持有人，請求中止運送、返還運送物或為其他處分時，運送雖未完畢，而運送人仍得按照比例，就其已為運送之部分，請求運費（民642 II）。

　㈢**留置權**：運送人為保全其運費及其他費用，得受清償之必要，按其比例，對於運送物，有留置權。運費及其他費用之數額有爭執時，受貨人得將有爭執之數額提存，請求運送物之交付（民647）。

　㈣**寄存拍賣權**：

　　1.運送人之通知並請求指示：受貨人所在不明或對運送物受領遲延或有其他交付上之障礙時，運送人應即通知託運人，並請求其指示（民650 I）。

　　2.得為寄存：如託運人未即為指示，或其指示事實上不能實行，或運送人不能繼續保管運送物時，運送人得以託運人之費用，寄存運送物於倉庫（民650 II）。

　　3.得為拍賣：運送物如有不能寄存於倉庫之情形，或有易於腐壞之性質或顯見其價值不足抵償運費及其他費用時，運送人得拍賣之（民650 III）。

　　4.應為通知：運送人於可能之範圍內，應將寄存倉庫或拍賣之事情，通知託運人及受貨人（民650 IV）。

5.因受領權之歸屬有訴訟時：前條之規定，於受領權之歸屬有訴訟，致交付遲延者，適用之（民651）。

6.拍賣代價之處理：運送人得就拍賣代價中，扣除拍賣費用、運費及其他費用，並應將其餘額交付於應得之人，如應得之人所在不明者，應爲其利益提存之（民652）。

七、受貨人之權利

運送物未達到目的地以前，受貨人尚不能取得其權利，又運送物雖達到目的地，在未經交付以前，受貨人亦無從取得其權利。故託運人對於運送人，因運送契約所生之權利，須運送物達到目的地，並經受貨人請求交付後，受貨人始取得其權利（民644）。

八、相繼運送

即數運送人對於運送物，依據同一運送契約，相繼運送於受貨人之運送。

㈠**最後運送人之責任**：運送人於受領運費及其他費用前交付運送物者，對於其所有前運送人應得之運費及其他費用，負其責任（民646）。

㈡**最後運送人之代理權**：運送物由數運送人相繼運送者，其最後之運送人，就運送人全體應得之運費及其他費用，得行使第647條之留置權、第650條之拍賣權、及第652條之扣除權（民653）。

㈢**各運送人之連帶責任**：運送物由數運送人相繼爲運送者，對於運送物之喪失、毀損或遲到，除能證明自己無責任外，應連帶負責（民637）。

第四節　旅客運送

一、運送人之義務

㈠**對旅客之責任**：旅客運送人對於旅客因運送所受之傷害及運送之遲到應負責任。但因旅客之過失，或其傷害係因不可抗力所致者，不在此限（民654 I）。

㈡**對行李之責任**：

1.行李返還義務：行李及時交付運送人者，應於旅客達到時返還之（民655）。

2.適用物品運送之規定：運送人對於旅客所交託之行李，縱不另收運費，其權利義務，除本款另有規定外，適用關於物品運送之規定（民657）。

3.對於未交託行李之責任：運送人對於旅客所未交託之行李，如因自己或其受僱人之過失，致有喪失或毀損者，仍負責任（民658）。

㈢**減免責任約款之效力**：運送人交與旅客之票、收據或其他文件上，有免除或限制運送人責任之記載者，除能證明旅客對於其責任之免除或限制明示同意外，不生效力（民659）。

二、運送人之權利

即行李之拍賣權：

㈠**一般行李**：旅客於行李到達後 1 個月內不取回行李時，運送人得定相當期間催告旅客取回，逾期不取回者，運送人得拍賣之。旅客所在不明者，得不經催告逕予拍賣（民656 I）。

㈡**易於腐壞之行李**：行李有易於腐壞之性質者，運送人得於到達後，經過 24 小時，拍賣之（民656 II）。

㈢**準用之規定**：第 652 條之規定，得於拍賣價中扣除拍賣費用、運費及其他費用並將餘額交付或提存，於前二項情形準用之（民656 III）。

三、短期時效

關於旅客之運送，因傷害或遲到而生之賠償請求權，自運送終了，或應終了之時起，2 年間不行使而消滅（民623 II）。

第十八章　承攬運送

第一節　承攬運送之概念

一、承攬運送之意義

　　所謂承攬運送（英：forwarding agency；德：Speditionsgeschäft；法：commission de transport），謂以自己之名義，為他人之計算，使運送人運送物品而受報酬之營業（民660 I）。運送人為他人擔任運送，而承攬運送人，係以自己之名義，為他人之計算，使運送人運送物品而受報酬之營業，與行紀之以自己之名義為他人之計算，為動產之買賣或其他商業上之交易而受報酬之營業，性質相同，自可準用關於行紀之規定（民660 II）。

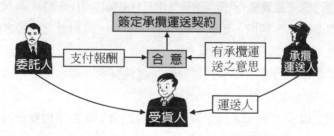

二、承攬運送之性質

性質種類	內　　　　　容
(一) 為有名契約	承攬運送係民法債編第十七節之規定，故為有名契約。
(二) 為雙務及有償契約	承攬運送係雙方當事人一方運送物品，另一方支付報酬，故為雙務及有償契約。
(三) 有行紀契約之性質	承攬運送人，係以自己之名義，為他人之計算，使運送人運送物品而受報酬之營業，與行紀之以自己之名義為他人之計算，為動產之買賣或其他商業上之交易而受報酬之營業，性質相同，自可準用關於行紀之規定（民660 II）。

四 有物品運送 之性質	承攬運送之實質上也是物品運送，因民法第 665 條規定，準用第 631、635 及 638 至 640 條之規定。按第 631 條之規定，係關於運 送物依其性質對於人或財產足致損害者，託運人有預先告知運送人 之義務。第 635 條係因包皮有易見之瑕疵喪失或毀損時，運送人須 為預先保留之聲明。第 638 條至第 640 條，係關於賠償額計算之標 準，無須支付之費用應於賠償額中扣除，故意或重大過失，並應賠 償其他損害，貴重物品非報明不任賠償，遲到損害之賠償額須有限 制等等。凡此各規定，均準用於承攬運送人，蓋以承攬運送之性質， 與物品運送無異也。

第二節　承攬運送之效力

一、 承攬運送人 之責任	(一)**準用物品運送之規定**：承攬運送與物品運送有相似之處，故第 631 條、第 635 條及第 638 條至第 640 條，關於物品運送人責任 之規定，於承攬運送準用之（民 665）。 (二)**注意義務**：承攬契約係雙務及有償契約，因準用關於行紀之規定 （民 660 II）。而間接適用委任之規定（民 577），因此對於物品之運 送，應盡善良管理人之注意為之（民 535）。 (三)**賠償責任**：承攬運送人，對於託運物品之喪失、毀損或遲到，除 能證明其於物品之接收、保管、運送人之選定，在目的地之交付， 及其他與運送有關之事項，未怠於注意者外，應負賠償責任（民 661）。
二、 承攬運送人 之權利	(一)**自行運送權**：承攬運送人，除契約另有訂定外，得自行運送物品。 如自行運送，其權利義務，與運送人同（民 663）。就運送全部約 定價額，或承攬運送人填發提單於委託人者，視為承攬人自己運 送，不得另行請求報酬（民 664）。 (二)**報酬及費用償還請求權**：承攬運送人得依約定或習慣請求報酬。 其為託運人支出之寄存費及運送費，及為託運人利益而支出之費 用及其利息，均得請求償還（民 660 II、582）。 (三)**留置權**：承攬運送人為保全其報酬及墊款得受清償之必要，按其 比例，對於運送物，有留置權（民 662）。
三、 損害賠償請 求權之時效	對於承攬運送人因運送物之喪失、毀損或遲到所生之損害賠償請 求權，自運送物交付或應交付之時起，1 年間不行使而消滅（民 666）。

第十九章　合　夥

第一節　合夥之概念

一、合夥之意義

所謂合夥（拉：societas；英：partnership；德：Gesellschaft；法：société），即 2 人以上互約出資以經營共同事業之契約。此項契約，須 2 人以上當事人之意思一致而成立，其當事人均居於並立之地位，各當事人之權利義務均屬相同，具有團體性。所謂出資，得爲金錢或其他財產權，或以勞務、信用或其他利益代之。金錢以外之出資，應估定價額爲其出資額。未經估定者，以他合夥人之平均出資額視爲其出資額（民 667）。所謂共同事業，無論是營利或非營利，均無不可。合夥之組織，並無獨立人格，故非法人。但爲達合夥人共同之目的，關於合夥契約或其事業之種類，除契約另有訂定外，合夥之決定，應以合夥人全體之同意爲之（民 670 I）。

二、合夥之性質

合夥性質	內　　　　容
(一) 非要式契約	除當事人間有以作成書據爲成立要件之約定外，苟 2 人以上已爲互相出資以經營共同事業之約定，雖未訂立書據，其合夥亦屬成立（22 上 1442）。
(二) 諾成契約	1.合夥契約爲諾成契約，苟經合法表示入夥意思，則股金是否實交，股票是否收執，均非所問，而合同議單之有無，自亦不得認爲合夥之要件（18 上 2524）。 2.合夥爲二人以上互約出資以經營共同事業之契約，祇須有各合夥人悉爲出資之約定，並不以各合夥人皆已實行出資爲成立要件。

	合夥人不履行其出資之義務者，雖得依民法第 254 條解除契約，或依民法第 688 條予以開除，要不得因此而謂合夥契約尚未成立（22 上 2894）。
三 合夥為獨立 團體	合夥係 2 人以上為經營共同事業而成立之團體，合夥之當事人均居於並立之地位而非對立之關係，合夥之財產為合夥人全體之公同共有，並得以合夥之名義與他人為法律行為，但並非法人，故非權利主體，但民事訴訟法認為非法人團體，設有代表人或管理人者，有當事人能力（民訴 40Ⅲ）。

第二節　合夥之內部關係

一、合夥人之出資義務

㈠**合夥人之出資**：即合夥人為經營共同事業而提供之資本。此項出資，得為金錢或其他財產，或以勞務、信用或其他利益代之。金錢以外之出資，應估定價額為其出資額。未經估定者，以他合夥人之平均出資額視為其出資額（民 667）。

㈡**出資之履行**：合夥契約既為互約出資經營共同之事業，則各合夥自有出資之義務，惟合夥人不履行出資義務者，其他合夥人得定相當之期限催告其履行，如於期限內不履行時，得解除其契約（民 254）。或以此為正當理由，經他合夥人全體之同意，開除該不履行出資義務之合夥人，並應通知該被開除之合夥人（民 688）。

㈢**合夥人有不增資權利**：按合夥契約若無特別訂定，合夥人無於約定出資外，增加出資之義務，亦無因營業損失致資本減少而負補充資本之義務，蓋合夥之權利義務，悉依契約而定，不得隨意變更也（民 669）。

二、合夥財產之構成

㈠**合夥財產之公同共有**：各合夥人之出資，及其他合夥財產，自應為合夥人全體之**公同共有**（民 668），以符契約之本旨。所謂其他合夥財產者，如因執行合夥業務，或就合夥財產所屬權利，或其所屬標的之毀損滅失及追奪，因受賠償而取得之財產等是。此種財產，既由合夥業務或其所

屬權利所產生，故應認爲合夥人全體所公同共有。

　　㈡**合夥財產之保全：**

　　　　1.合夥財產分析與抵銷之禁止：按合夥財產，爲達合夥人全體共同之目的而存在，故合夥財產，不可不與各合夥人之財產分離獨立，否則不能達共同之目的。故合夥人於合夥清算前，不得請求合夥財產之分析，對於合夥之債務人，亦不得以其所負之債務，與合夥人中之任何一人之債權相抵銷（民682）。

　　　　2.股份轉讓之限制：按合夥人非經他合夥人全體之同意，不得將自己之股份轉讓於第三人。蓋以合夥契約，因合夥人彼此信任而成立，第三人非其他合夥人全體之所信任，自不應許其闌入也。然若合夥人以其自己之股份，轉讓於其他合夥人者，則因受讓之其他合夥人，早爲合夥人全體之所信任，自不在禁止轉讓之列（民683）。

　　　　3.合夥人之債權人代位行使之限制：按合夥存續期間內，合夥人對於合夥之權利，不得由合夥人之債權人代位行使。所謂合夥存續期間者，蓋指合夥未解散以前，或雖解散而尚在清算中而言。所謂不許代位行使者，蓋以合夥契約之成立，完全基於合夥人之彼此信任，此種由合夥關係所生之權利，自不許全體不信任之第三人代位行使也。至於因財產上所生之關係，如利益分配請求權，則與信任無涉，自不妨使第三人代位行使（民684）。

　　　　4.合夥人股份之扣押及其效力：合夥人之債權人，就該合夥人之股份，得聲請扣押。此項扣押實施後兩個月內，如該合夥人未對於債權人清償或提供相當之擔保者，自扣押時起，對該合夥人發生退夥之效力（民685）。

三、合夥事務之執行

　　㈠**合夥執行人及其執行**（民671）：

　　　　1.共同執行：合夥之事務，除契約另有訂定或另有決議外，由合夥人全體共同執行之。合夥之事務，如約定或決議由合夥人中數人執行者，由該數人共同執行之。

2.單獨執行：合夥之通常事務，得由有執行權之各合夥人單獨執行之。但其他有執行權之合夥人中任何一人，對於該合夥人之行爲有異議時，應停止該事務之執行。

㈡**合夥執行人之注意義務**：合夥人執行合夥之事務，應與處理自己事務爲同一注意。其受有報酬者，應以善良管理人之注意爲之（民672）。

㈢**合夥事務之決議**：

　　1.合夥之決議及合夥契約或其事業種類之變更：合夥之決議，應以合夥人全體之同意爲之。此項決議，合夥契約約定得由合夥人全體或一部之過半數決定者，從其約定。但關於合夥契約或其事業種類之變更，非經合夥人全體三分之二以上之同意，不得爲之（民670）。

　　2.合夥人之表決權：合夥之決議，其有表決權之合夥人，無論其出資之多寡，推定每人僅有一表決權（民673）。

㈣**合夥事務執行人之辭任與解任**：合夥人中之一人或數人，依約定或決議執行合夥事務者，非有正當事由不得辭任。前項執行合夥事務之合夥人，非經其他合夥人全體之同意，不得將其解任（民674）。

㈤**合夥人執行合夥事務準用委任之規定**：第537條至第546條關於委任之規定，於合夥人執行合夥事務準用之（民680）。

㈥**費用及報酬請求權**：合夥人因合夥事務所支出之費用，得請求償還。合夥人執行合夥事務，除契約另有訂定外，不得請求報酬（民678）。

㈦**合夥人之事務檢查權**：無執行合夥事務權利之合夥人，縱契約有反對之訂定，仍得隨時檢查合夥之事務及其財產狀況，並得查閱帳簿（民675）。

四、合夥之損益分配

㈠**決算及損益分配之時期**：各合夥人均有享受利益分配之權利，故合夥之決算及分配利益，除契約另有訂定外，應於每屆事務年度終爲之（民676）。

㈡**損益分配之成數**：分配損益之成數，依合夥人之約定，未經約定者，按照各合夥人出資額之比例定之。如僅就利益或僅就損失所定之分配成

數，視爲損益共通之分配成數。其以勞務爲出資之合夥人，除契約另有訂定外，不受損失之分配（民 677）。

第三節 合夥之對外關係

一、合夥之對外代表

合夥人依約定或決議執行合夥事務者，於執行合夥事務之範圍內，對於第三人，爲他合夥人之代表（民 679）。

二、合夥人連帶負責

㈠**合夥人之連帶責任**：合夥財產不足清償合夥之債務時，各合夥人對於不足之額，連帶負其責任（民 681）。

㈡**退夥人之責任**：合夥人退夥後，對於其退夥前合夥所負之債務，仍應負責（民 690）。

㈢**入夥人之責任**：加入爲合夥人者，對於其加入前合夥所負之債務，與他合夥人負同一之責任（民 691 II）。

第四節 合夥之轉讓、退夥及入夥

一、合夥股份之轉讓

合夥人非經他合夥人全體之同意，不得將自己之股份轉讓於第三人。蓋以合夥契約，因合夥人彼此信任而成立，第三人非其他合夥人全體之所信任，自不應許其闌入也。然若合夥人以其自己之股份，轉讓於其他合夥人者，則因受讓之其他合夥人，早爲合夥人之全體之所信任，自不在禁止轉讓之列（民 683）。

二、退夥

㈠**聲明退夥**：合夥未定有存續期間，或經訂明以合夥人中一人之終身，爲其存續期間者，各合夥人得聲明退夥，但應於 2 個月前通知他合夥人。此項退夥，不得於退夥有不利於合夥事務之時期爲之。合夥縱定有存續

期間，如合夥人有非可歸責於自己之重大事由，仍得聲明退夥，不受前二項規定之限制（民686）。

㈡**視同聲明退夥**：合夥人之債權人，就該合夥人之股份，得聲請扣押。此項扣押實施後2個月內，如該合夥人未對於債權人清償或提供相當之擔保者，自扣押時起，對該合夥人發生退夥之效力（民685）。

㈢**法定退夥**：合夥人除依第685及686條規定退夥外，因下列事項之一而退夥（民687）：

　　1.合夥人死亡者。但契約訂明其繼承人得繼承者，不在此限。

　　2.合夥人受破產或受監護（禁治產）之宣告者。

　　3.合夥人經開除者。

㈣**退夥之結算與股份之抵還**：退夥人與他合夥人間之結算，應以退夥時合夥財產之狀況為準。退夥人之股份，不問其出資之種類，得由合夥以金錢抵還之。合夥事務，於退夥時尚未了結者，於了結後計算，並分配其損益（民689）。

㈤**退夥人之責任**：合夥人退夥後，對於其退夥前合夥所負之債務，仍應負責（民690）。

三、入夥

合夥成立後，非經合夥人全體之同意，不得允許他人加入為合夥人。加入為合夥人者，對於其加入前合夥所負之債務，與他合夥人負同一之責任（民691）。

第五節　合夥之解散及清算

一、解散

解散者，終結合夥契約，停止積極活動，以便處理未了事務之謂。合夥因下列事項之一而解散（民692）：

㈠**合夥之存續期限屆滿者**：合夥定有存續期限者，其期限屆滿即構成合夥關係消滅原因。惟合夥所定期限屆滿後，合夥人仍繼續其事務者，

視為以不定期限繼續合夥契約（民693）。

　　㈡**合夥人全體同意解散者**：合夥以經營共同事業而成立，亦得因合夥人全體同意而解散。

　　㈢**合夥之目的事業已完成或不能完成者**：目的事業已完成當可解散。目的事業不能完成，已無繼續存在之必要，自當構成解散之原因。

二、清算

　　合夥解散後開始清算。其清算由合夥人全體或由其所選任之清算人為之。

　　㈠**清算人之選任**：此清算人之選任，以合夥人全體之過半數決之（民694）。被選為清算人者，非有正當理由不得辭任，非經全體合夥人之同意，亦不得解任（民696）。

　　㈡**清算人之職權**：

　　　1.清算之決議：數人為清算人時，關於清算之決議，應以過半數行之（民695）。

　　　2.清償債務與返還出資：合夥財產，應先清算合夥之債務。其債務未至清償期，或在訴訟中者，應將其清償所必需之數額，由合夥財產中劃出保留之。依前項清償債務，或劃出必需之數額後，其賸餘財產應返還各合夥人金錢或其他財產權之出資。金錢以外財產權之出資，應以出資時之價額返還之。為清償債務及返還合夥人之出資，應於必要限度內，將合夥財產變為金錢（民697）。

　　　3.出資額之比例返還：合夥財產，不足返還各合夥人之出資者，按照各合夥人出資額之比例返還之（民698）。

　　　4.賸餘財產之分配：合夥財產，於清償合夥債務及返還各合夥人出資後，尚有賸餘者，按各合夥人應受分配利益之成數分配之（民699）。

第二十章　隱名合夥

第一節　隱名合夥之概念

一、隱名合夥之意義

　　當事人約定，一方對於他方所經營之事業出資，而分受其營業所生之利益，及分擔其所生損失之契約（民700）。隱名合夥與一般合夥之權利義務關係不盡相同；然在出資與分受利益之情形，則極為類似，故民法規定，除隱名合夥有特別規定外，準用關於合夥之規定（民701）。

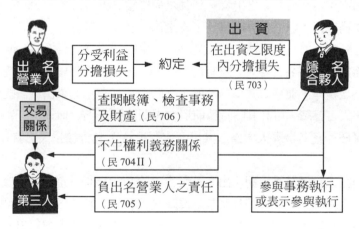

二、合夥與隱名合夥之區別

區分基準	合　　　　夥	隱　名　合　夥
合夥事業之責任	全體合夥人共同事業，對合夥債務負連帶責任（民681）。	由出名營業人負責，隱名合夥人對第三人不生權利義務關係（民704 II）。
財產權歸屬	合夥人全體公同共有（民668）。	移屬出名營業人（民702）。
執行事務	原則上由合夥人全體共同執行（民671 I）。	由出名營業人執行（民704 I）。

對外責任	合夥財產不足清償合夥之債務時，各合夥人對於不足之額，連帶負其責任（民681）。	隱名合夥人就出名營業人所爲之行爲，對於第三人不生權利義務之關係（民704II）。
損益分配	分配損益之成數，按照各合夥人出資額之比例定之（民677）。	隱名合夥人，僅於出資之限度內，負分擔損失之責任（民703）。 出名營業人，對於其應歸隱名合夥人之利益，應即支付之（民707I）。

第二節　隱名合夥之效力

一、內部關係

(一)**出資**：隱名合夥人之出資，其財產權移屬於出名營業人（民702）。

(二)**事務執行**：隱名合夥之事務，專由出名營業人執行之。隱名合夥人就出名營業人所爲之行爲，對於第三人不生權利義務之關係（民704）。

(三)**監督權**：隱名合夥人，縱有反對之約定，仍得於每屆事務年度終查閱合夥之帳簿，並檢查其事務及財產之狀況。如有重大事由，法院因隱名合夥人之聲請，得許其隨時爲前項之查閱及檢查（民706）。

(四)**責任**：隱名合夥人，僅於其出資之限度內，負分擔損失之責任（民703）。

(五)**損益之計算及其分配**：出名營業人，除契約另有訂定外，應於每屆事務年度終計算營業之損益，其應歸隱名合夥人之利益，應即支付之。應歸隱名合夥人之利益而未支取者，除另有約定外，不得認爲出資之增加（民707）。

二、外部關係

(一)**原則**：隱名合夥人就出名營業人所爲之行爲，對於第三人不生權利義務之關係（民704）。

(二)**例外**：隱名合夥人如參與合夥事務之執行，或爲參與執行之表示，或知他人表示其參與執行而不否認者，縱有反對之約定，對於第三人，仍應負出名營業人之責任（民705）。

第三節　隱名合夥契約之終止

一、準用合夥之規定

㈠**聲明退夥**：民法第 708 條準用第 686 條規定。

㈡**視同聲明退夥**：民法第 685 條之準用，民法第 708 條隱名合夥終止原因之規定，係採列舉規定，既未將第 685 條之規定列入，依「列舉規定者排斥其他」之原則，應不許適用；惟隱名合夥人之出資返還請求權應許債權人扣押（公司法第 115 條準用第 66 條第 2 項規定，即兩合公司有限責任股東亦許其債權人強制執行。依第 1 項第 6 款規定退股時，執行法院應於 2 個月前通知公司及其他股東。）既許扣押，自得準用第 685 條規定而退夥[①]。

二、隱名合夥之終止

除依第 686 條之規定，得聲明退夥外，隱名合夥契約，因下列事項之一而終止（民 708）：

㈠存續期限屆滿者。

㈡當事人同意者。

㈢目的事業已完成或不能完成者。

㈣出名營業人死亡或受監護之宣告（禁治產）者。

㈤出名營業人或隱名合夥人受破產之宣告者。

㈥營業之廢止或轉讓者。

三、隱名合夥終止之效果（出資及餘額之返還）

隱名合夥契約終止時，出名營業人，應返還隱名合夥人之出資及給與其應得之利益。但出資因損失而減少者，僅返還其餘存額（民 709）。

---

① 參照鄭玉波著：民債各論，第 723 頁。

第二十一章 合 會

第一節 合會之概念

一、合會之意義

稱合會者，謂由會首邀集 2 人以上為會員，互約交付會款及標取合會金之契約。其僅由會首與會員為約定者，亦成立合會。此項合會金，係指會首及會員應交付之全部會款。會款得為金錢或其他代替物（民 709 之 1）。

二、合會之性質

性　質	內　　　　　　容
(一) 要式契約	合會應訂立會單，記載民法第 709 條之 3 第 1 項所規定事項，故屬要式契約。
(二) 雙務契約	會首負責主持標會，代得標會員收取會款，交付會款給得標會員，未收取之會款，由會首代為給付，而會員應交付會款（民 709 之 7 I , II）。故為雙務契約。
(三) 有償契約	1.會首：標會由會首主持，會首並收取會款，交付會款給得標會員，而首期合會金不經投標，由會首取得，其餘各期由得標會員取得（民 709 之 5）。 2.會員： 　(1)未得標會員：交付會款，賺取利息。 　(2)已得標會員：得標後取得合會金，故為有償契約。

三、合會之種類

(一)種類：

種　類	內　　　　　容	舉　　例
內標式	指得標者只能向每一活會者（指從未得標者）收取「會金減除得標標息」後之淨值，並向每一死會者（指已得過標者）含會首在內各收取「會金」之數。會首第一期只向各會員收取會	譬如甲參加三萬元之合會，每月開標一次，如該期得標標息為二千五百元，則活會會員應繳該月

	金，第二期起逐期由活會者競標，而以提出標息最高者爲得標，會首有免負擔利息之優惠，而以後還款則與其他死會者相同，應每期向當期得標者，還出一個會金之數。	會款爲二萬七千五百元，死會會員則繳納會款三萬元。
外標式	指得標者向每一活會者，及會首各收取一個「會金」之數，而向每一死會者則收取一個「會金加上各該死會者之得標標息」，以後此得標者亦有義務向其以後各期得標者還出一個會金加上本次得標標息之數。外標式也是第一期收款交予會首，第二期起才開標，每期開標均由活會者參加競標，以標息最高者得標，至會首收取會金之對象與內標完全相同。	譬如甲參加三萬元之合會，每月開標一次，如該期得標標息爲二千五百元，則活會會員應繳該月會款爲三萬元，但死會會員則繳納三萬二千五百元。

(二)**內標式與外標式之不同**：在內標式死會者一律繳會款之固定數，而外標式剛好相反，係活會者繳納會款之固定數。

內標式，活會者繳「會款減當期之標息數」，而外標式，則死會者繳納「會款加上本人得標之標息數」，因此內標式活會會員必須每期知悉得標標息才能繳款，而外標式活會會員，則無此麻煩。但外標式之會首則須記各死會者每期之標息才能收款。而內標式之會首則無上麻煩。

四、合會之成立

(一)**訂立會單**：合會應訂立會單，記載下列事項（民709之3）：

　1.會首之姓名、住址及電話號碼。

　2.全體會員之姓名、住址及電話號碼。

　3.每一會份會款之種類及基本數額。

　4.起會日期。

　5.標會期日。

　6.標會方法。

　7.出標金額有約定其最高額或最低額之限制者，其約定。

　前項會單，應由會首及全體會員簽名，記明年月日，由會首保存並製作繕本，簽名後交每一會員各執一份。

(二)**視爲成立**：會員已交付首期會款者，雖未依第709條之3第1項及第2項規定訂立會單，其合會契約視爲已成立（民709之3Ⅲ）。

第二節　合會之主體

一、會首之資格

㈠**以自然人為限**：合會為民間經濟互助之組織。為防止合會經營企業化，致造成鉅額資金之集中，運用不慎，將有牴觸金融法規之虞，民法乃規定會首及會員之資格，均以自然人為限（民 709 之 2 I）。

㈡**會首轉讓權義之限制**：會首非經會員全體之同意，不得將其權利及義務移轉於他人（民 709 之 8 I）。

㈢無行為能力人及限制行為能力人不得為會首（民 709 之 2Ⅲ）。

二、會員之資格

㈠**以自然人為限**：民法第 709 條之 2 第 1 項。

㈡**會首不得加入**：會首不得兼為同一合會之會員（民 709 之 2Ⅱ）。

㈢**無行為能力人及限制行為能力人之限制**：無行為能力人及限制行為能力人不得參加其法定代理人為會首之合會（民 709 之 2Ⅲ）。

㈣**會首及會員轉讓權義之限制**（民 709 之 8）：

　　1.會首：非經會員全體之同意，不得將其權利及義務移轉於他人。

　　2.會員：非經會首及會員全體之同意，不得退會，亦不得將自己之會份轉讓於他人。

第三節　合會之效力

一、會首之權義

㈠**標會之主持**：標會由會首主持，依約定之期日及方法為之。其場所由會首決定並應先期通知會員。會首因故不能主持標會時，由會首指定或到場會員推選之會員主持之（民 709 之 4）。

㈡**標會之方法**：

　　1.出標金額最高者得標：民間習慣上，每期標金，每一會員僅得出標一次，向以出標最高者為得標。如最高金額相同者，除當事人另有約

定，例如以先開出之人爲得標者外，以抽籤決定，方爲公平。但當事人間另有約定者，依其約定（民709之6I）。

2.無人出標時：如有無人出標之情形，除契約另有約定例如以坐次輪收（收會款之次序預先排定，按期輪收），拈鬮搖彩（由會首抽籤唱名，被抽出之會員用搖骰，依點數之最多者爲得標），或議定（以公開討論方式決定得標者）等方法定其得標人外，當以抽籤決定得標人，最稱公允（民709之6II）。

3.每一會份限得標一次：依常理言，每一會份限於得標一次，已得標之會份，不得再行參與出標（民709之6III）。

(三)**首期合會金之取得**：民間合會之運作方式，首期合會金係由會首取得，不經過投標手續。其餘各期由會員依約定方法標取，由得標會員取得（民709之5）。

(四)**收取及代付會款於得標會員**：會首應於每期標會後3日內，代得標會員收取會款，連同自己之會款，於期滿之翌日前交付得標會員。逾期未收取之會款，會首應代爲給付（民709之7II）。

(五)**對保管會款之喪失毀損負賠償之責**：會首對已收取之會款，在未交付得標會員前，有保管義務，且動產係以交付時爲危險負擔移轉之時點，故會款在未交付得標會員前發生喪失、毀損之情形，自應由會首負擔。況依第709條之5之規定，首期合會金不經投標，由會首取得。是以，會首實際上已獲有無息使用首期合會之利益，從而宜由會首負較重之不可抗力責任。惟如因可歸責於得標會員之事由致喪失、毀損者，則應由該得標會員負責，始爲公允（民709之7III）。

(六)**代付會款償還請求權**：會首履行代爲給付之義務後，得請求未給付之會員附加利息償還之，方爲公平（民709之7IV）。

二、會員之權義

(一)**未得標會員（活會）之權義**：

1.標會之權利：首期合會金不經投標，由會首取得，其餘各期由得標會員取得（民709之5）。每一會份限得標一次（民709之6III）。

2.交付會款之義務：會員應於每期標會後 3 日內交付會款（民 709 之 7 I）。

3.請求會首及已得標會員給付會款：

(1)分期給付：合會之基礎，係建立在會首之信用與會員間彼此之誠信上，如遇會首破產、逃匿或其他事由致合會不能繼續進行時，為保障未得標會員之權益，減少其損害，應由會首及已得標會員將各期應給付之會款，於每屆標會期日，按未得標會員之債權額數，平均分配交付之。但當事人另有約定，例如約定已得標會員應交付之各期會款，於未得標會員中以抽籤決定取得人或已得標會員將全部會款一次付出，一次平均分配於未得標會員。依契約自由原則，自應從其約定（民 709 之 9 I）。又此際，無須再為標會。如會首破產、逃匿等事由致不能繼續交付會款時，已得標會員對此部分亦無須分攤給付。

(2)一次給付：依第 709 條之 9 第 1 項規定，會首及已得標會員應給付之各期會款，應於每屆標會期日將會款平均交付於未得標之會員。如會首或已得標會員遲延給付，其遲延之數額已達應給付未得標會員各人平均部分兩期之總額時，為保障未得標會員之權益，該未得標會員得請求其給付全部會款（民 709 之 9III）。

(3)得推選處理事務之人：因會首破產、逃匿或有其他事由致合會不能繼續進行時，得由未得標之會員共同推選 1 人或數人處理相關事宜，以杜紛爭（民 709 之 9IV）。

(二)**已得標會員之權義：**

1.取得合會金：首期合會金不經投標，由會首取得，其餘各期由得標會員取得（民 709 之 5）。會首應於每期標會後 3 日內代得標會員收取會款，連同自己之會款，於期滿之翌日前交付得標會員。逾期未收取之會款，會首應代為給付（民 709 之 7 I, II）。

2.合會不能繼續進行之處理：因會首破產、逃匿或有其他事由致合會不能繼續進行時，會首及已得標會員應給付之各期會款，應於每屆標會期日平均交付於未得標之會員。但另有約定者，依其約定（民 709 之 9 I）。

第二十二章 指示證券

第一節 指示證券之概念

一、指示證券之意義

所謂指示證券（英：assignation；德：Anweisung；法：délégation）即指示他人將金錢、有價證券或其他代替物，給付第三人之證券。此項爲指示之人，稱爲**指示人**。被指示之他人，稱爲**被指示人**，受給付之第三人，稱爲**領取人**（民710）。

如甲發行證券，指示乙將金錢、有價證券或其他代替物給付於丙，而將證券交給於丙時，即謂之發行指示證券。甲爲指示人，乙爲被指示人，丙爲證券領取人，簡稱之爲領取人。甲因發行指示證券，故授與丙以用自己之名，向被指示人領取給付之權利（即領取人），授與乙以向丙給付而歸與甲計算之權利。

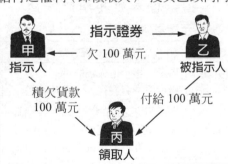

如指示人甲對乙擁有債權 100 萬元，而甲積欠丙貨款 100 萬元。此時，甲可發行指示證券給乙，證券中指示乙付給丙 100 萬元。如乙照甲的指示付給 100 萬元時，則甲、丙之間的積欠貨款消滅，而甲、乙之間的債權債務亦消滅。

「支票之付款人以銀錢業者及信用合作社爲限，爲票據法第 127 條所明定。支票上所記載之付款人如非銀錢業者或信用合作社，即不能適用票據法關於支票之規定，應認爲民法債編所稱之指示證券。被上訴人由上訴人處受讓之 4,980 元支票一紙，其付款人爲彰化縣竹塘鄉農會，依上說明，該支票祇應納入民法上指示證券之範圍，於被指示人拒絕承擔或給付時，領取人僅可向指示人請求清償其原有債務，受讓人如因該指示證券已交付對價於領取人，亦僅可本於不當得利向領取人請求返還對價，不得依票據法規定行使追索權。（49 臺上 2424）」

二、指示證券之性質

指示證券為有價證券，其性質列舉如下：

(一)不要因證券	指示證券為有價證券，係指示人之單獨行為，不必取得被指示人之承諾。指示人與被指示人或與領取人之間，究有何種關係均非所問，其權利義務，依證券上所載內容決定之，故屬不要因證券。
(二)記名證券	指示證券，須在證券上記載特定人領取之證券，故為記名證券。領取人得將指示證券讓與第三人，此項讓與應以背書為之。但有禁止轉讓之記載者，不在此限（民716 I，II）。
(三)債權證券	指示證券所表彰者為債權，故為債權證券。
(四)委託證券	指示證券，係指示他人向第三人給付之證券，自己並不給付，故屬委託證券，而非自付證券。

> 憑券（條或票）祈於民國九十八年十月八日付張三先生（或××商號）新臺幣
> （此為領取人）
> 伍拾萬元整（或其他代替物）
> （此為指示內容）
> 此　致
> 李四先生（或×公司）
> 　　　　　　　　××書局 印
> 　　　　　　　　（此為指示人）
> 中華民國　九十八　年　三　月　八　日

三、指示證券與其類似概念

(一)指示證券與匯票：

	指　示　證　券	匯　　票
性質相同	1.指示人指示他人為給付。 2.指示證券有發行、承擔及背書。	1.發票人委託他人為支付。 2.匯票有發票、承兌及背書。
不同點	1.指示證券之標的物不以金錢為限。 2.指示證券應為記名式。 3.指示證券無追索權問題。	1.匯票之標的物以金錢為限（票2）。 2.匯票可以不記名（票24IV）。 3.匯票之執票人有追索權（票85）。

(二)指示證券與支票：

	指　示　證　券	支　　票
性質相同	1.指示人指示他人為給付。 2.指示人得撤回指示證券。	1.發票人委託他人為支付（票4）。 2.發票人在第130條之提示期限內以外，得撤銷付款之委託（票135）。
不同點	1.指示證券之標的不以金錢為限。 2.指示證券之被指示人並無資格限制。	1.支票之標的以金錢為限（票4 I）。 2.支票之付款人則限於銀行、信用合作社、農會及漁會（票127）。

3.指示證券不限於見券即付。	3.支票限於見票即付（票128Ⅰ）。
4.指示證券無追索權之問題。	4.支票則對於前手有追索權問題（票131）。

第二節　指示證券之承擔及被指示人之抗辯權

一、指示證券之承擔

　　被指示人業經向領取人承擔所指示之給付（是即債務之承擔），則其效果，對於領取人，即應依指示證券之旨趣，擔負給付之義務，否則不足以維持證券之信用也。此承擔有兩種情形：

　　㈠**向領取人承擔**：即被指示人向領取人承擔之給付者，有依證券內容而為給付之義務（民711Ⅰ）。

　　㈡**向受讓人承擔**：被指示人，對於指示證券之受讓人已為承擔者，不得以自己與領取人間之法律關係所生之事由，與受讓人對抗（民716Ⅲ）。

二、被指示人之抗辯權

　　如被指示人業經向領取人承擔所指示之給付（即債務之承擔），則其效果，對於領取人，即應依指示證券之旨趣，擔負給付之義務，以維持證券之信用。此時被指示人僅得以本於指示證券之內容，或其與領取人間之法律關係所得對抗領取人之事由，對抗領取人（民711Ⅱ）。

第三節　指示證券發行之效力

一、指示人與領取人之資格

　　㈠**財產權移轉之效力**：指示證券發行，交付領取人，於被指示人給付領取人之後，即有移轉財產權之效力。若被指示人拒絕給付，指示人即應負損害賠償之責。例如甲欲以一定金額，返還於丙，交付指示證券，乙為被指示人，則其清償，必至乙給付丙後，始生效力，於交付證券承擔證券時，不生效力也。

㈡**債務消滅**：此則多爲履行債務關係，此債務有因契約、或無因管理、不當得利或侵權行爲而發生。指示人爲清償其對於領取人之債務而交付指示證券者，其債務於被指示人爲給付時消滅（民 712 I）。

㈢**清償債務作用**：指示人爲清償債務而發行指示證券時，指示證券與原有兩相併存時，債權人應先行使指示證券，並不得請求指示人就原有債務再爲給付，蓋應視爲由被指示人領取給付也。然若定有期限之指示證券，被指示人逾期不爲給付，或未定期限之指示證券，被指示人不於相當期限內給付者，證券領取人仍得向指示人請求給付，以保護其利益（民 712II）。

㈣**債權人表示不願受領**：債權人不願由其債務人受領指示證券者，應即通知債務人，俾有準備而免徒勞（民 712III）。

㈤**因承擔而生之請求權時效**：被指示已承擔指示證券，其領取人或受讓人就有請求權，此請求權自承擔時起，3 年間不行使而消滅（民 717）。

二、指示人與被指示人間之關係

㈠**被指示人已向領取人給付之情形**：指示人與被指示人之關係，依 2 人間所成立之法律關係定之。故被指示人依指示證券支付債務時，對於指示人有無求償權，又被指示人有無承擔證券或爲給付之義務，亦須依被指示人與指示人彼此間之法律關係決定。被指示人固不因其爲指示人之債務人之故，而負承擔或爲給付之義務，然被指示人對於指示人負債務，指示人因索償債務而發行指示證券，被指示人已爲給付時，就其所給付之額，對於指示人，免其債務（民 713）。

㈡**被指示人拒絕承擔或給付時**：被指示人對於指示證券拒絕承擔或拒絕給付者，領取人應即通知指示人（民 714）。

三、被指示人與領取人間之關係

被指示人對於領取人雖不負擔給付之義務，惟若被指示人業經向領取人承擔所指示之給付（即債務人之承擔），則應依證券內容擔負給付之義務。僅得以本於指示證券之內容，或其與領取人間之法律關係所得對抗領取人之事由，對抗領取人（民 711）。

第四節　指示證券之讓與

所謂指示證券之讓與，即指示證券之領取人或持有人將證券之所有權讓與第三人之意。

一、讓與之主體

除指示人於指示證券有禁止讓與之記載外，領取人得指示證券讓與第三人（民 716 I 但）。

二、讓與之方法與效力

此項讓與應以背書為之（民 716 II）。其背書之方式準用票據法第 31 條之規定為之。又被指示人，對於指示證券之受讓人已為承擔者，不得以自己與領取人間之法律關係所生之事由，與受讓人對抗（民 716 III）。

第五節　指示證券之消滅

指示證券因已給付、或證券交還而其效力消滅外，尚有下列原因：

一、指示證券之撤回

㈠**意義**：即指示證券於被指示人承擔或為給付前，因指示人之行為或法定原因，由指示人撤回其指示證券或使指示證券失其效力之謂。

㈡**指示證券撤回之種類：**

種　　　類	內　　　　　　　容
任意撤回	指示人於被指示人尚未向領取人承擔所指示之給付，或未向領取人為給付之前，其證券尚未完全發生效力，應使指示人得自由撤回其指示證券，因發行指示證券，為一授權行為之故也，惟其撤回應向被指示人以意思表示為之（民 715 I）。
法定撤回	即法律上之擬制撤回。即指示人於被指示人未承擔或給付前，受破產宣告者，其指示證券視為撤回（民 715 II）。

二、消滅時效之完成

民法第 717 條規定：「指示證券領取人或受讓人，對於被指示人因承擔所生之請求權，自承擔之時起，三年間不行使而消滅。」

三、證券宣告無效

指示證券遺失、被盜或滅失者，法院得因持有人之聲請，依公示催告之程序，宣告無效 (民 718)。

第二十三章 無記名證券

第一節 無記名證券之概念

一、無記名證券之意義

　　無記名證券（英：obligation of bearer；德：Schuldverschreibung auf den Inhaber；法：tire au porteur），即持有人對於發行人，得請求其依所記載之內容爲給付之證券（民719）。無記名證券不記載特定權利人，而以持有人爲權利人。而證券係由發行人自爲給付之有價證券，發行這種證券，有使債權易於移轉之利，至其給付之種類，民法並無限制，無論爲金錢證券（如銀行兌換券）、有價證券證券（如憑券交付股票）、物品證券（如百貨公司通行之禮券）及服務證券（如車票、船票、戲院之入場券等）。

無記名證券之記載方式為

> 　憑券即付
> 　新臺幣伍拾萬元（或其他代替物），此據
> 　　　　　×××書局 ［印］
> 中 華 民 國 九 十 八 年 六 月 一 日

二、無記名證券之性質

性質種類	說　　　　　明
自付證券	指示證券係發行人指示他人給付之證券；無記名證券則爲發行人自爲給付，持有證券人得對發行人請求所記載之內容爲給付之證券（民719）。發行人之發行證券，非由於既存之權利，而是設權證券。
不要因與流通證券	無記名證券則在證券上不記載原因，故係一種不要因證券，因有助於流通，故亦爲流通證券。
文義證券	無記名證券係依證券所載內容而爲給付，不得於證券外有所要求，故屬文義證券。

三、無記名證券與指示證券

	權　利　人	給　付　人	記載內容	權利轉讓
無記名證券	不記載權利姓名持有人即得請求給付。	發行人自應給付故為自付證券。	依所載內容給付，標的內容無限制如車票、入場券等。	以交付轉讓
指示證券	須記載權利人姓名。	證券記載被指示或委託之人故為委託證券。	標的物限於金錢、有價證券或其他代替物。	以背書轉讓

第二節　無記名證券之發行

一、發行人之責任

　　無記名證券必須由發行人作成無記名證券，並交付於持有人，發行行為即為完成。蓋無記名證券之發行是一種法律行為，而以意思表示為必要，故發行人須為有行為能力人。又因其發行必先作成證券，因此無記名證券之發行，屬於要式行為。因發行是單獨行為，在發行人簽名證券上以為意思表示並予交付，即生效力，故發行人於發行行為後，雖有死亡或喪失行為能力情事，而原已成立之發行行為並不受影響（民95II,721 II）。若無記名證券發行人，其證券雖因遺失、被盜或其他非因自己之意思而流通者，對於善意之持有人仍應負責（民721 I）。

二、無記名證券發行之效力

　　㈠**發行人之義務**：無記名證券發行人，於持有人提示證券時，有為給付之義務，但知持有人就證券無處分之權利或受有遺失、被盜或滅失之通知者，不得為給付。發行人依前項規定已為給付者，雖持有人就證券無處分之權利，亦免其債務（民720）。

　　㈡**對善意持有人負責**：證券雖因遺失、被盜或其他非因自己之意思而流通者，發行人對於善意持有人，仍應負責。無記名證券，不因發行在發行人死亡或喪失能力後，失其效力（民721）。

　　㈢**發行人之抗辯權**：

　　　　1.對善意持有人：無記名證券之發行人，不因證券發行有瑕疵或遺

失、被盜或其他事由對抗善意持有人。僅得以本於證券之無效、證券之內容或其與持有人間之法律關係所得對抗持有人之事由，對抗持有人（民 722 前段）。

2.對惡意持有人：如持有人取得證券係出於惡意者，發行人並得以對持有人前手間所存抗辯之事由抗辯之（民 722 但）。

㈣**持有人之責任**：

1.證券之交還：無記名證券持有人請求給付時，應將證券交還發行人。發行人收回證券時，雖持有人就該證券無處分之權利，仍取得其證券之所有權（民 723）。

2.提出已爲聲請公示催告之證明：無記名證券持有人向發行人爲遺失、被盜或滅失之通知後，未於 5 日內提出已爲聲請公示催告之證明者，其通知失其效力。前項持有人於公示催告程序中，經法院通知有第三人申報權利而未於 10 日內向發行人提出已爲起訴之證明者，亦同（民 720之 1）。

㈤**無記名證券之換發**：無記名證券，因毀損或變形不適於流通，而其重要內容及識別、記號仍可辨認者，持有人得請求發行人，換給新無記名證券。前項換給證券之費用，應由持有人負擔。但證券爲銀行兌換券或其他金錢兌換券者，其費用應由發行人負擔（民 724）。

第三節　無記名證券之給付

即無記名證券之發行人對於持有人依證件所載之內容爲給付之行爲。此與票據上之付款，民法上之清償之性質相同。

一、證券之提示

無記名證券發行人，於持有人提示證券時，有給付之義務（民 720 I）。按無記名證券，係約明因依券面所載向持券人而爲給付，其發行人乃就其約付爲單務契約，故證券之持有人，有依券面記載請求給付之權利，證券發行人，亦即有依券面記載而爲給付之義務。

二、依證券內容給付

發行人遇持有人提示證券時，應即依證券所載內容而為給付，但若已知證券持有人就證券無處分之權利，則發行人毋庸給付，得證明其事實，以拒絕持有人之請求，或證券因有證券遺失、被盜或滅失等情事，發行人已受有通知者，亦不得再為給付。此以保護正當持有人之利益而設（民 720 I）。又發行人對於證券持有人，得以其無處分權而拒絕給付，然此拒絕，乃發行人之權利，而非發行人之義務。若發行人已向持有人為給付，即使持有人無處分權，發行人亦當免其債務（民 720 II）。惟發行人明知證券持有人無處分權，而故意為給付時，則視為侵權行為，應負損害賠償之責，此為當然之理，毋待明文規定。

三、證券之交還

無記名證券之持有人請求給付時，應將證件交還發行人（民 723 I）。又發行人如已向持有人為給付，雖其持有人無處分之權利，仍應使發行人免其債務，既已免其債務，自應取得證券之所有權，即使有真正之持有人出，亦不能取回該證券（民 723 II）。

第四節　無記名證券之喪失

一、一般無記名證券之喪失

㈠**聲請公示催告**：無記名證券有遺失、被盜或滅失情事，須依公示催告之程序，宣告證券無效，使持有人得因此請求換給無記名證券，以保護其利益。此種情形，發行人對於持有人，應告知關於實施公示催告之必要事項，並供給其證明所必要之材料，俾持有人得提出證券繕本，或開示證券要旨，及足以辨認證券之必要事項，並釋明證券遺失、被盜或滅失及其聲請權之原因事實，向法院自為聲請也（民 725）。

㈡**提示期間停止進行**：無記名證券定有提示期間者，持有人應於期限屆滿時，提示證券，請求給付，若逾限而不提示，則因時效經過，其請求權當然消滅，此為原則。然如證券有遺失、被盜或滅失情事，自己無

從提示，此時若強令證券持有人仍照預定期間提示，逾期即使失效，則對證券持有人未免過酷，故例外規定如法院因公示催告聲請人之聲請，對於發行人爲禁止給付之命令時，停止提示期間之進行，俾請求權不致因時效而消滅，以保護聲請人之利益。又提示期間之停止進行，應於何時起止，民法乃明示自聲請發前項命令時起，至公示催告程序終止爲止，爲其停止期間，俾資適用（民726）。

二、利息、年金及分配利益之無記名證券之喪失

　利息、年金及分配利益之無記名證券，有遺失、被盜或滅失而通知於發行人者，如於法定關於定期給付之時效期間屆滿前，未有提示，爲通知之持有人得向發行人請求給付該證券所記載之利息、年金或應分配之利益。但自時效期間屆滿後，經過一年者，其請求權消滅。如於時效期間屆滿前，由第三人提示該項證券者，發行人應將不爲給付之情事，告知該第三人，並於該第三人與爲通知之人合意前，或於法院爲確定判決前，應不爲給付（民727）。

三、無利息見票即付之無記名證券喪失之例外

　無利息見票即付之無記名證券，與現金無異，既不能拒絕給付，復不能適用公示催告程序。故除其證券係利息、年金及其他分配利益之無記證券外，不適用第720條第1項但書及第725條規定（民728）。

第二十四章　終身定期金

第一節　終身定期金之概念

一、終身定期金之意義

終身定期金契約（英：life annuity contract；德：Leibrentenvertrag；法：contrat de rente viagère）者，謂當事人約定，一方於自己或他方或第三人生存期內，定期以金錢給付他方或第三人之契約（民729）。譬如受到某甲照顧之乙，向甲之遺孀約定，每月給與十萬元作為生活費即為適例。此種契約之訂立，應以書面為之（民730）。其期間必為終身，而且須約定每隔一固定期，即為給付，其給付之標的，亦必須為金錢。因終身定期金契約發生之原因，不以契約為限。如民法第193條第2項，因侵權行為損害賠償，法院因當事人之聲請，定為支付定期金，但須命加害人提出擔保者，亦屬之。我公務人員之退休金法及2008年公布之國民年金法則屬此類。

二、終身定期金之性質

性質種類	內　　　　　容
(一) 有名契約	終身定期金契約，係當事人約定，一方以金錢給付他人或第三人之契約，雖與約定扶養義務等雷同，但民法既已專節規定，故為有名契約。
(二) 要式契約	終身定期金契約之訂立，應以書面為之（民730），故為要式契約。
(三) 無償或有償契約	1.無償契約：終身定期金契約係一方以金錢給付他人或第三人之契約，通常是不向對方取得對價，故為無償契約。其性質屬於民法第415條之定期贈與。 2.有償契約：但也有對價關係之契約，如人壽保險之終身年金保險，即由某甲一次給付若干金錢給某乙，再由某乙在第三者某丙有生之年定期的給付若干金錢是。
(四)繼續性契約	因終身定期金契約，係約定以人之終身為給予，故為一種繼續性契約，故得適用情事變更原則（民訴397）。

第二節　終身定期金之效力

一、終身定期金契約之效力

㈠**定期金之存續期間**：其存續期間得以債務人、債權人或第三人之生存期間為期間。悉依當事人契約之所定，若有疑義時，推定其為於債權人生存期內，按期給付（民 731 I）。

㈡**定期金之數額**：當事人應於契約中明定，如每年 10 萬元、每季 3 萬元或每月 2 千元等是。然若契約所定之金額有疑義時，推定其為每年應給付之金額（民 731 II）。

㈢**給付時期**：

　　1.按季預付：終身定期金，除契約另有訂定外，應按季預行支付（民 732 I）。

　　2.預付效力：依其生存期間而定終身定期金之人，如在定期金預付後，該期屆滿前死亡者，定期金債權人，取得該期金額之全部（民 732 II）。

㈣**定期金債務之不履行**：定期金債務亦屬債務，如債務人不履行時，則依民法債務不履行之規定，負其責任。

二、終身定期金權利之專屬性

　　終身定期金，為債務人與債權人間相互之關係，即終身定期金之權利，為專屬之權利。故除契約另有訂定外，不得移轉，以期合於當事人之意思（民 734）。此之不得移轉，當不得讓與及繼承，亦不得扣押。

三、終身定期金契約之終止

㈠**因終身定期金之人死亡**：除得依一般法律行為消滅外，終身定期金債權，因以終身為期之人死亡而消滅。

㈡**宣告存續**：因死亡而終止定期金契約者，如其死亡之事由，應歸責於定期金債務人時，法院因債權人或其繼承人之聲請，得宣告其債權在相當期限內仍為存續（民 733）。

四、遺贈給與準用定期金之規定

　　終身定期金債權，以因契約而發生為通例，然亦有因遺囑而使其發生者，此亦各國法律所公認，實際上亦必不可少。因此如因遺贈而發生終身定期金者，除適用關於遺贈之規定外，並準用第 729 條至第 734 條之規定（民 735）。

第二十五章　和　解

第一節　和解之概念

一、和解之意義

　　所謂和解（拉：transactio；英：compromise, settlement；德：Vergleich；法：transaction）者，謂當事人約定，互相讓步，以終止現在已經發生之爭執或防止將來可能發生之爭執之契約（民736）。此項契約，皆涉及財產上、人事上之關係，為各國法律所公認，亦實際上必不可少之事。和解之成立，必以法律規定明確，始能杜無益之爭論。

二、和解之性質

性質種類	內　　　　　　　容
(一) 有名契約	和解在民法上有節之規定，故為有名契約。
(二) 諾成契約	和解之契約，依一般民事契約之規定，因當事人意思表示之一致而成立（民153），故為諾成契約。
(三) 不要式契約	當事人對和解之意思表示不以具有一定方式為必要，亦勿須現實給付，故為不要式契約。
(四) 雙務契約	和解係當事人約定，雙方互相讓步，互有損失或給付，故為雙務契約，適用雙務契約同時履行抗辯權之規定（民264）。
(五) 有償契約	雙方既互相讓步，亦互有給付，故亦為有償契約，準用買賣之規定（民347）。

第二節　和解之效力

一、確定之效力（19上1964）

　　(一)和解原由兩造互相讓步而成立，和解之後任何一方所受之不利益均屬其讓步之結果，不能據為撤銷之理由。

㈡和解契約合法成立，兩造當事人即均應受該契約之拘束，縱使一造因而受不利益之結果，亦不得事後翻異，更就和解前之法律關係再行主張。

二、創設性效力

和解有使當事人所拋棄之權利消滅及使當事人取得和解契約所訂明權利之效力（民737）。蓋和解成立以後，其和解契約，應即發生效力。惟其效力有積極與消極兩種，在消極方面，有使當事人所拋棄之權利歸於消滅，在積極方面，有使當事人取得和解契約所訂明之權利。

三、和解之執行

和解有訴訟上和解及訴訟外和解，前者係訴訟進行中之和解，後者為非訴訟所成立之和解。但在法律上言，前者與確定判決有同一之效力（民訴380 Ⅰ）。可據為執行名義，後者則否。

第三節　和解之撤銷

和解不得以錯誤為理由撤銷之。但有下列事項之一者，不在此限（民738）：

㈠和解所依據之文件，事後發見為偽造或變造，而和解當事人若知其為偽造或變造，即不為和解者。

㈡和解事件，經法院確定判決，而為當事人雙方或一方於和解當時所不知者。

㈢當事人之一方，對於他方當事人之資格或對於重要之爭點有錯誤，而為和解者。

第二十六章　保　證

第一節　保證之概念

一、保證之意義

　　所謂保證（英：suretyship, guaranty；德：Bürgschaft；法：cautionnement）謂當事人約定，一方於他方之債務人不履行債務時，由其代負履行責任之契約（民739）。此種契約所生之債務，稱為**保證債務**。例如乙向甲借錢，丙向甲保證，乙不還錢時，由丙代乙償還。此時甲為債權人，乙為債務人，丙為保證人。

二、保證之性質

性質種類	內　　　容
保證為從債務	保證債務以主債務之有效存在為前提，主債務消滅或減縮時，保證債務隨同消滅或減縮。故為從契約，即從債務，屬補充性，除連帶保證外，均須主債務人不履行時，始由其代負履行責任。
保證為單務及無償契約	保證成立後，只是保證人對債權人負擔債務，而債權人對保證人並不負擔債務，故屬單務契約。又保證人一般並不取得報償，故屬無償契約。
保證債務之標的	與主債務之標的同一，且不得重於主債務。
內容變更	例如主債務變為損害賠償債務時，保證債務隨之變更（民740）。
效力強弱	主債務效力強弱，亦及於保證債務，故保證人得主張主債務人所有之抗辯（民742）。

乙向甲借錢

甲　債權人　　乙　債務人

保證契約　　丙　保證人

保證債務之從屬補充性

債務人　　主債務　　債權人

1. 主債務與從債務有共同命運。
2. 主債務有變更、消滅或減縮時，隨同轉變。
3. 主債務強弱亦及於保證債務。

從債務

債務人

第二節　保證之效力

一、保證人與債權人間之關係

㈠**保證人權利，不得預先拋棄**：所謂保證人權利有一般抗辯權（第742條）、拒絕清償權、先訴抗辯權等。保證契約雖爲從契約，惟目前社會上，甚多契約均要求保證人預先拋棄一切權利，對保證人構成過重之責任，有失公平。爲避免此種不公平之現象，民法乃增訂除法律另有規定（例如第746條第1款保證人得拋棄先訴抗辯權）外，保證人之權利，不得預先拋棄（民739之1）。

㈡**保證責任之範圍**：保證債務，除契約另有訂定外，包含主債務之利息、違約金、損害賠償及其他從屬於主債務之負擔（民740）。當然主債務之全部，應由保證人擔保。因主債務人違約不履行，而經債權人解除契約時，主債務人回復原狀之義務，應解是在保證範圍內。且保證契約訂立後，其約定保證人之負擔，較主債務人爲重者，應縮減至主債務之限度（民741）。亦即保證契約是在保證主債務之履行，殊無令保證人負超越主債務之責任。

㈢**保證人之抗辯權**：

1.主債務人所有之抗辯：主債務人所有之抗辯，保證人得主張之。主債務人拋棄其抗辯者，保證人仍得主張之（民742）。

2.保證人之抵銷權：保證人得以主債務人對於債權人之債權，主張抵銷（民742之1）。

3.無效債務之保證：保證人對於因行爲能力之欠缺而無效之債務，如知其情事而爲保證者，其保證仍爲有效（民743）。

4.保證人之拒絕清償權：主債務人就債之發生原因之法律行爲有撤銷權者，保證人對於債權人，得拒絕清償（民744）。

5.先訴抗辯權：保證人於債權人未就主債務人之財產強制執行而無效果前，對於債權人得拒絕清償（民745）。但有下列情形之一者，保證人不得主張先訴抗辯之利益（民746）：

(1)保證人拋棄第 745 條先訴抗辯權之權利者。

(2)主債務人受破產宣告者。

(3)主債務人之財產不足清償其債務者。

㈣**中斷時效對於保證人之效力**：向主債務人請求履行，及為其他中斷時效之行為，對於保證人亦生效力（民 747）。

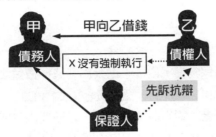

二、保證人與主債務人間之效力

㈠**保證人之求償權**：保證人因清償主債務或其他行為（如抵銷、承擔債務、更改、代物清償），而消滅主債務者，得向主債務人請求償還之權利，稱為**保證人之求償權**。保證人之求償，限於自己之給付，致消滅主債務，若自己無給付，僅因盡力使主債務消滅者，不得向主債務人請求償還。

㈡**保證人之代位權**：保證人向債權人為清償後，債權人對於主債務人之債權，於其清償之限度內，移轉與保證人（民 749）。

㈢**保證責任除去請求權**（民 750）：

1.免責請求權發生之原因：保證人受主債務人之委任，而為保證者，有下列各款情形之一時，得向主債務人請求除去其保證責任：

(1)主債務人之財產顯形減少者。

(2)保證契約成立後，主債務人之住所、營業所或居所有變更，致向其請求清償發生困難者。

(3)主債務人履行債務遲延者。

(4)債權人依確定判決得令保證人清償者。

2.主債務人除去保證責任之方法：主債務未屆清償期者，主債務人得提出相當擔保於保證人，以代保證責任之除去。

第三節　保證責任之消滅

一、一般消滅原因

主債務因清償、提存、抵銷、免除、混同等而消滅時，保證責任亦同時消滅（民 307）。

二、特別消滅原因

㈠**債權人拋棄擔保物權**：債權人拋棄為其債權擔保之物權者，保證人就債權人所拋棄權利之限度內，免其責任（民 751）。

㈡**保證定有期間者**：約定保證人僅於一定期間內為保證者，如債權人於其期限內，對於保證人不為審判上之請求，保證人免其責任（民 752）。

㈢**保證未定期間者**：保證未定期間者，保證人於主債務清償期屆滿後，得定 1 個月以上之相當期限，催告債權人於其期限內，向主債務人為審判上之請求。債權人不於前項期限內向主債務人為審判上之請求者，保證人免其責任（民 753）。

㈣**公司保證人責任限任職期間**：企業主管因擔任公司董事、監察人，而成為公司債務的保證人；但離職後卻須一直負擔公司保證人責任。因此乃增列民法第 753 條之 1 規定，即擔任法人董事、監察人或其他有代表權之人而為該擔任法人保證人者，僅就任職期間法人所生之債務負保證責任。

㈤**連續債務保證之終止**：按保證人就連續發生之債務為保證，而其保證又未定有期間者，其應就連續發生之債務，負其責任，此乃當然之理，然此種情形，保證人之責任未免過重，故使其有隨時通知債權人終止保證契約之權。又保證人欲終止保證契約時，須對於債權人發終止保證契約之通知，俾有準備，但此種通知，應以達到於債權人後，始生效力，保證人於通知達到後所發生之債務，即可免除責任，藉以保護保證人之利益（民 754）。

㈤**債權人允許延期者**：就定有期限之債務為保證者，如債權人允許主債務人延期清償時，保證人除對於其延期已為同意外，不負保證責任（民 755）。

第四節 特種保證

一、共同保證

數人保證同一債務者,除契約另有訂定外,應連帶負保證責任(民748)。此為「保證連帶」。但保證人仍有先訴抗辯權,與普通保證無異。

二、連帶保證

乃保證人與主債務人連帶負債務履行責任之保證。連帶保證既與主債務人負連帶責任,則已具有連帶債務之性質,債權人自得先向保證人為全部給付之請求(民273),而保證人亦不得拒絕,此種保證,保證人無先訴抗辯權(民745),民法上雖無規定,但判例及學說均認之。故如於保證書中訂有「立債務人如不履行債務時,保證人應即履行」等字樣,即可解釋為「默示拋棄先訴抗辯權」。而連帶保證既有連帶債務之性質,如契約上無連帶債務之明示,非有法律之規定,不能成立連帶債務(民272)。

習題:我的朋友某甲開一家公司,並向銀行借錢,我受他所託,為他做「連帶保證人」,但這位好友甲經營公司不善倒閉,銀行竟要求我要負責,還揚言如不還錢,要假扣押我家房子。請問,銀行可以這樣做嗎?依法不是要先向債務人索討才對?

答:銀行直接要求連帶保證人負債務償還責任,且採取假扣押要查封房產,受請求的保證人,沒有抗拒銀行實施假扣押的理由。(參照 2010年9月27日自由時報B2,林曜辰律師答/楊國文記錄)

三、信用委任

委任他人以該他人之名義,及其計算,供給信用於第三人者,就該第三人因受領信用所負之債務,對於受任人,負保證責任(民756)。例如甲委託乙借十萬元給丙,蓋此係由於甲之委託,故甲對於丙之十萬元債務,應負法定保證責任。

第二十七章　人事保證

第一節　人事保證之概念

一、人事保證之意義

　　人事保證即當事人約定，一方於他方之受僱人將來職務上之行為而應對他方為損害賠償時，由其代負賠償責任之契約。此項契約，應以書面為之（民 756 之 1）。一般所稱之人事保證，或稱職務保證，乃係就僱傭或其他職務關係中將來可能發生之債務所為具有繼續性與專屬性，而獨立負擔損害賠償責任之一種特殊保證，惟仍係就受僱人之行為而代負損害賠償責任。為免人事保證之保證人負過重之責任，乃明定其責任範圍為他方受僱人將來因職務之行為而應負之損害賠償責任，惟不及於僱用人對於受僱人之求償權，亦不及於非損害賠償債務，如受僱人因故逃匿而代為搜尋是。又本條稱受僱人者，與第 188 條所稱之受僱人同其意義，亦即非僅限僱傭契約所稱之受僱人，凡客觀上被他人使用為之服勞務而受其監督者均屬之（最高法院 57 臺上 1663）。

二、人事保證之性質

性質種類	內　　　　　　　容
(一) 要式契約	人事保證契約，應以書面為之（民 756 之 1 II）。
(二) 單務保證	即在僱傭或其他職務關係中，將來可能發生之債務所為獨立負擔損害賠償責任，故為單務契約。
(三) 無償契約	保證人係就被保證人將來因職務之行為而應負之損害賠償行為，而保證人並未獲得任何對價，故為無償契約。

第二節　保證人之責任

一、保證人之賠償責任

　　人事保證爲無償之單務契約，對保證人至爲不利，故如僱用人能依他項方法獲得賠償者，諸如僱用人已就受僱人之不誠實行爲參加保證保險（保險法第三章第四節之一第 95 條之 1 至第 95 條之 3 參照），或已由受僱人或第三人提供不動產就受僱人職務上行爲所致損害爲僱用人設定最高限額抵押權等是，自宜要求僱用人先依各該方法求償，其有不能受償，或不足受償，始令保證人負其責任，俾減輕保證人之責任。故民法第 756 之 2 規定：「人事保證之保證人，以僱用人不能依他項方法受賠償者爲限，負其責任。保證人依前項規定負賠償責任時，除法律另有規定或契約另有訂定外，其賠償金額以賠償事故發生時，受僱人當年可得報酬之總額爲限。」

二、得減免保證人賠償金額之情形

　　僱用人於有第 756 條之 5 第 1 項各款足使保證人責任發生或加重之情事之一時，應即有通知義務，又僱用人對於受僱人，有監督義務，故若有前條第 1 項各款之情事而僱用人怠於爲前條之通知，或對於受僱人之監督有疏懈，其對損害之發生或擴大既與有過失，自應依其比例自負其責，方稱公允，爲使其責任明確及具體化，並避免適用之困難，乃予規定。至於本條第 1 款之適用，自以損害係因僱用人應通知而未通知後所生，或因此而擴大者爲限（民 756 之 6）。

三、人事保證之期間

　　人事保證約定之期間，不得逾 3 年。逾 3 年者，縮短爲 3 年。前項期間，當事人得更新之。人事保證未定期間者，自成立之日起有效期間爲 3 年（民 756 之 3）。人事保證定有期間者，於約定期間屆滿後，當事人得更新之，方符契約自由之原則。爲免保證人負擔無限期之責任，法律規定人事保證未定期間者，其有效期間自成立日起算亦爲 3 年。經過 3 年有效期間後，其人事保證關係消滅，如當事人重新訂約，自無不可。

四、僱用人負通知義務之情形

有下列情形之一者，僱用人應即通知保證人（民756之5）：

㈠僱用人依法得終止僱傭契約，而其終止事由有發生保證人責任之虞者。

㈡受僱人因職務上之行為而應對僱用人負損害賠償責任，並經僱用人向受僱人行使權利者。

㈢僱用人變更受僱人之職務或任職時間、地點，致加重保證人責任或使其難於注意者。

保證人受前項通知者，得終止契約。保證人知有前項各款情形者，亦同。

第三節　保證契約之終止

一、保證人之終止權

人事保證未定期間者，保證人得隨時終止契約。保證人於終止契約時，應於 3 個月前通知僱用人，俾僱用人及受僱人得於通知期限內另覓適當之保證人。惟當事人如約定較短之期間者，自宜從其約定，俾符合契約自由之精神（民756之4）。

二、人事保證關係之消滅

人事保證關係因下列事由而消滅（民756之7）：㈠保證之期間屆滿。㈡保證人死亡、破產或喪失行為能力。㈢受僱人死亡、破產或喪失行為能力。㈣受僱人之僱傭關係消滅。

三、請求權之時效

僱用人對於人事保證之保證人所得主張之損害賠償請求權，宜設短期時效，俾免保證人負擔之責任持續過長，爰訂本條。至請求權消滅時效起算點，依本法第128條前段之規定，應自請求權可行使時起算，即自僱用人受有損害而得請求賠償起算，因 2 年間不行使而消滅（民756之8）。

第四編　民法物權

第一章　通　則

第一節　物權法之概念

一、物權之意義

物權（拉：ius in re；德：Sachenrecht；法：droit réel）即**權利人直接去支配、排他性的管領特定物，而享受其利益的權利**。依民法所定之物權有八種：所有權、地上權、農育權、不動產役權、抵押權、質權、典權、留置權。除此之外，依「物權法定主義之原則」，當事人不得任意創設物權的種類（民 757）。又民法第 758 條規定，不動產物權，依法律行為而取得、設定、喪失及變更者，非經登記，不生效力。物權的效力，可以對任何人主張，亦即具有排除他人干涉的效力。如民法第 765 條規定：「所有人於法令限制範圍內，得自由使用、收益、處分其所有物，並排除他人干涉。」此稱為所有權之權能。茲分析之：

將轎車自己使用以獲取利益（使用）。

將轎車出租於他人以獲取利益（收益）。

將轎車出售以獲取利益（處分）。

㈠**積極權能**：所有人，於法令限制之範圍內，得自由使用、收益、處分其所有物（即對物權能）。

　　1.使用：即不毀損物體，不變更物之性質，而依物之用法，以供生活上需要之謂。

　　2.收益：即不損物之實質，而收取其物之生產之謂，如天然孳息與法定孳息。

　　3.處分：處分有事實上之處分與法律上之處分。前者就物體上為毀損、減失、變更之行為，後者就權利上為移轉、設定、拋棄等行為。

㈡**消極權能**：即所有人於其所有物，得排除他人之干涉之謂。

二、物權法之意義

所謂物權法（英：law of property；法：droit des biens），係規定物權人對物之支配關係的法。又可分為實質意義與形式意義兩種：

㈠**實質意義**：即凡指規範物權關係之法律而言。此規範物權關係之法，不論為一般物權，或特別物權均列入物權法之範圍內。如民法之物權編固為物權法，其他如土地法、平均地權條例、都市計畫法、農地重劃條例、甚至漁業法、鑛業法、水利法、著作權法等均屬物權法，此亦可謂係廣義之物權法。

㈡**形式意義**：即專指民法典第二編之「物權」而言。我國民法物權編於 1929 年 11 月 30 日由國民政府公布，於 2010 年 2 月 3 日修正，全編共十章（自第 757 條至第 966 條止）。一般物權法之著作，均以此為論述之對象。

三、物權法之性質

㈠ 物權法為 私法	依法律關係的主體，則法律分為公法與私法，民法為私法之基本法，而物權為民法之一部。因此物權法當屬於私法。
㈡ 物權法為 財產法	依私法所規範之法律關係，有身分關係與財產關係；身分關係係親屬生活關係，而財產關係係乃經濟生活關係。民法之親屬編屬於身分法，而繼承編則兼具財產與身分關係之法，債編、物權編及商事有關之法律，則均屬財產法，故物權法為財產法。
㈢ 物權法為 強行法	依法律關係之強弱，則法律分為強行法與任意法。凡法律規定的內容不許當事人意思變更適用者，稱為強行法。如許當事人得以意思變更適用的法律，稱為任意法。物權法因與社會公益有重大關係，故原則上不許當事人任意變更，只有少數例外，如民法第 861 條但書之規定（契約另訂抵押權之擔保範圍），故物權法原則上為強行法。

四、物權法定主義

㈠**意義**：物權法定主義（德：System des numerus clausus der Sachenrechte），即對一定之物，在無他人之行為下，直接支配而享受利益之權利。而物

權，除民法或其他法律有規定外，不得創設（民757）。此在學說上稱爲物權法定主義。即在同一物不能成立二種以上同一內容之物權。此稱爲物權之排他性。譬如某甲擁有一輛轎車之所有權，乙、丙就不能擁有該車之所有權。這種特性是物權所專有，債權就無此種情形。因此物權是屬於何人乃甚爲重要，在不動產則需要登記，動產就是交付爲物權之公示之原則。又民法爲普通私法，故其他特別物權，如漁業權、著作權、專用權等，及附隨其他物權之債權，應以其他法律規定之。此規定有廢止土地上存在之複雜之封建權利，將其權利關係加以簡化之優點，並爲貫徹物權法之公示之原則，故有必要將物權之種類與內容加以法律規定之。

物權法定主義

公示原則
動產須交付
不動產須登記

當事人
不能任意創造其他物權

財產權
一物一權主義
權利單一化

物權物

內容
明確性

權利人
直接、排他性支配權

(二)**物權法定主義之立法理由**：

1. 便於貫徹公示原則，以確保交易之安全：即將物權之種類及內容加以法律規定，並予公示，使人民有所遵循。因此物權有極強之效力，得對抗一般人，若許其以契約或習慣創設之，有害公益實甚，故不許創設。

2. 確保物權之特性，建立物權體系：物權與債權不同，因物權具有排他性之權利，且任何人不得侵害或干涉，尤其所有權更是具有永久支配之權利，如當事人對所有權或其他物權得任意約定其內容，或約定不同種類，將破壞物權之特定，爲配合一物一權主義之原則，確定物權之支配範圍，並確保商品交易之條件，故不許創設。

3. 促使物權單純化：對舊日物權制度與身分制度相結合之複雜物權關係，自應加以整理，使物權擺脫身分之支配，成爲純粹之財產權，俾便於登記，並禁止任意創設，以達成物權之法定主義。又民法或其他物別法所規定之物權，如漁業權、著作權、專用權等，雖均須以法律規定，但有些物權係習慣上之產物，如當舖質，或因經濟發展之結果，而與社

會脫節之物權，如農育權是。如因社會需要之習慣而產生新的物權，如工商界採用之信託的讓與擔保等，均有循立法或判例解決之。

第二節　物權之種類

民法既採物權法定主義，即物權得下列之分類：

分類基準	種　類	意　　義	舉　　例	區別實益
(一) 以效力範圍為準	完全物權	對物之管領，有完全支配者，稱為完全物權。	所有權	在完全物權，權利人得自由使用、收益及處分。
	限定物權	則僅為了一定的目的，暫時性的行使其權利之物權。	地上權、抵押權	在限定物權，權利人僅限於局部，如僅有使用或收益之權。
(二) 以經濟上目的為準	用益物權	即以物之使用、收益為目的之物權。	地上權、農育權、不動產役權、典權	在用益物權，權利人得就標的物為使用、收益。故用益物權為獨立之權。
	擔保物權	則以擔保債務之履行為目的之物權。	抵押權、質權、留置權	在擔保物權，權利人得處分之標的物優先受償。而擔保物權，乃為附隨之權。
(三) 以物權能否獨立存在為準	主物權	無須依附他權，而能獨立存在之物權。	所有權、地上權、農育權、典權	在主物權，其權利之發生、消滅及移轉均與其他權利無關。
	從物權	乃附隨他種權利而存在之物權。	不動產役權、質權、抵押權、留置權	而從物權，則須以其他之權利存在為前提從物權決不能單獨存在。
(四) 以標的物為準	動產物權	以動產為標的物之物權。	質權、留置權	在取得方法與生效要件有重大之不同。
	不動產物權	即以不動產為標的物之物權。	地上權、不動產役權、農育權	
(五) 以有無存	有期限物權	係有一定存續期限之物權。	典權、質權、抵押權	在有期限物權，期限屆滿，權利即消滅。

續期限為準	無期限物權	則原無期限而能永久存續之物權。	所有權	在無期限物權,其權利除拋棄、讓與或其他情形外,永不消滅。
(六)以物權應否登記為準	登記物權	指須經登記才能取得之物權。	不動產所有權、地上權、農育權、不動產役權、典權、抵押權	在登記物權,其權之得喪變更,非經登記,不生效力。
	不登記物權	指不須登記,亦能取得之物權。	動產所有權、質權、留置權	在不登記物權,只有交付,即生效力。
(七)以物權之實質內容之不同為準	本權	係對占有而言,本權係為法律所規定之物權。	有實際管領其物:地上權、農育權。不實際管領其物:抵押權、不動產役權。	在於確定本權是否存在,以定其保護方法。
	占有權	則為現實上實際管理領有其物。	實際占有其物	占有被侵奪者,得請求返還占有物。

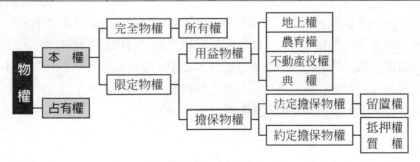

第三節　物權之效力

一、物權之優先權

即在同一標的物上,有數個權利發生權利競合時,其中某一權利得先於他權利而行使謂之優先權。物權既為直接管領特定物之權利,並具有排他性。故物權之優先權有兩種涵意:

㈠**物權相互間之優先權**:同一物上有數個物權並存時,先設定之物權,

優先於後設定之物權而行使。

㈡**物權與債權間之優先權**：物權與債權並存時，不論其權利發生時期之先後，物權均優先於普通債權而行使。惟亦有例外：

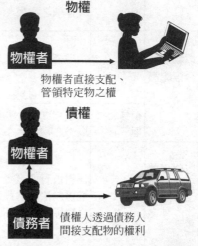

物權

物權者直接支配、管領特定物之權

債權

債權人透過債務人間接支配物的權利

　1.買賣不破租賃：即出租人於租賃物交付後，承租人占有中，縱將其所有權讓與第三人，其租賃契約，對於受讓人仍繼續存在（民425）。

　2.基於公益或社會政策之原因：依稅捐稽徵法第6條第2項：「土地增值稅、地價稅、房屋稅之徵收，優先於一切債權及抵押權。」因此，增值稅之徵收，即優先於設定在先之抵押權。

二、物權之追及權

　所謂追及權，即物權之標的物，無論如何變動或入於何人之手，物權人均得追及其物之所在，而行使其權利之謂。蓋物權係有排他性，為絕對權，故其標的物，不論輾轉於何人之手，均得追及其物之所在，而主張其權利。如在他人之土地上設定抵押權，此後不論該土地之所有權移轉於何人，其抵押權仍不受影響。

三、物上請求權

　所謂物上請求權，即物權人於權利被侵害時，得請求侵害人回復原狀之謂。民法於所有權章中規定：所有人對於無權占有或侵奪其所有物者，得請求返還之。對於妨害其所有權者，得請求除去之。有妨害其所有權之虞者，得請求防止之（民767 I）。此項規定，於所有權以外之物權，準用之（民767 II）。故物上請求權可分為三種：

㈠**返還請求權**：即所有物或占有物，因被他人無權占有或侵奪時，物權人得請求返還其物之權利。

㈡**除去妨害請求權**：即物權之行使受到他人妨害時，物權人得請求除

去其妨害之權利。

　㈢**防止妨害請求權**：即物權在現實雖無妨害，但仍有妨害之虞時，物權人得請求防止妨害發生之權利。

習題：試說明「物權之物上請求權」之意涵。（100特身四）

第四節　物權之創設及其得喪變更

一、物權創設之立法例

　物權能否創設，立法例有二：一為放任主義；一為法定主義。

　㈠**放任主義**：物權之創設，完全依當事人的自由意思，法律上不加限制，亦即承認當事人得依登記方法，取得特定物之債權，發生物權的效力。如租賃不動產時，當事人得加以登記，使租賃權變為物權。

　㈡**法定主義**：即物權之種類及其內容，概以法律限定之，不容許當事人任意創設之主義，稱為物權法定主義，又稱限定主義；德日等國採之，我民法 757 條規定：「物權，除依法律或習慣外，不得創設。」其立法理由謂：「物權因有極強之效力，得對抗一般人，若許其以契約創設之，有害公益實甚，故不許創設，又民法為普通私法，故其他特別物權，如漁業權、著作權、專用權等，及附隨其他物權之債權，應以其他法律規定之。

二、物權之得喪變更概說

　物權之取得、設定、喪失及變更，稱為物權之得喪變更，又稱為物權的變動。可分述之：

　㈠**物權之取得**：物權之取得有原始取得與繼受取得：

　　1.原始取得：即非基於他人既存之權利，而由於獨立取得物權之謂。如無主物之先占（民802）、遺失物之拾得（民807）、埋藏物之發現（民808、809）。

　　2.繼受取得：即基於他人既存之權利，而取得其物權之謂。如買賣、贈與、繼承而取得。

　㈡**物權之設定**：即權利人以法律行為，於標的物或權利上，發生他物

權之謂。如因設定而取得地上權或抵押權。

　㈢**物權之喪失**：即物權與其主體脫離之謂。有兩種情形：

　　1.絕對喪失：物權與其主體分離，客觀上失其存在之謂。如所有權拋棄或標的物之滅失是。

　　2.相對喪失：物權與原主體分離，而歸屬於新主體，亦即物權主體之變更。如所有權因買賣而移轉是。

　㈣**物權之變更**：即物權之主體、標的或內容等發生變動而言。

　　1.主體之變更：即物權之權利人變更：甲有不動產，因甲死亡由子繼承是。

　　2.標的之變更：即物權之客體的增減，如因附合、混合或加工而增加，抵押權之標的，因一部毀損而減少。

　　3.內容之變更：如地上權之期間有伸縮是。

三、物權變動之原則

　　法律為保障交易之安全，對於物權之變動，有「公示原則」與「公信原則」之兩種原則：

　㈠**公示原則**：此係指物權發生得喪變更之際，必須以一定之公示方法，讓外界可以辨認之表徵，始能發生一定法律效果之原則。蓋物權具有排他性質，物權發生變動，自

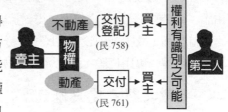

然產生排他效果，故須以公示方法對外顯示物權之變動及其變動後之情形。依我民法，不動產物權之變動，係以「登記」為其公示方法（民758），而在動產物權則為「交付」（民761）。

　㈡**公信原則**：物權之變動既以登記或占有之公示方式表示，則信賴此公示方式所表示之物權，而為物權之交易者，縱使其公示與實際權利不符，法律仍承認其具有與真實物權存在之法律效果，俾維護交易之安全，此即公信之原則。例如在土地買賣契約，乙因信賴土地登記簿上登記為甲之土地，而向甲購買，並為所有權移轉登記，此際如甲係假冒者，丙

實爲眞正所有人，蓋在物權之交易上，並不能於事前調查，何人爲眞正之所有人，故法律上仍以甲爲眞正所有人處理之，以保護乙。則乙仍取得該土地所有權。

四、物權行爲

物權行爲（德：dingliches Geschäft），乃直接發生物權變動之法律行爲。如所有權之移轉行爲、抵押權之設定等行爲是。因物權之變動以物權行爲所發生者爲最多，因此物權行爲在立法上，有三種立法主義：

㈠**意思主義**：物權行爲是由當事人之意思表示，以發生物權變動之效果爲目的之法律行爲，而不須以登記或交付而成立之主義，此又稱爲法國主義。

㈡**形式主義**：物權行爲須有物權變動之意思表示，與登記或交付之要式行爲，始能成立或生效之主義，稱爲形式主義，又稱爲德國主義。

㈢**折衷主義**：物權變動時，除債權之合意外，只須完成登記或交付之要式行爲即可發生效力之主義，又稱爲奧國主義。

我民法係採形式主義，如民法第 758 條：「不動產物權，依法律行爲取得、設定、喪失及變更者，非經登記，不生效力。」第 761 條第 1 項：「動產物權之讓與，非將動產交付，不生效力，但受讓人已占有動產者，於讓與合意時，即生效力。」依此，一般認爲我民法係採形式主義之物權行爲，乃獨立於債權行爲之外，有其獨特之範圍。而物權之變動有二要件：即不動產之物權行爲，係物權變動之法律行爲與登記之要式行爲，動產之物權行爲係動產物權變動之意思表示與交付。

例如甲向乙購買房屋，甲已支付代金，並取得占有權，但如未登記，萬一有第三者，則事後乙又將該房屋重復出售與丙，並已登記完畢，取得所有權，則甲不能對抗第三者的

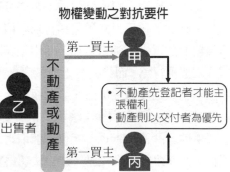

物權變動之對抗要件

第一買主　甲

乙　出售者

不動產或動產

第一買主　丙

- 不動產先登記者才能主張權利
- 動產則以交付者爲優先

丙（民 758）。因此不動產方面，無論所有權、地上權、抵押權等均須登記，而動產則須交付才能對抗第三人，此稱爲**對抗要件**。

五、準物權行爲

又稱爲非物權行爲。即直接發生物權以外之權利變動的法律行爲。如債權之讓渡（民 294 以下）、債務之免除（民 343）、無體財產權之讓渡（著 36）等爲適例。此與當事人間僅因權利變動發生債權債務之債權行爲有所不同，但因直接產生權利之變動，故與物權行爲相似。例如債權的買賣契約，發生賣主與買主之債權債務與買賣爲目的之債權之移轉關係，與在物上買賣上的債權行爲與物權行爲的關係是相同的。

習題：物權行為違反物權法定主義者，其法律效果如何？（100 特身四）

六、物權行爲之特性

在意思主義下之物權行爲，既不承認債權行爲與物權行爲分立，但在形式主義下，則認爲債權行爲與物權行爲各自獨立，故認爲物權行爲具有獨立性與無因性。此又稱爲德國主義：

㈠**獨立性**：物權行爲與債權行爲各自獨立，兩者相互分離，此稱爲物權行爲之獨立性。蓋物權行爲與債權行爲有三種關係：

1.只有物權行爲而無債權行爲之情形：如致送友人祝壽禮物，物之拋棄等。

2.只有債權行爲而無物權行爲之情形：如僱傭、保證等。

3.有物權行爲與債權行爲：如買賣是。

由此三種關係得知，物權行爲與債權行爲兩者是各自獨立。至於第三種情形之買賣不動產情形，如甲乙簽訂土地買賣契約，則甲乙須先有買賣之債權行爲，而後始有土地移轉之物權行爲，我民法第 758 條規定，不動產物權之變動，依法律行爲而生者，非經登記不生效力。第 761 條第 1 項規定，動產物權之讓與，非經交付不生效力，足見當事人如僅成立債權債務關係（民 199），仍不能取得土地，必須完成土地之登記或交付後，始產生物權之變動，故民法認爲物權行爲具有獨立性。

㈡**無因性**：物權行爲既可獨立於債權行爲之外，於是發生債權行爲是否影響物權效力問題。凡債權行爲足以影響物權行爲之效力者，則爲有因主義，而債權行爲不足以影響物權行爲之效力者，則爲無因主義。換言之，即債權行爲不成立、無效或被撤銷時，物權行爲仍不因而無效或不存在。如甲出售金錶與乙，經合意交付後，始發現因意思表示錯誤被撤銷，或違反公序良俗而無效，此時乙因物權行爲取得該錶之所有權，因債權行爲不成立，欠缺法律上原因，甲只能依不當得利請求返還該錶所有權。

習題：試依民法之規定，說明物權行爲之意思表示之存在。並從物權移轉或設定之交易過程，分析所涉及之行爲。（87司）

七、物權得喪變更之要件

㈠**不動產物權之得喪**：有基於法律行爲與非法律行爲兩者說明之：

　1.法律行爲：以直接發生物權之得喪變更爲目的之法律行爲。即爲物權行爲。不動產物權，依法律行爲而得喪變更者，應具備下列方式：

　　⑴應以書面爲之：不動產物權之移轉或設定，必須訂立契約，而契約尤須以文字表示，使生物權得喪之效力，故應以書面爲之（民758Ⅱ）。

　　⑵應經登記：不動產物權，依法律行爲而取得、設定、喪失及變更者，非經登記，不生效力（民758Ⅰ）。其因繼承、強制執行、徵收、法院之判決或其他非因法律行爲，於登記前已取得不動產物權者，應經登記，始得處分其物權（民759）。

　　⑶物權登記變動的效力：不動產物權經登記者，推定登記權利人適法有此權利。因信賴不動產登記之善意第三人，已依法律行爲爲物權變動之登記者，其變動之效力，不因原登記物權之不實而受影響（民759之1）。

　2.非法律行爲：即不動產之變動非由於法律行爲者。

　　⑴法律規定：

　　　①公用徵收：被徵收土地之所有權人，對於土地之權利義務，於應受之補償發給完竣時終止（土235）。

②沒收：刑法第 38 條沒收之物。

③不動產出租人之法定留置權（民 445）。

④承攬人之法定抵押權（民 513）。

⑤法定地上權（民 876）。

(2)法律事實：即法律行爲以外之事實：

①混同：即所有權與其他物權之混同（民 762）。

②取得時效：即動產所有權之取得時效（民 768）。

③先占：無主物之先占（民 802）。

④埋藏物之發現（民 808）。

⑤繼承：繼承，因被繼承人死亡而開始（民 1147）。

㈡**動產物權之得喪**：即爲**交付**（拉：traditio；英：delivery；德：Übertragung）。在動產物權之讓與，與不動產物權之讓與（民 758），同爲保護第三人之利益，及保護交易安全計，應設一定之方式，而動產與不動產不同，既無一定之地位，且種類極多，當不得援用不動產物權應登記之例。自來各國，皆以交付（即占有移轉）爲動產物權讓與之公示方法，又**以交付爲動產物權成立之要件**，蓋占有移轉最能使第三人自外部推知動產物權之權利狀態也（民 761 I）。此爲交付之原則，惟尚有變通方式：

1.簡易交付：即動產物權之讓與，係以交付爲要件，即讓與人將其現在直接之占有，移轉於受讓人之謂。然若受讓人於讓與之先，已占有其動產者，當其讓與時，衹須彼此合意移轉其物權，即發生讓與之效力（民 761 但）。如汽車之出租人將該汽車賣給租用人時，只要雙方合意，就完成讓與之手續。

2.占有改定（拉：constitutum possessorium；德：Besitzkonstitut）：依民法第 761 條第 2 項即讓與動產物權，而讓與人仍繼續占有動產者，讓與人與受讓人間得訂立契約，使受讓人因此取得間接占有，以代交付。例如甲將機械賣給乙，而甲本應將機械交付於乙，但甲尚須使用該機械，此時乃與乙訂立租賃或借貸契約，使乙取得間接占有，以代機械之交付是。有此制度，則可免去甲將機械

→移轉乙→乙再移轉甲之雙方徒勞往返而得達成目的。

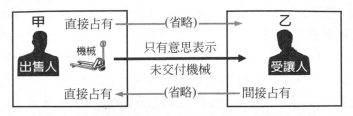

3.指示交付：又稱讓與請求權，即讓與動產物權，如其動產由第三人占有時，讓與人得以對於第三人之返還請求權讓與於受讓人，以代交付（民761Ⅲ）。例如甲將寄託在乙之汽車讓與丙，即乙仍占有該汽車，丙取得該車所有權後，仍繼續由乙占有是。

第五節　物權之消滅

物權之消滅指物權客觀的喪失其存在之謂。其消滅原因不一，有因標的物滅失而消滅者，如標的物因地震全部毀滅。有因法定存續期間屆滿，法定期間之經過而消滅，依民法第 880 條（如抵押權人，於消滅時效完成後，5 年間不實行其抵押權者，其抵押權消滅），或他人因時效取得所有權，如民法第 768 條（動產所有權取得時效 10 年）、769 條（不動產之一般取得時效 20 年）、770 條（不動產之特別取得時效 10 年），有標的物被沒收宣告或公用徵收等是。不過民法物權法設有一般性之規定者，為混同、拋棄及其他消滅原因：

一、混同

指在同一標的物上存在兩種權利，且歸於一人之事實。物權之混同有二種情形：

㈠**所有權與其他物權混同**：即同一物之所有權及其他物權，歸屬於一人者，其他物權因混同而消滅（民762前段）。如甲於乙所有土地有地上權，

其後乙爲甲之繼承人，地上權與所有權混同，地上權應消滅。但其物權之存續，於所有人或第三人有法律上之利益者，不在此限（民762但）。如甲將其所有土地，抵押於乙，乙爲第一抵押人，次又抵押於丙，丙爲第二抵押人，嗣甲爲乙之繼承人，則乙前有之第一抵押權，仍舊存續，甲（此時仍爲所有人）有法律上之利益。蓋丙之第二抵押權，本不能得完全之清償，若使第一抵押權消滅，則丙遞升爲第一抵押人，能受完全之清償，受其害者在甲，故第一抵押權存續，於甲有法律上利益。又如甲於乙所有土地有地上權，將其抵當於丙，其後甲向乙購得此土地，則丙（第三人）於地上權存續，有法律上之利益。蓋地上權消滅，則丙之抵當權，因標的物消滅，不利於丙實甚。故亦不消滅。

㈡**他物權與以該物權爲標的之物權混同**：所有權以外之物權，及以該物權爲標的物之權利，歸屬於一人者，其權利因混同而消滅。但其他物權之存續，於所有人或第三人有法律上之利益者，其權利仍不消滅（民763）。例如甲以其地上權抵當於乙，其後甲爲乙之繼承人，則乙之抵押權，因混同而消滅。然甲若先將其地上權抵當於乙，乙爲第一抵當權人，次又將其地上權抵當於丙，丙爲第二抵當權人，其後甲爲乙之繼承人，則甲於乙之第一抵當權存續有法律上之利益，故不因混同之故，而使其消滅。

二、拋棄

即權利人以意思表示，使其權利歸於消滅之單獨行爲。物權，除法律另有規定外，因拋棄而消滅（民764Ⅰ）。蓋物權爲財產權之一，原則上權利人得自由拋棄，一經拋棄，物權歸於消滅。惟其物權如爲他人權利之標的時，法律爲保護他人之利益，仍不許其拋棄。至於民法上所謂「除法律另有規定」，如民法第834條第1項規定：「地上權無支付地租之約定者，地上權人得隨時拋棄其權利。」爲其適例。此外拋棄物權，應以何種方式爲之，始生拋棄之效力，則動產物權之拋棄，應放棄占有；在拋棄不動產物權，除爲拋棄之表示外，並爲塗銷之登記。

三、因其他原因而物權消滅

因其他原因而消滅者，除法律另有規定外，約有下列情形：

㈠**標的物滅失**：標的物既已滅失，權利自然消滅。如私有土地因天然變遷成爲湖澤或可通運之水道時，其所有權即視爲消滅（土 12 I）。又抵押權、質權，因擔保物滅失而得受賠償金者，其賠償金即爲擔保物之代替物，擔保物權仍繼續存在，其效力及於其代替物（民 881、899）。

㈡**存續期間屆滿或期滿前當事人以合意使物權消滅**：即法律關係定有存續期間者，於期限屆滿時消滅，此在物權也應如此。

㈢**因法定原因而撤銷**：如地上權人積欠地租達 2 年之總額，而被終止地上權（民 836），農育權人積欠地租達 2 年之總額，經土地所有人催告仍不支付而被終止農育權（民 850 之 9 準 836），礦業權因法定原因而被撤銷（礦 37）等是。

㈣**他人因時效取得所有權**：如民法第 768 條之占有他人動產，769、770 條之占有他人不動產而取得所有權等情形。

㈤**擔保物權因債權消滅而消滅**：擔保物權具有從屬性，因此，債之關係消滅者，其債權擔保，及其他從屬之權利，亦同時消滅，蓋從權利附屬於主權利，當然之結果（民 307）。

㈥**法定期間之經過**：如民法第 880 條：如抵押權人於其擔保之債權，於消滅時效完成後，5 年間不實行其抵押權者，其抵押權消滅。民法第 1185 條之賸餘遺產，無人繼承而歸國庫等情形是。

㈦**標的物被徵收或沒收**：標的物上之物權，均因國家公權力之行使，被徵收或沒收而消滅。此徵收如土地法第 208、209 條，平均地權條例第 53 條等。沒收指刑法上之沒收而言。

㈧**動產因添附於他人之不動產或動產**：他人取得動產所有權（民 811~ 815）。

第二章 所有權

第一節 所有權之通則

一、所有權之意義

所有權（英：property, ownership；德：Eigentum；法：propriété）乃所有人於法令限制之範圍內，對所有物有永久全面與整體直接支配之物權（民765）。茲分別說明之：

㈠**乃對於標的物全面支配之權**：所有權乃係民法之重心，因所有權之確立，民事法律制度始得全面構成。因此在所有權係保障所有人對於標的物有全面支配之物，則得自由使用、收益、處分自己所有物之權利。

㈡**所有權之整體性**：非此各種支配權之集合，而是各該權利所由派生之單一體，為渾然整體之權利，此即所有權之整體性。

㈢**所有權之彈力性**：所有權因設定地上權、租賃權等，其所有權則受其所設定之物權之束縛，其全面支配權受到限制，實際上有成為虛有權之情形，則所謂不具何等權能之「空虛所有權」（nuda proprietas）此稱為所有權之睡眠。但這種睡眠是有限，這限制如消失，則又回復完整之物權，此稱為**所有權之彈力性**。

㈣**所有權為永久存續之權利**：所有權具有永久存續之性質，而不得預定存續期間，就是權利主體變更，亦不影響所有權之永久存續性。所有

所有權之內涵

所有人（自然人或法人）	
所有權取得原因	所有權之喪失
㈠契約 ㈡繼承 ㈢無主物先占 ㈣遺失物拾得 ㈤埋藏物發現 ㈥添附及其他	
所有權之取得	
排除妨害	自由使用、收益、處分
私法上限制	公法上限制
權利濫用之禁止、土地之相關係、其他	都市計畫、建築法、土地徵收、其他

權除因標的物之滅失、他人之取得時效，或權利人之拋棄，或其他絕對消滅之事由發生外，其權利永久存續。故無除斥期間與消滅時效情形。

二、所有權之性質

所有權具有下列性質：

所　　有　　權		
意義	對有體物有永久、全面與整體直接支配之權。	
特色	全面性	對於標的物有全面支配之物權。
	整體性	即占有、使用、收益及處分等權能。所有派生之單一體，爲渾然整體之權利。
	彈力性	如不動產所有權設定典權、地上權後其所有權全面支配將受限制，但如此類他物權消失，則又回復完整之物權，故具有彈力性。
	永久性	所有權隨標的物之存在而永久存續，無除斥期間與消滅時效。

三、所有權之權能

即所有人，於法令限制之範圍內，得自由使用、收益、處分其所有物，並排除他人之干涉（民765）。

所有權之權能
- 積極權能
  - 占有：將物置於自己實力支配之下以發揮所有權之效用，因此須要占有。
  - 使用：即依物之用法，而供生活上之利用。如土地耕作、房屋居住等。
  - 收益：收取所有物之天然孳息或法定孳息，如收取房租、收取果實等。
  - 處分：如出售物品、焚毀器物讓與或拋棄等。
    - (一)事實上之處分：就物體上爲毀損、滅失、變更之行爲。如拆毀房屋、焚毀器物是。
    - (二)法律上之處分：就權利上爲移轉、變更、設定、拋棄之行爲。如讓與、拋棄或於不動產設定抵押權是。
- 消極權能
  - 請求返還權：對無權占有或侵奪所有物者，得請求返還。
  - 請求除去或防止：有妨害所有權者請求除去或防止之。

(一)**積極的權能**：所有人於法令限制之範圍內，得自由使用、收益、處分其所有物（民765前段）。此即所有權之積極權能。茲分析之：

1.占有：所有人對於物既有概括的管領之權利，自應將該物置於自

己實力支配之下，以發揮其所有權之效用，因此，所有人即有占有所有物之必要。

2.使用：即不毀損物體，不變更物之性質，依物之用法，而供生活上利用之謂。如土地爲耕作之用，房屋爲居住之用等。

3.收益：即收取所有物之天然孳息或法定孳息。如收取果實、收取房租等，故物之成分及其天然孳息，於分離後，除法律另有規定外（民798），仍屬於其物之所有人（民766）。

4.處分：可分爲二：

　　(1)事實上之處分：就物體上爲毀損、滅失、變更之行爲。如拆毀房屋、焚毀器物是。

　　(2)法律上之處分：就權利上爲移轉、變更、設定、拋棄之行爲。如讓與、拋棄或於不動產設定抵押權是。

㈡**消極的權能**：即所有人於其所有物，得排除他人干涉之謂（民765後段）。依民法第 767 條：「所有人對於無權占有或侵奪其所有物者，得請求返還之。對於妨害其所有權者，得請求除去之。有妨害其所有權之虞者，得請求防止之。」此即所謂消極的權能。即同一標的物上不能有兩個所有權，此亦稱爲物權之排他性。

四、所有權之保護

所有權受侵害時，所有人除依法令及基於侵權行爲之規定，請求賠償外，並得依物權法之規定，排除他人之干涉。此即民法上**所有權物上請求權**，依第767條之保護規定：「所有人對於無權占有或侵奪其所有物者，得請求返還之。對於妨害其所有權者，得請求除去之。有妨害其所有權之虞者，得請求防止之。」依此可分爲三種：即所有物之返還請求權、保全所有權之請求權及預防侵害請求權。

㈠ 所有物返還 請求權	所有人對於無權占有或侵奪其所有物者，若不能請求返還，則所有權無從行使，故所有人應對現在占有該物或侵奪所有物之人請求返還所有物之權利。而現在所有人，對於無權占有及侵奪之事實，須負舉證責任。
㈡	即所有人對於妨害其所有權，若不能請求排除，則不能保全所有權

保全所有權之請求權	之安然行使，故應特許其為除去之請求。所謂妨害，乃是對於所有權人，破壞其所有物上圓滿管領狀態而言。
(三) 預防侵害請求權	即所有人對於有妨害其所有權之虞者，若不能請求防止，一旦至實行被侵害時，則難填補其損失。故所有權人認為有妨害所有權之虞者，應許其為防止之請求。所謂妨害之虞，究達何種程度，始得請求防止，應就具體事實，依一般社會觀念決之。如甲與乙同住一棟集合住宅，甲在地下製造炮竹，如一旦不慎爆炸，乙必遭波及，此時乙有被妨害之虞，自得請求甲防止之。

五、所有權物上請求權與所有權損害賠償請求權之區分

區分基準	物上請求權	所有權損害賠償請求權
(一) 請求權依據	由物權而產生之請求權。	由債權而產生之請求權。
(二) 消滅時效	不一定有消滅時效之適用。	一定有消滅時效之適用。
(三) 請求要件	不以故意、過失及責任能力為要件。	以故意、過失及責任能力為要件。
(四) 目的	目的在請求所有物之返還、除去及防止侵害。	目的在補償對物權之損害。
(五) 所有物滅失時	所有物滅失時請求權消滅。	所有物滅失，損害賠償請求權仍存在。
(六) 請求對象	以所有物之無權占有人或妨害管領之人為請求對象。	以侵權行為人為請求對象。

六、所有權之取得時效

所謂取得時效，占有人以所有之意思，於一定期間內，和平、公然、繼續占有他人所有物，因而發生取得權利之制度。取得時效之要件因動產或不動產而不同：

(一)**動產所有權之取得時效：**

1.一般取得時效：以所有之意思，10 年間和平、公然占有他人之動產者，取得其所有權（民768）。所謂以所有之意思而占有，即學者所稱之自主占有，非以所有之意思而為占有者，則為他主占有。關於和平、公然占有，則非以暴行強迫之手段而取得或維持其占有。至於 10 年間繼續

占有，不可稍有間斷，否則，時效即不能進行。如有前後兩次占有，其有確實證據足以證明者，推定前後兩時之間，繼續占有（民 944）。

2.特別取得時效：以所有之意思，5 年間和平、公然、繼續占有他人之動產，而其占有之始為善意並無過失者，取得其所有權（民 768 之 1）。其占有之情形與一般取得時效相同。但其開始占有時，必須是基於善意且無過失之情形，始取得其所有權。

(二)**不動產所有權之取得時效：**

1.一般取得時效：以所有之意思 20 年間，和平、公然、繼續占有他人未登記之不動產者，得請求登記為所有人（民 769）。因不動產物權係採登記要件主義，故雖以所有之意思，於 20 年間和平、公然、繼續占有他人未登記之不動產，仍非請求登記，不能有效。而此 20 年間之繼續占有，不可稍有間斷，否則時效即不能進行。如有前後兩時占有，其有確實證據足以證明者，推定前後兩時之間，繼續占有（民 944）。

2.特別取得時效：以所有之意思，10 年間和平、公然、繼續占有他人未登記之不動產，而其占有之始為善意並無過失者，得請求登記為所有人（民 770）。不動產取得時效完成後，非即取得所有權，因只能請求登記為所有人，故必須登記，始能取得所有權。此項規定，對所有權以外之財產權，如不動產役權、抵押權之類，與和平、公然、繼續占有而取得之所有權無異，則其取得之時效或中斷，亦應與取得所有權之時效或中斷相同，故準用第 768 條至第 771 條之規定（民 772）。

(三)**所有權取得時效之中斷：**所謂中斷，指在取得時效進行中，遇到一定之原因，使其以前所經過之期間歸於無效之謂。故無論動產或不動產所有權之取得時效，皆須自主、和平、公然、繼續占有，滿一定期間，方得完成。至於時效中斷之原因，依第 771 條之規定為：

1.變為不以所有之意思而占有。如因新事實變為不以所有的意思是。

2.變為非和平或非公然占有。

3.自行中止占有。如占有人拋棄其動產之占有。

4.非基於自己之意思而喪失其占有。但依第 949 條及第 962 條之規定，占有物如係被盜或遺失或其占有被侵奪，被害人、遺失人或占有人請求回復其物，或請求追還其占有物者，則不得適用本條時效中斷之規定也。

依第 767 條規定起訴請求占有人返還占有物者，占有人之所有權取得時效亦因而中斷。

㈣**取得時效之效力**：取得時效一旦完成，原所有人即喪失其所有權，此時即使未經占有人援用，法院亦得據以裁判。其效力可分動產與不動產說明：

1.動產之效力：占有人以所有之意思，10 年間和平、公然占有他人之動產者，取得其所有權（民 768）。占有人以所有之意思，5 年間和平、公然、繼續占有他人之動產，而其占有之始為善意並無過失者，取得其所有權（民 768 之 1）。民法物權編施行前占有動產而具備動產所有權取得時效之要件者，於施行之日取得其所有權（民物施 7）。民法物權編施行前已進行之期間，依民法物權編所定之無時效性質之法定期間，於施行時尚未完成者，其已經過之期間與施行後之期間，合併計算（民物施 5Ⅱ）。

2.不動產之效力：占有人以所有之意思，20 年間和平、公然、繼續占有他人未登記之不動產者，得請求登記為所有人（民 769）。占有人以所有之意思，10 年間和平、公然、繼續占有他人未登記之不動產，而其占有之始為善意並無過失者，得請求登記為所有人（民 770）。

占有人於不動產所有權取得時效完成後，尚須請求登記，始能取得該不動產之所有權（民 769 後段）。民法物權編施行前，占有他人未登記之不動產，而具備民法第 769 條一般取得時效或第 770 條特別取得時效之要件者，自施行之日起，得請求登記為所有人（民物施 8）。依法得請求登記為所有人者，如該管地政機關尚未設立，於得請求登記之日起，視為所有人（民物施 9）。民法物權編施行前已進行之期間，依民法物權編所定之無時效性質之法定期間，於施行時尚未完成者，其已經過之期間與施

行後之期間，合併計算（民物施 5 II）。

習題：動產之取得時效與不動產之取得時效之規範如何？（100 特）

第二節　不動產所有權

一、不動產所有權之範圍

不動產在民法總則稱爲土及其定著物（民 66）。在物權編則稱爲土地或建築物（民 773、799）。兩者規定雖有不同，但其實質卻相同。故分土地與建築物說明之：

㈠**土地所有權之範圍**：依民法第 773 條：「土地所有權，除法令有限制外，於其行使有利益之範圍內，及於土地之上下。如他人之干涉，無礙其所有權之行使者不得排除之。」依此，即土地所有權之行使，雖及於土地之地面、地上及地下，但僅於其行使有利之範圍內，始得排除他人之干涉。如他人干涉無礙於其所有權之行使者，仍不得排除之。至所謂**法令之限制**，在公法上如土地法、礦業法所設之限制，在私法上如民法對於土地相鄰關係所設之限制是。

㈡**建築物所有權之範圍**：

1.區分所有：數人區分一建築物而各專有其一部，就專有部分有單獨所有權，並就該建築物及其附屬物之共同部分共有之建築物，稱爲區分所有（民 799 I）。如一建築物爲一人所專有時，則其所有權當然及於建築物全部。如數人區分，而各有其一部分時，各人就其區分之特定部分，有其單獨之所有權。如二層樓房一棟，甲乙各有其一層之所有權，或平房一棟兩間，甲乙各有其中一間所有權是。

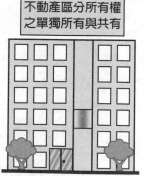

不動產區分所有權之單獨所有與共有

建築地、正門、樓梯與電梯之共用部分

2.專有及共有部分：所稱專有部分，指區分所有建築物在構造上及使用上可獨立，且得單獨爲所有權之標的者。共有部分，指區分所有建

築物專有部分以外之其他部分及不屬於專有部分之附屬物（民799II）。

　　⑴專有及共有部分之使用：專有部分得經其所有人之同意，依規約之約定供區分所有建築物之所有人共同使用；共有部分除法律另有規定外，得經規約之約定供區分所有建築物之特定所有人使用（民799III）。

　　⑵專有及共有部分之面積及分離：區分所有人就區分所有建築物共有部分及基地之應有部分，依其專有部分面積與專有部分總面積之比例定之。但另有約定者，從其約定（民799IV）。專有部分與其所屬之共有部分及其基地之權利，不得分離而爲移轉或設定負擔（民799V）。

　　3.建築物之費用分擔：區分所有建築物共有部分之修繕費及其他負擔，由各所有人按其應有部分分擔之。但規約另有約定者，不在此限。此項規定，於專有部分經依第799條第3項之約定供區分所有建築物之所有人共同使用者，準用之。

　　規約之內容依區分所有建築物之專有部分、共有部分及其基地之位置、面積、使用目的、利用狀況、區分所有人已否支付對價及其他情事，按其情形顯失公平者，不同意之區分所有人得於規約成立後3個月內，請求法院撤銷之。區分所有人間依規約所生之權利義務，繼受人應受拘束；其依其他約定所生之權利義務，特定繼受人對於約定之內容明知或可得而知者，亦同（民799之1）。

　　4.同建築物之所有人區分：同一建築物屬於同一人所有，經區分爲數專有部分登記所有權者，準用第799條規定（民799之2）。

　　5.正門之使用：建築物由數人區分所有，其專有部分之所有人，有使用他專有部分所有人正中宅門之必要者，得使用之。但另有特約或另有習慣著，從其特約或習慣。因此項使用，致他專有部分之所有人受損害者，應支付償金（民800）。

　　6.建築物或其他工作物利用人之準用：第774條至第800條規定，於地上權人、農育權人、不動產役權人、典權人、承租人、其他土地、建築物或其他工作物利用人準用之（民800之1）。

㈢共有與區分所有之不同：

區分基準	共　　　有	區　分　所　有
所有權性質	數人共同享有一物之所有權（民817）。	數人區分一建築物而各專有其一部（民799 I）。
處 分 權	共有物之處分、變更及設定負擔，應得共有人全體之同意（民819II）。	就所有部分有單獨所有權，並得自由處分、變更及設定負擔（民799）。
使用收益	各共有人，得自由處分其應有部分（民819 I）。	各人得對自己所有部分得自由使用收益（民799II）。
分 割 權	各共有人得隨時請求分割共有物（民823 I 前段）。	各人對自己所有部分單獨所有，無分割問題。

習題：何謂區分所有建築物？區分所有建築物應如何管理？（100 特）

二、土地相鄰之關係

所謂土地相鄰之關係（德：Nachbarschaft；法：servitudes légales），即指土地所有人相鄰接間所生之權利義務之關係也。蓋土地相鄰間因生活上的利益，常易發生衝突，法律爲調和利害設有相關規定：

㈠**鄰地損害之防免**：土地所有人經營事業或行使其所有權，應注意防免鄰地之損害（民774）。在開掘土地或爲建築時，不得因此使鄰地之地基動搖或發生危險，或使鄰地之建築物或其他工作物受其損害（民794）。如其建築物或其他工作物之全部，或一部有傾倒之危險，致鄰地有受損害之虞者，鄰地所有人，得請求爲必要之預防（民795）。違反此項義務，致鄰地發生損害時，自應負損害賠償責任。

㈡**鄰地之通水**：相鄰土地因通水而發生權利義務：

　1.自然流水：土地所有人不得妨阻由鄰地自然流至之水。自然流至之水爲鄰地

所必需者，土地所有人縱因其土地利用之必要，不得妨阻其全部（民775）。

2.人為流水：土地因蓄水、排水或引水所設之工作物破潰、阻塞，致損害及於他人之土地，或有致損害之虞者，土地所有人應以自己之費用，為必要之修繕、疏通或預防。但其費用之負擔，另有習慣者，從其習慣（民776）。土地所有人不得設置屋簷、工作物或其他設備，使雨水或其他液體直注於相鄰之不動產（民777）。

3.疏水與過水權：

(1)土地所有人之疏水權：水流如因事變在鄰地阻塞，土地所有人得以自己之費用，為必要疏通之工事。但鄰地所有人受有利益者，應按其受益之程度，負擔相當之費用。上項費用之負擔，另有習慣者，從其習慣（民778）。

(2)土地所有人之過水權：土地所有人因使浸水之地乾涸，或排泄家用或其他用水，以至河渠或溝道，得使其水通過鄰地。但應擇於鄰地損害最少之處所及方法為之。對此如鄰地所有人有異議時，有通過權之人或異議人得請求法院以判決決定之（民779 IV）。上項情形，有通過權之人對於鄰地所受之損害，應支付償金（民779）。

上述情形，如法令另有規定或另有習慣者，從其規定或習慣（民779III）。

(3)鄰地所有人過水工作物使用權：土地所有人因使其土地之水通過，得使用鄰地所有人所設置之工作物。但應按其受益之程度，負擔該工作物設置及保存之費用（民780）。

㈢**鄰地用水：**

1.水流地所有人之用水：水源地、井、溝渠及其他水流地之所有人得自由使用其水。但法令另有規定或另有習慣者，不在此限（民781）。

2.用水人之物上請求權：水源地或井之所有人對於他人因工事杜絕、減少或污染其水者，得請求損害賠償。如其水為飲用或利用土地所必要者，並得請求回復原狀；其不能為全部回復者，仍應於可能範圍內回復之。此項情形，損害非因故意或過失所致，或被害人有過失者，法

院得減輕賠償金額或免除之（民 782）。

3.使用鄰地餘水之用水權：土地所有人因其家用或利用土地所必要，非以過鉅之費用及勞力不能得水者，得支付償金，對鄰地所有人請求給與有餘之水（民 783）。

4.變更水流或寬度之限制：水流地對岸之土地屬於他人時，水流地所有人不得變更其水流或寬度。兩岸之土地均屬於水流地所有人者，其所有人得變更其水流或寬度。但應留下游自然之水路。上項情形，法令另有規定或另有習慣者，從其規定或習慣（民 784）。

5.堰之設置與利用：水流地所有人有設堰之必要者，得使其堰附著於對岸。但對於因此所生之損害，應支付償金。對岸地所有人於水流地之一部屬於其所有者，得使用前項之堰。但應按其受益之程度，負擔該堰設置及保存之費用。上項情形，法令另有規定或另有習慣者，從其規定或習慣（民 785）。

(四)**鄰地之通過**：

1.管線之設置：土地所有人非通過他人之土地，不能設置電線、水管、瓦斯管或其他管線，或雖能設置而需費過鉅者，得通過他人土地之上下而設置之。但應擇其損害最少之處所及方法為之，並應支付償金（民 786 I）。如鄰地所有人有異議時，有通過權之人或異議人得請求法院以判決定之（民 786IV）。依第 1 項之規定，設置電線、水管、瓦斯管或其他管線後，如情事有變更時，他土地所有人得請求變更其設置（民 786 II）。上項變更設置之費用，由土地所有人負擔。但法令另有規定或另有習慣者，從其規定或習慣（民 786III）。

2.鄰地之通行：

　(1)袋地所有人之必要通行權：土地因與公路無適宜之聯絡，致不能為通常使用時，除因土地所有人之任意行為所生者外，土地所有人得通行周圍地以至公路（民 787 I），稱為鄰地通行權。所謂任意行為（willkürliche Handlung），係指於土地通常使用情形下，因土地所有人自行排除或阻斷土地對公路之適當聯絡而言，如自行拆除橋樑或建築圍牆，致使土地不能對外為適宜聯絡即是。

　　上項情形，有通行權人應於通行必要之範圍內，擇其周圍地損害最少之處所及方法為之；對於通行地因此所受之損害，並應支付償金（民787II）。如鄰地所有人有異議時，有通過權之人或異議人得請求法院以判決定之（民787III）。

(2)開路通行權：有通行權人於必要時，得開設道路。但對於通行地因此所受之損害，應支付償金。上項情形，如致通行地損害過鉅者，通行地所有人得請求有通行權人以相當之價額購買通行地及因此形成之畸零地，其價額由當事人協議定之；不能協議者，得請求法院以判決定之（民788）。

(3)通行權之限制：因土地一部之讓與或分割，而與公路無適宜之聯絡，致不能為通常使用者，土地所有人因至公路，僅得通行受讓人或讓與人或他分割人之所有地。數宗土地同屬於一人所有，讓與其一部或同時分別讓與數人，而與公路無適宜之聯絡，致不能為通常使用者，亦同。上項情形，有通行權人，無須支付償金（民789）。

(五)**鄰地之侵入：**

1.人之侵入：土地所有人得禁止他人侵入其地內。但有下列情形之一，不在此限（民790）：

(1)他人有通行權者。

(2)依地方習慣，任他人入其未設圍障之田地、牧場、山林刈取雜草，採取枯枝枯幹，或採集野生物，或放牧牲畜者。

(3)尋取物品或動物者：土地所有人，遇他人之物品或動物偶至其地內者，應許該物品或動物之占有人或所有人入其地內，尋查取回。前項情形，土地所有人受有損害者，得請求賠償。於未受賠償前，得留置其物品或動物（民791）。

2.物之侵入：

(1)氣響之侵入：土地所有人於他人之土地、建築物或其他工作物有瓦斯、蒸氣、臭氣、煙氣、熱氣、灰屑、喧囂、振動及其他與此相類者侵入時，得禁止之。但其侵入輕微，或按土地形狀、

地方習慣,認為相當者,不在此限(民793)。

(2)建築物之侵入:越界建屋之處理:

①越界建屋之異議:土地所有人建築房屋非因故意或重大過失逾越地界者,鄰地所有人如知其越界而不即提出異議,不得請求移去或變更其房屋。但土地所有人對於鄰地因此所受之損害,應支付償金(民796 I)。此項情形,鄰地所有人得請求土地所有人,以相當之價額購買越界部分之土地及因此形成之畸零地,其價額由當事人協議定之;不能協議者,得請求法院以判決定之(民796II)。

②越界建屋法院之判決:土地所有人建築房屋逾越地界,鄰地所有人請求移去或變更時,法院得斟酌公共利益及當事人利益,免為全部或一部之移去或變更。但土地所有人故意逾越地界者,不適用之。第796條第1項但書及第2項規定,於前項情形準用之(民796之1)。

③越界建屋之準用:民法第796、796條之1之規定,於具有與房屋價值相當之其他建築物準用之(民796之2)。

(3)植物枝根越界之刈除:土地所有人遇鄰地植物之枝根有逾越地界者,得向植物所有人,請求於相當期間內刈除之。植物所有人不於上項期間內刈除者,土地所有人得刈取越界之枝根,並得請求償還因此所生之費用。越界植物之枝根,如於土地之利用無妨害者,不適用前二項之規定(民797)。

甲得請求乙於相當期間內切除,如乙相應不理甲得刈除之。果實自落於甲之地上者,屬於甲所有。

甲之土地　乙之土地

(六)鄰地之使用收益:

1.鄰地之使用權:土地所有人因鄰地所有人在其地界或近旁,營造或修繕建築物或其他工作物有使用其土地之必要,應許鄰地所有人使用其土地。但因而受損害者,得請求償金(民792)。

2.鄰地之收益權:果實自落於鄰地者,視為屬於鄰地所有人。但鄰

地為公用地者，不在此限（民798）。

鄰地之使用權　　　　　　　　　**鄰地之收益權**

第三節　動產所有權

一、概說

（一）**動產所有權之範圍**：所謂動產，即不動產之外，亦即非屬不動產之物，均為動產之範圍（民67）。而動產所有權者，係以動產為標的物之所有權。然動產所有權之標的物，有固體、液體及氣體之分；如為固體有一定之形式，範圍易於確定，如為液體或氣體，其界限難以界定，須賴人為之方法予以劃分並確定範圍。又集合物，如米、穀、麥等動產，則須集合一定數量，始有交易之價值。惟動產所有權之內容，須受法令之限制，始得自由使用、收益及處分（民765）。

（二）**動產所有權取得方法**：動產所有權取得方法與一般權利取得方法相同，可分為：

1.**原始取得**	非基於他人既存之權利，而由於獨立之事實，取得之權利。如因先占或時效而取得動產所有權。
2.**繼受取得**	非由於獨立之事實，而係基於他人既存之權利而取得其權利。如買賣、贈與等。

二、取得時效與即時取得

（一）**取得時效**（拉：praescriptio acquisitiva, usucapio；英：prescription；德：

Ersitzung；法：prescription acquisitive, usucapion）：動產及不動產均因時效之
經過而取得所有權。

㈡**即時取得**(德：Eigentumserwerb kraft guten Glaubens；法：acquisition de bonne
foi)：又稱為**善意受讓或善意取得**。即動產之受讓人占有動產，而受關於
占有規定之保護者，縱讓與人無移轉所有權之權利，受讓人仍可取得其
所有權之謂（民801、948）。

凡讓與動產之所有權時，若讓與人有移轉其所有之權利，則受讓人
因讓與之效力取得所有權，此當然之理。然有時讓與人雖無移轉其所有
權之權利，受讓人不得藉讓與之效力取得所有權，而可藉占有之效力取
得所有權，如是始能確保交易上之安全也。如31上1904判例謂：「動產
之受讓人占有動產，而有民法第九百四十八條規定之情形者，依同法第
八百零一條之規定，縱讓與人無移轉所有權之權利，受讓人仍取得其所
有權。」

譬如甲將其所有之腳踏車借乙使用，乙未經甲同意，將該腳踏車賣
給不知情之丙，並將車交付給丙，丙即取得該車之所有權。此時，乙須
對甲負債務不履行及侵權行為之損害賠償責任。

　1.即時取得之要件：

　　⑴須有動產所有權移轉之合意：並將動產交付於受讓人。

　　⑵須讓與人無處分動產所有權之權利者：如向他人借用汽車者，
　　　將該汽車擅自讓與他人是。

　　⑶須受讓人為善意：即不知或無重大過失。如明知讓與人無處分
　　　權而仍接受讓與者，則有違誠信原則，而不受占有之保護。

　2.即時取得之效力：

　　⑴受讓人取得該動產所有權：受讓人受讓動產，即使讓與人無處
　　　分權，受讓人仍取得該動產所有權（民801）。

　　⑵受讓人取得該動產之質權：動產之受質人占有動產，而受關於
　　　占有規定之保護者，縱出質人無處分質物之權利，受質人仍取
　　　得其質權（民886）。

　　⑶原所有人對讓與人可行使之權利為：

①依債務不履行請求損害賠償：原所有人與讓與人間如有使用借貸、租賃、寄託等債權關係存在時，可依債務不履行之規定，請求損害賠償。

②讓與人因侵害原所有人之所有權：即依侵權行為請求損害賠償。

③依不當得利請求返還所受利益：讓與人如為有償處分，如將該動產所有權出售，即原所有人得依不當得利之規定，請求返還其所得利益。

三、先占

(一)**先占之概念**：所謂先占（拉：occupatio；英：occupancy；德：Aneignung；法：occupation）即以所有之意思，占有無主之動產者，除法令另有規定外，取得其所有權（民 802），此即原始取得。

民法上對先占之立法法例：

1.先占自由主義：即不論是動產或不動產，概許先占者取得所有權，此羅馬法採之。

2.先占權主義：即動產須待法律許可始取得所有權，而不動產只有國家才有先占權，此為日耳曼法所採。我民

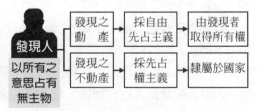

法第 802 條規定：動產可因**無主物之先占**而取得所有權，但無主之不動產其所有權隸屬於國家，個人不能以先占取得所有權（憲 143、土 10）。因此我民法對於動產則採先占自由主義，而對於不動產則採國家先占主義。

(二)**要件**：

1.須以所有之意思占有之	即占有人必須具備所有意思而占有，則有事實上之管領，而此之占有，也可利用輔助人占有（民 942），如雇用獵人捕獲野豬或雇用漁夫在海中捕魚等是。
2.須為無主物	所謂無主物，乃現時無所有者之物，一向不屬於任何人之物。例如獵人捕獲野生鳥獸，又如大海中自然生育之魚類、海藻、貝類等，或過去曾有所屬，但其後變成無主物之情形，此如礦業權者放棄所有權之廢棄礦坑。

| 3.**須為動產** | 因先占而取得所有權之物，以動產爲限，如他人所丢棄之物；因不動產之土地依憲法第 143 條規定：「土地屬於國民全體」，土地法第 10 條亦有同樣規定。 |

三**先占之法律性質**：

1.法律行爲說：認爲先占既以取得所有之意思而占有「無主物」，故應認爲先占是法律行爲。

2.事實行爲說：即法律上之「所有之意思」，係在事實上對物有完全支配管領之意思，只要是具備占有無主動產之事實，則可取得所有權。

現法界在學說上是**以事實行爲說爲通說**，民法第 802 條以「所有意思占有無主動產」，並非指取得所有權之意思，而是指事實上所有之意思，即對物有完全支配管領之意思，基於此種占有之事實，法律乃賦予取得所有權之效果。故先占爲事實行爲。如直接占有該動產固爲先占，如對該物設定排他性之障礙物時（如將野生兔子藏在岩洞中，而將洞口予以封閉之情形），也可認爲是自主占有。

四、遺失物之拾得

一**遺失物之概念**：所謂遺失物（英：lost property；德：verlorene Sache；法：chose perdue）即所有人並無拋棄之意思，又非因他人之侵奪，係偶然失去所占有而現時不屬於任何人之動產而言。至於漂流物與沈沒物，或其他因自然力而脫離他人占有物者，是否屬於遺失物，依民法規定，準用關於拾得遺失物之規定（民810）。

二**遺失物拾得之要件**：

1.**須為遺失物**	即脫離主人之占有，而現無人占有之動產，既非被竊取或搶奪之物，而是遺忘之物、掉落之物、漂流物與沈沒物，亦爲遺失物之一種。
2.**須現無人占有之物**	該拾得之動產須現無人占有。因此如物主遺忘於車、船或旅館，則該物仍爲車、船或旅館主人所占有，自非遺失物（但鐵路法及公路法第 53 條均規定包括遺失物及遺留物在內）；又如盜贓之物，則係贓物而非遺失物；再如誤占物，如在飯店誤拿他人之雨傘，亦非遺失物。
3.**須為動產而非違禁物**	遺失物須爲動產，不動產因採登記主義，不可能遺失，且該遺失物須非法律所禁止之物。

4.須有拾得之 行為	拾得遺失物，係發現他人遺失物而予占有之事實行為，則發現 並予占有兩者結合之行為。

(三)**效力**：

1.拾得人之義務：

(1)招領及報告義務：拾得遺失物者應從速通知遺失人、所有人、其他有受領權之人或報告警察、自治機關。報告時，應將其物一併交存。但於機關、學校、團體或其他公共場所拾得者，亦得報告於各該場所之管理機關、團體或其負責人、管理人，並將其物交存（民803 I）。上項受報告者，應從速於遺失物拾得地或其他適當處所，以公告、廣播或其他適當方法招領之（民803 II）。拾得物易於腐壞或其保管需費過鉅者，招領人、警察或自治機關得為拍賣或逕以市價變賣之，保管其價金（民806）。

遺失物之拾得

遺失物 → 發現者 → 通知 → 遺失人

交給自治機關、警察局

公告、廣播

六月以內 有人認領	六月以內 無人認領
得請求其物價值 十分之三之報酬	拾得人取 得所有權

(2)無人認領之處置：依第803條第1項為通知或依第2項由公共場所之管理機關、團體或其負責人、管理人為招領後，有受領權之人未於相當期間認領時，拾得人或招領人應將拾得物交存於警察或自治機關。警察或自治機關認原招領之處所或方法不適當時，得再為招領之（民804）。

(3)認領之期限、費用及報酬之請求：遺失物自通知或最後招領之日起6個月內認領時，應將其物返還之（民805 I 前段）。

2.拾得人之權利：

(1)費用償還請求權：有受領遺失物之權利人認領時，拾得人、招領人、警察或自治機關，得請求償還通知、招領及保管之費用

（民 805 I 後段）。

(2)報酬請求權：有受領權之人認領遺失物時，拾得人得請求報酬。但不得超過其物財產上**價值十分之三**；其不具有財產上價值者，拾得人亦得請求相當之報酬（民 805 II）。上項報酬請求權，因 6 個月間不行使而消滅（民 805 III）。

有下列情形之一者，不得請求第 805 條第 2 項之報酬（民 805 之 1）：

①在公眾得出入之場所或供公眾往來之交通設備內，由其管理人或受僱人拾得遺失物。

②拾得人違反通知、報告或交存義務或經查詢仍隱匿其拾得之事實。

(3)拾得人之留置權：該項費用之支出者或得請求報酬之拾得人，在其費用或報酬未受清償前，就該遺失物有留置權；其權利人有數人時，遺失物占有人視爲爲全體權利人占有（民 805 IV）。

(4)取得遺失物之所有權：

①一般遺失物之歸屬：遺失物自通知或最後招領之日起逾 6 個月，未經有受領權之人認領者，由拾得人取得其所有權。警察或自治機關並應通知其領取遺失物或賣得之價金；其不能通知者，應公告之（民 807 I）。拾得人於受上項通知或公告後 3 個月內未領取者，其物或賣得之價金歸屬於保管地之地方自治團體（民 807 II）。

(5)五百元以下遺失物之歸屬（民 807 之 1）：遺失物價值在新臺幣五百元以下者，拾得人應從速通知遺失人、所有人或其他有受領權之人。其有第 803 條第 1 項但書之情形者，亦得依該條第 1 項但書及第 2 項規定辦理。上項遺失物於下列期間未經有受領權之人認領者，由拾得人取得其所有權或變賣之價金：

①自通知或招領之日起逾 15 日。

②不能依前項規定辦理，自拾得日起逾 1 個月。

第 805 條至第 807 條規定，於前二項情形準用之。

㈣漂流物或沈沒物之拾得的準用：拾得漂流物、沈沒物或其他因自然

力而脫離他人占有之物者，準用關於拾得遺失物之規定（民810）。

習題：甲將項鍊遺失於乙之計程車上。試問：（100普）
　　　㈠乙拾得後，依民法之規定，應為如何之處置？
　　　㈡在何種情形下，乙得或不得向甲請求報酬？若甲所遺失的是其多
　　　　年往來之書信時，乙得否請求報酬？

五、埋藏物之發見

㈠**埋藏物之概念**：埋藏物（英：treasure trove；德：Schatz；法：trésor）即埋藏在土地或其他之物中，所有人或任何人所難以發現之物。但不包括化石等無主物，此時應適用無主物之先占。依我民法，發現埋藏物，並加以占有，始取得所有權，但埋藏物係在他人所有之動產或不動產中發見者，該動產或不動產之所有人與發見人，各取得埋藏物之半（民808）。

㈡**埋藏物之要件**：

1.須為埋藏物	須隱藏於他物之中，而不知其所有人之動產： ⑴須為動產：不動產因體積大不易埋藏，而民法也將埋藏物列於第三節動產所有權特殊取得之原因。 ⑵須為埋藏物：通常是隱藏於其他動產或不動產之中，常是埋在土地之中，但有時也有通用之紙幣縫在衣服中之情形。
2.須所有人不明之物	則限於他人之物，且為何人所屬不明之情形而言。
3.須發見後並予占有	發見而占有即取得該埋藏物之所有權（民808前段）。
4.埋藏物足供學術藝術考古之用者	發見之埋藏物，如係足以供學術、藝術、考古或歷史之資料者，此種物品，於社會文化之進步，至有關係，是否應為所有人與發見人所共有，則應依特別法之規定（民809）。

㈢**遺失物與埋藏物之區分**：

區分基準	遺　失　物	埋　藏　物
1.有無所有人	原有所有人，因喪失占有而成遺失物。	原無所有人，也不知為何人所有。
2.是否隱藏於他物	原係暴露在外，未隱藏於他物之中。	埋藏物必須是隱藏於他物之中。

3.是否易見	本質上是衆人可以易見。	本質上應該是不可能爲他人所易見。
4.是否知道所有人	有時知道所有人。	必須是所有人不明。
5.所有權歸屬	拾得遺失物，經公告招領後，如有領取，發見人可得財產上價值十分之三，如無人領取，則可全歸己得。	發見埋藏物除在他人之動產或不動產中發見者，各取埋藏物之半外，原則上歸發見人所得。

㈣**埋藏物發現之效果**：

埋 藏 物 發 現	效 　 果	民法
發現者與埋藏物所有者爲同一人時	由發現者單獨所有	808
埋藏物在他人動產或不動產之中發現者	發現人與所有權人各取得埋藏物二分之一	808 但

六、添附

㈠**添附之概念**：所謂添附（拉：accesio；英：accretion, accession；德：Akzession；法：accession）民法上是指屬於數所有人之物，合併而組成一物（合成物、混合物）之謂。

㈡**添附之種類**：有附合、混合及加工等三種情形。

	意　義	即屬於數所有人之物，合併而組成一物之謂。	
附合	**不動產上之附合**（民 811）	要件	㈠動產附合於不動產。 ㈡因附合動產成爲不動產之重要成分，如附合於房屋之樑或磚瓦。 ㈢不屬於同一人所有，如地上權人，植樹木於他人土地上，則地上權人取得樹木所有權。
	動產上之附合（民 812）	要件	㈠動產與動產附合，如甲之金指環，嵌入乙之寶石。 ㈡附合後非毀損不能分離或分離後需費過鉅者，各動產所有人，按其動產附合時之價值，共有合成物。
混合（民813）	意　義		即不同所有人之動產（包含固體、液體、氣體）因混合，致不能識別或識別需費過鉅者。

加工（民814）	要　件	㈠動產與動產混合，如甲之金與乙之銀鎔成一物，糖與糖混合。 ㈡混合後不能識別或識別需費過鉅。 ㈢不屬於同一人所有。
	意　義	即就他人之動產而為製作、圖畫、變形、彩色、印刷、鍍金等，成一新物者。
	要　件	㈠加工於他人之動產，如美術作品。 ㈡因加工而完成另一物。
添附之效果		即指因添附而生法律上之權利而言。 ㈠附合物： 　1.因附合而不動產所有人，取得動產所有權（民811）。 　2.各動產所有人，按其動產附合時之價值，共有合成物（民812Ⅰ）。此項 　　附合之動產，如可視為主物者，該主物所有人，取得合成物之所有權（民 　　812Ⅱ）。 ㈡混合物：（準民812） 　1.混合物應由甲、乙所共有。 　2.如可視為主物者，由主物所有人取得所有權。 ㈢加工： 　1.加工於他人之動產者，其加工物之所有權，屬於材料所有人（民814前段）。 　2.但因加工所增之價值逾材料之價值者，其加工物之所有權屬加工人 　　（民814後段）。 ㈣添附之效果，致動產之所有權消滅者，該動產上之其他權利，亦同消滅（民 　815）。 ㈤其因添附而喪失權利而受損害者，得依關於**不當得利之規定**，請求償還價 　額（民816）。

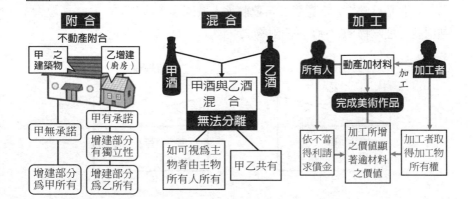

第四節　共　有

一、共有之概念

㈠**共有之意義**：所謂共有（英：ownership in common；德：Miteigentum；法：copropriété）即 2 人以上在一物之上共同享有一物所有權之狀態。各共有人之應有部分不明者，推定其為均等。惟通常應依共有發生原因定之，如數人以有償行為對於一物發生共有關係者，除各共有人間有特約外，自應按出資比例定其應有部分（29 上 102）。

㈡**共有之種類**：依民法之規定，可歸納為三種：

種　　類	內　　　　　容	法　　律
分別共有（持分的共有）	即 2 人以上按其應有部分，對於一物同享一個所有權之謂。	民 817~826 之 1
公同共有（共手的共有）	即 2 人以上基於法律之規定或契約之所定，而成立之公同關係，對於一物共享一個所有權之謂。	民 827~830
準共有	即準用共有之規定，亦即共有之規定，於所有權以外之財產權，由數人共有或公同共有者準用之。此如地上權、農育權、抵押權或漁業權、無體財產權之著作權以及債權等。	民 831

㈢**共有發生之原因**：

　　1.基於當事人之意思：如數人共購一物或數人共同受讓一物，或合夥契約等是。

　　2.非基於當事人之意思：如數繼承人共同繼承遺產（民 1151）、數人共同發見埋藏物（民 808）、添附物之共同（民 812、813）等是。

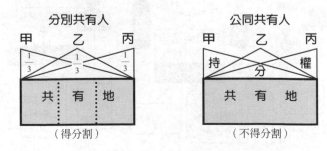

二、分別共有

(一)**分別共有之意義**：即數人按其應有部分，對於一物擁有所有權之謂（民817 I）。分別共有之特徵，在各共有人有其應有部分，所謂應有部分，即各共有人對於一個所有權所享有之抽象的一定分量之部分。故各人之應有部分，僅指抽象的比例，而非將所有之實體分割爲若干部分，譬如甲、乙共有房屋一棟，應有部分分別爲三分之二與三分之一，甲、乙對該屋之各個具體部分均享有所有權，並非該屋之某部分屬於甲，某部分屬於乙，只是就該屋之使用收益，甲得享有三分之二，乙得享有三分之一，各共有人之應有部分不明時，推定其爲均等（民817II）。

(二)**共有人之權利**：

1.共有物之使用收益權：各共有人，除契約另有約定外，按其應有部分，對於共有物之全部，有使用收益之權（民818）。如甲、乙共有一別墅，甲或乙在不妨害其他共有人應有部分之範圍內，得自由使用其全部。

2.共有物之處分權：各共有人得自由處分其應有部分。但對於共有物之處分、變更或設定負擔，應得共有人全體之同意（民819）。但在共有物爲土地及建築改良物時，其處分、變更及設定地上權、農育權、不動產役權或典權，應以共有人過半數及其應有部分合計過半數之同意行之。但其應有部分合計逾三分之二者，其人數不予計算（土34之1）。此爲土地法之規定，自應優先適用。

3.共有物之管理：

(1)管理方法：

①共有物之管理依多數決爲之：共有物之管理，除契約另有約定外，應以共有人過半數及其應有部分合計過半數之同意行之。但其應有部分合計逾三分之二者，其人數不予計算（民820 I）。共有人依第一項規定爲管理之決定，有故意或重大過失，致共有人受損害者，對不同意之共有人連帶負賠償責任（民820IV）。

②分管契約：如甲、乙共有二層房屋，雙方約定甲使用一樓，

乙使用二樓，此種約定稱為**分管契約**。在分管契約下，共有
人就共有物之非其分管部分，仍擁有所有權。

(2)法院之裁定：共有物依第 820 條第 1 項多數決之管理顯失公平
者，不同意之共有人得聲請法院以裁定變更之（民 820II）。依多
數決及法院之裁定所定之管理，因情事變更難以繼續時，法院
得因任何共有人之聲請，以裁定變更之（民 820III）。

(3)修繕及費用分擔：

①共有物之修繕及保存：共有物之簡易修繕及其他保存行為，
得由各共有人單獨為之（民 820V）。如共有房屋之水管損壞，
或共有傢俱放置在外，惟恐日晒雨淋而為收拾之行為，因須
急速為之，故任何共有人均可單獨為之。

②共有物費用之分擔：共有物之管理費及其他負擔，除契約另
有約定外，應由各共有人按其應有部分分擔之。共有人中之
一人，就共有物之負擔為支付，而逾其所應分擔之部分者，
對於其他共有人得按其各應分擔之部分，請求償還（民 822）。

4.共有人對第三人之權利：各共有人對於第三人，得就共有物之全
部為本於所有權之請求。但回復共有物之請求，僅得為共有人全體之利
益為之（民 821）。各共有人，即為所有人，即應與所有人受同一之保護，
故共有人對於第三人得為一切行為，與單獨所有人同。然關於請求回復
其共有物，非有共有人全體而為之，恐害及共有人利益，至為共有人全
體請求回復共有物，應依何種方法，則依當事人之意思及法院之意見為
最適當。例如請求交付標的物，於各共有人之代理人，為各共有人請求
提存或於不得為提存時，請求將標的物交付於法院所選定之保管人，皆
為實際上最適當之方法。總之各共有人祇能依其應有部分，向他共有人
主張所有權而已。

三、共有物之分割

㈠**共有物之分割與限制**：各共有人，除法令另有規定外，得隨時請求
分割共有物。但因物之使用目的不能分割或契約訂有不分割之期限者，

不在此限（民 823 I）。前項約定不分割之期限，不得逾 5 年；逾 5 年者，縮短為 5 年。但共有之不動產，其契約訂有管理之約定時，約定不分割之期限，不得逾 30 年；逾 30 年者，縮短為 30 年（民 823 II）。前項情形，如有重大事由，共有人仍得隨時請求分割（民 823 III）。

　　民法物權編施行前，以契約訂有共有物不分割之期限者，如其殘餘期限，自施行日起算，較民法第 823 條第 2 項所定之期限為短者，依其期限，較長者，應自施行之日起，適用民法第 823 條第 2 項規定。修正之民法第 823 條第 3 項規定，於民法物權編修正施行前契約訂有不分割期限者，亦適用之（民物施 13）。

　　㈡**共有物之分割之方法：**

1. 協議分割	共有物之分割，依共有人協議之方法行之（民 824 I）。
2. 裁判分割	分割之方法不能協議決定，或於協議決定後因消滅時效完成經共有人拒絕履行者，法院得因任何共有人之請求，命為下列之分配（民 824 II），此項判決為形成判決。 ⑴以原物分配於各共有人。但各共有人均受原物之分配顯有困難者，得將原物分配於部分共有人。 ⑵原物分配顯有困難時，得變賣共有物，以價金分配於各共有人；或以原物之一部分分配於各共有人，他部分變賣，以價金分配於各共有人。
3. 原物分配與 金錢補償	以原物為分配時，如共有人中有未受分配，或不能按其應有部分受分配者，得以金錢補償之（民 824 III）。以原物為分配時，因共有人之利益或其他必要情形，得就共有物之一部分仍維持共有（民 824 IV）。如分割共有土地時，需保留部分土地供為通行道路之用是。
4. 合併分割	共有人相同之數不動產，除法令另有規定外，共有人得請求合併分割（民 824 V）。 共有人部分相同之相鄰數不動產，各該不動產均具應有部分之共有人，經各不動產應有部分過半數共有人之同意，得適用前項規定，請求合併分割。但法院認合併分割為不適當者，仍分別分割之（民 824 VI）。
5. 共有人之優 先購買權	變賣共有物時，除買受人為共有人外，共有人有依相同條件優先承買之權，有 2 人以上願優先承買者，以抽籤定之（民 824 VII）。

(三)**共有物分割之效力**：共有人自共有物分割之效力發生時起，取得分得部分單獨所有權（民 824 之 1 I）。本條第 1 項，本法採移轉主義，即共有物分割後，共有人取得分得部分單獨所有權，其效力係向後發生而非溯及既往。又本條所謂「效力發生時」，**在協議分割，如分割者為不動產，係指於辦畢分割登記時；如為動產，係指於交付時。至於裁判分割，則指在分割之形成判決確定時。**

應有部分有抵押權或質權者，其權利不因共有物之分割而受影響。但有下列情形之一者，其權利移存於抵押人或出質人所分得之部分（民 824 之 1 II）：

　1.權利人同意分割。

　2.權利人已參加共有物分割訴訟。

　3.權利人經共有人告知訴訟而未參加。

前項但書情形，於以價金分配或以金錢補償者，準用第 881 條第 1 項、第 2 項或第 899 條第 1 項規定。

第 824 條第 3 項之情形，如為不動產分割者，應受補償之共有人，就其補償金額，對於補償義務人所分得之不動產，有抵押權。

前項抵押權應於辦理共有物分割登記時，一併登記，其次序優先於第二項但書之抵押權。

(四)**共有人間互負擔保責任**：分割，依各共有人應有部分為之，若因分割而歸屬於共有人中一人之物，依分割前發生之原因，被第三人追奪或發見藏有瑕疵，是分割之部分與應有部分不符矣。故為使各共有人依其應有部分，與賣主負同一之擔保。民法第 825 條規定：「各共有人，對於他共有人因分割而得之物，按其應有部分，負與出賣人同一之擔保責任。」

(五)**共有物證書之保存及使用**：共有物分割後，各分割人應保存其所得物之證書。共有物分割後，關於共有物之證書，歸取得最大部分之人保存之，無取得最大部分者，由分割人協議定之，不能協議決定者，得聲請法院指定之。各分割人，得請求使用他分割人所保存之證書（民 826）。

四、共有物讓與之責任

不動產共有人間關於共有物使用、管理、分割或禁止分割之約定或依第 820 條第 1 項規定所為之決定，於登記後，對於應有部分之受讓人或取得物權之人，具有效力。其由法院裁定所定之管理，經登記後，亦同（民 826 之 1 I）。動產共有人間就共有物為前項之約定、決定或法院所為之裁定，對於應有部分之受讓人或取得物權之人，以受讓或取得時知悉其情事或可得而知者為限，亦具有效力（民 826 之 1 II）。共有物應有部分讓與時，受讓人對讓與人就共有物因使用、管理或其他情形所生之負擔連帶負清償責任（民 826 之 1 III）。

五、公同共有

㈠**公同共有之意義**：依法律規定、習慣或法律行為，成一公同關係之數人，基於其公同關係，而共有一物者，為公同共有人（民 827 I）。各公同關係之權利人，稱為公同共有人。

㈡**公同共有之成立**：民法第 827 條第 2 項，依法律行為成立之公同關係，以有法律規定或習慣者為限。第 3 項，各公同共有人之權利，及於公同共有物之全部。

　1.依法律規定者：如繼承人在分割遺產前，各繼承人對於遺產全部為公同共有。又如依合夥契約而生之合夥公同關係（民 668）。其他如夫妻之財產及所得，除特有財產外，合併為共同財產，屬於夫妻公同共有（民 1031）。

　2.依習慣者：如祠堂或祭祀公業等是。

㈢**分別共有與公同共有之區分**：

區分基準	分 別 共 有	公 同 共 有
1.**意義不同**	即數人按其應有部分，對於一切擁有所有權（民 817 I）。	即數人成立之公同關係，而共有一物者為公同共有人（民 827 I）。
2.**是否有應有部分**	分別共有人係按其應有部分享有。	公同共有人並無應有部分。
3.**權利之行使**	各共有人除契約另有約定外，按其應有部分，對於共有物之全部有使	各公同共有人之權利及於公同共有物之全部（民 827 III）。

	用收益之權（民818）。	
4.**對於第三人之權利**	各共有人對於第三人，得就共有物之全部本於所有權之請求，僅得為共有人全體之利益為之（民821）。	公同共有人對於第三人權利之行使，應得共有人全體之同意。
5.**可否分割**	各共有人得隨時請求分割共有物。但因物之使用目的不能分割或契約訂有不分割之期限者，不在此限。	各公同共有人，不得請求分割其公同共有物（民829）。

四公同共有之權利義務：

1.各公同共有人之權利，及於公同共有物之全部（民827III）。因此，在本質上，公同共有人乃共有一所有權，此與一般所有權同其性質，但其權能之行使應受公同關係本質之法律規定或習慣所限制，因此公同共有人不得主張公同共有物之特定部分（30 上 202），亦不得自由處分其應有部分（37上6419）。

2.公同共有人之權利義務，依其公同關係所由成立之法律、法律行為或習慣定之（民828 I）。法律或法律行為如繼承人在分割遺產前，各繼承人對於遺產全部、合夥財產之公同共有（民 668），夫妻共同財產制之公同共有（民1031）。其他如依習慣而成立者，如祠堂或祭祀公業等是。

3.公同共有物之管理（民820）：共有人對第三人之權利（民821）及共有物讓與之責任（民826之1）之規定，於公同共有準用之（民828II）。

4.公同共有物之處分及其他之權利行使，除法律另有規定外，應得公同共有人全體之同意（民828III）。

5.公同關係存續中，各公同共有人，不得請求分割其公同共有物（民829），以維持公同之關係。

五公同關係之消滅：公同共有之關係者，因合夥及其他公同關係而生者也。故合夥解散或其他公同關係終結，公同共有之關係，自應消滅，公同共有物讓與他人時亦然。又公同共有之關係，因公同關係終結而消滅時為清算，故須向各公同共有人而為分割，若法令或契約於分割無特別訂定，自應依分割共有物之規定以分割之（民830）。

第三章　地上權

第一節　用益物權概述

　　物權以其對於標的物之支配範圍言，可分爲完全物權與限定物權。完全物權即是所有權；限定物權就是，僅爲了一定的目的暫時性的行使其權利之物權，此即用益物權與擔保物權。而所有權即在法令限制範圍內，具有一般支配權能之完全物權。用益物權既爲限定物權之一，祇能爲了一定目的，利用他人土地爲使用、收益。民法上有**地上權**、**農育權**、**不動產役權**及**典權**等四種。其他如礦業權與漁業權亦具有同樣性質。民法上認爲所有權是絕對的權利，而用益物權只在一定範圍內，不過是暫時的限定之物權，不過近年來，認爲殊有保護實際利用土地者之必要，而逐漸的有強化用益物權之趨勢。

第二節　地上權之概念

一、地上權之意義

　　地上權（拉：superficies；德：Erbbaurecht；法：droit de superficie），即以在他人土地之上下有建築物或其他工作物爲目的，而使用其土地之權利（民832）。供給土地之人，稱爲土地所有人，其權利人，稱爲地上權人。即只須以在他人土地上下有建築物，或其他工作物爲目的，而使用土地即可成立，不以現在有建築物或工作物爲必要。同時建築物或工作物雖已滅失，地上權亦不因而消滅（民841）。

地上權

乙之工作房

甲之土地，乙設定地上權後，甲就不能使用土地。

二、地上權與其他相類權利之區別

㈠地上權與土地租賃之不同：

區分基準	地　　　上　　　權	土　地　租　賃
1.登記與否	地上權為物權，對任何人均得主張。	租賃為債權，僅於當事人間始有效力，不得對抗第三人。
2.讓與權	地上權人得讓與，或出租或為抵押權之標的物。	承租人則須出租人承諾，才可轉租。
3.存續期間	地上權無存續期間之限制。	土地租賃則不得超過 20 年。
4.租金方面	地上權不以有地租為必要。	租賃則必須支付租金。
5.整修標的物	地上權人不得請求土地所有人整修土地。	承租人則得請求整修。
6.簽立書據	地上權須立書據，並須登記，始生效力。	土地租賃契約只為存續期間之效力，並無必須登記之限制。

㈡地上權與農育權之異同：

異同基準	地　　　上　　　權	農　　育　　權
1.目的不同	地上權以在他人土地上有建築物或其他工作物為目的（民823）。	農育權則在他人土地上為農作、森林、養殖、牧畜種植竹木或保育之權（民850之1Ⅰ）。
2.期限不同	地上權並無期限限制；定期之地上權，則不適用租賃之規定。	農育權之期限，不得逾 20 年，逾 20 年者，縮短為 20 年。但以造林、保育為目的或法令另有規定者，不在此限（民850之1Ⅱ）。
3.轉租不同	地上權無禁止出租予他人。	農育權人不得將土地或農育工作物出租於他人，但農育工作物之出租另有習慣者，從其習慣（民850之5）。
4.租金減免不同	地上權人，縱因不可抗力，妨礙其土地之使用，不得請求免除或減少租金（民837）。	農育權人因不可抗力，致其收益減少或全無時，得請求減免其地租或變更原約定土地使用之目的（民850之4）。
相　同　點	1.兩者均屬使用他人土地之物權。 2.兩者均不以有支付地租為必要（民835、850之4）。 3.得為讓與並得為抵押權之標的。	

	(1)地上權（民 838、882）。	
	(2)農育權（民 850 之 3、882）。	

第三節　地上權之取得

地上權為不動產物權之一，其取得之原因有二：

一、基於法律行為者	㈠設定行為	其依契約而為者，係土地所有人與地上權人簽約而成。其依單獨而為者，如遺囑，須俟遺囑人死亡，始可生效，但兩者均須以書面為之（民 760），並須登記始生效力（民 758）。
	㈡因租用基地而為地上權之登記	租用基地建築房屋，應由出租人與承租人於契約訂立後 2 個月內，聲請該管直轄市或縣（市）地政機關為地上權之登記（土 102）。
	㈢地上權之讓與	地上權人，得將其權利讓與他人，但契約另有訂定或另有習慣者，不在此限（民 838）。
二、基於法律行為以外者	㈠取得時效	依第 772 條，準用第 769、770 條之規定，其因時效而取得者，經登記後取得地上權。
	㈡繼承	其因繼承而取得地上權者，非經登記，不得處分其物權（民 759）。
	㈢視為有地上權之設定	土地及其土地上之建築物，同屬於一人所有，因強制執行之拍賣，其土地與建築物之拍定人各異時，視為已有地上權之設定，其地租、期間及範圍由當事人協議定之；不能協議者，得請求法院以判決定之。其僅以土地或建築物為拍賣時，亦同。此項地上權，因建築物之滅失而消滅（民 838 之 1）。
	㈣法定地上權	設定抵押權時，土地及其土地上建築物，同屬一人所有，拍賣抵押物時，視為已有地上權之設定（民 876）。

第四節　地上權之期間

一、定有存續期間者

地上權定有存續期間者，則於期間屆滿而消滅（民 840）。惟地上權人之工作物為建築物者，如地上權人得於期間屆滿前，定 1 個月以上之期

間，請求土地所有人按該建築物之時價為補償，而土地所有人拒絕補償或於期間內不為確答者，地上權之期間應酌量延長之（民840 I ,II），此項延長之期間，由土地所有人與地上權人協議定之；不能協議者，得請求法院斟酌建築物與土地使用之利益，以判決定之（民840IV）。在地上權存續期間內不因建築物或其他工作物之滅失而消滅（民841）。

二、未定存續期間者

㈠**地上權逾 20 年或存立之目的已不存在**：地上權未定有期限者，存續期間逾 20 年或地上權成立之目的已不存在時，法院得因當事人之請求，斟酌地上權成立之目的、建築物或工作物之種類、性質及利用狀況等情形，定其存續期間或終止其地上權（民 833 之 1）。

㈡**未定期限地上權之適用**：此修正之民法第 833 條之 1 規定，於民法物權編中華民國 99 年 1 月 5 日修正之條文施行前未定有期限之地上權，亦適用之（民物施 13 之 1）。

㈢**以公共建設為目的之地上權**：以公共建設為目的而成立之地上權，未定有期限者，以該建設使用目的完畢時，視為地上權之存續期限（民 833 之 2）。

第五節　地上權之效力

一、地上權人之權利

㈠**土地使用**：按地上權人有時應與土地所有人同視，故關於地上權人與地上權人間，或地上權人與土地所有人間，一切權利義務及其限制等，均準用民法第 774 條至第 798 條之規定（民833）。

㈡**讓與及抵押**：又地上權為財產權之一，地上權人得將其權利讓與他人或設定抵押權。但契約另有約定或另有習慣者，不在此限。此項約定，非經登記，不得對抗第三人。地上權與其建築物或其他工作物，不得分離而為讓與或設定其他權利。地上權、農育權及典權，均得為抵押權之標的物（民 838、882）。

㈢**地上物之取回**：地上權消滅時，地上權人得取回其工作物。但應回

復土地原狀。地上權人不於地上權消滅後 1 個月內取回其工作物者，工作物歸屬於土地所有人。其有礙於土地之利用者，土地所有人得請求回復原狀。地上權人取回其工作物前，應通知土地所有人。土地所有人願以時價購買者，地上權人非有正當理由，不得拒絕（民839）。

　　㈣**建築物之補償**：地上權人之工作物為建築物者，如地上權因存續期間屆滿而消滅，地上權人得於期間屆滿前，定 1 個月以上之期間，請求土地所有人按該建築物之時價為補償。但契約另有約定者，從其約定（民840Ⅰ）。

二、地上權人之義務

　　㈠**支付地租**：地租係地上權人因使用土地，對於土地所有人所支付之報酬，地租雖非地上權成立之要件，但通常都有地租之支付（民835Ⅰ）。

　　㈡**地租之增減及酌定**：地上權設定後，因土地價值之昇降，依原定地租給付顯失公平者，當事人得請求法院增減之。未定有地租之地上權，如因土地之負擔增加，非當時所得預料，仍無償使用顯失公平者，土地所有人得請求法院酌定其地租（民835之1）。

　　㈢**積欠地租時**：地上權人積欠地租達 2 年之總額，除另有習慣外，土地所有人得定相當期限催告地上權人支付地租，如地上權人於期限內不為支付，土地所有人得終止地上權。地上權經設定抵押權者，並應同時將該催告之事實通知抵押權人（民836Ⅰ）。地租之約定經登記者，地上權讓與時，前地上權人積欠之地租應併同計算。受讓人就前地上權人積欠之地租，應與讓與人連帶負清償責任。第 1 項終止，應向地上權人以意思表示為之（民836Ⅱ）。

　　㈣**地租登記之對抗效力**：土地所有權讓與時，已預付之地租，非經登記，不得對抗第三人（民836之1）。

　　㈤**應依約定方法為土地之使用收益**：地上權人應依設定之目的及約定之使用方法，為土地之使用收益；未約定使用方法者，應依土地之性質為之，並均應保持其得永續利用。此項約定之使用方法，非經登記，不得對抗第三人（民836之2）。

㈥**地上權之終止**：地上權人違反前條第一項規定，經土地所有人阻止而仍繼續爲之者，土地所有人得終止地上權。地上權經設定抵押權者，並應同時將該阻止之事實通知抵押權人（民836之3）。

㈦**租金減免請求權之限制**：地上權人，縱因不可抗力，妨礙其土地之使用，不得請求免除或減少租金（民837）。

第六節　地上權之消滅

一、消滅之原因

地上權係物權之一，因此，物權共同消滅之原因，如地上權之標的物是土地，土地滅失，地上權自不存在，又存續期間屆滿、公用徵收、混同、第三人取得時效或其他法律之規定等原因，地上權當然消滅。茲就下列說明：

㈠**地上權之拋棄**：

1.無支付地租之拋棄：地上權無支付地租之約定者，地上權人得隨時拋棄其權利（民834）。

2.地上權拋棄時應盡之義務：地上權定有期限，而有支付地租之約定者，地上權人得支付未到期之 3 年分地租後，拋棄其權利。地上權未定有期限，而有支付地租之約定者，地上權人拋棄權利時，應於 1 年前通知土地所有人，或支付未到期之 1 年分地租。因不可歸責於地上權人之事由，致土地不能達原來使用之目的時，地上權人於支付前二項地租二分之一後，得拋棄其權利；其因可歸責於土地所有人之事由，致土地不能達原來使用之目的時，地上權人亦得拋棄其權利，並免支付地租（民835）。

3.地上權拋棄之登記：不動產物權，依法律行爲而取得、設定、喪失及變更者，非經登記，不生效力。此項行爲，應以書面爲之（民758）。

㈡**土地所有人終止地上權**：地上權人積欠地租達 2 年之總額，除另有習慣外，土地所有人得定相當期限催告地上權人支付地租，如地上權人於期限內不爲支付，土地所有人得終止地上權（民836 I）。此項終止，應向地上權人以意思表示爲之（民836 II）。並須登記始生效力（民758）。

二、消滅之效果

㈠**地上權人應交還土地**：地上權消滅時，地上權人應交還土地，並協同塗銷地上權登記之義務。

㈡**地上權人之取回權**：地上權消滅時，地上權人得取回其工作物。但應回復土地原狀。此項情形，土地所有人願以時價購買其工作物者，地上權人非有正當理由不得拒絕（民839）。

㈢**土地所有人之補償與延長期間之請求**：地上權人之工作物爲建築物者，如地上權因存續期間屆滿而消滅，地上權人得於期間屆滿前，定一個月以上之期間，請求土地所有人按該建築物之時價爲補償。但契約另有約定者，從其約定（民840 I）。土地所有人拒絕地上權人前項補償之請求或於期間內不爲確答者，地上權之期間應酌量延長之。地上權人不願延長者，不得請求前項之補償（民840 II）。第1項之時價不能協議者，地上權人或土地所有人得聲請法院裁定之。土地所有人不願依裁定之時價補償者，適用前項規定（民840 III）。依第2項規定延長期間者，其期間由土地所有人與地上權人協議定之；不能協議者，得請求法院斟酌建築物與土地使用之利益，以判決定之（民840 IV）。前項期間屆滿後，除經土地所有人與地上權人協議者外，不適用第1項及第2項規定（民840 V）。

第七節　區分地上權

一、區分地上權之意義

區分地上權者，即在他人土地上下之一定空間範圍內設定之地上權（民841之1）。由於科技之進步，土地之利用已逐漸向空中與地下發展，由平面而趨於立體，於是土地分層利用之結果，乃在土地上下一定空間範圍內設定地上權之必要，爰仿日本民法增訂「區分地上權」規定。

二、區分地上權人之使用收益

㈠**區分地上權人之使用收益之約定**：區分地上權人得與其設定之土地上下有使用、收益權利之人，約定相互間使用收益之限制。其約定未經

土地所有人同意者，於使用收益權消滅時，土地所有人不受該約定之拘束。此項約定，非經登記，不得對抗第三人（民841之2）。

其立法理由為：

1.區分地上權呈現垂直鄰接狀態，具有垂直重力作用之特性，與平面相鄰關係不同。為解決區分地上權人與就其設定範圍外上下四周之該土地享有使用、收益權利之人相互間之權利義務關係，爰於

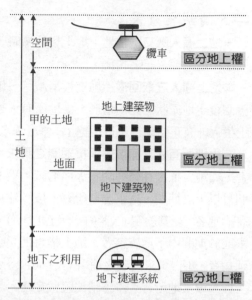

第一項前段明定得約定相互間使用收益之限制。此項限制，包括限制土地所有人對土地之使用收益，例如約定土地所有人於地面上不得設置若干噸以上重量之工作物或區分地上權人工作物之重量範圍等是。又與土地所有人約定時，土地所有權人自應受該約定之拘束，僅於與其他使用權人約定時，始發生該約定是否須經土地所有人同意及對其發生效力與否之問題，爰增訂後段規定。至所謂使用收益權，包括區分地上權與普通地上權均屬之。

2.又前項約定經登記者，方能發生物權效力，足以對抗第三人，故土地及地上權之受讓人或其他第三人（例如抵押權人），當受其拘束，爰增訂第二項。

三、第三人利益之斟酌與補償

㈠**第三人利益之斟酌**：法院依第840條第4項定區分地上權之期間，足以影響第三人之權利者，應併斟酌該第三人之利益（民841之3）。

㈡**第三人之補償**：區分地上權依第840條規定，以時價補償或延長期間，足以影響第三人之權利時，應對該第三人為相當之補償。補償之數

額以協議定之；不能協議時，得聲請法院裁定之（民841之4）。

其立法理由：

區分地上權之工作物爲建築物，依修正條文第 840 條規定以時價補償或延長期間，足以影響第三人之權利時，例如同意設定區分地上權之第三人或相鄰之區分地上權人，其權利原處於睡眠狀態或受限制之情況下，將因上開情形而受影響等是，基於公平原則，應由土地所有人或區分地上權人對該第三人爲相當之補償。補償之數額宜由當事人以協議方式行之；如不能協議時，始聲請法院裁定，此裁定性質上屬非訟事件。

四、權利行使

㈠**權利行使之限制**：同一土地有區分地上權與以使用收益爲目的之物權同時存在者，其後設定物權之權利行使，不得妨害先設定之物權（民841之5）。

其立法理由：

基於區分地上權係就土地分層立體使用之特質，自不宜拘泥於用益物權之排他效力，是土地所有人於同一土地設定區分地上權後，宜許其得再設定用益物權（包括區分地上權），反之，亦然，以達土地充分利用之目的。此際，同一不動產上用益物權與區分地上權同時存在，自應依設定時間之先後，定其優先效力，亦即後設定之區分地上權或其他用益物權不得妨害先設定之其他用益物權或區分地上權之權利行使。又區分地上權（或用益物權）若係獲得先存在之用益物權（或區分地上權）人之同意而設定者，後設定之區分地上權（或用益物權）則得優先於先物權行使權利，蓋先物權人既已同意後物權之設定，先物權應因此而受限制。再所謂同一土地，乃指同一範圍內之土地，要屬當然，併予敘明。

㈡**區分地上權規定之準用**：區分地上權，除本節另有規定外，準用關於普通地上權之規定（民841之6）。

其立法理由：

關於普通地上權之規定，依其性質與區分地上權不相牴觸者，皆在適用之列，爰設準用規定，以期周延。

第四章　農育權與永佃權

第一節　永佃權之概念

一、永佃權之適用

民法物權編中華民國 99 年 1 月 5 日修正之條文施行前發生之永佃權，其存續期限縮短為自修正施行日起 20 年。此項永佃權仍適用修正前之規定。第 1 項永佃權存續期限屆滿時，永佃權人得請求變更登記為農育權（民物施 13 之 2）。

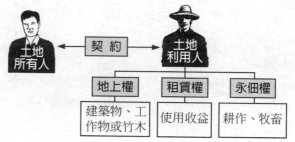

二、永佃權之意義

永佃權（拉：emphyteusis 德：Erbpacht 法：emphytéose）即支付佃租永久在他人土地上為耕作或牧畜之權（民 842 I）。就其在他人土地之上，以利用他人土地為目的而言，則與地上權同，而永佃權之成立以支付佃租為要件，此又與租賃相似。永佃權之所謂永久，即不得定有期限，而以永久使用為條件。如定有期限，則應視為租賃，適用關於租賃之規定（民 842 II）。其權利人謂之永佃權人，此權利能使土地所有人既受佃租，又受改良土地之利益，並使永佃權人於他人土地上得為耕作牧畜之利益，實際良便。

第二節 農育權

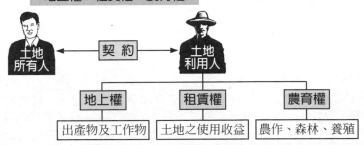

一、農育權之意義

即在他人土地爲農作、森林、養殖、畜牧、種植竹木或保育之權（民850之1 I）。農育權之期限，不得逾 20 年；逾 20 年者，縮短爲 20 年。但以造林、保育爲的目或法令另有規定者，不在此限（民 850 之 1 II）。其內容分析如下：

㈠**農育權係用益物權**：農育權係存在於他人土地之用益物權。

㈡**農育權之內容**：農育權係以農作、森林、養殖、畜牧、種植竹木或保育爲目的之物權，使用上並包括爲達成上開目的所設置、維持之相關農業設施。所謂「森林」，依森林法第 3 條第 1 項規定，指林地及其群生竹、木之總稱，與「種植竹木」二者程度容有差異，爰併列爲農育權設定目的之一。又當事人間爲上開目的之約定，已構成農育權之內容，地政機關於辦理農育權登記時，宜將該農育權之設定目的予以配合登記。

　㈢農育權之期限如過於長久，將有害於公益，經斟酌農業發展、經濟利益及實務狀況等因素，認以 20 年爲當。如訂約期間超過 20 年者，亦縮短爲 20 年。但以造林、保育爲目的，實務上須逾 20 年始能達其目的者，事所恆有，或法令另有規定之情形時，爲期顧及事實，乃設例外規定。

二、農育權與耕地租用之異同

區分基準	農　育　權	租　賃　權
㈠ 權利性質	農育權爲用益物權，其設定應依契約爲之（民 850 之 3）。	租賃權爲債權，一般契約之成立，不以書面爲必要，但期限逾 1 年者，應以字據訂立之（民 422）。
㈡ 期限	農育權之期限，不得逾20 年；逾20年者，縮短爲20年（民850 之1Ⅱ）。	租賃契約之期限不得逾 20 年（民449）。不得少於 6 年（耕5）。
㈢ 權利讓與	農育權得將其權利讓與他人（民850 之3Ⅰ）。	耕地租賃權不得讓與（民 443、土108、耕16）。
㈣ 欠租之責任	農育權人積欠地租達 2 年之總額，除另有習慣外，土地所有人得定相當期限催告農育權人支付地租，如農育權人於期限內不爲支付，土地所有人得終止農育權（民850 之 9 準836）。	耕地承租人因不得讓與，故無此問題。
㈤ 出租問題	農育權人違反「不得出租」之規定者，土地所有人得終止農育權（民850 之 5Ⅱ）。	耕地承租人違法轉租，原訂租約無效，得由出租人收回耕地（耕16Ⅱ）。
相　　同　　點	1.均租用他人土地自任農作或牧畜（民850 之9 準835Ⅰ、土106Ⅰ）。 2.均不得預先收取地租（土112Ⅰ、耕14）。 3.兩者皆因欠租達 2 年總額者，得撤佃或終止租約（民850 之9 準836Ⅰ、耕17③）。 4.兩者承租人皆有優先承買權（土107、耕15）。	

第三節　農育權之取得

　　農育權之取得，有基於法律行爲而取得，與基於法律行爲以外之原因而取得者，茲說明如下：

一、基於法律行爲而取得

㈠**農育權之設定**：農育權係不動產用益物權之一，通常以支付租金而成立，故依契約合意而設立，並須以契約爲之（民 850 之 3 I），非經登記，不得對抗第三人（民 850 之 3 II）。

㈡**農育權之讓與**：農育權人得將其權利讓與他人或設定抵押權（民 850 之 3），此讓與須以書面爲之，並依法登記後，始生效力（民 758）。蓋農育權爲財產權之一種，故農育權人於農育權存續期間內，在其從事農育之土地上，有任意處分之權能，且此權利無專屬性，亦得讓與他人，並得爲抵押權之標的物（民 850 之 3 I）。

二、基於法律行爲以外之原因而取得

即爲繼承之一種；被繼承人如有農育權，繼承開始時，繼承人即取得被繼承人之農育權，但非經登記，不得對抗第三人（民 850 之 3 II）。

第四節　農育權之效力

一、農育權人之權利

㈠**土地使用收益權**：農育權係在他人土地上爲農作、森林、養殖、畜牧、種植竹木或保育之權（民 850 之 1），因此農育權人就其土地，有使用之權，對於農育所獲得之天然孳息亦有收取之權（民 850 之 6）。而農育權人不得將土地或農育工作物出租於他人。但農育工作物之出租另有習慣者，從其習慣（民 850 之 5 I）。

㈡**處分權**：農育權人得將其權利讓與他人或設定抵押權。但契約另有約定或另有習慣者，不在此限（民 850 之 3 I），上項約定，非經登記不得對抗第三人（民 850 之 3 II）。

㈢**請求減免地租或變更使用之目的**：農育權有支付地租之約定者，農育權人因不可抗力致收益減少或全無時，得請求減免其地租或變更原約定土地使用之目的（民 850 之 4 I）。農育權設定後，因土地價值之降低，依原定地租給付顯失公平者，農育權人得請求法院酌減之（民 850 之 9 準

835 之 1 I)。

㈣**出產物及農育工作物之取回**：農育權消滅時，農育權人得取回其土
地上之出產物及農育工作物（民 850 之 7 I ）。第 839 條規定，於此項情形
準用之（民 850 之 7II）。第 1 項之出產物未及收穫而土地所有人又不願以
時價購買者，農育權人得請求延長農育權期間至出產物可收穫時爲止，
土地所有人不得拒絕。但延長之期限，不得逾 6 個月（民 850 之 7III）。

㈤**特別改良及改良費用請求權**：農育權人得爲增加土地生產力或使用
便利之特別改良。農育權人將此項特別改良事項及費用數額，以書面通
知土地所有人，土地所有人於收受通知後不即爲反對之表示者，農育權
人於農育權消滅時，得請求土地所有人返還特別改良費用。但以其現存
之增價額爲限。此項請求權，因 2 年間不行使而消滅（民 850 之 8）。

㈥**優先承買及承典權**：土地法第 107 條規定：「出租人出賣或出典耕地
時，承租人有依同樣條件優先承買或承典之權。第一百零四條第二項之
規定，於前項承買承典準用之。」而耕地三七五減租條例第 15 條亦有類
似規定。

二、農育權人之義務

㈠**支付地租**：農育權有支付地租之約定者，應依約支付地租（民 850 之
4）。

㈡**應依設定之目的及約定使用土地**：農育權人應依設定之目的及約定
之方法，爲土地之使用收益；未約定使用方法者，應依土地之性質爲之，
並均應保持其生產力或得永續利用（民 850 之 6 I）。此項約定之使用方法，
非經登記，不得對抗第三人（民 850 之 9 準 836 之 2II）。農育權人違反此項
規定，經土地所有人阻止而仍繼續爲之者，土地所有人得終止農育權。
農育權經設定抵押權者，並應同時將該阻止之事實通知抵押權人（民 850
之 6II）。

㈢**不得出租土地或農育工作物**：農育權人不得將土地或農育工作物出
租於他人。但農育工作物之出租另有習慣者，從其習慣。農育權人違反
前項規定者，土地所有人得終止農育權（民 850 之 5）。

㈣**回復土地原狀**：農育權消滅時，農育權人得取回其土地上之出產物及農育工作物（民850之7Ⅰ），但應回復土地原狀（民850之7Ⅱ）。

第五節　農育權之消滅

農育權既為物權之一種，因此物權之共通消滅原因，如土地之標的物的滅失、公用徵收、混同等自亦有其適用。茲僅就農育權特有之消滅說明如下：

一、農育權之終止

㈠**未定期限之終止**：農育權未定有期限時，除以造林、保育為目的者外，當事人得隨時終止之。此項終止，應於6個月前通知他方當事人。第833條之1規定，於農育權以造林、保育為目的而未定有期限者準用之（民850之2）。

㈡**不依原約定目的使用或無支付地租**：農育權有支付地租之約定者，農育權人因不可抗力致收益減少或全無時，得請求減免其地租或變更原約定土地使用之目的。此項情形，農育權人不能依原約定目的使用者，當事人得終止之。此項關於土地所有人得行使終止權之規定，於農育權無支付地租之約定者，準用之（民850之4）。

㈢**農育權人將土地或農育工作物出租**：農育權人不得將土地或農育工作物出租於他人。但農育工作物之出租另有習慣者，從其習慣。農育權人違反此項規定者，土地所有人得終止農育權（民850之5）。

㈣**積欠地租達2年之總額者**：農育權人積欠地租達2年之總額，除另有習慣外，土地所有人得定相當期限催告農育權人支付地租，如農育權人於期限內不為支付，土地所有人得終止農育權。農育權經設定抵押權者，並應同時將該催告之事實通知抵押權人（民850之9準836Ⅰ）。

二、農育權之拋棄

農育權既為物權之一種，依民法規定，得因拋棄而消滅（民764）。茲將有關農育權之規定說明之：

㈠**無支付地租之約定**：農育權無支付地租之約定者，農育權人得隨時拋棄其權利（民 850 之 9 準 834）。

㈡**農育權定有期限，而有支付地租之約定者**：農育權人得支付未到期之 3 年分地租後，拋棄其權利（民 850 之 9 準 835 Ⅰ）。

㈢**農育權未定有期限，而有支付地租之約定者**：農育權人拋棄權利時，應於 1 年前通知土地所有人，或支付未到期之 1 年分地租（民 850 之 9 準 835 Ⅱ）。

㈣**繼續 1 年不為耕作**：土地法第 115 條規定：「承租人放棄其耕作權利，應於 3 個月前向出租人以意思表示為之，非因不可抗力繼續 1 年不為耕作者，視為放棄耕作權利。」

第五章　不動產役權

第一節　不動產役權之概念

一、不動產役權之意義

　　稱不動產役權者，謂以他人不動產供自己不動產通行、汲水、採光、眺望、電信或其他以特定便宜之用為目的之權（民851）。凡允許某土地或某人利用他人之不動產者，其土地或其人對於他人之不動產有物權，此物權統謂之役權，簡稱為不動產役權，是由地役權修改而來，為從物權。他人供便宜之地為**供役不動產**，受便宜之土地為**需役不動產**。例如為自己土地通行便利起見，於他人土地上修造道路之物權，則為不動產役權。

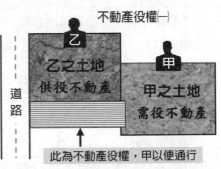

不動產役權㈠

乙
乙之土地
供役不動產

甲
甲之土地
需役不動產

道路

此為不動產役權，甲以便通行

如甲將土地讓渡於丙，則不動產役權亦隨著轉移

二、不動產役權修正之原因

　　㈠地役權之原規定係以供役地供需役地便宜之用為內容。惟隨社會之進步，不動產役權之內容變化多端，具有多樣性，現行規定僅限於土地之利用關係已難滿足實際需要。為發揮不動產役權之功能，促進土地及其定著物之利用價值，乃將「土地」修正為「不動產」。

　　㈡不動產役權係以他人之不動產承受一定負擔以提高自己不動產利用價值之物權，具有以有限成本實現提升不動產資源利用效率之重要社會功能，然因原規定「便宜」一詞過於抽象及概括，不僅致社會未能充分利用，且登記上又僅以「地役權」登記之，而無便宜之具體內容，無從發揮公示之目的，爰明文例示不動產役權之便宜類型，以利社會之運用，並便於地政機關為便宜具體內容之登記。

三、不動產役權之種類

以他人之不動產供自己不動產通行、汲水、採光、眺望、電信或其他以特定便宜之用為目的，則有下列三種：

(一) **積極不動產役權**	凡不動產役權人得於供役不動產為一定行為，如供自己不動產通行、汲水之用是。
(二) **消極不動產役權**	凡供役不動產所有人對需役不動產負有一定不作為之義務，如採光、眺望等均屬之。
(三) **其他以特定便宜之用**	除上述二種類型以外之其他類型如：電信依其態樣可能積極或消極，或二者兼具，均依其特定目的定其便宜之具體內容。

不動產役權便宜之具體內容屬不動產役權之核心部分，基於物權之公示原則以及為保護交易之安全，地政機關自應配合辦理登記，併予指明。

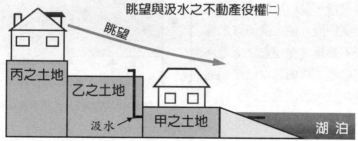

眺望與汲水之不動產役權(二)

四、不動產役權之行使與變更

(一)**不動產役權行使之限制**：同一不動產上有不動產役權與以使用收益為目的之物權同時存在者，其後設定物權之權利行使，不得妨害先設定之物權（民851之1）。

不動產役權多不具獨占性，宜不拘泥於用益物權之排他效力，俾使物盡其用。準此，不動產所有人於其不動產先設定不動產役權後，無須得其同意，得再設定用益物權（包括不動產役權），反之，亦然。此際，**同一不動產上用益物權與不動產役權同時存在**，自應依設定時間之先後，定其優先效力，亦即後設定之不動產役權或其他用益物權不得妨害先設定之其他用益物權或不動產役權之權利行使。又不動產役權（或用

益物權）若係獲得先存在之用益物權（或不動產役權）人之同意而設定者，後設定之不動產役權（或用益物權）則得優先於先物權行使權利，蓋先物權既已同意後物權之設定，先物權應因此而受限制。再所謂同一不動產，乃指同一範圍內之不動產，要屬當然，併予敘明。

　　㈡**不動產役權之變更**：供役不動產所有人或不動產役權人因行使不動產役權之處所或方法有變更之必要，而不甚妨礙不動產役權人或供役不動產所有人權利之行使者，得以自己之費用，請求變更之（民855之1）。

五、不動產役權之特性

　　㈠**不動產役權之從屬性**：不動產役權是為供需役不動產之便宜而存在，因此不動產役權應從屬於需役不動產不得分離，當不動產役權移轉時，若當事人間無特別約定，應與需役不動產之所有權一併移轉，即「不動產役權不得由需役不動產分離而為讓與，或為其他權利之標的物」（民853）。此之所謂「為其他權利之標的物」者，指需役不動產所有人，不得將土地所有權與不動產役權分離，而僅以不動產役權供擔保（如以不動產役權為抵押權之標的物），或為其他權利之標的物（如以不動產役權為租賃權之標的物）。

　　㈡**不動產役權之不可分性**：不動產役權具有不可分割之特性，即不得將一個不動產役權分割而僅享有其一部分，稱為不動產役權之不可分性。

　　1.需役不動產經分割時：不動產役權者，為需役不動產之便宜而使用供役不動產之物權也，有不可分之性質，故分割需役不動產或將需役不動產之一部讓與時，不動產役權仍為各部而存續之。然不動產役權之性質，有僅關於不動產之一部者，則為例外，其不動產役權不為各部而存續，僅為一部而存續。例如有不動產一區，其隅有園庭，為其園庭設眺望不動產役權，當其不動產未分割時，其不動產全部皆為需役不動產，既分割後，衹有園庭之不動產為需役不動產，亦僅取得該不動產所有人之不動產役權也（民856）。

　　2.供役不動產經分割時：供役不動產經分割者，不動產役權就其各部分仍為存續。但不動產役權之行使，依其性質衹關於供役不動產之一

部分者，僅對於該部分仍爲存續（民857）。

如不動產役權㈠圖解，甲地在乙地擁有通行不動產役權，因繼承關係甲地分爲 A、B 兩地，其不動產役權就 A、B 兩地仍爲存續。又如不動產役權之行使，依其性質袛關於供役不動產之一部分者，僅對於該部分仍爲存續，如甲地在乙地有汲水不動產役權，嗣乙地因繼承關係而分割爲 A'、B'兩地，若其水源爲井，而該井係在 B'地之內，則甲地所有人僅得對 B'地行使不動產役權是。

第二節　不動產役權之取得

不動產役權之取得，有基於法律行爲而取得，與基於法律行爲以外之原因而取得者，茲說明如下：

一、基於法律行爲而取得

㈠**設定取得**：

1.他人不動產役權之設定：即在他人之不動產上創設不動產役權之謂。不動產役權之設定通常都以契約爲之。亦有單獨行爲者，如以遺囑設定不動產役權是。設定取得，非經登記不生效力。

2.其他不動產役權之設定：基於以使用收益爲目的之物權或租賃關係而使用需役不動產者，亦得爲該不動產設定不動產役權（民859之3Ⅰ）。

3.自己不動產役權之設定：不動產役權，亦得就自己之不動產設定之（民859之4）。

㈡**移轉取得**：因不動產役權不得由需役不動產分離而爲移轉，如需移轉，若當事人間無特別約定，應與需役不動產之所有權一併移轉，惟不得僅以不動產役權之讓與他人或爲其他權利之標的物（民853）。

二、基於法律行爲以外之原因而取得

㈠**時效取得**：不動產役權因時效而取得者，以繼續並表見者爲限（民852Ⅰ）。前項情形，需役不動產爲共有者，共有人中一人之行爲，或對於共有人中一人之行爲，爲他共有人之利益，亦生效力（民852Ⅱ）。向行使

不動產役權取得時效之各共有人為中斷時效之行為者，對全體共有人發生效力（民852III）。

㈡**繼承**：不動產役權既為財產權之一，自得因繼承而取得，於繼承開始時，繼承人則連同需役不動產取得不動產役權，但需登記，始得連同需役不動產一併讓與（民759、853）。

第三節　不動產役權之租金

不動產役權之約定有支付租金及無支付租金之分：

一、無支付租金之約定

無支付租金之約定者，不動產役權人得隨時拋棄其權利（民859之2準834）。未定有租金之不動產役權，如因不動產之負擔增加，非當時所得預料，仍無償使用顯失公平者，不動產所有人得請求法院酌定其租金（民859之2準835之1II）。

二、須支付租金之規定

㈠**租金之增減及酌定**：不動產役權設定後，因不動產價值之昇降，依原定租金給付顯失公平者，當事人得請求法院增減之（民859之2準835之1I）。

㈡**積欠租金終止不動產役權**：不動產役權人積欠租金達2年之總額，除另有習慣外，不動產所有人得定相當期限催告不動產役權人支付地租，如不動產役權人於期限內不為支付，不動產所有人得終止不動產役權。不動產役權經設定抵押權者，並應同時將該催告之事實通知抵押權人（民859之2準836I）。此項終止，應向不動產役權人以意思表示為之（民859之2準836III）。租金之約定經登記者，不動產役權讓與時，前不動產役權人積欠之租金應併同計算。受讓人就前不動產役權人積欠之租金，應與讓與人連帶負清償責任（民859之2準836II）。

㈢**租金之登記對抗效力**：不動產所有權讓與時，已預付之租金，非經登記，不得對抗第三人（民859之2準836之1）。

第四節　不動產役權之效力

一、不動產役權人之權利	(一)供役不動產使用權	不動產役權係以他人之不動產供自己不動產便宜之用之物權，因此不動產役權人，自有使用供役不動產之權利（民851）。
	(二)必要之附隨行為權	不動產役權人因行使或維持其權利，得為必要之附隨行為。但應擇於供役不動產損害最少之處所及方法為之（民854）。不動產役權人為遂行其權利之目的，於行使其不動產役權或維持其不動產役權起見，有另須為必要行為之時，學者有稱此必要行為為「附隨不動產役權」，並認為其與「主不動產役權」同其命運。如汲水不動產役權於必要時，得為埋設涵管或通行之附隨行為，即其適例。
	(三)物上請求權	按不動產役權人，既有以他人不動產供自己不動產便宜之用之權，則對於無權占有或侵奪其不動產役權者，得請求返還之，對於妨害其不動產役權者，得請求除去之，對於有妨害其不動產役權之虞者，得請求防止之，此與所有人相同（民767II）。
二、不動產役權人之義務	(一)維持設置義務	不動產役權人因行使權利而為設置者，有維持其設置之義務；其設置由供役不動產所有人提供者，亦同（民855I）。
	(二)依設定目的及使用方法之義務	不動產役權人應依設定之目的及約定之使用方法，為不動產之使用收益；未約定使用方法者，應依不動產之性質為之，並均應保持其永續利用。此項約定之使用方法，非經登記，不得對抗第三人（民859之2準836之2）。
	(三)支付租金義務	不動產役權之設定，如有租金之約定者，不動產役權人自應支付租金（民859之2準835I）。
三、不動產役地所有人之權利	(一)設置之使用及分擔費用	供役不動產所有人於無礙不動產役權行使之範圍內，得使用不動產役權之設置，並應按其受益之程度，分擔維持其設置之費用（民855II）。
	(二)代價之請求	不動產役權如有租金之約定者，供役不動產所有人當有對價請求權（民859之2準835I）。

第五節　不動產役權之消滅

一、不動產役權之消滅原因

不動產役權為物權之一，除物權之一般消滅原因外，其特殊性者如下：

(一) 存續期間屆滿	不動產役權定有存續期滿，如房屋建築完成，不動產役權則歸消滅。
(二) 不動產役權之拋棄	不動產役權人得拋棄其權利，其拋棄應向供役不動產所有人以意思表為之（民764），惟可分為二種： 1.無支付租金之約定者：不動產役權人得隨時拋棄其權利（民859之2準834）。 2.有支付租金之約定者： 　(1)不動產役權定有期限：而有支付地租之約定者，不動產役權人得支付未到期之3年分地租後，拋棄其權利（民859之2準835 I）。 　(2)不動產役權未定有期限：而有支付地租之約定者，不動產物權人拋棄權利時，應於1年前通知不動產所有人，或支付未到期之1年分租金（民859之2準835 II）。 　(3)不動產役權不能達原來使用之目的： 　　①因不可歸責於不動產役權人之事由，致不動產不能達原來使用之目的時，不動產役權人於支付租金二分之一後，得拋棄其權利（民859之2準835 III前段）。 　　②因可歸責於不動產所有人之事由，致不動產不能達原來使用之目的時，不動產役權人亦得拋棄其權利，並免支付租金（民859之2準835 III後段）。
(三) 法院之宣告	不動產役權之全部或一部無存續必要時，法院因供役不動產所有人之請求，得就其無存續必要之部分，宣告不動產役權消滅（民859 I）。不動產役權因需役不動產滅失或不堪使用而消滅（民859 II）。
(四) 不動產役權之終止	1.積欠租金之終止：不動產役權人積欠租金達2年之總額，除另有習慣外，不動產所有人得定相當期限催告不動產役權人支付租金，如不動產役權人於期限內不為支付，不動產所有人得終止不動產役權。不動產役權經設定抵押權者，並應同時將該催告之事實通知抵押權人（民859之2準836 I）。

2.違反設定之目的及使用方法之終止：不動產役權人違反不動產役權設定之目的及約定之使用方法，為不動產之使用收益，經不動產所有人阻止而仍繼續為之者，不動產所有人得終止不動產役權。不動產役權經設定抵押權者，並應同時將該阻止之事實通知抵押權人（民859之2準836之3）。

二、不動產役權取回工作物

不動產役權消滅時，不動產役權人得取回其工作物。但應回復不動產原狀。不動產役權人不於不動產役權消滅後 1 個月內取回其工作物者，工作物歸屬於不動產所有人。其有礙於不動產之利用者，不動產所有人得請求回復原狀。不動產役權人取回其工作物前，應通知不動產所有人。不動產所有人願以時價購買者，不動產役權人非有正當理由，不得拒絕（民859之1準839）。

第六節　其他不動產與自己不動產役權

一、其他不動產役權之設定

基於以使用收益為目的之物權或租賃關係而使用需役不動產者，亦得為該不動產設定不動產役權（民859之3I）。此項不動產役權，因以使用收益為目的之物權或租賃關係之消滅而消滅（民859之3II）。

二、自己不動產役權之設定

不動產役權，亦得就自己之不動產設定之（民859之4）。

其立法理由為：

例如建築商開發社區時，通常日後對不動產相互利用必涉及多數人，為建立社區之特殊風貌，預先設計建築之風格，並完整規劃各項公共設施，此際，以設定自己不動產役權方式呈現，遂有重大實益。對於自己不動產役權，德國學說及實務見解亦予以承認。為符合社會脈動，使物盡其用，並活絡不動產役權之運用，爰增設自己不動產役權之規定（瑞民733參照），以利適用。

三、其他不動產物權與自己不動產物權準用不動產役權之規定

第 851 條至第 859 條之 2 規定，於其他不動產役權及自己不動產役權之規定準用之（民 859 之 5）。

第七節　鄰地通行權與不動產役權之異同

		鄰地通行權	不動產役權
一、區分	(一) 意義	土地因與公路無適宜之聯絡，致不能爲通常使用時，除因土地所有人之任意行爲所生者外，土地所有人得通行周圍至公路（民 787 I），稱爲鄰地通行權。	即以他人不動產供自己不動產通行、汲水、採光、眺望、電信或其他以特定便宜之用爲目的之權（民 851）。
	(二) 法律規定	1.袋地所有人之必要通行權（民 787）。故稱爲袋地通行權。 2.開路通行權（民 788）。 3.通行權之限制（民 789）。	1.利用他人之不動產；故加重他人不動產上之負擔，以提高自己不動產使用之價值（民 851）。 2.權利行使之限制（民 851 之 1）。
	(三) 權利之法律性質	法定權利：鄰地通行權係屬所有權之內容，故屬法定權利。	意定權利：不動產役權則爲不動產役權人與供役不動產所有人之間，依設定不動產役權契約所獲得之權利，故屬意定權利。
	(四) 是否登記	鄰地通行權因屬土地所有權之一部分，故無須另爲獨立之登記。	不動產役權因屬不動產物權，故須依民法第 758 條，以書面約定，並經登記始生效力。
二、相同	(一) 性質相同	兩者均得使用他人不動產之權利。	
	(二) 權利之屬性	鄰地通行權因屬土地所有權之一部分，不得與土地所有權分離而單獨讓與或變更。	不動產役權則不得由需役不動產分離而爲讓與，或爲其他權利之標的物（民 853）。

第六章　抵押權

第一節　擔保物權概述

擔保物權以目的物提供債權之擔保為目的之物權。與用益物權同為定限物權，而與在法令限制範圍內具有一般支配權能之完全物權的所有權相對立。如甲對乙擁有一百萬元之債權，設乙之全部債務有一千萬元，而總財產只有五百萬元時，縱經強制執行或破產宣告，依「債權人平等之原則」甲只能取回五十萬元而已。蓋為避免上述的結果，甲擁有擔保物，以保障一百萬元全數之償還。

擔保物權與優先清償權

一、擔保物權之種類

擔保物權有依當事人之意思所設定之**意定擔保物權**與對特殊債權為法律所明定之**法定擔保物權**之分。前者民法上定為抵押權與質權；後者為留置權、優先權（如海商法第 24-32 條之海事優先權，工會法第 38 條工會之優先受償權，勞動基準法第 28 條第 1 項工資之優先受償權），與法定抵押權。

此外在意定擔保物權之抵押權與質權之外，尚有「**讓與擔保**」與「**買賣式擔保**」二種，所謂**讓與擔保**（德：Sicherungsübereignung），即將欲擔保之物之所有權移轉於債權人，如在一定期間內清償債務，則返還該擔保物之擔保制度。有移轉擔保物之占有，與不移轉占有等二種制度。惟一般以不移轉占有為多。所謂**買賣式擔保**（德：Sicherungskauf），即接受融資者將目的物交付予融資者，而以代金之形式接受融資，如在一定期限內清償代金及利息，就可取回目的物之方法。我民法上之買回

即其一種。

二、擔保物權之性質[①]

(一) 價值權性	擔保物權係以支配標的物之交換價值為內容，其目的在保障債務之清償，故須與債權結合，縱標的物滅失，但其交換價值仍存在時，擔保物權即移存於該交換價值上，並不消滅。
(二) 擔保物權之共通特性	1.從屬性：擔保物權不能離開債權而單獨存在，係從屬於債權而存在，並因債權之移轉而移轉，也隨即因債權之消滅而消滅。 2.不可分性：即擔保物權之各部，擔保債權之全部，而擔保物權之全部，擔保其債權之各部，所以擔保債權如全部未受清償，擔保權人得對擔保物之全部行使權利，稱為擔保物權的不可分性。 3.物上代位性：擔保物如因滅失，得受賠償者，擔保物權人得就賠償金取償，該賠償金就成為擔保物之代替物，此稱為物上代位性，亦稱為代物擔保性。

三、債權人平等之原則

　　債權人平等之原則（德：Prinzip der Gleichbehandlung des Gläubigers），對同一之債務者，有多數之債權人時，則不受債權發生之原因或發生時期之前後的影響，平等的從債務者之財產比例接受償還之原則（民 271）。擁有擔保權之債權者，當然受到優先償還之權，但對沒有擔保權之一般債權人，則可適用債權者平等之原則。如債務者之總財產足以償還全部債務，債權者平等之原則當無意義可言，但如債務者之總財產不足償還債務時，尤其是破產或共同執行其財產時，各債權者，應依其債權額比例的獲得清償。不過例外的，為保護某種債權為目的而設定權利，

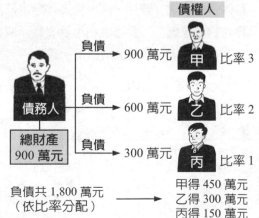

---

① 參照謝在全著：民法物權論下，民 86 年 9 月版，頁 11。

如抵押權、質權、留置權者，當優先於其他一般債權人取得清償權。

第二節　抵押權之概念

一、抵押權之意義

抵押權（德：Hypothek；法：hypothèque）者，即對於債務人或第三人不移轉占有而供其債權擔保之不動產，得就該不動產賣得價金優先受清償之權（民860）。又稱**普通抵押權**。因債權人為確保其債權能獲得清償，民法有兩種擔保：

㈠**人的擔保**：即保證人制度。

㈡**物的擔保**：債務人不清償其債務時，得由債權人就擔保物優先受償之擔保，此即抵押權。

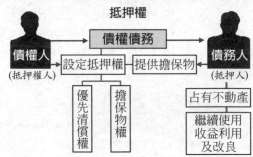

但抵押權之標的物以不動產為限。惟例外依動產擔保交易法或海商法之規定，以動產或船舶等亦為抵押權之標的物。抵押權之標的物，以不移轉占有為成立要件，即抵押人在設定抵押後，仍可繼續使用、收益其標的物，無礙於不動產之利用及改良。債權人如未獲債務之清償，得就抵押物賣得價金有優先清償權。

二、抵押權之種類

抵押權得就法律規定，或當事人意思而發生，可分為：

種　類	意　義	舉　例
㈠ **法定抵押**	即抵押權由於法律之規定而成立之謂。	如民法第513條規定：「承攬之工作為建築物或其他土地上之工作物，或為此等工作物之重大修繕者，承攬人就承攬關係報酬額，對於其工作所附之定作人之不動產，請求定作人為抵押權之登記；或對於將來完成之定作人之不動產，請求預為抵押權之登記。」又國民住宅條例第17條亦有類似規定。

| (二)
意定抵押 | 即當事人依法律行爲之方法，設立之抵押權。此項抵押權之設定，必須訂立書面契約，並辦妥登記始生效力。 | 如購買公寓時，向銀行抵押貸款，就要簽訂抵押契約，銀行會向地政機關登記抵押權之設定。因此如僅將所有權狀交與他人占有仍無設定抵押權之效力。 |

三、抵押權之特性

抵押權既係擔保物權之一，擔保物權之通性，有從屬性、不可分性、代物擔保性，即爲抵押權之特性。

(一) 從屬性	抵押權不能離開債權而單獨存在，因債權爲主權利，而抵押權係從權利，其所擔保之債權有變動時，抵押權亦隨著變動，因此抵押權不得與債權分離而讓與，亦不得爲他債權之擔保 (民870)。若抵押權與債權分離而爲他債權之擔保，或債權人爲同一債務人之他債權人之利益，得讓與或拋棄其抵押權及次序，非唯於實際上無益，且有使法律關係趨於煩雜，故民法予以禁止，以爲防弊。
(二) 不可分性	1.抵押物分割之不可分：抵押權人，於其標的物存在時爲限，就全部債權得行使其權利，所以鞏固抵押之基礎也。故抵押不動產雖分割與數人，或讓與其一部，抵押權人對於其分割或讓與之部分，仍得就全部債權行使其權利，分割人中之一人，不得僅支付與其分割部分相當之金額，即免其責 (民868)。 2.債權分割之不可分：抵押權爲不可分之擔保，故以抵押權擔保之債權，雖經分割，或以其一部讓與他人，而各債權人，仍得就分割所得之部分行使其全部之抵押權。又債務之一部承擔與債務分割同屬債之移轉，均有擔保物權不可分性之適用 (民869)。
(三) 代物擔保性	抵押權之標的物因毀損所受之賠償金或其他利益，爲抵押物之代位物 (德：Surrogat)。抵押權人仍得對其行使權利 (民881)。

第三節　抵押權之取得

一、法律行爲

基於法律行爲而取得之抵押權，有下列三種情形：

(一)**抵押權之設定**：抵押權通常由當事人以契約爲之。雖亦有單獨行爲設定抵押者，如遺囑，但並不多。不論是契約行爲或單獨行爲，都是物

權契約，應以書面為之（民760），並須登記始生效力（民758）。

　　(二)**抵押權之標的物**：以不動產所有權為原則，但地上權、農育權及典權，均得為抵押權之標的物（民882）。此外，在特別法上，如礦業權（礦14 I）、漁業權（漁24）等準物權，亦可為抵押權之標的物。其他如海商法上之船舶（海33）、民用航空法規定之航空器（民航19），雖屬動產，因價值昂貴，亦得為抵押權之標的。

　　(三)**連同債權一併受讓**：抵押權得連同債權而為讓與（民870），既取得主債權，受讓人當然取得抵押權。但非登記，不生效力（民758）。

二、法律規定

　　基於法律規定而取得者；依民法第513條第1項之規定：「承攬之工作為建築物或其他土地上之工作物，或為此等工作物之重大修繕者，承攬人得就承攬關係報酬額，對於其工作所附之定作人之不動產，請求定作人為抵押權之登記；或對於將來完成之定作人之不動產，請求預為抵押權之登記。」此項抵押權之發生非依當事人之意思，而是基於法律之規定，故稱為法定抵押權。

三、因繼承而取得

　　抵押權既為財產權，得為繼承之標的，故於繼承開始時，繼承人即取得被繼承人之抵押權，惟非登記，不得連同債權一併讓與（民759、870）。

第四節　抵押權之效力

一、抵押權之範圍

　　(一)**抵押權所擔保之範圍**：抵押權所擔保者為原債權、利息、遲延利息、違約金及實行抵押權之費用，但契約另有訂定者，不在此限（民861 I）。

　　(二)**抵押權標的物之範圍**：

　　　　1.從物及從權利：抵押權之效力及於抵押物之從物與從權利。第三人於抵押設定前，就從物取得之權利，不受前項規定之影響。以建築物為抵押者，其附加於該建築物而不具獨立性之部分，亦為抵押權效力所

及。但其附加部分為獨立之物，如於抵押權設定後附加者，準用第 877 條之規定（民 862）。

2.天然孳息：抵押權之效力，及於抵押物扣押後自抵押物分離，而得由抵押人收取之天然孳息（民 863）。

3.法定孳息：抵押權之效力，及於抵押物扣押後抵押人就抵押物得收取之法定孳息。但抵押權人，非以扣押抵押物之事情，通知應清償法定孳息之義務人，不得與之對抗（民 864）。

4.賠償金之物上代位：因抵押物滅失得受之賠償金或其他利益，得為扣押物之代替物，可為抵押權之範圍（民 881 I 但）。

5.抵押物滅失之殘留物：抵押物滅失之殘餘物，仍為抵押權效力所及。抵押物之成分非依物之通常用法而分離成為獨立之動產者，亦同。前項情形，抵押權人得請求占有該殘餘物或動產，並依質權之規定，行使其權利（民 862 之 1）。

6.權利抵押權：地上權、農育權及典權，均得為抵押權之標的物（民 882）。

二、抵押人之權利

抵押權既係對於債務人或第三人不移轉占有而供擔保之不動產，得就其賣得價金受清償之權（民 860），故抵押人有下列權利：

㈠得在同一擔保物上設定數抵押權：不動產所有人，因擔保數債權，就同一不動產，設定數抵押權者，其抵押權之優先次序，不應設定行為之先後，應依登記之先後。蓋抵押權以登記為要件，因登記而成立（民 865）。因此，登記為第一順位者，得就抵押物賣得之價金，優先受償，第二順位以後，依此類推。

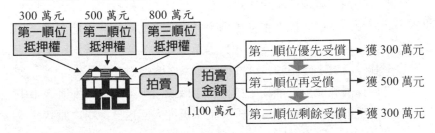

> 設甲以房屋設定三次抵押權，第一次抵押權擔保之債權額為 300 萬元，第二次抵押權擔保之債權額為 500 萬元，第三次抵押權擔保之債權額為 800 萬元，該房屋拍賣後所有價金 1,100 萬元，則第三次抵押權能夠獲得 300 萬元之清償。

㈡**得設定其他權利**：不動產所有人設定抵押權後，於同一不動產上，得設定地上權或其他以使用收益為目的之物權，或成立租賃關係。但其抵押權不因此而受影響（民 866 I）。所謂「其他以使用收益為目的之物權」，包括不動產役權、典權在內。上項情形，抵押權人實行抵押權受有影響者，法院得除去該權利或終止該租賃關係後拍賣之（民 866 II）。不動產所有人設定抵押權後，於同一不動產上，成立第一項以外之權利者，如使用借貸關係，此時得準用前項之規定（民 866 III）。

㈢**得將不動產讓與他人**：不動產所有人設定抵押權後，得將不動產讓與他人。但其抵押權之關係，依然存在，毫不受影響（民 867）。

74 臺抗 431：「不動產所有人設定抵押權後，將不動產讓與他人者，依民法第八百六十七條但書規定，其抵押權不因此而受影響，抵押權人得**本於追及其物之效力實行抵押權**。系爭不動產既經抵押人讓與他人而屬於受讓之他人所有，則因實行抵押權而聲請法院裁定准許拍賣該不動產時，自應列受讓之他人為相對人。」此稱為抵押權之追及效力。

三、抵押權人之權利

㈠**抵押權之處分權**：抵押權為財產權之一，抵押權人自得處分其權利，而抵押權又為從物權，非隨所擔保之債權，不得讓與，亦不得為他債權之擔保。因此民法第 870 條規定：「抵押權不得由債權分離而為讓與，或為其他債權之擔保。」但可與主權利之債權一併處分。

㈡**抵押權之保全**：

1.抵押物價值減少之防止：抵押權設定後，如抵押人之行為，足使抵押物之價值減少者，抵押權人得請求停止其行為。如有急迫之情事，抵押權人得自為必要之保全處分。其因請求或處分所生之費用，由抵押人負擔。其受償次序優先於各抵押權所擔保之債權（民 871）。

2.抵押物價值減少之補救：抵押物之價值因可歸責於抵押人之事由致減少時，抵押權人得定相當期限，請求抵押人回復抵押物之原狀，或

提出與減少價額相當之擔保。抵押人不於上項所定期限內，履行抵押權人之請求時，抵押權人得定相當期限請求債務人提出與減少價額相當之擔保。屆期不提出者，抵押權人得請求清償其債權。抵押人為債務人時，抵押權人得不再為前項請求，逕行請求清償其債權。抵押物之價值，因不可歸責於抵押人之事由致減少者，抵押權人僅於抵押人因此所受利益之限度內，請求提出擔保（民 872）。

四、抵押權之實行

債權已屆清償期，而未受清償，抵押權人得就抵押物取償。其方法為：

㈠**聲請法院拍賣抵押物**：抵押權人，於債權已屆清償期，而未受清償者，得聲請法院，拍賣抵押物，就其賣得價金而受清償（民 873）。有關拍賣見第三編債編分則，第一章買賣之說明。

㈡**訂立契約，移轉抵押物之所有權**：抵押權人於債權清償期屆滿後，為受清償，得訂立契約，取得抵押物之所有權（民 878 前段）。學者稱為「**代物清償契約**」或「**流抵契約**」。

1.按於抵押權設定時或擔保債權屆清償期前，約定債權已屆清償期，而債務人不為清償時，抵押物之所有權移屬於抵押權人者，須經登記，始能成為抵押權之物權內容，發生物權效力，而足以對抗第三人（民 873 之 1 I）。

2.因抵押權旨在擔保債權之優先受償，非使抵押權人因此獲得債權清償以外之利益，故為第 1 項之流抵約款約定時，抵押權人自負有清算義務，抵押物之價值如有超過債權額者，自應返還抵押人（民 873 之 1 II）。本項並明定抵押物價值估算之基準時點，為抵押權人請求抵押人為抵押物所有權之移轉時，以杜抵押物價值變動之爭議。又計算抵押物之價值時，應扣除增值稅負擔、前次序抵押權之擔保債權額及其他應負擔之相關費用等，自屬當然。

3.於擔保債權清償期屆至後，抵押物所有權移轉於抵押權人前，抵押權及其擔保債權尚未消滅，債務人或抵押人自仍得清償債務，以消滅抵押權，並解免其移轉抵押物所有權之義務（民 873 之 1 III），俾利適用。

習題：何謂「流抵契約」？並請申述其效力內容。（100 特身四）

㈢**拍賣之標的物**：拍賣之標的物爲不動產，不動產之拍賣有土地及地上之建築物，民法對兩者規定如下：

1.法定地上權之抵押物：設定抵押權時，土地及其土地上之建築物，同屬於一人所有，而僅以土地或僅以建築物爲抵押者，於抵押物拍賣時，視爲已有地上權之設定，其地租、期間及範圍由當事人協議定之。不能協議者，得聲請法院以判決定之（民 876 I）。設定抵押權時，土地及其土地上之建築物，同屬於一人所有，而以土地及建築物爲抵押者，如經拍賣，其土地與建築物之拍定人各異時，適用前項之規定（民 876 II）。

2.營造建築物之併付拍賣：土地所有人於設定抵押權後，在抵押之土地上營造建築物者，抵押權人於必要時，得於強制執行程序中聲請法院將其建築物與土地併付拍賣。但對於建築物之價金，無優先受清償之權（民 877 I）。又爲維護抵押權人利益，於不動產抵押後，在該不動產上有用益物權人或經其同意使用之人之建築物者，該權利人使用不動產之權利雖得先依第 866 條 2 項規定予以除去，惟爲兼顧社會經濟及土地用益權人利益，該建築物允應併予拍賣爲宜，但建築物拍賣所得價金，抵押權人無優先受償權（民 877 II）。

3.抵押物得讓與權利者之併付拍賣：土地與建築物固爲各別之不動產，各得單獨爲交易之標的，但建築物性質上不能與土地使用權分離而存在，故以建築物設定抵押權，於抵押物拍賣時，其抵押物對土地存在所必要之權利得讓與者，例如地上權、租賃權等是，應併付拍賣，始無害於社會經濟利益。然該權利非抵押權之標的物，抵押權人對其賣得之價金，不得行使優先權，始爲平允（民 877 之 1）。

㈣**拍賣以外其他方法處分抵押物**：即在清償債權期之前，若使抵押權人能取得抵押物之所有權，以代清償或用拍賣以外之方法處分抵押物，是害及抵押人利益。若已逾清償期之後，抵押權人與抵押人締結契約，則無此慮，應於不害及抵押人之利益範圍內，保護抵押權人之利益。但有害於其他抵押權人之利益者，不在此限（民 878）。

(五)**抵押權實行之效果**：抵押權人實行抵押權者，該不動產上之抵押權，因抵押物之拍賣而消滅。此項情形，抵押權所擔保之債權有未屆清償期者，於抵押物拍賣得受清償之範圍內，視為到期。抵押權所擔保之債權未定清償期或清償期尚未屆至，而拍定人或承受抵押物之債權人聲明願在拍定或承受之抵押物價額範圍內清償債務，經抵押權人同意者，不適用前二項之規定（民873之2）。

(六)**抵押物賣得價金之次序分配**：抵押物賣得之價金，除法律另有規定外，按各抵押權成立之次序分配之。其次序相同者，依債權額比例分配之（民874）。

五、多數抵押權之分配

(一)**多數抵押權之優先受償分配額**：同一抵押物有多數抵押權者，抵押權人得以下列方法調整其可優先受償之分配額。但他抵押權人之利益不受影響。即明定抵押權人得以讓與抵押權之次序，或拋棄抵押權之次序之方法，調整其可優先受償之分配額。但他抵押權人之利益不受影響。所謂「特定抵押權人」，係指因調整可優先受償分配額而受利益之該抵押權人而言，不包括其他抵押權人在內。又其得調整之可優先受償之分配額，包括全部及一部。其內容包括學說上所稱抵押權次序之讓與及拋棄。詳述之（民870之1 I）：

　　1.次序之讓與：次序之讓與係指抵押權人為特定抵押權人之利益，讓與其抵押權之次序之謂，亦即指同一抵押物之先次序或同次序抵押權人，為特定後次序或同次序抵押權人之利益，將其可優先受償之分配額讓與該後次序或同次序抵押權人之謂。此時讓與人與受讓人仍保有原抵押權

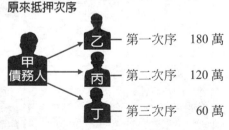

原來抵押次序

甲 債務人　→　乙　—　第一次序　180萬

→　丙　—　第二次序　120萬

→　丁　—　第三次序　60萬

及次序，讓與人與受讓人仍依其原次序受分配，惟依其次序所能獲得分配之合計金額，由受讓人優先受償，如有剩餘，始由讓與人受償。

(1) 例如債務人甲在其抵押物上分別有乙、丙、丁第一、二、三次序依次為新臺幣180萬元、120萬元、60萬元之抵押權，乙將第一優先次序讓與丁，甲之抵押物拍賣所得價金為300萬元，則丁先分得60萬元，乙分得120萬元，丙仍為120萬元。

(2) 又如甲之抵押物拍賣所得價金為280萬元，則丁先分得60萬元，乙分得120萬元，丙分得100萬元。

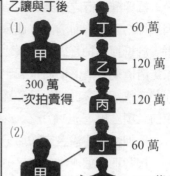

乙讓與丁後

(1) 甲 300萬 一次拍賣得
丁 60萬
乙 120萬
丙 120萬

(2) 甲 280萬 一次拍賣得
丁 60萬
乙 120萬
丙 100萬

2.次序之拋棄：有相對拋棄及絕對拋棄兩種，分述如下：

(1)相對拋棄：相對拋棄係指抵押權人為特定後次序抵押權人之利益，拋棄其抵押權之次序之謂，亦即指同一抵押物之先次序抵押權人，為特定後次序抵押權人之利益，拋棄其優先受償利益之謂。此時各抵押權人之抵押權歸屬與次序並無變動，僅係拋棄抵押權次序之人，因拋棄次序之結果，與受拋棄利益之抵押

① 例如前例，甲之抵押物拍賣所得價金為300萬元，乙將其第一次序之優先受償利益拋棄予丁，則乙、丁同列於第一、三次序，乙分得135萬元，丁分得45萬元，至丙則仍分得120萬元，不受影響。

② 又如甲之抵押物拍賣所得價金為280萬元，則乙、丁所得分配之債權總額為180萬元（如乙未為拋棄，則乙之應受分配額為180萬元，丁之應受分配額為零），乙拋棄後，依乙、丁之債權額比例分配（三比一），乙分得135萬元，丁分得45萬元，丙仍分得100萬元不受影響。

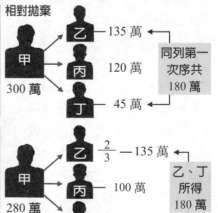

相對拋棄

甲 300萬
乙 — 135萬
丙 — 120萬
丁 — 45萬
同列第一次序共180萬

甲 280萬
乙 $\frac{2}{3}$ — 135萬
丙 — 100萬
丁 $\frac{1}{3}$ — 45萬
乙、丁所得180萬

權人成為同一次序，將其所得受分配之金額共同合計後，按各人債權額之比例分配之。

(2)絕對拋棄：絕對拋棄係指抵押權人為全體後次序抵押權人之利益，拋棄其抵押權之次序之謂，亦即指先次序抵押權人並非專為某一特定後次序抵押權人之利益，拋棄優先受償利益之謂。此時後次序抵押權人之次序各依次序昇進，而拋棄人退處於最後之地位，但於拋棄後新設定之抵押權，其次序仍列於拋棄者之後。如為普通債權，不論其發生在抵押權次序拋棄前或後，其次序本列於拋棄者之後，乃屬當然。

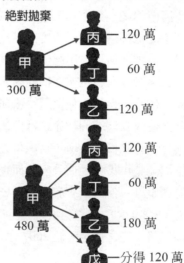

① 例如前例，甲之抵押物拍賣所得價金為 300 萬元，乙絕對拋棄其抵押權之第一次序，則丙分得 120 萬元、丁分得 60 萬元、乙因改為最後次序，僅得 120 萬元。

② 又如甲之抵押物拍賣所得價金為 480 萬元，戊之抵押權 200 萬元成立於乙絕對拋棄其抵押權次序之後，則丙分得 120 萬元，丁分得 60 萬元，乙可分得 180 萬元，戊分得 120 萬元。

絕對拋棄

丙——120 萬
甲——丁——60 萬
300 萬　　乙——120 萬

丙——120 萬
丁——60 萬
甲——乙——180 萬
480 萬　　戊——分得 120 萬

（新抵押戊 200 萬在乙拋棄優先次序之後）

上項抵押權次序之讓與或拋棄，非經登記，不生效力。並應於登記前，通知債務人、抵押人及共同抵押人（民870之1II）。

抵押權人間可優先受償分配額之調整，對各抵押權人之抵押權歸屬並無變動，僅係使因調整而受利益之抵押權人獲得優先分配利益而已。故該受利益之後次序抵押權人亦得實行調整前次序在先之抵押權。惟其相互間之抵押權均須具備實行要件，始得實行抵押權，乃屬當然。例如債務人甲在其抵押物上分別有乙、丙、丁第一、二、三次序之抵押權，

乙將第一優先次序讓與丁，如乙、丁之抵押權均具備實行要件時，丁得實行乙之抵押權，聲請拍賣抵押物（民870之1Ⅲ）。

　　為同一債權之擔保，於數不動產上設定抵押權者，抵押權人本可就各個不動產賣得之價金，受債權全部或一部之清償。如先次序或同次序之抵押權人，因調整可優先受償分配額而喪失其優先受償利益，則必使其他共同抵押人增加負擔，為示公平，除經該第三人即共同抵押人同意外，殊無令其增加負擔之理，乃明定在因調整後增加負擔之限度內，以該不動產為標的物之抵押權消滅（民870之1Ⅳ）。

　　㈡**優先受償分配額之保證**：抵押權所擔保之債權有保證人者，於保證人清償債務後，債權人對於債務人或抵押人之債權，當然移轉於保證人，該債權之抵押權亦隨同移轉，足見該抵押權關乎保證人之利益甚大。基於誠信原則，債權人不應依自己之意思，使保證人之權益受影響。又先次序抵押權人有較後次序抵押權人優先受償之機會，則次序在先抵押權所擔保債權之保證人代負履行債務之機會較少。如因調整可優先受償分配額而使先次序或同次序之抵押權喪失優先受償利益，將使該保證人代負履行債務之機會大增，對保證人有失公平。故於先次序或同次序之抵押權因調整可優先受償分配額而喪失優先受償之利益時，除經該保證人同意調整外，保證人應於喪失優先受償之利益限度內，免其責任，始為平允（民870之2）。此係仿民法第751條債權人拋棄擔保物權之限度內，免除保證責任之規定，於2007（民國96）年增訂者。

六、共同抵押

　　㈠**共同抵押之清償**：為擔保同一債權，於數不動產上設定抵押權者，如各個不動產所負擔之金額，並未限定，則抵押權人可以就各個不動產賣得之價金，受清償其全部或一部之債額。蓋抵押權為不可分之權利，此數不動產設定抵押權時，既未限定各個擔保之金額，抵押權人自得就其全部行使權利，而受其清償也（民875）。

　　㈡**共同抵押之分配次序**：為同一債權之擔保，於數不動產上設定抵押權者，於抵押權人請求就數抵押物或全部抵押物同時拍賣時，如拍賣之

抵押物中有爲債務人所有者，爲期減少物上保證人之求償問題，而又不影響抵押權人之受償利益，宜使抵押權人先就債務人所有而供擔保之該抵押物賣得之價金受償（民875之1）。

㈢**擔保債權金額之計算方法**：爲同一債權之擔保，於數不動產上設定抵押權者，各抵押物對債權分擔之金額，依下列規定計算之（民875之2）：

1.未限定各個不動產所負擔之金額時，依各抵押物價值之比例。

2.已限定各個不動產所負擔之金額時，依各抵押物所限定負擔金額之比例。

3.僅限定部分不動產所負擔之金額時，依各抵押物所限定負擔金額與未限定負擔金額之各抵押物價值之比例。

計算前項第2款、第3款分擔金額時，各抵押物所限定負擔金額較抵押物價值爲高者，以抵押物之價值爲準。

㈣**賣得價金超過擔保債權額之計算方法**：共同抵押權之抵押權人請求就二以上（包括全部或部分）之抵押物同時拍賣，如其賣得之價金總額超過所擔保之債權總額時，於不影響抵押權人之受償利益下，各抵押物賣得之價金，應如何分配，以清償抵押權人之債權，攸關共同抵押人等之權益。爲期減少求償或承受問題並利實務運作，宜就該等經拍賣之各抵押物對債權分擔金額之計算方法，予以明定，乃增訂準用民法第875之2之規定（民875之3）。

1. 例如甲對乙負有600萬元之債務，由丙、丁、戊分別提供其所有之A、B、C二筆土地設定抵押權於乙，共同擔保上開債權，而均未限定各個不動產所負擔之金額。嗣甲逾期未能清償，乙遂聲請對A、B二地同時拍賣，A地拍賣所得價金爲500萬元，B地拍賣所得價金爲300萬元，於此情形，A地、B地對債分擔之金額，應準用第875條之2第1項第1款之規定計算之，故A地對債權之分擔金額爲375萬元（=600×[500÷(500+300)]），B地對債權之分擔金額則爲225萬元（=600×[300÷(500+300)]）。拍賣抵押物之執行法院，自應按此金額清償擔保債權。

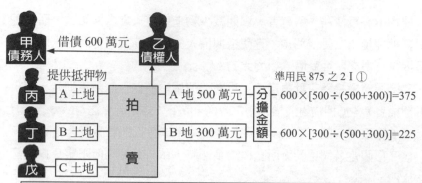

2. 又上例中，如分別限定 A、B、C 三筆土地所負擔之金額為 300 萬元、200 萬元、100 萬元，乙聲請對 A、B 二地同時拍賣，A 地拍賣所得價金為 500 萬元，B 地拍賣所得價金為 300 萬元，於此情形，A 地、B 地對債權分擔之金額，則應準用第 875 條之 2 第 1 項第 2 款前段之規定計算之，故 A 地對債權之分擔金額為 300 萬元，B 地對債權之分擔金額為 200 萬元。

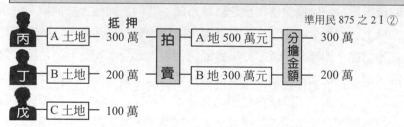

又上述第一例中，A、B 抵押物賣得價金清償債權額均已逾其分擔額（第 875 條之 2 第 1 項第 1 款參照），此際丙、丁對 C 抵押物可行使第 875 條之 4 第 1 款所定之權利，自屬當然。

㈤**共同抵押權行使權利之範圍與方法**：為同一債權之擔保，於數不動產上設定抵押權者，在各抵押物分別拍賣時，適用下列規定（民 875 之 4）：

1.經拍賣之抵押物為債務人以外之第三人所有，而抵押權人就該抵押物賣得價金受償之債權額超過其分擔額時，該抵押物所有人就超過分擔額之範圍內，得請求其餘未拍賣之其他第三人償還其供擔保抵押物應分擔之部分，並對該第三人之抵押物，以其分擔額為限，承受抵押權人之權利。但不得有害於該抵押權人之利益。

2.經拍賣之抵押物為同一人所有，而抵押權人就該抵押物賣得價金

受償之債權額超過其分擔額時，該抵押物之後次序抵押權人就超過分擔額之範圍內，對其餘未拍賣之同一人供擔保之抵押物，承受實行抵押權人之權利。但不得有害於該抵押權人之利益。

七、物上保證人之求償權

為債務人設定抵押權之第三人，代為清償債務，或因抵押權人實行抵押權致失抵押物之所有權時，該第三人於其清償之限度內，承受債權人對於債務人之債權。但不得有害於債權人之利益（民879 I）。債務人如有保證人時，物上保證人與保證人實質上均係以自己之財產擔保他人之債務，晚近各立法例對普通保證自由主義色彩之干涉漸增，此亦包括保證人範圍之干預及管制，使物上保證與普通保證不應有不同責任範圍。因之，物上保證人於代為清償債務，或因抵押權人實行抵押權致失抵押物之所有權時，自得就超過其應分擔額之範圍內對保證人具有求償權與承受權，即採**物上保證人與保證人平等說**。為期公允，宜就物上保證人向保證人行使權利之範圍與方式予以明定。而有關保證人應分擔之部分，依保證人應負之履行責任與抵押物拍賣時之價值或限定之金額比例定之。抵押物之擔保債權額少於抵押物拍賣時之價值者，應以該債權額為準，始為平允（民879 II）。

(一) 例如甲對乙負有 60 萬元之債務，由丙為全額清償之保證人，丁則提供其所有價值 30 萬元之土地一筆設定抵押權予乙。嗣甲逾期未能清償，乙遂聲請拍賣丁之土地而受償 30 萬元。依第 879 條規定，乙對甲之原有債權中之 30 萬元部分，由丁承受；保證人丙就全部債務之應分擔部分為 40 萬元(=60×[60÷(30+60)])，丁就全部債務之應分擔部分則為 20 萬元(=60×[30÷(30+60)])，丁已清償 30 萬元，故僅得就超過自己分擔部分對丙求償 10 萬元。

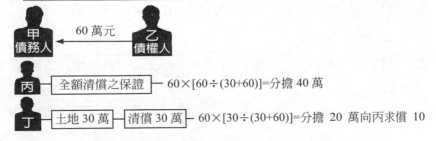

(二)｜如丁係以其所有價值 70 萬元之土地設定抵押權予乙，嗣乙聲請拍賣該
　　｜土地而其 60 萬元債權全額受清償時，保證人丙之分擔額則爲 30 萬元（＝
　　｜60×[60÷(60+60)]），丁得向丙求償 30 萬元。

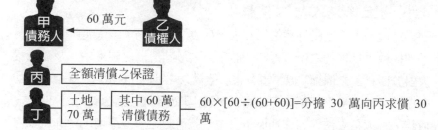

前開物上保證人向保證人求償時，應視該保證之性質定之。如爲連帶保證或拋棄先訴抗辯權之保證人時，該物上保證人得直接向保證人求償；如爲普通保證人，因其有先訴抗辯權，如其主張先訴抗辯權時，該物上保證人則應先向債務人求償，於債務人不能償還時，始得向保證人求償，此乃當然法理。至於保證人對物上保證人之承受權部分，則係依民法第 749 條規定，其求償權則依其內部關係或類推適用民法第 281 條第 1 項規定定之。

八、物上保證人之免責規定

物上保證人代爲清償債務，或因抵押權人實行抵押權致失抵押物之所有權時，依第 879 條第 1 項之規定，於其清償之限度內，承受債權人對於債務人之債權。如該債務人有保證人時，該物上保證人原得向保證人求償之權利，即因之受影響。爲示公平並期明確，明定第三人爲債務人設定抵押權時，如債權人免除保證人之保證責任者，於第 879 條第 2 項保證人應分擔部分之限度內，該部分抵押權消滅（民 879 之 1）。

九、抵押權與質權

區分基準	質　　　　權	抵　　押　　權
標的物不同	標的物限於動產。	原限於不動產、地上權，或準不動產（如採礦權），其後擴大爲汽車、船舶等。

是否占有	須移轉並占有標的物為存續條件。	不必移轉占有標的物，抵押人可持續使用收益。
擔保範圍	質權之標的物無限制。	抵押權之標的物，則以法律規定者為限。
生效要件不同	質權不需書面訂立並辦理登記，但需占有。	抵押須以書面為之，非經登記，不得對抗善意第三人。
實行方式不同	屆期未清償債權，就拍賣得價金優先受償。	拍賣抵押物，須聲請法院，拍賣就賣得價金受清償。

第五節　抵押權之消滅

抵押權消滅之原因為：

一、抵押物滅失

抵押權因抵押物滅失而消滅，但抵押人因滅失得受賠償或其他利益者，不在此限。抵押權人對於此項抵押人所得行使之賠償或其他請求權有權利質權，其次序與原抵押權同。給付義務人因故意或重大過失向抵押人為給付者，對於抵押權人不生效力（民 881 I ～III）。抵押物因毀損而得受之賠償或其他利益，準用前三項之規定（民 881IV）。

二、主債權消滅

抵押權為從屬於債權之權利，若主債權因清償、抵銷、混同、免除、提存等而消滅時，抵押權亦隨同消滅。

三、除斥期間屆滿

抵押權為物權，只要抵押物存在，本不因時效而消滅。蓋民法第 125 條規定，消滅時效之客體為「請求權」，並非權利本身。因此抵押權等擔保之請求權，雖經時效而消滅，債權人仍可就抵押物行使其權利（民 145 I）。但民法第 880 條規定：「以抵押權擔保之債權，其請求權已因時效而消滅，如抵押權人，於消滅時效完成後，五年間不實行其抵押權者，其抵押權消滅。」

四、抵押權之實行

　　抵押權一旦實行，無論是拍賣方法或其他方法爲之，其結果不論是否滿足受償，抵押權均因此而消滅。

第六節　最高限額抵押權

一、最高限額抵押權之概念

　　㈠**意義**：即債務人或第三人提供其不動產爲擔保，就債權人對債務人一定範圍內之不特定債權，在最高限額內設定之抵押權之謂（民 881 之 1 I）。例如：

> 甲公司與乙公司長期訂有經銷契約，並約定乙公司由甲公司進貨後，每三個月結算付款，爲擔保乙公司之安全的清償，由乙公司提供公寓一間設定抵押，其最高限額爲一千萬元。

　　此與普通抵押權之以特定之債權爲被擔保債者不同。依上例，如在普通債權，因商品進貨時就產生債務，支付貨款就消滅債務，如此將反覆發生，此時如設定普通抵押權，即新債務發生時，則應設定抵押權，付款後又須塗銷抵押權，如此頻繁的發生，不僅麻煩，

而且登記費用亦相當可觀，於是有設立「最高限額抵押權」之必要。

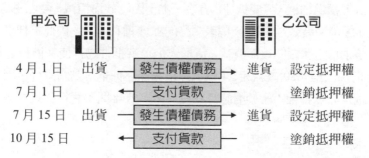

(二)**普通抵押權與最高限額抵押權之不同：**

類　　別	特　　　　　徵	民　　法
普通抵押權	1.以特定之債權為被擔保債權。	860~881
	2.普通抵押權所擔保之特定債權額為實際擔保金額。	
最高限額抵押權	1.以一定範圍之不特定債權為被擔保債權。	881之1~881之7
	2.約定最高限額為擔保範圍。	881之1
	3.如原債權確定後，該最高限額抵押權之從屬性即與普通抵押權完全相同。	881之13

二、最高限額抵押權之擔保範圍

(一)**優先受償範圍**：最高限額抵押權所擔保之債權，其優先受償之範圍須受最高限額之限制，亦即須於最高限額抵押權所擔保之債權確定時，不逾最高限額範圍內之擔保債權，始為抵押權效力所及（民881之2 I）。惟如上述債權之利息、遲延利息、違約金與前述債權合計不逾最高限額範圍內，始得行使抵押權（民881之2 II）。

(二)**最高限額抵押權原債權確定前之效力：**

　　　1.債權範圍之變更或其債務人之約定：原債權未經確定前，最高限額抵押權所擔保第881之1第2項所定債權之範圍或其債務人縱有變更，對於後次序抵押權人或第三人之利益並無影響，因此法律明定抵押權人與抵押人得約定變更之，且此項變更，亦無須得後次序抵押權人或其他利害關係人之同意（民881之3）。

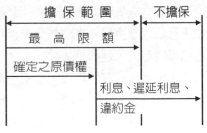

　　　2.債權移轉之效力：最高限額抵押權於原債確定前，與普通抵押之從屬性尚屬有異，故如僅將擔保債權範圍所生之各個特定債權讓與他人，該債權即脫離擔保之範圍，其最高限額抵押權自不隨同移轉於受讓人。又第三人為債務人清償債務之情形，例如保證人依第749條為清償或第三人依第312條為清償後，承受債權人之債權時，其最高限額抵押權亦不隨同移轉（民881之6 I）。最高限額抵押權所擔保之債權，於原債

權確定前，如有第三人承擔債務而債務人免其責任者，基於免責之債務承擔之法理，該承攬部分即脫離擔保之範圍，其最高限額抵押權並不伴隨而往，抵押權人自不得行使最高限額抵押權（民881之6II）。

3.抵押權人或債務人為法人之合併：原債權確定前，最高限額抵押權之抵押權人或債務人為法人而有合併之情形者，其權利義務，應自合併後存續或另立之法人承受。抵押人得自知悉合併之日起15日內，請求確定原債權。但為兼顧抵押權人之權益，如自合併登記之日起已逾30日，或抵押人即為合併之當事人者，自無保護之必要，而不得由抵押人請求確定原債權。抵押人如已為前項之請求，為保障其權益，於第2項明定原債權溯及於法人合併時確定。而該合併之時點，應視法人之種類及實際情形，分階段完成各相關法律所規定之合併程序定之。合併後之法人，應於合併之日起15日內通知抵押人，其未為通知致抵押人受損害者，應負賠償責任。原債權確定前，最高限額抵押權之抵押權人或債務人為營業，與他營業依第306條規定合併之情形，事所恆有，且法人亦有分割之情形，例如公司法已增設股份有限公司分割之規定。為期周延，設第4項規定，於性質不相牴觸之範圍內，準用前3項規定（民881之7）。

4.獨立讓與之方式與共有：最高限額抵押權具有一定獨立之經濟價值，且為因應金融資產證券化及債權管理之實務需求，明定抵押權人於原債權確定前，經抵押人之同意，得單獨讓與最高限額抵押權，其方式有三：一為全部讓與他人，二為分割其一部讓與他人，三為得使他人或為該抵押權之共有人，故於第1項明定前二種方式，第2項明定第三種方式（民881之8）。例如抵押人甲提供其所有之不動產設定最高限額抵押權一千萬元於抵押權人乙，嗣乙經甲同意將最高限額抵押權全部，或分割其一部即將最高限額抵押權四百萬元單獨讓與第三人丙，乙、丙成為同一次序之抵押權人；抵押權人乙亦得使他人丙加入成為該抵押權之共有人，乙、丙共享最高限額抵押權之擔保，此時，乙、丙共有抵押權呈現之型態有二，其一，丙係單純加入成為共有人；其二，丙係以受讓應有部分之方式成為共有人。嗣後各該當事人實行抵押權時，前者依第881條之9第1項本文處理；後者則按第881條之9第1項但書處理。另丙為免受

讓之最高限額抵押權無擔保債權存在而歸於確定，丙可與甲依修正條文第881條之3之規定，爲擔保債權範圍或債務人之變更，俾其最高限額抵押權得繼續存在。最高限額抵押權之單獨讓與行爲屬物權行爲，依民法第758條規定，應經登記始生效力，此爲當然之理，併此敘明。

5.各共有人受償之分配與處分：最高限額抵押權得由數人共有者，共有人間優先受償之內部關係，係按其債權額比例分配價金。但爲使共有抵押權人對抵押物交換價值之利用更具彈性，並調整其相互間之利害關係，設但書規定，於原債權確定前，共有人得於同一次序範圍內另行約定不同之債權額比例或優先受償之順序。所謂原債權確定前之約定，係指共有最高限額抵押權設定時之約定及設定後原債權確定前，各共有人相互間之另爲約定。

第1項所稱各共有人按債權額分配之比例，性質上即爲抵押權準共有人之應有部分，然此項應有部分受該抵押權確定時，應經全體共有人之同意，始得爲之。但共有人若依第1項但書規定，已爲應有部分之約定者，則其應有部分已屬固定（民881之9），其處分即得回復其自由原則（民819Ⅰ）。

三、最高限額抵押權原債權之確定

(一)**原債權之確定期日**：最高限額抵押權設定時，未必有債權存在。惟於實行抵押權時，所能優先受償之範圍，仍須依實際確定之擔保債權定之，故有定確定期日之必要。該確定期日得由抵押權人與抵押人約定之，並得於確定之期日前，約定變更之（民881之4Ⅰ）。此所謂確定之期日，係指約定之確定期日而言。此項確定期日，自抵押權設定時起，不得逾30年。逾30年者縮短爲30年（民881之4Ⅱ）。又當事人對於此法定之期限，得更新之（民881之4Ⅲ）。

(二)**抵押權人請求確定期日**：最高限額抵押權所擔保之原債權，未約定確定期日者，抵押人或抵押權人得隨時請求確定其所擔保之原債權（民881之5Ⅰ）。此項情形，除抵押人與抵押權人另有約定外，自請求之日起，經15日爲其確定期日（民881之5Ⅱ）。

㈢**抵押人請求確定原債權**：原債權確定前，最高限額抵押權之抵押權人或債務人爲法人時，如有合併之情形，爲減少抵押人之責任，賦予抵押人請求確定原債權之權，該請求期間自知悉法人合併之日起 15 日內；但爲兼顧抵押人之權益，如自合併登記之日起已逾 30 日，或抵押人即爲合併之當事人者，自無保護之必要。而不得由抵押人請求確定原債權（民 881 之 7 I）。抵押人已爲上項之請求者，原債權溯及於法人合併時確定（民 881 之 7 II）。

㈣**共同最高限額抵押權其中一不動產發生確定事由之效果**：按共同最高限額抵押權，係指爲擔保同一債權，於數不動產上設定最高限額抵押權之謂，而設定共同最高限額抵押權之數不動產，如其中一不動產發生確定事由者，其他不動產所擔保之原債權有同時確定之必要，又最高限額所擔保之債權範圍（民 881 之 1 I,II 參照）、債務人及最高限額均屬同一者時，則屬本條所謂同一債權（民 881 之 10）。

㈤**原債權之約定確定事由**：最高限額抵押權之抵押權人、抵押人或債務人死亡，其繼承人承受被繼承人財產上之一切權利義務，其財產上之一切法律關係，皆因繼承之開始，當然移轉於繼承人（民 1147、1148 參照）。故最高限額抵押權不因此而受影響。但當事人另有約定抵押權人、抵押人或債務人之死亡爲原債權確定之事由者，本於契約自由原則，自應從其約定（民 881 之 11）。

㈥**原債權之法定確定事由**：最高限額抵押權所擔保之原債權，除本節另有規定外，因下列事由之一而確定（民 881 之 12）：

1.約定之原債權確定期日屆至者。

2.擔保債權之範圍變更或因其他事由，致原債權不繼續發生者。

3.擔保債權所由發生之法律關係經終止或因其他事由而消滅者。

4.債權人拒絕繼續發生債權，債務人請求確定者。

5.最高限額抵押權人聲請裁定拍賣抵押物，或依第 873 條之 1 之規定爲抵押物所有權移轉之請求時，或依第 878 條規定訂立契約者。

6.抵押物因他債權人聲請強制執行經法院查封，而爲最高限額抵押權人所知悉，或經執行法院通知最高限額抵押權人者。但抵押物之查封

經撤銷時，不在此限。

　　7.債務人或抵押人經裁定宣告破產者。但其裁定經廢棄確定時，不在此限。

　　第881條之5第2項之規定，於前項第4款之情形，準用之。

　第1項第6款但書及第7款但書之規定，於原債權確定後，已有第三人受讓擔保債權，或以該債權為標的物設定權利者，不適用之。

四、最高限額抵押權原債權確定後之效力

　　㈠**原債權確定事由生效後之效力**：最高限額抵押權所擔保之原債權確定事由發生後，債務人或抵押人得請求抵押權人結算實際發生之債權額，並得就該金額請求變更為普通抵押權之登記。但不得逾原約定最高限額之範圍（民881之13）。

　　㈡**原債權確定後擔保範圍之限制**：最高限額抵押權所擔保之原債權一經確定，其所擔保債權之範圍亦告確定。至於其後繼續發生之債權或取得之票據上之權利則不在擔保範圍之內。但本節另有規定者，例如第881條之2第2項規定，利息、遲延利息、違約金，如於原債權確定後始發生，但在最高限額範圍內者，仍為抵押權效力所及（民881之14）。

　　㈢**擔保之債權罹於消滅時效**：最高限額抵押權所擔保之不特定債權，如其中一個或數個債權罹於時效消滅者，因有民法第145條第1項之規定，仍為最高限額抵押權擔保之範圍，該債權倘**罹於時效消滅後5年間**不實行時，因最高限額抵押權所擔保之債權尚有繼續發生之可能，故最高限額抵押權仍應繼續存在，應無民法第880條之適用，然為貫徹該條規範意旨，明定該債權不屬於最高限額抵押權擔保之範圍（民881之15）。

　　㈣**實際債權額超過最高限額時之效力**：最高限額抵押權所擔保之原債權確定後，如第三人願代債務人清償債務，既無害於債務人，亦無損於債權人，應無不許之理。為債務人設定抵押權之第三人，例如物上保證人，或其他對該抵押權之存在有法律上利害關係之人，例如後次序抵押權人，於實際債權額超過最高限額時，均僅須清償最高限額為度之金額後，即得請求塗銷抵押權，又上開利害關係人為清償而抵押權人受領遲

延者,自可於依法提存後行之,乃屬當然。惟如債權額低於登記之最高限額,則以清償該債權額即可,自不待言(民881之16)。

習題:最高限額抵押權所擔保之債權有何特性?所謂「最高限額」,其範圍包括那些?(100普)

第七節　權利抵押權

一、概說

抵押權之種類繁多,除上述普通抵押權及最高限額抵押權外,尚有權利抵押、法定抵押權及特別法上所定之抵押權(如礦業抵押權、漁業抵押權等),依法律之規定,目前有地上權、農育權、典權(民 882),礦業權(礦14Ⅱ)與漁業權(漁25)。此外之其他權利,在物權法定主義之下,其他之權利,須以法律規定者為限,始得設定抵押權。

二、設定方式

以地上權、農育權或典權為標的物之抵押權,既準用普通抵押權及最高限額抵押權(民 883)。當應由當事人以書面為之(民 760),並須經登記始生效力(民 758)。至於非依法律行為而取得抵押權者,如繼承雖不登記,但非經登記,不得處分其物權(民 759)。

設定以採礦權為標的物之抵押權,非經向主管機關申請核准並登記不生效力(礦 14Ⅰ)。設定以漁業權為標的物之抵押權,準用民法關於不動產物權之規定(漁 20),因此,其設定仍應以書面,且非經登記不生效力(漁 21)。

第七章　質　權

第一節　質權之概念

一、質權之意義

所謂質權（拉：pignus；英：pledge；德：Pfandrecht；法：nantissement, gage）即債權人為其債權之擔保，占有債務人之物，且就其物而有優先受償之權利也。自羅馬法以來，各國立法例，關於質權，大概分為三種：(1)不動產質權。(2)動產質權。(3)權利質權。我民法素有典權之存在，不動產質權，於社會上向不習見，自無創設之必要。故**民法僅設動產質權、權利質權之規定**。

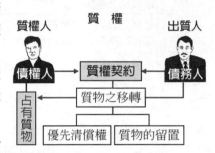

二、質權之種類

種　　類	內　　　　　容
(一) **動產質權**	即因擔保債權，占有由債務人或第三人移交而供其債權擔保之動產，得就該動產賣得價金優先受清償之權（民884）。如借錢時將金錶押在債權人那裏，就是典型之動產質權。
(二) **權利質權**	即以所有權以外可讓與之債權或其他權利為標的物之質權之謂（民900）。權利質權除民法上有規定外，準用關於動產質權之規定（民901）。

第二節　動產質權

一、動產質權之意義

以動產為目的之質權，稱為動產質權。即債權人對於債務人或第三

人移轉占有而供其債權擔保之動產，得就該動產賣得價金優先受清償之權（民884）。

二、動產質權之特性

(一) 從屬性	質權設定之目的在擔保債務之履行，因之有債權之存在，才發生質權，質權係從屬於債權，其性質與抵押權相同，不得由債權分離而爲讓與或爲其他債權之擔保。
(二) 不可分性	質權之效力及於被擔保債權之全部，因此在債權未受全部清償前，得就質物全部行使其權利（民887、893），此即動產質權之不可分性。
(三) 物上代位性	質權如因拍賣質物所得價金，或質物滅失所得之賠償金或其他利益，都可爲質權標的物之代替物，質權人得就該項價金、賠償金或其他利益取償（民899），此稱爲物上代位性或代物擔保性。

（圖說）質權人　甲　一百萬　乙　出質人
債權人　債務人
占有金錶　提供金錶
屆時如未清償就拍賣金錶清償

三、動產質權之取得

(一) 法律行為	1.設定行爲：質權之設定，因供擔保之動產移轉於債權人占有而生效力。質權人不得使出質人或債務人代自己占有質物（民885），因此當不能依第761條第2項，以占有改定方式爲之。如動產之受質人占有動產，而受關於占有規定之保護者，縱出質人無處分其質物之權利，受質人仍取得其質權（民886）。此爲保護善意取得動產質權之受質人。動產質權之設定，主要在移轉占有，因占有物之交付而生效力（民946 I）。 2.讓與行爲：動產質權爲無專屬性之財產權，得由受質人讓與他人，惟質權從屬於債權而存在，不得由債權分離，故受質人讓與債權者，動產質權隨同移轉（民295 I）。惟仍須將質物移轉占有，否則不生效力（民761 I）。
(二) 法律行為以外之事實	1.取得時效： (1)一般取得時效：債權人以擔保債權之意思，10年間和平、公然、繼續占有債務人之動產質權者，取得其質權（民772準768）。惟此實例實屬罕見。 (2)特別取得時效：以所有之意思，5年間和平、公然、繼續占有他人之動產，而其占有之始爲善意並無過失者，取得其所有權（民772準768之1）。

> 2.善意取得：即動產之受質人占有動產，而受關於占有規定之保護者，縱出質人無處分其質物之權利，受質人仍取得其質權（民 886），此爲質權之善意取得。如甲以金錶存放乙處，乙未得甲之同意，將此金錶出質於丙，丙因不知乙無處分權而受領，丙仍以善意取得質權。
> 3.繼承取得：動產質權得因繼承而取得。

四、動產質權之範圍

㈠**動產質權所擔保之範圍**：質權所擔保之範圍，除契約另有訂定外，爲原債權、利息、遲延利息、違約金、保存質物之費用，實行質權之費用及因質物隱有瑕疵而生之損害賠償。但契約另有約定者，不在此限。以上保存質物之費用，以避免質物價值減損所必要者爲限（民 887）。

㈡**標的物之範圍**：動產質權之效力，原則上應及於質物之從物（民 68 II）。質權人得收取質物所生之孳息（民 889），此項孳息，先充費用，次抵原債權之利息，次抵原債權（民 890 II）。若因質物有腐壞之虞，或其價值顯有減少，足以害及質權人之權利者，質權人得拍賣質物，以其賣得價金，代充質物。如經出質人之請求，質權人應將價金提存於法院（民 892）。動產質權，因質物滅失而消滅。但出質人因滅失得受賠償或其他利益者，質權人得就賠償或其他利益取償（民 899）。

五、動產質權之效力

㈠**出質人之權利**：動產質權之設定，係將質權之標的物移轉由債權人所占有，故出質人對該標的物雖仍擁有所有權，但無使用及收益之權。此外，出質人在事實上雖無處分權，但在法律上仍得處分該質物，如將質物出售或讓與或出質於他人，如經質權人同意，亦得將質物出租他人。在理論上，亦可使該質物作第二次之設定質權。

㈡**質權人之權利義務**：

　　1.質權人之權利：

　　　⑴留置質物：質權人於質權設定後，自當繼續占有質物（民 885），並拒絕出質人請求返還出質之要求。

　　　⑵收取質物孳息權：除契約另有訂定外，並得收取質物所生之孳息（民 889）。惟收取孳息之權利者，應以對於自己財產同一之

注意收取孳息，並爲計算。此項孳息，先抵充費用，次抵原債權之利息，次抵原債權（民 890 I , II）。

(3)責任轉質權：質權人亦得以自己之責任，將質物轉質於第三人。其因轉質所受不可抗力之損失，亦應負責（民 891）。按質權爲財產權之一種，質權人於質權存續期中，自得將其質權轉質於第三人。但此種規定，原爲質權人之利益而設，其因轉質所受不可抗力之損失，自亦應由質權人負其全責，以昭公允。

(4)拍賣質物權：質物如有腐敗之虞，或其價值顯有減少，足以害及質權人之權利者，質權人得拍賣質物，以其賣得價金，代充質物。此項情形，如經出質人之請求，質權人應將價金提存於法院。質權人屆債權清償期而未受清償者，得就提存物實行其質權（民 892）。質權人於債權已屆清償期，而未受清償者，得拍賣質物，就其賣得價金而受清償。約定於債權已屆清償期而未爲清償時，質物之所有權移屬於質權人者，非經登記不得對抗第三人。質權人請求出質人爲質物所有權之移轉時，質物價值超過擔保債權部分，應返還出質人；不足清償擔保債權者，仍得請求債務人清償。出質人在質物所有權移轉於質權人前，得清償質權擔保之債權，以消滅該質權（民 893 準 873 之 1 II）。

2.質權人之義務：

(1)質權人之注意義務：質權人應以善良管理人之注意，保管質物。質權人非經出質人之同意，不得使用或出租其質物。但爲保存其物之必要而使用者，不在此限（民 888）。

(2)質物之返還義務：動產質權，所擔保之債權消滅時，質權人應將質物返還有受領權之人（民 896）。

(3)責任轉質：按質權爲財產權之一種，質權人於質權存續期中，自得將其質權轉質於第三人。但此種規定，原爲質權人之利益而設，其因轉質所受不可抗力之損失，自亦應由質權人負其全責，以昭公允（民 891）。

㈢動產質權之實行：

1.拍賣質物：質權人於債權已屆清償期而未受清償者，得拍賣質物，就其賣得價金而受清償（民 893）。而質權人應於拍賣前，通知出質人，但不能通知者，不在此限（民 894）。

2.拍賣以外之方法：民法第 895 條規定：「第八百七十八條之規定，於動產質權準用之。」則其方法爲：

(1)質物所有權之取得：質權人於債務清償屆滿後，爲受清償，得訂立契約，取得質物之所有權。但不得有害於其他質權人之利益。如於已屆清償期而未爲清償時，質物之所有權移屬於質權人者，準用第 873 條之 1 關於流抵約款之相對禁止規定（民 893 II）。如甲借給乙 10 萬元，而乙將鑽石名錶一只作爲質物，並約定屆期不清償借款 10 萬元，即該鑽石名錶歸甲所有，此爲流抵約款。故如質物之價值超過債權額者，自應返還給出質人；不足清償質權者，仍得請求債務人清償。

(2)其他處分方法：質權人於債務清償期屆滿後，爲受清償，得訂立契約，用拍賣以外之方法，處分質物。但不得有害於其他質權人之利益（民 895 準 878）。

六、動產質權之消滅

動產質權之消滅原因，除得適用物權之一般消滅原因外，其特殊者爲：

(一)**所擔保之主債權消滅**：因質權之存在，必以債權存在爲前提，如其主債權消滅，其質權自歸於消滅（民 896）。至於債務承擔，債權雖未消滅，但從屬於該債權之動產質權，如由第三人提供動產而設定者，於債務移轉於承擔人時，除該第三人對於債務之承擔已爲承認外，因債務之承擔而消滅（民 304 II）。

(二)**質物之返還**：質權之設定，以質權人占有質物爲必要，且不得使出質人或債務人代自己占有質物（民 885）。因此，質權人如將質物返還於出質人或交付於債務人，其質權歸於消滅。返還或交付質物時，爲質權繼續存在之保留者，其保留無效（民 897）。

(三)**占有喪失**：質權之存續，以占有質物爲必要。因此質權人喪失其質

物之占有，於 2 年內未請求返還者，其動產質權消滅（民 898）。此如質物被盜，而未能於 2 年內向現占有人請求返還是。

㈣**質物之滅失**：動產質權，因質物滅失而消滅。但出質人因滅失得受賠償或其他利益者，不在此限（民 899）。此種以賠償金代充質物之權利，亦為物上代位權之一種。

七、最高限額質權與營業質之準用規定

㈠**最高限額質權與準用**：基於質權之從屬性，必先有債權發生，始可設定質權，且擔保債權一旦消滅，質權即歸於消滅。長期繼續之交易，須逐筆重新設定質權，對於現代工商業社會講求交易之迅速與安全，不但徒增勞費，造成不便，亦生極大妨害，為彌補上述缺點，乃仿第 881 條之 1 第 1 項最高限額抵押權之立法體例明定債務人或第三人得提供其動產為擔保，就債權人對債務人一定範圍內之不特定債權，在最高限額內，設定最高限額質權（民 899 之 1）。又最高限額質權之設定為要式行為。故除須移轉動產之占有外，並應以書面為之（民 899 之 1Ⅱ）。關於最高限額抵押權及第 884 條至第 899 條有關動產質權之規定，依其性質與最高限額質權不相抵觸者，皆在準用之列（民 899 之 1Ⅲ）。

㈡**營業質與準用**：當舖或其他以受質為營業者所設定之質權，通稱為「營業質」。其為一般民眾籌措小額金錢之簡便方法，有其存在之價值。惟民法對於營業質權人與出質人間之權利義務關係，尚無規定，故予增訂。為便於行政管理，減少流弊，以受質為營業之質權人以經主管機關許可者為限。又鑑於營業質之特性，質權人不得請求出質人清償債務，僅得專就質物行使其權利，即出質人如未於取贖期間**屆滿後 5 日內取贖其質物時**，質權人取得質物之所有權，其所擔保之債權同時消滅（民 899 之 2Ⅰ）。營業質權為動產質權之一種，惟其間仍有不同之處，故不適用第 889 條至 895 條、第 899 條、第 899 條之 1 有關最高限額質權、質權人之孳息收取權、轉質、質權之實行方法、質物之滅失及物上代位性等規定。

第三節　權利質權

一、權利質權之概念

㈠**權利質權之意義**：所謂權利質權（德：Pfandrecht an Rechten；法：gage sur droits）即以所有權以外之財產權為標的之質權也。得為此種質權之標的物者，非有體物，而為權利，如債權質之設定，有價證券之質入等，大都可以讓與移轉，呈供擔保債權之實行。

㈡**權利質權之標的物**：凡可讓與之債權或其他權利，均得為質權之標的物（民 900）。依此為：

　　1.債權：債權為財產權之一，當然得為質權之標的物，但下列債權不得為質權之標的物（民 294）：

　　　⑴依債權之性質不得讓與者：如注重當事人個性之僱傭債權或親屬關係之扶養請求權是。

　　　⑵依當事人之特約不得讓與者：但此不得讓與之特約，僅於當事人間發生效力，不得以之對抗善意第三人。

　　　⑶債權禁止扣押者：如強制執行法第 122 條：「債務人對於第三人之債權，係維持債務人及其共同生活之親屬生活所必需者，不得為強制執行。」當不得為權利質權之標的。

　　2.債權以外之其他權利：

　　　⑴物權：即應以得讓與者，始得為權利質權之標的。物權中之所有權、地上權、農育權、典權等，均可為抵押權之標的物（民 882），故不得為權利質權之標的物。留置權因不得移轉，亦不得為權利質權之標的物。至於礦業權除繼承、讓與、抵押、信託及強制執行外，不得為他項權利或法律行為之標的（礦 10）。而漁業權則視為物權，並準用民法之不動產物權之規定（漁 20），當不得為權利質權之標的物。

　　　⑵無體財產權：如商標權（商標 37）、著作權（著 39）、專利權（專 6 III、59）等，均得設定質權。

(3)股份：股份因具有財產之價格，但其設質有下列之不同：

　①合夥：因合夥股份之轉讓，須其他合夥人全體之同意（民683），在此限制下，不適於設質。

　②無限公司：因其股份之轉讓，須其他股東全體之同意（公55），在此限制下，不適於設質。

　③有限公司：因其股份之轉讓，須其他全體股東過半數之同意（公111），在此限制下，不適於設質。

　④兩合公司：因有限責任股東須得無限責任股東過半數之同意（公119），無限責任股東則與無限公司同，故不適於設質。

　⑤股份有限公司：其股份重在自由轉讓，但發起人之股份須在公司設立登記一年後始可轉讓（公163Ⅱ）。而記名股東於股東常會開會前 30 日內，股東臨時會開會前 15 日內，或公司決定分派股息及紅利或其他利益之基準日前 5 日內，不得變更名義（公165），公司不得自將股份收爲質物（公167）。因此除上述之限制外，自適於設質。

二、權利質權之設定

即權利質權之設定，除依民法關於權利質權（民900~910）之規定外，並應依關於其權利讓與之規定爲之（民902）。其權利之讓與因權利之種類而不同。

㈠**債權質之設定**：可分普通債權與證券債權而不同：

　1.一般債權質之設定：即以債權爲標的物之質權，稱爲**債權質權**。其設定應以書面爲之。此項債權有證書者，出質人有交付之義務（民904）。除此之外，則依關於債權讓與之規定（民294以下）。此外，債權之讓與，非經讓與人或受讓人通知債務人，對於債務人不生效力，受讓人將讓與人所立之讓與字據提示於債務人者，與通知有同一之效力（民297）。

　2.證券質權之設定：以證券爲標的物之質權，稱爲證券質權。此項質權，以無記名有價證券爲標的物者，因交付其證券於質權人，而生設定質權之效力。以其他之有價證券爲標的物者，並應依背書方法爲之，

此項背書，得記載設定質權之意旨（民908）。

　　㈡**其他權利質之設立**：

　　　　1.無體財產權質權之設定：

　　　　　　⑴商標權質權之設定：即商標權人設定質權之變更、消滅，應向
　　　　　　　商標專責機關登記；未經登記者，不得對抗第三人（商標37）。

　　　　　　⑵專利權質權之設定：即發明專利權人以其發明專利權設定質
　　　　　　　權，非經向專利專責機關登記，不得對抗第三人（專59）。

　　　　　　⑶著作權質權之設定：以著作財產權為質權之標的物者，除設定
　　　　　　　時另有約定外，著作財產權人得行使其著作財產權（著39）。

　　　　2.股份質權之設定：即股份有限公司股份質權之設定，有記名及無
記名股票兩種：記名股票，由股票持有人以背書轉讓之，並應將受讓人
之姓名或名號記載於股票。無記名股票，得以交付轉讓之（公164）。而
記名股票須將受讓人之姓名或名稱及住所或居所，記載於公司股東名
簿，不得以其轉讓對抗公司（公165）。

三、權利質權之效力

　　㈠**權利質權效力之範圍**：

　　　　1.權利質權所擔保債權之範圍：依民法第901條準用887條之規定，
即與動產質權相同。即除契約另有約定外，為原債權、利息、遲延利息、
違約金、保存質物之費用、實行質權之費用及因質物隱有瑕疵而生之損
害賠償。

　　　　2.權利質權標的物之範圍：質權以有價證券為標的物者，其附屬於
該證券之利息證券、定期金證券或其他附屬證券，以已交付於質權人者
為限，亦為質權效力所及（民910 I）。附屬之證券，係於質權設定後發行
者，除另有約定外，質權人得請求發行人或出質人交付之（民910 II）。

　　㈡**權利質權對於出質人之效力**：即為質權標的物之權利，非經質權人
之同意，出質人不得以法律行為，使其消滅或變更（民903），依此，則除
對處分權有限制外，其他當可準用動產質權之規定（民901）。如出質人之
孳息收取權（民889）、質物隱有瑕疵而生之損害賠償（民887 I）等是。

㈢權利質權對於質權人之效力：

1. 質權人之權利：

　⑴證書或證券之留置：以債權為標的物之質權，其債權有證書者，出質人有交付之義務（民 904），其為未記載權利人之有價證券者，自應得留置（民 908）。

　⑵孳息之收取：設質之權利有法定孳息者，質權人有收取之權（民 901 準 889）。惟收取時應以對於自己財產同一之注意為之，並為計算，此項孳息先充費用，次抵原債權之利息，次抵原債權（民 901 準 890）。

　⑶權利之轉質：此與動產質權同，惟責任轉質，亦即以自己之責任，將質物轉質於第三人。其因轉質所受不可抗力之損失，亦應負責（民 901 準 891）。

　⑷權利之變價：因質物有腐壞之虞，或其價值顯有減少，足以害及質權人之權利者，質權人得拍賣質物，以其賣得價金，代充質物。前項情形，如經出質人之請求，質權人應將價金提存於法院。質權人屆債權清償期而未受清償者，得就提存物實行其質權（民 892）。動產質權有腐壞之可能，但權利質權以股票有減少價值之可能，此際出質人是否另行提供擔保以取回設質之標的物，應與質權人協商處理。

　⑸質權之實行：

　　①一般債權質權之實行：一般債權質不適於拍賣，故有特別規定：

　　　A 以金錢給付者：為質權標的物之債權，以金錢給付為內容，而其清償期先於其所擔保債權之清償期者，質權人得請求債務人提存之，並對提存物行使其質權。為質權標的物之債權，以金錢給付為內容，而其清償期後於其所擔保債權之清償期者，質權人於其清償期屆至時，得就擔保之債權額，為給付之請求（民 905）。

　　　B 以金錢以外之動產給付者：為質權標的物之債權，以金錢

　　　　以外之動產給付爲內容者，於其清償期屆至時，質權人得
　　　　請求債務人給付之，並對該給付物有質權（民906）。
　　C　以不動產物權之設定或移轉給付者：爲質權標的物之債
　　　　權，以不動產物權之設定或移轉爲給付內容者，於其清償
　　　　期屆至時，質權人得請求債務人將該不動產物權設定或移
　　　　轉於出質人，並對該不動產物權有抵押權。前項抵押權應
　　　　於不動產物權設定或移轉於出質人時，一併登記（民906之1）。
　　D　其他實行之方式：不論質權標的物債權之給付內容如何，
　　　　其清償期如何，僅須質權所擔保債權之清償期屆至而未受
　　　　清償時，除依第 905 條至第 906 條之 1 之規定外，亦得依
　　　　第 893 條第 1 項或第 895 條之規定實行其質權。易言之，
　　　　質權人不但得依前三條之規定行使權利，亦得拍賣質權標
　　　　的物之債權或訂立契約、用拍賣以外之方法實行質權，均
　　　　由質權人自行斟酌選擇之（民906之2）。
　　E　清償期屆至確定後質權人權利之行使：質權以債權爲標的
　　　　物者，本須待供擔保之債權屆清償期後，質權人方得爲給
　　　　付之請求，然若干債權，其清償期之屆至並非自始確定，
　　　　須待一定權利之行使後，方能屆至，例如未定返還期限之
　　　　消費借貸債權，貸與人依民法第 478 條之規定須定 1 個月
　　　　以上之相當期限催告，始得請求返還是。於此情形，質權
　　　　人之債權已屆清償期，但供擔保之債權因出質人（債權人）
　　　　未爲或不爲該一定權利之利行使時，質權人亦得行使該權
　　　　利（民906之3）。
②證券質權之實行：質權以未記載權利人之有價證券、票據、
　　或其他依背書而讓與之有價證券爲標的物者，其所擔保之債
　　權，縱未屆清償期，質權人仍得收取證券上應受之給付。如
　　有使證券清償期屆至之必要者，並有爲通知或依其他方法使
　　其屆至之權利。債務人亦僅得向質權人爲給付。前項收取之
　　給付，適用第 905 條第 1 項或第 906 條之規定。第 906 條之

2 及第 906 條之 3 之規定，於以證券爲標的物之質權，準用之（民 909）。質權以有價證券爲標的物者，其附屬於該證券之利息證券、定期金證券或其他附屬證券，以已交付於質權人者爲限，亦爲質權效力所及。附屬之證券，係於質權設定後發行者，除另有約定外，質權人得請求發行人或出質人交付之（民 910）。

③其他權利質之實行：主要者有無體財產權質及股份質權，此二種均得以變價方式，如拍賣商標、專利或股票而受清償（民 901 準 893）。

2.質權人之義務：質權人應以善良管理人之注意，保管質物。質權人非經出質人同意，不得使用或出租其質物。但爲保存其物之必要而使用者，不在此限（民 888），此如易生銹之機械，偶而使用之，以防其生銹等是。

四、權利質權對第三債務人之效力

如甲爲債權人，乙爲債務人，設如甲將該債權出質於丙，乙就成爲第三債務人。此時該債權之清償日到期，則第三債務人乙，可向出質人甲或質權人丙清償，但應得他方之同意。民法第 907 條：「爲質權標的物之債權，其債務人受質權設定之通知者，如向出質人或質權人一方爲清償時，應得他方之同意。他方不同意時，債務人應提存其爲清償之給付物。」按以債權出質者，應依讓與之規定，通知於債務人，債務人既受質權設定之通知後，則債務人非經質權人或出質人之同意，不得向一方清償其債務。然使債務人因未得一方之同意，致永遠不能脫離其債務關係，亦未免失之於酷，故應使債務人得爲提存清償債務之標的物，以保護雙方之利益。

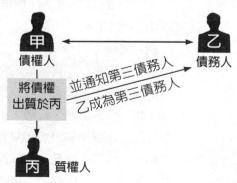

五、權利質權之消滅

㈠**混同**：權利質權標的物之權利與質權同歸於一人時，原則上該權利質權應歸消滅。

㈡**標的物之返還**：動產質權，因質權人將質物返還於出質人或交付於債務人而消滅。返還或交付質物時，為質權繼續存在之保留者，其保留無效（民 897）。

㈢**標的物權利消滅**：為質權標的物之權利失其存在時，如無記名證券，因被盜或遺失，權利質權則因喪失客體而消滅。

第八章　典　權

第一節　典權之概念

一、典權之意義

即支付典價，在他人之不動產爲使用、收益，於他人不回贖時，取得該不動產所有權之權（民911）。因此，典權爲用益物權，與地上權、農育權及不動產役權，均爲使用他人不動產之物權，典權人占有他人之不動產，而爲使用、收益與民法第765條之所有人得自由使用、收益其所有物並無不同。典權爲我特有之一種物權制度，乃變相之買賣，具有籌款應急而又不喪失所有權之優點。

典　權

典權人（債權人）←支付典價→出典人（債務人）

到期不回贖則取得所有權

附加 滿15年到期不回贖則絕賣（民913）

占有不動產

提供不動產

使用、收益

二、典權之社會作用

中國人重視祖產，不願隨意出售求款，因此如遇家內急需款項應急，在不出售祖產下，可將財產出典給他人，以獲得與市價接近相當價額，供週轉之用，如此一方面可獲得相應之資金，另一方面名義上又可保有該財產之所有權，待日後經濟好轉時，又可備款贖回。而典權人則可支付較低於市價之典價，取得典物之經營權以獲取使用、收益，故雖無不動產所有權之名，但有不動產所有權之實，如出典人於典權存續中，表示讓與其典物之所有權於典權人者，典權人得按時價找貼，取得典物所有權（民926），又如出典人於典權屆滿後，經過2年不回贖時，典權人即取得所有權（民923），非若不動產質於出質人不爲清償時，須將其物拍賣，而就其賣得價金內扣還，手續至爲繁複。且出典人於典物價格低減時，尚可拋棄其回贖權，於典物價格高漲時，可主張找貼之權利，有自由伸縮之餘地，實足以保護經濟上之弱者。故典權制度，實對我國社會有獨特之作用。

三、典權之特性

(一)典權與所有權之不同：

區分基準	典　　　權	所　有　權
1.權利性質	典權爲定限物權，僅得對典物有使用收益。	所有權係完全物權，可任意在所有權上設定各種物權。
2.需否支付價金	典權人則需支付典價，始有使用、收益權。	所有權對物之使用、收益不需支付任何價金，且有自由處分之權。
3.期限之限制	典權之約定期限不得逾 30 年，逾 30 年者，縮短爲 30 年(民 912)。	所有權之物權係屬永久性，並無期限之限制。

(二)典權與抵押權之不同：

區分基準	典　　　權	抵　押　權
1.權利性質	爲獨立物權與用益物權。	抵押權爲從屬於債權之從物權，爲擔保物權。
2.使用收益	典權人占有典物而使用、收益。	抵押權人不占有抵押物，對抵押物自無使用、收益權。
3.回贖義務	出典人有回贖權利而無回贖義務，典權人不能要求出典人償還典價以回贖典物。	抵押權人於債權屆滿清償期時，有向債務人請求清償之權。
4.支付利息	僅以典物之收益充當典價之利息。	抵押人須就所擔保之債務支付利息。
5.所有權移轉	出典人放棄回贖(民 923 II)，或按時價找貼後 (民 926)，取得典物所有權。	抵押權人，於債權已屆清償期，而未受清償者，得拍賣抵押物受清償(民 873)。
6.絕賣與流抵規定	典權之約定期限不滿 15 年者，不得附有到期不贖即作絕賣之條款 (民 913)。相反的，如爲 15 年以上，即可附到期不贖即作絕賣之條款。	約定於債權已屆清償期而未爲清償時，抵押物之所有權移屬於抵押權人者，非經登記，不得對抗第三人 (民 873 之 1 I)。

(三)典權與買回契約之不同：

區分基準	典　　　權	買　回　契　約
1.權利性質	典權爲物權關係。	買回權爲債權關係。
2.要件不同	典權者，支付典價，在他人之不	出賣人於買賣契約保留買回之權

	動產爲使用、收益，於他人不回贖時，取得該不動產所有權之權（民 911）。	利者，得返還其所受領之價金，而買回其標的物（民 379 I）。
3.**所有權移轉**	典權之出典人，係將不動產移由典權人占有，並使用、收益，出典人仍保有所有權。	買回契約的買賣，則將所有權移轉給買受人。
4.**行使期限**	典權之約定期限不滿 15 年者，不得附有到期不贖即作絕賣之條款（民 913）。典權之約定期限，不得逾 30 年（民 912）。	買回之期限，不得超過 5 年，如約定之期限較長者，縮短爲 5 年（民 380）。
5.**回贖或買回之價金**	典權回贖之價金以原典價爲限（民 923）。	買回之價金原則上依其所受領之價金，但另有特約者，從其特約（民 379）。

㈣典權與租賃之不同：

區分基準	典　　　　權	租　　　　賃
1.**權利性質**	典權係物權關係，有對抗一般人之效力。	租賃係債權關係，僅特定當事人間有效力。
2.**要件不同**	典權係支付典價，占有他人之不動產，而爲使用、收益之權。	則一方支付租金，而使用他方之動產或不動產之契約。
3.**行使期限**	典權之約定期限，不得逾 30 年（民 912）。	租賃之期限不得逾 20，逾 20 年者，縮短爲 20 年（民 449 I）。
4.**原價之返還**	典權定有期限者，於期限屆滿後，出典人應以原價回贖典物（民 923）。	租賃之租金交付出租人即歸出租人所有，不須返還租金（民 421）。
5.**轉讓或轉租**	典權人得將典物轉典或出租於他人（民 915 I）。	承租人非經出租人承諾，不得將租賃物轉租於他人（民 443）。

第二節　典權之取得

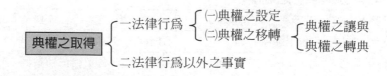

一、法律行爲

㈠**典權之設定**：所謂典權之設定，即在他人之不動產上創設典權之意。通常由當事人以契約爲之，亦可依遺囑爲之。均應以書面爲之，並須登記始生效力（民758）。此外，在同一地上不能同時並存二個內容完全相同之使用收益權，其租賃權即因典權設定而消滅（33上6602），因此在同一不動產上自不能設定數典權。

㈡**典權之移轉**：按典權爲財產權之一種，典權人將典權移轉與他人，自爲法律所許可，此有兩種可能：

1.典權之讓與：典權人得將典權讓與他人或設定抵押權。典物爲土地，典權人在其上有建築物者，其典權與建築物，不得分離而爲讓與或其他處分（民917）。

2.典權之轉典：典權人得將典物轉典或出租於他人（民915）。

二、法律行爲以外之事實

典權既爲財產權之一種，自得因繼承而取得，惟非經登記，不得處分其典權（民759）。

第三節　典權之期限

典權約定期限最長不得逾30年，逾30年者縮短爲30年（民912）。最短則無限制，因此定有期限之典權，當事人自得加長或縮短之，惟不得逾30年。此法定30年之最長期限，於期限屆滿，當事人如願意亦可續訂典約，惟仍以30年爲期限。

因不動產典權之典價通常較典物之價額爲低，債權人往往乘機利用，附加到期不回贖即作絕賣之條款，如此則不足以保護債務人之利益，故第913條規定，典權之約定期限不滿15年者，不得附有到期不回贖即作絕賣之條款。典權附有絕賣條款者，出典人於典期屆滿不以原典價回贖時，典權人即取得典物所有權（民913 I , II）。

第四節　典權之效力

一、典權人之權利義務

　　㈠**典權人之權利**：

　　　1.在他人不動產有使用收益權：典權人須在他人之不動產為使用、收益，於他人不回贖時，取得該不動產所有權之權（民911）。故受占有規定之保護（民962）及物上請求權（民767）。

　　　2.相鄰權：典權設定後，由典權人占有典物（土地），故在土地相鄰關係之法律規定，於典權亦應有其適用，以調和相鄰土地間關係，故第774至800條之規定，於典權人間或典權人與土地所有人間準用之（民800之1）。

　　　3.典物之轉典或出租：典權人對於典物既有使用及收益之權，則於典權存續期間中，典權人得將典物轉典或出租於他人，以行使其權利，但契約另有約定或另有習慣者，則應從其約定或習慣。典權定有期限者，其轉典或租賃之期限，不得逾原典權之期限，未定期限者，其轉典或租賃，不得定有期限。又轉典之典價不得超過原典價（民915）。

　　　4.典權之讓與：典權為財產權之一種，典權人當可將典權讓與他人或設定抵押權。典物為土地，典權人在其上有建築物者，其典權與建築物，不得分離而為讓與或其他處分（民917）。

　　　5.留買權：出典人將典物出賣於他人時，典權人有以相同條件留買之權。此項情形，出典人應以書面通知典權人。典權人於收受出賣通知後10日內不以書面表示依相同條件留買者，其留買權視為拋棄。出典人違反此項通知之規定而將所有權移轉者，其移轉不得對抗典權人（民919）。

　　　6.重建修繕權：典權存續中，典物因不可抗力致全部或一部滅失者，除經出典人同意外，典權人僅得於滅失時滅失部分之價值限度內為重建或修繕。原典權對於重建之物，視為繼續存在（民921）。因典物滅失受賠償而重建者，原典權對於重建之物，視為繼續存在（民922之1）。

　　　7.找貼權：出典人於典權存續中，表示讓與其典物之所有權於典權

人者，典權人得按時價找貼，取得典物所有權。此項找貼，以一次為限（民926）。所謂找貼，即出典人表示願將典物之所有權讓與典權人，而由典權人按照當時典物價格，除以典價充作價金之支付外，找回典價以外不足之差額，取得典物所有權之制度。

　　8.有益費用之求償權：典權人因支付有益費用，使典物價值增加，或依第921條之規定，重建或修繕者，於典物回贖時，得於現存利益之限度內，請求償還（民927Ⅰ）。第839條規定，於典物回贖時準用之（民927Ⅱ）。典物為土地，出典人同意典權人在其上營造建築物者，除另有約定外，於典物回贖時，應按該建築物之時價補償之。出典人不願補償者，於回贖時視為已有地上權之設定（民927Ⅲ）。出典人願依前項規定為補償而就時價不能協議時，得聲請法院裁定之；其不願依裁定之時價補償者，於回贖時亦視為已有地上權之設定（民927Ⅳ）。前二項視為已有地上權設定之情形，其地租、期間及範圍，當事人不能協議時，得請求法院以判決定之（民927Ⅴ）。

　　9.取得典物所有權（民924之2Ⅲ）：

　　⑴典權附有絕賣條款者，出典人於典期屆滿不以原典價回贖時，典權人即取得典物所有權（民913Ⅱ）。

　　⑵出典人於典期屆滿後，經過2年，不以原典價回贖者，典權人即取得典物所有權（民923Ⅱ）。

　　⑶典權未定期限者，出典人得隨時以原典價回贖典物。但自出典後經過30年不回贖者，典權人即取得典物所有權（民924）。

㈡典權人之義務：

　　1.損害賠償：典權人既得將典物轉典或出租於他人，則典物因轉典或出租所受之損害，負賠償責任（民916）。但因故意或重大過失，致滅失者，除將典價抵償損害外，如有不足，仍應賠償（民922）。

　　2.應保持典物之永續利用：典權人應依典物之性質為使用收益，並應保持其得永續利用。典權人違反此項規定，經出典人阻止而仍繼續為之者，出典人得回贖其典物。典權經設定抵押權者，並應同時將該阻止之事實通知抵押權人（民917之1）。

3.繳納稅捐：地價稅向土地所有權人徵收之，其設有典權之土地，由典權人繳納（土172）。設有典權之土地，其建築改良稅之徵收，亦由典權人負責繳納（土186）。

4.返還典物：典權人既占有典物，典權消滅時，應將典物返還出典人。如典物為土地，典權人在土地上有工作物或建築物時，應類推適用民法第839及840條之規定。

5.分擔損失：在典權存續中，如典物因不可抗力致全部或一部滅失者，此時典權人及出典人似均不應負此責任，故應就其滅失之部分，使典權與回贖權，均歸消滅，以免糾紛。但於此情形，出典人就典物之餘存部分，為回贖時，得由原典價扣除滅失部分之典價。其滅失部分之典價，依滅失時滅失部分之價值與滅失時典物之價值比例計算之（民920）。

二、出典人之權利義務

㈠出典人之權利：

1.典物所有權之讓與：出典人於典權設定後，對於典物之使用收益，固受限制，而典物之所有權，則仍屬於出典人，自得將其所有權讓與他人，惟應使典權人對於受讓人，仍得主張同一之權利，以鞏固典權之信用（民918）。此時典權人有留買權（民919）與找貼權（民926）。

2.設定抵押權：典權設定後，不能再設定典權，是為重典，且與典權人之占有、使用、收益相抵觸之權利，如地上權、農育權等，亦不得設定，因此對不移轉占有之擔保物權的抵押權可以設定。

3.回贖典物：又稱「回贖權」，典權定有期限者，於期限屆滿後，出典人得以原典價回贖典物。出典人於典期屆滿後，經過2年，不以原典價回贖者，典權人即取得典物所有權（民923）。

4.出典人逕行回贖：經轉典之典物，出典人向典權人為回贖之意思表示時，典權人不於相當期間向轉典權人回贖並塗銷轉典權登記者，出典人得於原典價範圍內，以最後轉典價逕向最後轉典權人回贖典物。此項情形，轉典價低於原典價者，典權人或轉典權人得向出典人請求原典價與轉典價間之差額。出典人並得為各該請求權人提存其差額。前二項

規定，於下列情形亦適用之：

　　　　⑴典權人預示拒絕塗銷轉典權登記。

　　　　⑵典權人行蹤不明或有其他情形致出典人不能爲回贖之意思表示。

　　出典人之回贖，應於 6 個月前通知典權人（民 925）。

　㈡**出典人之義務**：典權人因支付有益費用，使典物價值增加，或依第 921 條規定，重建或修繕者，出典人於典物回贖時，應依典權人之請求，於現存利益之限度內，償還之（民 927 I）。此外，典權契約係有償契約，依民法第 347 條既得準用買賣契約，出典人對於典權人應負典物之瑕疵擔保責任。

三、土地及其建築物之典權與租賃關係

　　土地及其上地上之建築物同屬一人所有，而僅以土地設定典權者，典權人與建築物所有人間，推定在典權或建築物存續中，有租賃關係存在；其僅以建築物設定典權者，典權人與土地所有人間，推定在典權存續中，有租賃關係存在；其分別設定典權者，典權人相互間，推定在典權均存續中，有租賃關係存在（民 924 之 2 I）。此項情形，其租金數額當事人不能協議時，得請求法院以判決定之（民 924 之 2 II）。

第五節　典權之消滅

　　典權係物權之一，因此物權之一般消滅原因，當適用於典權。此外，因下列原因而消滅：

一、回贖權之行使

　　出典人以原價回贖典物時（民 923），典權自應消滅。

二、回贖期間屆滿

　㈠**典權定有期限者**：於期間屆滿後，出典人得以原典價回贖典物，典權人不得拒絕。若出典人於典期屆滿後，經過 2 年而不回贖者，應使典權人即取得典物所有權（民 923）。

㈡**典權未定期限者**：出典人得隨時以原典價回贖之。但自出典後已經過 30 年仍不回贖者，是出典人無意回贖，已甚明顯，法律即無再予保護之必要，典權人得即取得典物所有權（民 924）。

三、出典人之找貼

按出典人於典權存續中，表示讓與其典物之所有權於典權人者，典權人得按照時價找貼，取得典物所有權，然習慣上往往有迭次請求找貼發生糾紛者，亦不可不示限制，故規定找貼以一次為限（民 926）。

第九章　留置權

第一節　留置權之概念

一、留置權之意義

　　所謂留置權（英：lien；德：Retentionsrecht, Zurückbehaltungsrecht；法：droit de retention）即債權人占有他人之動產，而其債權之發生與該動產有牽連關係，於債權已屆清償期未受清償時，得留置該動產之權。債權人因侵權行為或其他不法之原因而占有動產者，不適用前項留置權之規定。其占有之始明知或因重大過失而不知該動產非為債務人所有者，亦同（民928）。而商人占有動產與營業關係所生之債權，二者合一，始得視為有上述所定之牽連關係（民929）。如汽車修理商因汽車所有人未付修理費，而由修理商對於汽車行使留置權是。

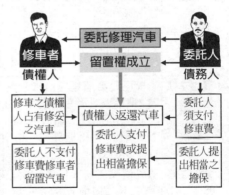

　　留置權成立之目的，既在確保債權之清償，自為擔保物權之一種。債務人或留置物所有人為債務之清償，已提出相當之擔保者，債權人之留置權消滅（民937 I）。第 897至 899 條（有關動產質權）之規定，於留置權準用之（民937 II）。

二、留置權之性質

性　質	內　　　　　　容
(一) 從屬於債權之擔保物權	留置權為債權人占有債務人之動產，以促使債務人清償債務之方法，故為從屬於債權之擔保物權。
(二) 不可分性	留置權因係擔保物權，自具有不可分性，則債權人於其債權未受全部清償前，得就留置物之全部，行使其留置權（民932 前段）。

(三) 存續要件之特性	留置權之存續要件在占有，即由債權人占有債務人或第三人之動產，以確保債權之受償，因占有之喪失而歸於消滅（民937II）。
(四) 就留置物取償	留置權於一定條件下，得拍賣留置物優先受償，或取得所有權（民936）。

三、留置權與其他類似權利之區分

(一)留置權與動產質權之異同：

區分基準	留　置　權	動　產　質　權
1.意定或法定	留置權係基於法定而成立，故為法定擔保物權。	動產質權係基於當事人之意思而設定，故為意定擔保物權（民884）。
2.設定標的物	留置權之標的物，以與該動產有牽連關係，而為債務人所有者為限（民928）。	動產質權除了債務人外，就第三人之動產亦可設定（民884）。
3.占有之喪失	留置權因占有之喪失而消滅（民937II）。	質權人若喪失質物之占有，得於2年內請求返還，不能請求返還時，其動產質權始歸消滅（民898）。
4.債權之執行	債權已屆清償期，而未受清償，債權人須定1個月以上期限，通知債務人，如債務人仍不為清償，始得拍賣或取得所有權（民936）。	質權人於債權已屆清償期，而未受清償者，質權人於通知出質人後，即得拍賣質物（民893、894）。
5.物權之消滅	留置權因債務人提出相當之擔保，使留置權消滅（民937）。	動產質權不因債務人或出質人已另提擔保，而使質權消滅（民896、898、899）。
相　同　點	1.留置權與質權，均以動產為標的物。2.留置權與質權，均從屬於債權之擔保物權，他方如不清償，得就標的物受償。	

(二)留置權與抵押權：

區分基準	留　置　權	抵　押　權
1.意定或法定	係基於法定而成立，**故為法定擔保物權**。	依法律規定而成立之法定抵押權，及依當事人設定之意定抵押權。
2.債權之標的物	標的物以動產為限。	標的物以不動產為限。

3.**移轉占有**	留置權以移轉動之占有為要件。	抵押權不移轉標的物之占有。
4.**債權之執行**	債權已屆清償期，而未受清償，債權人須定1個月以上期限，通知債務人，如債務人仍不為清償，始得拍賣或取得所有權（民936）。	於債權已屆清償期，而未受清償者，得聲請法院，拍賣抵押物，就其賣得價金而受清償（民873）。
5.**伴隨性**	留置權是為擔保債權而占有他人動產，如將債權讓與，留置權非當然移轉，因此無伴隨性。	讓與債權時，抵押權則隨同移轉，因此有伴隨性。

(三)留置權與抵銷權：

區分基準	留　　置　　權	抵　　銷　　權
1.**權利性質**	留置權為擔保物權，其標的物以動產為限（民928）。	抵銷權在性質上為債權，乃同時消滅雙方債權債務關係之方法（民334）。
2.**發生原因**	留置權係為擔保債務之履行而占有他人動產而發生（民928）。	抵銷權係二人互負債務，而給付種類相同，並均屬清償期，為同時消滅雙方債務關係而發生（民334）。
3.**目的不同**	留置權之目的，在擔保債權之清償。	抵銷之目的，在於避免受領現物之勞，而雙方債之關係均得同時消滅。
4.**效力不同**	在他方清償債務前有留置動產之效力，他方如不清償，得就標的物受償。	在使雙方債務歸於消滅之效力。
5.**實行方式**	債務屆清償期不受清償時，得拍賣留置物，或取得其所有權（民936）。	抵銷即以意思表示向他方為之即可（民335）。
6.**消滅原因**	因債務人另提擔保而消滅。	則係債權債務相互抵銷而消滅與提供擔保無關。

(四)留置權與同時履行抗辯權：

區分基準	留　　置　　權	同時履行抗辯權
1.**權利性質**	留置權為擔保物權，以支配標的物為內容，得對任何人主張。	同時履行抗辯權係債權性質，為雙務契約之一，以拒絕相對人之請求為內容，只能援用於相對人。
2.**保護之對象**	留置權之占有動產，係在保護債權之清償為目的。	同時履行抗辯權，係在保護同一雙務契約所生相互間之對價關係。
3.**標的物不同**	留置權所占有之標的物，以動產為限。	同時履行抗辯權所拒絕之給付，則無種類之限制。

4.**實行方式不同**	留置權在通知債務人後，得定1個月以上之相當期限，如不於期限內清償時，即可依一定程序，就留置物取償（民936）。	同時履行抗辯權只能消極拒絕相對人之請求，並無積極用自己之方式。
5.**消滅原因不同**	留置物之所有人已清償債務或提出相當之擔保者，債權人之留置權消滅（民937 I）。	同時履行抗辯權，則在促使雙方之履行為目的，故與相對人提供擔保無關（民264）。

第二節　留置權之發生

取得留置權須具備下列法律要件：

一、積極要件

(一)須債權人占有他人之動產
1. 留置權必須是債權人（主體），留置債務人或他人之動產（客體）；但不動產及債權不能留置。此之「動產」當然包括有價證券在內。
2. 須債權人占有動產：必須是債權人占有他人之動產。

(二)須債權已屆清償期
1. 如債權尚未屆清償期者，則不發生留置權問題（民928 I）。
2. 但債務人已無支付能力者，縱債權未屆清償期前，亦有留置權（民931 I）。

(三)須債權之發生與該動產有牽連關係
1. 債權人所占之動產必須與其債權之發生有牽連關係始可留置（民928 I）。
2. 商人因營業關係而占有之動產，與其因營業關係所生之債權，視為有第928條所定之牽連關係（民929）。

二、消極要件

(一)須其動產非因侵權行為而占有
債權人因侵權行為或其他不法之原因而占有動產者，不適用留置權之規定。其占有之始明知或因重大過失而不知該動產非為債務人所有者，亦同（民928 II）。

(二)須不違反公序良俗
動產之留置，違反公共秩序或善良風俗者，不得為之。（民930前段）。

(三)須不與債權人所應負擔之義務或債權人與債務人間之約定抵觸
所謂「與債權人所應負擔之義務相抵觸」，如物品運送人，負有於約定或其他相當期間內，將物品運送至目的地之義務，運送人卻主張託運人之運費未付，而扣留其物，不為運送是。又所謂「與債務人於交付動產前或交付時所為之指示相抵觸者」，例如債務人將汽車交債權人修理，於交付時言明汽車修復後，須交由債務人試用數日，認為滿意，始給付修理費者，債權人於汽車修畢後，仍以債務人之修理費未付而留置汽車，即屬適例（民930後段）。

第三節　留置權之效力

一. 留置權 人之權 利	(一)留置物 之占有	債權人於其債權未受全部清償前，得就留置物之全部，行使其留置權。但留置物為可分者，僅得依其債權與留置物價值之比例行使之（民932）。留置權所占有之留置物，並受占有之保護（民962）。
	(二)留置權 之優先 權	留置物存有所有權以外物權之情形，事所恆有，例如留置物上存有質權等是。物權之優先效力，本依其成立之先後次序定之。惟留置權人在債權發生前已占有留置物，如其為善意者，應獲更周延之保障，該留置權宜優先於其上之其他物權，即該債權人不得以之對抗善意之留置人，因此留置物所有人於債權人之債權受清償前，本不得請求返還留置物之占有，要乃留置權之本質，自不生本條所謂對抗之問題（民932之1）。
	(三)孳息之 收取	留置權人得收取留置物所生之孳息。但契約另有約定者不在此限（民933準889）。惟收取孳息時，應以對於自己財產同一之注意收取之，並為計算。此項孳息，先抵充費用，次抵原債權之利息，次抵原債權，孳息如須變價始得抵充者，其變價方法準用實行質權之規定（民933準890）。
	(四)留置物 保管上 之使用 或出租	留置權人非經債務人之同意，不得使用或出租其留置物。但為保存其物之必要而使用者，不在此限（民933準888II）。如汽車等機械如不定時運轉，恐將失靈，乍馴之犬馬，如不予使用，將會不馴等是。
	(五)留置物 之拍賣 與價金 之提存	因留置物有腐壞之虞，或其價值顯有減少，足以害及留置權人之權利者，留質權人得拍賣留置物，以其賣得價金，代充留置物。此項情形，如經債務人之請求，留置權人應將價金提存於法院。留置權人屆債權清償期而未受清償者，得就提存物實行其留置權（民933準892）。
	(六)必要費 用償還 請求權	債權人因保管留置物所支出之必要費用，得向其物之所有人，請求償還（民934）。
二. 留置權 人之義 務	(一)留置物 之保管	留置權人應以善良管理人之注意，保管留置物（民933準888 I）。故其保管須負抽象輕過失的責任。
	(二)返還留 置物	如債權已受清償，或債務人已提出相當之擔保（民937 I），或留置權人拋棄其留置權者，自應將留置物返還於有受領權之人。

第四節　留置權之實行

留置權之目的，係在確保債權。其實行留置權之程序爲：

一、留置物之留置		即債權人於其債權未受全部清償前，得就留置物之全部，行使其留置權（民932前段）。
二、留置物之拍賣	(一)定期通知	1.債務人能通知者：債權人於其債權已屆清償期而未受清償者，得定一個月以上之相當期限，通知債務人，聲明如不於其期限內爲清償時，即就其留置物取償；留置物爲第三人所有或存有其他物權而爲債權人所知者，應併通知之（民936Ⅰ）。 2.債務人不能通知者：債務人因住所不明或其他事由，致不能通知者，於債權清償期屆至後，經過6個月仍未受清償時，債權人亦得準用關於實行質權之規定，拍賣留置物，就賣得之價金優先受償，或取得其所有權（民936Ⅲ）。
	(二)拍賣取償	債務人或留置物所有人，不於前項債權人所定期限內爲清償者，債權人得準用關於實行質權之規定，拍賣留置物，就賣得之價金優先受償，或取得其所有權（民936Ⅱ）。

第五節　留置權之消滅

留置權爲物權之一，當可適用物權之一般消滅原因，如標的物之滅失、混同、拋棄、公用徵收等，又因其爲擔保物權之一，因此，亦可適用一般擔保物權之消滅原因，如主債權之消滅，擔保物權之實行等是。在此僅就留置權之特殊消滅原因說明如下：

一、另提擔保	債務人或留置物所有人爲債務之清償，已提出相當之擔保者，債權人之留置權消滅（民937Ⅰ）。
二、返還留置物	留置權，因留置權人將留置物返還於留置物所有人或交付於債務人而消滅。返還或交付留置物時，爲留置權繼續存在之保留者，其保留無效（民937Ⅱ準897）。
三、喪失留置物占有之請求權時效	留置權人喪失其留置物之占有，於2年內未請求返還者，其動產留置權消滅（民937Ⅱ準898）。
四	留置權，因留置物滅失而消滅。但留置物所有人因滅失而得受

| 物上代位權 | 賠償或其他利益者，不在此限。留置權人對於上項留置物所有人所得行使之賠償或其他請求權仍有留置權，其次序與原留置權同。給付義務人因故意或重大過失向留置物所有人為給付者，對於留置權人不生效力。此項情形，留置權人得請求留置物所有人交付其給付物或提存其給付之金錢。留置物因毀損而得受之賠償或其他利益，準用上述之規定（民937II準899）。 |

第六節　準留置權

即民法物權第九章留置權之規定，於其他留置權準用之。但其他留置權另有規定者，從其規定（民939）。故有學者稱為「特殊留置權」者。茲列舉如下：

一、規定於債編	(一)不動產出租人之留置權	不動產之出租人，就租賃契約所生之債權，對於承租人之物置於該不動產者，有留置權。但禁止扣押之物，不在此限。上項情形，僅於已得請求之損害賠償，及本期與以前未交之租金之限度內，得就留置物取償（民445）
	(二)營業主人之留置權	主人就住宿、飲食、沐浴或其他服務及墊款所生之債權，於未受清償前，對於客人所攜帶之行李及其他物品，有留置權（民612I）。
	(三)運送人之留置權	運送人為保全其運費及其他費用，得受清償之必要，按其比例，對於運送物，有留置權（民647I）。
	(四)承攬運送人之留置權	承攬運送人為保全其報酬及墊款得受清償之必要，按其比例，對於運送物，有留置權（民662）。
二、規定於物權編	(一)土地所有人之留置權	土地所有人，遇他人之物品或動物偶至其地內，而受有損害者，得請求賠償。於未受賠償前，得留置其物品或動物（民791）。
	(二)遺失物有受領人認領時	拾得人、招領人、警察或自治機關，在其費用或報酬未受清償前，就該遺失物有留置權（民805IV）。
	(三)拾得漂流物、沈沒物	漂流物、沈沒物之拾得，準用遺失物之規定（民810）。

第十章　占　有

第一節　占有之概念

一、占有之意義

所謂占有（拉：possessio；英、法：possession；德：Besitz），即對於物在事實上有管領力之狀態。有此管領力者，為占有人（民 940），不問為自己，或為他人，均保護之。茲分述之：

㈠**占有之標的物以有體物為限**：因此對於無體物之財產（如著作權），不能成立占有，而只能成立準占有（民 966）。

㈡**占有係對於物有事實上之管領力**：所謂有管領力，係對於物之事實支配之意。

二、占有之性質

在立法法例上有認為占有為權利，亦有認為占有為事實者，法、日等民法均認為屬權利；而德、瑞等則認為占有為事實，我民法仿德、瑞認為是事實。蓋占有與占有權不同，民法上規定占有只是一項事實而非權利。只是法律賦予一定之法律效果，予以保護，使占有人得享有占有所生之利益，而占有權則為因行使占有之事實，而生之權利。此外，占有不僅得為侵權行為之客體，亦得為不當得利之客體。

三、民法上占有與刑法上持有之區分

民法上之占有，係占有人對於占有之標的物有事實上之管領力，亦即對物之事實上支配力；而刑法上持有為刑法第 320 條之竊取他人之物，及第 335、336 條之侵占罪是。因此兩者雖有類同之處，但仍有不同：

區分基準	民 法 上 占 有	刑 法 上 持 有
㈠ **本質不同**	即對占有之標的物有事實上之管領力。	即對於自己管有他人之所有物，或擅自處分自己管有之他人之所有物，或變易管有之意為

		所有之意,而逕為所有人之行為。
(二) 有無間接或輔助占有	1.間接占有人:占有地上權人、農育權人、典權人、質權人、承租人、受寄人等之間接占有(民941)。 2.占有輔助人:受僱人、學徒、家屬或基於其他類似之關係,受他人之指示,而對於物有管領之力者,僅該他人為占有人(民942)。	刑法則無。
(三) 有無占有權利之推定	占有人於占有物上,行使權利,推定其適法有此權利(民943 I),並推定其為以所有之意思,善意、和平、公然及無過失占有(民944)。	刑法則無類似之推定。
(四) 可否移轉及繼承	占有得為移轉,因占有物之交付,而生效力(民946),亦得為繼承(民947)。	刑法之持有則無。
(五) 法律定義之不同	因犯罪所得之,而置於自己管領下之贓物,民法上稱為占有。	刑法上則稱為持有。
(六) 違禁物之不同	法律上之違禁物,民法上不得占有。	刑法稱為持有。

第二節　占有之分類

區別標準	占有種類	意　義	區　別　實　益
占有是否具有所有之意思為準	自主占有	物以所有之意思而占有	取得時效(民768~770)。
	他主占有	物不以所有之意思而占有	無主物先占(民802)。 占有者之責任(民956)。
無權占有人是否誤信為有占有權為準	善意占有	對於物誤信為有占有權利而占有	取得時效(民770、772)。 在動產之善意取得,以善意受讓占有為要件(民801、886、948)。
	惡意占有	對於物知無占有權或有無占有權已有懷疑而仍占有	善意占有與惡意占有效力不同(民952、958)。

占有是否具有法律上原因為準	有權占有	具有法律上原因之占有	如所有人、地上權人、農育權人、典權人、承租人、借用人之占有標的物，係基於所有權、典權、租賃權或使用權之占有。
	無權占有	沒有法律上原因之占有	如強盜占有贓物，拾得人對遺失物之占有。
善意占有人是否有過失為準	有過失占有	善意占有人就其善意具有過失	取得時效。如占有時為善意而無過失者，時效期間較短（民770、772）。
	無過失占有	善意占有人就其善意無過失	
以占有手段為準	和平占有	非以強暴為手段而占有對物以法律所禁止	取得時效中之占有需為和平占有始有適用（民768~770），和平占有在第944條第1項亦有推定之規定。
	強暴占有	之強暴手段而占有	強暴侵奪而占有，原占有人有物上請求權（民962）。
以占有之方法為準	公然占有	對物之占有公然為之者	在適用取得時效之規定，以公然占有為要件（民768~770）。
	隱秘占有	如非公然占有，即為隱秘占有	
占有在時間上有無中斷為準	繼續占有	占有在時間上繼續無間斷者	適用取得時效之規定，以繼續占有為要件（民768~770）。第944條第2項：「經證明前後兩時為占有者，推定前後兩時之間，繼續占有。」
	不繼續占有	占有在時間上有間斷者	
無權占有是否具有瑕疵為準	無瑕疵占有	對物之占有，係以善意、無過失、和平、公然繼續占有者	凡主張占有之合併者，應承繼前占有人之瑕疵（民947II）。
	有瑕疵占有	對物之占有，具有惡意，有過失、強暴、隱秘或不繼續為之中任何一項者	
以占有人是否直接占有為準	自己占有（直接占有）	凡對於物直接有事實上管領者	地上權人、農育權人、典權人、質權人、承租人、受寄人，或基於其他類似之法律關係，對於他人之物為占有者，該他人為間接
	代理占有（間接占有）	本人透過他人之占有(占有代理人)取得占有	

			占有人（民 941）。因此地上權人、農育權人、典權人、質權人、承租人、受寄人爲直接占有人；土地所有人、出典人、出質人、出租人、寄託人爲間接占有人。
占有人是否親自占有爲準	自己占有	凡占有人親自對於其物爲事實上之管領者	受僱人、學徒、家屬或基於其他類似之關係，受他人之指示，而對於物有管領之力者，僅該他人爲占有人（民 942）。因此受他人指示對物有管領力之受僱人、學徒、家屬等相類之人均爲輔助占有人。
	輔助占有	對於其物，係基於特定之從屬關係，受他人指示而占有者	
以占有人之人數爲準	單獨占有	即一人獨占一物是。如某甲單獨占有所有物	數人共同占有一物時，各占有人就其占有物使用之範圍，不得互相請求占有之保護（民 965）。
	共同占有	即二人以上共同占有一物是如兄弟三人共同占有繼承財產是	

第三節　占有之變更

即在占有存續中，發生變更。如和平占有中，以強暴等私力衛護其占有，而變更爲強暴之占有；又如原係隱秘占有，其在存續中不以隱秘其占有，而變爲公然占有等，就是占有之變更。

一、他主占有變爲自主占有

按占有依其所由發生之事實之性質，無所有之意思者，其占有人對於使其占有之人表示所有之意思時起，爲以所有之意思而占有。例如甲拾得一物，雖經占有，初無爲自己所有之意思，後將此物轉賣或贈與，則變爲己有所有之意思而占有是；其因新事實變爲以所有之意思占有者亦同。例如運送人因贈與契約，取得運送物之所有權是（民 945 I）。

二、善意占有變爲惡意占有

即善意占有人，自確知其無占有本權時起，爲惡意占有人。善意占

有人，於本權訴訟敗訴時，自其訴狀送達之日起，視爲惡意占有人（民959）。此時惡意占有人，負返還孳息之義務，其孳息如已消費，或因其過失而毀損，或怠於收取者，負償還其孳息價金之義務（民958）。

第四節　占有之取得

一、原始取得

即非基於他人既存之占有，而是從自己新發生之占有，稱爲原始取得。因對於物有事實上管領之力者，爲占有人（民940），此如捕獲野生動物、無主物之先占（民802）、遺失物之拾得（民803）、埋藏物之發見（民808）、漂流物或沈沒物之拾得（民810）等，均屬原始取得物之占有。此種占有，爲事實上管領力之行爲，非法律行爲，故不限於須有行爲能力。

二、繼受取得

即基於他人之占有而取得之占有，稱爲繼受取得。

㈠**繼受取得之原因**：占有之繼受取得有兩種原因：

1. 占有之移轉：即占有人以契約，將占有物移轉於他人者，該他人因而取得占有是。例如買賣、贈與等之占有移轉是。占有之移轉，因占有物之交付而生效力。但爲事實便利起見，凡簡易交付，占有改定，指示交付均可發生效力，故此項移轉，準用第761條之規定（民946）。

2. 占有之繼承：占有得因繼承原因之發生，由被繼承人移轉於繼承人。民法第947條即有占有繼承人之規定。

㈡**繼受取得之效力**：繼受取得之特殊效力，依民法第947條第1項規定：「占有之繼承人或受讓人，得就自己之占有，或將自己之占有與其前占有人之占有合併，而爲主張。」此依下列兩項說明：

1. 占有之合併：繼承人或受讓人，他可以選擇，是主張只有自己之占有，或者爲了取得時效之利益，而將自己的占有與前主之占有合併，以便取得時效之完成。如動產之特別取得時效的期間是5年（民768之1），前主的占有期間是4年，繼承人或受讓人自己的占有期間是2年，如繼

承人或受讓人只主張自己之占有，則占有期間只有 2 年，因時效未完成，無法取得該動產之所有權，如將前主的 4 年合併，就超過 5 年，當然就可以取得時效完成的利益。不過民法第 947 條第 2 項規定：「合併前占有人之占有而爲主張者，並應承繼其瑕疵。」則占有合併後，如前占有人之占有有瑕疵，就應該承繼這個瑕疵。例如不動產之特別取得時效是 10 年（民 770），前主有隱秘、強暴而惡意的占有他人未經登記之不動產，經過 4 年後死亡，繼承人繼承後善意並無過失的占有了 10 年，該繼承人就可選擇自己的 10 年占有，而不必與前占有合併計算，依民法第 770 條，可以請求登記爲所有人。如前主爲惡意或有瑕疵之占有，而後主只占有 8 年，如合併計算，自己當然也成爲惡意或有瑕疵之占有。前提是只有前占有是善意且無過失之占有，兩者才能合併計算期間。

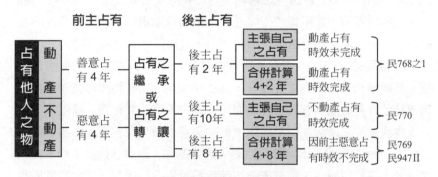

2.占有之分離：即占有之繼受人將自己之占有與前主之占有分離，而只就自己之占有而主張時效之謂。如不動產之一般取得時效爲 20 年，上表之例，後主占有既已 10 年達取得時效之規定，當可依民法第 770 條就自己之占有而主張，如與前主合併反而須繼承其瑕疵，對自己不一定有利之故。

第五節　占有之效力

一、占有權利之推定

就是無正當之權利，只要實際上占有其物，則推定其擁有正當權利

而占有其物（民943 I）。此項規定，於下列情形不適用之：

　　㈠占有已登記之不動產而行使物權。

　　㈡行使所有權以外之權利者，對使其占有之人。（即占有人行使所有權以外之權利時，占有人不得對使其占有之人主張前項推定之效果。）

　　因此如發現該物為被盜取之物，就是知道占有者時，如不能證明自己為該物之眞正權利者，就無法取回該物。亦即如自己欲取回該物，則須負舉證責任。

二、權利之取得

　　㈠**善意取得**：一般人均相信，現實占有其物者，為眞正擁有該物之權利者，因此當占有人處分該物時，他人不知其為無處分權，為保護交易之安全，縱其讓與人無讓與之權利，其占有仍受法律之保護（民948）。此又稱為**即時取得**。如甲以乙所寄託之小轎車擅賣與丙，丙如善意受讓該轎車之占有，縱使甲無讓與之權利，丙仍取得該轎車之所有權。

　　㈡**善意取得之例外**：占有人因即時取得而取得動產上之所有權或質權，其前權利人當然喪失其權利，惟法律規定，占有物如係盜贓或遺失物或其他非基於原占有人之意思而喪失其占有者，其被害人或遺失人，自被盜或遺失之時起，2 年以內，得向善意受讓之現占有人，請求回復其物（民949 I）。此 2 年為除斥期間，逾此期間，則無回復請求權。此所謂盜贓，係指以竊盜、搶奪或強盜等行為奪取之物而言。其由詐欺取得之物，不包含在內（22 上 330）。惟有下列之限制：

　　　1.盜贓、遺失物或其他非基於原占有人之意思而喪失其占有之物，如現占有人由公開交易場所，或由販賣與其物同種之物之商人，以善意買得者，非償還其支出之價金，不得回復其物（民950）。

　　　2.盜贓、遺失物或其他非基於原占有人之意思而喪失其占有之物，如係金錢或未記載權利人之有價證券，不得向其善意受讓之現占有人請求回復（民951）。因金錢或無記名證券最易流通之故。

三、善意占有人之權利義務

　　㈠**有使用收益之權**：善意占有人於推定其為適法所有之權利範圍內，

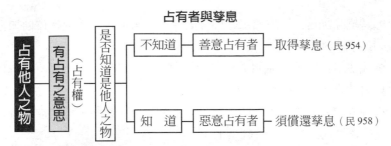

得爲占有物之使用及收益（民952）。

㈡有請求償還必要費用之權：善意占有人，因保存占有物所支出之必要費用，得向回復請求人請求償還。但已就占有物取得孳息者，不得請求償還通常必要費用（民954）。

㈢有益費用求償權：善意占有人，因改良占有物所支出之有益費用，於其占有物現存之增加價值限度內，得向回復請求人，請求償還（民955）。

㈣有賠償責任：善意占有人就占有物之滅失或毀損，如係因可歸責於自己之事由所致者，對於回復請求人僅以滅失或毀損所受之利益爲限，負賠償之責（民953）。

四、惡意占有人之權利義務

㈠惡意占有人之責任：惡意占有人或無所有意思之占有人，就占有物之滅失或毀損，如係因可歸責於自己之事由所致者，對於回復請求人，負賠償之責（民956）。

㈡必要費用求償權：惡意占有人，明知無占有其物之權利，只許將保存占有物所支出之必要費用，對於回復請求人，依關於無因管理之規定，請求償還（民957）。至其所支出之有益費，不在請求清償之列。

㈢返還孳息義務：惡意占有人，明知其占有物屬他人所有，負返還孳息之義務，其孳息如已消費，或因其過失而毀損，或怠於收取者，負償還其孳息價金之義務（民958）。

五、占有之保護

㈠占有人之自力救濟權：占有人對於侵奪或妨害其占有之行爲，得以己力防禦之（民960 I）。占有物被侵奪者，如係不動產，占有人得於侵奪

後，即時排除加害人而取回之。如係動產，占有人得就地或追蹤向加害人取回之（民960II）。

依民法第 942 條所定對於物有管領力之人，亦得行使上述所定占有人之自力救濟權（民961）。

㈡**占有人之物上請求權**：即占有人於占有物被侵害時，得請求侵害人回復其圓滿狀態之權。有三種情形：

1.占有物返還請求權：占有人於占有物被侵奪者，得請求返還之（民962前段）。如強盜竊盜奪取其占有物是。

2.除去妨害請求權：占有物被妨害者，得請求除去其妨害（民962中段）。如設圍障於占有物，阻止占有人通行其土地是。

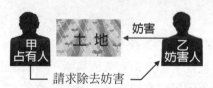

3.防止妨害請求權：占有物有被妨害之虞者，得請求防止其妨害（民962後段）。如鄰居之危樓有倒塌之虞是。

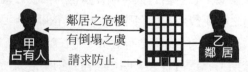

以上請求權，即占有人於被侵奪、被妨害占有或妨害之危險發生後，應隨時主張之。如占有人久不行使其權利，即自侵奪或妨害占有，或危險發生後，1 年間不行使而消滅（民963）。

六、共同占有

㈠**各占有人權利之行使**：數人共同占有一物時，各占有人得就占有物

之全部，行使下列之權利（民963之1）：

1.占有人之自力救濟權：各占有人，對於侵奪或妨害其占有之行為，得以己力防禦之。占有物被侵奪者，如係不動產，占有人得於侵奪後，即時排除加害人而取回之；如係動產，占有人得就地或追蹤向加害人取回之（民960）。

2.占有人之物上請求權：各占有人，其占有被侵奪者，得請求返還其占有物；占有被妨害者，得請求除去其妨害；占有有被妨害之虞者，得請求防止其妨害（民962）。

㈡**共同占有**：依第963條之1第1項規定，取回或返還之占有物，仍為占有人全體占有（民963之1 II）。數人共同占有一物時，各占有人就其占有物使用之範圍，不得互相請求占有之保護（民965）。

第六節　占有之消滅

占有，因占有人喪失其對於物之事實上管領力而消滅。但其管領力僅一時不能實行者，不在此限（民964）。因此，如占有標的物絕對滅失時，則占有當然消滅。又占有物相對消滅時，如公用徵收、沒收，占有亦歸消滅。又如占有人喪失其對於物之事實上管領力時，則占有當歸消滅。但其管領力僅一時不能實行者，則不因而消滅，如因遺忘或洪水有不能管領其占有地之事實，仍不能為占有消滅之原因。此外，占有不因混同而消滅（民762）。

第七節　準占有

準占有（德：Rechtsbesitz；法：quasipossession）即為自己之意思，而行使物以外之財產權之謂。又稱為權利之占有。蓋占有之標的須為物，權利原不得為占有之標的，但權利之現實行使與物之事實上管領就權利人言，其情形是相同，法律對於物之事實上管領，既予以保護，則對於權利之現實行使，法律亦應予以保護。因此，債權人已將債權讓與他人而

仍行使其權利，如收取利息之類是，為債權準占有人。債務人於清償時，不知其非債權人，而向其清償，為保護善意之債務人起見，亦使其發生清償之效力（民310 I ②）。民法第 966 條規定：「財產權，不因物之占有而成立者，行使其財產權之人，為準占有人。」即占有無體物（權利是），應準占有有體物保護之。如占有不動產役權、抵押權等不必占有其物，亦得行使權利之財產權是。

一、準占有之要件

並非一切權利均得為準占有之標的，為準占有之標的須具下列要件：

㈠**須為財產權**：我民法規定準占有之標的以財產權為限，故如人格權、身分權等非財產權，則不得為準占有之標的。所謂財產權之行使，指實行權利之內容而言，如持有債權證書者，不問其為債權人或第三人，向債務人請求給付時，即為債權之準占有，抵押權人實行拍賣其抵押物，即屬抵押權之準占有。

㈡**須為不必占有物而成立之財產權為限**：如不動產役權、抵押權、債權、著作權、商標權、專利權等均不必占有物而得行使之權利。至於所有權、地上權等，權利人於行使權利，已同時占有其物，當不必準用占有之規定。

㈢**須事實上行使其權利**：即為實現其財產權內容之行為而言。此在觀念上與事實上之管領相當，通常依一般交易或社會觀念認定之。

二、準占有之效力

民法第 966 條第 2 項規定：「本章關於占有之規定，於前項準占有準用之。」故凡依占有而生之權利義務，當然可準用於準占有人。

第五編　親　屬

第一章　親屬概說

第一節　親屬法概說

一、親屬法與民法總則

有謂將民法總則視爲民法整體之通則，或只能作爲財產法之通則，並不能適用於家族有關之法律等不同說法。從民法總則之內容言，總則規範之範圍中，有關私權之原則、解釋之基準、住所、失蹤、物、期間等得適用於親屬繼承之規定，而法律行爲、代理、時效等，則較適用於財產有關之法律，如物權與債權。至於法人則較欠缺總則之原意，因此有必要依各編規定之性質，以爲判斷是否適用總則之規定較爲妥適。

親屬法在民法典中之構成

二、親屬法是民法中的一部分

民法的條文共有 1225 條，乃是我法律中堪稱最大之法典，其內容可分爲五大編：

第一編爲總則（第 1 條至第 152 條）。

第二編爲物權（第 153 條至第 756 條）。

第三編爲債權（第 757 條至第 966 條）。

第四編爲親屬（第 967 條至 1137 條）。

第五編爲繼承（第 1138 條至 1225 條）。

其中總則、物權、債權之三編主要是規定財產有關之事項。親屬與

繼承二編主要是規定家族有關之事項。因此前者統稱為財產法，後者又稱為家族法，而兩者合編以構成民法之體系。

三、親屬法的特質

㈠**家族生活與經濟生活**：依托尼斯（Tönnies, F）之說法，家族係自然發生，依感情融合而繼續存立之社會共同體（Gemeinschaft）與意圖形成、依合理之精打細算而維持之利益社會（Gesellschat）不同。家族與習俗或傳統關係甚深，不能以人類合理性之思考來了解，因此在法制上亦較其他法規保守，在此情形下，親屬法仍以家之規範為中心，其理在此。

此外家族生活與經濟生活具有密切之關係，欲維持親屬成員之親密關係，須靠經濟活動，親屬如有強力之經濟體為後盾，家族成員自然無限制的擴張，近年各種家族企業興起，為其最好之佐證。

㈡**親屬法具有公益性**：「家」係為國家、社會之基礎組織體，有左右社會之道德與習俗之發展與演變之功能，故具有「公益性」特質。對財產法而言，為補充當事人意思之不足而適用，故以規定任意法規為多。相反的，親屬法因採大量客觀性之規範，故不問當事人是否同意，為確立親屬之身分地位，以採「強行規定」為多。親屬法上所認定之夫妻、親子等身分關係，乃是「一身專屬之權利」，不得讓與或繼承。尤其婚姻、認領等有關身分變動之身分行為，原則上應由本人行使，不認同以代理人代理之。此外身分行為，不如財產行為須具有對利害之合理判斷能力的「行為能力」，而只要能了解親屬間之生活關係的「意思能力」即可，此為其明顯之不同。

第二節　親屬之意義與分類

一、意義

㈠**親屬法之意義**：親屬法者，係規定親屬之身分，及基此身分所發生之權利義務關係之法律。

㈡**親屬之意義**：又有廣狹二義，我民法親屬編所指之親屬係採廣義的

親屬。

　　1.廣義：指配偶、親子及同居親屬之總稱。由此構成家族生活關係。

　　2.狹義：指在廣義親屬關係中，除去配偶、親子及同居親屬以外之親屬關係。

二、親屬之分類

分類	內　　容
(一) 配偶	因婚姻而結合之男女，稱爲夫妻，夫妻之一方，互稱他方爲配偶（spouse; Ehegatte）。蓋配偶爲血親關係及姻親關係之本源，其關係由於婚姻之成立而發生，因當事人一方之死亡或婚姻之撤銷及離婚而消滅。
(二) 血親	即血統有連絡關係之親屬的互稱，謂之血親（consanguinity of kindred; Verwandtschaft）。有自然血親及法定血親： 1.自然血親：係出自同一祖先，其血統有互相連絡之血親。又稱爲天然血親。但所謂半血緣（Halbbürtiger）兄弟姊妹（同父異母，或同母異父），亦屬於血親[①]。非婚生子女，對其生父，在未受生父認領以前，在法律上仍不能稱爲血親（民1065 I），如生父與生母結婚（即非婚生子女之準正，民1064），即可取得婚生子女身分。但非婚生子女與生母及其血親間之關係，無須生母之認領，當然爲血親（民1065 II）。 2.法定血親：係原無自然的血統關係，而法律擬制認其有血統關係之血親，又稱爲擬制血親。我民法上爲養子女與養父母之關係（民1077）。
(三) 姻親	因婚姻而發生之親屬關係，謂之姻親（affinity；Verschwägerschaft）。依民法第969條規定：「稱姻親者，謂血親之配偶，配偶之血親，及配偶之血親之配偶。」茲分述之： 1.血親之配偶：如兄弟之妻、姊妹之夫、伯叔父之妻、母舅之妻、姑姨之夫、甥姪之妻、甥姪女之夫，皆屬之。 2.配偶之血親：如配偶之父母、祖父母、伯叔父、母舅、兄弟、姑姨、姊妹，皆屬之。至於配偶與他人所生之子女，亦屬配偶之血親。 3.配偶之血親之配偶：如配偶之兄弟之妻、兄弟之子之妻、伯叔父之妻、姑姨或姊妹之夫，皆屬之。

[①] 21院字第735號、34院解字2989號、36院解字3762號。

<h1 style="text-align:center">第三節　親系與輩分</h1>

一、意義

親系（Linie）者，親屬關係連絡之系別。

二、親系之分類

(一)血親之親系：

1. 直系 血親	所謂直系血親（Verwandte in gerader Linie），其種類如下（民967 I）： (1)己身所從出之血親（即尊親屬）：如父母、祖父母、曾祖父母、高祖 　　父母以上之祖父母等。 (2)從己身所出之血親（即卑親屬）：如子女、孫子女、曾孫子女及玄孫 　　子女以下之子孫等。
2. 旁系 血親	所謂旁系血親（Verwandte in der Seitenlinie），即非直系血親，而與己身 出於同源之血親（民967 II）。 (1)與己身出於同源之父母：如兄弟姊妹。 (2)與己身出於同源之祖父母：如堂兄弟姊妹及表兄弟姊妹。 (3)與己身出於同源之曾祖父母：如再從兄弟姊妹及堂舅堂姨之子女。

(二)姻親之親系：

1. 血親之配偶，從其配偶之親系（民970）。

(1)直系親：如自己與父為血親，父之後妻（繼母）為直系姻親。

(2)旁系親：如自己與兄弟為血親，兄弟之妻為旁系姻親。

2. 配偶之血親，從其與配偶之親系：

(1)直系親：如自己與妻為配偶，自己與妻之父母為直系姻親。

(2)旁系親：如自己與妻為配偶，自己與妻之兄弟姊妹為旁系姻親。

3. 配偶之血親之配偶，從其與配偶之親系：

(1)直系親：如自己與妻為配偶，妻與妻之父之後妻（繼母）為直

系姻親，則自己與妻之父之後妻亦為直系姻親。

(2)旁系親：自己與妻為配偶，妻與妻之兄弟之妻為旁系姻親，則

自己與妻之兄弟之妻亦為旁系姻親。

(三)直系與旁系區分之實益：

1.如對近親結婚之限制有直系與旁系之分（民983）。

2.親屬間互負扶養義務有直系與旁系之分（民1114~1117）。

3.親屬會議會員構成之順序以直系爲先，旁系爲後（民1131）。

4.法定繼承人之順序（民1138）。

三、輩分

(一) 同輩親屬	即在橫行上與自己同一世代者，稱爲「同輩親屬」（民1131Ⅰ③），如兄弟、姉妹、堂兄弟姉妹、表兄弟姉妹及其配偶等是。
(二) 尊親屬	由同輩而上，即爲父母及父母同輩以上之血親，稱爲「父輩」或「祖父輩」（民1124）。如爲直系血親，則爲直系血親尊親屬；如爲旁系血親，則爲旁系血親尊親屬。配偶之父母，及與配偶之父母同輩以上之姻親，如爲直系姻親，則爲直系姻親尊親屬。如爲旁系姻親，則爲旁系姻親尊親屬。
(三) 卑親屬	由同輩而下，即爲子女及子女同輩以下之血親，如爲直系血親，則爲直系血親卑親屬。如爲旁系血親，則爲旁系血親卑親屬，子女之配偶，及與子女配偶同輩以下之姻親，如爲直系姻親，則爲直系姻親卑親屬，如爲旁系姻親，則爲旁系姻親卑親屬。

第四節　親　等

一、意義

計算親屬關係親疏之標準，稱爲親等（degree of consanguinity; Verwandtschaftsgrad）。其計算方式有羅馬計算法與寺院法計算法，我民法採羅馬計算法，民法第968條規定血親親等之計算，第970條爲姻親親等之計算。

二、血親親等之計算

(一)**直系血親**：直系血親是從自己上、下數，以一世爲一親等。如由自己往上數，即自己與父母爲一親等，與祖父母爲二親等，與曾祖父母爲三親等。如由自己往下數，即自己與子女爲一親等，與孫子女爲二親等，與曾孫子女爲三親等。

㈡**旁系血親**：旁系血親是從自己數到同源的直系血親，再由同源的直系血親數到要計算親等之血親，以其總世數為親等之數。如計算自己與兄弟之親等，先從自己數至同源之父母，為一世，再由同源之父母數至自己要計算親等之兄弟，又為一世，以其總世數為親等之數，即為二親等。

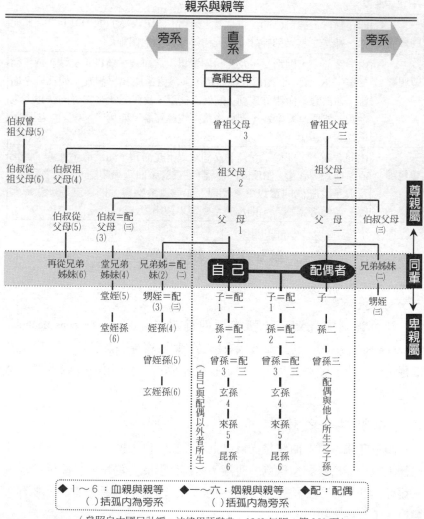

親系與親等

（參照自由國民社編：法律用語辭典，1963年版。第350頁）

三、姻親親等之計算

㈠血親之配偶，從其配偶之親系：

1.直系親：如自己與妻為配偶，妻與妻之父母為一親等直系血親，則自己與妻之父母（岳父母）為一親等直系姻親。

2.旁系親：如自己與妻為配偶，妻之兄弟姊妹為妻之二親等旁系血親，則自己與妻之兄弟姊妹為二親等旁系姻親。

㈡配偶之血親之配偶從其與配偶之親等：

1.直系親：如妻與妻之父之後妻（繼母）為一親等直系姻親，則自己與妻之繼母為一親等直系姻親。

2.旁系親：如妻與妻之兄弟之妻為二親等旁系姻親，則自己與妻之兄弟之妻為二親等旁系姻親。

第五節　親屬關係之發生與消滅

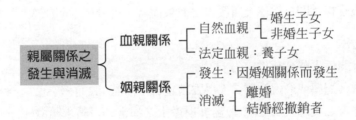

一、血親關係

㈠自然血親：

1.婚生子女：以出生為發生血親關係之唯一原因（民1063）。除因死亡而消滅外，不能以人為方法使之消滅。因此，父子之間，縱有脫離父子關係之協議，亦不生法律上效力。

2.非婚生子女：非婚生子女與生母之血親之關係，仍以出生而發生（民1065Ⅱ），以死亡而消滅。其與生父之血親之關係，以認領、撫育，或與其生母結婚而發生（民1064、1065）。一經生父認領後，不得撤銷其認領（民1070）。

㈡**法定血親**：即養子女。以收養爲發生血親關係之唯一原因（民 1072）。以死亡、收養關係之終止與收養關係之撤銷（民 1079）爲血親關係消滅之原因。

二、姻親關係

㈠**發生**：姻親關係，因婚姻關係而發生。

㈡**消滅**：因下列原因而消滅（民 971）：

　　1.離婚：婚姻因離婚而消滅，則姻親關係自然隨之消滅。

　　2.結婚經撤銷者：婚姻有瑕疵者，得撤銷之，結婚既經撤銷婚姻關係自無從存在，其姻親關係乃歸消滅。

習題：試詳述「親屬關係之發生」之意涵。（100 特三）

第六節　親屬關係之效力

　　指親屬相互間在法律上所發生之效果而言。可分析說明如次：

一、民法

㈠利害關係人聲請死亡宣告（民 8）。

㈡本人、配偶或最近親屬二人得聲請宣告禁治產（民 14）。

㈢被害人之父母子女及配偶，雖非財產上之損害亦得請求賠償（民 194）。

㈣一定親屬間結婚之限制（民 983）。

㈤有重婚或監護關係等結婚之無效及撤銷（民 984、991）。

㈥夫妻間生活費用之負擔（民 1026、1037、1047）。

㈦父母對於未成年子女之保護與教養（民 1084），及其親權之行使（民 1089）。

㈧得爲未成年人或禁治產人之監護人之親屬（民 1094、1111）。

㈨互負扶養義務之親屬（民 1114）。

㈩爲家長之資格（民 1124）。

㈠得爲親屬會議會員之親屬（民 1131）。

㈡得為遺產繼承人之親屬（民 1138、1144）。

㈢遺囑見證人資格之限制（民 1198）。

二、刑法

㈠由最近親屬負保護管束之責（刑 94）。

㈡利用親屬監護之權勢而姦淫（刑 228）。

㈢直系或三親等內旁系親相和姦（刑 230）。

㈣重婚（刑 237）。

㈤有配偶而與人通姦（刑 239）。

㈥以為加重其刑之要件者：加重誣告罪（刑 170），侵害直系血親尊親屬屍體墳墓罪（刑 250），傷害直系血親尊親屬罪（刑 280），遺棄直系血親尊親屬罪（刑 295），剝奪直系血親尊親屬行動自由罪（刑 303）。

㈦以為減輕刑罰之要件者：縱放或便利親屬脫逃罪（刑 162）。

㈧以為減輕或免除其刑之要件者：親屬間犯藏匿人犯及湮滅證據罪之減免（刑 167）。

㈨以為得免除其刑之要件者：親屬相盜免刑（刑 324 I），親屬間犯侵占免刑（刑 338），親屬贓物罪免刑（刑 351）。

㈩以為告訴乃論者：血親相姦罪（刑 230），加暴行於直系血親尊親屬罪（刑 281），親屬相盜（刑 324 II），親屬間詐欺罪與背信罪（刑 343）。

三、民刑訴訟法

㈠法官因親屬關係自行迴避（民訴 32、刑訴 17）。

㈡親屬間之拒絕證言（民訴 307、刑訴 180）。

㈢得為被告獨立選任辯護人之親屬（刑訴 27）。

㈣親屬之獨立及代理告訴（刑訴 233）。

四、公證法

㈠公證人之迴避（公證 9）。

㈡不得充證人或見證人之親屬（公證 25）。

第二章 婚 姻

第一節 婚 約

一、婚約之意義

一男一女以將來締結婚姻爲目的所訂立之契約，稱爲婚約（promise of marriage; Verlöbniss），又稱訂婚。結婚雖是一種契約，但與財產法上之契約不同，因係男女雙方意思表示之一致而簽定之契約，故爲諾成契約。在婚姻契約，雖有締結契約之自由，並可自由選擇對象，但決定婚姻內容，除了夫妻財產的契約可自由選擇外，別無其他自由。結婚的方式，蓋爲要式行爲，必須依法律之規定爲之，否則不生效力。

習題：請按我國民法規定，解釋下列法律名詞：（99 普）
(一)贍養費。(二)血親。(三)準正。(四)家。(五)婚約。

二、婚約之方式

不一定具備一定方式，得以言詞或書面爲之，亦得以明示或默示爲之。

三、婚約之要件

(一)**應由男女當事人自行訂定**：婚約須由本人自行訂定，父母不能代子女訂立婚約，除經子女追認外，視爲無效（民 972）。

(二)**須當事人意思一致**：訂定婚約須雙方當事人意思表示之一致，且須當事人訂婚時有意思能力，如在無意識或精神錯亂中所訂之婚約，當然無效。故婚約不得請求強迫履行（民 975）。

(三)**訂婚當事人須達法定年齡**：男須滿 17 歲，女須滿 15 歲（民 973），此爲強制規定，若違反本條規定，該婚約並非無效，僅當事人或法定代理人得撤銷之。又未達法定年齡者，如事前已得法定代理人之同意，或事後得其承認者，亦非完全有效（33 上 2016）。

㈣**未成年人訂婚，應得法定代理人之同意**：指男滿 17 歲，女滿 15 歲之未成年人而言。未成年人訂婚，應得法定代理人之同意（民974），其未得法定代理人同意之婚約，相對人在原則上，得爲撤銷（準用民990）。

㈤**須當事人非屬近親**：依民法之規定，下列親屬不得結婚，如有違反此規定之限制而結婚者，其婚姻爲當然無效（民988Ⅱ）。結婚既爲無效，當然不得訂立婚約：⑴直系血親及直系姻親。⑵旁系血親在六親等以內者。但因收養而成立之四親等及六親等旁系血親，輩分相同者，不在此限。⑶旁系姻親在五親等以內，輩分不相同者（民983Ⅰ）。

㈥**須無配偶**：凡是有配偶之人，當然不能與他人訂定婚約（準用民985），也不能同時與二人以上訂婚。

㈦**須非不能人道**：當事人之一方如不能人道既得撤銷婚姻，當然不得訂立婚約（準用民995）。如於訂定婚約後始發現有不能人道之情事者，則以婚約訂定後成爲殘廢爲理由，解除婚約（民976Ⅰ⑥）。

㈧**須非被詐欺或被脅迫**：因被詐欺或被脅迫而結婚者得撤銷婚姻，如有被詐欺或被脅迫而訂婚亦得準用民法第 997 條之規定，得撤銷其婚約。

四、婚約之無效與撤銷

㈠**婚約之無效**：

1.無效之原因：

⑴無訂婚能力者之婚約：當事人如無意思能力，如心神喪失人所訂之婚約應屬無效。惟若回復常態後，對原婚約如無異議，可認爲重新訂婚。

⑵當事人意思欠缺之婚約：當事人訂定婚約時非出於眞意，如心中保留（民86），或通謀虛僞表示（民87），則因欠缺訂婚意思而無效。

⑶近親間之婚約：如民法第 988 條第 2 款。

⑷有配偶之人或一人同時與二人以上訂婚者：依民法第 988 條第 2 款規定，其結婚既爲無效，其訂婚當然不生效力。

2.無效婚約之效力：婚約無效爲當然無效，絕對無效，且自始無效，

如有爭執，可提起確認婚約無效之訴（33院2703）。

(二)婚約之撤銷：

1. 撤銷之原因：

(1)未達法定年齡：男未滿17歲，女未滿15歲訂婚者，當事人或法定代理人得撤銷之（民989），但當事人已達法定年齡或已懷胎者，不得請求撤銷。

(2)未成年人未得法定代理人同意之訂婚：未成年人未得法定代理人同意而訂定之婚約，可準用民法第990條，法定代理人得撤銷之。

(3)被詐欺或被脅迫：因被詐欺或被脅迫而結婚者，既可撤銷其婚姻，訂婚亦可準用民法第997條規定，得於發現詐欺或脅迫終止後，6個月內撤銷其婚約。

2. 婚約撤銷的效力：撤銷婚約無須請求法院裁判，應由撤銷權人向相對人本人為意思表示，即可發生效力。撤銷權人如有意思能力，雖為未成年人，仍無須法定代理人之同意，又婚約之撤銷，可回溯訂婚時，消滅婚姻的效力。婚約當事人間如有贈與，婚約撤銷時，當事人之一方可依民法979條之1，得請求他方返還贈與物。如相對人有過失者，得請求損害賠償。

五、婚約之效力

(一)**不發生夫妻之身分關係**：男女當事人訂婚後，名義上是未婚夫妻，法律上稱未婚配偶，雖有拒絕證言等權（民訴32推事迴避之事由，307條及刑訴180之2），但如未依法舉行結婚儀式，縱有同居之事實，亦非合法夫妻（18上2072）。當事人不僅無同居義務，同居後，如生育子女，其子女仍為非婚生子女，須生父與生母結婚，始取得婚生子女身分（民1064）。男女訂婚後如未合法結婚，雙方親屬間，亦無姻親關係（22院959）。

(二)**婚約不得強迫履行**：婚約係當事人約定將來履行結婚之義務，但並不得請求強迫履行（民975）。如婚約當事人之一方違反婚約，雖無民法第976條之理由，他方亦僅得依民法第978條之規定，請求賠償，因此所

受之損害，不得提起履行婚約之訴（27 上 695）。

　　㈢**軍人訂婚**：應於 1 個月前繕具婚姻報告表，呈請所屬長官核准，未經核准而訂婚者，其訂婚無效。

六、婚約之解除

　　㈠**婚約解除之原因**：

　　　1.約定解除：婚約是契約的一種，在未結婚前，如雙方當事人合意，不論任何原因，隨時都可解除婚約。

　　　2.法定解除：但如有一方不願解除時，則民法第 976 條規定，有第 1 款至第 8 款之列示原因，或第 9 款之概括原因，他方得解除婚約。

　　　　⑴婚約訂定後再與他人訂立婚約或結婚者：婚約訂定後再與他人訂婚或結婚，此表示已無履行原訂婚約之誠意，他方自可解除婚約。惟後訂之婚約；或結婚仍然有效。

　　　　⑵故違結婚期約者：故意違背結婚期約，已無履行婚約之誠意，自得解除婚約，但如有正當理由，如因從軍不能依期約結婚，或遭遇父母之喪，循例延緩結婚時期（22 上 3674），或軍人出征，致不能依期結婚（29 院 2103）等均是。

　　　　⑶生死不明已滿 1 年者：即指婚約當事人之一方，於訂婚後離開向來之住所或居所，達 1 年之久，而其生死不明者而言。

　　　　⑷有重大不治之病者：凡有重大不治之病，非現代醫術所能治者，如愛滋病或癌症等，此不論婚約當事人之一方有無過失，他方得以為解除婚約之原因。即使重大不治之病，於婚約訂立前業已存在，或為他方當事人所明知，亦無礙於婚約之解除。

　　　　⑸有花柳病或其他惡疾者：花柳病指梅毒、下疳、淋濁等病而言，所謂其他惡疾，如麻瘋、肺癆之類，皆為惡性之傳染病，均非短期內所能治癒（23 上 4051）。

　　　　⑹婚約訂定後成為殘廢者：所謂殘廢，指人身五官四肢陰陽之機能有一失其作用者而言（大理院 7 上 910）。既規定「婚約訂定後」，如在訂婚前已殘廢者，則不得解除婚約。

(7)婚約訂定後與人通姦者：所謂通姦，係指與異性爲性的交接行爲。訂婚後與人通姦，足見其愛情不專，有礙將來之夫妻生活，因此可爲解除婚約之原因。但與人通姦以在訂婚後者爲限，其在訂婚之前縱通姦有據，亦不能以其爲解約之原因。如被強姦，則不構成解除婚約之原因。

(8)婚約訂定後受徒刑之宣告者：婚約當事人之一方，如受徒刑之宣告，不論其爲有期、無期，於他方之名譽殊有妨害，自應構成解約之原因。當事人如明知對方於訂婚前受徒刑之宣告，則不許其以此理由解除婚約。但如訂婚前並不知情，訂婚後始知，有被欺騙之情形時，則可以被詐欺而撤銷婚約。

(9)有其他重大事由者：所謂其他重大事由，是指前述八種列舉之原因以外，有其他重大事由而言。如對他方之尊親屬加以殺傷或侮辱之類。至其事由是否重大，由法院依據具體事實認定之。

㈡**解除婚約之方法**：婚約之解除，與一般契約之解除相同，應由婚約當事人之一方向他方當事人以意思表示爲之（民258）。而此表示應由本人行使，但未成年人應得法定代理人之同意（參考民1049）。如事實上不能向他方爲解除婚約之意思表示時，無須爲意思表示，自得解除時起，不受婚約的拘束（民976II）。

㈢**解除婚約之效力**：

1.婚約失效：婚約經合法解除後，雙方當事人均不受婚約之拘束。婚約一旦解除，溯及既往自始無效。

2.損害賠償：

(1)須請求權人無過失：依民法第976條之規定解除婚約時，無過失之一方得向有過失之他方請求賠償其因此所受之損害（民977）。至於什麼稱爲「過失」，一般認爲凡有民法第976條各款情形，就是有過失。以上情形雖非財產上之損害，受害人亦得請求賠償相當之金額，此項請求權不得讓與或繼承。但已依契約承諾，或已起訴者，不在此限（民977II,III）。

(2)違反婚約之損害賠償：

①財產上之損害賠償：婚約當事人之一方，無第976條之理由而
　違反婚約者，對於他方因此所受之損害，應負賠償之責（民978）。
②非財產上之損害賠償：違反婚約者，對於他方所受之非財產
　上之損害，仍應負損害賠償之責。他方受害人亦得請求賠償
　相當之金額。但以受害人無過失者爲限。此項請求權，不得讓
　與或繼承。但已依契約承諾，或已起訴者，不在此限（民979）。
(3)訂婚聘金及禮物的返還：依民法第979條之1規定：「因訂定
　婚約而爲贈與者，婚約無效、解除或撤銷時，當事人之一方，
　得請求他方返還贈與物。」
(4)以上賠償之請求權，因2年間不行使而消滅（民979之2）。至如
　當事人之一方因死亡而婚約消滅時，則他方不得請求返還贈與
　物。

第二節　婚姻概說

一、婚姻之意義

　　所謂「婚姻」，就是夫妻形成一個社會共同體以營共同生活，而「結
婚」，就是一男一女以締結婚姻爲目的所訂立之要式契約①。結婚雖是一
種契約，但與財產法上之契約不同。在婚姻契約，雖有締結契約之自由，
並可自由選擇對象，但決定婚姻內容，除了夫妻財產的契約可自由選擇
外，別無其他自由。結婚的方式，蓋爲要式行爲，必須依法律之規定爲
之，否則不生效力。

二、現代婚姻之特質

　　現代婚姻有下列特質：

㈠**一夫一妻制**：現代民主先進國家，無論在法律上或社會道德上，都

---

①結婚的當事人是否必須一男一女？內政部於83年8月18日指出，不論從法律上或學理上言，
　結婚均係建構在「兩性關係」基礎上，而同性的結合，並非我民法中的「婚姻」。如民法第
　972條、973及980條，男女婚約訂定及訂婚與結婚年齡的規定。見83.8.19，台灣日報，第
　13版。

要求人人要遵守一夫一妻之制度。此不僅蘊含夫妻間的信賴與愛情，且帶來深厚之人格結合關係，也可營造子女良好教育之條件。

㈡**尊重當事人之婚姻意思**：過去的婚姻重視媒妁之言，並以父母之意思為優先，但現代婚姻完全尊重當事人的意思，如當事人不同意就構成無效之婚姻[①]，或因心身障礙而結婚時就構成撤銷之理由。

㈢**夫妻權利義務之平等**：舊法時代之「家」的制度，常以夫為主，妻則置於隸屬的地位，但現代法是將男女實質之平等完全適用於夫妻關係。

㈣**離婚自由的原則**：過去封建社會，對夫妻關係之終結，都由各個家庭自然解決，因此女性常為男性壓迫的對象，有的家庭丈夫擁有三妻四妾，女性只有默默的哭泣；但現代民法，已列有兩願離婚與裁判離婚，以貫徹離婚自由的原則。

第三節　結婚之要件

結婚成立之要件

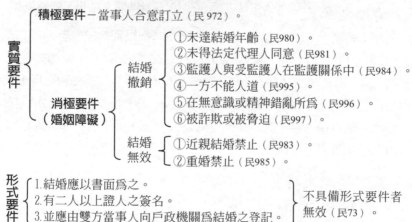

```
結婚成立之要件
├ 實質要件
│   ├ 積極要件－當事人合意訂立（民972）。
│   └ 消極要件（婚姻障礙）
│        ├ 結婚撤銷
│        │    ①未達結婚年齡（民980）。
│        │    ②未得法定代理人同意（民981）。
│        │    ③監護人與受監護人在監護關係中（民984）。
│        │    ④一方不能人道（民995）。
│        │    ⑤在無意識或精神錯亂所為（民996）。
│        │    ⑥被詐欺或被脅迫（民997）。
│        └ 結婚無效
│             ①近親結婚禁止（民983）。
│             ②重婚禁止（民985）。
└ 形式要件
     1.結婚應以書面為之。
     2.有二人以上證人之簽名。          不具備形式要件者
     3.並應由雙方當事人向戶政機關為結婚之登記。  無效（民73）。
```

---

① 20上783：「婚約應由男女當事人自行訂定，其非男女當事人自行訂定之婚約，非得其本人追認自難生效。」

33上1723：「婚約應由男女當事人自行訂定，民法第972條定有明文，由其父母代為訂定者當然無效，且婚約為不許代理之法律行為，縱令本人對於父母代訂之婚約為承認，亦不適用關於無權代理行為得由本人一方承認之規定，如由當事人雙方承認應認為新訂婚約。」

　　婚姻之能夠成立，首先必須當事人有結婚之意思存在（此即婚姻意思之合致），但是在此情形下，如有民法上所規定之「婚姻障礙理由」，則仍不能成立法律上的婚姻關係。

一、實質要件

㈠**須當事人意思一致**：結婚爲身分關係的契約，而婚約既應由男女當事人自行訂定（民972）結婚須當事人之合意爲必要。

㈡**須非在無意識中或精神錯亂中**：婚姻係法律行爲之一，應依當事人健全之意思爲之，如當事人之一方，於結婚時係在無意識或精神錯亂中者，得於常態恢復後 6 個月內，向法院請求撤銷之（民996）。

結婚（婚姻關係之成立）

㈢**須非被詐欺或被脅迫**：因被詐欺或被脅迫而結婚者，得於發現詐欺或脅迫終止後，6 個月內向法律請求撤銷之（民997）。所謂「詐欺」，乃故意表示虛構之事實，使人陷於錯誤，因而爲結婚之意思表示之行爲。所謂「脅迫」，乃故意脅迫他人，使其發生恐怖，因畏懼之結果，而爲結婚之意思表示之行爲。

㈣**須達法定結婚年齡**：男未滿 18 歲，女未滿 16 歲者，不得結婚（民980）。違反此規定者，當事人或其法定代理人，得向法院請求撤銷之，但當事人已達該條所定年齡或已懷胎者，不得請求撤銷（民989）。

意思能力與年齡之關係

0歲	7、8歲	12、3歲	15歲	16歲	18歲	20歲
權利能力	意思能力	責任能力	身分行爲能力—有遺囑能力（民1186）	女　　男 結婚能力		行爲能力（成年）
成年人（代理）	無意思能力之未	意思能力不完全之未成年人		有意思能力之未成年人		

㈤**須得法定代理人之同意**：未成年人結婚，應得法定代理人之同意（民981）同意權之行使由父母共同爲之。如法定代理人無正當理由拒絕同意時，法律上並未設有代替同意之方法，仍非得其同意不可。結婚如違反上述之規定者，法定代理人得向法院請求撤銷之。但自知悉其事實之日起，已逾 6 個月，或結

婚後已逾 1 年，或已懷胎者，不得請求撤銷（民 990）。

　㈥**須非近親間之結婚**：民法第 983 條規定，下列親屬不得結婚：

　　1.血親：

　　　⑴直系血親：直系血親不問其親等或輩分如何，均不得結婚。且不論是婚生或非婚生子女，均包括在內。

　　　⑵旁系血親：旁系血親在六親等以內者。即六親等以內之堂兄弟姊妹及表兄弟姊妹均禁止結婚。旁系血親只要是六親等以內，無論是全血緣或半血緣，均為法律所禁止。因此同父異母，同母異父之兄弟姊妹均禁止結婚。但此有一例外，即因收養而成立之四親等及六親等旁系血親，輩分相同者，仍許結婚（民 983 I ②）。亦即養子女之子女與婚生子女之子女相互間，則許結婚。

　　　⑶法定血親：養父母與養子女間，養父母與養子女及其直系血親卑親屬間，因收養而發生法定血親關係，其禁婚情形為：

　　　　①收養關係存續中：法定血親間之結婚禁止規定，原則上與自然血親相同，但因收養而成立之四親等及六親等旁系血親，輩分相同者，則允許其結婚。

　　　　②收養關係終止：民法第 983 條第 3 項規定：「第一項直系血親及直系姻親結婚之限制，於因收養而成立之直系親屬間，在收養關係終止後，亦適用之。」即因收養而成立之直系親，縱已終止收養，其關係消滅，仍禁止其結婚，以維持倫常，但因收養所建立之旁系血親或旁系姻親，因收養關係終止，亦適用之。

　　2.姻親：

　　　⑴直系姻親：直系姻親不問其親等或輩分如何，均不得結婚。直系姻親不得結婚之規定，於姻親關係消滅後，仍禁止結婚（民 983 II）。

　　　⑵旁系姻親在五親等以內，輩分不相同者：因此旁系姻親雖在五親等以內，但如輩分相同時，或五親等以外者，均允許結婚。例如長兄死亡，由其弟接娶兄嫂等，均不涉及禁婚規定。此項旁系姻

親結婚之限制，於姻親關係消滅後，則不再適用（民983II）。

(七)**監護人與受監護人於監護關係存續中不得結婚**。但經受監護人父母之同意，不在此限（民984）。目前之監護關係有未成年人之監護（民1091）與受監護宣告（禁治產）人之監護（民1110）。

(八)**須非重婚或同時與二人以上結婚**：民法為貫徹一夫一妻制，規定有配偶者，不得重婚。而一人不得同時與二人以上結婚（民985）。刑法亦規定，有配偶而重為婚姻；或同時與二人結婚者，處五年以下有期徒刑。其相姦者亦同（刑271）。

(九)**須非不能人道**：當事人之一方，於結婚時不能人道而不能治者，他方得向法院請求撤銷之。但自知悉其不能治之時起已逾3年者，不得請求撤銷（民995）。所謂不能人道，即不能性交之意。如男為天閹，女為石女是（22院839）。但無生殖能力或無受胎能力則非不能人道。

二、形式要件

結婚為要式行為，應具備一定之方式，始發生效力。民法第982條規定：「結婚應以書面為之，有二人以上證人之簽名，並應由雙方當事人向戶政機關為結婚之登記。」

第四節　結婚之無效及撤銷

一、結婚之無效

依民法第988條之規定：「結婚有下列情形之一者，無效：一不具備第九百八十二條之方式。二違反第九百八十三條規定。三違反第九百八十五條規定。但重婚之雙方當事人因善意且無過失信賴一方前婚姻消滅之兩願離婚登記或離婚確定前判決而結婚者，不在此限。」茲分述如下：

(一)**無效之原因**：

1.不具備結婚之方式者：法律行為不依法定方式者無效（民73）。而結婚為法律行為之一，且為要式行為，依民法第982條之規定，結婚應

以書面為之,有 2 人以上證人之簽名,並應由雙方當事人向戶政機關為結婚之登記。是以男女雙方縱有同居之事實,而未依規定形式辦理者,其婚姻仍不具法律上之效力。

2.違反近親結婚之限制者:即違反民法第 983 條所定親屬結婚之限制者。蓋依民法第 71 條:「法律行為違反強制或禁止之規定者,無效。」親屬結婚之限制,係屬禁止規定,如有違反,應當然無效。

3.違反重婚禁止規定者:即違反民法第 985 條規定:「有配偶者,不得重婚。一人不得同時與二人以上結婚。」民法規定,其結婚當然無效,俾與刑法第 237 條處罰重婚罪之規定相配合。但重婚之雙方當事人因善意且無過失信賴一方前婚姻消滅之兩願離婚登記或離婚確定判決而結婚者,不在此限(民 988Ⅱ)。

(二)**無效之效力**:

1.當然無效:無效之結婚,即婚姻當然不成立,但如果對無效有所爭執,當可訴請法院確認婚姻無效。

2.絕對無效:對於無效之婚姻,任何人均可主張之,亦可訴請婚姻無效(民訴 569),婚姻無效之判決,對第三人亦發生效力。

3.自始無效:婚姻無效係指自始不存在,不但婚姻當事人間不生身分上及財產上之效力,與未經結婚前是相同,即其所生之子女亦為非婚生子女。

(三)**重婚因例外有效,致前婚姻視為消滅之效力**(民 988 之 1):

(1)第 988 條第 3 款違反重婚之規定,但重婚之雙方當事人因善意且無過失信賴一方前婚姻消滅之兩願離婚登記或離婚確定判決而結婚者。前婚姻自後婚姻成立之日起視為消滅。

(2)前婚姻視為消滅之效力,除法律另有規定外,準用離婚之效力。但剩餘財產已為分配或協議者,仍依原分配或協議定之,不得另行主張。

(3)前婚姻視為消滅者,其剩餘財產差額之分配請求權,自請求權人知有剩餘財產之差額時起,2 年間不行使而消滅。自撤銷兩願離婚登記或廢棄離婚判決確定時起,逾 5 年者,亦同。

(4)前婚姻視為消滅者，無過失之前婚配偶得向他方請求賠償。此項情形，雖非財產上之損害，前婚配偶亦得請求賠償相當之金額。此項請求權，不得讓與或繼承。但已依契約承諾或已起訴者，不在此限。

兩妻皆判正娶　講師難享齊人福

兩女先後打官司　兩段婚姻都有效　依法後婚成立　前婚無效「後妻」保住老公「前妻」只能求償

台北某大學蕭姓講師，因與妻感情不睦，乃簽下離婚協議書，1個月後蕭氏迎娶大陸許姓女子。於是前妻舉證告上法院，獲得勝訴。蕭講師的後妻許女乃隨即提告，確認後婚有效訴訟，法院乃以許女是「善意且無過失」符合民法第988條第1項第3款重婚的例外規定而有效。在此情形下，依民法第988條之1規定：「前婚姻自後婚姻成立之日起，視為消滅」，因此前妻只能要求分配蕭講師之財產、請求賠償及精神慰撫金。見2009年6月13日，聯合報，A12頁。

二、結婚之撤銷

結婚之撤銷，係指結婚具有可得撤銷之法定原因，而由有撤銷權者，訴請法院使其婚姻關係歸於消滅之謂也。

結婚之撤銷

(一)撤銷原因與撤銷權人：

1.未達結婚年齡：男未滿 18 歲，女未滿 16 歲而結婚者，當事人或其法定代理人，得向法院請求撤銷之。但當事人已達該條所定年齡或已懷胎者，不得請求撤銷（民 989）。所謂當事人已達結婚年齡，係指當事人於請求撤銷結婚之訴提起時，已達結婚年齡而言，如起訴時未達結婚年齡，縱令訴訟中已達結婚年齡，其已行使之撤銷權仍不因此而受影響（33 上 3477）。此外，此所謂已達結婚年齡，包括雙方當事人而言，必須雙方當事人於起訴時俱達結婚年齡，其撤銷請求權始行消滅，若一方於起訴時已達結婚年齡，他方未達結婚年齡者，仍得請求撤銷其結婚（33 上 2863）。

2.未得法定代理人之同意：未成年人未得法定代理人之同意而結婚者，法定代理人得向法院請求撤銷之。但自知悉其事實之日起，已逾 6 個月，或結婚後已逾 1 年，或已懷胎者，不得請求撤銷（民990）。

3.結婚在監護關係存續中：監護人與受監護人於監護關係存續中，未經受監護人父母之同意而逕行結婚者，受監護人或其最近親屬，得向法院請求撤銷之。但結婚已逾 1 年者，不得請求撤銷（民991）。

4.結婚時不能人道：當事人之一方，於結婚時不能人道而不能治者，他方得向法院請求撤銷之。但自知悉其不能治之時起已逾 3 年者，不得請求撤銷（民995）。

5.結婚時在無意識或精神錯亂中：當事人之一方於結婚時係在無意識或精神錯亂中者，得於常態回復後 6 個月內，向法院請求撤銷之（民996）。

6.須非被詐欺或被脅迫：因被詐欺或被脅迫而結婚者，得於發現詐欺或脅迫終止後，6 個月內向法院請求撤銷之（民997）。所謂「詐欺」，乃故意表示虛構之事實，使人陷於錯誤，因而為姤婚之意思表示之行為。所謂「脅迫」，乃故意脅迫他人，使其發生恐怖，因畏懼之結果，而為結婚之意思表示之行為。兩者皆為法所禁止，俾當事人能在自由意思下，決定結婚之行為。

(二)**撤銷方法**：結婚之撤銷，須依訴訟方式主張之。這從民法第 989 至 997 條之規定「得向法院請求撤銷」可以瞭解。即經法院判決確定時，為結婚撤銷效力之發生時期，使有效之婚姻向將來失其效力，具有變更法律關係性質，因此屬於「形成之訴」，而非「確認之訴」。

(三)**撤銷之效力**：結婚撤銷之效力，民法規定不溯及既往（民998）。故當事人於未撤銷前，其婚姻關係仍然存續，在撤銷前出生之子女，或受胎而於其後出生之子女，為婚生子女，不受撤銷之影響（民1061、1063）。

三、結婚無效及撤銷之損害賠償

關於結婚無效或撤銷之損害賠償，與無法定原因違反婚約之損害賠償同，即：

(一)**財產上之損害賠償**：當事人之一方，因結婚無效或被撤銷，而受有

損害者，得向他方請求賠償。但他方無過失者，不在此限（民999Ⅰ）。

㈡**非財產上之損害賠償**：無過失之受害人，得向有過失之他方請求賠償相當之金額。此項情形，雖非財產上之損害，受害人亦得請求賠償相當之金額，但以受害人無過失者為限（民999Ⅱ）。此項請求權，不得為讓與或繼承之標的物，但如對方已依契約承諾，或受害人已經起訴者，其請求權已變為財產上之權利，自得為讓與或繼承（民999Ⅲ）。

㈢**子女之權義、贍養費及財產之取回**（民999之1）：

1.結婚無效時準用下列規定：給與贍養費（民1057）。財產之取回（民1058）。

2.結婚撤銷時準用下列規定：離婚夫妻對未成人子女權義之行使或負擔（民1055），應依子女之最佳利益為之（民1055之1），監護人之選定（民1055之2），給與贍養費（民1057），財產上之取回（民1058）。

結婚之無效及撤銷之比較

摘　　要	結　婚　之　無　效	結　婚　之　撤　銷
原　　因	1.不具備結婚方式。 2.違反近親結婚。 3.違反重婚規定。	1.未達結婚年齡。 2.未成年人未得法定代理人同意。 3.結婚在監護關係存續中。 4.結婚時不能人道。 5.結婚時無意識或精神錯亂中。 6.被詐欺或被脅迫。
請求權人	任何人都可主張	1.未成年人之法定代理人。 2.被害之當事人。
請求方法	確認之訴	形成之訴
期間限制	無期限，但經追認後不得再主張無效	1.未達結婚年齡：當事人或法定代理人隨時請求撤銷。 2.未得法定代理人同意：自知悉時起已逾6個月或結婚後已逾1年，或已懷胎者，不得請求撤銷。 3.結婚在監護關係存續中：受監護人或其最近親屬，得隨時請求法院撤銷，但結婚已逾1年者，不得請求撤銷。 4.結婚不能人道：自知悉其不能治之時起已逾3

		年者，不得請求撤銷。 5.結婚時在無意識或精神錯亂中：於常態回復後6個月內。 6.被詐欺或被脅迫：發現後6個月內。
效　　果	自始無效	不溯及既往

四、婚姻之解消

所謂婚姻之解消（英：dissolution of marriage, divorce；德：Auflösung der Ehe；法：dissolution du mariage）即完全有效成立之婚姻關係，因其後之事由，而消滅之謂。此與婚姻成立時，因有瑕疵而撤銷婚姻之情形不同。婚姻解消之事由為離婚或夫妻之一方死亡（包括失蹤宣告）。因婚姻之解消，當事人乃由夫或妻之地位而解放，從而可以再婚。

完全有效成立之婚姻因離婚或夫妻一方之死亡而消滅，如為死亡仍保有姻親關係，如為離婚則姻親關係消滅（民971）。死亡解消時，生存配偶擁有子女之親權，但在離婚時，則須考慮子女之利益及決定監護權（民1055、1055之1、1055之2）。死亡解消時，生存配偶對遺產有繼承權（民1138）。離婚時則各自取回其固有財產（民1058），如為裁判離婚，則有損害賠償及贍養費問題（民1056、1057）。死亡解消時，生存配偶對死亡配偶之父母，如為同居，仍負扶養義務（民1114），如為離婚則無。

五、婚姻之不解消

所謂婚姻之不解消（拉：indissolubilitas matrimonii；英：indissolubility of marriage；德：Unauflösbarkeit der Ehe；法：indissolubilité du mariage）即對正當而合法締結之婚姻，不允許離婚之主義。如有無法繼續婚姻狀態之理由時，只有別居之法。此為天主教會之立場，在中世由信奉天主教國家所遵行。自進入近世以來，因宗教改革，主權國家之婚姻立法，以及司法權對婚姻關係之介入，這一主義逐漸褪色。在天主教勢力仍相當強勢之國家，迄今仍不承認離婚之措施。此如義大利於1970年、葡萄牙於1975年、西班牙於1981年分別允許離婚之存在，但愛爾蘭、拉丁美洲各國迄今仍不承認離婚措施之存在。

第五節　婚姻之普通效力

一、夫妻地位之立法主義

㈠**夫妻一體主義**（coverture scheme）：即法律上視夫妻爲一體，不認夫妻兩人格對立之主義。依此主義，將妻之人格吸收於夫之人格中，此種法制有背於男女平等之原則，爲現時民法所不採。

㈡**夫妻別體主義**（separate existenee scheme）：即法律上認爲夫妻各有獨立之人格，立於平等之地位，妻與夫同樣享有財產所有及法律行爲之能力，此爲近代各國所採。

二、婚姻之效力

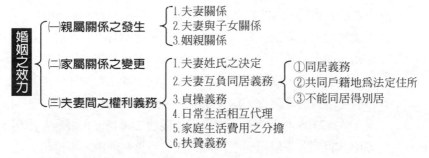

㈠**親屬關係之發生**：

　1.因婚姻而生之夫妻關係：夫妻關係乃婚姻最重要之效力，其他各種婚姻之效力，不外基於此親屬關係而生。

　2.夫妻與其所生子女間之關係：因婚姻關係受胎而生之子女，與父母間，發生血親關係（民1061）。

　3.夫妻之一方與他方之血親及血親之配偶間發生姻親關係（民969）。

㈡**家屬關係之變更**：婚姻關係成立後，夫妻共同組成家庭，協議住所，成爲家屬（民1002）。

㈢**夫妻間之權利義務**：

　1.夫妻之姓氏：婚姻關係成立後，夫妻各保有其本姓。但得書面約定以其本姓冠以配偶之姓，並向戶政機關登記。冠姓之一方得隨時回復

其本姓。但於同一婚姻關係存續中以一次爲限（姓 6II）。以示男女平等之原則（民 1000）。

2.夫妻互負同居義務：

(1)同居義務：婚姻以夫妻之共同生活爲其目的，故夫妻雙方除有不能同居之正當理由外，互負同居之義務（民 1001）。

(2)夫妻之住所：夫妻既負同居之義務，自應同居一處，其住所之規定爲（民 1002）：

　①落實男女平等原則：爲尊重結婚當事人之人格尊嚴，結婚後依規定「夫妻之住所，由雙方共同協議之；未爲協議或協議不成時，得聲請法院定之。」（民 1002 I）

　②夫妻共同戶籍地爲法定住所：即夫妻未約定住所，又未聲請法院裁定時，即以夫妻共同戶籍地推定爲其住所（民 1002II）。

(3)夫妻別居：夫妻雖互負有同居之義務，但如有不能同居之正當理由，則不必負同居之義務（民 1001 但）。至於何謂正當理由，法未明文規定，依 27 上 28 判例：「夫妻間雖有同居之義務，但有不堪同居之事實，經雙方同意分別居住，亦非法所不許。」又 18 上 2129 判例謂：「妻有與夫同居之義務，在婚姻關係存續中非證明有不堪同居之虐待，或其他正當理由，不得請求給養分居。」又 19 上 13 判例：「別居與離異係屬兩事，別居者事實上夫婦不同居，而婚姻之關係依然存續，與離異之消滅婚姻關係者不同。」

3.貞操義務：夫妻應負貞操義務，故夫妻之一方如有重婚或與配偶以外之人合意性交，則爲請求離婚之原因（民 1052 I ②），刑法亦構成重婚罪（刑 237）或通姦罪（刑 239）。

4.日常家務之相互代理：夫妻於日常家務互有代理權，唯夫妻之一方有濫用代理權時，他方得限制之，但不得對抗善意第三人（民 1003）。所謂日常家務之範圍，以支付家庭生活之必要行爲爲依據，如依其情形，妻非處分其夫之不動產不能維持家庭生活，而又不及待其夫之授權者，其處分不動產，自屬關於支付家庭生活費用之必要行爲，應解爲包括於

日常家務之內（36 上 5356）。

　　5.家庭生活費用之分擔：家庭生活費用，除法律或契約另有約定外，由夫妻各依其經濟能力、家事勞動或其他情事分擔之。因上項費用所生之債務，由夫妻負連帶責任（民 1003 之 1）。

　　6.扶養義務：夫妻互負扶養之義務，其負扶養義務之順序與直系血親卑親屬同，其受扶養權利之順序與直系血親尊親屬同（民 1116 之 1）。故夫妻互負扶養義務，至為明顯。

　　至於負扶養義務，如有該夫妻之直系血親卑親屬存在時，則與卑親屬同，其受扶養權利之順序，如有直系血親尊親屬存在時，則與尊親屬同其順序。夫妻互負扶養權利之順序，既與直系血親尊親屬同，自不以無謀生能力為必要（79 臺上 2629）。

第六節　夫妻財產制

一、概說

　　夫妻財產制（德：eheliches Güterrecht；法：régime matrimonial）即規定夫妻共同生活費用的負擔，財產的歸屬及其管理與收益等，有關夫妻財產關係之制度。未成年人結婚後訂立夫妻財產制時，原規定須經法定代理人同意，但因與民法總則規定不符，故予刪除（民 1006 刪除理由）。民法規定，在夫妻財產制下，有法定財產制與約定財產制之分。前者係婚姻當事人，於結婚前或結婚後未以契約訂立夫妻財產制時，除本法另有規定外，以法定財

產制，為其夫妻財產制（民 1005）。後者即夫妻得於婚前或婚後，以契約訂定選用「共同財產制」（民 1031~1041）或「分別財產制」（民 1044~1046），並向法院登記，如未約定，則一律適用法定財產制。

二、夫妻財產制之種類

　　㈠法定財產制：所謂法定財產，乃婚姻當事人未訂立夫妻財產契約時，

依法律規定，適用於夫妻間之財產關係之謂。法定財產制分為「通常法
定財產制」與「非常法定財產制」兩種。通常法定財產制，將夫妻之財
產分為婚前財產與婚後財產（民 1017~1030 之 4），仍以分別財產制為非常法
定財產制（民 1009~1011）。

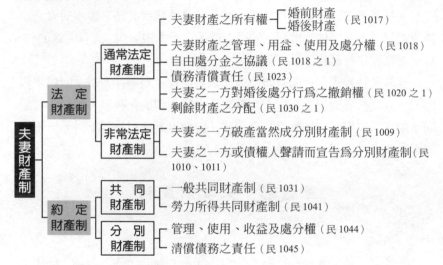

1.通常法定財產制：

　(1)夫妻財產之所有權：

　　①婚前財產及婚後財產：即夫或妻之財產分為婚前財產及婚後
　　　財產，由夫妻各自所有（民 1017 I 前段）。所謂婚前財產，係夫
　　　妻結婚前所有之財產，所謂婚後財產，即夫妻於婚姻關係存
　　　續中取得之財產。不能證明為婚前或婚後財產者，推定為婚
　　　後財產；不能證明為夫或妻所有之財產，推定為夫妻共有（民
　　　1017 I 後段）。此之所謂推定共有，即不能證明夫或妻所有之
　　　財產，由夫和妻各以應有部分二分之一之比例分別共有該財
　　　產（民 817II）。

　　②孳息之歸屬：夫或妻婚前財產，於婚姻關係存續中所生之孳
　　　息，視為婚後財產（民 1017II）。此之孳息包括天然孳息及法
　　　定孳息。

③夫妻財產制變更：夫妻以契約訂立夫妻財產制後，於婚姻關係存續中改用法定財產制者，其改用前之財產視為婚前財產（民1017Ⅲ）。

④夫妻財產制新舊法之適用：2002（民國91）年6月27日民法親屬編修正前適用聯合財產制之夫妻，其特有財產或結婚時之原有財產，於修正後視為夫或妻之婚前財產；婚姻關係存續中取得之原有財產，於修正施行後視為夫或妻之婚後財產（民親施6之2）。

(2)夫妻財產之管理、用益及處分權：

①各自管理及處分：夫或妻各自管理、使用、收益及處分其財產（民1018）。即夫或妻無論是婚前或婚後之財產，均各自管理、使用、收益及處分。如其財產有發生孳息，亦各歸其所有；夫或妻處分財產時，亦不必經他方之同意。

②得委託他方管理：夫或妻當然得委託他方管理其財產。不過夫妻就其婚後財產，互負報告之義務（民1022）。蓋使雙方相互了解其財產狀況，以落實將來剩餘財產之分配請求權的實現。

(3)自由處分金之協議：即夫妻於家庭生活費用外，得協議一定數額之金錢，供夫或妻自由處分（民1018之1）。其目的在使夫妻之一方從事家事勞務，有可供自由處分之零用錢。

(4)債務清償責任：即夫妻各自對其債務負清償之責（民1023Ⅰ）。又夫妻之一方以自己財產清償他方之債務時，雖於婚姻關係存續中，亦得請求償還（民1023Ⅱ）。

(5)夫妻之一方對婚後處分行為之撤銷權：即無償行為及有償行為兩種情形：

①無償行為之撤銷：即夫或妻於婚姻關係存續中就其婚後財產所為之無償行為，有害及法定財產制關係消滅後，他方之剩餘財產分配請求權者，他方得聲請法院撤銷之。但為履行道德上義務所為之相當贈與，不在此限（民1020之1）。所謂履行道德上義務所為之相當贈與，如孝敬父母、長輩之餽贈等

是。蓋此非詐害行為，故不為撤銷權之標的。

②有償行為之撤銷：即夫或妻於婚姻關係存續中就其婚後財產所為之有償行為，於行為時明知有損於法定財產制關係消滅後他方之剩餘財產分配請求權者，以受益人受益時亦知其情事者為限，他方得聲請法院撤銷之（民1020之1Ⅱ）。因此，此有償行為之撤銷，尚須夫妻之一方為惡意，而受益人在主觀上亦為惡意，始足構成。

③撤銷權之行使期間：上述之撤銷權，自夫或妻之一方知有撤銷原因時起，6個月間不行使，或自行為時起經過1年而消滅（民1020之2）。

(6)剩餘財產之分配：

①剩餘財產分配請求權：法定財產制關係消滅時，夫或妻現存之婚後財產，扣除婚姻關係存續中所負債務後，如有剩餘，其雙方剩餘財產之差額，應平均分配。平均分配顯失公平者，法院得調整或免除其分配額（民1030之1Ⅱ）。本項剩餘財產差額之分配請求權，自請求權人知有剩餘財產之差額時起，2年間不行使而消滅。自法定財產制關係消滅時起，逾5年者，亦同（民1030之1Ⅲ）。

②不列入分配之財產：下列財產不列入分配：

A 因繼承或其他無償取得之財產。

B 慰撫金。

③剩餘財產計算之納入：即夫或妻之一方以其婚後財產清償其婚前所負債務，或以其婚前財產清償婚姻關係存續中所負債務，除已補償者外，於法定財產關係消滅時，應分別納入現存之婚後財產或婚姻關係存續中所負債務計算（民1030之2Ⅰ）。以便公平清理現存婚後財產。又夫或妻之一方，因繼承或其他無償取得之財產或慰撫金等清償婚姻關係存續中所負債務者，亦適用上述第一項之規定，除已補償者外，於法定財產關係消滅時，亦應納入現存之婚後財產或婚姻關係

存續中所負債務計算（民 1030 之 2 II）。

④剩餘財產計算之追加：夫或妻爲減少他方對於剩餘財產之分配，而於法定財產制關係消滅前 5 年內處分其婚後財產者，應該將財產**追加計算**，視爲現存之婚後財產。但爲履行道德上義務所爲之相當贈與，不在此限（民 1030 之 3 I）。前項情形，分配權利人於義務人不足清償其應得之分配額時，得就其不足額，對受領之第三人於其所受利益內請求返還。但受領爲有償者，以顯不相當對價取得者爲限（民 1030 之 3 II）。分配權利人對第三人之請求權，於知悉其分配權利受侵害時起 2 年間不行使而消滅，自法定財產制關係消滅時起，逾 5 年者，亦同（民 1030 之 3 III）。

⑤又如夫妻於 91 年 6 月 27 日前適用聯合財產制之夫妻，婚姻關係存續中取得之原有財產，於親屬編修正施行後視爲夫或妻之婚後財產（民親施 6 之 2），列入剩餘財產分配範圍。

⑥剩餘財產分配請求權之行使：爲行使剩餘財產分配請求權，其計價之時點爲：夫妻現存之婚後財產，其價值計算之法定財產制關係消滅時爲準。但夫妻因判決而離婚者，以起訴時爲準（民 1030 之 4 I）。至於依前條應追加計算之婚後財產，其價值計算以處分時爲準（民 1030 之 4 II）。

2.非常法定財產制：通常法定財產制，乃是夫妻於婚姻關係存續中，未以契約訂立夫妻財產制者，適用之。但如其訂有夫妻財產制契約，則應適用約定財產制。惟因特定情事發生，當然或得請求宣告改用分別財產制。此即非常法定財產制，又稱爲夫妻財產制之轉換。也是**分別財產制之原因**：

(1)當然非常法定財產制：又稱法律的非常法定財產制，即夫妻之一方受破產宣告時，其夫妻財產制當然成爲分別財產制（民 1009）。至於何時成爲分別財產制，解釋上應以受破產宣告之時爲起點。

(2)宣告非常法定財產制：又稱爲裁判的非常法定財產制。

①基於夫妻一方之請求而宣告：即夫妻之一方有下列各款情形之一時，法院因他方之請求，得宣告改用分別財產制（民1010 I），應自法院爲此宣告之時開始。又經修正之本條規定，於74年6月4日前已結婚者，亦適用之（民親施6II）。

A 依法應給付家庭費用而不給付時。

B 夫或妻之財產，不足清償其債務時。

C 依法應得他方同意所爲財產上之處分，而他方無正當理由拒絕同意時。

D 有管理權之一方對於共同財產之管理顯有不當，經他方請求改善而不改善時。

E 因不當減少其婚後財產，而對他方剩餘財產分配請求權有侵害之虞時。

F 有其他重大事由時。夫妻之總財產不足清償總債務或夫妻難於維持共同生活，不同居已達6個月以上時，此項規定於夫妻均適用之（民1010II）。

②基於債權人之聲請：債權人對於夫妻一方之財產已爲扣押而未得受清償時，法院因債權人之聲請，得宣告改用分別財產制（民1011）。

㈡**約定財產制**：即夫妻得於婚前或婚後，以契約就民法所定之約定財產制中，選擇其中一種，規範夫妻間之財產關係（民1004），此夫妻財產契約屬雙方行爲。茲分述之：

1.共同財產制：我民法以共同財產制爲約定財產制之一種，法律上僅有一般共同財產制及所得共同財產制。

⑴一般共同財產制（allgemeine Gütergemeinschaft）：夫妻將其財產及所得，除特有財產外，合併爲共同財產，而爲**夫妻公同共有之財產制**謂之共同財產制（民1031）。此乃約定之共同財產制，須夫妻以契約訂立此項夫妻財產制者，始有其適用；若無此項約定，自難認其夫妻財產係公同共有（44臺上59）。

①特有財產（Sondergut）：又稱保留財產（Vorbehaltsgut）。即夫

　　或妻各人對該財產有自行支配權，而非屬於夫妻財產之構成部分，爲夫或妻單獨所有之財產。下列財產爲特有財產（民 1031 之 1 I）：

　　A 專供夫或妻個人使用之物：以使用物之動產爲對象，如夫之衣服、夫個人使用之運動器具，妻之衣服、化妝品、飾物等。

　　B 夫或妻職業上必需之物：如夫爲醫師，供其治療用之器械，妻爲琴師所使用之提琴。

　　C 夫或妻所受之贈物，經贈與人聲明爲其特有財產者：此項贈與物爲無償取得，且須贈與人聲明其爲受贈人之特有財產。

②共同財產之管理用益及處分：

　　A 管理用益權：共同財產由夫妻共同管理，但約定由一方管理者，從其約定。其管理費用由共同財產負擔（民 1032）。至於用益權，民法雖無規定，但解釋上當包含於管理權之內（參照民 828）。

　　B 處分權：夫妻之一方對於共同財產爲處分時，應得他方之同意（民 1033 I）。前項同意之欠缺，不得對抗第三人，但第三人已知或可得而知其欠缺，或依情形，可認爲該財產屬於共同財產者外，不得對抗第三人（民 1033 II）。

③夫妻清償債務之責任：夫或妻結婚前或婚姻關係存續中所負之債務，應由共同財產，並各就其特有財產負清償責任（民 1034）。

④夫妻間補償請求權：共同財產所負之債務，而以共同財產清償者，夫妻間不生補償請求權。共同財產之債務，而以特有財產清償，或特有財產之債務，而以共同財產清償者，因此兩種財產，各有範圍，故有補償請求權。雖於婚姻關係存續中，亦得請求（民 1038）。

⑤共同財產制之消滅：共同財產制，有因夫妻一方之死亡而消滅者，有因撤銷婚姻或改用其他夫妻財產制而消滅者。共同財產關係消滅，就會發生分割共同財產之問題。其內容爲：

A 因死亡而消滅：夫妻之一方死亡時，共同財產之半數歸屬於死亡者之繼承人，其他半數歸屬於生存之他方（民 1039 I）。但當事人間就財產分割之數額另有約定者，從其約定（民 1039II）。此項約定，應以書面爲之（民 1007）。蓋配偶有相互繼承遺產之權（民 1144），因此，生存之配偶尚得對其半數，依法有其繼承權（民 1144、21 院 780）。但如生存之配偶依法不得爲繼承人時（民 1145），其對於共同財產可得請求之數額，不得超過離婚時所應得之數額（民 1039III）。所謂離婚時之數額，指民 1058 所規定之各財產。

B 因其他原因而消滅：共同財產制關係消滅時，除法律另有規定外，夫妻各取回其訂立共同財產制契約時之財產（民 1040 I）。所謂法律另有規定，如夫妻之一方死亡（民 1039）、離婚（民 1058）而消滅共同財產關係。按夫妻在其生前，得依契約（民 1012），或依法定原因（民 1009），或依法院之宣告（民 1010、1011），消滅夫妻間之共同財產關係，在此情形，夫妻亦各得共同財產之半數。但法律另有規定（民 1058），或契約另有約定者，則從其約定（民 1040）。

(2)勞力所得共同財產制：民法除承認一般共同財產制外，尚有所得共同財產制。所謂所得共同財產制，乃夫妻以契約訂定，僅以其勞力所得爲共同財產之制度（民 1041 I），所謂所得，係指婚姻關係存續中取得之薪資、工資、紅利、獎金及其他與勞力所得有關之財產收入。勞力所得之孳息及代替利益亦同（同條 II）。不能證明爲勞力所得或勞力所得以外財產者，推定爲勞力所得（同條III）。夫或妻勞力所得以外之財產，適用關於分別財產制之規定（同條IV）。第 1034 條（清償責任之債務）、第 1038 條（共同財產之補償請求權）、第 1040 條（共同財產關係消滅時其財產之分割），於勞力所得共同財產制準用之（同條 V）。

2.分別財產制：即夫妻之財產各自保持結婚前之獨立狀態，不因結婚而混淆不清。此種夫妻財產制最能保障妻之財產之獨立，民法以此爲

約定財產制之一種，又可因法律之規定，或法院之宣告而成為非常的法定財產制（民 1009 至 1011）。

　　(1)管理及使用收益權：即夫妻各保有其財產之所有權，各自管理、使用、收益及處分（民 1044）。

　　(2)清償債務之責任：分別財產制有關夫妻債務之清償，適用第 1023 條之規定（民 1046）。至於第 1023 條為：

　　　①夫妻各自對其債務負清償之責。

　　　②夫妻之一方以自己財產清償他方之債務時，雖於婚姻關係存續中，亦得請求償還。

第七節　離婚概說

一、意義

　　所謂離婚（英 divorce；德：Ehescheidung）即夫妻於婚姻關係存續中，經協議或法院判決，消滅其婚姻關係之謂。婚姻關係之消滅，有由於自然事實之發生者，如夫妻之一方死亡時，有由於人為之事實者，如民法規定之離婚是。

二、離婚與婚姻撤銷

　　離婚與婚姻之撤銷，雖同為人為的消滅婚姻之關係，然兩者仍有不同：

區分基準	婚姻之撤銷	離　　婚
(一) 性質不同	婚姻之撤銷，在消滅有瑕疵之婚姻。	離婚，則是消滅完全之婚姻。
(二) 原因不同	婚姻撤銷之原因，於婚姻成立之時，即已存在。	離婚之原因，則在婚姻成立後，始行發生。
(三) 當事人不同	婚姻撤銷之請求，除當事人外，有時有利害關係之第三人，亦得為之。	離婚之請求，只限於夫妻當事人。
(四) 時期不同	婚姻之撤銷，無論當事人之雙方或一方死亡，均得為之。	離婚須婚姻當事人均在生存中，始得請求。
(五) 效力不同	婚姻之撤銷，理論上應溯及既往，不過法律基於特別理由，明定其不溯及既往。	離婚僅對將來發生效力。

第八節　離婚之方式

一、兩願離婚

兩願離婚亦稱協議離婚，即基於夫妻雙方之合意，以消滅婚姻關係爲目的之要式契約，依戶籍登記而發生效力之離婚方式。

（一）**兩願離婚之要件**：

1.實質要件	(1)當事人須爲夫妻	兩願離婚係夫妻合意以消滅其婚姻關係之契約，故須婚姻當事人自爲之。而夫妻以外之第三人不得以契約或任何方式代爲離婚。
	(2)當事人須有離婚之合意	兩願離婚既爲契約之一，須雙方當事人互爲離婚之意思表示，而其表示須相互一致，並無瑕疵，當事人之一方或雙方缺乏離婚之意思者，其離婚當然不能成立，如爲達其他目的而僞爲離婚之合意者，爲假裝離婚，原則上應爲無效。
	(3)未成年人應得法定代理人同意	未成年人已結婚者，財產上雖有行爲能力（民 13Ⅲ），但兩願離婚應得法定代理人之同意（民 1049）。
2.形式要件（民 1050）	(1)應以書面爲之	無一定程式，只須於書面上表明離婚意旨即可。至爲公證兩願離婚者，應依公證法所定之程序爲之。
	(2)須有 2 人以上證人之簽名	兩願離婚尚須有 2 人以上證人之簽名，始生效力，至於簽名之證人是否與婚姻當事人相識，則非所問（28 上 353）。
	(3)須向戶政機關爲離婚之登記	兩願離婚，如其形式要件過於簡單，易啓輕率化離之端，且狡點強橫之一方，可以不正手段，迫使他方同意離異，造成不幸，因此，離婚是採登記要件主義，須向戶政機關爲離婚之登記，始發生效力。本條無關男女平等之原則。

（二）**兩願離婚之無效及撤銷**：兩願離婚雖亦有無效及撤銷問題，但民法無特別規定，故是否適用總則編規定，乃生疑問。有謂總則編之規定，概以財產法上行爲爲對象，原則上不宜適用於身分法，因此關於兩願離婚之無效及撤銷，應準用親屬編關於婚姻無效、撤銷之規定。

1.兩願離婚	(1)離婚意思之欠缺：如當事人一方無離婚之意，由他人代理離婚、夫妻通謀假作離婚，及心神喪失人之兩願離婚等均屬無效。

之無效	(2)形式要件之欠缺：兩願離婚未作成書面，或無 2 人以上證人之簽名或未向戶政機關為離婚之登記者（民 988 I），均屬無效。 (3)違反公序良俗：如以不再婚為條件之兩願離婚是，蓋夫妻離婚後，是否再婚，當事人即無法過問（24 院 1357）。
2. 兩願離婚 之撤銷	(1)未成年人欠缺法定代理人之同意：未成年人未得法定代理人之同意，而自為兩願離婚時，解釋與判例，均認為無效（25 上 2543）。但通說以為法定代理人得準用民法第 990 條之規定，自知悉其事實之日起 6 個月內，或自其離婚時起 1 年以內，向法院請求撤銷。 (2)被詐欺或被脅迫：本人得於發現詐欺或脅迫終止後 6 個月內，向法院請求撤銷（民 997）。
3. 兩願離婚 無效及撤 銷之效果	兩願離婚之無效與婚姻無效相同，係當然無效、絕對無效，自始無效。至於兩願離婚撤銷之效果與婚姻撤銷之效力不同，因兩願離婚之撤銷，在其本質上，溯及於離婚時發生效力，使其回復自始未曾有離婚之狀態（民 114）。

二、裁判離婚

裁判離婚之原因
- 列舉規定
  - (1)重婚。
  - (2)與配偶以外之人合意性交。
  - (3)夫妻之一方對他方為不堪同居之虐待。
  - (4)夫妻之一方對他方之直系親屬為虐待，或夫妻一方之直系親屬對他方為虐待，致不堪為共同生活。
  - (5)夫妻之一方以惡意遺棄他方在繼續狀態中。
  - (6)夫妻之一方意圖殺害他方。
  - (7)有不治之惡疾。
  - (8)有重大不治之精神病。
  - (9)生死不明已逾三年。
  - (10)因故意犯罪，經判處有期徒刑逾六個月確定。
- 概括規定
  - 以上以外之重大事由，難以維持婚姻者，夫妻之一方得請求離婚。但其事由應由夫妻之一方負責者，僅他方得請求離婚。

　　即夫妻之一方如有法律所定之原因，對於他方提起離婚之訴，經法院認為有理由時，以判決解消其婚姻關係之謂。夫妻欲消滅其婚姻關係，只要雙方合意，當可以兩願離婚之方式達到目的，但如有一方不願意時，則僅依當事人一方之意思，固絕對不能離婚（12 上 29），此時如有法定離婚原因時，乃允許夫妻之一方可訴請法院判決消滅其婚姻關係。但依民

法規定，如夫妻之一方，對他方之行為事前同意或事後宥恕，或知悉後已逾 6 個月，或自其情事發生後已逾 2 年者，不得請求離婚（民 1053）。

㈠**裁判離婚之原因**：我民法關於離婚原因，採列舉主義之外，兼採概括主義。因此，夫妻之一方有下列情形之一者，他方得向法院請求離婚（民 1052）：

　1.列舉規定：

　　⑴重婚（Bigamie）：指有配偶而重為婚姻，或同時與 2 人以上結婚者而言（刑 237）。此種重婚為即成犯，其犯罪行為以舉行結婚儀式而完成（24 上 469）。夫妻之一方重婚者，他方得提起離婚之訴，但亦得對後婚姻行使撤銷權（21 上 2962）。但請求離婚之訴，只限於前婚之無責配偶，前婚之有責配偶，不但對前婚而且對後婚，皆不得請求離婚，又後婚之配偶（不重婚之一方），亦不得請求後婚之離婚（22 上 2696），惟前婚之有責配偶（重婚人）及其後婚配偶，皆得請求撤銷後婚姻。

　　　惟有離婚請求權之一方，於事前同意或事後宥恕者，其請求權消滅。自知悉重婚後已逾 6 個月，或自重婚成立（舉行婚禮之日）後已逾 2 年者，亦不得請求離婚（民 1053）。此 6 個月及 2 年均為除斥期間。

　　⑵與配偶以外之人合意性交：即夫妻之一方，與配偶以外之異性，合意為性交行為之謂。夫妻之關係乃為身分權，即享有**身分法益**。此以前民法規定稱為通姦，通姦之為離婚原因，不以已因通姦被處刑為要件（28 上 2477）。與配偶以外之人合意性交，係指和姦而言，如係被人強

「媽媽跟老師在親親！」許生小五學童中午提早放學返家，意外撞見媽媽與同校男老師親吻，向父親告狀；被戴綠帽的許父之後又多次發現老婆不軌，無法再忍受，向法院訴離婚獲准。
見 2009 年 5 月 19 日，聯合報，A8 頁。

啊！

原來你們通姦，我們離婚算了。

姦，不得據此請求離婚；但因自己之過失，酗酒失去知覺而通

姦者，仍應負此責任，通姦之爲離婚原因，須結婚後發生者爲限，若結婚前之通姦，僅得於結婚前解除婚約，不得於姞婚後爲離婚之請求（33 上 294）。此外如納妾、宿娼等，均可構成離婚之原因。

(3)夫妻之一方受他方不堪同居之虐待：虐待（grobe Misshandlung）係指殘酷的待遇而言，凡使之身體上或精神上不可忍受之痛苦，致不堪繼續同居，足爲客觀之認定者屬之（23 上 678）。如慣行毆打，則不重視其受傷程度（19 上 1128），如偶然毆打，則應視其受傷程度，倘係重傷，則足構成離婚原因（29 上 995），而輕傷則否（18 上 960）。又夫妻之一方受他方之重大侮辱，亦包括於虐待之內，如誣稱他方通姦（23 上 678），夫誣稱其妻謀害本夫（33 上 1201），夫抑勒妻爲娼（21 上 834），荒淫無度或反自然性交之要求（21 院 650）等均爲虐待。不堪同居之虐待，有時觸犯刑法（如傷害罪、妨害名譽罪等），但不問其有無受刑事處分，仍得爲離婚之原因（33 上 4279）。

(4)夫妻之一方對於他方之直系尊親屬爲虐待，或受他方之直系尊親屬之虐待，致不堪爲共同生活：爲貫徹男女平等之原則，使夫妻雙方互負尊敬他方親長之義務，且使雙方親長亦能愛護晚輩，一家長幼，和睦相處，以締造幸福家庭，乃有此規定。但所謂虐待，必其事實在一般客觀上足以認其確有不能共同生活之情形，方能准許離婚（21 上 762）。又直系尊親屬，不僅以血親爲限，繼母爲直系姻親尊親屬，亦包括在內（33 上 4279）。

(5)夫妻之一方，以惡意遺棄他方，在繼續狀態中：夫妻互負同居之義務（民 1001），及扶養義務，如兩種義務不履行，或有其中一種義務不履行，即得構成遺棄。至於扶養義務方面，依民法規定，家庭生活費用，夫無支付能力時，由妻就其財產之全部負擔之（民 1026），如夫妻之一方有支付家庭費用之義務時，若無正當理由不爲支付，以致他方不能維持生活，自屬惡意遺棄他方（22 上 9220）。又遺棄須出於惡意，此之惡意，係指積極的

欲使遺棄之效果發生，即帶有不正之害意。

(6)夫妻之一方意圖殺害他方：所謂意圖殺害，以有殺害之預謀為已足，不以確有殺害之事實為必要，即包括殺人未逐與預備（刑271）。

(7)有不治之惡疾：不治之惡疾，指惡疾之程度，已至客觀的在醫學上不可治癒者而言。若其惡疾尚未至不治之程度，則雖暫時不能同居，亦不構成離婚原因（21 上 3110）。所謂惡疾，如麻瘋及花柳病或其他有礙於身體機能而為常情所厭惡之疾病等均是（23 上 4051、民 976 I ⑤）。但婚後雙目失明（27 上 2724）、婦女白帶（30 上 1798）、殘廢（32 上 6681）、單純之不育或不妊症（34 院2945），均非惡疾。又夫妻一方於結婚時不能人道時，他方僅得依民法第 995 條於知悉其不能治之時起 3 年內請求撤銷婚姻，不適用本款之規定（29 上 1913）。

(8)有重大不治之精神病：其精神病須為重症，且為不可治癒者。故如一時的或部分的喪失精神正常狀態，尚不能據為離婚之原因（22 上 1710）。精神病之發生，無論在婚前或婚後，係因先天或遺傳，在所不問。至聲盲啞，非本款所定之精神病，當無適用本款之餘地（院 1355）。

(9)生死不明已逾 3 年：配偶之一方失蹤滿 7 年，他方得請求死亡宣告（民 8），俟死亡宣告後再婚。但因失蹤期間為期過長，另一方面，死亡宣告有被撤銷之可能（民訴 635），因而舊婚可能復原，不知其已死亡或尚生存之謂。如僅因戰事交通阻隔，一時無從探悉其行止，不能謂為生死不明（43 上 538），生死不明或許因失蹤人以惡意遺棄其配偶，此時不須待 3 年，可立即以惡意遺棄為原因而請求離婚。3 年之期間，乃自離別時，發最後音信時，或

其他生存配偶知悉失蹤人生存最後之日起算，倘配偶之生死不明雖已逾 3 年，但未經判決離婚或死亡宣告，若其配偶再婚，即爲重婚（24 院 1338）。

(10)因故意犯罪，經判處有期徒刑逾 6 個月確定：所謂被處六個月徒刑，指宣告刑而言，其法定刑如何，在所不問（31 上 2197）。犯罪雖於結婚前爲之，而於結婚後受刑之宣告者，亦有適用。本款原規定須犯不名譽之罪，今則改爲故意犯罪，而判處 6 個月以上之徒刑，則成立離婚之原因。因此如交通事故之過失犯，雖宣告 6 個月以上徒刑，因非故意，因此仍不成立。本項依判例之解釋，意圖營利和誘有配偶之人脫離家庭（27 上 506）、侵占（27 上 3196）、背信、僞造文書（33 上 3142）、吸食鴉片（33 上 3406）、竊盜（33 上 5749）等是。

又處刑之爲離婚原因，係指判決已確定者而言。判決若已確定，縱有緩刑之宣告，亦可爲離婚之原因。又其被處徒刑，須在結婚以後，如在結婚前被處刑，雖有時可爲婚姻撤銷之原因，但不能爲離婚之原因（22 上 907）。

2.概括規定：有前項以外之重大事由，難以維持婚姻者，夫妻之一方得請求離婚。但其事由應由夫妻之一方負責者，僅他方得請求離婚。

三、調解或和解離婚

離婚經法院調解或法院和解成立者，婚姻關係消滅。法院應依職權通知該管戶政機關（民 1052 之 1）。

第九節　離婚訴訟

一、訴訟之提起

(一)**訴訟當事人**：離婚之訴訟當事人，限於夫妻（民訴 569 I），被告亦得

提起反訴（民訴 572 II），惟第三人，如親屬及其他利害關係人，均不得提起之。但夫妻之一方為未成年人時，依民法第 13 條規定，一經結婚，當事人即有行為能力，故亦有撤銷婚姻或離婚之訴訟能力。至於受監護宣告（禁治產）人，已回復常態者，亦可為離婚訴訟之決定。惟受監護宣告人之離婚訴訟，應由其監護人代為訴訟行為，如監護人即係其配偶時，應由親屬會議所指定之人代之（民訴 571 I）。至監護人代為訴者，並應得親屬會議之允許（民訴 571 II）。

（二）**訴訟程序**：

1.裁判離婚之主張，應以訴為之。此由民法第 1052 條規定「得向法院請求離婚」即可瞭解。如提起離婚之訴時，由夫或妻之住所地之法院管轄（民訴 568）。

2.離婚之訴及夫妻同居之訴，於起訴前應經法院調解（民訴 577 I）。所謂調解，係起訴前之和解。關於離婚之調解，準用民事訴訟法第 403 條至第 426 條之規定（同條 II）。

3.法院因維持婚姻，或確定婚姻是否無效或不成立，得斟酌當事人未提出之事實，對此項事實於裁判前，應令當事人有辯論之機會（民訴 575）。並得依職權調查證據（37 上 6882）。

4.對離婚之訴及夫妻同居之訴，如法院認為當事人有和諧之望者，得以裁定命於 6 個月以下之期間內，停止訴訟程序。但以一次為限（民訴 578）。

二、離婚請求權之消滅

裁判離婚須請求法院為之。離婚請求權之消滅，因法定離婚原因之不同而異，說明如下：

（一）**死亡**：夫或妻於判決確定前死亡者，關於本案視為訴訟終結。但第三人提起撤銷婚姻之訴後，僅夫或妻死亡者，不在此限（民訴 580）。

（二）**事前同意或事後宥恕**：夫妻之一方有重婚或與人通姦情事，有請求權之一方於事前同意，或事後宥恕，不得請求離婚（民 1053）。

（三）**除斥期間之經過**：

1.夫妻之一方有重婚或與人通姦情事，有請求權之一方，自知悉後已逾 6 個月，或自其情事發生後已逾 2 年者，不得請求離婚（民 1053）。此之 6 個月期間，應自妻知悉其夫與妾最後之通姦情事時起算。同條後段所定之 2 年期間，亦應自最後通姦之情事發生時起算（32 上 5726）。

2.夫妻之一方有意圖殺害他方，或被處 6 個月徒刑，有離婚請求權之一方，自知悉後已逾 1 年，或自情事發生後已逾 5 年者，不得請求離婚（民 1054）。

前述之各項期間，均為除斥期間，不適用有關時效中斷之規定。

第十節　離婚之效力

一、離婚效力之發生

離婚之效力，在兩願離婚，以當事人合意並具備法定方式時發生效力。在裁判離婚，則以離婚判決確定時發生效力，在此項判決確定以前，其婚姻關係依然存在（23 上 4004）。惟離婚為人為的解消婚姻關係之方法，故離婚前之身分上、財產上之一切法律行為，固屬有效，但離婚後其婚姻效果僅向將來消滅，無溯及既往之效力。

二、身分上之效力

㈠**夫妻關係消滅**：離婚以消滅婚姻關係為目的，婚姻關係既已消滅，夫妻關係自無由存在，此後除妻應受再婚之限制外，男婚女嫁各聽其自由（18 上 1547）。

㈡**夫妻間權利義務消滅**：離婚後夫妻各保有其本姓；同居義務（民 1001）、貞操義務、互為日常家務代理人之權義（民 1003）、以及互為遺產繼承人之權利（民 1144），均歸消滅。

㈢**親屬關係變更**：由婚姻所生之姻親關係，雖因離婚而消滅（民 971），但姻親禁婚之規定，仍保持其效力（民 983 II）。至夫妻與其所生子女之自然血親關係，並不因離婚而消滅（21 上 1982），如有訂約使父或母與其所生子女斷絕關係者無效。故仍有相互扶養義務及遺產繼承權。

三、子女之監護

(一)親權人之權利義務:

1.離婚子女之監護:夫妻離婚者,對於未成年子女權利義務之行使或負擔,依協議由一方或雙方共同任之。未爲協議或協議不成者,法院得依夫妻之一方、主管機關、社會福利機構或其他利害關係人之請求或依職權酌定之(民 1055 I)。

2.父母之協議不利於子女,法院得改定親權人:前項協議不利於子女者,法院得依主管機關、社會福利機構或其他利害關係人之請求或依職權爲子女之利益改定之(同條II)。

3.親權人未盡保護教養時,得改定親權人:行使、負擔權利義務之一方未盡保護教養之義務或對未成年子女有不利之情事者,他方、未成年子女、主管機關、社會福利機構或其他利害關係人得爲子女之利益,請求法院改定之(同條III)。

4.法院酌定權利義務行使之內容與方法:前三項情形,法院得依請求或依職權,爲子女之利益酌定權利義務行使負擔之內容與方法(同條IV)。

5.會面權:爲兼顧未任權利義務行使或負擔之夫或妻與未成年子女之親子關係,法院得依請求或依職權定其會面交往方式或期間。但其會面交往如有妨害子女之利益時,法院得依請求或依職權變更之(民 1055V)。

(二)對子女最佳利益之提示性規定:法院爲前條裁判時,應依子女之最佳利益,審酌一切情狀,參考社工人員之訪視報告,尤應注意下列事項(民 1055 之 1):

1.子女之年齡、性別、人數及健康情形。

2.子女之意願及人格發展之需要。

3.父母之年齡、職業、品行、健康情形、經濟能力及生活狀況。

4.父母保護教養子女之意願及態度。

5.父母子女間或未成年子女與其他共同生活之人間之感情狀況。

(三)監護人之選定:父母均不適合行使權利時,法院應依子女之最佳利

益並審酌前條各款事項，選定適當之人爲子女之監護人，並指定監護之方法，命其父母負擔扶養費用及其方式（民 1055 之 2）。

四、財產上之效力

㈠**財產關係之終結**：即財產之取回。夫妻離婚時，無論兩願離婚或判決離婚，亦無論其原用何種財產制，其財產關係即行終結。夫妻離婚時，除採分別財產制者外，各取回其結婚或變更夫妻財產制時之財產，如有剩餘，各依其夫妻財產制之規定分配之（民 1058）。

㈡**因離婚之損害賠償**：在兩願離婚，如當事人不協議損害賠償或贍養費，則不得請求之（28 上 478），但在判決離婚，民法已承認損害賠償與贍養費之請求（民 1056）。

　　1.財產上之損害賠償：夫妻之一方，因判決離婚而受有損害者，得向有過失之他方請求賠償（民 1056 I）。惟此請求權之成立，須對方配偶有過失，如離婚原因基於無責原因者（如重大不治之精神病、或生死不明已逾 3 年等），則無損害賠償請求權之可言。故如雙方均有過失，或均無過失，皆不得據爲請求之理由。

　　2.非財產上之損害賠償：因判決離婚所生之非財產上損害，受害人亦得請求相當金額之賠償，但以受害人無過失者爲限（民 1056II）。其請求賠償之金額是否相當，應由法院斟酌受害人之身分、年齡、生活程度、自謀生計之能力、及加害人之經濟能力，權衡認定，以慰藉受害人精神上所受痛苦之準繩（19 上 36）。此項損害賠償，爲一身專屬權，故不得爲讓與或繼承，但已依契約承諾或已起訴者，則已變爲普通債權，自不受此限制（民 1056III）。

㈢**離婚之贍養費**：

　　1.兩願離婚：當事人可協議一方應給多少損害賠償或贍養費，如未談妥，則不得向他方請求（28 上 487）。

　　2.裁判離婚：夫妻無過失之一方，因判決離婚而陷於生活困難者，他方縱無過失，亦應給相當之贍養費（民 1057）。贍養費請求權之要件，僅夫妻之一方無過失，因裁判離婚而陷於生活困難即可，不問給付義務

人對離婚原因有無過失,惟如被請求給予贍養費之配偶,亦無資力或生活困難時,則無須給付(22 上 2590)。至贍養費之額數,須斟酌雙方之身分、年齡、生活能力,生活程度及給付人之能力定之(19 上 36)。此項贍養費,以判決離婚者爲限(28 上 487)。

習題:因判決離婚所發生關於損害賠償、贍養費之給與及財產之取回等法律效果如何?試附理由說明之。(100 特身四)

第三章　父母子女

第一節　親子關係概說

一、一般概念

　　在通常情形，父母子女之身分關係，係基於婚姻關係而成立。故易曰：「有夫婦然後有父子」。然親屬關係之發生，有由於婚姻者，亦有由於無婚姻關係之男女結合所生之子女，以及擬制血統者，因此民法上將親子關係分爲自然的與擬制的關係兩種。**自然的親子關係**，可分爲婚生子女與非婚生子女。至於**擬制的親子關係**，即基於收養關係而成立，目前只有生前收養關係。

二、親子關係之種類

㈠自然血統：

　　1.婚生子女：稱婚生子女者，謂由婚姻關係受胎而生之子女（民 1061）。

　　2.非婚生子女：謂非由婚姻關係受胎而生之子女，亦稱私生子。非婚生子女與其母之關係，可由分娩而確定。但與其生父之間，則爲下述之準婚生子女關係。

　　3.準婚生子女：非婚生子女而法律上承認其身分關係，視爲婚生子女，即爲準婚生子女，可分以下三種：

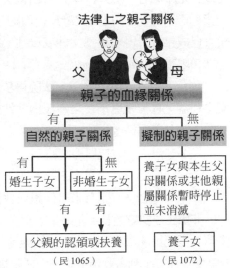

　　⑴非婚生子女對其生母之關係（片面的準婚生子女）：生母無須認領，即視爲婚生子女（民 1065）。

⑵非婚生子女經生父認領或撫育者（雙面的準婚生子女）；即不但非婚生子女須與其生父有生理上關係，而且須有撫育、任意認領或強制認領之事實（民1065）。

⑶非婚生子女被準正者（全面的準婚生子女）：此種婚生子女，僅因其生父與生母之結婚，當然取得其身分（民1064）。

㈡**擬制血統**：即於生前收養他人之子女爲自己之子女，而法律上視同親生子女之謂。易言之，將本無直系血親關係之人，擬制其有親子關係之制度。

第二節　子女之姓氏及住所

一、子女之姓氏

㈠**婚生子女之姓氏**：

1.父母於子女出生登記前，應以書面約定子女從父姓或母姓。未約定或約定不成者，於戶政事務所抽籤決定之（民1059 I）。子女經出生登記後，於未成年前，得由父母以書面約定變更爲父姓或母姓（民1059 II）。子女已成年者，得變更爲父姓或母姓（民 1059 III）。前二項之變更，各以一次爲限（民1059 IV）。

2.有下列各款情形之一，法院得依父母之一方或子女之請求，爲子女之利益，宣告變更子女之姓氏爲父姓或母姓（民1059 V）：

⑴父母離婚者。

⑵父母之一方或雙方死亡者。

⑶父母之一方或雙方生死不明滿 3 年者。

⑷父母之一方顯有未盡保護或教養義務之情事者。

㈡**非婚生子女之姓氏**：非婚生子女從母姓。經生父認領者，適用第1059條第 2 項至第 4 項有關變更姓氏之規定（民1059之1 I）。非婚生子女經生父認領，而有下列各款情形之一，法院得依父母之一方或子女之請求，爲子女之利益，宣告變更子女之姓氏爲父姓或母姓（民1059之1 II）：

1.父母之一方或雙方死亡者。

2.父母之一方或雙方生死不明滿 3 年者。

3.子女之姓氏與任權利義務行使或負擔之父或母不一致者。

4.父母之一方顯有未盡保護或教養義務之情事者。

㈢**養子女之姓氏**：養子女從收養者之姓或維持原來之姓。夫妻共同收養子女時，於收養登記前，應以書面約定養子女從養父姓、養母姓或維持原來之姓。第 1059 條第 2 項至第 5 項有關變更姓氏之規定，於收養之情形準用之（民 1078）。

㈣**棄兒**：無依兒童，依監護人之姓登記，並由戶政事務所主任代立名字（戶籍 49 II）。

㈤**原住民更改姓名**：原住民回復傳統姓名者，得申請回復原有漢人姓名，但以一次爲限（姓 2 II）。

㈥**不得更改姓名**：有下列情事之一者，不得申請改姓、改名或更改姓名（姓 12）：

1.經通緝或羈押者。

2.受宣告強制工作或交付感訓處分之裁判確定者。

3.受有期徒刑以上刑之判決確定而未受緩刑或易科罰金之宣告者。但過失犯罪者，不在此限。

前項第 2 款及第 3 款規定不得申請改姓、改名或更改姓名之期間，自裁判確定之日起至執行完畢滿 3 年止。

二、子女之住所

㈠**婚生子女**：未成年之子女，以其父母之住所爲住所（民 1060）。無行爲能力人及限制行爲能力人，以其法定代理人之住所爲住所（民 21）。

㈡**非婚生子女**：非婚生子女，爲未成年者，以母之住所爲住所，但經生父認領者，得改以父之住所爲住所。非婚生子女之準正，以父母之住所爲住所。

㈢**養子女**：養子女爲未成年者，以養父母之住所爲住所。單獨收養時，以收養者之住所爲住所。

第三節　婚生子女

一、意義

稱婚生子女（英：legitimate child；德：eheliches Kind）者，謂由婚姻關係受胎而生之子女（民 1061）。依此，婚生子女須具備下列要件：

㈠**須其父母有婚姻關係存在**：所謂婚姻關係，係指法律上認許之合法婚姻而言。

㈡**為其父之妻所分娩**：如非由生父之妻所分娩，而將他人之子，戶籍上登記為自己與夫之婚生子女，亦不能受婚生之推定。

㈢**受胎須在婚姻關係存續中**：如母之受胎，不在婚姻關係存續中者，其所生子女，不得謂為婚生子女。但如受胎於婚姻關係存續中，而出生於婚姻關係消滅後之子女；或受胎於婚姻關係前，而出生於婚姻關係存續中之子女；或受胎於婚姻關係前，出生在婚姻關係消滅後之子女，解釋上亦應認為婚生子女。

㈣**須為生母之夫之血統**：子女雖於婚姻關係存續中受胎，如夫能證明受胎期間內未與妻同居者，得提起否認子女之訴，故必為生母之夫之血統，始得稱為婚生子女。

二、受胎期間之推定

㈠**受胎期間之原則**：從子女出生日回溯到第 181 日起至第 302 止，為受胎期間（民 1062 I）。據醫學上研究，胎兒自受胎到分娩，通常最短期間不得少於 181 日，最長不得多於 302 日。其最短期與最長期相差之 122 日推定為受胎期間。易言之，即自結婚之日起第 181 日以後，或自婚姻解消或經撤銷之日起第 302 日以內所生之子女，均被推定為在婚姻關係存續中受胎。

㈡**受胎期間之例外**：如婚約解消後逾 302 日所生之子女，倘經醫生檢查，胎兒發育之程度，在母腹中實已逾 302 日者，則法律之推定，自應因事實之反證而失效。因此民法特規定「能證明受胎回溯在前項第一百八十一日以內，第三百零二日以前者，以其期間為受胎期間」（民 1062 II）。

則對於結婚後不滿 181 日而生之子女，
如經醫生證明，其胎兒發育之程度，在
母腹中實不滿 181 日時，在解釋上，依
同一理由自不妨以其期間爲受胎期間。

婚生子女之推定

夫　子　妻

婚姻成立之日起 181 日以後，或自
婚姻撤銷之日起第 302 日以內出生

如能證明受胎回溯在第 181 日
以內或 302 日以前者

推定在婚姻關係存續中受胎

推定爲婚生子女

三、婚生子女之推定

　　須妻之受胎在婚姻關係存續中，民
法第 1063 條第 1 項規定：「妻之受胎，
係在婚姻關係存續中者，推定其所生子
女爲婚生子女。」申言之，從子女出生
日回溯第 181 日起至第 302 日止，在此 122 日內任何一日，如夫妻間有
正式（合法）婚姻時，其子女推定爲婚生子女。惟如妻在婚姻關係存續
中有不貞之事實，夫雖有可能否認上述之推定，但在解釋上夫應負舉證
之責任，且須以訴爲之，以昭鄭重。

四、婚生子女之否認

　㈠**否認之原因**：妻在婚姻中受胎，依法推定爲婚生子女。如「夫妻之
一方或子女能證明子女非爲婚生子女者，得提起否認之訴」（民 1063Ⅱ）。

　㈡**否認權人**：爲夫妻之一方自知悉該子女非爲婚生子女，或子女自知悉
其非爲婚生子女之時起 2 年內爲之。但子女於未成年時知悉者，仍得於成
年後 2 年內爲之（民 1063Ⅲ）。縱提起者爲未成年人，行使否認權時，亦不
必得法定代理人之同意。如爲受監護宣告（禁治產）人時，應由其監護人
代爲訴訟行爲，如監護人爲其配偶時，應由親屬會議所指定之人代爲訴訟
行爲，監護人提起訴訟時，應得親屬會議之允許。但如提起否認權者於 2
年之法定起訴期間內，或期間開始前死亡者，繼承權被侵害之人，得提起
否認之訴；但應自其死亡時起於 6 個月內提起之。又提起否認權者於提起
否認子女之訴後死亡者，繼承權被侵害之人得承受其訴訟（民訴 590）。

　㈢**訴之相對人**：否認子女之訴，由夫起訴者，以妻及子女爲共同被告；
由妻起訴者，以夫及子女爲共同被告（民訴 589 之 1）。該子女雖爲未成年
人，亦有訴訟能力。但爲補充其能力，法院應依聲請或依職權，選任律

師爲其訴訟代理人（民訴 596、585）。

㈣**訴權之消滅**：夫或妻否認權之行使，應於知悉該子女非爲婚生子女，或子女自知悉其非爲婚生子女之時起 2 年內爲之。但子女於未成年時知悉者，仍得於成年後 2 年內爲之（民 1063Ⅲ）。此爲法定期間。逾期不行使，則其否認權即因期間之經過而消滅。若提起否認權者死亡時，繼承權被侵害之人，應自其死亡之日起於 6 個月提起之（民訴 590Ⅱ）。夫或妻於提起否認子女之訴後死亡者，繼承權被侵害之人得承受其訴訟（民訴 590Ⅲ）。

㈤**否認之效力**：

　　1.溯及於出生時：否認婚生子女之訴經確定後，其子女溯自出生時認定爲非婚生子女，是以有溯及之效力。

　　2.對於第三人之效力：否認之訴被駁回時，則其子女依然有婚生子女之身分，此項駁回之判決，對於任何人皆有既判之效力。反之，若否認之訴被採納時，其親子關係之不存在，即行確定其判決，對於任何人亦有效力。

第四節　非婚生子女

非婚生子女（英：natural child；德：uneheliches Kind），亦稱私生子，即非由婚姻關係受胎而生之子女（民 1061 反面解釋）。

一、非婚生子女與父母之關係

㈠**非婚生子女與生母關係**：不須認領，當然視爲婚生子女（民 1065Ⅱ）。又非婚生子女與生父之關係，除任意認領外，亦得強制請求認領，若生父對非婚生子女有撫育之事實，則視爲認領（民 1065Ⅰ、1067）。又因生父與生母之結婚，使非婚生子女，全面的取得法律上親子關係，而被視爲婚生子女（民 1064）。

㈡**非婚生子女之姓氏**：

　　1.非婚生子女從母姓。經生父認領者，於未成年前，得由父母以書面約定變更爲父姓或母姓。子女已成年者，經父母之書面同意得變更爲

父姓或母姓。此項變更，各以一次為限（民1059之1Ⅰ）。

2.非婚生子女經生父認領，而有下列各款情形之一，且有事實足認子女之姓氏對其有不利之影響時，父母之一方或子女得請求法院宣告變更子女之姓氏為父姓或母姓（民1059之1Ⅱ）：

(1)父母之一方或雙方死亡者。

(2)父母之一方或雙方生死不明滿3年者。

(3)非婚生子女由生母任權利義務之行使或負擔者。

(4)父母之一方曾有或現有未盡扶養義務滿2年者。

二、非婚生子女取得法律上身分關係（準婚生子女）

非婚生子女而法律上承認其身分關係者，即為非婚生子女之準婚生，通稱準婚生子女，可分為下列三種：

㈠**片面的準婚生子女**：非婚生子女與生母之間發生法律上親子關係，僅有生理上出生之事實即可，並不須生母之認領（民1065Ⅱ）。其與生父之間除非由生父加以認領（民1065），或生父與生母結婚（民1064），否則不發生任何父子關係。但因其與生母發生親子關係，服從生母之親權（民1084），並與生母之親屬發生親屬關係。蓋只與生母發生片面的關係，故稱為片面的準婚生子女。

㈡**雙面的準婚生子女**：即指非婚生子女經其生父認領或撫育者而言（民1065Ⅰ）。其情形有三：

1.生父之任意認領（民1065Ⅰ）。

2.生父之撫育（民1065Ⅰ）。

3.為強制認領（民1067）。

因生父之認領，此非婚生子女遂與生母及生父發生雙面之關係。但

因生父與生母之間，尚無婚姻關係，故不能取得與婚生子女相同之父子關係，而僅能個別的對生父與生母各方發生父子與母子關係而已，故稱爲「雙面的準婚生子女」。此時由父母約定從父姓或母姓（民 1059 I），並得以父母之住所爲住所（民 1060），至於親權，即由父母行使之（民 1084）。

㈢**全面的準婚生子女**：此種婚生子女，因生父與生母結婚，取得法律上之親子關係，而被視爲婚生子女（民 1064）。又稱爲非婚生子女被準正。

一旦非婚生子女被準正，即發生完整的親子關係，即與婚生子女與其父母間所發生之法律關係相同，故名之爲全面的準婚生子女。此時，其姓氏由父母約定（民 1059）；以父母之住所爲住所（民 1060）；由父母共同行使親權（民 1084 II）。

<h2 style="text-align:center">第五節　認　領</h2>

一、意義

認領（德：Anerkennung）者，生父承認非婚生子女爲其親生子女之意思表示之謂。非婚生子女因認領，遂與其生父發生父子關係（民 1065 I）。至生母無須認領其子女，即視其爲婚生子女（民 1065 II）。認領可分爲任意認領與強制認領兩種，茲分述之。

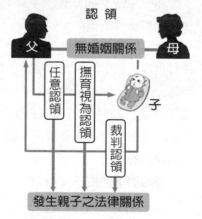

二、任意認領

㈠**認領之行使**：

1.認領人：認領之權，專屬於生父，他人不得代理，亦不得干涉。是以未成年人已達相當年齡能考量利害時，或受監護宣告（禁治產）人回復常態時，亦得單獨認領。認領爲生父之單獨行爲，不必被認領人承諾或生母之同意，但被認領人或其生母對生父之認領，得否認之（民 1066）。

2.認領之方式：認領之方式，並無限制，惟戶籍法第 7 條規定，認

領非婚生子女，應爲認領之登記。

　　3.認領之擬制：依照民法，對非婚子女之認領，固以出於認領行爲
爲原則，但非婚生子女經生父撫育者，亦視爲認領（民1065Ⅰ）。

　㈡**認領之無效**：民法及民事訴訟法規定認領無效之原因爲：

　　1.認領之否認：認領爲生父之單獨行爲，無須被認領子女之承諾即
可發生效力，但非婚生子女或其生母，對於生父之認領得否認之（民
1066）。惟否認時仍須提起否認認領之訴。

　　2.與事實不符合之認領，即無血統關係之認領：發生準婚生子女關
係，須有眞實之血統關係，故雖有認領而與被認領人間無血統之連絡者
（譬如近年來可透過DNA之檢測而證明有無血統之連絡），其認領仍爲
無效。此時利害關係人，得提起認領無效確認之訴。

　　3.對於受婚生推定子女之認領：受婚生推定之非婚生子女，如夫妻
之一方能證明妻非自夫受胎者，得提起婚生子女否認之訴，在該否認之
訴判決確定前，縱經生父（姦夫）認領，亦屬無效。因婚生之推定，夫
妻之一方或子女能證明子女非爲婚生子女者，得提起否認之訴，始能推
翻（民1063Ⅱ），故在否認之訴未確定前，仍視爲婚生子女（33院2773）。

　　4.違背遺囑方式之認領：以遺囑爲認領者，如該遺囑不具備民法第
1189條以下之方式者，其認領爲無效。

　㈢**認領之撤銷**：民法規定，生父認領非婚生子女後，不得撤銷其認領。
但有事實足認其非生父者，不在此限（民1070）。惟其認領，如係出於被
詐欺或被脅迫等，仍得撤銷，但須以訴爲之（民訴589）。

三、強制認領

　㈠**強制認領之提起**：有事實足認其爲非婚生子女之生父者，非婚生子
女或其生母或其他法定代理人，得向生父提起認領之訴（民1067Ⅰ）。

　　前項認領之訴，於生父死亡後，得向生父之繼承人爲之。生父無繼
承人者，得向社會福利主管機關爲之（民1067Ⅱ）。

　　1.原告：以非婚生子女或其生母或其他法定代理人爲原告。

　　2.被告：認領之訴之被告爲生父（民1067Ⅰ）。

㈡**強制認領之科學舉證**：經由現代醫學 DNA 的檢測，可證明非婚生子女與被請求人在血緣上有父子關係者，則可提起認領之訴，強制生父認領。如被請求人提出生母有不貞抗辯之事實，仍可依血型檢驗或其他科學方法，證明被請求人與非婚生子女在血緣上有父子關係，而請求其認領，以加強對非婚生子女之保護。

㈢**認領請求權之拋棄**：認領請求權爲身分上之權利，故學者之通說認爲非婚生子女之認領請求權不得拋棄。

四、認領之效力

㈠**準婚生子女身分之取得**：非婚生子女經生父認領者，視爲婚生子女（民 1065）。即在法律上發生親子關係。而取得與婚生子女同一之身分，從而其對生父之權利義務及其他關係，均與婚生子女同。

㈡**溯及效力及限制**：非婚生子女之認領，溯及於子女出生時發生效力。但第三人於認領前已得之權利，不因認領而受影響，此即既得權不可侵犯之當然結果（民 1069）。

㈢**認領後親權之行使**：非婚生子女經認領者，關於未成年子女權利義務之行使或負擔，準用第 1055 條（判決離婚子女之監護），第 1055 條之 1（依子女最佳利益之提示規定）及第 1055 條之 2（監護人之選定）之規定（民 1069 之 1）。亦即準用離婚時，父母對未成年子女行使親權有關之規定。

第六節　非婚生子女之準正

一、準正之意義

所謂準正（德：legitimation）者，即非婚生子女，因其父母之結婚而取得婚生子女身分之制度。民法第 1064 條規定：「非婚生子女，其生父與生母結婚者，視爲婚生子女。」蓋以對於婚姻關係前之子女與婚姻關係存續中之子女，既由同一父母所生，不應有所軒輊，且可獎勵不正當結合之男女成立正式之婚姻，實爲一種非婚生子女之保護政策。

二、準正之要件

㈠**生父之認領**：準正須經認領，民法雖無明文規定，但生父對非婚生子女發生親子關係，解釋上似應經認領之程序較妥。

㈡**生父與生母之結婚**（民 1064）：父母何時結婚，結婚以前曾否與其他人結婚，在所不問。其結婚無效者，自無準正之可言。但婚姻被撤銷者，苟其認領在撤銷以前，因撤銷之效力不溯及既往，其準正自不受任何影響。

三、準正之效力

非婚生子女因準正而取得婚生子女之同一身分，即其對於生父生母之權利義務及其他法律關係，均與婚生子女同。惟其準正之效力，應自何時起，法無明文，解釋上應類推適用第 1069 條之規定，溯及於子女出生之時發生效力，但不得妨害第三人之權利。

第七節　收養之意義與要件

一、收養之意義

收養子女（英：adoptive child；德：Angenommenes Kind）者，收養他人之子女成為自己之子女，而在法律視同為親生子女之謂。收養他人之子女時，收養者稱為養父或養母，被收養者，稱為養子或養女（民1072）。

二、收養之要件

收養者，當事人以發生親子關係為目的所為之法律行為。收養關係之成立，須具備下列要件：

㈠**實質要件**：

1.當事人間須有收養之合意：收養行為既為法律行為，且為親屬法上之契約，故收養關係之成立，必須雙方當事人意思之合致。且收養子女應由收養者本人為之，其親屬或配偶均不得代為收養。蓋收養都以被收養人年幼為多，故實際上多為被收養人之法定代理人代為意思表示。

因此，民法第 1079 條第 2、3 項規定兩種情形：

  ⑴未滿 7 歲之未成年人被收養時：未滿 7 歲之未成年人應由法定代理人代爲意思表示，並代受意思表示（民 1076 之 2）。以保護幼年被收養者之利益。

  ⑵滿 7 歲以上之未成年人被收養時：滿 7 歲以上之未成年人被收養時，應得其法定代理人之同意（民 1076 之 2Ⅱ）。被收養者之父母已依前二項規定以法定代理人之身分代爲並代受意思表示或爲同意時，得免依前條之規定由父母同意（民 1076 之 2Ⅲ）。

 2.子女被收養時，應得其父母之同意：此項同意，不得附條件或期限。但有下列各款情形之一者，不在此限（民 1076 之 1）：

  ⑴父母之一方或雙方對子女未盡保護教養義務或有其他顯然不利子女之情事而拒絕同意。

  ⑵父母之一方或雙方事實上不能爲意思表示。

   前項同意應作成書面並經公證。但已向法院聲請收養認可者，得以言詞向法院表示並記明筆錄代之。

 3.收養者須長於被收養者 20 歲：收養者之年齡，應長於被收養者 20 歲以上。但夫妻共同收養時，夫妻之一方長於被收養者 20 歲以上，而他方僅長於被收養者 16 歲以上，亦得收養。夫妻之一方收養他方之子女時，應長於被收養者 16 歲以上（民 1073）。

 4.親屬間之收養有近親及輩分之限制：爲維持我國傳統倫理觀念，直系血親及直系姻親，應不許收養爲子女，但爲顧及婚姻及家庭生活之美滿，收養配偶之子女爲養子女者，不在此限。又旁系血親在六親等以內及旁系姻親在五親等以內，輩分不相當者，亦不得收養爲養子女（民 1073 之 1）。

 5.夫妻應爲共同收養：有配偶者收養子女時，應與其配偶共同爲之。但夫妻之一方，收養他方之子女者，或夫妻之一方不能爲意思表示，或生死不明已逾 3 年者，得單獨收養之（民 1074）。

 6.一人不得同時爲二人之養子女：除夫妻共同收養外，一人不得同時爲二人之養子女（民 1075）。又一人雖不能同時爲二人之養子女，但一

人收養二人以上爲養子女，則爲法之所許。縱令收養者已有親生子女，亦無妨收養他人之子女（22 院 907）。

7.夫妻之一方被收養時應得他方之同意：收養關係一旦成立，養子女須與養父母營共同生活，養子女之配偶與養父母之間，亦成立擬制之直系姻親關係。因此，有配偶者被收養時應得配偶之同意。但他方不能爲意思表示或生死不明已逾 3 年者，不在此限（民 1076）。

㈡形式要件：

1.原則上收養子女應以書面爲之：收養既使收養者與被收養者發生親子關係，爲昭愼重，自應以書面爲之（民 1079 I）。

2.應向法院聲請認可：惟法院於認可前應加以審查，如發現有下列情形之一者，法院應不予認可：

⑴收養有無效、得撤銷之原因或違反其他法律規定者（民 1079 II）。

⑵應依養子女之利益認可：法院爲未成年人被收養之認可時，應依養子女最佳利益爲之（民 1079 之 1）。

⑶被收養者爲成年人而有下列各款情形之一者，法院應不予收養之認可（民 1079 之 2）：

①意圖以收養免除法定義務。

②依其情形，足認收養於其本生父母不利。

③有其他重大事由，足認違反收養目的。

⑷法院認可有溯及之效力：收養自法院認可裁定確定時，溯及於收養契約成立時發生效力。但第三人已取得之權利，不受影響（民 1079 之 3）。

3.戶籍登記：依戶籍法第 8 條規定：「收養，應爲收養登記。終止收養，應爲終止收養登記。」

第八節　收養之無效及撤銷

一、收養之無效

收養子女違反下列規定者，無效（民 1079 之 4）：

㈠**當事人間無收養之意思者**：當事人間既無收養之意思，自不成立收養關係，其收養應解為無效。

㈡**收養未具備法定要式者**：收養子女未具備書面要式者，其收養行為應屬無效（民 1079 I）。

㈢**未得父母之同意**：子女被收養時，未得其父母之同意者（民 1076 之 1）。

㈣**違反法定代理人之同意權**：子女未滿 7 歲，未由法定代理人代為並代受意思表示；或滿 7 歲以上之未成年人被收養時，未得其法定代理人之同意者（民 1076 之 2）。

㈤**違反年齡間隔之規定**：收養者之年齡，應長於被收養者 20 歲以上。但夫妻共同收養時，夫妻之一方長於被收養者 20 歲以上，而他方僅長於被收養者 16 歲以上，亦得收養。夫妻之一方收養他方之子女時，應長於被收養者 16 歲以上（民 1073）。其所以定 16 歲之間隔，係因結婚最低年齡為 16 歲之故。

㈥**親屬間之收養違反近親及輩分不相當之規定者**：即直系血親及直系姻親應不得收養為養子女，但夫妻之一方，收養他方之子女者，不在此限。又旁系血親在六親等以內，旁系姻親在五親等以內輩分不相當，亦不得收養為養子女（民 1073 之 1）。違反此規定者，其收養無效。

㈦**一人同時為二人之養子女者**：除夫妻共同收養之情形外，一人不得同時為二人之養子女（民 1075），違反此規定者，其收養行為應屬無效。養子女能否由養家轉給第三人收養？一般認為養子女如欲轉由第三人收養者，應先終止現存收養關係以後，回復其與本生父母之關係，再由第三人為收養。

㈧**收養未經法院認可者**：在歐西法制，關於收養，不僅為要式行為，且多由國家機關予以積極的干涉統制。我國社會間有收養養女使其為婢或娼之惡習，倘不由國家機關積極加以干涉，不易杜絕其弊害。故收養未經法院認可者，其收養無效（民 1079 I）。

二、收養之撤銷

㈠**撤銷之原因**：

1.未與配偶共同收養：依民法第 1074 條夫妻收養子女時應共同為之。有配偶者收養子女未與配偶共同為之者，其配偶得向法院請求撤銷之。但自知悉其事實之日起，已逾 6 個月，或自法院認可之日起已逾 1 年者，不得請求撤銷（民 1079 之 5 I）。

2.被收養人未得配偶之同意或未滿 7 歲之未成年人未得法定代理人之同意者：夫妻之一方被收養時未得他方之同意。而此他方並非不能為意思表示或生死不明已逾 3 年，或滿 7 歲以上未成年人被收養時，未得法定代理人之同意者，被收養者之配偶或法定代理人得請求法院撤銷之（民 1079 之 5 II）。

3.被詐欺或被脅迫：收養關係，係因被詐欺或被脅迫而成立者（準用民 997），得由被詐欺或被脅迫之人，於發現詐欺或脅迫終止後，向法院請求撤銷之。

4.監護關係之存續：監護人收養受監護人未得受監護人父母之同意者，受監護人或其最近親屬，得向法院請求撤銷之（準用民 991）。

㈡撤銷權之行使：

1.撤銷權之行使：行使收養撤銷權，應以呈訴方法請求法院撤銷之（民 1079 之 5）。其訴訟程序，可參閱民事訴訟法第 583 條以下之規定。

2.撤銷權行使期間之限制：即無論未與配偶共同收養，或被收養人未得配偶之同意，抑滿 7 歲以上之未成年人未得法定代理人之同意而為他人收養者，其撤銷權行使，應自知悉其事實之日起，已逾 6 個月，或自法院認可之日起已逾 1 年者，不得請求撤銷（民 1079 之 5 I）。

㈢撤銷之效力：依民法第 1079 之 5 條第 3 項規定，經法院判決撤銷收養者，準用第 1082 條及第 1083 條之規定：

1.請求他方給予相當金額：因收養被法院判決撤銷，而生活陷於困難者，得請求他方給與相當之金額。但其請求顯失公平者，得減輕或免除之（民 1082）。

2.養子女回復其與本生父母之關係：養子女及收養效力所及之直系血親卑親屬，自收養被法院判決撤銷時起，回復其本姓，並回復其與本生父母及其親屬間之權利義務。但第三人已取得之權利，不受影響（民 1083）。

第九節　收養之效力

一、親子關係上之效力

（一）**親子關係的成立時期**：養父母與養子女乃屬擬制血親的親子關係，依民法規定「養子女與養父母之關係，除法律另有規定外，與婚生子女同」(民1077 I)，因此養子女因收養行為而取得婚生子女之身分。

（二）**親權**：養子女與其本生父母及其親屬間之權利義務，於收養關係存續中停止之。但夫妻之一方收養他方之子女時，他方與其子女之權利義務，不因收養而受影響（民1077II）。

（三）**養子女之姓氏**：

1.養子女從收養者之姓或維持原來之姓（民 1078 I ）。夫妻共同收養子女時，於收養登記前，應以書面約定養子女從養父姓、養母姓或維持原來之姓（民1078II）。

2.民法第1059條第2項至第5項之規定，於收養情形準用之。即：

(1)變更姓氏：子女經收養後，於未成年前，得由父母以書面約定變更為父姓或母姓。子女已成年者，經父母之書面同意得變更為父姓或母姓。以上之變更，各以一次為限。

(2)請求法院變更姓氏：有下列各款情形之一，且有事實足認子女之姓氏對其有不利之影響時，父母之一方或子女得請求法院宣告變更子女之姓氏為父姓或母姓：

①父母離婚者。

②父母之一方或雙方死亡者。

③父母之一方或雙方生死不明滿3年者。

④父母之一方曾有或現有未盡扶養義務滿2年者。

二、親屬關係上之效力

（一）**收養者與養子女之本生父或母結婚之親屬關係**：收養者收養子女後，與養子女之本生父或母結婚時，養子女回復與本生父或母及其親屬間之權利義務。但第三人已取得之權利，不受影響（民1077III）。

㈡**養子女與養父母之親屬關係**：收養他人子女為子女時，其收養者為養父或養母，被收養者為養子或養女（民 1072）。因此養父母之父母，即為養子女之祖父母，養父母之子女，即為養子女之兄弟姊妹。因收養而成立之四親等及六親等旁系血親，輩份相同者，仍許結婚（民 983 I ②）。此外，養子女對養父母，互有繼承權（民 1138 I），養子女之繼承順序及應繼分與婚生子女相同，但與其本生父母則互無繼承權（21 上 451）。

㈢**養子女之直系血親卑親屬與養父母及其親屬之親屬關係**：養子女於收養認可時已有直系血親卑親屬者，收養之效力僅及於其未成年且未結婚之直系血親卑親屬。但收養認可前，其已成年或已結婚之直系血親卑親屬表示同意者，不在此限。此項同意應作成書面並經公證。但已向法院聲請收養認可者，得以言詞向法院表示並記明筆錄代之。此項之同意，不得附條件或期限（民 1077IV,V）。

㈣**養子女與其本生父母及親屬之親屬關係**：養子女與其本生父母之天然血親關係，在解釋上不應因收養關係而發生影響（司釋 28）。惟在收養關係存續中，本生父母子女關係或其他親屬關係，以及因此等關係所發生之權利義務（如親權、繼承權、扶養義務等）均應處於停止狀態（30 院 2120）。但血親間禁止相婚之規定，仍應遵守（民 983），至收養關係終止後，養子女回復其與本生父母間之關係（民 1083）。

三、家屬關係上之效力

養子女既取得養父母之婚生子女身分，依民法第 1060 條之規定：「未成年之子女，以其父母之住所為住所」，因此解釋上應離去其本生父母之家，而進入於養父母之家，並服從養父母之家長權，亦即與其養家發生家屬關係。

第十節　收養關係之終止

一、收養終止之原因

㈠**協議終止**：所謂協議終止者，是指養父母與養子女雙方，以消滅收

養關係爲目的之要式契約之謂。協議終止收養，有實質要件與形式要件
兩種：

　　1.實質要件：

　　　⑴須當事人自行訂定：終止收養契約須養父母及養子女自行合意
　　　　訂定不得由第三人代行（民1080Ⅰ）。

　　　⑵須有協議終止之能力：協議終止，爲身分上之行爲，以有意思
　　　　能力爲已足。

　　　　①養子女未滿 7 歲者，其終止收養關係之意思表示，由收養終
　　　　　止後爲其法定代理人之人代爲之（民1080Ⅴ）。

　　　　②養子女爲滿 7 以上之未成年人者，其終止收養關係，應得收
　　　　　養終止爲其法定代理人之同意（民1080Ⅵ）。

　　　⑶夫妻共同終止或單獨終止：夫妻共同收養子女者，其合意終止
　　　　收養應共同爲之。但有下列情形之一者，得單獨終止（民1080Ⅶ）：
　　　　惟單獨終止收養者，其效力不及於他方（民1080Ⅷ）。

　　　　①夫妻之一方不能爲意思表示或生死不明已逾 3 年。

　　　　②夫妻之一方於收養後死亡。

　　　　③夫妻離婚。

　　2.形式要件：

　　　⑴協議終止：養父母與養子女協議終止收養關係者，應以書面爲
　　　　之（民1080Ⅰ）。

　　　⑵法院認可：養子女爲未成年人者，並應向法院聲請認可（民1080
　　　　Ⅱ）。法院認可時，應依養子女最佳利益爲之（民1080Ⅲ）。養子
　　　　女爲未成年人者，終止收養自法院認可裁定確定時發生效力（民
　　　　1080Ⅳ）。

　　　⑶戶籍法規定，終止收養者應爲終止收養之登記，惟此僅爲證明
　　　　之方法而已（戶8Ⅱ）。

　　㈡**死亡終止**：

　　　1.養父母死亡後，養子女如不能維持生活而無謀生能力，可再由他
　　人收養，或回本家即有終止原收養關係之必要，但因無從取得養父母之

同意，此時得聲請法院許可，終止收養關係（民1080之1Ⅰ）。

　　2.養父母死亡後，養子女如為未滿 7 歲者，由收養終止後為其法定代理人之人向法院聲請許可（民1080之1Ⅱ）。

　　3.養父母死亡後，養子女為滿 7 歲以上之未成年人者，其終止收養之聲請，應得收養終止後為其法定代理人之人之同意（民1080之1Ⅲ）。

　　4.法院認終止收養顯失公平者，得不許可之（民1080之1Ⅳ）。

　㈢**裁判終止**：所謂裁判終止者，是指養父母、養子女之一方，以他方具有終止收養之法定原因，法院得依他方、主管機關或利害關係人之請求，宣告終止其收養關係之謂。

　　1.裁判終止之原因有四點（民1081）：

　　⑴對於他方為虐待或重大侮辱：所謂虐待，指對於身體上精神上
　　　予以不堪痛苦之行為是，如養子無故將其養母鎖在門內一日，
　　　或養父母迫令養女為娼之類（29 上 2027）。所謂侮辱，指毀損名
　　　譽之行為，但以情節重大者為限。

　　⑵遺棄他方：所謂遺棄，指違反扶養義務及孝親之意思而言（50
　　　上 2569）。

　　⑶養子女被處 2 年以上之徒刑：因故意犯罪，受 2 年有期徒刑以
　　　上之刑之裁判確定而未受緩刑宣告者（民1081Ⅰ③）而言。

　　⑷有其他重大事由難以維持收養關係：本款為概括規定，以補前
　　　述列舉之不足。至於事實是否重大，應由法院依社會一般觀念，
　　　斟酌各種情形定之。如意圖他方受刑事處分，而為虛偽之告訴
　　　（28 上 843）。養子吸食鴉片（31 上 1369），養父母對於未成年之
　　　養子女，誘使暗操淫業（48臺上 1669）等均是。

二、收養終止之無效及撤銷

　㈠**無效**：終止收養違反第 1080 條第 2 項規定（未依書面並向法院聲請認可），或第 5 項規定（未滿七歲之養子女，其終止收養關係之意思表示，由收養終止後為其法定代理人之人為之），或第 1080 條之 1 第 2 項規定（養子女未滿七歲者，由收養終止後為其法定代理人之人向法院聲請許

可）者，無效。

㈡**撤銷**：

1.終止收養違反第 1080 條第 7 項之規定（即夫妻共同收養子女者，其合意終止收養應共同爲之。但夫妻之一方不能爲意思表示或生死不明已逾三年。夫妻之一方於收養後死亡。夫妻離婚等情形）者，終止收養者之配偶得請求法院撤銷之（民 1080 之 3 I）。

2.終止收養違反第 1080 第 6 項之規定（養子女爲滿七歲以上之未成年人者，其終止收養關係，應得收養終止後爲其法定代理人之人之同意），或第 1080 條之 1 第 3 項之規定（養子女爲滿七歲以上之未成年人者，其終止收養之聲請，應得收養終止後爲其法定代理人之人之同意）者，終止收養後被收養者之法定代理人得請求法院撤銷之（民 1080 之 3 II）。

3.以上之撤銷，自知悉其事實之日起，已逾 6 個月，或自法院認可或許可之日起，已逾 1 年者，不得請求撤銷（民 1080 之 3 I , II）。

三、法院爲裁判應審酌之事由

按法院依第 1059 條第 5 項、第 1059 條之 1 第 2 項或第 1078 條第 3 項宣告變更未成年子女姓氏；依第 1079 條之 1、第 1080 條第 3 項或第 1081 條第 2 項爲未成年人被收養之認可、合意終止收養之認可或宣告終止收養關係時，應準用第 1055 條之 1 之規定，依未成年子女之最佳利益，審酌一切情狀，參考社工人員之訪視報告，尤應注意：⑴子女之年齡、性別、人數及健康情形；⑵子女之意願及人格發展之需要；⑶父母之年齡、職業、品行、健康情形、經濟能力及生活狀況；⑷父母保護教養子女之意願及態度；⑸父母子女間或未成年子女與其他共同生活之人間之感情狀況（民 1083 之 1）。

四、收養終止之效力

終止收養關係之效力，僅向將來發生，無溯及既往之效力。至於終止收養發生效力之時期，應分別情形決定之。在協議終止，應以訂立契約之時期爲終止發生效力之時期；在裁判終止，應以終止判決確定時始能生效。茲說明其內容如次：

㈠身分上之效力：

1.養子女回復其本生父母之關係：養子女及收養效力所及之直系血親卑親屬，自收養關係終止時起，回復其本姓，並回復其與本生父母及其親屬間之權利義務（民1083）。

2.第三人權利義務之保障：在收養關係未終止之前，對於第三人已取得之權利，不因收養終止回復其與本生父母之關係而受影響（民1083但）。

3.收養關係終止時：養子女之子女如經收養者及養子女之同意，不隨同養子女離收養之家，則其與收養者之祖孫關係，不因終止收養而消滅（院解3010）。此外，養子女與養父母之間，依法仍不得結婚（民983Ⅲ）。

㈡財產上之效力：

1.收養終止之效力是向將來發生無效之結果，不溯及既往，故如養子女在收養關係存續中既得之特有財產（因繼承或贈與），仍可保持，養子女之教育費不須補償，養父母就未成年養子女之特有財產，因使用、收益所得之利益（民1088），亦不必返還。

2.收養關係終止而生活陷於困難者，得請求他方給與相當之金額。但其請求顯失公平者，得減輕或免除之（民1082）。

第十一節　父母對子女權利義務概說

一、親權之意義

父母對子女之權利義務，通稱親權（英：rights and duties of the parents；德：elterliche Gewalt, elterliche Sorge；法：autorité parentale），乃父母對於未成年子女，以身體上及財產上之監督、教養與保護為內容之權利義務的總稱。茲析述之：

㈠親權原則上為權利，同時並為義務：父母對於未成年子女之保護教養，不僅為其權利，亦為其義務。故父母不得拋棄其權利，亦不許其濫用。

㈡親權係父母對於未成年子女之權利義務：民法規定，親權行使之主

體爲父母、客體爲未成年子女。從而已成年之子女，或雖未成年，而已結婚之子女，則非親權之所及。

㈢**親權以父母對子女身體上及財產上監督保護為目的**：未成年子女，無論就身體上及財產上均須有人保護，可知親權係直接爲子女之利益而設者。

㈣**親權係父母對子女私法上之權利義務**：民法所規定之親權，係屬私法上之權利義務關係。因此，如教育法令所規定，父母有使子女受教育之義務，係屬公法上之義務，而非親權之範圍。

二、行使親權之父母

㈠**原則上**：在法律上，爲子女之父母者，原則上皆爲親權人，茲分述之：

1.對於婚生子女：在婚姻關係存續中，父母均爲親權人。父母之一方死亡時，他方單獨爲親權人。父母離婚時，則依第 1055 條、第 1055 條之 1 及 2 之規定，由夫妻協議，或由法院酌定、改定或選定。

2.對於非婚生子女：係以母爲親權人。準正子女以父母爲親權人。認領之子女以父母爲親權人。

3.父母不繼續共同生活之親權行使：父母不繼續共同生活達 6 個月以上時，關於未成年子女權利義務之行使或負擔，準用夫妻離婚之規定（民 1089 之 1）。

㈡**例外規定**：行使親權者雖爲父母，但非一切父母對子女，皆爲親權人，如養子女在收養關係存續中，以養父母爲行使親權之人。本生父母須待收養關係終止或經撤銷之後，始回復其爲親權人之資格。

㈢**親權行使之能力**：

1.未成年之父母，不問其已否結婚，均有行使親權之能力：未成年已結婚者，有行爲能力（民 13Ⅲ），如其已生有子女，自得行使親權。

2.受監護宣告（禁治產）之父母，不得行使親權：父母之一方受監護宣告時，由他方行使之（民 1089）。如父母均受監護宣告者，應爲該子女置監護人（民 1091）。

3.受親權停止之父母，不得行使親權：受一部停止者，就其停止部

分不得行使。父母之一方受停止者由他方行使，如父母均不能行使，應為該子女置監護人（民1090）。

三、服從親權之子女

㈠**原則上**：服從親權之子女，原則上以未成年並未結婚者為限（民13 III、1091但）。即未成年而已結婚者，原則上不服從親權。

㈡**例外規定**：

1.關於身分行為：如兩願離婚、收養及收養關係兩願終止之行為，仍應得父母之同意，此項同意權亦屬親權之一，故未成年已結婚之子女，仍有服從親權之可能。

2.關於財產行為：未成年子女已結婚者，有行為能力（民13III、1091但），故無須服從親權。但關於夫妻財產契約之訂立、變更或廢止，則仍應得父母（法定代理人）之同意（民1006）。

3.經法定代理人允許獨立營業之未成年子女，關於其營業有行為能力（民85），故在此範圍內，無須取得法定代理人之同意。

4.未成年子女雖已結婚，仍應服從父母之懲戒權（民1085），蓋關於父母懲戒子女，民法並未限定未成年子女，對已成年者仍有懲戒權。

習題：何謂親權？我國民法就親權內容所設規定為何？試說明之。（99普）

第十二節　親權之內容

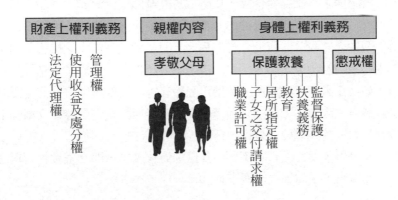

財產上權利義務　　親權內容　　身體上權利義務

法定代理權　使用收益及處分權　管理權

孝敬父母

保護教養　　懲戒權

職業許可權　子女之交付請求權　居所指定權　教育　扶養義務　監督保護

一、子女對父母之義務

民法第 1084 條規定：「子女應孝敬父母。」其理由以我國傳統倫理觀念，素重孝道，孔子視之爲先王之至德要道，自天子以至庶人皆當奉行無違，方能民用和睦，上下無怨。蓋以孝之本義雖在善事其親，然推而廣之，則仁民愛物，盡在其中，是故孔門以「親親而仁民，仁民而愛物」教人，後世有「百善孝爲先」之訓，於此世事變化日益加速，人際關係轉趨疏離之時代，如何加強人際紐帶，增進社會之親和感與凝聚力，實爲當務之急，而提倡孝道，正爲達成此項目的之最佳途徑。參以現代歐陸主要國家，如德、法、瑞士等國之民法，多有子女應服從及尊敬父母之規定，益見孝道之重要，殆爲文明進步社會之所共認，故74年6月3日修正公布之親屬法乃將此旨明文規定，以強調國家法律重視孝道之旨，對於傳統倫理觀念及當代民法思潮兩俱兼顧。

二、父母對子女之權利義務

㈠**保護教養權**：民法第 1084 條規定：「父母對未成年子女，有保護及教養之權利義務。」如父母不盡其義務，僅可依民法第 1090 條規定，加以糾正或宣告親權之停止。茲分析之：

1.所謂父母：僅指直系一親等血親尊親屬而言。如繼母對前妻所生之子女，僅可認爲直系一親等姻親尊親屬，當無上述保護及教養之權義（23 上 3551）。

2.所謂保護：指監督保護，以防危害其身體安全之謂。所謂教養：指教導養育，以助長子女身心之發育之謂。惟保護教養之程度與方法，以適於親權人之身分、資力之方法爲之。對於子女身體上之保護，如子女之疾病預防及治療，防止子女之被誘惑或誘拐是；對於子女精神上之保護，如禁止入不正當場所，或禁止閱讀有害身心健康之書籍是；對於子女身體上之教育，如參加各種運動會，健行活動是；對於子女精神上之教育，如送其入學校受教育，參觀各種博覽會是。

3.父母對子女之教育，不應因其性別而有差異，即女子教育資料之給付，應與男子受同等之待遇（20 上 203）。

4.由保護教養而支生之權利：又有三種：

(1)對於未成年子女之居所指定權：民法第 1060 條規定：「未成年之子女，以其父母之住所為住所。」依此，在解釋上應認為父母對於未成年子女有居所指定權。至於該權之行使，除未經認領之非婚子女由行使親權之母單獨行使外，應由父母共同行使之。父母意思不一致時，由父決定。父母之一方不能行使居所指定權時，由他方單獨行使之（民1089）。父母均不能行使時，由監護人指定子女之住居所（民21、1097）。

但未成年子女已結婚者，應解為父母有正當理由時，得令其由家分離（民1128）；而此子女亦得請求由家分離（民1127）。雖未成年而已結婚之女子，其居所從夫之指定；未成年之贅夫，則從妻之指定（民1002）。

(2)子女之交付請求權：子女如因第三人違法略奪或抑留時，親權人可否請求其交付，對此法無明文規定，蓋第三人之此種行為，實侵害父母之保護教養權（刑241 I），因此，親權人為行使親權，應有此種請求權，請求其子女之交付。

(3)對於子女之職業許可權及其撤銷限制權：民法第 85 條規定：「法定代理人允許限制能力人，獨立營業者，限制能力人關於其營業有行為能力。限制行為能力人，就其營業有不勝任情形時，法定代理人得將其允許撤銷或限制之。」依此規定得知，父母對於未成年子女有：職業許可權，職權撤銷權及職業限制權三種。

(二)**懲戒權**：民法第 1085 條規定：「父母得於必要範圍內懲戒其子女。」所謂懲戒，指加痛苦於子女之身體或精神，使其改過遷善為目的之行為。

(三)**親權濫用之禁止**：為維護子女之權益，於父母之一方濫用其對子女之權利時（例如積極的施以虐待或消極的不盡其為父母之義務等），參酌民法第 1055 條第 1 項規定，明定父母之另一方、未成年子女、主管機關、社會福利機構或其他利害關係人均得向法院請求宣告停止其權利之全部或一部。而法院處理具體家事事件時，如認有必要，亦得依職權宣告，以保護未成年子女之利益（民1090）。

三、父母對子女財產上之權利義務

（一）**特有財產之管理**：

1.父母共同管理：近世立法例，已承認子女有特有財產，因此未成年子女因繼承、贈與或其他無償取得之財產，皆爲子女之特有財產（民1087）。關於該特有財產由父母共同管理（民1088 I）。但子孫自以勞力或因其他法律關係所得私財，非已奉歸於父母者，自可認爲子孫所私有（19上67）。

2.監護人管理：如父不能管理，母又不能行使親權，或品行不檢與管理失當時，即爲監護之開始，應由指定監護人管理（19上191）。

（二）**特有財產之使用收益權**：父母對未成年子女之特有財產，有使用收益權（民1088II）。所謂使用，即不毀損變更物或權利之性質，依其物或權利之用法，供事實上所需之謂。所謂收益，即收取由其物或權利所生天然孳息，或法定孳息之謂。

（三）**特有財產之處分權**：父母對於未成年子女之特有財產，非爲子女之利益，不得處分（民1088II但）。處分行爲是否對子女有利，應斟酌當時之一切情形定之（32上3716）。

（四）**法定代理權**：未滿7歲之未成年人，無行爲能力，滿7歲以上之未成年人有限制行爲能力（民13）。無行爲能力人，由法定代理人代爲意思表示，並代受意思表示。而限制行爲能力之人爲意思表示，及受意思表示，應得法定代理人之允許（民76、77），而民法規定，父母爲其未成年子女之法定代理人（民1086）。但父母代理子女，原則上僅限於財產行爲，而不及於身分行爲，唯一例外爲被收養時可由法定代理人代理之。但同意權則可包括身分上及財產上之行爲，所以未成年子女之婚約、結婚、兩願離婚等，須由本人得法定代理人之同意始可，只是法定代理人則不得代理。

四、父母與子女之利益相反之行爲

按父母之行爲與未成年子女之利益相反，依法不得代理時，依民法第1086條第2項規定：「父母之行爲與未成年子女之利益相反，依法不得代理時，法院得依父母、未成年子女、主管機關、社會福利機構或其

他利害關係人之聲請或依職權，為子女選任**特別代理人**。」此之「依法不得代理」，係採廣義，包括民法第 106 條禁止自己代理或雙方代理之情形，以及其他一切因利益衝突，法律上禁止代理之情形。又所定「主管機關」，或為社會福利主管機關、戶政機關、地政機關或其他機關，應依該利益相反事件所涉業務機關而定，如遺產分割登記時，地政機關為主管機關。

第十三節　親權行使之方法

一、共同行使或負擔為原則

民法第 1089 條規定：「對於未成年子女之權利義務，除法律另有規定外，由父母共同行使或負擔之。」

二、由父或母單獨行使

㈠**一方不能行使權利時**：父母之一方不能行使權利時，由他方行使之（民 1089）。

㈡**一方不能共同負擔義務時**：父母不能共同負擔義務時，由有能力者負擔之（民 1089）。

㈢**父母之意思不一致時**：父母對於未成年子女權利之行使意思不一致時，本應依家庭自治事項設定之，不成者，始由公權力介入之方式以為救濟。惟於重大事項權利之行使（如子女繼續升學或就業等）意見不一致時，得請求法院依子女之最佳利益，酌定之。惟法院在此項裁判前，應聽取未成年子女、主管機關或社會福利機構之意見（民 1089 II）。

第十四節　親權之消滅

一、親權消滅之原因

㈠**親權因其要素之消滅而消滅**：

　　1.因親權人本身事由之發生而消滅：未成年人無父母，或父母均不

能行使、負擔對於其未成年子女之權利、義務時，應置監護人（民1091）。

　　2.因子女本身事由之發生而消滅：

　　　⑴子女死亡時：子女爲親權行使之客體，一旦死亡，親權當即消滅。

　　　⑵子女已達於成年時：子女既已成年，父母即無保護及教養之權
　　　　利義務。其親權亦因此而消滅。

　　　⑶子女雖尚未成年，但已結婚時：因已有行爲能力，可視爲成年人
　　　　（民1091但）。但關於一定身分上行爲，仍應得法定代理人之同意，
　　　　如民法第1049條之兩願離婚、被收養、兩願終止收養等是。

　　　⑷子女受監護（禁治產）之宣告時：受監護宣告之人應置監護人
　　　　（民1110）。而得爲受監護宣告人之監護人者，有配偶、四親等
　　　　內之親屬、最近1年有同居事實之其他親屬、主管機關、社會
　　　　福利機構或其他適當之人（民1111）。

　　　⑸子女被收養：此時本生父母之親權被停止，而由養父母行使之
　　　　（民1083）。

　　　⑹養子女終止收養：此時養父母之親權消滅，本生父母回復其親
　　　　權（民1083）。

　　㈡**父母不繼續共同生活對於未成年子女之監護**：未成年子女權利義務
之行使或負擔，係由父母共同行使，如夫妻離婚，則依第1055條、第
1055條之1及第1055條之2規定，由夫妻協議，或由法院酌定、改定
或選定。惟父母未離婚又不繼續共同生活達6個月以上時，其對於未成
年子女權利義務之行使或負擔，**準用離婚效果之相關規定**。但如父母有
不能同居之正當理由或法律另有規定者，不在此限（民1089之1）。

　　㈢**親權因法院之宣告而消滅**：即父母之一方濫用其對於子女之權利
時，法院得依他方、未成年子女、主管機關、社會福利機構或其他利害
關係人之請求或依職權，爲子女之利益，宣告停止其權利之全部或一部
（民1090）。

二、親權消滅之效力

　　親權停止宣告之判決確定，而生親權停止之效力。宣告一部停止者，

僅生一部停止之效力。父母一方親權被停止者，由他方行使之。他方亦被停止者，則其無人行使，未成年子女失其保護，故應即爲其置監護人（民 1091、1094）。因親權之停止，父母負擔子女教養費用之義務，不因而停止。如父母均無負擔能力時，由有負擔義務之人負擔之（民 1114）。又親權停止之宣告，僅向將來發生效力。且父母子女之關係，不因親權停止而受影響。如親權停止之原因業已消滅，則可由聲請權人向法院請求撤銷親權停止之宣告（民訴 592、593）。

第四章　監　護

第一節　監護之概說

一、意義

　　監護（德：Vormundschaft）者，乃法律為保護未成年人或受監護宣告人之身體及財產，依法律之規定，使有能力人充當之任務也。茲分析説明如下：

　　㈠**監護以保護未成年人或受監護宣告人為目的**：因未成年人知識淺薄，原應由父母監護之，但若未成年人無父母，或父母均不能行使親權時，如不設監護機關，予以撫育其成長並管理其財產，何能保護未成年人。至被監護宣告人以精神上有障礙，不能自行照顧，尤有設置監護人監督保護之必要。

　　㈡**監護為監督保護受監護人之身體及財產之職務**：監護人除了為受監護人之法定代理人外，並得於保護增進受監護人利益範圍內，行使負擔父母對於未成年子女之權利義務（民1097、1098）。而受監護宣告人之監護人，亦應為受監護人之利益，及其財產狀況，護養療治其身體（民1112）。

　　㈢**監護者為有能力人之職務**：監護人必須具責任能力人為之，方能充分發揮監護之職權。在未成年人之監護，其監護人須依民法第1093及第1094條之規定。在受監護宣告人之監護，則依民法第1111條規定。故未成年人及受監護宣告人均不得為監護人（民1096）。

二、監護與親權之區別

　　監護為親權之補充，亦可謂係親權之延長，因此監護事務頗與親權相仿。但親權係以親子關係為基礎，法律大體採放任態度，而監護係以人類常情為基礎，法須加以相當之限制，以防流弊，因此，兩者仍有不同。

區分基準	監　護	親　權
(一) 應否開具財產清冊之不同	監護人於監護開始時，應會同遺囑指定、當地直轄市、縣（市）政府指派或法院指定之人開具財產清冊（民 1099）。	親權人則否。
(二) 能否使用或處分受監護人財產之不同	監護人非為受監護人之利益，不得使用、代為或同意處分受監護人之財產。	親權人則無此限制。
(三) 能否受讓受監護人財產之不同	監護人不得受讓受監護人之財產（民 1102）。	親權人則無此限制。
(四) 應否報告財產狀況之不同	監護人應將受監護人之財產狀況，向法院報告（民 1103）。	親權人則否。
(五) 有無報酬之不同	監護人得請求報酬（民 1104）。	親權人則否。
(六) 監護人濫用職權之不同	監護人如未善盡監護責任，則由法院另行選定或改定監護人（民 1106 之 1）。	親權人濫用親權時，法院得依他方、未成年子女、主管機關、社會福利機構或其他利害關係人之請求或依職權，為子女之利益，宣告停止其權利之全部或一部（民 1090）。
(七) 監護人之損害賠償之不同	監護人於執行監護職務，因故意或過失所生之損害，致生損害於受監護人者，應負賠償之責（民 1109）。	親權人則否。

第二節　監護開始之事由

監護之開始，必有法定原因，依民法之規定，監護制度可分為：一、為未成年人之監護；二為受監護宣告人之監護，茲分別說明監護開始之事由：

一、未成年人之監護

㈠**無父母或父母不能行使負擔其權利義務時**：未成年人無父母（民1091 前段）。係指父母均已死亡，此包括受死亡宣告者在內。

㈡**父母均不能行使負擔其權利義務時**：未成年人父母均不能行使負擔 對於其未成年子女之權利義務時，應置監護人。但未成年人已結婚者， 不在此限（民1091後段）。

㈢**委託監護人**：父母對其未成年之子女，得因特定事項，於一定期限 內，以書面委託他人行使監護之職務（民1092）。

㈣**遺囑指定監護人**：最後行使、負擔對於未成年子女之權利、義務之 父或母，得以遺囑指定監護人（民1093 I）。

二、受監護宣告人之監護

受監護宣告人應置監護人（民1110）。受監護宣告之人，因精神障礙 或其他心智缺陷，致不能為意思表示或受意思表示，或不能辨識其意思 表示之效果者，其身體財產須受保護，甚於未成年人，則其設置監護人， 實有必要。又受監護宣告人之監護，須護養療治其身體（民1112），此與 未成年人之監護不同。

第三節　監護人之選任及類別

一、未成年人之監護人

未成年人之監護人因其產生之方法不同，可分為指定監護人、法定 監護人、選定監護人及委託監護人四種。除委託監護人外，應以指定監 護人為第一順位，法定監護人為第二順位，選定監護人為第三順位。茲 分述之：

㈠**指定監護人**：又稱遺囑監護人，即未成年人之父母，有一健在，即 應由其任保護教養之責（民1089）。故後死之父或母，始得以遺囑指定監 護人（民1093）。

㈡**法定監護人**：所謂法定監護人，即於無監護人時，法律上當然以其

爲監護人者，稱爲法定監護人。依民法 1094 條第 1 項規定，父母均不能行使、負擔對於未成年子女之權利義務，或父母死亡而無遺囑指定監護人或遺囑指定之監護人拒絕就職時，依下列順序定其監護人：

　　1.與未成年人同居之祖父母（第二順序）。

　　2.與未成年人同居之兄姊（第三順序）。

　　3.不與未成年人同居之祖父母（第四順序）。

　　上項監護人，應於知悉其爲監護人後 15 日內，將姓名、住所報告法院，並應申請當地直轄市、縣（市）政府指派人員會同開具財產清冊（民1094 II）。

　　㈢**選定或改定監護人**：未能依上項之順序定其監護人時，法院得依未成年子女、四親等內之親屬、檢察官、主管機關或其他利害關係人之聲請，爲未成年子女之最佳利益，就其三親等旁系血親尊親屬、主管機關、社會福利機構或其他適當之人選定爲監護人，並得指定監護之方法（民1094 III）。法院依上項選定監護人或依第 1106 條另行選定監護人及第 1106 條之 1 改定監護人時，應同時指定會同開具財產清冊之人（民 1094 IV）。

　　㈣**選定前之監護**：未成年人無第 1094 條第 1 項之法定監護人，於法定依第 3 項規定爲其選定確定前，由當地社會福利主管機關爲其監護人（民1094 V）。

　　㈤**法院應依未成年人最佳利益審酌監護人**：法院選定或改定監護人時，應依受監護人之最佳利益，審酌一切情狀，尤應注意下列事項（民1094 之 1）：

　　1.受監護人之年齡、性別、意願、健康情形及人格發展需要。

　　2.監護人之年齡、職業、品行、意願、態度、健康情形、經濟能力、生活狀況及有無犯罪前科紀錄。

　　3.監護人與受監護人間或受監護人與其他共同生活之人間之情感及利害關係。

　　4.法人爲監護人時，其事業之種類與內容，法人及其代表人與受監護人之利害關係。

二、成年人之監護人

即因精神障礙或其他心智缺陷，致不能為意思表示或受意思表示，或不能辨識其意思表示之效果者，即得為監護之宣告（民14I）。

㈠**監護人之選定**：法院為監護之宣告時，應依職權就配偶、四親等內之親屬、最近1年有同居事實之其他親屬、主管機關、社會福利機構或其他適當之人選定1人或數人為監護人，並同時指定會同開具財產清冊之人。法院為此項選定及指定前，得命主管機關或社會福利機構進行訪視，提出調查報告及建議。監護之聲請人或利害關係人亦得提出相關資料或證據，供法院斟酌（民1111）。

㈡**受監護宣告人之最佳利益之審酌**：法院選定監護人時，應依受監護宣告之人之最佳利益，優先考量受監護宣告之人之意見，審酌一切情狀，並注意下列事項（民1111之1）：

　1.受監護宣告之人之身心狀態與生活及財產狀況。

　2.受監護宣告之人與其配偶、子女或其他共同生活之人間之情感狀況。

　3.監護人之職業、經歷、意見及其與受監護宣告之人之利害關係。

　4.法人為監護人時，其事業之種類與內容，法人及其代表人與受監護宣告之人之利害關係。

㈢**數人為監護人**：法院選定數人為監護人時，得依職權指定其共同或分別執行職務之範圍。法院得因監護人、受監護人、第14條第1項聲請權人之聲請，撤銷或變更前項之指定（民1112之1）。

㈣**監護人之登記**：法院為監護之宣告、撤銷監護之宣告、選定監護人、許可監護人辭任及另行選定或改定監護人時，應依職權囑託該管戶政機關登記（民1112之2）。

第四節　監護人之資格、辭職與撤退

一、監護人之資格

監護既為保護無能力者而設，自須具備相當能力，始能勝任愉快。

故其資格如下：

㈠**積極資格**：除法定監護人須具備一定身分外，其餘並無限制。

㈡**消極資格**：

1.未成年人方面：有下列情形之一者，不得為監護人（民1096）：

(1)未成年。

(2)受監護或輔助宣告尚未撤銷。

(3)受破產宣告尚未復權。

(4)失蹤。

2.成年人方面：照護受監護宣告之人之法人或機構及其代表人、負責人，或與該法人或機構有僱傭、委任或其他類似關係之人，不得為該受監護宣告之人之監護人。（民1111之2）。

二、監護人之辭職

法定監護人及選定監護人，非有正當理由，不得辭其職務（民1095）。蓋監護幼年及禁治產人，責任重大，事關公益，故委託監護人與指定監護人，則不受此限制。

所謂正當理由，應以實際上能否執行監護職務為準，如身罹殘疾，年老力衰，或因職務上不能勝任，或遠適異國，難以就職等均是。其是具有正當理由，應由親屬會議認定之，如有爭執，得請求法院判斷之。

三、監護人之另行選定與改定

㈠**監護人之另行選定**：監護人有下列情形之一，且受監護人無第1094條第1項之監護人者，法院得依受監護人、第1094條第3項聲請權人之聲請或依職權，另行選定適當之監護人（民1106）：

1.死亡。

2.經法院許可辭任。

3.有第1096條各款情形之一。

法院另行選定監護人確定前，由當地社會福利主管機關為其監護人。

㈡**監護人之另行改定**：有事實足認監護人不符受監護人之最佳利益，或有顯不適任之情事者，法院得依第1106條第1項聲請權人之聲請，改

定適當之監護人，不受第 1094 條第 1 項規定之限制。法院於改定監護人確定前，得先行宣告停止原監護人之監護權，並由當地社會福利主管機關爲其監護人（民 1106 之 1）。

第五節　監護事務

監護乃親權之延長及補充，故監護權之內容與親權之內容並無任何差異，惟監護有時爲父母以外之他人，故民法之要求較爲嚴格：

一、未成年人之監護

㈠**對受監護人身體上之監護**：民法第 1091 條規定：「未成年人無父母、或父母均不能行使、負擔對於其未成年子女之權利、義務時，應置監護人。」而民法第 1097 條規定：「除另有規定外，監護人於保護、增進受監護人利益之範圍內，行使、負擔父母對於未成年子女之權利、義務。但由父母暫時委託者，以所委託之職務爲限。」因此監護人之地位，除另有規定外，與父母之地位相等。

㈡**為法定代理**：監護人於監護權限內，爲受監護人之法定代理人。監護人之行爲與受監護人之利益相反或依法不得代理時，法院得因監護人、受監護人、主管機關、社會福利機構或其他利害關係人之聲請或依職權，爲受監護人選任特別代理人（民 1098）。

㈢**監護人之職務**：除另有規定外，監護人於保護、增進受監護人利益之範圍內，行使、負擔父母對於未成年子女之權利、義務。但由父母暫時委託者，以所委託之職務爲限。監護人有數人，對於受監護人重大事項權利之行使意思不一致時，得聲請法院依受監護人之最佳利益，酌定由其中一監護人行使之。法院爲此項裁判前，應聽取受監護人、主管機關或社會福利機構之意見（民 1097）。

㈣**對受監護人財產之監護**：

1.開具財產清冊：監護開始時，監護人對於受監護人之財產，應依規定會同遺囑指定、當地直轄市、縣（市）政府指派或法院指定之人，

於 2 個月內開具財產清冊，並陳報法院。上項期間，法院得依監護人之聲請，於必要時延長之（民 1099）。在此財產清冊開具完成並陳報法院前，監護人對於受監護人之財產，僅得為管理上必要之行為（民 1099 之 1）。

2.財產之管理：受監護人之財產，由監護人管理。執行監護職務之必要費用，由受監護人之財產負擔。法院於必要時，得命監護人提出監護事務之報告、財產清冊或結算書，檢查監護事務或受監護人之財產狀況（民 1103）。

3.監護人執行監護職務之責任：監護人應以善良管理人之注意，執行監護職務（民 1100）。

4.財產之使用及處分：監護人對於受監護人之財產，非為受監護人之利益，不得使用、代為或同意處分。監護人為下列行為，非經法院許可，不生效力（民 1101）：

　　⑴代理受監護人購置或處分不動產。

　　⑵代理受監護人，就供其居住之建築物或其基地出租、供他人使用或終止租賃。

　　　監護人不得以受監護人之財產為投資。但購買公債、國庫券、中央銀行儲蓄券、金融債券、可轉讓定期存單、金融機構承兌匯票或保證商業本票，不在此限。

5.受讓財產之禁止：監護人不得受讓受監護人之財產（民 1102）。所謂受讓，係指有償行為而言，無償行為之受讓既為法所不許，無償行為之贈與，當不得有效為之。

㈤**財產之清算交還：**

1.財產之移交：監護人變更時，原監護人應即將受監護人之財產移交於新監護人（民 1107 I）。

2.財產之交還：受監護之原因消滅時，原監護人應即將受監護人之財產交還於受監護人；如受監護人死亡時，交還於其繼承人（民 1107 II）。

3.財產之結算：前二項情形，原監護人應於監護關係終止時起 2 個月內，為受監護人財產之結算，作成結算書，送交新監護人、受監護人或其繼承人（民 1107 III）。新監護人、受監護人或其繼承人對於前項結算

書未爲承認前,原監護人不得免其責任(民1107IV)。

4.移交及結算之繼承:監護人死亡時,第1107條之移交及結算,由其繼承人爲之;其無繼承人或繼承人有無不明者,由新監護人逕行辦理結算,連同依第1099條規定開具之財產清冊陳報法院(民1108)。

㈥**損害賠償**:監護人於執行監護職務時,因故意或過失,致生損害於受監護人者,應負賠償之責。此項賠償請求權,自監護關係消滅之日起,5 年間不行使而消滅;如有新監護人者,其期間自新監護人就職之日起算(民1109)。

㈦**請求報酬**:監護人得請求報酬,其數額由法院按其勞力及受監護人之資力酌定之(民1104)。

㈧**監護人之登記與未成年人受監護之宣告**:

1.監護人之登記:法院於選定監護人、許可監護人辭任及另行選定或改定監護人時,應依職權囑託該管戶政機關登記(民1109之1)。

2.未成年人受監護宣告之適用:未成年人依第 14 條受監護之宣告者,適用成年人監護及輔助章節之規定(民1109之2)。

二、成年人之監護

㈠**監護人執行職務時之尊重及考量**:監護人於執行有關受監護人之生活、護養療治及財產管理之職務時,應尊重受監護人之意思,並考量其身心狀態與生活狀況(民1112)。

㈡**準用未成年人監護之規定**:成年人之監護,除前述之規定外,準用關於未成年人監護之規定(民1113)。

三、輔助人之設置及其相關規定之準用

受輔助宣告之人,應置輔助人。輔助人及有關輔助之職務,準用第1095條、第1096條、第1098條第2項、第1100條、第1102條、第1103條第2項、第1104條、第1106條、第1106條之1、第1109條、第1111條至第1111條之2、第1112條之1及第1112條之2之規定(民1113之1)。

第五章　扶　養

第一節　扶養之意義、範圍及順序

一、扶養義務之意義

所謂扶養義務（英：duty to support；德：Unterhaltspflicht, Unterstützungspflicht ；法：obligation alimentaire），即一定親屬間所認定之生活保障之義務。析言之：

(一) 一定親屬間相互之義務	扶養義務僅於民法第 1114 條所定之各種親屬間存在，如非一定親屬，縱有時發生扶養之權利義務，亦與親屬法上之扶養無關（20 上 299）。
(二) 以無謀生能力之一定親屬間發生	所謂無謀生能力，指民法第 1117 條之規定而言：即「受扶養權力者，以不能維持生活而無謀生能力者爲限。
(三) 扶養係親屬法上制度	即以國家法律強制個人負扶養之義務。
(四) 即本於身分關係供給生活費用	扶養係本於身分關係而生，義務人給與生活費用，在性質上專屬一身之權利，不得繼承、處分、扣押、或抵銷。

二、扶養之範圍

(一)**親屬間互負扶養義務**：下列親屬互負扶養之義務（民 1114）：

1.直系血親相互間。

2.夫妻之一方與他方之父母同居者，其相互間。

3.兄弟姊妹相互間。

4.家長家屬相互間。

(二)**夫妻間互負扶養義務**：夫妻互

您應該向您的大兒子拿，因爲阿政的收入不多，我們日子也很難過。

給我一點零用錢，好嗎？

負扶養之義務，其負扶養義務之順序與直系血親卑親屬同，其受扶養權

利之順序與直系血親尊親屬同（民1116之1）。

三、扶養之順序

㈠扶養義務人之順序：

1.一般的扶養義務人之順序：負扶養義務者有數人時，應依下列順序定其履行義務之人（民1115）：

　　⑴直系血親卑親屬（第一順序）。

　　⑵直系血親尊親屬（第二順序）。

　　⑶家長（第三順序）。

　　⑷兄弟姊妹（第四順序）。

　　⑸家屬（第五順序）。

　　⑹子婦、女婿（第六順序）。

　　⑺夫妻之父母（第七順序）。

2.同一順序的扶養義務人之順序：同係直系尊親屬或直系卑親屬者，以親等近者為先。負扶養義務者有數人而其親等同一時，應各依其經濟能力，分擔義務（民1115Ⅱ,Ⅲ）。

㈡扶養權利人之順序：

1.一般的扶養權利人之順序：受扶養權利者有數人，而負扶養義務者之經濟能力，不足扶養其全體時，依下列順序定其受扶養之人（民1116Ⅰ）：

　　⑴直系血親尊親屬。

　　⑵直系血親卑親屬。

　　⑶家屬。

　　⑷兄弟姊妹。

　　⑸家長。

　　⑹夫妻之父母。

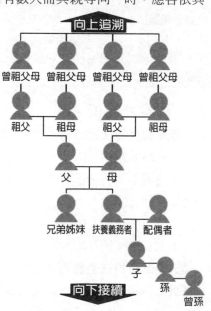

(7)子婦、女婿。

2.同一順序的扶養權利人之順序：

(1)同係直系尊親屬或直系卑親屬者，以親等近者爲先（民1116 II）。

(2)受扶養權利者有數人而其親等同一時，應按其需要之狀況，酌爲扶養（民1116 III）。

㈢**夫妻與其他人扶養權利義務之順位**：夫妻互負扶養之義務，其負扶養義務之順序與直系血親卑親屬同，其受扶養權利之順序與直系血親尊親屬同（民1116之1）。

第二節　扶養要件、方法與扶養義務之消滅

一、扶養之要件

㈠**受扶養權利之要件**：受扶養權利者，以不能維持生活而無謀生能力者爲限。此項無謀生能力之限制，於直系血親尊親屬，不適用之（民1117）。

立委提案修民法 父母凌虐 子女可免扶養

「阿雲」8月大 母親即棄養 33年後被控遺棄 「被燙女嬰若活著 長大也要養凶爸?」

生下來即沒左手掌的阿雲，八個月大時遭生母朱姓婦人棄養，被判一年徒刑、緩刑三年。未料33年後突然有60歲的婦人到阿雲家按門鈴，大罵：「不孝女，白養妳30多年！」原來這婦人是33年來從未謀面的生母。阿雲說，父親是船員，她又遭生母遺棄，不知母親爲何反過來告她棄養。阿雲說，燙嬰案發生後，她終於有了最有力的說詞：「那被丟進滾水裡的女嬰，未來還可能負擔凶手的扶養義務，還有比這更不合理的事嗎？」於是立法院乃制定第1118之1條。

見2009年9月15日，聯合報，A11綜合版。

㈡**扶養義務之免除**：

1.扶養義務者自己不能生活：因負擔扶養義務而不能維持自己生活者，免除其義務。但受扶養權利者爲直系血親尊親屬或配偶時，減輕其義務（民1118）。

2.扶養負擔顯失公平：受扶養權利者有下列情形之一，由負扶養義務者負擔扶養義務顯失公平，負扶養義務者得請求法院減輕其扶養義務

（民 1118 之 1 I）：

　　　　(1)對負扶養義務者、其配偶或直系血親故意爲虐待、重大侮辱或
　　　　　 其他身體、精神上之不法侵害行爲。

　　　　(2)對負扶養義務者無正當理由未盡扶養義務。

　　受扶養權利者對負扶養義務者有前項各款行爲之一，且情節重大
者，法院得免除其扶養義務（民 1118 之 1 II）。前二項規定，受扶養權利者
爲負扶養義務者之未成年直系血親卑親屬者，不適用之（民 1118 之 1 III）。

二、扶養之程度

　　扶養之程度，應按受扶養權利者之需要，與負扶養義務者之經濟能
力及身分定之（民 1119）。

三、扶養之方法

　　扶養之方法，由當事人協議定之；不能協議時，由親屬會議定之。
但扶養費之給付，當事人不能協議時，由法院定之（民 1120）。

四、扶養程度及方法之變更

　　扶養之程度及方法，當事人得因情事之變更，請求變更之（民 1121）。

五、扶養義務之消滅

　　扶養因下列原因而消滅：

　㈠**當事人死亡**：因扶養權利人或義務人雙方或一方死亡，扶養義務自
然歸於消滅。蓋扶養爲一身專屬之性質之故。

　㈡**當事人身分關係消滅**：當事人間有一定身分關係存在時，始發生扶
養義務。故身分關係消滅，如因離婚致其直姻親關係消滅，或家屬由家
分離等，均使扶養義務消滅。

　㈢**扶養要件之消滅**：扶養權利義務之成立，以有扶養需要與扶養能力
爲成立要件，如兩者俱缺，或缺其一，則扶養義務當然消滅。

第六章　家

第一節　家之概念

一、家之意義

家者，謂以經營永久共同之生活爲目的而同居之親屬團體（民 1122）。茲分析其意：

㈠**家爲團體**	所謂團體，乃指人與人之結合體，但依我國傳統，以家爲獨立之人格，得獨立享受權利負擔義務，而與法人團體不同。
㈡**親屬團體**	原則上家之基本構成員爲親屬，但亦有非親屬，而以永久共同生活爲目的同居一家，視爲家屬者。
㈢**永久同居**	所謂永久同居，指有永久同居之意思與永久同居之事實而言。

二、家之組織

家置家長。同家之人，除家長外，均爲家屬。雖非親屬，而以永久共同生活爲目的同居一家者，視爲家屬（民 1123）。

㈠**家長之選定**：家長由親屬團體中推定之；無推定時，以家中之最尊輩者爲之；尊輩同者，以年長者爲之；最尊或最長者不能或不願管理家務時，由其指定家屬一人代理之（民 1124）。

㈡**家屬**：同家之人，除家長外，均爲家屬（民 1123Ⅱ）。家屬可分爲：

1.自然家屬：乃指以永久共同生活爲目的而同居之親屬團體。亦即家長之親屬而言。

2.擬制家屬：雖非親屬，而以永久共同生活爲目的同居一家者，視爲家屬（民 1123Ⅲ）。

㈢**家屬之分離**：家屬得由家分離者，有下列兩種情形：

1.家屬之請求：家屬已成年，或雖未成年而已結婚者，得請求由家分離（民 1127）。

2.家長之命令：家長對已成年，或雖未成人而已結婚之家屬，得令其由家分離，但以有正當理由為限（民 1128）。

第二節　家長及家屬之權利義務

一、家長之權利	(一)家務管理權	1.自己管理：家務由家長管理（民 1125）。但家長管理家務，應注意於家屬全體之利益（民 1126）。 2.委託管理：但家長得以家務之一部委託家屬處理（民 1125 但）。
	(二)令家屬由家分離	家長對於已成年或雖未成年而結婚之家屬，得令其由家分離，但以有正當理由時為限（民 1128）。
二、家長之義務	(一)注意家屬全體之利益	家長管理家務，應注意於家屬全體之利益（民 1126）。家長管理家務，如為家屬全體之利益，自得處分財產，但家屬已繼承，或係其私有之財產，須得家屬同意（23 院 1069）。
	(二)扶養義務	家長與家屬相互間有扶養義務（民 1114④），其順序僅次於直系血親尊親屬，而列為第三順序（民 1115③）。如家長兼為夫或父母者，則對於妻或子女之關係，則另有生活保持義務。
三、家屬之權利	(一)受扶養之權利	家屬可請求家長為適當之扶養（民 1116⑤）。
	(二)請求由家分離之權利	家屬已成年或雖未成年而已結婚者，得請求由家分離（民 1127）。
四、家屬之義務	(一)受家長監督	家屬在一家共同生活上應受家長之約束，如尚未結婚之未成年人或受監護宣告人，別無法定代理人時，應受家長之監督。
	(二)扶養家長之義務	家長與家屬互負扶養義務，家屬對於家長之扶養義務，列為第五順序（民 1115⑤）。

第七章　親屬會議

第一節　親屬會議之概念

一、親屬會議之意義

親屬會議（德：Familienrat）者，即爲保護特定親屬之利益，或處理其身後事務，由當事人、法定代理人或其他利害關係人召集而由親屬臨時組成之合議機關也（民1129）。茲析述之：

㈠**為保護特定親屬之機關**：其對象爲親屬中之未成年人、受監護宣告人及被繼承人，並涉及扶養關係，以及身後遺產之監護或處理。

㈡**為合議機關**：親屬會議由一定親屬之會員 5 人所組織之（民1130），處理事務以出席會員過半數之同意決議之，故爲合議機關。

㈢**為臨時機關**：親屬遇有特定事項發生時，由當事人、法定代理人或其他利害關係人隨時召集之，會議完畢，即行解散。

㈣**親屬會議並非法人**：親屬會議雖爲團體，並可干預親屬間之某些事務，但其自身不能享受權利或負擔義務，依法應無權利能力。

二、親屬會議之組織

㈠**親屬會議之召集權人**：依民法或其他法律之規定應開親屬會議時，由下列之人召集之（民1129）。

㈡**會員之人數**：親屬會議，以會員 5 人組成之（民1130）。

㈢**會員之產生**：依民法規定，親屬會議會員之產生以法定爲原則，以法院指定爲例外，茲分述之：

    1.法定會員：

      ⑴一般順序：依民法第 1131 條第 1 項規定，親屬會議會員，應就未成年人、受監護宣告人或被繼承人之下列親屬與順序定之：

        ①直系血親尊親屬。

        ②三親等內旁系血親尊親屬。

③四親等內之同輩血親。

(2)同一順序中會員之順序：前項同一順序之人，以親等近者為先；
親等同者，以同居親屬為先，無同居親屬者，以年長者為先（民
1131Ⅱ）。

(3)依前二項順序仍不能出席時：依前二項順序所定之親屬會議會
員，不能出席會議或難於出席時，由次順序之親屬充任之（民
1131Ⅲ）。

2.指定會員：無民法第 1131 條規定之親屬，或親屬不足法定人數
時，法院得因有召集權人之聲請，於其他親屬中指定之（民 1132Ⅰ）。

四會員之資格與辭職：

1.會員之資格：關於親屬會議會員之資格，積極方面，為前述民法
的認定之法定會員及指定會員。但在消極方面，民法只規定三種人不得
為會員；即監護人、未成年人及受監護宣告之人（民 1133）。

2.會員之辭職：依法應為親屬會議會員之人，非有正當理由，不得
辭其職務（民 1134）。

第二節　親屬會議之權限

親屬會議設置之目的，在監督監護人，監督無人承認繼承遺產管理
人，以及其他事項。其權限，應以法律有明文規定者為限。此亦為召集
親屬會議之事由，茲分述之：

一、關於無人承認繼承之遺產之權限

㈠選任遺產管理人（民 1177）。

㈡將繼承開始及選任遺產管理人之事由呈報法院（民 1178）。

㈢對於遺產管理人變賣遺產之同意（民 1179Ⅱ）。

㈣請求遺產管理人報告或說明遺產之狀況（民 1180）。

㈤酌定遺產管理人之報酬（民 1183）。

二、關於繼承及遺囑之權限

㈠對於被繼承人生前繼續扶養之人酌給遺產之決定（民 1149）。

㈡認定口授遺囑之眞僞（民 1197）。

㈢遺囑執行人之選定或改選（民 1211、1218）。

㈣收受遺囑保管人遺囑之提示（民 1212）。

㈤密封遺囑之開視（民 1213）。

三、其他權限

㈠議定扶養之方法（民 1120）。

㈡指定他人代受監護宣告人爲訴訟行爲（民訴 571 I）。

㈢允許監護人提起婚姻訴姻訴訟（民訴 571 II）。

㈣指定他人代無行爲能力之養子女爲訴訟行爲（民訴 586）。

第三節　親屬會議之開會與決議

一、開會

親屬會議，非有 3 人以上之出席，不得開會（民 1135）。且親屬會議會員應於開會時親自出席，不得使他人代理（31 上 637）。

二、決議

㈠**決議之方法**：親屬會議，非有出席會員過半數之同意，不得爲決議（民 1135 後段）。

㈡**會員參加決議之限制**：親屬會議會員，於所議事件有個人利害關係者，不得加入決議（民 1136）。

㈢**不服決議之聲訴**：第 1129 條所定有召集權人，對於親屬會議之決議有不服者，得於 3 個月內，向法院聲訴（民 1137）。茲說明如次：

　　1.聲訴權人：民法規定，凡有召集權人，包括當事人、法定代理人、或其他利害關人，對於親屬會議之決議有不服者，均得向法院聲訴。

　　2.聲訴之期間：應自親屬會議有不當決議之翌日起 3 個月內提起不服決議之訴。

三、由法院處理

親屬會議不能召開或召開有困難時，依法應經親屬會議處理之事項，由有召集權人聲請法院處理之。親屬會議經召開而不爲或不能決議時，亦同（民 1132 II）。

第六編　繼　承

第一章　繼承與遺產繼承人

第一節　繼承之概念

一、繼承之意義

所謂繼承（英：inheritance, Succession；德：Erbgang, Erbfolge；法：hérédité, succession）在個人主義與私人所有制度之基礎下，各人都擁有處分自己財產的權利。但是當人死亡時，其所遺留的財產，必須爲其家屬加以清算並分配之。

於是基於個人所有權有處分財產自由，與死後將自己的財產留給子孫之繼承的理想相結合，就形成民法上的繼承制度。具體而言，前者稱爲「遺囑繼承」，後者稱爲「法定繼承」，這些繼

戶政機關擺烏龍　登記錯誤　女傭變長女　謝[森中]遺產爆爭

前央行總裁謝森中今年四月在美國洛杉磯過世，家屬辦理死亡除籍時，發現原本在謝森中胞兄家中的女幫傭，竟被戶政機關錯誤登記爲謝森中的「長女」，由於這位幫傭也已過世，其子女又不願配合辦理拋棄遺產繼承，讓謝家困擾不已，後經血緣鑑定，證明雙方沒有親屬關係，才順利解決遺產糾紛。見 2004 年 12 月 5 日，中央日報，第 5 頁。

承都要等到被繼承人死亡才開始生效（民 1147）。

因此法人不得享有繼承權，但可享有遺贈。

二、繼承法之性質

（一） 繼承法係私法	繼承編所規定之法律關係，都是私人相互間有關財產繼承之關係，如某甲死亡後，由其子嗣繼承遺產，或由其子女群繼承，甚至某甲接受某人之遺贈等，故繼承法係私法。
（二） 繼承法係	繼承法是民法中的一編，因此凡是本國人不論在國內或國外有其適用，而在國家領域內，不論本國人或外國人亦均有其適用，故繼承法

普通法	係普通法。
(三) 繼承法係 強行法	繼承法因係繼承人生前所有之一切財產，其中包括債權與債務，蓋常涉及他人，自與一般社會有密切之關係，故與其他私法不盡相同。因遺產繼承之利害關係錯綜複雜，繼承人之繼承範圍及順序，自應以法律先行確定。故繼承法具有強行法之性質。

第二節　遺產繼承人

一、繼承人

　　所謂繼承人（英：inheritor；德：Erbe）即擁有繼承權之「遺產繼承人」為配偶與血族繼承人，此時配偶在法定繼承人的規定上，受相當之優遇，而血族繼承人因有繼承之順位，一旦先順位者繼承，有時後順位者，就無法繼承之可能。為何繼承法特別強調配偶的繼承地位，其原因是由於必須保護生存下來的配偶的生活，而繼承也有清算婚姻中夫妻財產的意義在內。但此配偶必須是依法結婚的配偶，妾或同居人並非民法上所稱之配偶。惟妾雖為民法上所未規定，妾與家長既以永久共同生活為目的而同居一家，依民法第 1123 條第 3 項之規定，應視為家屬。則其遺腹子、女，即受胎在妾與家長之關係存續中者，應認與經生父撫育者同（院 735）。

　　此外，在繼承開始前，居於法定第一順序之繼承人因死亡或其他事由喪失其繼承權時，由其直系卑親屬代位繼承其應繼分（民 1140），此稱為「代位繼承」。

二、繼承人之資格

　　繼承人應具備之資格如下：

(一)繼承人之 積極資格	1.**須被繼承人死亡**：繼承，因被繼承人死亡而開始（民 1147）。即被繼承人死亡為繼承開始之原因。此之死亡，除了自然死亡外，尚包括法律上之死亡宣告在內。
	2.**須有繼承能力**：凡有權利能力之人，則有繼承能力。法人雖亦有權利能力，但不具人倫之一定之親屬身分關係，故不能為遺產之繼承。惟法人可受遺贈。至於外國人，因其僅能於法令限制內有權利能力，故亦有遺產繼承之資格（民總施 2）。但外國人不得享受之財產權，如林地、漁地、狩獵地、鹽地、礦地、水源地、要塞

	軍備區域及領域邊境之土地等之所有權（土17）或礦業權（礦6），自屬不得繼承。 3.**須符合同時存在之原則**：即被繼承人死亡時尚生存之人，始可爲繼承人。胎兒爲繼承人時，以將來非死產者爲限，關於個人利益之保護，視爲既已出生（民7），故胎兒亦有繼承人之資格，胎兒爲繼承人時，非保留其應繼分，他繼承人不得分割其遺產（民1166）。 4.**須位居於繼承順序者**：我民法第1144條規定，配偶有相互繼承之權外，其繼承人之順序依民法第 1138 條規定爲之。故繼承開始時，順位在先者先行繼承，順位在後者，則須前一順位無繼承人時，始可繼承之。
(二)繼承人之 消極資格	欲繼承遺產者，須未喪失繼承權，如有民法第1145條所定之事由，而喪失其繼承權，自不得主張繼承遺產之權利。

三、繼承人之順序

(一)法定繼承人：

1.配偶（不限於一定之順序）：配偶在繼承法上有相互繼承遺產之權（民1144 I），以共同繼承爲原則，惟無1138條各款繼承人時，則得爲單獨繼承全部遺產。故在繼承法上稱爲當然繼承

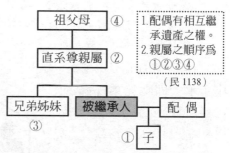

人。惟所謂配偶，以繼承開始時，夫妻關係存在爲主，如有配偶重婚，雖得爲撤銷或離婚之理由，但在撤銷或離婚前，仍有配偶之效力。

2.第一順序爲直系血親卑親屬：除生存之配偶爲當然繼承人外，直系血親卑親屬爲第一順序繼承人。如子女、孫子女、外孫子女是。茲說明之：

(1)指自然血親與擬制血親：如養子女在直系血親卑親屬中，其應繼分與婚生子女同。如爲非婚生子女，須經認領或撫育或準正（民1064、1065），又我國採男女平等主義，故女系直系血親卑親屬亦與男系同爲第一順序繼承人，其已嫁、未嫁均所不問。

(2)同爲直系血親卑親屬而親等不同時，則以親等近者爲先（民

1139）。同一順序之繼承人有數人時，則屬共同繼承人，應按人數平均繼承（民1141）。

3.第二順序為父母：民法將父母列為第二順序繼承人（民1138）：

(1)此之父母，包括親生父母與養父母，但養子女的本生父母雖有血統關係，因改由他人收養，其與子女之權利義務關係業經停止，自不得再享有繼承權利。

(2)父母對於已結婚之男子或女子之遺產有繼承權，父母離婚後再婚與否，對子女之遺產亦有繼承權。

(3)準婚生子女與生母之間，亦互有繼承權。反之，繼父母子女，或妻之於夫或夫之於妻之準婚生子女間之關係，蓋為直系姻親關係，故互無繼承權。

適例：甲未婚且無兄弟姊妹，自幼父母雙亡，由祖父母扶養長大成人。除祖父母外，尚有外祖父母。嗣後甲因故死亡，甲死亡時全部遺產為新臺幣一百萬元。則甲之遺產由祖父母及外祖父母共同繼承，每人繼承25萬元。（99身障四）

4.第三順序為兄弟姊妹：無直系血親卑親屬，又無父母者，第三順序繼承人即為兄弟姊妹（民1138）所謂兄弟姊妹，包括同父母、同父異母及同母異父之兄弟姊妹在內（院735）。並包括親生子女與養子女，及養子女相互間之兄弟姊妹關係。

養子女之繼承

養家　　　生家

養父　養母　　生父　生母

有繼承權　　　無繼承權

子

5.第四順序為祖父母：所謂祖父母，包括外祖父母及養方父母之父母（院2560），祖父母再婚後，對孫子女之遺產，仍有繼承權。

㈡**指定繼承人**：遺囑人於不違反關於特留分規定之範圍內，得以遺囑自由處分遺產（民1187）。

第三節　代位繼承

繼承之代位繼承（英：inheritance per stirpes, inheritance by representation；德：Erbfolge nach Stämmen；法：succession par la représentation）即被繼承人之直系血親卑親屬，於繼承開始前死亡或喪失繼承權時，由其直系血親卑親屬，代位繼承其應繼分之謂（民 1140）。如某甲為被繼承人，其子乙已死亡或喪失繼承權，則由其孫丙代位乙繼承甲之遺產，如孫丙亦死亡或喪失繼承權，更得由孫丙之子，即甲之曾孫代位繼承甲之遺產。

一、代位繼承之要件

㈠**被代位人須於繼承開始前死亡或喪失繼承權**：被代位人之死亡或喪失繼承權，必須在繼承開始前，如在繼承開始後死亡或喪失繼承權，應由其本人繼承之，再由其繼承人更為繼承者，稱為再轉繼承，非代位繼承。

㈡**被代位繼承人，須為被繼承人之直系血親卑親屬**：直系血親卑親屬，包括婚生子女及養子女，故婚生子女之婚生子女及養子女，養子女之婚生子女及養子女，均得代位繼承（司釋 70），但被代位人之配偶非得主張其代位繼承之權。

㈢**代位繼承人須為死亡或喪失繼承權者之直系血親卑親屬**：直系血親卑親屬之解釋與前同。故均得代位繼承。

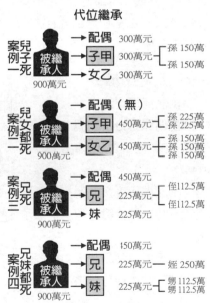

代位繼承

二、代位繼承之效力

即代位繼承人直接繼承被繼承人，不過於繼承順序上，取代被代位人之地位而已；且其應繼分，與被代位人之應繼分相同。故如代位繼承

人有數人時，則應共同繼承被代位繼承人之應繼分。

第四節　應繼分

繼承之應繼分（德：Erbteil；法：part héréditaire, part successorale）即繼承人有多人，各共同繼承人對於遺產上一切權利義務所得繼承的比例之謂。若繼承只有一人，則由其繼承全部遺產，當不須適用應繼分之規定。應繼分有法定與指定兩種：

一、法定應繼分

由法律規定決定：

㈠**配偶應繼分**：配偶有相互繼承遺產之權，其應繼分爲（民1144）：

1.配偶與直系血親卑親屬同爲繼承時，其應繼分與其他繼承人平均。

2.配偶與父母或兄弟妹同爲繼承時，其應繼分爲遺產二分之一。

3.配偶與祖父母同爲繼承時，其應繼分爲遺產三分之二。

4.無其他法定繼承人時，配偶之應繼分爲遺產之全部。

繼承之配偶的應繼分

第一順位：直系血親卑親屬二子女（民1138、1144）

被繼承人 900萬元
配偶 1/3=300萬元
子 1/3=300萬　女 1/3=300萬

第二順位：父母（沒有子女）時

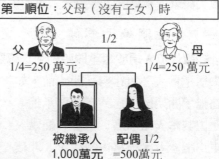

父 1/4=250萬元　　　1/2　　　母 1/4=250萬元

被繼承人 1,000萬元　　配偶 1/2=500萬元

第三順位：兄弟姊妹（沒有父母及子女時）

妹 1/4=250萬元　兄 1/4=250萬元　1/2　被繼承人 1,000萬元　配偶 1/2=500萬元　1/2

第四順位：祖父母

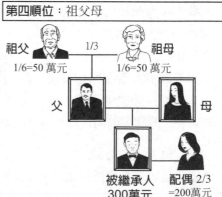

祖父 1/6=50萬元　　1/3　　祖母 1/6=50萬元

父　　　母

被繼承人 300萬元　　配偶 2/3=200萬元

（二）**同一順序繼承人之應繼分**：同一順序繼承人有數人時，按人數平均（民 1141），但父在生前以所有財產分給諸子，縱數量有不均情形，受贈較少之子女不得請求其父均分（22 上 1595）。

| 第五順位：無其他繼承人只有配偶時 |
| 被繼承人 400萬元　配偶 400萬元 |

二、指定應繼分

從遺產繼承之性質言，被繼承人生前既可自由處分其財產，財產之繼承，不是財產死後處分之性質，為尊重被繼承人之意思，參照第 1187 條應許被繼承人不違反關於特留分規定之範圍內，得以遺囑自由處分遺產。

第五節　繼承權之喪失

即繼承人具有法定原因時，即喪失其繼承人之地位，稱為繼承權之喪失。有下列各款情事之一者，喪失其繼承權（民 1145）：

一、絕對之失權事由

絕對的喪失繼承權，指不因被害人之宥恕而回復（民 1145 II）。

（一）故意致被繼承人或應繼承人於死或雖未致死因而受刑之宣告者（民 1145 ①）。

（二）對於被繼承人有重大之虐待或侮辱情事，經被繼承人表示其不得繼承者（民 1145 ⑤）。

陸妻連下毒餐　怨夫怎不死

嫁到新竹縣的大陸籍文姓女子，兩度在早餐裡下毒，沈姓丈夫險些喪命，家屬暗中調查，在倉庫找到劇毒農藥；警方昨天上門逮人，文女臉色發白，點頭認罪。鄰居說，文女姿色不錯，喜歡打扮，婚後曾在外面交男友；沈姓男子的父母死後留下一些土地，猜測陸妻覬覦財產，狠心毒害親夫。
（見 2009 年 6 月 17 日，聯合報，A3。）

20多年不聞問　養女爭產敗訴

一名陳姓女子被養父母撫養十四年，出嫁後，有二十多年的時間不曾回娘家探視，養父重病在床也置若罔聞，養父病故後陳女甚至不奔喪，但對於上千萬元遺產的法定繼承權，卻無時或忘，最高法院法官認為陳女之作為，構成民法所規定「重大虐待喪失繼承權」的事由，判陳女敗訴確定，無權繼承遺產。（見 2010 年 12 月 14 日，自由時報 A1。項程鎮、楊宜中、陳恩惠報導）。

二、相對之失權事由

繼承權喪失之情形

　　指因法定原因而喪失繼承權時，如經被害人宥恕，則不喪失繼承權，謂之相對的喪失（民1145Ⅱ）。

　　㈠以詐欺或脅迫使被繼承人為關於繼承之遺囑，或使其撤回或變更之者（民 1145 ②）。

　　㈡以詐欺或脅迫妨害被繼承人為關於繼承之遺囑，或妨害其撤回或變更之者（民 1145 ③）。

　　㈢偽造、變造、隱匿或湮滅被繼承人關於繼承之遺囑者（民 1145 ④）。

第六節　繼承權之回復

　　繼承權之回復（德：Erbschaftsanspruch, Erbschaftsklage；法：pétition d'hérédité）即繼承權被侵害時，被害人或其法定代理人得請求回復之謂。亦稱為繼承回復請求權。即非真正繼承人（僭稱繼承人、表見繼承人）

事實上占有繼承財產，而有侵害繼承人之權利時，法律乃特許眞正權利人回復其地位。繼承回復請求權，濫觴於羅馬法之繼承財產回收訴訟（hereditatis petitio），由德國民法（2018條以下）與瑞士民法（598條以下）法制化，而法國民法則在學說與判例予以承認。我民法之繼承回復請求權與日本民法（日民884）相似。依第1146條：「繼承權被侵害者，被害人或其法定代理人得請求回復之。前項回復請求權自知悉被侵害之時起二年間不行使而消滅，自繼承開始時起逾十年者，亦同。」

一、繼承權回復請求權之性質

繼承權回復請求權，包括請求權確認其繼承資格及回復繼承標的之一切權利，亦即具有人的請求權及物的請求權之混合性質。即對於相對人請求確認其繼承資格，爲人的請求；對於相對人之請求回復繼承標的之一切權利，爲物的請求權。

二、繼承回復請求權之行使

繼承權被侵害時，被害人得請求回復，其回復的方法爲：

㈠**當事人**：繼承回復請求權之主體（訴之原告），限於眞正繼承人。即民法所謂之被害人（民1146Ⅰ）。而此請求權，係專屬於繼承人一身之權利，須其本人始得行使，如非其本人，縱其親屬，亦不得行使此權利。眞正之繼承人爲無行爲能力人或胎兒，由法定代理人代爲行使之。

㈡**相對人**：回復請求權行使之相對人，爲僭稱繼承人或表見繼承人（即與繼承人爭執繼承資格之人）。

㈢**適用範圍**：民法第1146條繼承回復請求權，包括繼承開始前，繼承開始同時及繼承開始後之侵害事實在內。

三、繼承權回復之時效

繼承回復請求權，自繼承人或其法定代理人，自知悉被害之時起 2 年間不行使而消滅。自繼承開始時起逾 10 年者，亦同（民1146）。

四、繼承回復請求權之效力

㈠**繼承權之回復**：眞正繼承人請求回復繼承時，如僭稱繼承人就繼承

財產，未能證明其眞正權利者，僭稱繼承人應歸還遺產於請求權人，並應返還其孳息，惟如僭稱繼承人已處分該遺產而不能返還時，則依不當得利或侵權行爲令其負賠償責任。

　㈡**標的物之返還**：繼承權回復後，僭稱繼承人應回復其繼承之標的物，眞正繼承人亦可提起給付之訴，請求返還該占有繼承之財產（民962）。

　㈢**眞正繼承人對第三人之關係**：第三人如善意取得該繼承之遺產，請求權人不得對第三人主張權利（民801、948）。繼承權回復後，如第三人非善意取得或有權占有時，則眞正繼承人，可依物上請求權對第三人行使權利。

第二章　遺產之繼承

第一節　繼承之效力

一、繼承之開始

即被繼承人之財產上權利義務，開始由繼承人繼承之謂。依民法第1147條：「繼承因被繼承人死亡而開始。」惟所謂死亡，包括事實上之死亡（即自然死亡）及法律上死亡（即死亡宣告）（民8）。自然死亡，應以被繼承人心臟鼓動停止、呼吸停止或腦死時起；死亡宣告，應以判決內所確定死亡之時起，為繼承之開始，惟死亡宣告之人尚生存時，本人或其利害關係人均得聲請撤銷死亡宣告（民訴631、632）。繼承開始之場所，於立法例上雖有死亡地主義、本籍地主義及住所地主義等三種，但我民法似採住所地主義（民訴18），蓋住地乃一人生活之中心，其一切法律關係，皆有牽連，故繼承之開始採住所地主義較為妥適。

二、繼承之標的

繼承之標的（德：Erbschaft, Nachlaβ；法：succesion）由於繼承之關係，由個個繼承人所繼承之財產的總稱。依民法第1148條：「繼承人自繼承開始時，除本法另有規定外，承受被繼承人財產上之一切權利、義務，但權利、義務專屬於被繼承人本身者，不在此限。（第1項）繼承人對於被繼承人之債務，以因繼承所得遺產為限，負清償責任。（第2項）」是繼承之標的，包括遺產及遺債。但明定繼承人原則上，承受被繼承人財產上之一切權利及義務，惟對於被繼承人之債務，僅須以**因繼承所得遺產為限**，負清償責任，以避免繼承人因概括承受被繼承人之生前債務而桎梏終生。因此民法是改採全面的限定繼承。所謂法律另有規定，是指拋棄繼承而言。茲說明之：

(一)**遺產**：

1.繼承之標的：即被繼承人財產，除一身專屬權外，其他一切財產

上權利，均為繼承之標的；包括積極財產與消極財產。積極財產包括債權、物權、準物權、物上請求權、專利及商標權、商號權及著作權、漁業權，礦業權、有價證券上之權利等；消極財產則包括遺產債務。

　　所謂一身專屬之權利，如身分權、人格權，又如親權、夫權、扶養請求權、及因委任、僱傭等關係而發生之權利是。

　　2.財產贈與視同所得遺產之計算期限：繼承人在繼承開始前 2 年內，從被繼承人受有財產之贈與者，該財產視為其所得遺產。此項財產如已移轉或滅失，其價額，依贈與時之價值計算（民 1148 之 1）。

㈡**遺債**：即為被繼承人之債務：包括公法上之債務（如罰金、稅捐等）及私法上之債務，又作為債務或不作為債務亦得為繼承之標的。但專屬於被繼承人一身之義務，如債務之履行，與被繼承人之人格、智識相結合者（如遺產管理人、遺囑執行人，或藝術家、著作家之給付義務），債務之成立係以被繼承人之信任關係為基礎者（如身分保證、職務保證、信用保證），以及以被繼承人有一定親屬關係為基礎之債務（如扶養義務等），均不能繼承。

㈢**繼承對遺債修改為「有限責任」**：2009（民國 98）年 5 月 22 日立法院通過之「民法繼承編施行法」，如繼承人所繼承的是保證契約債務、代位繼承（孫子繼承祖父之隔代繼承），因不可歸責於自己之事由，而不知自己繼承遺債，又如出嫁女兒、離家多年的子孫等繼承，均可溯及既往，繼承人只須以遺產數額清償遺債，其超過遺產部分則不必清償，打破千年以來「父債子還」的枷鎖。不過在

此修正案生效施行前，已經償還的債務，就不能再要求返還。

　　惟民法繼承編施行法第 1 條之 3 規定，在 98 年 5 月 22 日修正施行前開始，繼承人有下列三種情形，由其「**繼續履行債務顯失公平者**」，以所得遺產爲限，負清償責任：

　　1.對於繼承開始以前已發生代負履行責任之保證契約債務。

　　2.依民法第 1140 條之規定代位繼承。

　　3.因可歸責於己之事由或未同居共財者，於繼承開始時無法知悉繼承債務之存在，致未能於修正施行前之法定期間爲限定或拋棄繼承者。

　　爲避免此「天上掉下來的債務」，法務部乃整理出「由繼承人繼續履行繼承顯失公平」之認定案例發給金管會和內政部，建請金管會轉知各銀行於處理繼承債務時，作爲參考並妥適處理（聯合報,98.6.6,A2 版）。其情形爲：

　　⑴民法繼承編施行法第 1 條之 2 第 2 項（保證契約債務）：

　　　①繼承人未滿 20 歲，顯失公平（含第 1153 條）。

　　　②繼承時無法預知。

　　　③未能證明有繼承財產，強令被告以自身努力所獲財產繼續清償，嚴重影響其生存權及財產權，顯失公平。

　　　④顯少往來等，依具體個案情事認定。

　　　⑤繼承遺產與保證契約債務金額相距甚多，顯失公平。

　　　⑥債務過多，繼承人資力不豐。

　　　⑦繼承時無法預估且無財產。

　　　⑧陷入困境。

　　⑵民法繼承編施行法第 1 條之 1 第 2 項（無行爲能力或限制行爲能力）：

　　　①繼承人未滿 20 歲，顯失公平。

　　　②未滿 20 歲，且概括繼承將影響其人格發展、生存權。

　㈣**遺產之酌給**：即被繼承人生前繼續扶養之人，均爲不能自謀生活者，如被繼承人一旦死亡，將使受扶養者頓失倚靠，不能生活，民法第 1149條規定，應酌給繼承之遺產。其數額應由親屬會議，依其所受扶養之程

度及其他關係決定之。對於親屬會議之決議如有不服，得請求法院以裁判酌給之（民 1137）。酌給之標準，應依請求權人曾受扶養之程度及其他關係，酌給之（民 1149）。

三、繼承之費用

民法上關於繼承之費用，為遺產管理、遺產分割、及執行遺囑等費用而言。蓋此等費用，原具有共益費用之性質，不只是繼承人之利益，而且與繼承之債權人、受遺贈人、遺產酌給請求權人，以及其他利害關係人，均有關係，故民法第 1150 條規定，「關於遺產管理、分割及執行遺囑之費用，由遺產中支付之。但因繼承人之過失而支付者，不在此限。」

四、共同繼承

即 2 人以上之繼承人共同繼承之繼承形態。是為單獨繼承之對照語。

（一）**遺產物**：

1. 遺產之公同共有：我民法對共同繼承採公同共有主義，即繼承人有數人時，在分割遺產前，各繼承人對於遺產全部為公同共有（民 1151）。對於公同共有遺產之管理，原則上應由全體繼承人共同為之（民 828）。

2. 公同共有遺產之管理：公同共有之遺產為謀實際上之便利，得由繼承人中互推一人管理之（民 1152），此項管理權，係基於委任契約而發生，依民法第 549 條第 1 項規定，委任人本得隨時予以終止（30 上 1955）。

（二）**遺債方面**：共同繼承人對於被繼承人之債務，所負之責任原有分割主義、連帶主義及折衷主義，而我民法係採連帶責任（民 1153 I）。債權人得依連帶債務之規定，對繼承人中之一人，提起請求履行該項債務之訴。繼承人對於被繼承人之債務，以因繼承所得遺產為限，負清償責任（民 1153 II）。各繼承人相互間，對於被繼承人之債務，除法律另有規定或另有約定外，按其應繼分比例負擔之（民 1153 III）。

第二節　繼承之承認

一、繼承之承認

　　繼承之承認（德：Annahme der Erbschaft；法：acceptation de la succession）即繼承人不附任何限制，承認其繼承之意思表示。但我民法於 98 年 4 月 29 日將繼承制度之概括繼承改為「**全面限定繼承**」，「**父債子還**」成為歷**史**，並有條件的追溯，除保證契約債務、代位繼承可追溯外，讓嫁出去的女兒在不知情下揹債，也能獲得解套。故繼承人得選擇概括繼承（此包括限定繼承）或拋棄繼承等兩種：

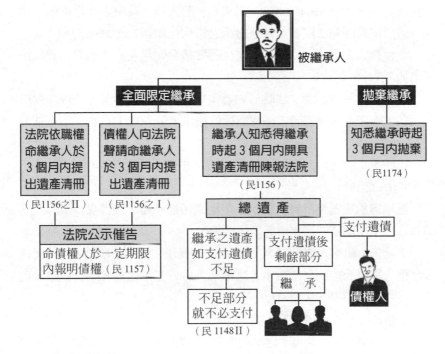

二、概括繼承

　　㈠**概括繼承之意義**：即繼承人自繼承開始時，除本法另有規定外，承受被繼承人財產上之一切權利、義務。但權利、義務專屬於被繼承人本身者，不在此限（民 1148 I），此即概括繼承。繼承人對於被繼承人之債務，以因繼承所得遺產為限，負清償責任（民 1148 II）。繼承人在繼承開始前 2 年內，從被繼承人受有財產之贈與者，該財產視為其所得遺產（民 1148 之 1 I）。此項財產如已移轉或滅失，其價額，依贈與時之價值計算（民 1148 之 1 II）。

⑵**債務之連帶責任**：繼承人對於被繼承人之債務，以因繼承所得遺產為限，負連帶責任。繼承人相互間對於被繼承人之債務，除法律另有規定或另有約定外，按其應繼分比例負擔之（民 1153）。

㈡**遺產清冊之陳報**：

1.繼承人陳報：繼承人於知悉其得繼承之時起 3 個月內開具遺產清冊陳報法院（民 1156 I）。此項 3 個月期間，法院因繼承人之聲請，認為必要時，得延展之（民 1156 II）。繼承人有數人時，其中 1 人已依第 1 項開具遺產清冊陳報法院者，其他繼承人視為已陳報（民 1156 III）。

2.債權人之聲請：債權人得向法院聲請命繼承人於 3 個月內提出遺產清冊（民 1156 之 1 I）。

3.法院依職權命令：法院於知悉債權人以訴訟程序或非訟程序向繼承人請求清償繼承債務時，得依職權命繼承人於 3 個月內提出遺產清冊（民 1156 之 1 II）。

民法第 1156 條第 2 項及第 3 項規定，於第 1 項及第 2 項情形，準用之（民 1156 之 1 III）。

㈢**概括繼承之遺產計算**：繼承人選定概括繼承後，應即實行清算，為清算之公平，應依一定之清算程序清算：

1.公告：繼承人依第 1156、1156 之 1 條規定陳報法院時，法院應依公示催告程序公告，命被繼承人之債權人於一定期限內報明其債權。此項一定期限，不得在 3 個月以下（民 1157）。

2.依法定程序清償債務、交付遺贈：

　⑴償還債務之限制：繼承人在第 1157 條所定之一定期限內，不得對於被繼承人之任何債權人，償還債務（民 1158）。以確保繼承債權人之公平受償。

　⑵有優先權債權之償還：有優先權之債權人應先清償（民 1159 但）。如抵押權、留置權等。此等權利縱未於民法第 1157 條所定一定期限內報明債權，仍有優先受償地位。

　⑶依期限報明債權之償還：在第 1157 條所定之一定期限屆滿後，繼承人對於在該一定期限內報明之債權及繼承人所已知之債

權，均應按其數額，比例計算，以遺產分別償還。繼承人對於繼承開始時未屆清償期之債權，亦應依第 1 項規定予以清償。此項未屆清償期之債權，於繼承開始時，視為已到期。其無利息者，其債權額應扣除自第 1157 條所定之一定期限屆滿時起至到期時止之法定利息（民1159）。

(4)遺贈之支付：債權依民法第 1159 條分配後，如有剩餘，則應對受遺贈人交付遺贈（民1160）。

(5)未報明並為繼承人所不知之債權：被繼承人之債權人，不於民法第 1157 條所定之一定期限內，報明其債權，而又為繼承人所不知者，僅得就膽餘遺產，行使其權利（民1162）。

（四）**繼承人之賠償責任**：繼承人違反民法第 1158 條至第 1160 條之規定，致被繼承人之債權人受有損害者，應負賠償之責（民1161 I）：

1.應負賠償責任：有下列情形：

(1)繼承人開具遺產清冊呈報法院時，其呈報不實，致法院所為公示催告方式有欠缺者。

(2)在公告期間內，對於任何被繼承人之債權人先行償付，致其他債權人，不能受其應得之償付者（民1158）。

(3)侵害有優先權之債權人利益者（民1159但）。

(4)對已報明之債權及繼承人所已知之債權，未按其數額比例計算，予以償還（民1159）。

(5)對於有優先權之債權人，未優先予以清償，即交付遺贈，致其受有損害者，應負賠償之責（民1161 I）。

2.賠償方法：

(1)繼承人違反第 1158 條至第 1160 條之規定，致被繼承人之債權人受有損害者，對於不當受領之債權人或受遺贈人，得請求返還其不當受領之數額（民1161 II）。

(2)繼承人對於不當受領之債權人或受遺贈人，不得請求返還其不當受領之數額（民1161 III）。

（五）**繼承人未依規定陳報遺產清冊之處理**（民1162之1）：繼承人未依第 1156

條（繼承人陳報遺產清冊）、第 1156 條之 1（債權人之聲請命繼承人陳報）開具遺產清冊陳報法院者，對於被繼承人債權人之全部債權，仍應按其數額，比例計算，以遺產分別償還。但不得害及有優先權人之利益（第 1 項）。前項繼承人，非依前項規定償還債務後，不得對受遺贈人交付遺贈（第 2 項）。繼承人對於繼承開始時未屆清償期之債權，亦應依第 1 項規定予以清償（第 3 項）。前項未屆清償期之債權，於繼承開始時，視為已到期。其無利息者，其債權額應扣除自清償時起至到期時止之法定利息（第 4 項）。

　　㈥**未依規定期限提出遺產清冊**（民 1162 之 2）：繼承人違反第 1162 條之 1 規定者，被繼承人之債權人得就應受清償而未受償之部分，對該繼承人行使權利（第 1 項）。繼承人對於前項債權人應受清償而未受償部分之清償責任，不以所得遺產為限。但繼承人為無行為能力人或限制行為能力人，不在此限（第 2 項）。繼承人如有上述情形，就不得主張限定繼承，除非是無行為能力人或限制行為能力人。繼承人違反第 1162 條之 1 規定，致被繼承人之債權人受有損害者，亦應負賠償之責（第 3 項）。前項受有損害之人，對於不當受領之債權人或受遺贈人，得請求返還其不當受領之數額（第 4 項）。繼承人對於不當受領之債權人或受遺贈人，不得請求返還其不當受領之數額（第 5 項）。

　　㈦**限定繼承利益之喪失**：繼承人中有下列各款情事之一者，不得主張第 1148 條第 2 項所定之利益（民 1163）：⑴隱匿遺產情節重大。⑵在遺產清冊為虛偽之記載情節重大。⑶意圖詐害被繼承人之債權人之權利而為遺產之處分。

第三節　繼承之拋棄

一、繼承拋棄之意義

　　繼承權之拋棄（德：Ausschlagung der Erbschaft；法：renonciation à la succession）就是依法有繼承權之人，於繼承開始後，具狀向法院表示拋棄被繼承人遺留財產上之一切權利及義務（包括全部財產、債權及債務），（保險給付仍可受領）。此為消滅繼承效力的單獨行為（民 1174）。繼

承一旦拋棄，溯及於繼承開始時發生效力（民1175）。

少年領亡父之存款辦喪事不算繼承：據 2007 年 5 月 21 日新聞報導，劉氏於 2005 年 8 月 9 日向銀行申請房貸新臺幣 595 萬元，一個月後突然死亡，劉氏所有繼承人都拋棄繼承，劉氏的 52 萬餘元存款，在他死後一個月內，被其 14 歲兒子分 27 次領完，並拋棄繼承，銀行控告少年先繼承遺產再拋棄繼承不合法。但法院調查後，認為少年領錢辦父親的喪事是合理的，判決銀行敗訴。

二、繼承拋棄之期間

繼承人如願拋棄繼承，應於知悉其**得繼承之時起 3 個月內，以書面向法院為之**（民1174II）。拋棄繼承後，應以書面通知因其拋棄而應為繼承之人。但不能通知者，不在此限（民1174III）。

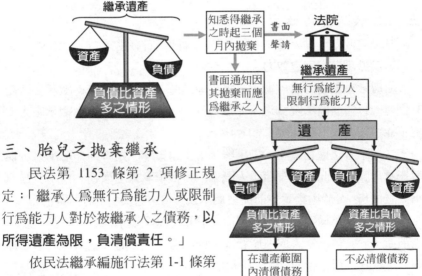

三、胎兒之拋棄繼承

民法第 1153 條第 2 項修正規定：「繼承人為無行為能力人或限制行為能力人對於被繼承人之債務，**以所得遺產為限，負清償責任。**」

依民法繼承編施行法第 1-1 條第 2 項：「繼承在民法繼承編中華民國九十六年十二月十四日修正施行前開始，繼承人於繼承開始時為無行為能力人或限制行為能力人，未能於修正施行前之法定期間為限定或拋棄繼承，由其繼續履行繼承債務顯失公平者，於修正施行後，得以所得遺產為限，負清償責任。」第 3 項：「前項繼承人依修正施行前之規定已清償之債務，不得請求返還。」

據 2007 年 9 月 9 日聯合報報導：「嘉義市趙先生三個月大的男嬰，因法院認定未在出生兩個月內聲請拋棄繼承，致成為全國年齡最小的債務人。」經新聞媒體持續的報導，立法院乃修改民法繼承編。

四、繼承拋棄之方式

繼承之拋棄，應由繼承人於**知悉其得繼承之時起 3 個月內**，以書面向法院為之。並以書面通知因其拋棄而應為繼承之人，但不能通知者不在此限（民 1174II,III）。所謂「知悉其得繼承之時起」，係指知悉被繼承人死亡且自己已依第 1138 條規定成為繼承人之時，始開始起算主張拋棄繼承之期間，又此之拋棄，係指全部拋棄而言，如為一部拋棄，不生拋棄之效力（65 臺上 1563）。

五、繼承拋棄之效力

㈠**溯及之效力**：拋棄繼承，溯及於繼承開始時發生效力（民 1175）。

㈡**對於拋棄者本身之效力**：

1.繼承拋棄之方法：繼承人拋棄繼承時，應於知悉其得繼承之時起 3 個月內以書面向法院為之。並以書面通知因其拋棄而應為繼承之人。但不能通知者，不在此限（民 1174II,III）。

2.拋棄者之權利義務：拋棄繼承者，自繼承開始時即非繼承人，而與繼承無關，因此，拋棄繼承人既未取得被繼承人之權利，自不負被繼承人之債務。至於拋棄者生前從被繼承人獲得之贈與，亦均與繼承無關。

3.拋棄繼承權者繼續管理遺產之義務：拋棄繼承權者，就其所管理之遺產，於其他繼承人或遺產管理人開始管理前，應與處理自己事務為同一之注意，繼續管理之（民 1176 之 1）。

㈢**對於其他繼承人之效力**：繼承人中有拋棄繼承權者，其應繼分，依下列規定歸屬於他繼承人：

1.第一順序之繼承人中有拋棄繼承權時：其應繼分應歸屬其他同為繼承之人（民 1176 I）。

2.第二順序至第四順序之繼承人中，有拋棄繼承權時：其應繼分歸屬於其他同一順序之繼承人（民 1176II）。

3.與配偶同為繼承之同一順序繼承人均拋棄繼承權，而無後順序之繼承人時：其應繼分歸屬於配偶（民1176III）。

4.配偶拋棄繼承權者：其應繼分歸屬於與其同為繼承之人（民1176IV）。

5.第一順序之繼承人，其親等近者均拋棄繼承權時：由次親等之直系血親卑親屬繼承（民1176V）。

6.先順序繼承人均拋棄其繼承權時：由次順序之繼承人繼承。其次順序繼承人有無不明，或第四順序之繼承人均拋棄其繼承權者，準用關於無人承認繼承之規定（民1176VI）。

7.因他人之拋棄繼承而應為繼承之人，為拋棄繼承時，應於知悉其得繼承之日起3個月內為之（民1176VII）。

習題：試闡述「拋棄繼承之效力」之意涵。（100特三）

六、繼承拋棄之辦理

依臺灣臺北地方法院服務處說明，拋棄繼承的規定，及其手續如次：

㈠拋棄繼承的規定：

1.管轄法院：由繼承開始時，被繼承人住所地之法院管轄。（非訟144）

2.繼承順序：

(1)依民法第1138條，遺產繼承人，除配偶外，依下列順序而定之：

①直系血親卑親屬（子女、孫（外孫）子女、曾孫（外曾孫）子女）。

②父母（不含繼父母）。

③兄弟姊妹（1含同父異母、同母異父兄弟姊妹，2其子女無繼承權）。

④祖父母（含外祖父母）。

以上①②③④含收養成立之親屬關係。

(2)補充說明：

①配偶與各順序繼承人共同繼承。與配偶同為繼承之同一順序繼承人均拋棄繼承權，而無後順序之繼承人時，由配偶單獨繼承；配偶拋棄繼承權者，由與其同為繼承之人繼承。

②第一順序之繼承人，其親等近者均拋棄繼承權時，由次親等之直系血親卑親屬繼承。即須子女輩全部拋棄繼承時，孫輩始有繼承權。

③第一順序之繼承人，繼承開始前死亡或喪失繼承權者，由其直系血親卑親屬代位繼承。

④先順序繼承人均拋棄其繼承權時，由次順序之繼承人繼承。後順序繼承人在先順序繼承人拋棄繼承之前，因尚無繼承權，並無拋棄繼承可言。

3.辦理期限：應於知悉其得繼承之時起3個月內為之。所謂知悉得繼承之

時，指知悉被繼承人死亡事實之時；後順序之繼承人因先順序之繼承人拋棄繼承，而得為繼承人者，則於知悉先順序繼承人拋棄繼承之事實起算。

4.辦理方式：須以書面向法院為之，並以書面通知因其拋棄而應為繼承之人。但不能通知者，不在此限，可載明「被繼承人雖有其他應為繼承之人，但因不知其住所而不能通知。」

5.應備文件：（各一份）

　(1)拋棄繼承聲請書：請載明聲請人聯絡電話。

　(2)被繼承人除戶戶籍謄本(如戶籍尚無死亡記載，應同時提出死亡證明書)。

　(3)拋棄人戶籍謄本、印鑑證明、印鑑章。

　(4)繼承系統表（各順序之繼承人中，如有已死亡者，應註明其死亡日期）。

　(5)拋棄通知書收據（已通知因其拋棄應為繼承之人之證明）。

　　※拋棄繼承權聲請狀、繼承系統表、繼承權拋棄通知書、繼承權拋棄通知書收據，地方法院服務中心備有例稿。

　　※在國外住居之拋棄人，如無法在國內戶籍機關取得印鑑證明，也無法到法院陳明拋棄確為其本人真意時，則可將其拋棄之意思表示作成書面（拋棄繼承權書及授權書）至中華民國駐該外國使領館或相當機構公證或認證後，由被授權人代為向法院聲明。

　　參考實例：

民事　聲明拋棄繼承　狀

聲明人（即繼承人）　○○○　住○○縣○○市○○路○○號
　　　　　　　　　　○○○　住同右

為具狀聲明拋棄繼承事：

　　緣被繼承人○○○於民國○○年○○月○○日死亡，聲明人○○○係被繼承人之配偶，○○○及○○○二人則為被繼承人之子，聲明人等為被繼承人之第一順位繼承人，惟查，被繼承人○○○生前似曾向地下錢莊借貸不明數額之金錢，因而時有債權人上門找尋要求清償，致聲明人等困擾叢生，倘進行清償亦不知其金額上限多寡，且勢將影響原本小康之生活而致頓陷困境，是以聲明人等即欲於法定二個月之期間內具狀聲明拋棄繼承，藉以免除繼承債務之必要，爰提呈被繼承人除戶謄本及聲明人等之戶籍謄本（證一），並檢具拋棄繼承聲明書（證二）、繼承系統表（證三）及已向因拋棄繼承而為應繼承之人通知之存證信函乙份（證四），狀請

　　鈞院鑒核，賜准予備查拋棄繼承之聲明，實為德便。

證據：

證一：戶籍謄本及除戶謄本正本三份。

證二：拋棄繼承聲明書。

證三：繼承系統表。

證四：存證信函乙份。

　　　　謹　　　　狀

台灣○○地方法院民事庭　　公鑒

　　中　　華　　民　　國　　○○○　　年　○○　月　○○　日

　　　　　　　　　　　　　　　　具狀人：○○○
　　　　　　　　　　　　　　　　　　　　○○○

㈡法院之調查：拋棄繼承為非訟事件，由法院依職權調查事實及必要之證據，以明管轄權之有無、拋棄人有無繼承權、是否為拋棄人之真意等，並將調查結果函知拋棄人，不另製作裁定。

㈢費用：聲請拋棄繼承應依非訟事件法之規定繳納非訟費用新台幣 1,000 元。

※相關法條：民法第 1174 條至 1176 條之 1

第四節　遺產之分割

一、遺產分割之意義

所謂遺產分割（德：Auseinandersetzung der Erbschaft；法：partage）即遺產之共同繼承人，將公同共有之遺產，依遺產之應繼分而分割，使各繼承人擁有單獨財產之謂。依民法，繼承人得隨時請求分割遺產，是為遺產分割請求權，但法律另有規定或契約另有訂定者，不在此限（民 1164），此稱為「**遺產分割自由之原則**」。分割之方法，如被繼承人之遺囑，定有分割遺產之方法，或託他人代定者，從其所定。遺囑禁止分割者，其禁止之效力以 10 年為限（民 1165）。胎兒為繼承人時，非保留其應繼分，他繼承人不得分割遺產。蓋胎兒將來如非死產，應溯及受胎時取得繼承權。胎兒關於遺產之分割，以其母為代理人（民 1166）。

二、遺產分割之方法

遺產分割有下列方式：

㈠ **遺囑分割**	遺產為被繼承人之遺物，其分割方法，自應尊重被繼承人之意思。依法被繼承人得以遺囑指定。亦得以遺囑委託他人代定，繼承人當應從其所定（民 1165 I）。但被繼承人或受託人所定之分割方法，違反特留分之規定者，其違反部分，應屬無效。惟被繼承人如以遺囑禁止遺產之分割者，其禁止之效力以 10 年為限（民 1165 II）。
㈡ **協議分割**	被繼承人未以遺囑定有分割方法或未委託他人代為指定，或受託人不為代定時，其遺產分割之方法，解釋上共同繼承人得適用共有物分割之規定（民 830 II）。其方法： 1.原物分割（民 824 II 前段）、或用變價之方法分割（民 824 II 後段）或以價格補償（民 824 III）。 2.胎兒應繼承分之保留：胎兒為繼承人時，非保留其應繼分，他繼承人不得分割遺產。胎兒關於遺產之分割，以其母為代理人（民 1166）。

	如分割遺產而未保留胎兒之應繼分時，其分割無效（民71）。
(三) 裁判分割	各繼承人不能以協議決定分割方法時，得聲請法院以裁判定之（民824 II）。其方法以原物分割爲原則。如不能爲原物分割時，始採變價分割之方法。此種訴訟，爲形成之訴，法院裁定，即爲有效。

三、遺產分割之計算

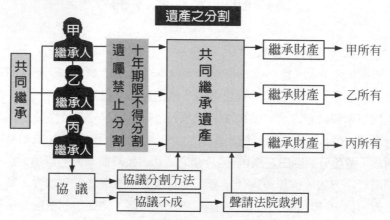

遺產之分割

　　繼承人自繼承開始即承受被繼承人財產上之權利義務，如繼承人只有一人，其對於被繼承人之權利義務，因混同而消滅，自無扣算問題。惟如繼承人有數人，而其中有人對於被繼承人負有債權或債務，或繼承開始前已從被繼承人受有特別贈與者，於遺產分割時，應加入應繼分而爲扣算，始合公平。茲分述之：

　　(一)**對被繼承人負有債務之扣還**：繼承人中如對於被繼承人負有債務者，於遺產分割時，應按其債務數額，由該繼承人之應繼分內扣還（民1172）。如被繼承人現有遺產 120 萬元，繼承人有（甲、乙、丙）兄弟 3人，如甲對被繼承人負有債務 30 萬元，此時遺產總額爲 150 萬元。則甲、乙、丙之法定應繼分爲 50 萬元。甲之債務由應繼分中扣還，則甲分得20 萬元，乙、丙平均分配，每人各得 50 萬元。

　　(二)**從被繼承人受有贈與之扣除**：此即**贈與之歸扣**。繼承人中有在繼承開始前因結婚分居或營業，已從被繼承人受有財產之贈與者，應將該贈與價額加入繼承開始時被繼承人所有之財產中，爲應繼遺產。但被繼承

人於贈與時有反對之意思表示者，不在此限。前項贈與價額應於遺產分割時，由該繼承人之應繼分中扣除。贈與價額依贈與時之價值計算（民1173）。

> 設被繼承人有子女甲、乙、丙3人。被繼承人生前因甲結婚給予100萬元。乙因分居給予50萬元，丙因營業給予30萬元。被繼承人死亡時只遺留現金40萬元，如甲拋棄繼承時，如何分配遺產？

　　首先拋棄繼承人是否應將原有受贈財產歸扣？依最高法院31.11.19民庭總會決議認為：「受民法第1173條所稱贈與之繼承人，拋棄其繼承權者，雖被繼承人未為同條第1項所稱之反對意思表示，其對於受贈財產之權利，亦不因此而喪失。蓋拋棄其繼承權者，已非復為同條所稱之繼承人，法律上亦無使其所受贈與失去效力之規定也[1]。」

　　因此，依上例，則甲拋棄繼承權後已非繼承人，即無歸扣義務，因此被繼承人死亡時，遺留現金40萬元＋（乙分居受贈）50萬＋（丙營業受贈）30萬＝120萬元。故乙、丙之法定應繼分為每人60萬元，而乙因分居已獲50萬元，扣除50萬，剩10萬，丙因營業已獲30萬，扣除30萬元，剩30萬元；故乙獲10萬，丙獲30萬。

四、遺產分割之效力

　　遺產分割後，即發生下列之效力：

　　㈠**各繼承人就遺產分割取得單獨所有權**：遺產分割，係遺產之共同繼承人，以消滅遺產之公同共有關係之行為，遺產分割後，其公同共有關係，則歸於消滅。不論是原物分配或以價額補償，其分得遺產之繼承人，應取得該分得部分之單獨所有權。不過繼承人因遺產分割而取得單獨所有權之效力，應自何時發生，有兩種主義：

1. **宣示主義**	即各繼承人因遺產之分割而取得之部分，視為自繼承開始時即取得單獨所有權。依舊民法第1167條：「遺產之分割，溯及繼承開始時發生效力。」

---

[1]參照吳明軒著：中國民法，民61，第606頁。

2. 移轉主義	即繼承人於遺產分割後，因各繼承人相互移轉其應繼分所得享受權利之結果，各繼承人就其分得遺產物，而取得其單獨所有權。故遺產之分割，不能溯及既往，僅向將來發生效力。
我原採宣示主義後改移轉主義	我民法原採宣示主義，但依第 1151 條規定，在遺產分割前，各繼承人對於遺產爲公同共有，而依第 1167 條規定，遺產之分割，溯及繼承開始時，發生單獨所有之效力，根本否定公同共有關係之存在，在法理上陷於自相矛盾，即與第 1168 條所定共同繼承人應負之擔保責任，亦有歧異，乃將本條予以刪除。又因被繼承人之財產狀態，於繼承開始時與遺產分割後，不一定相同，而遺產之分割，又應以現存之遺產爲準，是以僅向將來發生效力爲妥，故乃刪除宣示主義。

㈡**各繼承人間之效力**：遺產之分割後，爲求分割之公平，各繼承人相互間，負各種擔保責任。

1.對於遺產之擔保責任：遺產分割後，各繼承人按其所得部分，對於他繼承人因分割而得之遺產，負與出賣人同一之擔保責任（民 1168）。所謂「與出賣人負同一之擔保責任」，係指因分割結果，各共同繼承人應取得財產之一部或全部屬於他人，或物或權利之數量不足，或物有瑕疵時（如分得之古董「漢代白玉嵌金鳳紋巨璧」有裂痕），其他共同繼承人在法律上則負有損害賠償之責。而其賠償額之標準，則以分割時之價值算定之。

漢代白玉嵌金鳳紋巨璧

2.對於債務人之擔保責任：遺產分割後，各繼承人按其所得部分，對於他繼承人因分割而得之債權，就遺產分割時債務人之支付能力，負擔保之責。此項債權，附有停止條件或未屆清償期者，各繼承人就應清償時債務人之支付能力，負擔保之責（民 1169）。

3.對於無資力時之分擔責任：繼承人間之互負擔保責任，原期分割公平，如有無支付能力不能償還其分擔額者，其不能償還之部分，由有請求權之繼承人與他繼承人，按其所得部分比例分擔之。但其不能償還，係由有請求權人之過失所致者，不得對於他繼承人，請求分擔（民 1170）。

㈢**對於債權人之效力**（連帶責任之免除）：共同繼承人對於被繼承人之債務，在分割以前，負連帶責任（民 1153 I）。在分割之後，如未經債權人之

同意，其連帶責任，並不即行消滅。但有下列情形者，即可免除連帶責任：

　　1.債權人同意：遺產分割後，其未清償之被繼承人之債務，移歸一定之人承受，或劃歸各繼承人分擔，如經債權人同意者，各繼承人免除連帶責任（民1171Ⅰ）。

　　2.期間之經過：繼承人之連帶責任，自遺產分割時起，如債權清償期在遺產分割後者，自清償期屆滿時起，經過5年而免除（民1171Ⅱ）。

第五節　無人承認之繼承

　　無人承認之繼承（法：succession vacante）即繼承開始時，繼承人有無不明之謂（民1177）。此指繼承人之有無尚處於不明確之狀態而言。若繼承人之所在不明，或有繼承人其承認尚未完全確定，均不得謂為無人承認之繼承。

一、繼承人之搜索

　　繼承開始時繼承人之有無不明者，由親屬會議於1個月內選定遺產管理人，並將繼承開始及選定遺產管理人之事由，向法院報明（民1177）。法院應依公示催告程序，定6個月以上之期限，公告繼承人，命其於期限內承認繼承（民1178）。在上項期限內有繼承人承認繼承時，遺產管理人在繼承人承認繼承前所為之職務上行為，視為繼承人之代理（民1184），惟如無親屬會議或親屬會議未於民法第1177條所定1個月期限內選定遺產管理人者，利害關係人或檢察官，得聲請法院選任遺產管理人，並由法院依法為公示催告（民1178Ⅱ）。又繼承開始時繼承人之有無不明者，在遺產管理人選定前，法院得因利害關係人或檢察官之聲請，為保存遺產之必要處置（民1178之1）。

二、遺產管理人之職務

　　㈠**編製遺產清冊**：遺產管理人應於就職後3個月內編製遺產清冊（民1179Ⅱ）。

　　㈡**保存遺產必要之處置**（民1179Ⅰ②）。

㈢**對於被繼承人之債權人及受遺贈人之公告及通知**：管理人應聲請法院依公示催告程序，限定 1 年以上之期間，公告被繼承人之債權人及受遺贈人，命其於該期間內報明債權，及為願受遺贈與否之聲明，被繼承人之債權人及受遺贈人為管理人所已知者，應分別通知之（民 1179 I ③）。

㈣**清償債權或交付遺贈物**：管理人應先清償債權，然後才交付遺贈物，為清償或交付遺贈之必要，管理人經親屬會議之同意得變賣遺產（民 1179 II）。

㈤**遺產之移交**：有繼承人承認繼承或遺產歸屬國庫時，為遺產之移交（民 1179 I ⑤）。

㈥**遺產之報告**：遺產管理人，因親屬會議，被繼承人之債權人或受遺贈人之請求，應報告或說明遺產之狀況（民 1180）。

㈦**清償債務與交付遺贈物之限制**：遺產管理人非於第 1179 條第 1 項第 3 款所定期間屆滿後，不得對被繼承人之任何債權人或受遺贈人，償還債務或交付遺贈物（民 1181）。

㈧**未依期限報明債權及聲明受遺贈之償還**：被繼承人之債權人或受遺贈人，不於第 1179 條第 1 項第 3 款所定期間內為報明或聲明者，僅得就賸餘遺產，行使其權利（民 1182）。

三、管理人之報酬

遺產管理人之職責繁重，故得請求報酬，其數額由親屬會議按其勞力及其與被繼承人之關係酌定之（民 1183）。

四、賸餘財產之歸屬

在法院公示催告之 6 個月以上之期限內，有繼承人承認繼承時，遺產自應歸屬於繼承人，遺產管理人在繼承人承認繼承前所為之職務上行為，視為繼承人之代理，其效力直接及於繼承人（民 1184）。在民法第 1178 條所定之期限屆滿，無繼承人承認繼承時，其遺產於清償債權，並交付遺贈物後，如有賸餘，歸屬國庫（民 1185）。

第三章　遺　囑

第一節　遺囑之概念

一、遺囑之意義

遺囑（拉：testamentum；英：will；德：Testament；法：testament）即遺囑人所實施之沒有對象之單獨的意思表示，於其死亡後發生效力之謂。人不祗是生前也可以用遺囑之方式於死後支配法律關係。惟無行為能力人不得為遺囑。限制行為能力人，無須經法定代理人之允許，得為遺囑，但未滿 16 歲者不得為遺囑（民 1186）。凡是遺囑人生前可以做的行為，如其內容不違反關於特留分規定之範圍內，得以遺囑方式自由處分遺產（民 1187）。此稱為「遺囑自由之原則」（德：Testierfreiheit）。

二、遺囑之內容

依民法的規定，得為遺囑的內容為：

㈠**僅得以遺囑為之**：

　1.監護人的指定（民 1093）。

　2.繼承人之指定（民 1187）。

　3.遺產分割方法的指定或託他人代定者（民 1165 I）。

　4.禁止遺產之分割，但其禁止以 10 年為限（民 1165）。

　5.遺囑人得隨時依遺囑之方式撤回遺囑全部或一部（民 1219）。

　6.以遺囑指定遺囑執行人，或委託他人指定（民 1209）。

㈡**得以生前行為為之**：以遺囑捐助（民 60）。及以遺囑損贈（民 1200）。

三、遺囑之能力

即法律上允許遺囑人得為有效而遺囑行為之能力。其情形有二：

㈠**無遺囑能力人**：

　1.無行為能力人：無行為能力人，不得為遺囑（民 1186 I）。即未滿 7 歲之未成年人（民 13 I）。及受監護宣告之人（民 15），均無行為能力。

2.未滿 16 歲之未成年人：即限制行為能力人，無須經法定代理人之允許，得為遺囑。但未滿 16 歲者，不得為遺囑（民 1186Ⅱ）。

㈡**有遺囑能力人**：凡年滿 16 歲而未受監護宣告之人，均有遺囑能能。但如有遺囑能力人，係在無意識或精神錯亂中所為者，因無意思能力，故依民法第 75 條規定，應為無效（如在病危中，屆彌留狀態所為之遺囑常為爭議之對象）。惟作成遺囑後，縱喪失遺囑能力，該遺囑不受影響。

四、出家人或神父之遺產問題

出家人或神父的遺產該如何處理，無論佛教或天主教，多以預立遺囑方式，避免住持或負責人過世後，登記在名下的寺產或教會財產被家屬拿走，引發無謂的糾紛。

因出家人過世後，其血親關係仍存在，關於繼承仍適用民法規定，如出家人名下有財產，過世後，還是得由其「俗世」親屬繼承，故若寺方自行將出家人之遺產收歸寺方，恐犯刑法侵占罪責。除非出家

2011 年 4 月 15 日，自由時報 A8，
楊久瑩、劉志原報導。

人生前立遺囑，聲明將遺產交由寺院處理，否則其遺產仍由俗家子女全額繼承，反之，出家人也有權繼承其俗家父母的財產，因此出家人過世後，連出家人喪禮的奠儀，家屬也有權收受。而出家人生前立遺囑也必須符合民法，不得侵害繼承人的特留分，拿回全部遺產的二分之一，如果沒有立遺囑，家屬可以拿回全部的遺產。

第二節　遺囑之方式

一、遺囑之方式

依民法第 1189 條規定：遺囑應依下列方式之一為之：

㈠**自書遺囑**：自書遺囑者，應自書遺囑全文，記明年、月、日，並親

自簽名；如有增減、塗改，應註明增減、塗改之處所及字數，另行簽名（民1190）。

⑵**公證遺囑**：公證遺囑，應指定 2 人以上之見證人，在公證人前口述遺囑意旨，由公證人筆記、宣讀、講解，經遺囑人認可後，記明年、月、日，由公證人、見證人及遺囑人同行簽名；遺囑人不能簽名者，由公證人將其事由記明，使按指印代之（民 1191 I）。前項所定公證人之職務，在無公證人之地，得由法院書記官行之，僑民在中華民國領事駐在地爲遺囑時，得由領事行之（民1191 II）。

⑶**密封遺囑**：

1.密封遺囑之方式：密封遺囑，應於遺囑上簽名後，將其密封，於封縫處簽名，指定 2 人以上之見證人，向公證人提出，陳述其爲自己之遺囑，如非本人自寫，並陳述繕寫人之姓名、住所，由公證人於封面記明該遺囑提出之年、月、日及遺囑人所爲之陳述，與遺囑人及見證人同行簽名（民1192 I）。第 1191 條第 2 項之規定，於前項情形準用之（民1192 II）。

2.密封遺囑之轉換：密封遺囑，不具備前條所定之方式，而具備第1190 條所定自書遺囑之方式者，有自書遺囑之效力（民1193）。

⑷**代筆遺囑**：代筆遺囑，由遺囑人指定 3 人以上之見證人，由遺囑人口述遺囑意旨，使見證人中之 1 人筆記、宣讀、講解，經遺囑人認可後，記明年、月、日及代筆人之姓名，由見證人全體及遺囑人同行簽名，遺囑人不能簽名者，應按指印代之（民1194）。

⑸**口授遺囑**：

1.口授遺囑之方法：遺囑人因生命危急或其他特殊情形，不能依其他方式爲遺囑者，得依下列方式之一爲口授遺囑（民1195）：

⑴由遺囑人指定 2 人以上之見證人，並口授遺囑意旨，由見證人中之 1 人，將該遺囑意旨，據實作成筆記，並記明年、月、日，與其他見證人同行簽名。

⑵由遺囑人指定 2 人以上之見證

人，並口授遺囑意旨、遺囑人姓名及年、月、日，由見證人全體口述遺囑之為真正及見證人姓名，全部予以錄音，將錄音帶當場密封，並記明年、月、日，由見證人全體在封縫處同行簽名。

2.口授遺囑之失效：口授遺囑，自遺囑人能依其他方式為遺囑之時起，經過 3 個月而失其效力（民 1196）。

3.口授遺囑之鑑定：口授遺囑，應由見證人中之 1 人或利害關係人，於為遺囑人死亡後 3 個月內，提經親屬會議認定其真偽，對於親屬會議之認定如有異議，得聲請法院判定之（民 1197）。

二、遺囑種類之分析

遺囑種類	證人及見證人	筆記人	簽名按指印	日期	注意	備註
一自書遺囑（民 1190）	不要	本人	本人簽名	記明年、月、日	有增減、塗改應註明	可保密但難保管
二公證遺囑（民 1191）	2 人以上見證人在公證人前由本人口述	本人口述，公證人筆記	遺囑人、見證人、公證人簽名	記明年、月、日	無公證人之地由法院書記官行之，住外僑民由領事行之	公證人應於作成公證遺囑之日起 10 日內製作繕本一分，將其密封，送公證人公會聯合會保存。可確實保管但有洩漏秘密之虞。
三密封遺囑（民 1192）	2 人以上見證人向公證人提出	本人，如非本人自寫者應列繕寫人	遺囑人、見證人簽名	記明年、月、日	法院未設公證人者，由法院書記官代行，住外僑民得由領事行之	可確實保管並保密，但有內容漏寫之可能
四代筆遺囑（民 1194）	3 人以上見證人	由遺囑人口述，見證人中一人筆記	遺囑人及見證人全體簽名，遺囑人不能簽名時，按指印代之	記明年、月、日	本人不會書寫或不能書寫時才代筆遺囑	有洩漏秘密之可能

五口授遺囑 （民1195）	生命危急2人以上見證人	由遺囑人口授遺囑意旨，由見證人中之一人據實作成筆記	遺囑人及見證人簽名	記明年、月、日	遺囑人如未死亡，自其能依其他方式為遺囑時起3個月而失其效力	如遺囑人死亡，由見證人中之一人或利害關係人，於遺囑人死亡後3月內，提經親屬會議認定其真偽。對於親屬會議之認定如有異議，得聲請法院判定之。
	其他特殊情形2人以上見證人	由遺囑人口述遺囑意旨，將遺囑人姓名及年月日由見證人全體口述遺囑之為真正及見證人姓名，全部予以錄音將錄音帶當場密封	由見證人全體在封縫處同行簽名			

三、自書遺囑範例

遺　囑

　　立遺囑人○○，民國○○年○月○日生，台北市人，身分證字號○
○○，茲依民法之規定，自書遺囑內容如后：

一、不動產部份

　㈠座落於台北市○○區○○段○○地號土地及地上建物〈門牌號碼○
　　○○○〉○樓住宅，所有持分由配偶○○單獨全部繼承。

　㈡座落於台北市○○區○○段○○地號土地，面積○○平方公尺，所
　　有持分由長子○○〈民國○○年○月○日生，台北市人，身分證

字號○○〉單獨全部繼承。

二、動產部份

　㈠本人所有股票及名下汽車由長女○○〈民國○○年○月○日生，台
　　北市人，身分證字號○○○〉單獨全部繼承。

　㈡銀行存款及其他一切財產，由全體繼承人平均繼承。

三、本人指定配偶○○爲遺囑執行人。

　　　　　　　　　　　　立遺囑人：○○〈一定要親自簽名〉

中　華　民　國　○　○　年　○　月　○　日

注意事項：
一、自書遺囑，應自書遺囑全文，記明年月日並親自簽名，如有增減塗改應註明增減塗改
　　之處及字數，另行簽名。
二、以遺囑分配遺產，應注意特留分的規定，相關條文可參考民法第一二二三條、第一二
　　二四條及第一一三八條、第一一四四條應繼分之規定。

第三節　遺囑之效力

一、遺囑生效之時期

　　遺囑自遺囑人死亡時發生效力（民 1199）。

　　㈠**附停止條件遺囑**：遺囑所定遺
贈，附有停止條件者，自條件成就
時，發生效力（民 1200）。條件如在遺
囑人死亡前已成就者，其遺囑與未
附條件之情形相同，自遺囑人死亡
時發生效力。

　　㈡**附解除條件遺囑**：遺囑附解除
條件者，自條件成就時失其效力（民
99 Ⅱ）。如該解除條件於遺囑人死亡
前已成就者，則與未爲遺囑者無

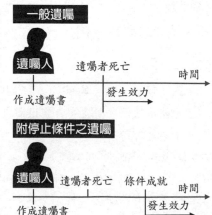

異，自無生效問題。

　　㈢**附始期之遺囑**：附始期之遺囑，於期限屆至時，發生效力（民102Ⅰ）。

　　㈣**附終期之遺囑**：附終期之遺囑，於期限屆滿時，失其效力（民102Ⅱ）。

二、遺囑之無效

　　即指遺囑具有重大瑕疵，而在民法上不發生遺囑之效力而言，此種無效，乃自始當然確定的無效，現行法上構成無效之情形為：

　　㈠遺囑人無遺囑能力（民1186）。

　　㈡遺囑之內容違反強制或禁止之規定者（民71），但其規定如不以之為無效者，則仍有效（民71但）。

　　㈢遺囑之內容違反公序良俗者（民72）。

　　㈣遺囑違反法定方式者（民73）。但其規定不以之為無效者，則仍為有效（民73但）。

三、遺囑之失效

　　㈠附解除條件之遺囑，於遺囑人死亡前，其條件業已成就者。

　　㈡受遺贈人已於遺囑發生前業已死亡者。

　　㈢口授遺囑，自遺囑人能依其他方式為遺囑之時起，逾3個月而失其效力（民1196）。

　　㈣繼承開始時，遺贈標的物之滅失或不屬於遺產者（民1202）。

　　㈤以遺囑指定應繼分或遺贈而侵害特留分時，該侵害之部分為扣減之標的者（民1225）。

四、遺囑之撤銷

　　㈠**意思表示瑕疵之撤銷**：遺囑內容涉及財產權者，均適用民法總則之撤銷有關規定，故關於錯誤（民88），被詐欺或被脅迫（民92）而為遺囑者，遺囑人得撤銷之。撤銷係以民法第114條及第116條為依據。但遺囑人得隨時依遺囑之方式，撤回遺囑之全部或一部（民1219）。

　　㈡**附負擔之遺贈**：遺贈附有義務者，受遺贈人，以其所受利益為限，負履行之責（民1205）。受遺贈人不履行其負擔時，繼承人得準用第412條，請求受遺贈人履行其負擔，或撤銷其遺贈。

五、遺贈

㈠**遺贈之意義**：所謂遺贈（拉：legatum；英：devise, legacy；德：Vermächtnis；法：legs）即依據遺囑而處分遺產之謂。亦即遺贈人在不違反特留分規定之限度內，以遺囑無償給與財產上之利益者，謂之遺贈。遺贈為單獨行為，於遺囑人死亡時，發生效力（民1199），故為死因行為。遺贈與贈與，同為無償行為，但仍有區分：

區分基準	遺　　　贈	贈　　　與
1.發生效力時期	遺贈於遺贈人死亡時，發生效力。	贈與於贈與契約成立時，發生效力。
2.行為之法律性質	遺贈為單獨行為。	贈與為契約行為。
3.方式不同	遺贈須以遺囑為之。	贈與無一定方式。
4.性質不同	遺囑人處分其死後財產之行為。	贈與人處分其生前財產之行為。
5.有無特留分	遺贈有不得違反特留之規定。	贈與無特留分之限制。

六、遺贈之失效與無效

㈠**遺贈之失效**：

1.受遺贈權之喪失：即有權利能力者，均有受遺贈之能力，其為自然人或法人在所不問。胎兒以將來非死產者為限，有受遺贈能力。惟受遺贈人有民法第1145條各款情形之一者，依第1188條規定，自應使其不得享受遺贈之利益，而喪失繼承權。

2.受遺贈人死亡：受遺贈人於遺囑發生效力前死亡者，其遺贈不生效力（民1201）。

㈡**遺贈之無效**：遺囑人以一定之財產為遺贈，而其財產在繼承開始時，有一部分不屬於遺產者，其一部分遺贈為無效；全部不屬於遺產者，其全部遺贈為無效。但遺囑另有意思表示者，從其意思（民1202）。

七、遺贈之標的物

㈠ **特定物之遺贈**	即遺贈人於遺囑中，有意思表示以特定物為遺贈之謂。此種遺贈，遺囑人以為遺贈之標的物，而此標的物於繼承開始時，雖不屬於遺產，而遺囑人另有意思表示，必使之為遺產者，應從其意思（民1202但）。

	遺囑人因遺贈物滅失、毀損、變造、或喪失物之占有，而對於他人取得權利時，推定以其權利，為遺贈；因遺贈物與他物附合或混合而對於所附合或混合之物，取得權利時亦同（民1203）。
（二） 用益權之 遺贈	即不移轉其所有權，而僅以遺產之使用、收益為遺贈。受遺贈人在享受其用益權至一定時期後，自應返還其標的物於繼承人，不得處分。如遺贈人於遺囑中定有返還期限者，從其所定；未定期限，並不能依遺贈之性質，定其期限者，以受遺贈人之終身為其期限（民1204）。
（三） 附負擔之 遺贈	即遺贈附有義務者，受遺贈人，以其所受利益為限，負履行之責（民1205）。如受遺贈人在履行義務，而有所損失，有超過遺贈之利益者，則以其所受之利益為限，而負其責任。
（四） 遺贈之承 認及拋棄	在遺囑人死亡，而遺贈發生效力時，如受遺贈人認為該項遺贈對於自己並不有利，或不願接受其遺贈者，自得隨意拋棄之。遺贈之拋棄，溯及遺贈人死亡時，發生效力（民1206）。繼承人或其他利害關係人，得定相當期限，請求受遺贈人於期限內，為承認遺贈與否之表示；期限屆滿，尚無表示者，視為承認遺贈（民1207）。
（五） 遺贈之無 效或拋棄 之效果	遺囑如因違反特留分之規定，致其特留分不足者，其超過部分為無效，而由遺贈財產扣減之（民1187、1225），或因受遺贈人有第1145條第1項各款情形之一，而喪失受遺贈權（民1188），以及受遺贈人拋棄其遺贈者，其遺贈之財產，則併入於遺產中，而由繼承人依法繼承其權利（民1208）。

第四節　遺囑之執行

即遺囑生效後，為實現遺囑內容所為之各種必要程序之謂。

一、遺囑執行之準備程序

遺囑在其執行前，應有先行之準備程序，即遺囑之提示及開視程序：

㈠**遺囑之提示**：即於遺囑執行前將遺囑提請親屬會議驗視之程序。即遺囑保管人，知有繼承開始之事實時，應即將遺囑提示於親屬會議。無保管人而由繼承人發見遺囑者亦同（民1212）。

㈡**遺囑之開視**：遺囑固應由保管人或繼承人提示於親屬會議，但如為密封遺囑，非在親屬會議當場或法院公證處，不得開視。此項遺囑開視時，應製作紀錄，記明遺囑之封緘有無毀損情形，或其他特別情事，並

由在場之人同行簽名（民
1213）。因此，遺囑保管人知有
繼承開始之事實時，依法固應
將遺囑提示於親屬會議，但遺
囑保管人不於其時將遺囑提
示於親屬會議，於遺囑之效
力，並無影響（22 上 1855）。

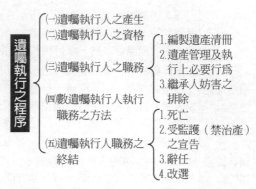

遺囑執行之程序	㈠遺囑執行人之產生	
	㈡遺囑執行人之資格	1.編製遺產清冊
	㈢遺囑執行人之職務	2.遺產管理及執行上必要行為
		3.繼承人妨害之排除
	㈣數遺囑執行人執行職務之方法	1.死亡
		2.受監護（禁治產）之宣告
	㈤遺囑執行人職務之終結	3.辭任
		4.改選

二、遺囑執行之程序

㈠**遺囑執行人之產生**：遺囑之執行，多由繼承人為之，但遺囑內容之實現，有時與繼承人之利益相衝突，由繼承人負責執行遺囑，殊難期公平，故遺囑人自得以遺囑指定遺囑執行人，或委託他人指定之。受此項委託者，應即指定遺囑執行人，並通知繼承人（民 1209）。遺囑未指定遺囑執行人，並未委託他人指定者，得由親屬會議選定之，不能由親屬會議選定時，得由利害關係人聲請法院指定之（民 1211）。

㈡**遺囑執行人之資格**：遺囑執行人，職務繁重，必須身心健全者，始能勝任，因此未成年人及受監護或輔助宣告之人，不得為遺囑執行人（民 1210）。除此之外，其他之人皆得為遺囑執行人（院 3120）。惟未成年人雖已結婚而有行為能力，仍不得為遺囑執行人（院 1628）。

㈢**遺囑執行人之職務**：

1.編製遺產清冊：遺贈執行人就職後，於遺囑有關之財產，如有編製清冊之必要時，應即編製遺產清冊，交付繼承人（民 1214）。

2.遺產管理及執行上必要行為：遺囑執行人有管理遺產並為執行上必要行為之職務。遺囑執行人因前項職務所為之行為，視為繼承人之代理（民 1215）。其效力直接及於繼承人。

3.繼承人妨害之排除：繼承人於遺囑執行人執行職務中，不得處分與遺囑有關之遺產，並不得妨礙其職務之執行（民 1216）。

㈣**數遺囑執行人執行職務之方法**：遺囑執人有數人時，其執行職務，以過半數決之。但遺囑另有意思表示者，從其意思（民 1217）。

㈤**遺囑執行人職務之終結**：遺囑執行人之職務因下列原因而終結：

　　1.死亡：遺囑執行人死亡時，其執行遺囑之職務當然終結。

　　2.受監護之宣告：遺囑執行人於就職後受監護或輔助宣告人，則喪失遺囑執行人之資格（民1210）。

　　3.辭任：遺囑執行人向親屬會議辭任職務，如由法院指定者，則應向法院辭任，此時應許其辭卸職務。

　　4.改選：遺囑執行人怠於執行職務，或有其他重大事由時，利害關係人得請求親屬會議改選他人。其由法院指定者，得聲請法院另行指定（民1218）。

三、遺囑見證人資格之限制

　　下列之人，不得爲遺囑見證人（民1198）：

㈠未成年人。

㈡受監護或輔助宣告之人。

㈢繼承人及其配偶或其直系血親。

㈣受遺贈人及其配偶或其直系血親。

㈤爲公證人或代行公證職務人之同居人助理人或受僱人。

第五節　遺囑之撤回

一、概說

　　遺囑，自遺囑人死亡時發生效力。而遺囑人以意思表示或其他方式，使已成立之遺囑，於尚未發生效力前，預先阻止其生效之謂。而「撤銷」係使業已發生效力之法律行爲，溯及的失其效力，因此「撤回」與一般所謂「撤銷」不同。

二、遺囑撤回之方法

　　即遺囑人以意思表示或其他方式，使已成立之遺囑，不發生效力之謂。此之所謂撤回，則是遺囑人於生前使未發生效力之遺囑，歸於消滅之意。其撤回之方法如下：

㈠**明示撤回**：遺囑人得隨時依遺囑之方式，撤回遺囑之全部或一部（民 1219）。

㈡**法定撤回**：遺囑之法定撤回有三種情形：

1.前後遺囑相牴觸：前後遺囑有相牴觸者，其牴觸之部分，前遺囑視爲撤回（民 1220）。此即「後遺囑優先原則」。

2.遺囑人之行爲與遺囑相牴觸：遺囑人於爲遺囑後所爲之行爲與遺囑有相牴觸者，其牴觸部分，遺囑視爲撤回（民 1221）。

3.遺囑之廢棄：遺囑人故意破毀或塗銷遺囑，或在遺囑上記明廢棄之意思者，其遺囑視爲撤回（民 1222）。

第六節　特留分

所謂**遺產特留分**（英：compulsory or statutory share；德：Pflichtteil；法：réserve）就是被繼承人以遺囑處分遺產時，不能全部自由處分，而應爲其法定繼承人特留一部分財產之制度。依民法既允許個人於生前或以遺囑對遺產作自由之處分，但若完全放任其絕對自由，任其以遺贈方式，將其遺產贈給其所偏愛之他人或以遺囑遺贈於公共財團，此種義行固宜嘉勉，然其近親之法定繼承人反而喪失繼承額，致生活陷於困境，不但對於其個人有所損失，亦不符社會倫理，故民法規定「遺囑人於不違反關於特留分規定之範圍內，得以遺囑自由處分遺產。」（民 1187）但被繼承人生前所爲之贈與行爲，與民法第 1187 條所定之遺囑處分財產行爲有別，即可不受關於特留分規定之限制（48 臺上 371）。

一、特留分之比例

特留分之比例，其繼承人與被繼承人之親屬關係因親疏遠近而不同，依規定（民 1223）。

㈠直系血親卑親屬之特留分，爲其應繼分二分之一。

㈡父母之特留分，爲其應繼分二分之一。

㈢配偶之特留分，爲其應繼分二分之一。

㈣兄弟姊妹之特留分，爲其應繼分三分之一。

㈤祖父母之特留分，爲其應繼分三分之一。

舉例如下：

特留分之比例	遺產總額	繼承人	應　繼　分	特　留　分
直系血親卑親屬之特留分爲其應繼分二分之一	24 萬元	配偶及子女共三人	各得 8 萬元	二分之一各爲 4 萬元
配偶及父母之特留分爲其應繼分二分之一	24 萬元	配　偶	12 萬元	二分之一爲 6 萬元
		父　母	12 萬元父母各得 6 萬元	二分之一各爲 3 萬元
兄弟姊妹之特留分爲其應繼分三分之一	24 萬元	配　偶	12 萬元	二分之一爲 6 萬元
		兄　妹	12 萬元兄妹各得 6 萬元	三分之一各爲 2 萬元
祖父母之特留分爲其應繼分三分之一	24 萬元	配　偶	三分之二爲 16 萬元	二分之一爲 8 萬元
		祖父母	三分之一爲 8 萬元祖父母各得 4 萬	三分之一爲 1.33 萬元

二、特留分之計算

㈠**生前特種贈與之歸扣**：民法第 1173 條第 1 項所規定之「應繼遺產」有二：一爲繼承時被繼承人所有之積極財產，另一爲繼承開始之前被繼承人對繼承人特種贈與之價額。

　　關於特留分之計算，是否應將繼承開始前之贈與加入計算？各國有由其應繼分中扣除之歸扣制，也有採不歸扣主義。我國仿德、瑞、日之立法例，採取歸扣主義。依民法第 1173 條：「繼承人中有在繼承開始前因結婚、分居或營業，已從被繼承人受有財產之贈與者，應將該贈與價額加入繼承開始時被繼承人所有之財產中，爲應繼遺產。但被繼承人於贈與時有反對之意思表示者，不在此限（第 1 項）。前項贈與價額，應於遺產分割時，由該繼承人之應繼分中扣除（第 2 項）。贈與價額，依贈與時之價值計算（第 3 項）。」

依此規定，我國特種贈與僅限於因**結婚、分居或營業**。如爲其他贈
與，如教育、生日禮物等均不包括在內，依 27 上 3271 判例謂：「被繼承
人在繼承開始前，因繼承人之結婚、分居或營業，而爲財產之贈與，通
常無使受贈人特受利益之意思，不過因遇此等事由，就其日後終應繼承
之財產預行撥給而已，故除被繼承人於贈與時有反對之意思表示外，應
將該贈與價額加入繼承開始時，被繼承人所有之財產中，爲應繼財產，
若因其他事由，贈與財產於繼承人，則應認其有使受贈人特受利益之意
思，不能與因結婚、分居或營業而爲贈與者相提並論，民法第一千一百
七十三條第一項列舉贈與之事由，係限定其適用之範圍，並非例示之規
定，於因其他事由所爲之贈與，自屬不能適用。」

㈡**債務總額之扣除**：依規定特留分由依民法第 1173 條算定之應繼財產
中。扣除債務額，如有餘額，再依第 1223 條規定之比例計算之（民 1224）。
如減去債務額，並無多餘時，則不僅特留分都無法獲得，當無從爲遺贈，
自無遺贈侵害特留分之情形。

三、遺贈之扣減

因被繼承人所爲之遺贈，致繼承人之特留分被侵害，法律應有救濟
之法，而保全特留分權利人之利益者，稱爲特留分之保全。民法第 1225
條所規定之扣減權，就是爲保全特留分而設。即「應得特留分之人，如
因被繼承人所爲之遺贈，致其應得之數不足者，得按其不足之數由遺贈
財產扣減之。受遺贈人有數人時，應按其所得遺贈債額比例扣減」（民
1225）。因此特留分算定的結果，如被繼承人所爲之遺贈，超過自由處分
的範圍，而侵害到特留分時，就應按特留分不足之數額，由遺贈財產扣
減之。如受遺贈人有數人時，應按其所得遺贈價額比例扣減。但被繼承
人生前所爲之贈與，不受關於特留分規定之限制（25 上 660）。

附錄一：99、100 年高普特考測驗題之出現率

本書蒐集 2010、2011 年高普特考測驗題，共 586 題，分析在各編章中命題之出現情形，讀者可依命題之出現率，作重點準備。其情形如下表：

編	章	章　名	99	100	編	章	章　名	99	100
第一編 總則	一	民法概念	0	0		十六	倉庫	1	0
	二	權利與義務	1	3		十七	運送	1	2
	三	民法總則序說	2	0		十八	承攬運送	1	0
	四	自然人	7	10		十九	合夥	1	2
	五	法人	5	3		二十	隱名合夥	0	0
	六	社團法人與財團法人	5	1		二一	合會	1	2
	七	權利客體	6	3		二二	指示證券	1	0
	八	法律行為	30	25		二三	無記名證券	0	0
	九	期日與期間	0	1		二四	終身定期金	0	0
	十	消滅時效	7	4		二五	和解	0	0
	十一	權利之行使	1	1		二六	保證	4	0
第二編 債編通則	一	債之概念	0	0		二七	人事保證	1	1
	二	債之發生	21	12	第四編 民法物權	一	通則	8	3
	三	債之標的	8	0		二	所有權	30	20
	四	債之效力	19	11		三	地上權	5	3
	五	多數債務人及多數債權人	2	1		四	農育權與永佃權	1	0
	六	債之移轉	3	2		五	地役權	4	6
	七	債之消滅	6	6		六	抵押權	10	9
第三編 債編分則	一	買賣	14	13		七	質權	6	4
	二	互易	0	1		八	典權	1	2
	三	交互計算	0	0		九	留置權	4	3
	四	贈與	5	3		十	占有	3	2
	五	租賃	9	8	第五編 親屬	一	親屬概說	5	5
	六	借貸	1	2		二	婚姻	28	24
	七	僱傭	2	1		三	父母子女	15	8
	八	承攬	6	1		四	監護	3	1
	九	旅遊	0	1		五	扶養	4	0
	十	出版	0	0		六	家	0	0
	十一	委任	0	1		七	親屬會議	1	0
	十二	經理人及代辦商	0	1	第六編 繼承	一	繼承與遺產繼承人	13	10
	十三	居間	1	1		二	遺產之繼承	16	6
	十四	行紀	0	0		三	遺囑	17	6
	十五	寄託	3	2					

總計：99(2010)年(349 題)、100(2011)年(237 題)，共 586 題

附錄二：99 年高普特考測驗題

99年公務人員特種考試身心障礙人員考試（三等財稅行政）　簡稱（99 身障三）

99年公務人員特種考試身心障礙人員考試（四等財稅行政）　簡稱（99 身障四）

99年公務人員特種考試警察及交通事業鐵路人員考試
　（員級）　簡稱（99 特員）

99年公務人員特種考試警察及交通事業鐵路人員考試
　（高員三級）　簡稱（99 特高三）

99年公務人員高等考試三級考試（財稅行政、商業行政）　簡稱（99 高三財）

99年公務人員高等考試三級考試（法制、公平交易管理、智慧　簡稱（99 高三法）
　財產行政）

99年公務人員普通考試（財稅行政、商業行政）　簡稱（99 普）

99年公務人員特種考試原住民族考試（三等財稅行政）　簡稱（99特原三）

99年交通事業郵政人員升資考試（員級晉高員級）　簡稱（99交升高員）

99年交通事業郵政人員升資考試（佐級晉員級）　簡稱（99交升員）

99年特種考試地方政府公務人員考試（四等財稅行政、商業　簡稱（99 特地四）
　行政）

99年特種考試地方政府公務人員考試（三等財稅行政、商業　簡稱（99 特地三）
　行政）

99年專門職業及技術人員高等考試建築師、技師考試暨普　簡稱（99 普不）
　通考試不動產經紀人、記帳士（普通考試：不動產經紀人）

99年特種考試地方政府公務人員考試（三等法制）　簡稱（99 地三法）

第一編　總則

第二章　權利與義務

B 1.下列何者，非屬事實行為？（99 普不）

　　A 無主物的先占　B 對要約的拒絕　C 無因管理　D 埋藏物的發現

第三章　民法總則序說

D 1.民法第 3 條有關簽名或蓋章之方式，下列敘述何者錯誤？（99 特員）

　　A 依法律規定有使用文字必要者，得不用本人自寫，但必須親自簽名

　　B 簽名得不簽全名，僅簽姓或名者，亦生簽名之效力

　　C 有用印章代簽名者，其蓋章與簽名生同等效力

　　D 簽名得僅以按指印代之

D 2.法定代理人對限制行為能力人所訂契約之承認，其性質屬下列何種權

利？（99 特地三）

　　A 債權請求權　B 物權請求權　C 抗辯權　D 形成權

第四章　自然人

A 1. 甲在 17 歲時結婚，在 18 歲時離婚，甲目前爲 19 歲，是否有行爲能力？
（99 身障四）

　　A 有，因爲已經結婚　　B 無，因爲尚未成年

　　C 有，因爲已經 19 歲　D 無，因爲已經離婚

A 2. 有關行爲能力之敘述，下列何者正確？（99 高三財）

　　A 限制行爲能力人，在無意識或精神錯亂中，所訂立之契約無效

　　B 無行爲能力人得自行接受意思表示，但應由法定代理人代爲意思表示

　　C 無行爲能力人之意思表示，無效。但不得以其無效對抗善意第三人

　　D 限制行爲能力人用詐術使人信其爲有行爲能力人或已得法定代理人之允許者，
　　　其法律行爲無效

B 3. 有關監護宣告，下列敘述何者正確？（99 高三財）

　　A 聲請宣告監護，應向法院或檢察官爲之

　　B 監護宣告之原因未消滅前，不得撤銷其宣告

　　C 本人、配偶、最近親屬任何一人，均得聲請宣告監護

　　D 心神喪失或精神耗弱致不能處理自己事務者，爲限制行爲能力人

C 4. 甲爲受監護宣告之人，出售 A 屋給乙，並立即移轉登記。乙不知甲爲受監
護宣告之人，將該屋出售並移轉登記於不知情之丙。下列敘述何者正確？
（99 高三法）

　　A 甲與乙之買賣契約無效，但物權行爲有效　B 乙爲善意，取得 A 屋所有權

　　C 乙未取得 A 屋所有權　　　　　　　　　　D 甲得請求丙返還 A 屋

C 5. 十七歲的甲，未經父母允許，向乙購買全新賓士汽車一部，雙方訂立之
契約效力如何？（99 特地四）

　　A 有效　B 無效　C 效力未定　D 得撤銷

D 6. 有一年約 70 歲之老翁甲，因已有初期失智之現象，其子乙乃向法院聲請
對其爲輔助宣告，並以乙爲其輔助人。則下列敘述何者錯誤？（99 普不）

　　A 甲在路上行走時，被超速行駛的機車駕駛丙撞傷，甲如欲與丙和解，應得乙之
　　　同意

　　B 甲擅自移轉其所有房屋一棟之所有權給女兒丁，其法律效果爲效力未定

　　C 甲平常喜歡與老友上餐館小酌一番，受輔助宣告之後仍然可以自由爲之

　　D 甲爲無行爲能力人

B 7. 14 歲之甲未得父母之允許，對同學爲債務免除之意思表示，其效力如何？
（99 普不）

　　A 有效　B 無效　C 得撤銷　D 效力未定

第五章　法人

C 1. 下列關於法人之立法主義的敘述，何者正確？（99 身障三）

  A 社團法人一律採許可主義，財團法人一律採準則主義

  B 社團法人一律採準則主義，財團法人一律採特許主義

  C 社團法人原則上採準則主義，財團法人原則上採許可主義

  D 社團法人原則上採許可主義，財團法人原則上採準則主義

C 2. 法人登記後，已登記之事項有變更，而不爲變更之登記者，其效力如何？
（99 普）

  A 法人之人格消滅   B 該登記事項無效

  C 不得以該事項對抗第三人 D 不得以該事項對抗善意第三人

D 3. 私立東吳大學屬何種法人？（99 特地四）

  A 營利社團法人 B 公益社團法人 C 營利財團法人 D 公益財團法人

A 4. 下列何者非屬財團法人之機關？（99 特地三）

  A 股東會 B 董事 C 監察人 D 清算人

C 5. 下列何者無權利能力？（99 地三法）

  A 依公司法成立之股份有限公司 B 銀行

  C 校內之法律學會   D 經教育部立案之私立大學

第六章　社團法人與財團法人

D 1. 下列何者不是財團法人之解散原因：（99 高三財）

  A 發生章程所定解散事由   B 設立許可遭主管機關撤銷

  C 法人行爲違反公序良俗，由法院宣告解散 D 總會決議解散

B 2. 爲維持財團之目的或保存其財產，法院因聲請，依民法規定得對該財團
法人爲何種行爲？（99 高三財）

  A 爲必要之處分 B 變更其組織 C 變更其目的 D 將財團解散

D 3. 法人總會的召集程序違反法令或章程時，下列關於其出席社員尋求救濟
的敘述，何者正確？（99 交升高員）

  A 除了必須當場表示異議外，還必須在決議後三個月內，以存證信函爲撤銷該決
議的意思表示

  B 除了必須當場表示異議外，還必須在決議後三個月內，提起確認之訴，確認該
決議爲無效

  C 除了必須當場表示異議外，還必須在決議後三個月內，爲撤銷該決議的意思表
示

  D 除了必須當場表示異議外，還必須在決議後三個月內，提起形成之訴，請求法
院撤銷其決議

C 4. 法人社員總會決議之內容違反法令或章程者，其決議之效力：（99 普不）

  A 有效 B 得撤銷 C 無效 D 效力未定

D 5. 東海大學在法律性質上爲下列何者？（99 特地三）

  A 行政法人 B 非法人團體 C 社團法人 D 財團法人

第七章　權利客體

B 1. 關於從物的敘述，何者錯誤？（99 身障四）

　　A 常助主物的效用　B 不可與主物同時處分

　　C 可與主物分離　　　D 與主物同屬於一人

B 2. 以下何者爲天然孳息？①果樹的果實②出租農場所收之租金③礦山的礦
物④存款的利息（99 身障四）

　　A①②　B①③　C②③　D②④

D 3. 尙未收割之稻穀是：（99 高三法）

　　A 獨立之動產　B 獨立之不動產　C 動產之部分　D 不動產之部分

D 4. 因主物有瑕疵而解除買賣契約，原則其效力是否及於從物？（99 交升高員）

　　A 不及於從物　B 特定情況下及於從物　C 限於部分及於從物　D 及於從物

B 5. 下列何者屬於土地上之定著物？（99 特地四）

　　A 停在車庫的汽車　B 公寓大樓　C 種在土地上的花椰菜　D 可移動的籃球架

B 6. 下列何者爲動產？（99 地三法）

　　A 生長於土地上之果樹的果實　　B 臨時敷設之輕便軌道

　　C 房屋　　　　　　　　　　　　D 以鋼筋水泥圍築而成之獨立的養魚池

第八章　法律行爲

C 1. 民法第九十一條規定：表意人因意思表示錯誤而撤銷意思表示時，表意
人對於信其意思表示有效而受損害之相對人或第三人，應負損害賠償責
任。本規定之責任性質爲何？（99 身障三）

　　A 過失責任　B 推定過失責任　C 無過失責任　D 故意責任

B 2. 甲與乙約定，由甲到乙經營之旅館從事應召女郎工作，甲與乙的契約效
力如何？（99 身障四）

　　A 有效　B 無效　C 效力未定　D 得撤銷

D 3. 甲的汽車借給乙使用，乙以自己名義將該汽車出售於惡意之丙，並交付
之。乙與丙的物權行爲效力爲何？（99 特員）

　　A 有效　B 無效　C 得撤銷　D 效力未定

A 4. 甲贈與乙玩具一個，成立贈與契約，性質上屬於：（99 特員）

　　A 法律行爲　B 準法律行爲　C 事實行爲　D 違法行爲

C 5. 下列何種法律行爲依法不容許附條件或期限？（99 特高三）

　　A 債權行爲　B 物權行爲　C 抵銷權的行使　D 要約的意思表示

C 6. 關於代理之敘述，下列何者正確？（99 高三財）

　　A 代理權消滅或撤回時，代理人得保留原授權書

　　B 代理權於其所由授與之法律關係存續中，不得撤回之

　　C 代理權經限制或撤回者，本人對於因過失而不知其事實的第三人，就其已經限
制或撤回的部分，不負授權人之責任

　　D 代理人爲限制行爲能力人者，其所爲或所受之意思表示，視爲其法定代理人所
爲或所受之意思表示

A 7. 有關法律行爲標的之敘述，下列何者正確？（99 高三法）

　　A 公序良俗乃指國家社會一般利益及道德觀念而言

　　B 法律行爲的動機違反公序良俗，該法律行爲一律無效

C 事先放棄撤銷結婚訴權之約定，未違反公序良俗

D 夫妻間爲恐一方於日後或有虐待或侮辱他方情事而預立離婚契約者，其契約未違反善良風俗

A 8. 下列何種物權，其成立非因當事人之法律行爲而生？（99 高三法）

A 留置權 　B 永佃權 　C 地役權 　D 典權

B 9. 甲出售一件洋裝給 5 歲的乙，甲與乙的買賣契約，效力如何？（99 普）

A 有效 　B 無效 　C 效力未定 　D 得撤銷

D 10. 甲建商向乙表示解除雙方訂立的預售屋買賣契約。甲的解約表示屬於何種行爲？（99 普）

A 債權行爲 　B 物權行爲 　C 準物權行爲 　D 單獨行爲

B 11. 乙無權占有甲之A屋並將其出租於丙。試問：租金歸屬何人所有？（99 普）

A 甲獨自所有 　B 乙獨自所有 　C 甲與乙共有 　D 甲與乙各有二分之一

B 12. 甲爲避免其財產被強制執行，而以通謀虛僞意思表示方式，將其所有之A屋出售予乙，其契約效力如何？（99 普）

A 有效 　B 無效 　C 效力未定 　D 得撤銷

D 13. 甲受乙委任並經乙授與代理權，出售乙之一塊土地，甲又受丙委任及經丙授與代理權，購入此一土地。乙、丙未事先同意，該買賣契約效力爲：（99 特原三）

A 無效 　B 有效 　C 得撤銷 　D 效力未定

A 14. 老張與小王約定，當小王結婚時，老張即贈與小王一棟房屋，該約定之性質屬於：（99 特原三）

A 停止條件 　B 解除條件 　C 負擔 　D 期限

C 15. 甲爲了逃避強制執行，將其祖傳名畫一幅，以通謀虛僞意思表示的方法，移轉交付予乙。乙因需款應急，竟未經甲的同意，將該名畫出賣給惡意之丙，並且已經交付。下列關於乙丙交付移轉該名畫所有權的法律行爲效力的敘述，何者正確？（99 交升高員）

A 無效 　B 有效 　C 效力未定 　D 得撤銷

A 16. 21 歲的甲將機車送給 16 歲的乙，乙欣然允諾，該贈與契約效力如何？（99 交升員）

A 有效 　B 無效 　C 效力未定 　D 得撤銷

C 17. 甲爲精神病患，其父親乙死亡後，留有遺產無數。甲可以繼承乙的遺產，是因爲他具有何種能力？（99 交升員）

A 行爲能力 　B 識別能力 　C 權利能力 　D 責任能力

B 18. 甲將偷來的機車，出售給知情的乙，雙方的買賣契約，效力如何？（99 交升員）

A 基於契約自由原則，所以有效

B 違反法律禁止規定或公序良俗，所以無效

C 需經過機車所有人同意，所以效力未定

D 機車所有人可以撤銷該買賣契約

A 19.甲授權 17 歲的乙出售其A車，乙以甲的名義與丙訂立A車的買賣契約。
　　乙的代理行為效力如何？（99 交升員）
　　　A 有效　B 無效　C 效力未定　D 得撤銷

D 20.表意人因錯誤而為意思表示，效力如何？（99 特地四）
　　　A 有效　B 無效　C 效力未定　D 得撤銷

B 21.現年十七歲的高中生甲，假造其父母的同意函，以三萬元向乙機車行購
　　買中古機車一部，由於沒有駕照無法辦理過戶。試問：甲與乙間之機車
　　買賣契約之效力如何？（99 普不）
　　　A 效力未定　B 有效　C 無效　D 得撤銷

C 22.以下關於代理制度之敘述，何者正確？（99 普不）
　　　A 無權代理人所為之法律行為屬無效之法律行為
　　　B 甲為乙之代理人，乙在學校被其他同學霸凌，甲憤而到學校為乙出氣毆打霸凌
　　　　之同學，則應由乙負賠償責任
　　　C 代理人於代理權限內以本人名義所為之法律行為對本人有效
　　　D 代理人在代理期間，因為無從辨識之故，只能為本人服務，禁止從事自己的法
　　　　律行為

D 23.意定代理權之授與，其法律性質為何？（99 普个）
　　　A 雙方行為　B 共同行為　C 無相對人之單獨行為　D 有相對人之單獨行為

B 24.甲為房屋仲介公司之員工，經甲之幹旋乙同意將其所有房屋出售於丙，
　　乙丙雙方皆委任甲處理登記及付款事宜並授與代理權，事成之後乙丙應
　　支付甲相當之報酬。以下敘述何者錯誤？（99 普不）
　　　A 此時雖屬所謂雙方代理，但因已經本人許諾，故可有效
　　　B 甲有要事需出國，乃將辦理登記事宜委託同事丁代為處埋，因丁之疏失致丙受
　　　　損害，由於甲並無過失可以無庸負責
　　　C 由於委任之事項中包含不動產登記事宜，就此部分包含代理權之授與應做成書
　　　　面契約
　　　D 甲處理相關事務時，應以善良管理人之注意程度，謹慎為之

C 25.下列何種行為，為違反公序良俗？（99 普不）
　　　A 繼承人拋棄繼承
　　　B 夫妻約定家庭生活費用由妻負擔
　　　C 父親死亡前，兄弟姊妹預先訂約剝奪母親之應繼分
　　　D 出租人與承租人約定，承租人應負責修繕租賃標的物

A 26.附停止條件之法律行為，於條件成就時，其效力如何？（99 特地三）
　　　A 發生效力　B 失其效力　C 效力未定　D 得撤銷

A 27.甲男 9 歲，未得父母同意，以零用錢購買三明治，其買賣契約效力如何？
　　（99 特地三）
　　　A 有效　B 無效　C 效力未定　D 得撤銷

A 28.有關錯誤之敘述，下列所述何者正確？（99 地三法）
　　　A 表意人撤銷其意思表示，以無過失者為限
　　　B 表意人撤銷其意思表示，應向法院為之

　　C 當事人同一性之錯誤，屬於表示行為錯誤

　　D 撤銷權，自意思表示後，經過二年而消滅

B 29. 6 歲的甲向自動販賣機購買了一罐西米露，也喝完了。甲的父母可以代
　　甲主張契約：（99 地三法）

　　A 有效　B 無效　C 得撤銷　D 效力未定

D 30. 無效之法律行為，若具備他法律行為之要件，並因其情形，可認當事人
　　若知其無效，即欲為他法律行為者，其他法律行為，為：（99 地三法）

　　A 得撤銷　B 無效　C 效力未定　D 有效

第十章　消滅時效

B 1. 關於時效中斷之效力，下列敘述何者正確？（99 身障四）

　　A 時效因起訴而中斷者，若因不合法而受駁回之裁判確定者，自駁回確定時起，
　　　時效重新起算

　　B 時效中斷者，自中斷事由終止時，重行起算

　　C 時效中斷，對當事人、繼承人、受讓人以外之第三人，亦有效力

　　D 除斥期間也有時效中斷之適用

C 2. 律師提供專門知識而取得之報酬，消滅時效期間為幾年？（99 身障四）

　　A 十五年　B 五年　C 二年　D 六個月

C 3. 下列何者為時效不完成之事由？（99 特員）

　　A 起訴　B 聲請強制執行　C 天災　D 提付仲裁

C 4. 非以租賃動產為營業之租金給付請求權，因多少年不行使而消滅時效？
　　（99 高三財）

　　A15 年　B10 年　C5 年　D2 年

C 5. 下列何者，為消滅時效的中斷事由？（99 普）

　　A 天災　B 債務人拒絕給付　C 債權人請求履行債務　D 法定代理人不同意

A 6. 債務人本得向債權人主張消滅時效完成之抗辯，惟該債務由第三人承擔
　　後，下列敘述何者正確？（99 交升員）

　　A 第三人仍得對債權人主張消滅時效完成之抗辯

　　B 第三人得主張債務不存在

　　C 第三人得將屬於債務人之債權主張抵銷

　　D 第三人得因此主張債務承擔契約為無效

D 7. 甲向乙影視事業公司租借 10 片電影DVD片，10 天共計租金為 1000 元，
　　則乙對甲之請求權消滅時效期間為何？（99 普不）

　　A 15 年　B 10 年　C 5 年　D 2 年

第十一章　權利之行使

A 1. 契約上附隨義務之發生依據為：（99 特地三）

　　A 誠實信用原則　　　　B 權利不可侵害之原則

　　C 禁止雙重得利原則　D 違反潔手之法理

第二編　債編通則

第二章　債之發生

C 1. 原則上關於代理權之授與行為的性質，下列敘述何者正確？（99 身障三）

　　A 為委任契約　B 為無名契約　C 為單獨行為　D 為要式行為

B 2. 甲男現年十八歲，未婚，某乙（已成年）見其辦事能力甚佳，乃以書面授權甲代為處理申請貸款事務。試問：乙之授權行為效力如何？（99 身障三）

　　A 無效　B 有效　C 未經法定代理人允許，無效　D 未經法定代理人承認，無效

B 3. 預約義務人如不訂立本約時，預約權利人得如何主張？（99 身障三）

　　A 依預定之本約內容直接請求履行　B 請求預約義務人履行訂立本約之義務

　　C 撤銷其預約　　　　　　　　　　D 主張本約無效

D 4. 下列何者不須以實物之交付作為法律行為的成立要件？（99 特高三）

　　A 寄託契約　B 押租金契約　C 使用借貸契約　D 租賃契約

B 5. 受害人甲向加害人（即受僱人）乙及其僱用人丙主張侵權行為，乙已有效提出時效抗辯，但其僱用人丙未為時效抗辯，則丙之責任為何？（99 高三財）

　　A 完全不能免責　B 可以全部免責

　　C 可以部分免責　D 不能免責但可以向乙追索

D 6. 下列何者，不是侵權行為損害賠償責任的成立要件？（99 高三法）

　　A 被害人受有損害　　　　　　B 行為具有不法性

　　C 行為與損害間具有因果關係　D 被害人無故意或過失

B 7. 甲發信函予乙表示承諾購買乙所有之物，惟甲於該信函送達至乙處前猝死，則下列敘述何者正確？（99 高三法）

　　A 該承諾於甲死亡時失其效力　　　　B 該承諾於送達乙處時發生效力

　　C 該承諾於甲之繼承人承認時發生效力　D 乙得以甲之死亡否認該承諾之效力

A 8. 民法第 761 條第 2 項規定：「讓與動產物權，而讓與人仍繼續占有動產者，讓與人與受讓人間，得訂立契約，使受讓人因此取得間接占有，以代交付。」下列何者不可能是本條所稱之「契約」？（99 高二法）

　　A 保證契約　B 租賃契約　C 借貸契約　D 寄託契約

C 9. 依民法第 191 條之 1 關於商品製造人責任之規定，應與商品製造人負同一責任之主體，不包括下列何者？（99 特原三）

　　A 商品加工業者　B 商品輸入業者

　　C 商品經銷業者　D 在商品上附加標章，足以表彰該商品係自己所製造之業者

C 10. 甲見六歲之乙迷失於街上，暫時收留，供給熱牛奶。甲之行為構成：（99 特原三）

　　A 無權代理　B 無權處分　C 無因管理　D 無效契約

A 11. 甲、乙在台北約定博奕契約，因甲賭輸而積欠乙 10 萬元賭債，下列敘述何者正確？（99 交升員）

    A 甲爲給付後，即不得請求乙返還
    B 甲爲給付後，仍得撤銷原給付行爲
    C 甲爲給付後，仍得以不當得利請求乙返還
    D 甲不爲給付時，乙得向法院訴請強制給付

C 12. 下列何者屬於要物行爲？（99 交升員）
    A 房屋租賃契約　B 汽車租賃契約　C 機車借貸契約　D 土地贈與契約

C 13. 關於「要約」與「承諾」之敘述，下列何者正確？（99 交升員）
    A 非對話之要約，一經發出後即不得撤回
    B 要約人不得於要約當時預先聲明不受拘束
    C 將要約爲變更而承諾者，視爲拒絕原要約而爲新要約
    D 要約不得訂有承諾期限

A 14. 違約金契約之法律性質爲何？（99 交升員）
    A 諾成契約　B 要物契約　C 要式契約　D 不要因契約

C 15. 以下何者具有侵權行爲之不法性？（99 交升員）
    A 拳擊選手互擊　　　　　　B 法警執行槍決
    C 老師以菸蒂燙傷違規的學生　D 醫生不顧病人反對，搶救自殺病人

B 16. 甲醫師對於急症患者拒絕醫療，違反契約法上的何種義務？（99 普不）
    A 次給付義務　B 強制締約義務　C 附隨義務　D 從給付義務

C 17. 甲欲購買乙所有房屋一棟，經數次與乙磋商之後，雙方同意該屋以 500
    萬元成交，並詳細約定付款及交屋、移轉所有權方式，爲求慎重並由丙
    丁 2 人擔任見證人，且言明爲免日後爭議，應將約定內容寫成契約書。
    嗣後因乙反悔，結果連契約書都無法完成。則下列敘述何者正確？（99 普
    不）
    A 因爲無法完成契約書，因此甲乙之契約不成立
    B 甲如果已經給付部分價金，應以不當得利請求返還
    C 甲如能證明與乙已有訂立契約之合意，仍得請求乙履行
    D 甲爲了使乙履行契約，應先請求乙完成契約書

D 18. 甲受僱於乙客運公司擔任公車司機，某日在依照路線載客途中，因過失
    撞傷路人丙。下列敘述何者錯誤？（99 普不）
    A 丙可以只向甲請求賠償
    B 丙可以只向乙請求賠償
    C 乙賠償之後，原則上可以向甲主張求償
    D 甲乙對丙負不真正連帶債務之關係

C 19. 甲出售A屋予乙，價金 500 萬元，乙誤爲支付 520 萬元。乙就多支付的
    20 萬元，得向甲主張：（99 地三法）
    A 侵權行爲　B 詐欺　C 不當得利　D 債務不履行

B 20. 甲因駕車不愼將乙撞成植物人，乙可否向甲請求損害賠償？（99 地三法）
    A 只可以請求財產上損害賠償　B 可以請求財產上與精神上損害賠償
    C 只可以請求精神上損害賠償　D 已經有全民健保不可以請求賠償

B 21. 依民法規定，使用借貸爲：（99 地三法）

A 有償契約　B 要物契約　C 要式契約　D 諾成契約

第三章　債之標的

B 1. 下列何種情形，甲得向乙請求慰撫金？（99 特員）
　　A 甲的結婚戒指被乙偷走，傷心欲絕
　　B 甲的女兒被乙擄走，傷心欲絕
　　C 甲的未婚妻因乙肇事之車禍死亡，傷心欲絕
　　D 甲因兒子結識乙女而外遇離婚，傷心欲絕

C 2. 民法所定損害賠償的回復原狀方式，不包含下列何者？（99 特員）
　　A 車子被撞壞，要求修車
　　B 損害名譽，要求刊登道歉啓事
　　C 車子被撞壞，要求賠償車子所減損的價值
　　D 汽油被用掉，要求另購汽油賠償

B 3. 甲公司辦理公司週年慶酒會，邀請函載明「敬備薄酒點心」，乙欣然應邀出席，乙雖準時出席，但雞尾酒及點心已被一掃而空。乙可否請求賠償？（99 高三財）
　　A 得請求賠償　B 不得請求賠償　C 請求改發下場的請帖　D 得請求改發現金

B 4. 不法侵害他人致死時，下列何者，不在損害賠償範圍之內？（99 高三法）
　　A 爲死者支出之醫療費用　B 死者如尚向生存所應取得之利益
　　C 爲死者支出之殯葬費用　D 死者依法應支付之扶養費用

B 5. 甲爲公務人員，執行職務時因故遭人民毆傷，導致殘廢。甲受傷期間，醫療費用由全民健康保險支付，並依公教人員保險法規定領取殘廢給付。嗣後甲向滋事者起訴請求損害賠償時，是否應扣除該等醫療費用及殘廢給付？（99 高三法）
　　A 醫療費用及殘廢給付均應扣除　　B 醫療費用及殘廢給付均不應扣除
　　C 僅扣除醫療費用，不扣除殘廢給付　D 僅扣除殘廢給付，不扣除醫療費用

B 6. 甲於網路上散播有損乙之名譽的訊息，下列敘述何者正確？（99 普）
　　A 乙之慰撫金賠償請求權，自乙知甲之侵權行爲時起，3 年間不行使而消滅
　　B 乙向甲爲起訴請求後，即得將其對甲之慰撫金賠償請求權讓與給第三人
　　C 乙在未向甲爲任何請求前死亡時，乙之繼承人仍繼承乙對甲之慰撫金賠償請求權
　　D 對名譽之侵害，在民事法上，除賠償慰撫金外，別無其他救濟方法

A 7. 負損害賠償責任者，除法律另有規定或契約另有訂定外，賠償義務人原則上：（99 普）
　　A 應回復他方損害發生前之原狀　B 應以金錢賠償損害
　　C 得自由選擇賠償方式　　　　　D 以給付金錢賠償者，不須加給利息

C 8. 甲（債權人）、乙（債務人）間之消費借貸契約，約定年利率爲百分之二十五，下列敘述何者正確？（99 特地四）
　　A 超過百分之二十部分之利息的約定，無效
　　B 該約定全部無效，甲僅能依法定利率請求支付利息

C 乙得拒絕甲對於超過百分之二十部分之利息的請求

D 當甲請求時，乙即須依約定之利率給付利息

第四章　債之效力

D 1. 民法上之定型化契約中有加重他方當事人責任之約款，而按其情形顯失公平者，其效力如何？（99 身障三）

A 該契約全部無效　B 該契約得撤銷之　C 該契約效力未定　D 僅該約款無效

A 2. 甲向建設公司支付定金十萬元購買預售屋壹間，該買賣契約之效力如何？（99 身障三）

A 推定其成立　B 推定其不成立　C 效力未定　D 得撤回之

B 3. 甲到鞋店見有克拉克牌皮鞋標價 2,000 元，即向店員表示購買，結帳時老板表示該標價錯置，價金應為 6,000 元，而非 2,000 元。此時該克拉克牌皮鞋之買賣契約效力如何？（99 身障三）

A 不成立　B 已成立生效　C 老板得因錯誤而撤銷　D 推定其已成立生效

C 4. 甲脅迫乙出售祖傳玉器一件，甲與乙的契約效力為何？（99 特員）

A 有效　B 無效　C 得撤銷　D 效力未定

C 5. 依民法第 252 條規定，約定違約金過高，法院得減至相當之數額，下列有關此項規定之敘述，何者正確？（99 特高三）

A 僅適用於懲罰性違約金

B 僅適用於損害賠償總額預定之違約金

C 於債務不履行時，適用於懲罰性及損害賠償總額預定之違約金

D 僅於違約定金適用

D 6. 甲向乙購買一筆土地，在約定移轉土地所有權期限屆至之前，該筆土地突然遭政府徵收，以致無法移轉所有權，於此情形，甲得向乙主張何種權利？（99 高三財）

A 請求損害賠償　B 依法解除契約

C 買賣契約無效　D 請求讓與徵收補償金請求權

B 7. 在雙務契約下，因不可歸責於雙方當事人之事由，致一方之給付全部不能者，其法律效果為何？（99 普）

A 他方仍須為對待給付　B 他方免為對待給付

C 他方得撤銷契約　　　D 契約視為自始無效

A 8. 以不能之給付為契約標的者，其契約之效力為何？（99 交升高員）

A 無效　B 得撤銷　C 效力未定　D 推定其契約成立

C 9. 雖非定期行為，惟給付有確定期限者，債務人自期限屆滿時起，仍未為給付，除契約另有訂定外，債權人在何種情況下始得解除契約？（99 交升員）

A 債權人提供相當擔保時

B 債務人同意時

C 債權人定相當期限催告，債務人於期限內仍不履行時

D 雙方當事人和解不成立時

D 10.關於民法第 227 條之 2「情事變更原則」之說明，下列何者爲錯誤？（99 特地四）

　　A 該原則適用於契約成立後，因非可歸責於當事人之事由而有情事變更者

　　B 當事人於締約當時即已預料締約後情事變更之可能性者，無其適用

　　C 是否適用本原則而增減給付，當事人得向法院聲請判斷

　　D 本原則僅適用於因契約所發生之債，其他情形則無適用

A 11.下列何者得爲民法第 244 條撤銷權之標的？（99 特地四）

　　A 對債務承擔之承認　　　　B 認領

　　C 以給付特定物爲標的之債權　D 收養

A 12.銀行對於肉眼顯能辨識之票據印文真僞，而未爲辨識，其責任係屬何種性質之責任？（99 普不）

　　A 屬重大過失之責任　　B 屬抽象輕過失之責任

　　C 屬具體輕過失之責任　D 無過失責任

D 13.甲向乙購買 A 機器一套，下列何者爲雙方契約所生的附隨義務？（99 特地三）

　　A 甲支付價金的義務　　　　B 乙交付 A 機器的義務

　　C 乙移轉 A 機器所有權的義務　D 乙告知 A 機器使用方法的義務

C 14.甲醫師爲乙病患看診後，洩漏乙的病情，構成何種契約上的損害賠償責任？（99 特地三）

　　A 給付不能　B 給付遲延　C 不完全給付　D 給付拒絕

C 15.關於利益第三人契約，下列敘述，何者錯誤？（99 地三法）

　　A 要約人得請求債務人向第三人爲給付

　　B 第三人得請求債務人對自己爲給付

　　C 債務人得請求第三人爲對待給付

　　D 債務人得以基於契約所生之抗辯，對抗第三人

B 16.甲向乙購買一批貨物，雙方約定，買受人如未於訂約日起十日內付清價款，出賣人得解除契約。嗣後甲未依約定於訂約日起十日內付清款項，乙因而解除契約，此情形稱爲：（99 地三法）

　　A 法定解除權之行使　B 約定解除權之行使

　　C 解除條件成就　　　D 合意解除契約

B 17.欠缺與處理自己事務相同之注意，是屬於：（99 地三法）

　　A 重大過失　B 具體輕過失　C 抽象輕過失　D 故意

C 18.在雙務契約中得主張「一手交錢，一手交貨」之權利，稱爲：（99 地三法）

　　A 先訴抗辯權　B 不安抗辯權　C 同時履行抗辯權　D 不貞抗辯權

D 19.買賣契約當事人訂立買賣契約後，雙方嗣又彼此同意解除該契約，此狀況稱爲：（99 地三法）

　　A 法定解除權之行使　B 約定解除權之行使　C 解除條件成就　D 合意解除契約

第五章　多數債務人及多數債權人

C 1.債權人對於連帶債務人中之一人消滅時效已完成者，他連帶債務人是否
免其責任？（99 身障三）

　A 免其連帶責任

　B 不免其連帶責任

　C 除該消滅時效已完成之連帶債務人應分擔之部分外，仍不免其連帶責任

　D 得免除自己應分擔之部分債務

D 2.以下就連帶債權人中之一人所生事項，何者對他債權人不生效力？（99 交
升員）

　A 連帶債權人中之一人有受領遲延者

　B 連帶債權人中之一人為給付之請求

　C 連帶債權人中之一人經抵銷而債權消滅者

　D 連帶債權人中之一人，就其應享有部分，向債務人免除債務者

第六章　債之移轉

D 1.張三對李四有十萬元債權；張三將其對李四之債權轉讓予王五以清償之
前對王五所欠貨款。對此一債權讓與契約，下列敘述，何者正確？（99 特
原三）

　A 須經李四之事前同意才生效力

　B 須經李四之事後同意才生效力

　C 於張三、王五合意時即成立，但於李四向王五給付時，才生效力

　D 於張三、王五合意時即生效力，但非經通知李四，對於李四不生效力

D 2.債權讓與之法律性質為何？（99 特地四）

　A 債權行為　　B 物權行為　　C 準債權行為　　D 準物權行為

A 3.甲使用乙銀行發行之信用卡消費後，共計有 15 萬元卡債無法返還，乙銀
行在未知會甲之情形下，將該筆債權出售給丙。下列敘述何者錯誤？（99
普不）

　A 因為甲未受到任何通知，故乙丙之讓與行為無效

　B 甲乙之間如果有設定擔保，該擔保亦隨同由丙取得

　C 甲乙之間如果有特約約定該筆債權不得讓與，丙公司如屬善意時，其讓與仍然
有效

　D 甲欲清償債務時，經第 3 人告知，才知乙已將債權讓與丙，乃主動向丙清償債
務，此屬有效之行為

第七章　債之消滅

C 1.因抵銷而使債之關係消滅時，該債之關係於何時消滅？（99 身障四）

　A 抵銷之意思表示達到相對人時　　B 由當事人另行約定之

　C 溯及合於抵銷之要件時　　　　　D 表示抵銷者訂有期限時，該期限到來時

A 2.債務免除乃是：（99 普）

　A 有相對人之單獨行為　　B 無相對人之單獨行為

　C 請求權之行使　　　　　D 物權之拋棄

B 3. 代物清償契約之法律性質為何？（99普）

　　A 諾成契約　B 要物契約　C 要式契約　D 事實上契約關係

C 4. 甲積欠乙借款一百萬元，乙積欠甲貨款一百萬元，均已屆清償期。若甲
　　向乙表示互不相欠，則甲係主張：（99特原三）

　　A 抵充　B 免除　C 抵銷　D 新債清償

B 5. 債務人因故意侵權行為而負擔之債，債務人得否主張抵銷？（99交升高員）

　　A 得主張抵銷　B 不得主張抵銷　C 部分得主張抵銷　D 特定情況下得主張抵銷

B 6. 甲將自己之土地為乙設定地上權，乙則以地上權為標的，為丙設定抵押
　　權向丙貸款 50 萬元，但丙則以對乙之地上權所享有之抵押權，連同 50
　　萬元之債權為標的，向丁設定權利質權借得 30 萬元，惟最後丙卻自乙取
　　得地上權。下列敘述，何者正確？（99特地三）

　　A 本案丙自己取得乙對甲地之地上權後，乙之地上權、丙的抵押權及丁之質權皆
　　　因混同而消滅

　　B 案中各該權利皆不生混同之效力

　　C 僅甲、乙之權利生混同之效力

　　D 僅丙、丁之權利發生混同之效力

第三編　債編分則

第一章　買賣

D 1. 甲對於乙之債務，由丙負保證責任，詎清償期屆至，甲無力清償，丙恐
　　乙強制執行其所有房屋，乃向乙表示願代甲清償，此時：（99身障三）

　　A 甲得異議　　　　　　　　B 乙得拒絕

　　C 甲不得異議，但乙得拒絕　D 甲得異議，但乙不得拒絕

D 2. 甲之子乙遭綁架，甲依歹徒丙要求支付贖金 200 萬元，但甲私下將該鈔
　　票劃上記號，丙持該鈔票至不知情之丁車行購車，其後為警方循線查獲
　　該贓款，該贓款應如何處置？（99身障三）

　　A 發還給甲　B 沒收　C 交由丙處理　D 由丁取得

A 3. 買賣契約經撤銷後，何時發生無效的效力？（99身障四）

　　A 視為自始無效　　　　　　B 視為嗣後失效

　　C 依撤銷權人的意思決定　D 依雙方的合意決定

D 4. 下列關於買賣之敘述，何者錯誤？（99身障四）

　　A 買賣係屬有償契約之典型

　　B 買賣為要因契約

　　C 買賣關於瑕疵擔保責任之規定並非強行規定

　　D 物之瑕疵擔保又稱為追奪擔保

D 5. 甲向乙購買A屋，交屋後，發現是海沙屋，甲可以向乙主張何種權利？（99
　　身障四）

　　A 終止權　B 抵銷權　C 選擇權　D 解除權

A 6.甲將電腦借乙使用，乙未經甲之同意，擅自將該電腦賣與不知情的丙並
　　交付之，則：（99 高三財）
　　A 丙取得該電腦所有權　　　　　　　B 甲得撤銷該電腦所有權的移轉
　　C 該電腦所有權的移轉不得對抗善意第三人　D 該電腦所有權的移轉不生效力

C 7.甲運交遭黃麴毒素汙染的玉米粒一批給乙，此批玉米粒又導致乙原儲藏
　　的玉米粒受汙染，則甲對乙所負責任範圍為何？（99 高三法）
　　A 僅限於汙染的玉米粒本身　　　　　B 汙染的玉米粒加上遲延利息
　　C 汙染的玉米粒加上其所汙染的玉米粒　D 不負責任

B 8.甲以自己之名義出售乙所寄放之名畫於丙，丙不知甲無處分之權限，下
　　列敘述何者錯誤？（99 高三法）
　　A 甲讓與畫之所有權於丙，為無權處分　B 丙並未取得畫之所有權
　　C 乙得向甲請求侵權行為之損害賠償　D 乙得向甲請求返還不當得利

B 9.出賣人於買賣契約保留買回之權利者，買回之期限，最長不得超過幾年？
　　（99 普）
　　A 3 年　　B 5 年　　C 10 年　　D 15 年

C 10.甲向乙購買新型液晶電視一台價格新台幣（下同）三萬五千元，甲先支
　　付乙定金五千元，雙方約定於甲住所交貨時付清尾款三萬元。乙將電視
　　送至甲住所花費油錢一千元，契約中未寫明運費由何人負擔，則乙對甲
　　可請求若干元？（99 特原三）
　　A 三萬一千元　B 三萬一千五百元　C 三萬元　D 三萬一百元

A 11.買受人因物有瑕疵，依法解除，其權利屬下列何者？（99 交升高員）
　　A 形成權　B 支配權　C 請求權　D 抗辯權

B 12.當事人就標的物及其價金互相同意，非必要之點，未經表示意思者，買
　　賣契約是否成立？（99 交升高員）
　　A 尚未成立　　　　　　　　B 即為成立
　　C 部分標的物交付時才成立　D 全部標的物交付時才成立

D 13.關於分期付價買賣，下列敘述何者正確？（99 特地四）
　　A 買受人支付全部價金五分之一前，不得向出賣人請求標的物之交付與所有權之
　　　移轉
　　B 買受人如有遲延，即應支付全部價金
　　C 出賣人不論何時解除契約，均得扣留所受領價金之全部
　　D 與一般買賣不同之處，主要在於其價金支付之方式

C 14.甲因已購買新車，乃將舊車出賣於乙，但由於新車尚未由廠商交貨，甲
　　要求向乙租用，俟新車送到之後再將舊車交予乙，乙表同意。則下列敘
　　述，何者正確？（99 特地三）
　　A 本案甲仍為舊車之所有人，甲、乙間僅生買賣契約之效力而已
　　B 甲、乙間成立附條件之買賣，買賣契約應俟甲交付舊車於乙後始生效力
　　C 甲、乙就舊車已生物權變動之效力，該車之所有權已歸乙所有
　　D 舊車之所有人雖已歸屬乙，但因甲尚未交付於乙，甲對乙尚有債務不履行責任
　　　之問題

第四章　贈與

B 1.甲附條件贈與乙房屋一棟，並依土地法及土地登記規則辦理預告登記
　　後，甲又將該屋出售給丙，甲丙間之處分行為，效力如何？（99 特高三）
　　A 有效　　B 無效　　C 效力未定　　D 得撤銷

B 2.受贈人以故意不法之行為，致贈與人死亡，贈與人之繼承人的贈與撤銷
　　權，自知有撤銷原因之時起，最長多久不行使而消滅？（99 特原三）
　　A 一年　　B 六個月　　C 二年　　D 三年

A 3.甲贈與設有抵押權之A屋予 18 歲之乙，其行為效力如何？（99 交升高員）
　　A 有效　　B 無效　　C 得撤銷　　D 效力未定

A 4.甲將A車誤為B車，而贈與乙。甲若無過失，得主張何種權利？（99 特地四）
　　A 撤銷其贈與契約　　　　B 主張贈與契約無效
　　C 向乙請求損害賠償　　　D 改為贈與 C 車

B 5.甲男與乙女為男女朋友關係，甲同意將其名下之豪宅贈與乙，以下之敘
　　述何者錯誤？（99 普不）
　　A 甲在未移轉該屋之所有權給乙之前，隨時可以向乙表示反悔，撤銷贈與
　　B 贈與為單獨行為
　　C 甲在未移轉房屋所有權給乙之前，因為電線走火將該屋燒毀時，除非甲有故意
　　　重大過失，否則無庸負給付不能之責任
　　D 甲移轉該屋之所有權給乙，乙搬入該屋之後，即使發現該屋漏水嚴重，原則上
　　　亦無法請求甲修繕

第五章　租賃

C 1.甲向乙承租一層公寓，租期為五年。試問下列之敘述何者正確？（99 身障
　　四）
　　A 除有特約外，就公寓應納之房屋稅，由甲負擔，地價稅則由乙負擔
　　B 公寓之修繕，約定由甲負擔者為無效
　　C 若是該租賃物如有修繕之必要，應由乙負擔者，甲得定相當期限，而催告乙修
　　　繕，如乙逾期不為修繕者，甲得自行修繕
　　D 甲就該公寓所增設之工作物，不得取回之

D 2.甲向乙承租一棟房屋，而該屋乃為輻射屋。下列有關甲之權利之敘述，
　　何者正確？（99 特員）
　　A 如甲於訂約時已知該屋為輻射屋之事實，甲喪失所有之權利
　　B 甲於訂約時拋棄其終止契約之權利時，甲不得主張終止契約
　　C 如甲於訂約時已知該屋為輻射屋之事實，甲不得主張終止契約，但得請求減少
　　　租金
　　D 如甲於訂約時已知該屋為輻射屋之事實，甲仍得主張終止契約

B 3.租賃契約定有期限者，承租人死亡時，下列何者正確？（99 特高三）
　　A 出租人仍得終止之　　B 承租人之繼承人仍得終止之
　　C 出租人仍得解除之　　D 承租人之繼承人仍得解除之

C 4. 甲向乙承租房屋一間，契約訂明：本租約需經公證後始生效力。詎甲、乙之租約未經公證，但甲均依約按月支付租金給乙。請問其租約之效力爲何？（99 特高三）

A 推定其不成立　　　　　　　　　　B 推定其成立不生效

C 甲之支付租金已可證明租約已成立生效　D 甲、乙間另成立一有效之租約

C 5. 甲出租其房屋於乙，契約並經公證，租賃物交付後，甲將房屋所有權移轉於丙，則下列敘述何者正確？（99 高三財）

A 因甲已出租於乙，故所有權之移轉無效

B 因乙丙間無契約關係，故乙對丙而言爲無權占有

C 此時發生法定契約承擔，丙成爲出租人

D 甲乙間之租賃契約若爲不定期，無買賣不破租賃之適用

B 6. 關於租賃性質之敘述，下列何者不正確？（99 普）

A 雙務契約　B 要物契約　C 繼續性契約　D 有償契約

C 7. 甲將其所有之機器租與乙，在租賃期間未屆滿前，甲欲將該機器出售與丙，甲應如何使該機器所有權移轉與丙？（99 交升員）

A 甲無法移轉該機器之所有權，因爲甲無法爲現實交付

B 甲、丙間僅須有讓與所有權的合意，即生所有權移轉的效力

C 甲得以讓與返還請求權的方式代替交付

D 甲得以占有改定的方式代替交付

B 8. 甲租用乙之房屋，若甲將房屋轉租，下列敘述何者正確？（99 交升員）

A 承租人甲毋須經出租人乙之承諾，即可將房屋全部轉租於他人

B 若出租人乙無反對之表示，承租人甲即可將房屋一部分轉租於他人

C 因次承租人應負責任之事由所生之損害，若承租人無過失，承租人不負擔損害賠償責任

D 出租人乙得向次承租人直接請求租金

C 9. 以下有關租賃關係之敘述何者正確？（99 普不）

A 租賃物如有修繕之必要，基於使用者付費之原則，應由承租人負擔修繕之費用

B 承租人有使用收益租賃物之權利，所以可以自行將房間分租，當二房東

C 甲將其房屋出租與乙，言明租期 3 年，有訂立契約書但未公證。至第 2 年時甲將房屋所有權讓與丙，乙得向丙主張該租賃契約仍存在

D 租賃之房屋因電線走火發生火災，房屋因而受損時，因承租人未盡善良管理人之責，應負損害賠償責任

第六章　借貸

D 1. 甲向銀行貸款購買房屋，請問甲與銀行成立何種契約？（99 特員）

A 租賃契約　B 使用借貸契約　C 承攬契約　D 消費借貸契約

第七章　僱傭

C 1. 下列有關僱傭契約之敘述，何者錯誤？（99 身障四）

A 稱僱傭者，謂當事人約定，一方於一定或不定之期限內爲他方服勞務，他方給

付報酬之契約

B 僱傭契約之未定報酬額者，按照價目表所定給付之；無價目表者，按照習慣給付

C 僱用人無須經受僱人同意，得將其勞務請求權讓與第三人

D 受僱人明示或默示保證其有特種技能者，如無此種技能時，僱用人得終止契約

B 2.下列有關僱傭契約終止之敘述，何者錯誤？（99特員）

A 受僱人未經僱用人同意，使第三人代服勞務時，僱用人得終止契約

B 僱傭未定期限，亦不能依勞務之性質或目的定其期限者，各當事人得隨時終止契約，但須於一年前通知對方

C 當事人之一方，遇有重大事由，其僱傭契約，縱定有期限，仍得於期限屆滿前終止之

D 受僱人明示或默示保證其有特種技能者，如無此種技能時，僱用人得終止契約

第八章　承攬

D 1.民法關於承攬之規定，下列敘述何者錯誤？（99身障三）

A 工作遲延後，定作人受領工作時，不爲保留者，承攬人對於遲延之結果，不負責任

B 工作未完成前，定作人得隨時終止契約

C 定作人所供給之材料，因不可抗力而毀損、滅失者，承攬人不負其責

D 不論何種情形，定作人均無瑕疵擔保請求權

C 2.下列關於承攬契約之敘述，何者錯誤？（99特員）

A 承攬人有完成一定工作之義務

B 承攬爲諾成契約

C 工作完成前，定作人不得隨時終止契約

D 定作人原則上對於承攬人之侵權行爲不負責任

C 3.甲爲暗助友人丙，乃施壓乙建商必須將興建工程低價發包給丙營造公司，否則將對其家人不利，乙不得已遂與丙訂定不利的工程承攬契約，惟丙毫不知情。一年後，甲因涉案入獄服刑，乙得主張何種權利？（99特高三）

A 乙得向丙主張該承攬契約無效

B 必須丙明知或可得而知甲的行爲，乙方得向丙主張該承攬契約無效

C 乙得向丙主張撤銷該承攬契約

D 必須丙明知或可得而知甲的行爲，乙方得向丙主張撤銷該承攬契約

B 4.定作人得對承攬人主張工作物之瑕疵擔保責任，其時間點爲何？（99特高三）

A 工作進行中發現有瑕疵時　B 工作完成後發現有瑕疵時

C 定作人解除承攬契約後　　D 定作人終止承攬契約後

C 5.當事人約定，一方爲他方完成一定之工作，他方俟工作完成後給付報酬之契約爲：（99交升員）

A 委任　B 僱傭　C 承攬　D 運送

A 6. 乙承攬甲之房屋興建工程，雙方預計於 95 年元月完工，以下敘述何者為
正確？（99 特地四）

A 若乙因為技術不足，導致工程延遲完工，甲得向乙主張遲延之損害賠償

B 若乙完成之工作有輕微瑕疵時，甲即可解除契約

C 若乙完成之工作有瑕疵時，甲得於發現瑕疵後 5 年內，請求乙負擔瑕擔保責
任

D 若乙完成之工作有瑕疵時，縱無過失，亦應負損害賠償責任

第十三章　居間

D 1. 有關居間契約之報酬，下列敘述何者錯誤？（99 特員）

A 居間人以契約因其報告或媒介而成立者為限，得請求報酬

B 居間契約附有停止條件者，於該條件成就前，居間人不得請求報酬

C 因婚姻居間而約定報酬者，就其報酬無請求權

D 因婚姻居間而約定報酬者，其約定無效

第十五章　寄託

C 1. 甲寄託金錶一只於乙處，乙擅自將之出售給知情的丙，並交付之，一個
月後，甲將該錶贈與乙，使乙取得所有權。乙丙間的處分行為效力如何？
（99 特高三）

A 效力未定　B 自始無效　C 自始有效　D 自甲將該錶贈與乙後生效

D 2. 甲將其所有之A畫一幅交由乙保管，關於甲、乙間之權利義務關係，下列
敘述何者正確？（99 特地四）

A A 畫返還之期限經約定後，甲不得隨時請求返還

B A 畫返還之期限經約定後，乙仍得隨時返還寄託物

C A 畫之返還處所，由甲自行決定之

D 乙對於甲之報酬請求權，自契約關係終止時起，一年間不行使而消滅

D 3. 甲將其所有機車一部，寄託於乙處，乙擅自將之以價金新臺幣三萬元讓
售給知情的丙，並將該車交付給丙。下列有關乙丙間法律關係之敘述，
何者正確？（99 普不）

A 債權行為有效，物權行為無效　　　B 債權行為無效，物權行為有效

C 債權行為效力未定，物權行為無效　D 債權行為有效，物權行為效力未定

第十六章　倉庫

D 1. 倉庫營業人於收受寄託物後，因寄託人之請求，應填發何種證券？（99 交
升高員）

A 提單　B 託運單　C 載貨證券　D 倉單

第十七章　運送

B 1. 運送物於運送中，因不可抗力而喪失者，運送人是否得請求運費？（99 交
升高員）

A 仍得請求運費　　B 不得請求運費
C 得請求半數之運費　D 得請求三分之一之運費

第十八章　承攬運送

D 1.以自己之名義，爲他人之計算，使運送人運送物品而受報酬爲營業之人，在法律上之意義爲何？（99 交升高員）
A 運送人　B 承攬人　C 行紀人　D 承攬運送人

第十九章　合夥

D 1.關於合夥，下列敘述何者不正確？（99 特地四）
A 合夥爲二人以上互約出資以經營共同事業之契約
B 合夥得以勞務爲出資
C 合夥爲雙務契約
D 合夥人以出資額爲限，負有限責任

第二十一章　合會

A 1.限制行爲能力人縱已得法定代理人之同意，仍不得：（99 地三法）
A 成爲合會契約之會首　　B 成爲承攬契約之定作人
C 成爲買賣契約之買受人　D 成爲合夥契約之合夥人

第二十二章　指示證券

B 1.關於指示證券之性質，下列敘述何者錯誤？（99 身障四）
A 指示證券爲記名證券　B 指示證券爲自付證券
C 指示證券爲債權證券　D 指示證券爲委託證券

第二十六章　保證

B 1.關於指示證券之性質，下列敘述何者錯誤？（99 身障四）
A 指示證券爲記名證券　B 指示證券爲自付證券
C 指示證券爲債權證券　D 指示證券爲委託證券
A 2.依民法第 749 條之規定，保證人向債權人爲清償後，於其清償限度內，承受主債務人之債權，係指下列何者？（99 高三財）
A 債權人對於主債務人之債權當然移轉於保證人
B 保證人得代位行使債權人對於主債務人之債權
C 債權人對主債務人之債權被撤銷
D 主債務人之債務由保證人承擔
D 3.在特殊保證類型中，主債務人與保證人責任無先後之分，債權人得逕向保證人請求代負履行責任者，稱爲？（99 普）
A 人事保證　B 信用委任　C 共同保證　D 連帶保證
A 4.在銀行定型化借貸契約中，約定借貸之保證人拋棄先訴抗辯權，其效力如何？（99 特地三）
A 有效　B 無效　C 效力未定　D 得撤銷

第二十七章　人事保證

D 1.下列之事由，何者並非人事保證關係消滅之原因？（99 身障四）
　　A 保證之期間屆滿　　　　　B 保證人死亡、破產或喪失行為能力
　　C 受僱人之僱傭關係消滅　　D 受僱人不能清償債務

第四編　民法物權

第一章　通則

C 1.下列何者非屬於不動產物權變動之要件？（99 特高三）
　　A 登記　B 書面　C 交付　D 合意

C 2.下列何者非屬於登記前已取得不動產物權之情形？（99 特高三）
　　A 繼承　B 公用徵收　C 協議分割　D 法院判決

C 3.不動產所有人對於無權占有其不動產者，得請求返還之，一般稱此種請求權為所有人之物上請求權。該物上請求權是否有消滅時效之適用？（99高三財）
　　A 不論有無登記，均適用
　　B 不論有無登記，均不適用
　　C 須視該不動產是否已經辦妥登記而定，若已辦妥登記，則不適用消滅時效之規定
　　D 須視無權占有人占有之初是否善意而定

C 4.甲對乙表示免除乙積欠之貨款債務，甲所為之免除行為，性質上屬於：（99高三法）
　　A 債權行為　B 物權行為　C 準物權行為　D 準法律行為

D 5.以下何者不屬於物上請求權？（99 特原三）
　　A 返還請求權　B 妨害除去請求權　C 妨害防止請求權　D 拍賣請求權

B 6.下列何者不屬於不動產物權移轉之要件？（99 交升員）
　　A 登記　B 交付　C 書面　D 移轉合意

D 7.不動產物權，依法律行為而取得、設定、喪失及變更者，非經登記：（99地三法）
　　A 不得對抗善意第三人　B 仍有善意受讓之適用　C 效力未定　D 不生效力

B 8.不動產物權，因買賣而取得者，必須完成下列何種程序，才能生效？（99地三法）
　　A 訂立書面　　　　B 訂立書面，並且辦妥登記
　　C 交付全部價金　D 完成不動產交付

第二章　所有權

A 1.甲有三萬元之名貴紫檀木，乙擅自取走並借丙觀賞，丙卻逕自雕刻成價值五萬元之藝術品，該藝術品應歸屬於何人所有？（99 身障三）
　　A 甲　B 乙　C 丙　D 甲丙共有

C 2. 拾得具有財產價值遺失物之人，得依法對於遺失人最多能請求遺失物價值多少之報酬？（99 身障三）

A 十分之一　B 十分之二　C 十分之三　D 十分之四

D 3. 甲擅自挖取乙地之果樹，種植於丙地，果樹上之果實，經颱風颳落於丁地，該掉落之果實應屬於何人所有？（99 身障三）

A 甲　B 乙　C 丙　D 丁

D 4. 共有人請求法院為共有物裁判分割，該裁判分割之性質為何？（99 身障四）

A 給付判決　B 確認判決　C 上訴判決　D 形成判決

D 5. 甲遺失其無記名證券，拾得人乙無權處分予善意之丙，則甲對丙：（99 特員）

A 自遺失時起 2 年內得請求返還　　　　B 15 年內得主張所有物返還請求權
C 非償還所支出之價金，不得回復其物　D 不得請求回復其物

C 6. 共有人逾越其應有部分，對共有物為使用收益，他共有人不得行使下列何種權利？（99 特員）

A 不當得利請求權　　　　　B 侵權行為損害賠償請求權
C 請求返還共有物於他共有人　D 請求返還共有物於全體共有人

B 7. 共有物之管理不包括下列何者行為？（99 特員）

A 保存　B 處分　C 利用　D 改良

D 8. 下列何者為所有權之消極權能？（99 特員）

A 使用　B 收益　C 處分　D 所有物返還請求權

D 9. 以所有之意思，和平、公然占有他人之動產，而其占有之始為善意並無過失者，須繼續多少年才能取得其所有權？（99 特員）

A 2 年　B 3 年　C 4 年　D 5 年

D 10. 下列何種事實，得以原始取得動產所有權？（99 特高三）

A 買賣　B 繼承　C 遺贈　D 添附

B 11. 下列何者非屬於汽、機車所有權讓與之方法？（99 特高三）

A 讓與合意　B 登記　C 指示交付　D 占有改定

B 12. 甲與有夫之婦乙約定雙方同居，甲並因此贈與房屋一棟給乙，且即移轉登記，但同時又約定乙若不再同居，必須返還房屋。則甲與乙的法律行為是否有效？（99 高三財）

A 贈與行為有效　　　　B 房屋所有權移轉行為有效
C 贈與行為效力未定　D 房屋所有權移轉行為效力未定

D 13. 甲向乙購買一筆土地，在約定移轉土地所有權期限屆至之前，該筆土地突然遭政府徵收，以致無法移轉所有權，於此情形，甲得向乙主張何種權利？（99 高三財）

A 請求損害賠償　B 依法解除契約
C 買賣契約無效　D 請求讓與徵收補償金請求權

B 14. 分別共有不動產的協議分割，何時發生效力？（99 高三財）

A 於協議分割的合意達成時

B 於協議分割的登記完成時
C 於協議分割的價金交付完成時
D 於協議分割的契約書，送請地政事務所登記時

A 15.共有人對共有物之簡易修繕：（99 高三財）
A 得由各共有人單獨為之
B 應經共有人全體之同意
C 應經共有人過半數之同意
D 應經共有人過半數並其應有部分合計已過半數者之同意

B 16.依民法規定，各共有人就共有物及其應有部分之行為，下列敘述何者正確？（99 高三法）
A 與他人訂定共有物之買賣契約，應得共有人全體之同意
B 移轉共有物之所有權，應得共有人全體之同意
C 得對共有物自由設定負擔
D 處分其應有部分，應得共有人過半數之同意

B 17.分別共有人，未經其他共有人之同意，將其共有土地之應有部分出賣並移轉登記予第三人，其效力為何？（99 高三法）
A 效力未定　B 有效　C 無效　D 得撤銷

A 18.甲將自己所有之土地之應有部分二分之一贈與給乙，並為登記，則甲、乙二人就該土地所有權之享有型態為：（99 普）
A 分別共有　B 公同共有　C 區分所有　D 單獨共有

D 19.數人區分一建築物，而各專有其一部，就專有部分有單獨所有權，並就該建築物及其附屬物之共同部分共有之建築物，此種所有權享有之型態，稱為：（99 普）
A 區分共有　B 區分合有　C 區分公有　D 區分所有

A 20.分別共有人就共有物訂有分管契約時，共有人就共有物之非其分管部分是否有所有權？（99 特原三）
A 有　　　　　　　　　　　　　　B 無
C 視其分管的範圍是否超過其應有部分而定　D 視共有人的約定而定

B 21.甲乙丙共有一筆A耕地，應有部分各三分之一，甲未經乙丙之同意，擅自在A地上種植玉米。乙、丙不得向甲主張下列何項權利？（99 交升高員）
A 所有人之物上請求權　　　B 占有人之物上請求權
C 侵權行為損害賠償請求權　D 不當得利返還請求權

B 22.在法令限制範圍內，得就物自由使用、收益、處分，並排除他人干涉之權利，稱為：（99 交升員）
A 地上權　B 所有權　C 用益物權　D 典權

A 23.自己之動產偶然與他人之動產附合，無可視為主物者，該合成物所有權歸屬於何人？（99 交升員）
A 與他人依附合時之價值共有　B 與他人公同共有
C 由面積大的人所有　　　　　D 由價值大的人所有

B 24.下列何種情形屬於動產與動產之附合？（99 特地四）

A 擅自將他人輪胎換裝於自己車上

B 擅自將他人的漆修補自己的車身

C 擅自將他人的汽車方向盤換裝於自己車上

D 擅自將他人的汽車引擎裝置於自己車上

B 25.下列何者可為典權之標的物？（99 特地四）

A 動產　B 不動產　C 債權　D 智慧財產權

B 26.基於下列何種原因而取得利益，應依關於不當得利之規定，返還其所受利益？（99 普不）

A 因確定判決取得利益　B 因添附取得利益

C 因消滅時效取得利益　D 因取得時效取得利益

B 27.下列有關公同共有之情形，何者不能準用分別共有之規定？（99 普不）

A 公同共有物之分割　B 公同共有人應有部分之自由處分

C 公同共有物之管理　D 公同共有物分割後之權利義務關係

A 28.甲乙丙丁共有土地一筆，應有部分各為四分之一，以下關於分管契約之敘述何者錯誤？（99 普不）

A 分管契約乃約定特定部分之共有物專歸特定共有人使用之契約，故其成立須得全體共有人同意始可

B 不動產之分管契約如經登記，可以對抗應有部分之受讓人

C 分管契約為債權契約

D 分管契約成立後，因情勢變更難以繼續時，任何共有人均得聲請法院以裁定變更之

B 29.XYZ3 人共有土地 1 筆，各有應有部分三分之一，三人協議分割該筆土地，於 6 月 2 日達成協議，8 月 20 日完成登記。以下敘述何者錯誤？（99 普不）

A 在無法令或約定禁止分割之情形下，任何共有人均得隨時請求分割共有物

B 當事人間於 6 月 2 日即取得各該分得部分之單獨所有權

C 分割共有物之協議屬債權契約

D 由於該筆土地面積遼闊，XYZ3 人得約定僅分割其中一半，其餘一半仍繼續共有

D 30.以下關於不動產所有權之敘述何者正確？（99 普不）

A 甲於 6 月 15 日因其父過世而繼承土地 1 筆，至 10 月 5 日始辦畢繼承登記，則甲於 10 月 5 日取得該筆土地之所有權

B 甲於自己所有土地上興建房屋，因與鄰地之境界不明，以致圍牆部分逾越疆界坐落於乙所有鄰地上，乙雖於興建中即已查知該事，卻待 2 年後整棟房屋完工後，始請求甲返還土地。此時甲可以拒絕，並請求以相當價額購買越界部分土地

C 區分所有建築物專有部分之所有權人出賣其所有權時，可以保留基地之權利，另為適當之處置

D 因土地之讓與或一部分割，而形成袋地時，袋地所有權人僅得通行讓與人或他分割人之所有地，且無須支付償金

第三章　地上權

C 1.關於地上權人拋棄其權利，下列敘述何者正確？（99身障三）
　　A 基於財產權可以自由拋棄的原則，地上權人得隨時拋棄其權利
　　B 地上權拋棄應向法院提出聲請
　　C 無支付地租且未定期限的地上權，地上權人得隨時拋棄其權利
　　D 有支付地租且未定期限的地上權，地上權人得隨時拋棄其權利

B 2.甲將A地設定地上權於乙，乙在A地上興建B屋時不慎有部分B屋越界建在
　　丙之C地上，試問B屋之所有權屬於何人？（99交升高員）
　　A 甲　B 乙　C 甲乙共有　D 甲丙共有

D 3.以下關於地上權之敘述何者錯誤？（99普不）
　　A 地上權可以訂有期限，或為未定期限之地上權
　　B 地上權可以為有償，亦可為無償
　　C 以在他人土地上下之一定空間範圍內設定之地上權稱為區分地上權
　　D 地上權如有支付地租之約定時，地上權人仍可以隨時拋棄其權利

A 4.地上權之成立及生效，應具備下列何種要件？（99特地三）
　　A 僅以有成立地上權之意思表示，並應為有效之登記
　　B 須有地租給付之約定
　　C 須有地上權存續期間之約定及登記
　　D 尚須有土地之交付及地租給付為必要

A 5.以在他人土地上享有建築物或其他工作物為目的，而使用該土地之權利
　　為：（99地三法）
　　A 地上權　B 地役權　C 典權　D 永佃權

第四章　農育權與永佃權

A 1.留置權人就留置物之保管，應負何種責任？（99高三法）
　　A 抽象輕過失責任　B 具體輕過失責任　C 重大過失責任　D 無過失責任

第五章　地役權

A 1.下列何種物權為從物權？（99身障四）
　　A 地役權　B 地上權　C 永佃權　D 典權

C 2.以他人土地供自己土地便宜之用之權利，稱為：（99普）
　　A 抵押權　B 典權　C 地役權　D 人役權

D 3.甲地為袋地，致長年以來甲都通行乙地以至公路，並由甲對乙如期給付
　　一定之償金，但後來甲將其地出賣於A，乙則要求A應加倍給付通行費，
　　否則不讓A通行。下列敘述，何者正確？（99特地三）
　　AA 得向甲主張權利瑕疵擔保責任
　　BA 如拒絕支付償金，乙得阻止A之通行
　　CA 如拒絕支付償金乙亦得以債務不履行為理由請求懲罰性賠償
　　DA 無拒絕支付償金之理由，但償金過高可請求法院裁定之

B 4.土地因與公路無適宜之聯絡，致不能為通常使用者，土地所有人得通行
　　周圍地以至公路，此權利謂：（99地三法）

　　A 鄰地使用權　B 袋地通行權　　C 管線安設權　D 開路通行權

第六章　抵押權

A 1. 下列何者不是擔保物權？（99 特原三）

　　A 不動產役權　B 抵押權　C 質權　D 留置權

D 2. 有關抵押權之性質，下列敘述何者錯誤？（99 特原三）

　　A 定限物權　B 擔保物權　C 從物權　D 準物權

D 3. 下列何項抵押權次序權之處分，無庸得關係人之同意？（99 交升高員）

　　A 次序權之絕對拋棄　B 次序權之相對拋棄　C 次序權之讓與　D 次序權之變更

D 4. 甲將其房屋為乙設定抵押權以供擔保，其後又在該屋頂增建獨立房屋一間，屆期甲無法清償債務，乙實行抵押權時，就該增建之房屋應如何處置？（99 特地四）

　　A 享有法定地上權　　　B 享有法定抵押權

　　C 得聲請成為共有人　D 得聲請法院併付拍賣

A 5. 不動產所有人設定抵押權後，得將不動產讓與他人。但其抵押權不因此而受影響，此為抵押權下列何者之效力？（99 特地四）

　　A 追及效力　B 排他效力　C 優先效力　D 物上請求權

A 6. 約定於債權已屆清償期而未為清償時，抵押物之所有權移屬於抵押權人者，此一約定之效力為何？（99 普不）

　　A 非經登記，不得對抗第三人　B 非經登記，不生效力

　　C 效力未定　　　　　　　　　D 得撤銷

C 7. 債務人甲在其 3000 萬元之抵押土地上，有乙、丙、丁第一、第二及第三順位依次序為 1000 萬元、2000 萬元及 800 萬元之普通抵押權，乙為丁抵押權人之利益，而將其第一順位讓與丁。此稱之為：（99 普不）

　　A 次序之絕對拋棄　B 次序之相對拋棄　C 次序之讓與　D 次序之互易

A 8. 以下關於最高限額抵押權之敘述何者正確？（99 普不）

　　A 最高限額抵押權所擔保之債權，包含因一定關係所生之不特定債權或基於票據所生之權利

　　B 我國最高限額抵押權係採本金最高限額

　　C 基於抵押權之從屬性，最高限額抵押權所擔保之任何 1 筆債權一旦讓與他人，最高限額抵押權亦隨之移轉

　　D 最高限額抵押權僅對原債權有擔保之效力

C 9. 下列各物，何者非抵押權效力之所及？（99 特地三）

　　A 不動產設定抵押後所增建但無獨立性之部分

　　B 抵押權生效後，非依物之通常使用，由抵押物拆解之重要成分

　　C 抵押標的物係為地上權，但係由地上權人所建之地上物

　　D 為抵押物之從物及從權利

A 10. 下列何者，非屬抵押權所擔保之範圍？（99 特地三）

　　A 未經登記之約定遲延利息　B 已登記之違約金

　　C 抵押所生之保全費用　　　D 強制執行費用

第七章　質權

A 1.為質權標的物之債權，其債務人受質權設定之通知者，如向出質人或質權人一方為清償時：（99 身障四）

A 應得他方之同意　B 不須得他方之同意　C 須得法院之許可　D 須以書面證明

B 2.動產之受質人善意占有動產，而受關於占有之保護者，縱出質人無處分其質物之權利，受質人得主張：（99 普）

A 善意取得質權所擔保之債權　B 善意取得動產質權

C 善意取得質物所有權　　　　D 善意受讓動產質權

C 3.下列何者不屬於法律所規定質權所擔保的債權範圍？（99 普）

A 遲延利息　　　　　　　　　B 違約金

C 因給付不能所生之損害賠償　D 因質物隱有瑕疵而生之損害賠償

D 4.在我國得就證券設定何種物權？（99 特原三）

A 抵押權　B 典權　C 留置權　D 質權

C 5.下列何者無消滅時效之適用？（99 交升高員）

A 動產之返還請求權　B 未登記不動產之妨害除去請求權

C 共有物分割請求權　D 共有物協議分割之移轉請求權

B 6.A將金錶一隻交付於B，擔保對B之債務，其後B受A之請求將該金錶暫借A使用三日，雙方約定，質權並不消滅，其約定之效力為何？（99 交升員）

A 有效　B 無效　C 效力未定　D 相對無效

第八章　典權

B 1.附有絕賣條款限制之典權，其典權之約定期限最低應為多少年？（99 身障三）

A 十年　B 十五年　C 二十年　D 三十年

第九章　留置權

A 1.債權人之債權未屆清償期者，在何種情形下有留置權？（99 特員）

A 債務人無支付能力時　　B 債權未被擔保時

C 債務人受監護之宣告時　D 債務人死亡時

C 2.債權人於其債權未受全部清償前，得就留置物之全部行使其留置權，此種特性為：（99 普）

A 從屬性　B 代位性　C 不可分性　D 獨立性

D 3.甲將汽車借乙使用，乙不慎將車撞毀，遂交由丙修繕，乙由於費用過高，無法支付修繕費，甲轉向丙請求返還該車，丙就該車可主張何種物權？（99 交升員）

A 抵押權　B 動產質權　C 典權　D 留置權

A 4.甲之西瓜園，遭乙飼養的黃金獵犬侵入，一部分西瓜因此而毀損，乙欲進入西瓜園取回該犬。下列敘述何者為正確？（99 特地四）

A 甲得允許乙取回該犬，但未受賠償前得留置之

B 乙須先賠償損害，否則甲得不允許其進入

C 甲得允許乙取回該犬，但乙須先簽保證書

D 甲得不允許乙進入，且得請求損害賠償

第十章　占有

A 1. 甲之汽車遭乙竊取，乙將之賣與專門銷售同種類物品之商人丙，甲於 2 年之內得知其情，下列何權利不得由甲對丙行使？（99 特高三）

A 依民法第 949 條盜贓物回復請求權

B 依民法第 767 條所有物返還請求權

C 依民法第 179 條不當得利返還請求權

D 依民法第 184 條侵權行為損害賠償請求權

A 2. 下列何者非占有輔助人？（99 特原三）

A 受寄人　B 受僱人　C 學徒　D 同住於由家長承租之房屋的家屬

A 3. 以下關於占有之敘述何者錯誤？（99 普不）

A 寵物店之店員甲照顧顧客乙寄放之寵物狗，帶該隻寵物狗出外散步時，咬傷在公園遊玩之幼童，此時甲應負損害賠償責任

B 動產善意受讓人必須善意且無重大過失始可

C 占有人由拍賣或公共市場以善意買得盜贓遺失物時，真正權利人得於 2 年內，償還支出之價金後，請求回復其物

D 占有人之占有被侵奪者，占有人之返還請求權自侵奪時起，1 年間不行使而消滅

第五編　親屬

第一章　親屬概說

B 1. 甲夫與前妻生子丙後，因前妻死亡，甲乃再婚娶乙為妻，則丙之妻丁與乙之親屬關係為何？（99 特高三）

A 直系血親　B 直系姻親　C 旁系姻親　D 無親屬關係

A 2. 甲男乙女結婚，則甲之父與乙之母之親屬關係為何？（99 特高三）

A 無親屬關係　　　　B 二親等之旁系姻親

C 一親等之直系姻親　D 一親等之旁系姻親

D 3. 甲男乙女結婚，則甲男之父丙與乙女之母丁之親等為何？（99 高三財）

A 旁系姻親一親等　B 旁系姻親二親等　C 旁系姻親三親等　D 無親屬關係

B 4. 下列何者屬於姻親關係？（99 高三財）

A 兒女親家間　B 兄弟之妻間　C 養父與養子女間　D 外祖母與孫子女間

D 5. 甲乙結婚，甲為丙丁之子，甲的妹妹為A，甲的丈母娘為戊，A與B結婚，則以下的關係，何者非法律上的姻親關係？（99 特原三）

A 乙與 A　B 戊與甲　C 乙與 B　D 丙丁與戊

第二章　婚姻

D 1. 下列何者規定，非因應男女平等原則而為之的修正？（99 身障四）

A 禁婚親的範圍　　B 夫妻住所地的決定

C 子女親權之歸屬　D 兩願離婚要件中增加戶籍登記的部分

B 2. 甲乙 2 人欲依法結婚，有關民國 97 年 5 月 23 日修正施行之民法親屬編規定結婚之形式要件，下列敘述何者錯誤？（99 特高三）

　A 應以書面為之　　　　　　　　B 結婚當事人需偕同證人至戶政機關
　C 應依法辦理結婚登記婚姻始生效力　D 證人至少需 2 人

C 3. 甲夫乙妻因個性不合協議離婚，並請丙、丁充任證人。下列敘述何者正確？（99 特高三）

　A 甲、乙應先分居 6 個月始得離婚　B 需至法院辦理離婚協議書之公證
　C 丙、丁必須有行為能力　　　　　D 若乙為未成年人應由其父母代理

D 4. 為了確保剩餘財產分配請求權，下列敘述何者錯誤？（99 特高三）

　A 無償贈與若有害及分配請求權者，得撤銷該贈與
　B 不當減少婚後財產之處分於分配時，得追加計算之
　C 得向受利益之第三人請求返還分配之不足額
　D 夫或妻之一方不得以婚後財產清償婚前債務

A 5. 有關民法夫妻共同財產制之敘述，下列何者錯誤？（99 特高三）

　A 共同財產應合併特有財產　　　B 共同財產由夫妻共同管理
　C 共同財產之處分應得他方同意　D 共同財產得約定僅以勞力所得為限

B 6. 夫妻離婚者，對於未成年子女權利義務之行使負擔，下列敘述何者錯誤？（99 高三法）

　A 可協議由一方或雙方共同任之
　B 夫妻僅於判決離婚時，始得請求行使負擔
　C 夫妻縱已協議，法院為子女利益亦得改定之
　D 父母均不適合行使權利時，得由法院另定監護人

C 7. 甲男乙女結婚時，甲滿 18 歲，乙滿 17 歲，婚後 2 年甲乙不和，下列敘述何者正確？（99 高三法）

　A 甲乙可以自行兩願離婚，但應以書面為之，2 個以上的證人簽名，並向戶政機關為離婚登記
　B 甲乙兩願離婚時，應經甲的父母同意，以書面為離婚協議，2 個以上的證人簽名，並向戶政機關為離婚登記
　C 甲乙兩願離婚時，應經乙的父母同意，以書面為離婚協議，2 個以上的證人簽名，並向戶政機關為離婚登記
　D 甲乙兩願離婚時，應經甲乙父母同意，以書面為離婚協議，2 個以上的證人簽名，並向戶政機關為離婚登記

A 8. 甲男之父與乙女之母是養兄妹，甲乙結婚，其婚姻效力為何？（99 高三法）

　A 有效　B 無效　C 得撤銷　D 效力未定

D 9. 關於婚姻之效力，下列敘述何者正確？（99 高三法）

　A 家庭生活費用由夫負擔　B 妻以其本姓冠以夫姓
　C 妻以夫之住所為住所　　D 有正當理由時，配偶可不負同居義務

C 10. 甲夫乙妻結婚時，約定以普通共同財產制為夫妻財產制，下列何者屬於甲乙之公同共有之財產？（99 高三法）

　　　A 甲工作用之計程車　B 乙個人使用之皮包

　　　C 甲所購買之傢俱組　D 乙所購買之化妝品

A 11. 父母代理子女訂定婚約，其效力爲何？（99 普）

　　　A 無效　B 得解除　C 得撤銷　D 效力未定

D 12. 夫妻各保有其本姓，但得書面約定以其本姓冠以配偶之姓，並應向下列

　　　何機關辦理登記？（99 特原三）

　　　A 法院　B 稅務機關　C 地政機關　D 戶政機關

B 13. 當事人之一方於結婚時係在無意識或精神錯亂中者，其結婚之效力如

　　　何？（99 交升員）

　　　A 無效　B 得撤銷　C 有效　D 效力未定

B 14. 甲、乙爲父子，乙與丙女結婚。嗣後，乙、丙離婚，甲又與丙結婚。甲、

　　　丙之婚姻效力爲何？（99 交升員）

　　　A 有效　B 無效　C 得撤銷　D 效力未定

B 15. 甲與有夫之婦乙同居，雙方約定：等甲與其妻離婚後，再行結婚。雙方

　　　關於結婚之約定，效力如何？（99 特地四）

　　　A 有效　B 無效　C 效力未定　D 得撤銷

B 16. 因訂婚而爲贈與者，其贈與物返還請求權之消滅時效期間爲多久？（99 特

　　　地四）

　　　A 一年　B 二年　C 三年　D 四年

D 17. 債權人於下列何種情形，得聲請法院宣告改用分別財產制？（99 特地四）

　　　A 夫妻之一方依法應給付家庭生活費用而不給付時

　　　B 夫或妻之財產不足清償其債務時

　　　C 夫妻難於維持共同生活，不同居已達六個月以上時

　　　D 對於夫妻一方之財產已爲扣押，而未得受清償時

B 18. 甲（男）乙（女）於民國 94 年 3 月結婚，甲乙依法約定分別財產制爲其

　　　夫妻財產制。下列敘述，何者正確？（99 普不）

　　　A 甲乙就其婚後財產，互負報告之義務

　　　B 甲乙各自保有其財產之所有權

　　　C 甲乙之債務，應由甲乙共同清償

　　　D 家庭生活費用由甲負擔，甲得請求乙爲相當之負擔

C 19. 關於夫妻財產制之敘述何者錯誤？（99 普不）

　　　A 除法定財產制外，夫妻可以約定爲共同財產制或分別財產制

　　　B 夫妻約定財產制時，應以書面爲之

　　　C 夫妻約定財產制不須登記可以對抗第三人

　　　D 共同財產制之下，除夫妻特有財產以外之財產合併爲共同財產，屬夫妻公同共有

C 20. 關於剩餘財產分配請求權之敘述何者正確？（99 普不）

　　　A 夫妻約定爲分別財產制者，夫妻離婚時亦可主張剩餘財產分配請求權

　　　B 計算剩餘財產之夫妻財產包括婚前財產及婚後財產

　　　C 配偶婚後無償取得之財產，不屬計算剩餘財產之標的

　　　D 剩餘財產分配請求權，應自請求人知有剩餘財產之差額時起，2 年間不行使而

消滅,自法定財產制關係消滅時起,逾十年者,亦同

B 21.甲（男）乙（女）為夫妻,96 年 3 月起甲與丙（女）合意性交;乙自同年 6 月起與丁（男）合意性交。同年 7 月,乙以甲丙合意性交向法院請求離婚。下列敘述,何者正確?（99 特地三）

A 乙不得請求判決離婚

B 乙得請求判決離婚

C 乙得請求判決離婚,及因判決離婚而陷於生活困難相當贍養費之給與

D 乙得請求判決離婚,及因判決離婚而受之非財產上之損害賠償

D 22.甲（男）乙（女）於 93 年 3 月結婚,96 年 3 月離婚,甲乙未約定夫妻財產制。甲於婚姻關係存續中之勞力所得扣除關係存續中所負債務後,為 300 萬元;乙於婚姻關係存續中無勞力所得,無債務,有因繼承取得之 900 萬元。下列敘述,何者正確?（99 特地三）

A 甲得向乙請求剩餘財產差額之分配為 300 萬元

B 甲得向乙請求剩餘財產差額之分配為 600 萬元

C 乙得向甲請求剩餘財產差額之分配為 300 萬元

D 乙得向甲請求剩餘財產差額之分配為 150 萬元

C 23.甲（男）乙（女）於 93 年 1 月 28 日結婚後,甲乙未約定夫妻財產制,甲或乙於下列何種情形,不得請求法院宣告改用分別財產制?（99 特地三）

A 甲或乙依法應給付家庭生活費用而不給付

B 甲或乙之財產不足清償其債務

C 甲乙於 94 年 3 月至 12 月期間,因甲被公司調派至香港工作而不同居

D 甲或乙不當減少其婚後財產,而對他方剩餘財產分配請求權有侵害之虞

A 24.甲男與乙女訂婚後,未解除婚約,甲男復與丙女結婚,甲丙結婚之效力如何?（99 地三法）

A 有效　B 無效　C 得撤銷　D 效力未定

B 25.收養關係解消後,養父與養女結婚,其效力如何?（99 地三法）

A 有效　B 無效　C 得撤銷　D 效力未定

A 26.結婚之撤銷須有法定之事由,由下列撤銷事由中,何者因當事人已懷胎,而不得請求撤銷?（99 地三法）

A 未得法定代理人同意而結婚之撤銷

B 違反監護人與受監護人結婚限制之撤銷

C 因被詐欺脅迫而結婚之撤銷

D 因結婚時在無意識或精神錯亂中之結婚

A 27.夫妻簽訂離婚協議後,是否應共同向戶政機關為離婚之登記?（99 地三法）

A 是　B 否　C 視協議內容而定　D 視有無證人而定

C 28.依我國法律規定,未成年人結婚:（99 地三法）

A 不須得法定代理人同意

B 應得法定代理人同意,否則婚姻無效

C 應得法定代理人同意,否則婚姻得被撤銷

D 應得法院同意

第三章　父母子女

B 1. 父母之行為與未成年子女之利益相反，依法雖不得代理，但得聲請法院
為子女選任下列何人？（99 身障三）

　　A 職務代理人　B 特別代理人　C 指定監護人　D 委託監護人

B 2. 單身漢甲收養乙之後，乙與其寡母丙親屬間之權利義務因收養而停止，
嗣後丙與甲再婚，則乙與丙之親屬關係為何？（99 身障三）

　　A 無親屬關係　B 直系血親　C 直系姻親　D 旁系血親

C 3. 有關認領之敘述，下列何者錯誤？（99 身障三）

　　A 生父撫育非婚生子女視為認領　　B 生母對於生父之認領得否認之
　　C 子女於生父死後，不得請求認領　D 生父認領子女後，不得撤銷其認領

D 4. 下列何種未成年子女財產不屬於特有財產？（99 特員）

　　A 未成年人從其父母繼承的財產
　　B 未成年人從其外婆所得遺贈財產
　　C 未成年人因學校成績優良從校長所獲得的獎品
　　D 未成年人利用上課之餘，打工所得的財產

D 5. 關於提起婚生否認之訴的敘述，下列何者為錯誤？（99 高三財）

　　A 夫於自知悉子女非為婚生子女時起，2 年內提出婚生否認之訴
　　B 子女自知悉其非為婚生子女時起，2 年內提出婚生否認之訴
　　C 子女於未成年時知悉其為非婚生子女，於成年後，2 年內提出婚生否認之訴
　　D 生父於知悉子女非為婚生子女時起，2 年內提出婚生否認之訴

B 6. 甲女生一子乙，為掩飾其未婚生子之情形，乃收養乙為養子。其收養關
係之效力為何？（99 高二財）

　　A 有效　B 無效　C 得撤銷　D 效力未定

C 7. 下列身分行為，何者為不要式行為？（99 普）

　　A 結婚　B 兩願離婚　C 認領　D 收養

C 8. A男與B女未婚同居，生下一子B1，雙方約定B女辭職在家照顧B1，A男
每月給B女及B1 固定的生活費用。一年之後A男與B女關係生變，A男否
認他跟B1 的關係並表示他從未表示認領B1。請問下列敘述何者正確？（99
特原三）

　　A A 男與 B1 間沒有法律上的父子關係
　　B A 男與 B1 間的父子關係要經過法院認領之訴，經判決確定後，始溯及 B1 出生
　　　時發生
　　C A 男每月給 B 女及 B1 固定的生活費用，依法對於 B1 撫育，視為認領 B1
　　D A 男如果停止每月給 B 女及 B1 的生活費用，認領的效力就消失

D 9. 父母均不能行使、負擔對於未成年人之權利、義務時，下列何者並非法
定監護人：（99 特原三）

　　A 祖父母　B 外祖父母　C 與未成年人同居之成年兄姐　D 伯父或叔父

B 10. 下列何者，為未成年子女之特有財產？（99 交升高員）

　　A 未成年子女打工所得之報酬　　　　B 未成年子女因時效取得之財產

    C 未成年子女向他人借貸所得之款項　D 未成年子女與他人經營商業之收入

A 11. 夫妻於下列何種情形，依民法規定得單獨收養子女？（99 交升高員）

    A 夫妻之一方生死不明已逾三年　B 夫妻之一方生死不明已逾二年

    C 夫妻之一方生死不明已逾一年　D 夫妻之一方生死不明已逾六月

C 12. 下列親屬中，何者不得收養為養子女？（99 交升高員）

    A 夫妻之一方之養子女　B 夫妻之一方之親生子女

    C 六親等之旁系血親　　D 八親等之旁系血親

B 13. 關於收養子女，下列敘述，何者錯誤？（99 普不）

    A 收養子女應輩分相當

    B 被收養人已結婚者，其出養之意思，自己決定，不必得配偶之同意

    C 除夫妻共同收養外，1 人不能同時為 2 人之養子女

    D 收養子女，除訂立收養契約外，應經法院之認可

D 14. 甲（男）乙（女）為夫妻，有一子為丙，丙年 19 歲。甲弟為丁，丁年 40 歲，丁妻為戊，戊年 36 歲。甲於民國（下同）96 年 6 月死亡，丁戊欲收養丙。下列敘述，何者正確？（99 特地三）

    A 該收養為無效，因戊之年齡未長於丙 20 歲以上之要件

    B 該收養為無效，因丁與丙係屬輩分不相當之三親等旁系血親

    C 該收養為無效，因戊與丙為輩分相同之四親等旁系姻親

    D 丁戊收養丙應得乙之同意

A 15. 甲（男）乙（女）為男女朋友，乙於 93 年 1 月 8 日產下一子丙，乙為丙之生母，甲為丙之生父；96 年 5 月 12 日甲乙結婚。下列敘述，何者正確？（99 特地三）

    A 丙視為甲之婚生子女　　B 丙為甲之非婚生子女

    C 丙推定為甲之婚生子女　D 丙推定為乙之婚生子女

第四章　監護

B 1. 甲男之子乙男與丙女結婚。婚後丙生一子丁，惟乙、丙感情不睦而離婚，丁由乙行使權利負擔義務。乙罹患重病，立遺囑指定甲為丁之監護人。該遺囑指定為：（99 特員）

    A 有效　B 無效　C 得撤銷　D 效力未定

D 2. 未成年人之監護人產生之方法，下列何人為最優先順序之人？（99 特高三）

    A 與未成年人同居之祖父母

    B 由親屬會議依未成年子女最佳利益，從子女三親等之旁系尊親屬中所選定之人

    C 由法院為未成年子女最佳利益，依利害關係人之聲請，所選出適當之人

    D 由最後行使負擔對於未成年子女之權利義務之父或母，以遺囑所指定之監護人

C 3. 父母均不能行使、負擔對於未成年子女之權利義務，或父母死亡而無遺囑指定監護人時，其第一順位之監護人係何人？（99 交升高員）

    A 與未成年人同居之兄姊　　B 與未成年人同居之伯叔

    C 與未成年人同居之祖父母　D 不與未成年人同居之祖父母

第五章 扶養

B 1. 負扶養義務人有數人時，下列何者爲第一順序之義務人？（99 特員）

A 直系血親尊親屬 B 直系血親卑親屬 C 兄弟姊妹 D 子婦、女婿

C 2. 甲夫乙妻經法院判決離婚，其未成年子丙由法院酌定乙任親權人，丙之扶養費應由何人負擔？（99 高三財）

A 由未任親權人之甲單獨負擔 B 由任親權人之乙單獨負擔

C 由甲、乙共同負擔 D 法院決定由甲或乙負擔

A 3. 配偶相互間之扶養義務，其順序如何？（99 特原三）

A 應與直系血親卑親屬同 B 應與直系血親尊親屬同

C 應與兄弟姊妹同 D 排除所有親屬與家屬，而爲最優先順序之人

D 4. 關於扶養之權利、義務，下列敘述何者正確？（99 交升員）

A 子女因負擔扶養義務而不能維持自己生活者，免除對父母之扶養義務

B 父母以不能維持生活且無謀生能力者爲限，始受子女之扶養

C 離婚後僅由行使親權之一方，對未成年子女負扶養義務

D 父母對於未成年子女之扶養義務，不因結婚經撤銷而受影響

第七章 親屬會議

C 1. 民法第 1129 條所定有召集權之人，對於親屬會議之決議有不服者，最慢得於幾個月內向法院聲訴？（99 身障四）

A 一個月 B 二個月 C 三個月 D 四個月

第六編 繼承

第一章 繼承與遺產繼承人

D 1. 下列何種權利，基於其性質，法人不得享有？（99 身障三）

A 姓名權 B 名譽權 C 受遺贈權 D 繼承權

D 2. 甲將土地爲乙設定普通抵押權以擔保對乙之負債，其後乙又將該對甲之債權爲丙設定權利質權，擔保對丙之負債，甲死亡時，乙爲甲之唯一繼承人而繼承甲之財產，甲、乙、丙間之權利發生何種法律效果？（99 身障三）

A 債權消滅 B 抵押權消滅 C 權利質權消滅 D 權利並未發生變化

B 3. 甲乙婚後無子且父母雙亡，僅祖父母仍在世，若甲死亡留有遺產六百萬元，則祖父母各得遺產若干元？（99 身障三）

A 五十萬元 B 一百萬元 C 二百萬元 D 三百萬元

D 4. 甲未婚且無兄弟姊妹，自幼父母雙亡，由祖父母扶養長大成人。除祖父母外，尚有外祖父母。嗣後甲因故死亡，甲死亡時全部遺產爲新臺幣（下同）一百萬元。試問甲之遺產如何繼承？（99 身障四）

A 由祖父單獨繼承一百萬元

B 由祖父母共同繼承，每人繼承五十萬元

C 由祖父與外祖父共同繼承，每人繼承五十萬元

D 由祖父母與外祖父母共同繼承，每人繼承二十五萬元

A 5. 甲夫乙妻生子A、B、C三人，若甲死亡，下列何人得繼承甲之遺產？（99 高三財）

A 甲死後改嫁之乙

B 與甲同時死亡之 A

C 隱匿甲所立關於繼承遺囑之 B

D 甲於生前表示對甲有重大侮辱情事而不得繼承之 C

B 6. 乙爲甲修理屋頂偷工減料，乙完工後數日，因下雨房屋嚴重漏水，導致古畫數幅毀損，甲因此頓覺人生無味而自殺，甲之繼承人丙是否可以向乙主張賠償？（99 高三法）

A 得向乙主張扶養費及精神損害賠償

B 不得向乙主張扶養費及精神損害賠償

C 得向乙主張扶養費但不得請求精神損害賠償

D 得向乙主張精神損害賠償但不得請求扶養費

A 7. 甲已喪偶，有子女乙、丙、丁三人。乙有一子戊。甲因乙之營業給與 60 萬元。乙先於甲死亡。甲死亡時，留有遺產 180 萬元，則遺產分割時，原則上，戊可分得：（99 普）

A 20 萬元　B 40 萬元　C 60 萬元　D 80 萬元

D 8. 甲中年喪妻，有子女丙、丁二人。丙已成年，未婚無子。其後甲與乙結婚。婚後乙生一子戊。丙因病死亡，甲依法拋棄繼承。關於丙之遺產繼承，下列敘述，何者爲正確？（99 普）

A 乙單獨繼承　B 丁單獨繼承　C 乙、丁共同繼承　D 丁、戊共同繼承

D 9. 依民法第 1144 條之規定，有關配偶之應繼分，下列敘述，何者正確？（99 特原三）

A 與被繼承人的祖父母共同繼承時，其應繼分爲遺產的四分之三

B 與被繼承人之父母共同繼承時，其應繼分爲遺產的三分之二

C 與被繼承人之子女共同繼承時，其應繼分爲二分之一

D 與被繼承人的兄弟姊妹共同繼承時，其應繼分爲二分之一

C 10. 繼承人故意致被繼承人或應繼承人於死，或雖未致死，因而受刑之宣告者，喪失繼承權，民法第 1145 條第 1 項第 1 款定有明文。下列敘述何者正確？（99 交升高員）

A 本款包括繼承人故意傷害致被繼承人或應繼承人致死者

B 本款繼承人須有謀奪遺產之動機，而故意殺害被繼承人或應繼承人，始足當之

C 繼承人行爲時，不知其爲被繼承人或應繼承人而殺之者，嗣後雖知，亦非本款之情事

D 本款必爲正犯始可，不包括教唆犯或從犯

B 11. 夫甲及妻乙育有二子即丙、丁，及一女戊。丙從父姓，丁從母姓；戊與己結婚。設甲死亡，其繼承人爲何人？（99 交升高員）

　　A乙、丙、戊　B乙、丙、丁、戊　C乙、丙　D乙、丙、丁

C 12.父甲及長子乙同時遭難死亡（不能證明彼等死亡之先後），父甲尚有妻丙及次子丁；而長子乙亦有妻戊，而無子女，則父甲之繼承人為何人？（99交升高員）
　　A丙、丁及戊　B乙、丙及丁　C丙及丁　D乙、丙、丁及戊

D 13.甲男乙女為夫妻，有一子丙。丙已成年，未婚無子。甲之母丁尚生存。若甲、丙同時死亡，則關於丙之遺產繼承，下列敘述，何者為正確？（99特地四）
　　A乙單獨繼承　B甲、乙共同繼承　C丁單獨繼承　D乙、丁共同繼承

第二章　遺產之繼承

C 1.關於遺產管理人之職務，以下所述，何者錯誤？（99身障四）
　　A編製遺產清冊，並為保存遺產必要之處置。遺產清冊，管理人應於就職後三個月內編製之
　　B聲請法院依公示催告程序，限定一年以上之期間，公告被繼承人之債權人及受遺贈人，命其於該期間內報明債權及為願受遺贈與否之聲明，被繼承人之債權人及受遺贈人為管理人所已知者，應分別通知之
　　C清償債權或交付遺贈物。惟遺贈物之交付，應先於債權之清償
　　D有繼承人承認繼承或遺產歸屬國庫時，為遺產之移交

C 2.被繼承人之債權人，於繼承人提出遺產清冊陳報法院後，未於公告期間內報明債權，而又為繼承人所不知者，其債權效力如何？（99特員）
　　A債權消滅
　　B繼承人得拒絕給付
　　C僅得就賸餘遺產，行使其權利
　　D仍得向其他債權人求償，但不得害及有優先權人之利益

D 3.政府辦理土地公用徵收，因被徵收人死亡，致無法發放補償費給應領之繼承人，乃依法辦理提存已逾10年，此時該提存之補償費歸屬何者？（99特高三）
　　A政府得領回之　B仍屬於應得之繼承人　C屬於提存所　D歸屬國庫

A 4.有關繼承之拋棄，依民法之規定，下列敘述何者正確？（99高三法）
　　A應以書面向法院為之　B須於繼承開始前為之
　　C拋棄不具溯及效力　　D應以書面向其他繼承人為之

A 5.下列何者，得為繼承之標的？（99普）
　　A占有　B行政罰鍰義務　C贍養費請求權　D扶養費請求權

D 6.繼承開始時，繼承人之有無不明，民法稱之為：（99特原三）
　　A拋棄繼承　B限定繼承　C代位繼承　D無人承認繼承

C 7.繼承人有數人時，在分割遺產前，各繼承人對於遺產全部為：（99交升員）
　　A單獨所有　B分別共有　C公同共有　D總有

A 8.甲已喪偶，有一獨生子乙。甲生前各對丙、丁負有100萬元債務。惟甲

死亡時，僅留有 160 萬元之財產。乙開具遺產清冊陳報法院後，以甲之遺產先償還丙 100 萬元，致丁獲償還 60 萬元。丁依法可向丙求償多少金額？（99 交升員）

A20 萬元　B30 萬元　C40 萬元　D 不可請求返還

D 9. 甲已喪偶，有子女乙、丙、丁三人，丙曾向甲借款 60 萬元，於甲死亡前，尚未償還。甲死亡時，留有財產 120 萬元，則丙於遺產分割時，原則上可再分得：（99 特地四）

A40 萬元　B60 萬元　C30 萬元　D0 元

B 10. 甲中年喪妻有成年子女丙、丁、戊三人。丙有子己一人，丁有子庚一人。丙先於甲死亡。甲、丁則因事故，同時死亡。甲之遺產應如何繼承？（99 特地四）

A 戊單獨繼承　B 戊、己、庚共同繼承　C 戊、己共同繼承　D 戊、庚共同繼承

D 11. 甲乙丙 3 人因繼承而共有祖傳土地 1 筆，應有部分各爲三分之一，以下關於共有之敘述何者正確？（99 普不）

A 3 人爲維持祖傳土地之完整性，乃訂立禁止永世不得分割之契約，該契約如經登記，即可有效

B 甲如欲以該筆土地設定抵押權，只要再得到乙丙其中 1 人同意即可

C 乙欲出賣其應有部分時，應得甲及丙之同意

D 即使甲反對，只要乙丙同意時，即可針對該筆共有土地訂立分管契約

C 12. 甲之配偶早亡，有乙丙丁 3 名子女，其中乙與A結婚，有兩子X及Y，丙丁則尚未結婚，甲有財產 3000 萬元。以下敘述何者錯誤？（99 普不）

A 甲死亡時，其子丙已先死亡時，則甲之遺產由乙丁繼承

B 甲死亡後，其子乙因悲傷過度亦於 1 個月後死亡，則甲之 3000 萬元遺產，由丙、丁各繼承 1000 萬元，剩餘 1000 萬元由 A 及 X、Y 共同繼承

C 甲死亡前，其子乙已先死亡時，則甲之 3000 萬元遺產，由丙、丁各繼承 1000 萬元，剩餘 1000 萬元由 A 及 X、Y 共同繼承

D 甲得以遺囑自由處分其財產，但不得侵害繼承人之特留分

A 13. 繼承人於下列何者情形，並不喪失繼承權？（99 普不）

A 乙酒駕騎乘機車，不小心於家門口將其父撞死因而受刑之宣告

B 乙爲獨占全部遺產，欺騙其父其他兄弟丙丁與外人勾結圖謀財產，其父甲因此作成遺囑，將財產全部遺留給乙

C 乙爲獨占全部遺產，私下塗改父甲之遺囑

D 乙與其父甲素來相處不洽，屢次於大庭廣眾之下辱罵父甲豬狗不如，令父甲心灰意冷，向其友人 A 表示遺產絕不留給乙

C 14. 因他人拋棄繼承而爲繼承人者，其主張拋棄繼承之法定期間爲何？（99 普不）

A 於知悉其得繼承之日起 2 個月內

B 自繼承開始時起 3 個月內，必要時得向法院聲請延展

C 於知悉其得繼承之日起 3 個月內

D 自繼承開始時起 2 個月內，必要時得向法院聲請延展

D 15.甲死亡留有總計 5000 萬元之現金存款，但同時積欠銀行 7000 萬元債務未清償，其妻早已死亡，子女有乙丙丁戊 4 人。以下敘述何者正確？（99 普不）

　　A 在一般情形，因為遺產不足清償債務，不足之 2000 萬元應由乙丙丁戊 4 人平均分攤

　　B 乙如欲拋棄繼承，應於知悉繼承之時起 2 個月內，以書面向法院為之

　　C 乙拋棄繼承時，其應繼承之遺產歸國家所有

　　D 分割遺產之前，各繼承人對遺產全部為公同共有

A 16.若有繼承人於民法第 1178 條所定期限內承認繼承時，遺產管理人在繼承人承認前所為之職務上行為，與繼承人係屬何種法律關係？（99 地三法）

　　A 代理　B 無因管理　C 信託　D 保管

第三章　遺囑

C 1.依民法規定關於遺囑能力之敘述，下列何者正確？（99 身障三）

　　A 以滿二十歲成年為標準，未成年人不得為遺囑

　　B 無行為能力人不得為遺囑，限制行為能力人可以自行為之，但須得法定代理人之同意

　　C 限制行為能力人可以自行為遺囑，無須法定代理人之同意，但以滿十六歲為限

　　D 無行為能力人不得為遺囑，限制行為能力人滿十六歲後得自行為遺囑，未滿十六歲之限制行為能力人則須在法定代理人之同意下與見證下為之

D 2.密封遺囑為要式行為，若不具備法定方式，其效力如何？（99 身障四）

　　A 遺囑人得隨時撤回之

　　B 須經遺囑人的承認，始生效力

　　C 經法院認可後，得為有效

　　D 密封遺囑雖然無效，然若具備自書遺囑之方式者，有自書遺囑之效力

C 3.甲有配偶乙及子丙，甲生前以遺囑表示死後遺贈全部財產給丁，嗣甲死亡時，全部遺產為新臺幣（下同）100 萬元，試問受遺贈人丁可得之遺贈財產為多少？（99 特員）

　　A 0 元　B 25 萬元　C 50 萬元　D 100 萬元

C 4.關於自書遺囑，需完成下列何種方式，始生效？①須自書遺囑全文②須記明年、月、日③須親自簽名④須指定見證人（99 特員）

　　A 僅完成①②即可　B 僅完成①③即可　C 需完成①②③　D 需完成①②③④

A 5.某甲現年 17 歲，未婚，未經法定代理人允許，自書遺囑全文，記明年、月、日，並親自簽名，該遺囑之效力如何？（99 特高三）

　　A 有效　B 無效　C 經法定代理人承認，則有效　D 甲得撤銷該遺囑

D 6.下列各項均係繼承人在繼承開始前受贈自被繼承人之財產，但何者非民法第 1173 條歸扣（扣除）之對象？（99 高三財）

　　A 因結婚受贈財產　B 因分居受贈財產

　　C 因營業受贈財產　D 因出國留學受贈學費

C 7.下列有關法人之敘述，何者正確？（99 高三法）

　　A 法人於發起人聲請許可時，取得權利能力
　　B 法人之權利能力與自然人之權利能力無任何差異
　　C 法人有接受遺贈之能力
　　D 法人進入清算程序時，其權利能力消滅

B 8. 歸扣（扣除）免除之意思表示如侵害其他繼承人之特留分時，該贈與是否爲扣減之標的？（99 特原三）
　　A 是　B 不是　C 視贈與之金額而定　D 視被繼承人有無反對之意思表示而定

C 9. 受遺贈人於遺囑發生效力前死亡者，遺贈之效力如何？（99 特原三）
　　A 有效　B 無效　C 不生效力　D 效力未定

A 10. 父母之特留分，爲其應繼分之多少？（99 特原三）
　　A 二分之一　B 三分之一　C 三分之二　D 四分之一

C 11. 祖父死亡時遺贈十二歲之長孫甲新台幣伍佰萬元。甲之父乙母丙，共同決定將伍佰萬元以甲之名義置於銀行爲定期存款。該筆定期存款之利息，那些人有收益之權？（99 特原三）
　　A 甲　B 乙　C 乙、丙　D 甲、乙、丙

A 12. 繼承人中有在繼承開始前，因何原因已從被繼承人受有財產之贈與，應將該贈與價額加入繼承開始時被繼承人所有之財產中，爲應繼財產？（99 交升高員）
　　A 營業　B 生日之贈與　C 繼續深造　D 生病就醫

A 13. 遺囑保管人，知悉遺囑人死亡時，未立即將遺囑提示於親屬會議者，該遺囑爲：（99 特地四）
　　A 有效　B 無效　C 效力未定　D 得撤銷

A 14. 甲（被繼承人）生前對乙（繼承人）所爲之何種贈與，於計算甲之應繼遺產時，係屬應歸扣之生前特種贈與？（99 普不）
　　A 乙結婚時，甲贈與乙 100 萬元　B 乙生日時，甲贈與乙 100 萬元
　　C 乙生子時，甲贈與乙 100 萬元　D 乙參加競賽奪冠，甲贈與乙 100 萬元

C 15. 甲（夫）乙（妻）有未成年子女三人 A、B、C，甲母爲丙，乙父爲丁，甲兄爲戊。今丙死亡，未留遺囑。丙之遺產繼承人爲何？（99 特地三）
　　A 甲、乙、戊　B 甲、A、B、C、戊　C 甲、戊　D 甲、乙、丁、戊

D 16. 甲（父）乙（母）之子爲丙，丙年 10 歲，甲乙之好友丁遺贈丙房屋一棟。下列敘述，何者爲錯誤？（99 特地三）
　　A 丁遺贈丙之房屋，爲丙之特有財產
　　B 該房屋由甲乙共同管理
　　C 甲乙對該房屋有使用、收益之權
　　D 甲乙應將該房屋之管理、使用、收益之狀況，向親屬會議定期報告

A 17. 依民法之規定，有遺囑能力人之年齡爲：（99 地三法）
　　A 滿 16 歲之自然人　B 滿 18 歲之自然人
　　C 滿 20 歲之自然人　D 滿 22 歲之自然人

附錄三：100年高普特考測驗題

100年公務人員高等考試三級考試（財稅行政、商業行政）　簡稱（100高三財）
100年公務人員高等考試三級考試（法制、公平交易管理、消　簡稱（100高三法）
　費者保護）
100年公務人員普通考試（財稅行政、商業行政）　簡稱（100普）
100年公務人員特種考試海岸巡防人員、關務人員、稅務人　簡稱（100特稅三）
　員、退除役軍人轉任公務人員、國軍上校以上軍官轉任
　公務人員考試（三等稅務人員）
100年公務人員特種考試海岸巡防人員、關務人員、稅務人　簡稱（100特稅四）
　員、退除役軍人轉任公務人員、國軍上校以上軍官轉任
　公務人員考試（四等稅務人員）
100年公務人員特種考試身心障礙人員考試（三等財稅行政）　簡稱（100特身三）
100年公務人員特種考試身心障礙人員考試（四等財稅行政）　簡稱（100特身四）
100年交通事業鐵路、公路、港務人員升資考試（員級晉高　簡稱（100交公升）
　員級－公路業務類）
100年公務人員特種考試一般警察人員、警察人員、交通事　簡稱（100特員鐵）
　業鐵路人員考試（員級鐵路人員）
100年公務人員特種考試一般警察人員、警察人員、交通事　簡稱（100特高鐵）
　業鐵路人員考試（高員三級鐵路人員）

第一編　總則

第二章　權利與義務

B 1.甲為房東，因為乙房客積欠租金，向乙表示終止租約。試問：該終止權
　之性質為何？（100特身三）
　A 請求權　B 形成權　C 抗辯權　D 支配權
B 2.下列何者為主權利非從權利？（100特高鐵）
　A 不動產役權　B 地上權　C 抵押權　D 質權
C 3.下列何者不是形成權？（100特高鐵）
　A 撤銷權　B 終止權　C 抗辯權　D 解除權

第四章　自然人

B 1.甲在受監護宣告期間，與乙訂立A車的買賣契約。在甲之監護宣告被撤銷
　後，甲將該車交付於乙。試問：關於雙方的法律行為，下列敘述何者正
　確？（100高三法）

A 買賣契約有效，物權行為無效　B 買賣契約無效，物權行為有效
C 買賣契約與物權行為皆有效　　D 買賣契約與物權行為皆無效

C 2.有關死亡宣告，下列敘述何者正確？（100 特稅三）

A 失蹤滿三年後得為死亡之宣告者，為七十歲以上的人

B 受死亡宣告者，以判決內所確定死亡之時，視為死亡

C 檢察官聲請法院為死亡宣告，不必經失蹤人家屬之同意

D 失蹤人受死亡宣告後，其財產之管理，依非訟事件法之規定

D 3.某甲家住澎湖，某日失蹤，多年後經法院宣告甲死亡。不料甲竟於死亡宣告後之某日在臺北向乙購屋，問甲乙間之房屋買賣契約效力如何？（100 特稅四）

A 不成立　B 無效　C 有效但得撤銷　D 完全有效

C 4.甲罹患精神疾病，被配偶聲請法院為輔助宣告後，未經輔助人同意，而出售其土地一筆於他人。試問：甲出售土地之行為，效力如何？（100 特身三）

A 有效　B 無效　C 效力未定　D 得撤銷

D 5.阿土伯民國 17 年 10 月 5 日出生，民國 96 年 9 月 30 日突然失蹤。試問至何時，方達法定失蹤期間，其利害關係人得向法院聲請宣告死亡？（100 交公升）

A 民國 97 年 10 月 1 日零時　　B 民國 98 年 10 月 6 日零時
C 民國 100 年 10 月 1 日零時　D 民國 103 年 10 月 1 日零時

C 6.民國 89 年 3 月 3 日阿強因外遇離家出走，時年 38 歲，經過數年完全沒有音訊，其妻阿美對阿強返家已經死心，遂對阿強聲請死亡宣告。法院應判決何年何月何日為阿強推定死亡之日？（100 特員鐵）

A 92 年 3 月 3 日 24 時　B 96 年 3 月 2 日 24 時
C 96 年 3 月 3 日 24 時　D 96 年 3 月 4 日 24 時

D 7.有關住所及戶籍的說明，下列何者正確？（100 特員鐵）

A 在我國，每人只能有一戶籍，但可以有數個住所

B 戶口名簿所記載之戶籍即是住所

C 住所主要發生選舉、兵役、教育等公法上效力

D 限制行為能力人以其法定代理人之住所為住所

B 8.甲為植物人，其父死亡時，遺留A屋一棟，甲得以何種能力繼承該屋所有權？（100 特高鐵）

A 行為能力　B 權利能力　C 責任能力　D 識別能力

C 9.受輔助宣告之人所為拋棄繼承權之行為，效力如何？（100 特高鐵）

A 一概無效　　　　　　　B 未得輔助人同意，效力未定
C 經輔助人同意即為有效　D 無須輔助人同意，即為有效

B 10.15 歲之未成年人有受遺贈之一部高級手機及有一部因其擺地攤之收入自己所購買之腳踏車。該未成年人之父母對該手機與腳踏車是否有使用之權限？（100 特高鐵）

A 對手機與腳踏車均有使用權　　　　B 對手機有使用權，對腳踏車無使用權
C 對腳踏車有使用權，對手機無使用權　D 對腳踏車與手機均無使用權

第五章　法人

B 1.在法人設立的立法主義中，對於營利性社團，例如公司之設立，大多採取何種主義？（100 普）
　　A 放任主義　B 準則主義　C 許可主義　D 特許主義

C 2.以營利爲目的之社團，其法人資格之取得，我國係採：（100 特稅四）
　　A 特許主義　B 許可主義　C 準則主義　D 放任主義

B 3.法人在我國法律上，沒有下列那一種能力？（100 特員鐵）
　　A 侵權行爲能力　B 繼承能力　C 行爲能力　D 權利能力

第六章　社團法人與財團法人

A 1.下列有關財團法人之敘述，何者正確？（100 特高鐵）
　　A 除以遺囑捐助者外，應訂立捐助章程　B 得設立以營利爲目的之財團法人
　　C 財團法人沒有解散之問題　　　　　　D 設立財團法人爲契約行爲

第七章　權利客體

D 1.下列何者非羊之天然孳息？（100 交公升）
　　A 羊之糞便　B 羊之羊乳　C 羊生之小羊　D 羊宰殺後所得之羊肉

C 2.下列何者不具主物與從物之間的關係？（100 特員鐵）
　　A 電視與遙控器　B 遊艇與救生圈　C 汽車與引擎　D 黑板與板擦

D 3.下列何者是法律上之「物」？（100 特員鐵）
　　A 太陽　B 置入人體內之義眼　C 花園裡的一滴朝露　D 電力公司輸出的電

第八章　法律行為

A 1.甲無代理權，卻以乙之代理人名義與丙訂定契約，其契約效力爲何？（100 高三財）
　　A 效力未定　B 無效　C 得撤銷　D 有效

B 2.代理人代理本人之法律行爲，應以何人名義爲之？（100 高三財）
　　A 代理人　B 本人　C 本人及代理人　D 視本人是否有行爲能力而定

B 3.下列何種撤銷，發生溯及效力？（100 高三財）
　　A 受監護宣告之撤銷　　B 意思表示錯誤之撤銷
　　C 結婚之撤銷　　　　　D 法人設立許可之撤銷

D 4.甲、乙簽訂中古車買賣契約書，明定價金「五萬九仟一佰元」，但另一條款「價金 51,900 元，分三期繳納」，嗣後雙方就價金爭執，問法院應如何處理？（100 高三財）
　　A 依五萬九仟一佰元爲準　B 依 51,900 元爲準
　　C 契約不明確無效　　　　D 先探求雙方真意

D 5. 甲向友人乙以高價購買一古董花瓶，但後來發現該花瓶實際上乃是幾可亂真的贗品而為乙所知，則甲可以下列何種理由主張撤銷？（100高三法）
A 物之性質錯誤　B 表示錯誤　C 動機錯誤　D 詐欺

B 6. 有行為能力之甲經本人乙之授權代理出售乙之車，結果甲自行買受乙之車。問甲、乙間該車之買賣是：（100高三法）
A 僅成立不生效力　　　B 須經乙之承認，始生效力
C 有效，但乙得撤銷之　D 有效，但乙得解除之

D 7. 甲授予乙代理權向丙購買梵谷的名畫，丙以贗品偽稱真畫，使乙代理甲訂下買賣契約。問下列關於代理行為的敘述，何者錯誤？（100普）
A 乙於代理權限內，以甲名義所為之意思表示，直接對甲發生效力
B 該買賣契約，得因丙之詐欺行為而撤銷
C 意思表示有無受丙之詐欺，應以乙之意思表示決定
D 乙可自行行使撤銷權

D 8. 甲向乙表示，若乙考上律師則免除乙對甲之債務。在乙考上律師前，甲所為意思表示之效力為何？（100特稅三）
A 有效　B 無效　C 得撤銷　D 效力未定

B 9. 十八歲的甲經過其父同意，出租A屋於乙。半年後，乙不繳租金，甲未經其父同意，即向乙表示終止租約。甲行使終止權的效力如何？（100特稅三）
A 有效　B 無效　C 效力未定　D 得撤銷

C 10. 甲誤A物為B物而與乙締結買賣A物之契約，則下列敘述何者正確？（100特稅三）
A 甲縱有過失，仍得基於錯誤撤銷該契約
B 甲須於意思表示後二年內行使撤銷權
C 撤銷甲之意思表示後，乙得依不當得利規定請求返還標的物
D 乙縱有過失，仍得向甲請求賠償因撤銷所生之損害

D 11. 下列何種情形，可構成法律行為撤銷的理由？（100特稅四）
A 違反禁婚親的規定結婚　B 訂立約定為奴隸的契約
C 訂立毒品買賣契約　　　D 趁他人急迫輕率而使其為財產上之給付

A 12. 19歲未婚之阿財未經父母同意，將其代理權授與25歲之阿明，由其代購一台重型機車。請問該代理權授與之效力為何？（100特身三）
A 無效　B 效力未定　C 有效，但得於一定期間內撤銷　D 有效

B 13. 甲授權乙代理出售二手車。丙受乙詐欺，竟以新車價格購買。關於甲、丙間之購車行為，下列敘述，何者正確？（100特身三）
A 有效，丙係受乙欺騙，與甲無關
B 丙於除斥期間內，得隨時撤銷其意思表示
C 丙須證明甲明知其事實或可得而知者為限，始得撤銷其意思表示
D 自始無效

D 14. 下列何人為法律行為時，須以自己名義為之？（100特身三）
A 表見代理人　B 無權代理人　C 自己代理人　D 間接代理人

A 15.父母將其土地一筆贈與其子。問此種代理在民法稱之為：（100 特身三）

　　A 自己代理　B 雙方代理　C 無權代理　D 表見代理

C 16.關於民法第 169 條所規定表見代理之責任，下列敘述何者錯誤？（100 特身三）

　　A 其本質為無權代理　　　　B 本人應負履行責任

　　C 以本人有故意或過失為限　D 第三人得於本人承認前行使撤回權

A 17. 8 歲的小華至文具店購買價值新臺幣 10 元之鉛筆 1 枝，該買賣行為之效力如何？（100 特身四）

　　A 有效　B 得撤銷　C 無效　D 效力未定

C 18.甲與乙通謀以買賣為原因，將甲所有之A地移轉登記於乙之名下，但實際上乙是無償取得A地所有權。試問：下列敘述何者正確？（100 交公升）

　　A 甲與乙間的買賣契約有效　B 甲與乙間之物權行為無效

　　C 甲與乙間之贈與契約有效　D 甲與乙均得撤銷雙方的買賣契約

B 19.下列何者為對話之意思表示？（100 特員鐵）

　　A 以手機發簡訊給對方贈送一台電視　B 與瘖啞人以筆談方式訂立契約

　　C 以傳真機傳遞要約函　　　　　　　D 以電子信件為承諾

C 20.甲寫信給乙表示願以新臺幣 3 萬元購買筆記型電腦，甲自何時起受該意思表示之拘束？（100 特員鐵）

　　A 甲寫好該信時　　　　　　B 甲將信投進郵筒時

　　C 郵差將該信投進乙的信箱時　D 乙打開該信並了解其意思時

C 21.下列何者，不得附停止條件？（100 特高鐵）

　　A 遺贈　B 夫妻財產制契約　C 撤銷權之行使　D 和解契約

D 22.阿泰因賣車發生意思表示錯誤，他想撤銷賣車之意思表示，但必須符合一定要件，下列何者不屬之？（100 特高鐵）

　　A 須其錯誤在交易上認為重要　B 須自意思表示後一年內撤銷

　　C 須表意人無過失　　　　　　D 須有履行利益之損害

D 23.甲誤認乙信用良好，財力豐厚，而貸予鉅額金錢。實際上，乙並無任何財產，且為人輕諾寡信。試問：下列敘述，何者正確？（100 特高鐵）

　　A 甲之動機錯誤，不得撤銷意思表示　　B 甲之動機錯誤，得撤銷意思表示

　　C 甲之意思表示內容錯誤，不得撤銷之　D 甲之意思表示內容錯誤，得撤銷之

A 24.當事人對於必要之點，意思一致，而對於非必要之點，意思不一致。則該債權契約是：（100 特高鐵）

　　A 不成立　B 推定其成立　C 成立但不生效力　D 推定其不生效力

A 25.下列何者不屬於身分行為？（100 特高鐵）

　　A 分娩子女　B 結婚　C 兩願離婚　D 收養

第九章　期日與期間

C 1.某甲於民國 88 年 8 月 31 日向乙借款 5 萬元，言明一年半償還，該借款何時屆期？（100 特身四）

A 90 年 1 月 31 日　B 90 年 2 月 1 日　C 90 年 2 月 28 日　D 90 年 3 月 1 日

第十章　消滅時效

B 1. 下列何種權利得適用消滅時效規定？（100 高三法）
　　A 已登記不動產之所有物返還請求權　B 動產所有人的物上請求權
　　C 夫妻的同居請求權　　　　　　　　D 人格權受侵害時的除去侵害請求權
D 2. 下列有關消滅時效期間之敘述何者正確？（100 普）
　　A 人格權受侵害時，得請求法院除去其侵害，此項請求權因 15 年間不行使而消滅
　　B 將房屋出租他人，出租人對承租人之租金請求權因 2 年間不行使而消滅
　　C 旅店住宿費用，其請求權因 5 年間不行使而消滅
　　D 夫妻間同居履行請求權，不罹於時效而消滅
C 3. 下列關於我國民法上消滅時效的規定，何者錯誤？（100 特稅四）
　　A 只適用於請求權，而不適用於形成權
　　B 消滅時效完成後，債務人得拒絕給付
　　C 當事人得以法律行為延長或縮短時效之期間
　　D 消滅時效因請求而中斷
A 4. 甲因有訴訟糾紛聘請律師幫忙出庭，約定一審新臺幣 5 萬元，但甲遲遲未付，請問律師費用請求權之時效為多少年？（100 交公升）
　　A 2 年　B 5 年　C 10 年　D 15 年

第十一章　權利之行使

B 1. 甲行走人行道，遭乙之獵犬攻擊，甲以雨傘將獵犬擊傷，甲得主張：（100 高三財）
　　A 正當防衛　B 緊急避難　C 自助行為　D 無過失行為

第二編　債編通則

第二章　債之發生

B 1. 甲向便利商店購買報紙一份，甲與便利商店從事何種行為？（100 普）
　　A 單獨行為　B 契約行為　C 要物行為　D 準物權行為
B 2. 甲將其所有之A車無償讓與乙，乙允受之，甲與乙間之法律行為為何？（100 普）
　　A 單獨行為　B 契約行為　C 物權行為　D 準物權行為
B 3. 甲與乙約定，若甲在一天內能跑完臺灣全島一圈，乙願意給付五十萬元。甲與乙的契約效力如何？（100 特稅四）
　　A 有效　B 無效　C 效力未定　D 得撤銷
A 4. 不當得利之受領人不知無法律上之原因，而其所受之利益已不存在者，其法律效果為何？（100 特身三）
　　A 受領人免負返還責任

B 受領人之返還責任減半

C 受領人須全額返還其所受之利益

D 受領人除全額返還其所受之利益外，同時尚須附加利息一併償還，如有損害並須賠償

B 5. 甲打電話欲出售電視機一部給乙，但因乙不在家，遂要其女丙（16 歲）代爲轉達。在乙回家後，丙準時轉達。問甲所爲之要約何時生效？（100 特身四）

A 因是對話的要約，所以在丙透過電話瞭解要約內容時生效

B 因是非對話的要約，所以在丙傳達於乙時生效

C 因對話要約未立即承諾，所以失其約束力

D 因丙只有 16 歲，所以要約效力未定

D 6. 關於懸賞廣告之規定，下列敘述何者正確？（100 特身四）

A 若有甲乙兩人共同完成廣告所指定之行爲時，由最先通知的乙取得全部報酬請求權

B 懸賞廣告必須對特定人爲之

C 懸賞廣告定有期限時，廣告人仍得隨時撤回懸賞廣告

D 懸賞廣告須聲明對於完成一定行爲之人給與報酬

B 7. 要約定有承諾期限，若承諾人未於此等期限內爲承諾，該承諾之效力如何？（100 交公升）

A 該承諾之意思表示無效　　B 該承諾視爲新要約

C 承諾人得撤回該承諾　　　D 該承諾推定不成立

D 8. 依民法第 178 條之規定，無因管理所管理事務若經本人承認，其效力如何？（100 交公升）

A 除當事人有特別意思表示外，自承認時起，適用關於委任之規定

B 自管埋事務承擔時起，一律適用關於委任之規定

C 僅適用無因管理之規定

D 除當事人有特別意思表示外，溯及管理事務開始時，適用關於委任之規定

D 9. 下列關於遲到承諾之敘述，何者正確？（100 特員鐵）

A 遲到之承諾，乃謂在要約存續期間內到達之承諾

B 遲到之承諾絕對不生意思表示之效力

C 遲到之承諾使要約人應負損害賠償責任

D 遲到之承諾，除有特殊情形外，視爲新要約

C 10. 甲對乙有 30 萬元之A金錢債權，乙對丙有 50 萬元之B金錢債權。如甲代位行使乙對丙之債權時，下列敘述何者正確？（100 特員鐵）

A A 債權之成立時期須先於 B 債權

B 甲得請求丙直接對甲爲清償

C 丙得對乙主張之一切抗辯，皆得對抗甲

D 乙縱未怠於請求丙返還，甲亦得行使代位權

C 11. 無因管理之管理人違反本人明示之意思而爲事務之管理時，關於本人與管理人間之權利義務，下列敘述何者錯誤？（100 特高鐵）

A 管理人應停止管理

B 管理人須負侵權責任

C 本人不得主張享有因管理所得之利益

D 管理人對於因其管理所生之損害賠償，負無過失責任

A 12.下列何者為要物契約？（100 特高鐵）

    A 定金　B 違約金　C 買賣　D 合會

第四章　債之效力

C 1.契約成立後，因不可歸責於雙方當事人之事由致給付不能者，債權人得主張下列何種權利？（100 高三法）

    A 解除契約　B 損害賠償　C 免對待給付義務　D 契約無效

D 2.有償委任契約之受任人責任，係屬何種責任？（100 高三法）

    A 故意責任　B 故意或重大過失責任　C 具體輕過失責任　D 抽象輕過失責任

A 3.債權人對於連帶債務人中之一人受領遲延時，對他連帶債務人之影響為何？（100 普）

    A 他連帶債務人亦得主張受領遲延

    B 他連帶債務人負擔給付遲延之責任

    C 他連帶債務人在其內部分擔額之限度內，對債權人之債務消滅

    D 他連帶債務人在其內部分擔額之限度內，得拒絕給付

B 4.契約因不可歸責於雙方當事人之事由，致不能履行時，除另有訂定外，定金應如何處理？（100 普）

    A 定金無庸返還　　　　　　B 受定金當事人應返還定金

    C 受定金當事人應加倍返還定金　D 定金歸屬國庫

C 5.因可歸責於解除權人之事由，致其所受領之給付物有毀損、滅失而不能返還時，其法律效果為何？（100 普）

    A 有解除權人無須賠償他方當事人因此所受之損害

    B 他方當事人得主張不當得利

    C 有解除權人之解除權因此消滅

    D 有解除權人應向法院聲請調解

D 6.關於違約金之酌減，下列敘述，何者錯誤？（100 特稅三）

    A 債務已履行一部者，得比照債權人因一部履行所受之利益，減少違約金

    B 約定之違約金額過高者，不問債務人聲請與否，法院得依職權減少違約金

    C 債務人如已任意給付違約金，即不得再以違約金額過高為由，請求返還

    D 債務人非因故意或重大過失而不履行債務者，應減少違約金

A 7.下列何種責任不得預先免除？（100 特稅四）

    A 故意或重大過失責任　B 具體輕過失責任

    C 抽象輕過失責任　　　D 出賣人之瑕疵擔保責任

D 8.因不可歸責於解除權人之事由，致其所受領之給付物有毀損、滅失，或因其他事由，致不能返還者，若當事人間對此並無特約，原則上法律效果為何？（100 特身三）

    A 解除權消滅，同時解除權人並應對相對人負損害賠償責任

B 解除權不消滅，惟解除權人應對相對人負損害賠償責任

C 解除權消滅，同時解除權人並應對相對人償還該物之價額

D 解除權不消滅，惟解除權人應對相對人償還該物之價額

B 9. 因不可歸責於甲乙雙方當事人之事由，致甲之給付全部不能者，若乙已為部分之對待給付者，乙得主張何權利？（100 特身三）

　　A 乙得主張債務不履行之損害賠償　　B 乙得主張依不當得利之規定，請求返還

　　C 乙得主張侵權行為之損害賠償　　　D 乙得請求履行契約

D 10. 因自始客觀不能致甲、乙所締結契約無效時，甲應對乙負賠償責任之要件為何？（100 特身四）

　　A 不論乙有無過失，只要甲明知或可得而知

　　B 不論甲是否明知或可得而知，但乙須無過失

　　C 不論甲、乙有無過失，乙均得請求

　　D 甲明知或可得而知，乙亦須無過失

C 11. 甲請乙醫師為其妻丙治病，乙丙之法律關係為何？（100 交公升）

　　A 無因管理　B 委任契約　C 第三人利益契約　D 準委任契約

第五章　多數債務人及多數債權人

D 1. 下列何者，屬連帶債務人中一人所生之事項，對其他連帶債務人絕對不生效力之事項？（100 特稅三）

　　A 代物清償　B 抵銷　C 消滅時效完成　D 給付遲延

第六章　債之移轉

A 1. 若債權讓與無效，惟讓與人已將債權讓與通知債務人，且債務人已對表見受讓人為清償者，下列敘述何者正確？（100 普）

　　A 債務人仍得對債權人主張發生清償效力

　　B 債務人不得對債權人主張發生清償效力

　　C 債權讓與推定為有效

　　D 債權人須撤銷其通知

D 2. 甲將其對乙之債權讓與給丙，但未通知乙。甲、丙間之債權讓與之效力如何？（100 特身四）

　　A 無效　B 甲得撤銷之　C 乙得撤銷之　D 有效，但不得對抗乙

第七章　債之消滅

B 1. 向第三人為清償，經其受領者，其效力為何？（100 高三法）

　　A 經債務人承認者，有清償效力　　　B 經債權人承認者，有清償效力

　　C 經債務人拒絕者，仍生清償效力　　D 經債權人拒絕者，仍生清償效力

D 2. 債務人欲消滅動產交付之債務，依債之本旨提出給付，但債權人卻拒絕受領，請問此時可以用何種方法來達到目的？（100 特稅四）

　　A 解除　B 免除　C 撤銷　D 提存

A 3. 下列何者非債之關係消滅之原因？（100特身四）

　　A 因故意侵權行為而生之債，其債務人主張抵銷

　　B 債權人對債務人為免除債務之表示

　　C 善意債務人對債權之準占有人之清償

　　D 債務人依法進行提存

B 4. 提存後，給付物毀損滅失之危險，由何人負擔？（100特身四）

　　A 債務人　B 債權人　C 債務人債權人平均負擔　D 提存所

C 5. 抵銷權之行使之法律性質是：（100交公升）

　　A 契約行為，因須經相對人之同意

　　B 無相對人之單獨行為，因無須經相對人之同意

　　C 有相對人之單獨行為，因須向相對人為表示

　　D 準法律行為，因抵銷權之行使是一種意思通知

B 6. 甲在乙土地上設定地上權，其後再購得該土地，甲之地上權原則上因何
　　種原因而消滅？（100交公升）

　　A 附合　B 混同　C 抵銷　D 混合

第三編　債編分則

第一章　買賣

B 1. 甲向乙購買油畫，擬贈丙作為結婚禮物，不意丙已離婚，問甲、乙之契
　　約效力如何？（100高三財）

　　A 無效　B 有效　C 效力未定　D 得撤銷

D 2. 買回之期限，不得超過多久？（100高三財）

　　A 一年　B 二年　C 三年　D 五年

B 3. 甲善意在拍賣市場買到乙遺失之A錶時，下列有關乙回復A錶之敘述，何
　　者正確？（100高三財）

　　A 乙不得向甲請求回復 A 錶

　　B 乙非償還甲支付之價金，不得回復 A 錶

　　C 乙非償還甲支付之價金之半數，不得回復 A 錶

　　D 乙無庸支付價金，即得回復 A 錶

A 4. 甲向乙詐稱，其友人丙欲出售車況良好之A車。實際上A車為泡水車，乙
　　不知情，而向丙購買該車。乙事後知情，如何主張權利？（100普）

　　A 若丙明知甲詐欺，乙可以撤銷買賣契約

　　B 若丙明知甲詐欺，乙可以終止買賣契約

　　C 無論丙是否明知甲詐欺，乙均可撤銷買賣契約

　　D 無論丙是否明知甲詐欺，乙均可終止買賣契約

A 5. 民法所規定之試驗買賣，係屬下列何者？（100特稅三）

　　A 債權契約附停止條件　　　　　　B 所有權移轉行為附停止條件

　　C 動產擔保交易法所稱之附條件買賣　D 動產擔保交易法所稱之信託占有

C 6. 甲出賣於乙之犬隻於交付前，因甲不注意而走失。以下敘述何者正確？

（100 特稅四）

　　A 甲得以其他犬隻取代原給付，乙不得拒絕

　　B 原契約失去效力，雙方都不必負任何責任

　　C 乙得解除契約，並請求損害賠償

　　D 乙不得解除契約，但可請求損害賠償

B 7. 甲向車行購買自行車一部，於騎行中發現有煞車失靈。試問甲得主張下列何權利？（100 特稅四）

　　A 請求賠償相當自行車價格十倍之金額　　B 請求減價或解除契約

　　C 僅得請求更換另一部自行車　　　　　　D 僅得請求減價

B 8. 甲出售A屋給乙，雙方同意訂立的買賣契約，性質上屬於：（100 特身四）

　　A 單獨行為　B 債權行為　C 物權行為　D 準物權行為

C 9. 甲向乙購買一台二手腳踏車，甲嗣後發現乙所交付之腳踏車有多處瑕疵（多處生鏽、腳踏板斷裂等），甲得主張下列何權利？（100 特身四）

　　A 解除契約並請求減少價金　B 請求另交其他全新腳踏車

　　C 解除契約或請求減少價金　D 終止契約

B 10. 下列何種情形，出賣人依民法第 354 條之規定，應負物之瑕疵擔保責任？（100 交公升）

　　A 瑕疵於買賣契約成立時已存在，於危險移轉時已除去

　　B 瑕疵於買賣契約成立後發生，於危險移轉時仍存在

　　C 瑕疵於危險移轉時雖未存在，惟於危險移轉後始發生

　　D 瑕疵於危險移轉前雖存在，惟於危險移轉時已除去

D 11. 下列有關買賣契約之敘述，何者錯誤？（100 特員鐵）

　　A 稱買賣者，謂當事人約定一方移轉財產權於他方，他方支付價金之契約

　　B 物之出賣人，負交付其物於買受人，並使其取得該物所有權之義務

　　C 買受人對於出賣人，有交付約定價金及受領標的物之義務

　　D 權利之出賣人，僅負使買受人取得其權利之義務，如因其權利而得占有一定之物者，亦不負交付其物之義務

D 12. 甲出售其倉庫中 10 打A品牌紅葡萄酒予乙，約定由甲於交貨日運送至乙處。甲依約運送至乙處時，乙卻以無存放空間為由而拒絕受領。甲不得已將預定交付之物運回保管，保管期間中該批貨品全數毀損。就此事實關係，下列敘述何者正確？（100 特員鐵）

　　A 甲之種類債務尚未特定

　　B 甲對運回之標的物負善良管理人注意義務

　　C 甲應負擔來回運送標的物之費用

　　D 甲仍得請求乙支付價金

C 13. 試驗買賣，係以買受人承認標的物為契約之？（100 特高鐵）

　　A 始期　B 終期　C 停止條件　D 解除條件

第二章　互易

B 1.甲與乙約定互相移轉其各自所有房屋之所有權者，我國民法將之稱爲：
（100 特身四）
A 承攬契約　B 互易契約　C 交互計算契約　D 租賃契約

第四章　贈與

D 1.甲向其心儀已久之女明星乙表示，爲表達其愛意，決定送給乙一棟別墅
及一串鑽石項鍊，而乙亦欣然答應。甲於一個月後反悔，試問下列有關
撤銷贈與之敘述何者正確？（100 普）
A 若別墅之所有權已移轉登記給乙，甲則不得撤銷鑽石項鍊之贈與
B 雖然贈與物之所有權尚未移轉，但該贈與有書面時，甲不得撤銷贈與
C 因爲別墅屬於不動產，因而無論其所有權是否已爲移轉，甲均得撤銷該贈與
D 鑽石項鍊之贈與有經過公證時，無論其所有權是否已爲移轉，甲均不得撤銷該
贈與

D 2.甲贈與乙一輛腳踏車，下列有關腳踏車瑕疵所生損害之責任的敘述，何
者正確？（100 普）
A 若甲明知該腳踏車有煞車經常失靈，其仍將之贈與給乙時，乙得請求甲負修理
該腳踏車之費用
B 無論甲是否明知該腳踏車有煞車經常失靈，乙均得請求甲負修理該腳踏車之費
用
C 須甲明知該腳踏車之煞車經常失靈，且故意不告知該瑕疵時，乙方得請求甲負
修理該腳踏車之費用
D 須甲故意不告知該腳踏車之煞車經常失靈，乙方得請求甲賠償因煞車失靈而摔
傷之醫療費

B 3.受贈人故意持刀將贈與人殺傷，則贈與人之贈與撤銷權，最長多久不行
使而消滅？（100 特稅三）
A 六個月　B 一年　C 二年　D 五年

第五章　租賃

B 1.下列何者爲旅店主人對於客人所攜帶物品之毀損、喪失，應負責任之範
疇？（100 高三法）
A 因颱風來襲造成客人行李泡水　　B 因旅店服務人員疏失造成客人行李遺失
C 因客人自己之疏失造成行李毀損　D 因客人攜帶物品本身之性質而造成腐爛

D 2.以下何者非房屋租賃之出租人以租金給付遲延爲由收回房屋之要件？
（100 特稅三）
A 定相當期限　　　　　　　　　B 催告
C 遲付租金之總額達二個月之租額　D 解除契約之意思表示

B 3.租賃物爲動產，承租人租金支付有遲延者，若當事人間未另有特約，法
律效果爲何？（100 特身三）
A 出租人得不經催告，逕行終止租約

　　B 出租人定期催告後，如承租人再不支付租金，出租人始得終止租約

　　C 出租人得聲請法院為增加租金之判決

　　D 承租人遲付之金額須達 2 個月之租額，出租人始得依定期催告而終止租約

B 4. 下列何種契約不屬於要物契約？（100 特身三）

　　A 使用借貸契約　B 租賃契約　C 寄託契約　D 押租金契約

B 5. 依民法規定，下列何種情形，不受租賃契約之期限不得逾 20 年之限制？

　　（100 交公升）

　　A 住屋租賃　B 房屋基地租賃　C 工廠租賃　D 店面租賃

C 6. 承租人對於租賃物之保管，若當事人間未另有特約，依法應負何種責任？

　　（100 交公升）

　　A 重大過失責任　B 具體輕過失責任　C 抽象輕過失責任　D 通常事變責任

B 7. 某日，承租人甲發現其所承租房屋之廚具無法使用，乃通知房東乙一個
　　月內前來處理。然三個月過後，乙則仍未修繕該廚具。如甲、乙並無關
　　於修繕之約定，下列敘述何者錯誤？（100 特員鐵）

　　A 甲得終止契約

　　B 甲得撤銷契約

　　C 甲得自行修繕，將該費用於租金中扣除之

　　D 甲得自行修繕，請求乙償還其費用

C 8. 甲向乙承租一間房子，甲之同居兒子丙持刀割破乙置於該屋內之沙發，
　　且該屋之門窗被鄰居丁無故打破。下列敘述何者正確？（100 特員鐵）

　　A 沙發係丙所割破，乙對甲不得主張任何權利，且乙只得向丙個人請求損害賠償

　　B 門窗雖係被鄰居丁打破，但因該屋為甲使用中，故乙得請求甲與丁負連帶損害
　　　賠償責任

　　C 沙發雖係丙所割破，乙仍得對甲請求損害賠償

　　D 乙得以沙發被割破為由，而行使契約撤銷權

第六章　借貸

D 1. 當事人一方以物交付他方，而約定他方於無償使用後返還其物之契約，
　　在民法上之意義為何？（100 高三財）

　　A 居間　B 行紀　C 消費借貸　D 使用借貸

B 2. 下列何者為要物行為？（100 特稅四）

　　A 買賣契約　B 借貸契約　C 贈與契約　D 保證契約

第七章　僱傭

B 1. 甲、乙當事人間對丙所負責任，何者不成立民法第 188 條「受僱人與僱
　　用人」之僱用關係？（100 高三法）

　　A 甲計程車靠行乙交通公司營業，甲載客途中撞傷丙

　　B 甲乘客路邊攔乘司機乙所駕駛計程車，乙途中撞傷丙

　　C 甲醫師任職於乙醫院，甲進行手術因失誤致丙死亡

D 甲飛機駕駛員任職於乙航空公司，甲因起飛失敗而迫降，致乘客丙受傷

第八章　承攬

B 1.以特約免除或限制承攬人關於工作之瑕疵擔保義務者，如承攬人故意不
告知其瑕疵，其特約之效力如何？（100 高三財）
A 有效　B 無效　C 效力未定　D 得撤銷

第九章　旅遊

C 1.下列何者為民法債編所稱之旅遊營業人？（100 普）
A 旅客住宿之飯店　　　　　　　B 統聯客運公司
C 安排行程並負責帶團旅遊之旅行社　D 載運旅客之航空公司

第十一章　委任

A 1.受任人使第三人代為處理委任事務者，委任人對於該第三人關於委任事
務之履行，是否有直接請求權？（100 高三財）
A 有　B 無　C 視情況而定　D 依契約而定

第十二章　經理人及代辦商

D 1.下列關於經理權之敘述，何者不正確？（100 普）
A 經理人就所任之事務，視為有代理商號為訴訟上行為之權
B 經理人除有書面之授權外，對於不動產不得買賣
C 經理人有競業禁止之義務
D 經理權因商號所有人死亡而消滅

第十三章　居間

C 1.當事人約定，一方為他方報告訂約之機會或為訂約之媒介，他方給付報
酬之契約為：（100 特員鐵）
A 代辦商　B 行紀　C 居間　D 委任

第十五章　寄託

D 1.當事人一方以物交付他方，他方允為保管之契約，為下列何種契約？（100
特稅四）
A 居間　B 租賃　C 行紀　D 寄託
D 2.有償寄託契約中，受寄人保管寄託物，應負何種責任？（100 特高鐵）
A 故意責任　B 故意或重大過失責任　C 具體輕過失責任　D 抽象輕過失責任

第十七章　運送

D 1.運送人對於運送物之喪失、毀損或遲到，所負之責任為何？（100 普）

A 抽象輕過失責任　B 重大過失責任　C 無過失責任　D 通常事變責任

D 2. 下列敘述何者正確？（100 特身四）

　　A 具體輕過失乃是指欠缺一般人之注意義務

　　B 同時履行抗辯爲永久之抗辯

　　C 契約以自始主觀不能之給付爲標的者，其契約無效

　　D 事變責任分爲通常事變責任與不可抗力責任

第十九章　合夥

D 1. 合夥人退夥後，對於其退夥前合夥所負之債務，是否應負責？（100 高三財）

　　A 依契約約定　B 視情況而定　C 不必負責　D 仍應負責

D 2. 下列何者非公同共有之發生事由？（100 高三法）

　　A 數繼承人對於未分割之遺產　B 合夥人對合夥財產

　　C 派下權人對祭祀公業之財產　D 區分所有權人對區分所有建築物之共有部分

第二十一章　合會

A 1. 合會之會首及會員，是否以自然人爲限？（100 高三財）

　　A 以自然人爲限　B 以法人爲限　C 自然人或法人均可　D 以有限公司爲限

D 2. 合會，依民法之規定，下列敘述何者正確？（100 特員鐵）

　　A 會員應於每期標會後隔日交付會款

　　B 會首非經全體會員三分之二以上之同意，不得將其權利及義務移轉於他人

　　C 會員非經會首以及全體會員三分之二以上之同意，不得退會

　　D 會款得爲金錢或其他代替物

第二十七章　人事保證

D 1. 關於人事保證契約保證人之責任範圍，下列敘述何者錯誤？（100 特稅三）

　　A 以僱用人不能依他項方法受賠償者爲限

　　B 賠償金額以賠償事故發生時，受僱人當年可得報酬之總額爲限

　　C 保證期間不得逾三年

　　D 當事人不得更新保證期間

第四編　民法物權

第一章　通則

C 1. 下列何種交付方式，不適用於動產質權？（100 高三法）

　　A 現實交付　B 簡易交付　C 占有改定　D 指示交付

B 2. 不動產物權之移轉或設定，應以書面爲之，依實務見解，係指下列何者行爲？（100 特稅四）

　　A 債權行爲　B 物權行爲　C 債權行爲及物權行爲　D 準物權行爲

B 3. 動產物權之讓與，受讓人已占有動產者，於讓與合意時，即生效力，該

交付稱之為：（100 特員鐵）

A 現實交付　B 簡易交付　C 占有改定　D 指示交付

第二章　所有權

A 1. 下列何項遺失物，遺失人不得向善意受讓人請求返還？（100 高三財）

A 無記名證券　B 珠寶　C 古玩　D 記名證券

C 2. 甲、乙、丙三人共有一筆土地，民國 98 年 9 月間三方約定 5 年內禁止分割，其後丙將其三分之一應有部分讓與丁，下列敘述何者為錯誤？（100 高三法）

A 關於禁止分割之約定，未經登記不得對抗惡意之丁

B 關於禁止分割之約定，經登記始得對抗善意之丁

C 關於禁止分割之約定，經登記始生效力

D 關於禁止分割之約定，登記後始得對抗第三人

B 3. 甲偷取乙之汽車電視及天線，將其裝於甲向丙借用之汽車，該車解體後，汽車電視及天線所有權歸屬於誰？（100 高三法）

A 甲　B 乙　C 甲與丙共有　D 乙與丙共有

C 4. 所有權之權能因定限物權而受限制，一旦定限物權消滅，所有權即回復其圓滿狀態，此稱為所有權之下列何種性質？（100 普）

A 整體性　B 永久性　C 彈力性　D 社會性

D 5. 甲、乙、丙、丁、戊 5 人分別共有一筆土地，甲與乙、丙反目，不欲再為共有，遂欲訴請裁判分割。下列關於裁判分割之方式何者可行？（100 普）

A 甲僅徵詢丁、戊之意見後，立即向法院請求裁判分割

B 甲僅就乙、丙為被告，請求法院裁判分割

C 丁反對分割，甲遂以乙、丙、丁為被告，請求裁判分割

D 丁、戊對分割無意見，但甲仍應將乙、丙、丁、戊列為被告，請求裁判分割

D 6. 下列何者非所有權之特性？（100 特稅三）

A 永久性　B 彈力性　C 全面支配性　D 從屬性

A 7. 有關相鄰地通行權，以下何者錯誤？（100 特稅三）

A 通行權人必須為土地所有人

B 土地因與公路無適宜聯絡即可，無須毫無聯絡方法

C 通行權人有必要時可以開設道路

D 通行權人對於通行地因此所受之損害，應支付償金

A 8. 下列有關共有物分割方法之敘述，何者錯誤？（100 特稅三）

A 協議分割係要式行為，應簽名或蓋章始生效力

B 協議分割之內容得以事後追認

C 裁判分割屬於共有物分割方法之一

D 因法院不動產分割之判決，非經登記不得處分

C 9. 美麗華大廈全幢共有四十間住屋，甲擁有門牌號碼為十樓之三住屋一

間，就該住屋而言，甲係：（100 特稅三）

　A 分別共有人　B 公同共有人　C 區分所有人　D 區分共有人

C 10.下列何種權利，不得依善意取得之規定而發生？（100 特稅四）

　A 抵押權　B 動產質權　C 留置權　D 權利抵押權

A 11.小李未經老王及老張之同意，在老王出租給老張之其所有土地上種植果樹。請問樹上果實之所有權歸屬於誰？（100 特身三）

　A 老王　B 小李　C 老張　D 老王與老張共有

B 12.池上米與越光米之添附，適用下列何種之民法規定？（100 特身三）

　A 附合　B 混合　C 加工　D 互有

D 13.成長中之行道樹屬於下列何種之物？（100 特身四）

　A 不動產　B 定著物　C 動產　D 土地之部分

A 14.下列何者物權之發生，屬於原始取得？（100 特身四）

　A 無主物之先占　B 地上權之設定　C 所有權之移轉　D 繼承

A 15.甲乙丙共同出資買了一部A車代步，A車爆胎時，關於A車之送修，下列何者敘述為正確？（100 特身四）

　A 甲得單獨為之　　　B 甲應經乙丙全體之同意
　C 甲應經乙或丙之同意　D 甲乙丙應共同為之

A 16.下列何者為所有權之消極權能？（100 交公升）

　A 物上請求權　B 利用權　C 管理權　D 處分權

B 17.甲取用乙的砂糖沖泡自己的咖啡，屬於：（100 特員鐵）

　A 附合　B 混合　C 加工　D 混同

A 18.因無主物之先占而取得所有權，屬於：（100 特員鐵）

　A 原始取得　B 繼受取得　C 時效取得　D 創設取得

C 19.在同一標的物上不能有兩個所有權。此稱之為：（100 特員鐵）

　A 物權之優先性　B 物權之追及性　C 物權之排他性　D 物權之獨立性

C 20.甲誤將乙之 A 木雕刻成 B 佛像，則 B 之所有權歸屬於何人？（100 特高鐵）

　A 加工人甲
　B 材料所有人乙
　C 原則上歸材料所有人乙，例外雕刻加工所增加之價值顯逾 A 木之價值時歸甲
　D 原則上歸加工人甲，例外 A 木之價值顯逾加工所增加之價值時歸乙

第三章　地上權

D 1.甲將 A 地設定地上權於乙，供乙在 A 地上興建 B 屋居住，下列何者非地上權消滅之事由？（100 高三法）

　A A 地滅失　B A 地經公用徵收　C 地上權存續期間屆滿　D B 屋倒塌

D 2.地上權未定有期限，而有支付地租之訂定者，地上權人拋棄其地上權時，至遲應於何時前通知土地所有人？（100 普）

　A 3 個月前　B 6 個月前　C 9 個月前　D 1 年前

B 3.以行使地上權之意思，10 年或 20 年間和平、公然繼續在他人土地上有建

築物者，會發生下列何者效力？（100 特身四）

A 占有人當然取得地上權

B 占有人得單獨聲請地上權之登記

C 占有人得請求所有人協同辦理地上權之登記

D 占有人不得聲請地政機關調處

第五章　地役權

A 1.以他人土地供自己土地便宜之用之物權謂之：（100 特稅四）

　　A 不動產役權　B 地上權　C 典權　D 農育權

C 2.下列用益物權，何者具有從屬性及不可分性？（100 特稅四）

　　A 地上權　B 農育權　C 不動產役權　D 典權

C 3.甲將 A 地整筆設定普通地上權於乙後，在地上權存續中，於不妨害乙地上權之情況下，甲仍得再將 A 地整筆設定何項權利於丙？（100 特身三）

　　A 普通地上權　B 永佃權　C 地役權　D 典權

C 4.下列有關不動產役權之敘述，何者錯誤？（100 交公升）

　　A 不動產役權因時效而取得者，以繼續並表見者為限

　　B 不動產役權不得由需役不動產分離而為讓與

　　C 不動產役權，不得就自己之不動產設定之

　　D 不動產役權因需役不動產滅失而消滅

D 5.以他人不動產供自己不動產便宜之用，該物權稱之為：（100 特員鐵）

　　A 農育權　B 地上權　C 典權　D 不動產役權

D 6.下列何種情形非屬於不動產役權消滅之原因？（100 特高鐵）

　　A 需役不動產之滅失

　　B 法院宣告不動產役權消滅

　　C 土地徵收

　　D 就供役地或需役地共有人之一人所生之混同，不動產役權因之而消滅

第六章　抵押權

C 1.關於物權人之權利，下列敘述何者錯誤？（100 高三財）

　　A 抵押人得將抵押物轉讓　　B 典權人得將典物轉典

　　C 抵押權人得將抵押物轉抵　D 質權人得將質物轉質

B 2.下列何者非擔保物權之共通特性？（100 高三財）

　　A 從屬性　B 排他性　C 不可分性　D 物上代位性

A 3.地上權人甲將其在乙土地上所建築之房屋，為丙設定抵押權，丙實行抵押權拍賣房屋，該地上權應如何處理？（100 高三法）

　　A 應併付拍賣　B 應除去地上權後拍賣　C 應分別拍賣　D 應於拍賣後消滅

C 4.土地所有人於設定抵押權後，在抵押之土地上營造建築物，抵押權人於實行抵押權時，在必要之情形，有何權利可主張？（100 特稅四）

　　A 將建築物單獨拍賣

　　B 除去建築物後拍賣

　　C 於強制執行程序中聲請法院將建築物與土地併付拍賣

　　D 除去抵押權後拍賣

C 5.甲就為乙設定抵押權之房屋投保火災險，並以自己為受益人，該屋於債權屆至前不幸因火災全毀，對抵押權有何影響？（100 特身三）

　　A 抵押權消滅，被擔保之債權成為普通債權

　　B 抵押權消滅，但債權人得立即請求清償債務

　　C 抵押權消滅，但可轉換為權利質權

　　D 抵押權消滅，但可轉換為動產質權

D 6.甲將其土地為乙設定普通抵押權擔保對乙 3 年後到期之債務，下列何者不屬於該普通抵押權標的物之範圍？（100 特身四）

　　A 甲在該土地上種植果樹所生之果實

　　B 未辦抵押權登記之甲在鄰人丙之土地上享有的不動產役權

　　C 未辦抵押權登記之甲在該土地上所建，存放農具之貯藏室

　　D 甲在該土地之魚池內所養殖之魚

B 7.下列何權利可屬於抵押物之從權利而為抵押權之效力所及？（100 交公升）

　　A 地上權　B 不動產役權　C 租賃權　D 使用借貸權

A 8.對同一次序之抵押權人，得為下列何種行為？（100 交公升）

　　A 次序權之讓與　　　B 次序權之變更

　　C 次序權之絕對拋棄　D 次序權之相對拋棄

C 9.下列有關最高限額抵押權之敘述，何者錯誤？（100 特高鐵）

　　A 基於票據所生之權利可以設定最高限額抵押權

　　B 最高限額抵押權所擔保之債權，其請求權得因時效而消滅

　　C 最高限額抵押權得約定其所擔保原債權應確定之期日，但自抵押權設定時起，不得逾 20 年

　　D 最高限額抵押權人就已確定之原債權，僅得於其約定之最高限額範圍內，行使其權利

第七章　質權

A 1.以債權為標的物之質權，關於其設定方式，下列敘述何者正確？（100 普）

　　A 應以書面為之　　B 應以通知債務人為生效要件

　　C 應移轉占有標的物　D 應經由公證

B 2.甲向乙借款，並以對丙之債權為乙設定質權，該質權之設定於何時發生效力？（100 特稅三）

　　A 交付（標的物）於質權人時　B 作成書面時

　　C 契約成立時　　　　　　　　D 通知債務人時

B 3.甲以其對乙之債權供丙設定權利質權後，甲死亡，乙為甲之唯一繼承人。下列敘述何者正確？（100 特稅四）

　　A 甲、乙間之債權債務關係當然消滅

　　B 甲、乙間之債權債務關係仍繼續存在

C 丙之權利質權消滅，但甲原對丙所負債務仍由乙繼承

D 甲生前得任意免除對乙之債權，不須丙之同意

A 4. 質權人保管質物，於質物毀損時，依法應負何種責任？（100 特身四）

　　A 抽象輕過失責任　B 具體輕過失責任　C 重大過失責任　D 故意責任

第八章　典權

B 1. 下列有關典權人之費用償還請求權之敘述，何者錯誤？（100 交公升）

　　A 典權人得請求使典物價值增加之有益費用

　　B 典權人得請求保存典物所不可或缺而支出之必要費用

　　C 典權人得於滅失時滅失部分之價值限度內請求修繕費用

　　D 典權人得於滅失時滅失部分之價值限度內請求重建費用

C 2. 典權存續中，典物因不可抗力致一部滅失者，下列敘述何者為正確？（100 特高鐵）

　　A 就其滅失之部分，典權消滅，回贖權不消滅

　　B 就其滅失之部分，回贖權消滅，典權不消滅

　　C 就其滅失之部分，典權與回贖權均歸消滅

　　D 基於不可分性，典權及回贖權均不消滅

第九章　留置權

B 1. 下列何種物權，僅得依法律規定發生？（100 高三財）

　　A 抵押權　B 留置權　C 地上權　D 地役權

D 2. 下列何者非留置權成立之積極要件？（100 高三財）

　　A 須債權人占有他人之動產

　　B 須債權已屆清償期

　　C 須債權之發生與該動產有牽連關係

　　D 須動產之留置不違反公共秩序或善良風俗

D 3. 下列何項物權之發生，一定是依法律之規定，而非依當事人之約定？（100 特身三）

　　A 地役權　B 地上權　C 抵押權　D 留置權

第十章　占有

D 1. 數人共占有一物時，各占有人就其占有物使用之範圍：（100 普）

　　A 得主張占有人自力救濟權　　　　B 得主張占有人之物上請求權

　　C 不得互相主張侵權行為損害賠償　D 不得互相請求占有之保護

A 2. 善意占有人，因改良占有物所支出之有益費用，於其占有物現存之增加價值限度內，得向回復請求人，請求償還。下列何者屬於此所謂有益費用？（100 交公升）

　　A 將占有房屋之木窗改為鋁門窗　B 占有動物之飼養費

　　C 占有庭園之維護費　　　　　　　D 占有房屋之修理費

第五編　親屬

第一章　親屬概說

D 1.甲與乙是父子，丙與丁是姊妹，甲與丙結婚後，乙與丁之關係爲何？（100
　　普）
　　A 血親之配偶　B 配偶之血親　C 配偶之血親之配偶　D 血親之配偶之血親

B 2.甲、乙爲同父異母之兄弟，乙有一子丙，丙有一子丁，甲與丁之間爲幾
　　親等之親屬關係：（100普）
　　A 三親等　B 四親等　C 五親等　D 六親等

B 3.依民法規定，自己與配偶之兄弟姐妹之配偶，屬何種親系及親等？（100
　　特身三）
　　A 無任何親屬身分關係　B 旁系二親等姻親
　　C 旁系三親等姻親　　　D 旁系二親等血親

D 4.你的三叔公之姊姊與你有何親系與親等？（100特身三）
　　A 旁系血親六親等　B 旁系姻親四親等
　　C 旁系血親五親等　D 旁系血親四親等

B 5.下列關於血親之敘述，何者錯誤？（100特高鐵）
　　A 己身所從出或從己身所出之血親，是謂直系血親
　　B 血親關係發生的原因只有出生一種，而無其他種原因
　　C 直系血親親等之計算，從己身上下數，以一世爲一親等
　　D 非因收養而成立之旁系血親在六親等以內者，不得結婚

第二章　婚姻

D 1.甲（男）、乙（女）於民國95年3月訂定婚約並互爲訂婚之贈與後，甲
　　於同年6月再與丙（女）訂婚。下列敘述何者錯誤？（100高三財）
　　A 乙得解除與甲之婚約　　　B 乙得請求甲返還贈與物
　　C 甲得請求乙返還贈與物　　D 乙得起訴請求甲與其結婚

C 2.甲（男）、乙（女）於民國（下同）88年在臺北結婚，93年5月間在異
　　地認識丙（女），甲自稱其未婚並與丙同居，甲、丙於94年3月3日在
　　高雄結婚，甲、丙之婚姻效力爲何？（100高三財）
　　A 有效　B 得撤銷　C 無效　D 視爲消滅

A 3.下列親屬間，何者須負「生活保持義務」之扶養義務？（100高三財）
　　A 配偶相互間　B 兄弟姊妹相互間　C 伯侄相互間　D 家長家屬相互間

C 4.夫妻結婚後，若有一方不履行同居之義務時：（100高三法）
　　A 經一定時間婚姻就會無效　　　B 經一定時間就自動離婚
　　C 他方得向法院提起請求履行同居之訴　D 他方只能耐心等待

A 5.在共同財產制中，下列何者不屬於特有財產的範圍？（100高三法）
　　A 夫或妻之所得
　　B 專供夫或妻個人使用之物

C 夫或妻所受之贈物，經贈與人以書面聲明爲其特有財產者

D 夫或妻職業上必需之物

D 6.依現行民法之規定，下列何種婚姻之瑕疵，不能爲撤銷之婚姻？（100 高三法）

A 當事人之一方，於結婚時違反法定結婚年齡所爲之結婚

B 當事人之一方，於結婚時係在無意識或精神錯亂中所爲之結婚

C 當事人之一方，於結婚時不能人道而不能治所爲之結婚

D 當事人之一方，於結婚時違反 6 個月之待婚期間所爲之結婚

C 7.下列關於「贍養費」之敘述，何者正確？（100 高三法）

A 請求贍養費，須以受請求之義務人有過失者爲限

B 請求贍養費，須請求權利人因離婚而陷於生活困難者爲限

C 夫妻無過失之一方，因判決離婚而陷於生活困難者，始可請求贍養費

D 夫妻無過失之一方，因離婚或分居而陷於生活困難者，即可請求贍養費

D 8.應追加計算之婚後財產，其價值計算以何時爲準？（100 普）

A 法定財產制關係消滅時　　B 提起離婚訴訟時

C 離婚判決確定時　　　　　D 處分其婚後財產時

B 9.採共同財產制之夫妻，其夫妻之財產及所得合併爲共同財產，屬於夫妻：（100 普）

A 分別共有　B 公同共有　C 特有財產　D 原有財產

D 10.甲男與乙女訂婚時，甲男贈與乙女鑽戒，乙女亦贈甲男名錶，現甲男乙女間解除婚約，問甲乙間的贈與物依法應如何處理？（100 特稅三）

A 甲乙間的贈與物彼此無須返還

B 甲男應返還贈與物於乙女，乙女因名節受損無須返還贈與物

C 乙女應返還贈與物於甲男，甲男則可自由決定是否返還贈與物於乙女

D 甲乙依法得請求他方返還贈與物

C 11.甲乙結婚生子 A，婚後不合而離婚，協議由乙單獨取得對 A 的親權。A 考上大學必須北上求學，乙對 A 的照顧無微不至，擔心十八歲的 A 一人在臺北無人照顧，因此讓 A 住在乙的哥哥丙家，並委託丙行使乙對 A 在臺北一切事宜的監護權。A 在臺北求學很快即認識 B 女，離家不到一年的時間即希望能與 B 女結婚，而且 B 女也已經懷孕。以下敘述何者正確？（100 特稅三）

A A 與 B 的婚姻，需要其父親甲的同意

B A 在臺北期間由丙行使監護權，所以 A 與 B 的婚姻由丙同意即可

C A 與 B 的婚姻由乙單獨行使同意權即可

D 由於結婚屬於身分行爲，所以只要結婚當事人彼此同意即可，不須他人的同意

B 12.夫或妻婚前財產，於婚姻關係存續中所生之孳息，爲：（100 特稅四）

A 婚前財產　B 婚後財產　C 夫妻共有財產　D 聯合財產

B 13.夫妻爲減少他方對於剩餘財產之分配，而於法定財產關係消滅前至少幾年內，就婚後財產所爲之處分，仍應追加計算而視爲現存之婚後財產？

（100 特稅四）

　　A 十年　B 五年　C 二年　D 一年

B 14. 下列何者為剩餘財產分配的標的？（100 特稅四）

　　A 因繼承取得的土地　B 婚前所有的股票於婚後所生的股息

　　C 結婚時獲贈的房子　D 因車禍所取得的慰撫金

C 15. 兄死亡後，弟與兄嫂結婚，其婚姻為：（100 特稅四）

　　A 無效　B 得撤銷　C 有效　D 效力未定

C 16. 依現行民法有關夫妻訂立夫妻財產制契約之規定，下列敘述，何者錯誤？

　　（100 特身三）

　　A 未婚夫妻在尚未結婚以前，其依法所訂立之夫妻財產制契約，雖已成立，但結婚後始生效力

　　B 夫妻訂立夫妻財產制，得選擇通常共同財產制、勞力所得共同財產制或分別財產制之一種訂立之，以適用婚姻關係存續中之夫妻財產關係

　　C 夫妻結婚時，夫未滿 20 歲而依法訂立夫妻財產制者，應得其法定代理人之同意，始生效力

　　D 夫妻已適用法定財產制，而於婚姻關係存續中，以書面改用勞力所得共同財產制，並經登記時，不影響依其他法律所為財產權登記之效力

D 17. 婚約乃是男女雙方以將來互相結婚為目的所訂立之契約。其性質為：（100 特身四）

　　A 要式契約　B 要物契約　C 要式兼要物契約　D 諾成契約

D 18. 關於婚姻之普通效力，下列敘述，何者正確？（100 特身四）

　　A 妻應以其本姓冠以夫姓　B 妻應以夫之住所為住所

　　C 家庭生活費用由夫負擔　D 家庭生活費用所生之債務由夫妻負連帶責任

B 19. 下列何者，屬於剩餘財產分配之範圍？（100 特身四）

　　A 慰撫金　　　　　　B 婚前財產於婚後所取得之孳息

　　C 因繼承所得之財產　D 婚姻關係中改用法定財產制而改用前之財產

B 20. 依現行民法規定，下列請求權何者非為一身專屬之權利？（100 交公升）

　　A 扶養請求權　　B 剩餘財產分配請求權

　　C 贍養費請求權　D 終身定期金請求權

A 21. 婚約不得「請求強迫履行」（民法第 975 條），係指何意？（100 交公升）

　　A 婚約當事人之一方不得對他方提起履行婚約之訴

　　B 婚約當事人之一方不得向他方請求自動履行婚約

　　C 婚約當事人之一方不得向他方請求解除婚約

　　D 婚約當事人之一方不得向他方請求撤銷婚約

B 22. 甲男 18 歲，乙女 16 歲，甲父丙、乙父丁自幼為甲、乙訂定婚約，其效力如何？（100 交公升）

　　A 有效

　　B 無效

　　C 效力未定

　　D 可適用無權代理行為之規定由本人承認，如經本人承認則溯及生效，而非新訂婚約

A 23.依民法規定，以「向戶政機關爲離婚登記」作爲離婚成立要件者，爲以下何種型態之離婚？（100特員鐵）

　　A 兩願離婚　B 判決離婚　C 法院和解離婚　D 法院調解離婚

A 24.甲之父與乙之母爲養兄妹，甲乙結婚，則其婚姻爲：（100特高鐵）

　　A 有效　B 無效　C 得撤銷　D 效力未定

第三章　父母子女

C 1.下列何種情形，爲請求法院宣告終止收養關係之原因？（100高三財）

　　A 養子女因過失犯罪，受二年有期徒刑以上之判決確定

　　B 養子女因過失犯罪，受一年有期徒刑以上之判決確定

　　C 養子女因故意犯罪，受二年有期徒刑以上之判決確定，而未受緩刑宣告

　　D 養子女因故意犯罪，受一年有期徒刑以上之判決確定

B 2.A 男與 B 女結婚後，出國一年未回，B 女在此期間跟 C 男認識交往並生下一子 A1。請問依民法規定，A1 的法律地位如何？（100高三財）

　　A A1 既然是 B 女跟 C 男所生，與 A 男在法律上毫無關係

　　B A1 雖然是 B 女與 C 男所生，但在法律上仍然推定 A1 是 A 男的婚生子女

　　C A1 既然是 B 女與 C 男所生，由於 B 女跟 C 男沒有婚姻關係，因此 A1 是 C 男的非婚生子女

　　D A1 雖然是 B 女與 C 男所生，但只要 A 男不願意提起婚生子女否認之訴，A1 永遠是 A 男的婚生子女

B 3.甲男欲收養子女，對下列何者不得收養之？（100特身三）

　　A 甲離婚後再娶乙女，而乙女與其前夫所生之子丙

　　B 甲（年 30 歲）之父丁之弟戊（年僅 5 歲）

　　C 甲之外甥己

　　D 甲之姪女庚

A 4.關於準正，下列敘述，何者正確？（100特身三）

　　A 非婚生子女，因生父與生母結婚，而取得婚生子女之地位。生父與生母結婚無效者，不生準正效力；婚姻經撤銷者，準正效力不受影響

　　B 已受他人婚生推定之子女，亦得因生父與生母結婚，而取得婚生子女之地位。生父與生母結婚無效者，不生準正效力；婚姻經撤銷者，準正效力不受影響

　　C 非婚生子女，因生父與生母結婚，而取得婚生子女之地位。生父與生母結婚無效或婚姻經撤銷者，準正效力均不受影響

　　D 已受他人婚生推定之子女，亦得因生父與生母結婚，而取得婚生子女之地位。生父與生母結婚無效或婚姻經撤銷者，準正效力均不受影響

D 5.依現行民法第 1081 條規定，下列何者爲裁判終止收養之事由？（100交公升）

　　A 養子女有浪費財產之情事　　　　　B 養子女生死不明達 3 年

　　C 養子女故意犯罪被判 1 年之徒刑　 D 養子女遺棄養父母

B 6.甲男乙女爲夫妻，丙爲乙之母。甲與乙離婚後，甲與丙結婚，則甲、丙間之婚姻爲：（100特員鐵）

　　A 有效　B 無效　C 得撤銷　D 效力未定

D 7. 依民法規定，結婚若未經登記，其效力爲何？（100 特員鐵）

　　A 有效

　　B 效力未定，須有兩證人簽名認定後始有效

　　C 效力未定，須舉行公開儀式補正後始有效

　　D 無效

B 8. 甲夫與乙妻協議離婚，並約定未成年子女丙、丁由甲任親權人，不久甲即死亡，丙、丁由其叔父戊照料中，此時丙丁之親權人爲何人？（100 特高鐵）

　　A 戊　B 乙　C 戊、乙　D 應由法院決定

第四章　監護

D 1. 下列何者非屬民法規定不得爲監護人之情形？（100 特高鐵）

　　A 受監護或輔助宣告尙未撤銷　B 未成年人

　　C 受破產宣告尙未復權　　　　D 已擔任他人之監護人

第六編　繼承

第一章　繼承與遺產繼承人

D 1. 甲男之繼承人爲其妻乙女、祖父丙男、祖母丁女及外祖父戊男。甲男生前立一有關祖墳遷移之有效遺囑。甲男死亡後，該遺囑爲丙男所湮滅。甲男死亡而留下 840 萬元時，各繼承人應繼承多少財產？（100 高三法）

　　A 乙、丙、丁、戊各人均繼承 210 萬元

　　B 乙繼承 420 萬元，丁與戊各爲 210 萬元

　　C 乙繼承 560 萬元，丁與戊各爲 140 萬元

　　D 乙繼承 560 萬元，丙、丁、戊各爲 280 萬元之三分之一

C 2. 下列何種財產爲現行民法共同財產制所稱之非勞力所得之財產？（100 高三法）

　　A 紅利　B 獎金　C 繼承財產　D 勞力所得之代替利益

B 3. 甲與乙結婚，生有 A 男，並合法收養 B 女，甲的父母與甲乙同住，甲車禍意外死亡，以下誰爲最優先之法定繼承人？（100 特稅三）

　　A 乙、A 男與甲的父母　B 乙、A 男與 B 女

　　C 甲的父母　　　　　　D 甲的父母、A 男與 B 女

C 4. 甲夫乙妻生有二子丙、丁。乙與戊男通姦被甲發覺，乙遂教唆戊傷害甲，以資警告，不料戊下手太重，傷害致甲於死。甲之遺產應由何人繼承？（100 特稅三）

　　A 乙、丙共同繼承　　　B 丙、丁共同繼承

　　C 乙、丙、丁共同繼承　D 乙、丁共同繼承

B 5. 直系血親卑親屬有於繼承開始前死亡或喪失繼承權者，由其直系血親卑

親屬繼承其應繼分，稱爲：（100 特稅四）

A 限定繼承　B 代位繼承　C 再轉繼承　D 概括繼承

A 6. 甲死亡時，遺有一子乙，乙娶妻丙，乙、丙育有一子丁、一女戊，則何人爲甲之繼承人？（100 特身三）

A 乙　B 乙、丙　C 乙、丁、戊　D 乙、丙、丁、戊

D 7. 被繼承人甲死亡時，留有遺產 120 萬元，甲之配偶乙亡故，甲乙育有二子丙、丁；丙於甲死亡後拋棄繼承，丙有一女戊，另乙婚前即育有一子己（非甲之直系血親卑親屬），則下列何人有繼承權、或代位繼承權，應繼財產若干？（100 特身三）

A 丁有繼承權，戊及己有代位繼承權；丁、戊、己各得 40 萬元

B 丁有繼承權，戊有代位繼承權，己無代位繼承權；丁、戊各得 60 萬元

C 丁有繼承權，戊無代位繼承權，己有代位繼承權；丁、己各得 60 萬元

D 丁爲唯一繼承人，得遺產之全部

A 8. 甲男乙女爲夫妻，育有一子丙及一女丁，假設甲不幸過世，乙女尚存，甲留下 1,200 萬之財產，甲生前曾於丁結婚時，贈與 600 萬，也曾在丙出國唸書時，贈與 300 萬，請問乙女可以得到多少遺產？（100 特身四）

A 600 萬　B 700 萬　C 900 萬　D 1,050 萬

B 9. 配偶與被繼承人之父母同爲繼承時，該配偶之應繼分爲：（100 特身四）

A 與他繼承人平均　B 遺產二分之一　C 遺產三分之一　D 遺產三分之二

C 10. 甲夫與乙妻育有一獨子A。某日，A因故將甲殺死，並因而受刑之宣告。下列敘述何者正確？（100 特員鐵）

A A 僅對甲喪失繼承權　　B A 僅對乙喪失繼承權

C A 對甲與乙均喪失繼承權　D A 對甲與乙均未喪失繼承權

第二章　遺產之繼承

B 1. 以下何人於清算被繼承人之財產時，無開具遺產清冊之問題？（100 高三財）

A 遺囑執行人　B 拋棄繼承之人　C 法定限定繼承之人　D 遺產管理之人

D 2. 繼承人繼承被繼承人之土地，於辦理繼承登記前，就該土地可爲下列何種行爲？（100 特稅四）

A 設定地上權　B 移轉所有權　C 設定抵押權　D 訂立買賣契約

C 3. 拋棄繼承，應於知悉其得繼承之時起，多久之時間內，以書面向法院爲之？（100 特身四）

A 1 個月　B 2 個月　C 3 個月　D 6 個月

D 4. 關於遺產分割，以下所述，何者錯誤？（100 特身四）

A 繼承人有數人時，在分割遺產前，各繼承人對於遺產全部爲公同共有

B 繼承人得隨時請求分割遺產，但法律另有規定或契約另有訂定者，不在此限

C 被繼承人之遺囑，定有分割遺產之方法，或託他人代定者，從其所定

D 遺囑禁止遺產之分割者，其禁止之效力，以 15 年爲限

B 5. 甲中年喪妻有子女乙、丙二人。乙年滿 20 歲，丙年滿 18 歲，均未婚。

　　某日甲因故死亡，乙、丙乃就甲之遺產爲分割之協議。該協議之效力爲
　　何？（100 交公升）
　　A 無效　B 效力未定　C 得撤銷　D 有效
B 6. 依民法第 1148 條之 1 規定，被繼承人在死亡前最長「幾年」內贈與繼承
　　人之財產，應視爲所得遺產？（100 特員鐵）
　　A1 年　B2 年　C3 年　D4 年

第三章　遺囑

D 1. 口授遺囑應於遺囑人死亡後多久期間內，提經親屬會議認定眞僞？（100
　　高三財）
　　A6 個月內　B5 個月內　C4 個月內　D3 個月內
D 2. 下列之人，何者有遺囑能力？（100 高三法）
　　A 無行爲能力人
　　B 年滿 20 歲之自然人，而受監護宣告者
　　C 年滿 15 歲之自然人，而未受監護宣告者
　　D 年滿 16 歲之自然人，而未受監護宣告者
C 3. 下列何者非屬於特種贈與歸扣之範圍？（100 特稅三）
　　A 因結婚之贈與　B 因分居之贈與　C 因旅遊之贈與　D 因營業之贈與
A 4. 甲將其財產中之新臺幣一百萬元遺贈予乙，然而，乙已先甲而死。試問：
　　甲死亡後，此一百萬元應如何處理？（100 特稅四）
　　A 由甲之繼承人取得　B 由乙之繼承人取得
　　C 歸屬國庫　　　　　D 準用關於無人承認繼承之規定
D 5. 有關遺囑執行人產生之方法，下列敘述何者錯誤？（100 交公升）
　　A 遺囑人得以遺囑指定遺囑執行人
　　B 遺囑人得以遺囑委託他人代爲指定遺囑執行人
　　C 遺囑人未指定遺囑執行人，亦未委託他人指定者，得由親屬會議選定遺囑執行
　　人
　　D 遺囑人未指定遺囑執行人，亦未委託他人指定者，利害關係人即得聲請法院指
　　定遺囑執行人
D 6. 關於遺囑，下列敘述何者正確？（100 交公升）
　　A 未具備法定方式之遺囑，如能確認係立遺囑人所爲者，爲尊重遺囑人意思，仍
　　爲有效
　　B 遺囑於立遺囑時發生效力
　　C 有遺囑能力人，如爲未滿 20 歲之人，其遺囑應得法定代理人之允許
　　D 遺囑爲無相對人之單獨行爲

索引－人名部分

四　畫
孔子 610

五　畫
玉田弘毅 102

六　畫
托尼斯 Tönnies, F 542

七　畫
吳明軒 659

八　畫
林曜辰 403

九　畫
洪遜欣 53,145
施啓揚 37
耶爾利赫 Ehrlich 28

十一畫
陳恩惠 642

十二畫
凱由斯 Gaius 21
項程鎮 642

十三畫
楊宜中 642

楊久瑩 664
楊國文 403

十五畫
鄭玉波 377
劉志原 295,664

十七畫
謝在全 477
謝森中 635

十八畫
顏旭男 214
簡明葳 295

索引－名詞部分

一　畫
一夫一妻制 555
一時契約 200
一部清償 269
一般代理 133
　－寄託 350
　－自助行爲 194
　－侵權行爲 212
　－危險之責任 219
　－無記名證券之喪失 ... 392

二　畫
入夥 373
人身權 15
人格權 42
　－的性質 42
　－的保護 43
了解主義 116
人事保證 404
　－之性質 404
　－之期間 405
　－關係之消滅 406

三　畫
口授遺囑 665
子女之住所 589
　－之姓氏 588

　－之監護 584
　－對父母之義務 610
土地相鄰之關係 430
土地使用收益權 463
工作物所有人之責任 218

四　畫
互易 289
　－之效力 289
介入權 349
公法 1
公法人 46,48
　－與私法 48
公益法人 47
公同共有 444,449
公序良俗 89
公示原則 414
公信原則 414
公證遺囑 665
公私混合法人 49
公務員之侵權責任 215
支配權 16,174
父母子女 587
　－對子女權利義務概
　　說 607,610
分別共有 444,445,449
分別財產制 574
分管契約 446

分期付款買賣 285
不動產 73
不動產役權 467,475
　－之種類 468
　－之特性 469
　－之取得 470
　－之租金 471
　－之效力 472
　－之消滅 473
　－之行使與變
　　更 468
　－人之權利 472
　－人之義務 472
　－修正之原因 467
　－取回工作物 474
不動產役地所有人之權
　利 472
不動產所有權 428
不動產物權之得喪 418
不代替物 72
不可分物 72
不可分之債 262
不可抗力責任 361
不成文法 3
不特定物 72
不爲給付 238
不當得利 210
　－之效力 211

不消費物 72
不融通物 71
不完全給付 238
不要式行爲 24,86
不要式契約 397
不要因契約 199
不要因與流通證券 389
不定期租賃 303
不能之給付 247
不規則寄託 353
心中保留 105
天然孳息 73
文理解釋 10
文義證券 389
反面解釋 11
中間社團 47
夫妻之姓氏 565
夫妻財產制 567
夫妻一體主義 565
夫妻別體主義 565

五　畫

加工 443
占有 530
　－改定 418
　－之性質 530
　－之分類 531
　－之取得 534
　－之保護 537
　－之效力 535
　－之消滅 539
　－之變更 533
　－輔助人 531
　－權利之推定 535
主物 73
主契約 200
主權利 17
主債權消滅 493
出版 328
　－之效力 328
　－人之權義 329
　－契約之立法 328
　－關係之消滅 331
　－權之授與及消滅 ... 328
　－權授與人之權義 ... 328
出典人之找貼 522
出典人之權利義務 520
出賣人之義務 278

出租人之權利義務 298
出家人或神父之遺產問
　題 664
本約 200
本代理 133
代理 129
　－之三面關係 134
　－之種類 133
代理權 136,206
　　－之發生 136,206
　　－之授與 206
　　－之範圍 137
　　－之限制 138
　　－之消滅 140
　－與代表 130
　－與代位權 132
　－與代理占有 132
　－與使者 131
　－人之能力 135
代位繼承 639
　　－之要件 639
　　－之效力 639
代辦商 341
　　－之權限 341
　　－之消滅 343
　　－之權利義務 342
代替物 72
代物清償 269
代筆遺囑 665
可分物 72
永佃權 460
　　－之適用 460
外國人 45
　　－之權利能力 45
　　－之行爲能力 45
外國法人 68
　　－之認許 68
　　－之權利能力 69
　　－之登記及撤銷 69
可分之債 257
　　－之要件 257
　　－之效力 258
司法解釋 10
用益物權 451
用印章代簽名 25
正當防衛 192
未成年人 598-613
未成年人之監護 618,622

民法總則 1,22,541
　－的性質 1
　－的法源 3
　－的原則 5
　－的效力 8
　－的意義 1
　－的概念 1
　－的適用 9
　－的解釋 9
　－的制定經過 4
　－編制概說 21
　－適用之順序 23
民商合一制 21
立法解釋 10
立法者意思之解釋 12
目的論解釋 12
失蹤人財產之管理 32

六　畫

先占 437
先訴抗辯權 400
交付 418
交互計算 291
　　－之效力 291
　　－之時期 291
　　－之終止 292
共有 444
　－物之分割 446
　－物之處分 445
　－物之管理 445
　－物讓與之責任 449
共有人之權利 445
共同代理 133,207
　－占有 538
　－行爲 83
　－抵押 488
　－保證 403
　－繼承 648
　－財產制 572
　－侵權行爲 215
行紀 347
　－人之義務 348
　－人之權利 349
行爲能力 33,35,53,92,93
行爲能力之比較 93
行爲能力之態樣 94
行使親權之父母 608
合會 378

—之性質 378
—之成立 379
—之主體 380
—之效力 380
—之種類 378
合夥 50,368
—之性質 368
—之轉讓 372
—之內部關係 369
—之對外關係 372
—之損益分配 371
—之解散及清算 373
—爲獨立團體 369
—財產之構成 369
—事務之執行 370
—人連帶負責 372
—人之出資義務 369
合成物 72
合併分割 447
血親 543
血親關係 547
血親親等之計算 545
收養 597
—之要件 597
—之效力 602
—之無效 599
—之撤銷 600
—關係之終止 603
—終止之原因 603
—終止之效力 606
—終止之無效及撤銷 ...605
印鑑 26
地上權 451
—之取得 453
—之效力 454
—之消滅 456
—之期間 453
—人之義務 455
—人之權利 454
地役權 467
成文法 3
自然人 27,28
自然血親 543
自力救濟 191
自付證券 389
自助行爲 194
自書遺囑 664
自衛行爲 191

自由平等原則 5
自己不動產役權之設定....474
死亡宣告 31
—之要件 31
—之效力 32
—之撤銷 32
任意之債 227
任意認領 594
有名契約 199,332,394,397
有權代理 133
有權解釋 10
有償契約 199,333,350,378,
                        394,397
回復原狀 229
危險負擔 254
同居之義務 566
同時履行抗辯 253
                      —權 ...525
同時死亡之推定 33
成年人之監護 620,624
年齡之計算法 167
全面限定繼承 649
多數抵押權之分配 485

七 畫

住所 43
—之種類 44
—之法律效力 45
私法 1
私法人 46,48
私法自治之原則 6
利率 224
利息之債 225
利息、年金及分配利益
   之無記名證券之喪失 .393
免除 275
扶養 625
—之要件 627
—之順序 626
—之範圍 625
—之程度 628
—之方法 628
—義務之消滅 628
身分權 578
身分行爲 83
身分的財產行爲 84
形成權 16,174
找貼權 518

抗辯權 16,174
汽車運送 358
判決離婚 585
即時取得 436
系統解釋 10
防衛過當 192
防禦的避難行爲 193
完全行爲能力 101
攻擊的避難行爲 193

八 畫

物 71
—之種類 71
—之重要成分 73
物權 407
   —法 408
   —行爲 415
   —行爲之特性 416
   —創設 413
   —之效力 411
   —之消滅 419
   —之種類 410
   —之優先權 411
   —之追及權 412
   —法定主義 408
   —變動之原則 414
   —得喪變更之要件 417
物之種類...............................71
物品運送 358,359
              —契約之效力 359
物上代位權....................529
物上請求權..........174,412,472
物上保證人之求償權 491
物上保證人之免責規定....492
法人 28,46
   —之住所 52
   —之消滅 59
   —之能力 53
   —之清算 61
   —之設立 51
   —之登記 52
   —之董事 56
   —之解散 59
   —之監督 58
   —之種類 46
   —之機關 56
   —之監察人 57
法例..................................23

法定血親 543
法定住所 44
法定代理 133
法定代理權 136,612
法定代理人之責任 216
法定主義 413
法定利率 224
法定寄託 351,353
法定抵押 478
法定孳息 73
法定解除 250
法定財產制 567
法定繼承人 637
法定應繼分 640
法定代理人之責任 216
法官之創造法律 4
法律行為 75,79,479,517
　　－之分類 83
　　－之方式 24,86
　　－之附款 119
　　－之要件 82
　　－之標的 86
法律主義 51
法律規定 480
法律事實 78
　　－現象 75
　　－優先主義 23
法律不溯既往原則 8
附合 442
　　－契約 247
附條件之法律行為 120
附期限之法律行為 129
附負擔之法律行為 120
委任 332
　　－之效力 334
　　－之性質 332
　　－與承攬 334
　　－與僱傭 333
　　－與其他契約 333
　　－人之義務 336
　　－契約之成立 332
　　－關係之消滅 338
委託人之權義 345
居所 44
居間 344
　　－契約之消滅 345
　　－人之權利義務 344
　　－與委任及代辦商 346

定金 249
定期租賃 303
定型化契約 200
　　　　－之限制 247
定作人的責任 217
和解 397
　　－之性質 397
　　－之效力 397
　　－之撤銷 398
　　－之執行 398
典權 514
　　－之取得 516
　　－之效力 518
　　－之特性 514
　　－之消滅 521
　　－之期限 517
　　－之社會作用 514
　　－人之義務 519
　　－人之權利 518
承諾 203
承攬 318
　　－之效力 318
　　－契約之終止 322
承攬運送 366
　　　　－之性質 366
　　　　－之效力 367
　　　　－人之責任 367
　　　　－人之權利 367
承租人之權利義務 300
拍賣 286
　　－提存權 349
拋棄 420
抵銷 273
　　－之要件 274
　　－之效力 275
抵銷權 525
抵押權 ...476,478,492,515,524
　　－之取得 479
　　－之效力 480
　　－之消滅 493
　　－之特性 479
　　－之實行 483,494
　　－之範圍 480
　　－人之權利 482
抵押物滅失 493
抵押人之權利 481
所有權 422,515
　　－之性質 423

　　－之保護 424
　　－之權能 423
　　－之社會化 7
　　－之取得時效 425
　　－絕對原則 6
　　－物上請求權 424
所有物返還請求權 424
空中運送 358
空虛所有權 422
使用借貸 309
　　　　－之預約 309
　　　　－之效力 309
　　　　－之終止 310
使用文字之方式 25
放任主義 413
表見代理 142,207
表見條件 121
表意主義 116
取得時效 169,435
房屋租賃 304
兩願離婚 576,585
社團法人 46,49,63
　　－社員 64
　　－總會 65
　　－之解散 66
　　－之設立 63
社會本位的原則 6
非債清償 211
非真意表示 105
非婚生子女 592
　　　　－之準正 596
　　　　－之姓氏 592
非要式契約 199,350,368
非對話的意思表示 116
金錢賠償 229
金錢寄託 353
協議分割 447,657
協議離婚 576
協議中止收養 603
受領遲延 241
受領清償人 269
受任人之權限 334
　　　　－之義務 335
受寄人之義務 351
受貨人之權利 364
受監護宣告人 38
　　　　－之監護 618
受監護宣告之效力 38

－之撤銷 39
－與死亡宣告 40
受輔助宣告人 41
－之概念 41
－之效力 41
－之撤銷 42
受胎期間之推定 590
受僱人之權利義務 315
事變之責任 236
服從親權之子女 609
供役不動產 467
直接代理與間接代理 ...131
其他不動產役權之設定 ...474

九　畫

保全 242
保證 399
－債務 399
－責任 402
－之性質 399
－之效力 400
－人之責任 405
－人之賠償責任 405
－契約之終止 406
要約 202
要式行爲 24,86
要式契約 199,378,394,404
要因契約 199
要物契約 199,350
契約 198
－行爲 83
－之分類 199
－之成立 202
－之效力 247
－之解除 250
－之終止 252,327
－之標的 247
－之無效 247
－之確保 249
－自由之原則 6,200
－自由之限制 7
訂婚 550
負擔 120
姻親 543
姻親關係 548
姻親親等之計算 547
財產權 15
帝王條款 190

信用委任 403
信託行爲 107
指示交付 419
指示證券 383
－之性質 384
－之承擔 385
－之消滅 388
－之撤回 387
－之讓與 387
－與匯票 384
－與支票 384
－發行之效力 385
指示人與領取人之資格 ...385
指示人與被指示人間之
關係 386
指定繼承人 638
指定應繼分 641
限定物權 410
限制行爲能力 96
侵權行爲 212
侵權行爲能力 34,54
相繼運送 364
約定解除 250
約定財產制 572
故意不一致 105
故意過失之責任 234
建築物之侵入 434
胎兒之拋棄繼承 653

十　畫

家 629
－之組織 629
家長之義務 630
－之權利 630
家屬之義務 630
－之權利 630
脅迫 114
原物 73
時效 168
－中斷 176
－之種類 169
－設立之理由 168
倉庫 355
－寄託 351
－契約之效力 355
－契約之消滅 357
－營業人之義務 355
－營業人之權利 357

借貸 309
旅遊 324
－契約之性質 324
－契約之效力 324
－營業人之權義 324
旅客運送 358,364
－之權義 326
租賃 297,516
－之效力 298
－之成立及期限 297
－期限之更新 297
－關係之消滅 303
－對於第三人之效力 ...302
退夥 372
特留分 674
－之比例 674
－之計算 675
特定物 72
特別代理 133
特別法優於普通法 23
特有財產 572
特定之債 222
特種租賃 304
－買賣 284
－贈與 296
－保證 403
特許主義 51
特殊寄託 350,353
特殊自助行爲 195
－侵權行爲 215
特殊的法定解除 251
留置權 523
－之性質 523
－之效力 527
－之消滅 528
－之發生 526
－之實行 528
－人之義務 527
－人之權利 527
留置物之拍賣 528
－之留置 528
消費物 72
消費借貸 311
－之預約 312
－之效力 313
消費寄託 350,353
消滅時效 168,169,170
－之中斷 176

－之完成 388
－之效力 184
－之起算 176
－之期間 170
－之客體 173
－之不完成 182
－之強行規定 186
－與除斥期間 172
消極代理 133
海上運送 358
追加計算 571
追奪擔保 278
涉他契約 255
耕地租賃 306
原始取得 75,437,534
航空運送 358
流抵契約 483
通信運送 358
通謀虛偽表示 106
通常事變責任 361
間接代理 132
財產行為 83
財團法人 47,49,66
－之設立 66
－之組織、管理與解
　散 67
氣響之侵入 433
除斥期間屆滿 493
託運人之義務 359
埋藏物之發見 441
個別磋商之契約 200
效力未定之法律行為 157

十一畫

條件 120
混同 275,419
－之效力 276
混合 442
混合互易 290
混藏寄託 351,353
第宅 44
第三人負擔契約 255
－利益契約 255
－利益契約之效力 ...255
添附 442
－之種類 442
婚姻 550
－之效力 565

－之解消 564
－之不解消 564
－之普通效力 565
婚約 550
－之方式 550
－之要件 550
－之效力 552
－之解除 553
－之無效與撤銷 551
婚生子女 590
－之推定 591
－之否認 591
婚前財產 568
婚後財產 568
寄託 350
－之效力 351
－之性質 350
－之種類 350
－人之義務 352
清償 268
－人 268
－地 270
－期 270
－費用 270
－之主體 268
－之抵充 271
－之效力 272
－之標的 269
從物 73
從契約 200
從權利 17
動產 73
動產質權 501,524
－之特性 502
－之取得 502
－之範圍 503
－之效力 503
－之消滅 505
動產所有權 435
動產物權之得喪 418
動物占有人之責任 218
動力車輛駕駛人之責任....219
處分權 463
現在地 44
陸上運送 358
停止條件 121
區分所有 428
許可主義 51

基地租賃 305
責任能力 34,93
責任轉質權 504
執行機關 56
強制主義 51
強制認領 595
密封遺囑 665
船舶運送 358
貨幣之債 225
貨樣買賣 285
連帶之債 258
－債務 258
－債權 261
－保證 403
區分所有 428
區分地上權 457
終身定期金 394
－之性質 394
－之效力 395
－權利之專屬
　性 395
－契約之終止 395
袋地通行權 432
部分行為能力 97
情事變更原則 239
商品製造人之責任 218
被指示人之抗辯權 385
被指示人與領取人間之
　關係 386
得撤銷之法律行為 151

十二畫

給付 233
－不能 236
－之種類 233
買回 283
－契約 515
－之效力 284
－之期限 284
買受人之義務 281
買賣 277
－之成立 277
－之效力 278
－費用之負擔 283
－雙方之效力 282
－不破租賃原則 302
孳息 73
詐欺 113

結婚 556
 －之要件 556
 －之無效 559
 －之撤銷 561
 －無效及撤銷之損害
 賠償 562
提存 272,351
 －之方法 272
 －之效力 273
期限 119,126
 －之種類 128
期日與期間 162
 －之作用 163
 －之計算方法 ... 164
 －之適用範圍 164
無效 146
 －之原因 147
 －之法律行爲 146
 －與撤銷 150
 －行爲之效果 149
 －行爲之轉換 148
無因性 417
無因管理 208
 －之效力 208
無名契約 199
無權代理 133,142,161,207
 －之承認 145
無權處分 161
無償契約 199,333,350,
 394,404
無行爲能力 94
無記名證券 389
 －之性質 389
 之喪失 392
 －之發行 390
 －之給付 391
 －與指示證券 390
無人承認之繼承 661
無過失責任之採用 7
無利息見票即付之無記
 名證券喪失之例外 393
單一物 72
單務契約 199
單獨代理 133
單獨行爲 83
單約互易 289
集合物 72
補正解釋 12

登記主義 51
裁判分割 447,658
裁判離婚 577,585
裁判終止收養 605
善意受讓(善意取得)..........436
達到主義 116
發信主義 65,116
虛僞表示 106
短期時效 326,359,365
勞務契約 333
最高限額抵押權 494
 －之擔保
 範圍 495
剩餘財產之分配 570
善良管理人之注意 235,335
善意占有人之權利義務....536
惡意占有人之權利義務....537

十三畫

債 196
債務 197
 －免除 275
 －承擔 265
 －清償 268
 －不履行 228
 －不履行之效力 239
 －人之遲延 240
 －人之注意義務 234
 －人不給付之責任........236
 －平均分擔之原則........197
債權 196
 －質權 508
 －讓與 263
 與物權 197
 －之特性 197
 －之性質 197
 －請求權 174
 －人代位權 232,242
 －人撤銷權 233
 －人之遲延 241
 －人之代位權 242
 －人之撤銷權 244
 －人平等之原則 197,477
債之發生 198
 －效力 232
 －消滅 268
 －移轉 263
 －標的 222

運送 358
 －人之責任 361
 －人之義務 360,364
 －人之權利 363,365
 －人責任之減免 362
 －人損害賠償之範圍....362
預約 200
準正 596
 －之要件 596
 －之效力 597
準共有 444
準占有 539
 －之要件 540
 －之效力 540
準則主義 51
準留置權 529
準法律行爲 81
準物權行爲 416
農育權 461
 －與耕地租用 462
 －之取得 462
 －之效力 463
 －之消滅 465
 －之拋棄 465
 －人之權利 463
 －人之義務 464
經理人 339
 －之義務 340
 －之權利 335
經理權之消滅 341
違約金 250
意思表示 101
 －過程 118
 －之分類 102
 －之解釋 118
 －之不自由 112
 －之生效時期 115
意思能力 33,93
意思與表示之不一致........104
意定住所 44
意定代理 133
意定代理權 137
意定抵押 479
意思機關 56
概括繼承 649
解除條件 121
瑕疵擔保 319
 －責任 299,325

試驗買賣 284
當然解釋 11
當事人之賠償責任 247
新債清償 270
會首之資格 380
　－之權義 380
會員之資格 380
　－之權義 381
義務之分類 19
　－之本質 18
　－之意義 18
　－之概念 18
過失責任原則 6
損害賠償之債 228
　　－之方法 219,229
　　－之分類 228
　　－之當事人 219
　　－之範圍 219,230
　　－債權之特性 220
誠實信用之原則 190

十四畫

僱傭 315
　－之效力 315
　－關係之消滅 316
　－契約與勞動契約 317
僱用人之義務 316
僱用人的責任 217
撤銷 151
　－之原因 152
　－之效力 154
撤銷權之行使 153,246
　　－之消滅 155,246
　　－之性質 151
　　－之效力 246
　　－之要件 245
　　－之主體與客體 152
認領 594
　－之效力 596
誤傳 111
監護 616
　－事務 622
　－宣告 38
　－開始之事由 617
監督機關 56
監護人之資格 620
　　－之辭職 621
　　－之另行改定 621

　　－之另行選定 621
　　－之選任及類別 618
緊急避難 192
種類之債 222
需役不動產 467
對話之意思表示 117

十五畫

輩分 545
質權 492,501
　－之種類 501
複代理 133
請求權 16
鄰地用水 431
　－之侵入 433
　－之通水 430
　－之通過 432
　－之使用收益 434
　－通行權 432,475
　－損害之防免 430
論理解釋 10
暴利行為 99,155
選擇之債 225
賠償代位 231
確定之效力 397
確定數量之標準 26
調解或和解離婚 581

十六畫

親系 544
　－之分類 544
親等 545
親屬 541
　－之分類 543
親屬會議 631
　　－之權限 632
　　－之組織 631
　　－之開會與決議 633
親屬關係之效力 548
親屬關係之發生與消滅 547
親子關係 587
親自簽名 25
親權 602,607
　－之內容 609
　－之消滅 613
　－行使之方法 613
　－行使之能力 608
遲延 240

錯誤 108
遺產 645
　－之分割 657
　－之繼承 645
　－繼承人 636
　－分割之計算 658
　－分割之效力 659
　－分割之方法 657
　－分割自由之原則 657
　－管理人之職務 661
遺債 646
遺贈 670
　－之扣減 676
　－之標的物 670
　－之失效與無效 670
遺囑 663
　－分割 657
　－之能力 663
　－之方式 664
　－之效力 668
　－之執行 671
　－之撤回 673
　－之無效 669
　－之失效 669
　－之撤銷 669
　－自由之原則 663
　－生效之時期 668
　－見證人資格之限制.... 673
遺失物之拾得 438
獨立性 416
融通物 71
歷史解釋 12
諾成契約....... 199,333,368,397
擔保物權 476
　　－之種類 476
　　－之性質 477
學理解釋 10
積極代理 133
舉重明輕原則 11

十七畫

營業所 44
營業質 506
營利法人 47
應繼分 640
縮小解釋 11
隱名代理 130
　－合夥 375

－合夥之效力 376
－合夥契約之終止 377
擬制住所 44
隱藏行為 107
聲請撤銷監護 40
優等懸賞廣告 205
賸餘財產之歸屬 662
優先受償分配額之保證 ... 488

十八畫

離婚 575
－訴訟 581
－之方式 576
－之效力 583
－之贍養費 585
－之損害賠償 585
－與婚姻撤銷 575
－請求權之消滅 582
簡易交付 418
雙務契約 . 19,199,253,378,397
擴張解釋 11

十九畫

簽名 25
贈與 293
－之效力 293
－之性質 294
－之歸扣 675
－之撤銷 294
－履行之拒絕 295
識別能力 216
類推解釋 12
證券宣告無效 388

二十畫

繼承 635
－人 636
－人之資格 636
－人之順序 637
－人之搜索 661
－之承認 648
－之拋棄 652
－之效力 645
－之費用 648
－之開始 645
－之標的 645
－拋棄之方式 654
－拋棄之效力 654
－拋棄之期間 653
－拋棄之辦理 655
繼承權之回復 642
－之喪失 641
繼受取得 76,534
繼續性契約 200,394
贍養費 563
懸賞廣告 204
－之性質 204
－之效力 204
－之撤回 204
－權利之歸屬 204

二十一畫

鐵路運送 358
護送旅客返還之義務 327

二十二畫

權利行使 187,459

－之限制 188
權利客體 70
－之種類 70
權利租賃 308
權利能力 28,53,93
－之範圍 53
－之始期與終期 .29,53
權利質權 507
－之設定 508
－之效力 509
－之消滅 513
－對第三債務人
之效力 512
權利之分類 14
－之主體 14,27
－之客體 14
－之內容 14
－之取得 75,536
－之要素 14
－之消滅 77
－之概念 27
－之濫用 187
－之自力救濟 191
－之變更 76
－的本質 13
－的概念 13
－抵押權 500
－本位的原則 5
－與義務之關係 18

二十三畫

顯名代理 130

謝瑞智

維也納大學法政學博士、早稻田大學法學碩
士、明治大學法學士、日本警察大學本科、中
央警官學校正科 24 期、律師及公務人員甲等考
試及格。日本文化獎章，教育部技術名人獎章，
警察大學傑出校友

經歷：中央警察大學校長、國民大會代表，國家安全會議及監察院
　　　諮詢委員，銓敘部政務次長，台灣師範大學公訓系主任、訓
　　　導長，政治、中興、東吳、文化大學教授，台大國家發展研
　　　究所、實踐大學、致遠、稻江科技暨管理學院講座教授

現任：中華學術文教基金會董事長、中華國家法治改造促進會榮
　　　譽理事長、日本研究學會副理事長

著作：單行本

一百科全書：

法律百科全書（10 卷, 2008）

　　（Ⅰ一般法學、Ⅱ憲法、Ⅲ行政法、Ⅳ
民法、Ⅴ商事法、Ⅵ民事訴訟法、Ⅶ刑
法、Ⅷ刑事訴訟法、Ⅸ中國法制史）

警察百科全書（12 卷, 2000）

二辭典：世界憲法事典（2001），活用憲法大辭典（2000），警察大辭典
　　　（1976）。

三一般法學類：法學概論（2010,增修 2 版），日常生活與法律（2008），法
　　　學概要（2009,2 版），法學入門（2007,3 版），法學緒論（2006,17 版），法學
　　　大意（2004），公正的審判（1995,2 版），公法上之理念與現實（1982），
　　　法學論叢（1981），法律之價值考察及其界限（1972）。

四憲法類：中華民國憲法（2011,2 版），憲法概要（2011,15 版），民主與法
　　　治（2010,2 版），憲政體制與民主政治（2010,7 版），中華民國憲法精義
　　　與立國精神（2007,25 版），政治變遷與國家發展（2010,2 版），理念與現
　　　實─憲政與生活（2005），憲法新視界（2001），憲法新論（2000,2 版），

憲政改革（1998），邁向 21 世紀的憲法（1996），中華民國憲法（1995），修憲春秋（1994,2 版），比較憲法（1995,3 版）。

五行政法類：行政法概論（2009）。

六選罷法類：民主政治與選舉罷免法（1989），我國選舉罷免法與外國法制之比較（1987），選舉罷免法論（1981），選戰標竿（1980）。

七民、商法類：民法概論（2011,增修 2 版），商事法概論（2010），民法總則（2001,3 版），民法親屬（2001,4 版），自力救濟問題之探討（1989）。

八國際法類：國際法概論（2011）。

九刑法類：刑法概論 I 刑法總則（2011），刑法概論 II 刑法分則（2011），刑法總論（2006,4 版），醫療紛爭與法律（2005），中國歷代刑法志㈠（2002），犯罪學與刑事政策（2002），晉書刑法志（1995），漢書刑法志（1993,3 版），犯罪徵候（1987,2 版），中外刑事政策之比較研究（1987），刑事政策原論（1978,2 版）。

十教育法類：教育法學（1996,2 版），加強各級學校民主法治教育（任總主持人—五卷，1992），我國憲法上教育之規定與各國法制之比較（1991）。

土社會類：法律與社會（2001），警政改革建議書（1999），社會變遷與法律（1990），社會人（1989），飆車處理問題之研究（1987），現代社會與法（1984,2 版），社會學概要（1977）。

圭語文類：大學實用日語（2003），德語入門（1995,6 版），德國童話精選（1993,2 版）。

圭心靈重建類：當孔子遇上當代—為《論語》作見證（2010），道德經‧清靜經釋義（2009），藥師經‧觀音經釋義（2008），般若心經的澈悟（2010,5 版），平凡中的睿智（2000），善惡之間（1997），少年知識手冊（1985），少女知識手冊（1985）。

部落格：http://zchsieh.pixnet.net/blog　　E-mail：zchsieh@gmail.com

法律叢書

民法概論（增修二版）

著作者◆謝瑞智

發行人◆王春申

編輯指導◆林明昌

營業部兼任
編輯部經理◆高珊

文字編校◆黃素珠

美術設計◆吳郁婷

出版發行：臺灣商務印書館股份有限公司
23150 新北市新店區復興路 43 號 8 樓
電話：(02)8667-3712　傳真：(02)8667-3709
讀者服務專線：0800056196
郵撥：0000165-1
E-mail：ecptw@cptw.com.tw
網路書店網址：www.cptw.com.tw
網路書店臉書：facebook.com.tw/ecptwdoing
臉書：facebook.com.tw/ecptw
部落格：blog.yam.com/ecptw

局版北市業字第 993 號
增修二版一刷：2011 年 11 月
增修二版二刷：2016 年 3 月
定價：新台幣 520 元

民法概論：圖表說明／謝瑞智著. --增修二版.
 -- 臺北市：臺灣商務, 2011. 11
　　面 ； 　公分. --（法律叢書）
　ISBN 978-957-05-2660-8(平裝)

　1. 民法

584　　　　　　　　　　　100020498

23150
新北市新店區復興路43號8樓
臺灣商務印書館股份有限公司　收

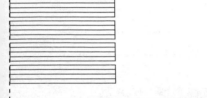

請對摺寄回，謝謝！

傳統現代　並翼而翔

Flying with the wings of tradtion and modernity.

讀者回函卡

感謝您對本館的支持，為加強對您的服務，請填妥此卡，免付郵資寄回，可隨時收到本館最新出版訊息，及享受各種優惠。

姓名：＿＿＿＿＿＿＿＿＿＿＿ 性別：□ 男 □ 女

出生日期：＿＿＿＿年＿＿＿＿月＿＿＿＿日

職業：□學生 □公務(含軍警) □家管 □服務 □金融 □製造
　　　□資訊 □大眾傳播 □自由業 □農漁牧 □退休 □其他

學歷：□高中以下（含高中）□大專 □研究所（含以上）

地址：＿＿＿＿＿＿＿＿＿＿＿＿＿＿＿＿＿＿＿＿＿
　　　＿＿＿＿＿＿＿＿＿＿＿＿＿＿＿＿＿＿＿＿＿

電話：(H)＿＿＿＿＿＿＿＿＿＿＿ (O)＿＿＿＿＿＿＿＿＿

E-mail：＿＿＿＿＿＿＿＿＿＿＿＿＿＿＿＿＿＿＿＿＿

購買書名：＿＿＿＿＿＿＿＿＿＿＿＿＿＿＿＿＿＿＿＿

您從何處得知本書？

□網路 □DM廣告 □報紙廣告 □報紙專欄 □傳單

□書店 □親友介紹 □電視廣播 □雜誌廣告 □其他

■ 您喜歡閱讀哪一類別的書籍？

□哲學‧宗教 □藝術‧心靈 □人文‧科普 □商業‧投資

□社會‧文化 □親子‧學習 □生活‧休閒 □醫學‧養生

□文學‧小說 □歷史‧傳記

您對本書的意見？（A/滿意 B/尚可 C/須改進）

內容＿＿＿＿＿編輯＿＿＿＿校對＿＿＿＿翻譯＿＿＿＿

封面設計＿＿＿＿價格＿＿＿＿其他＿＿＿＿＿＿＿＿

您的建議：＿＿＿＿＿＿＿＿＿＿＿＿＿＿＿＿＿＿＿

※ 歡迎您隨時至本館網路書店發表書評及留下任何意見

臺灣商務印書館 **The Commercial Press, Ltd.**

23150新北市新店區復興路43號8樓　電話：(02)8667-3712

讀者服務專線：0800-056196　傳真：(02)8667-3709

郵撥：0000165-1號　E-mail：ecptw@cptw.com.tw

網路書店網址：www.cptw.com.tw　網路書店臉書：facebook.com.tw/ecptwdoing

臉書：facebook.com.tw/ecptw　部落格：blog.yam.com/ecptw

自然人的一生

孕婦	孕婦不得吸菸、酗酒、嚼檳榔、施用毒品、非法施用管制藥品或爲其他有害胎兒發育之行爲（兒少31 I）。

胎兒	繼承、遺贈及侵權行爲之損害賠償請求權視爲既已出生。
出生	因出生而取得權利能力（民6）。 胎兒出生後7日內，接生人應將其出生之相關資料通報戶政及衛生主管機關備查（兒少13 I）。

滿6歲	6歲以下兒童或需要特別看護之兒童及少年，不得使其獨處或由不適當之人代爲照顧（兒少32）。 6-15歲應受國民教育（國民2 I），兒童並於入學時提出預防接種紀錄（傳27V、學校衛生法14 II）。
未滿7歲	無行爲能力人（民13 I）。

滿7歲	限制行爲能力人（民13 I）。 滿7歲之兒童及少年被收養時，兒童及少年之意願應受尊重（兒少14 II）。 7歲以上未滿12歲之人，有觸犯刑罰法律之行爲者，由少年法院適用少年保護事件之規定處理之（少85之1 I）。
未滿12歲	稱爲兒童及少年，受兒童及少年福利法保護（兒少2）。 對於無力撫育其未滿12歲之子女或被監護人者，予以家庭生活扶助或醫療補助（兒少19 I ⑤）。
滿12歲	滿12歲至未滿18歲（爲少年事件之少年）（少2）。
未滿14歲	刑法上爲無責任能力人（刑18）。
滿14歲	滿14歲至未滿18歲，爲刑法上之限制責任能力（刑18 II）。 如有犯罪會被處刑；即14歲以上，觸犯刑罰法律，經少年法院移送檢察官開始偵查之案件，稱爲少年刑事案件（少施3）。

未滿15歲	以未滿15歲之未成年人爲被保險人訂立之人壽保險契約，其死亡給付於被保險人滿15歲之日起發生效力；被保險人滿15歲前死亡者，保險人得加計利息退還所繳保險費，或返還投資型保險專設帳簿之帳戶價值。前項利息之計算，由主管機關另定之（保107 I,II）。
滿15歲	15歲至未滿16歲爲童工（勞44），雇主不得僱用未滿15歲之人從事工作（勞45 I），未滿16歲之人受僱從事工作者，應有法定代理人同意（勞46）。 女有訂婚能力（民973）。 滿15歲少年有進修或就業意願者，教育、勞工主管機關應視其性向及志願，輔導其進修、接受職業訓練或就業（兒少

	25 I）。雇主對年滿 15 歲之少年員工應提供教育進修機會（兒少 25 II）。
未滿16歲	與未滿 16 歲之人為性交易者，依刑法之規定處罰之（兒少性 22 I）。
滿16歲	女有結婚能力（民 980）。 無論男女，均有遺囑能力（民 1186 II）。
滿17歲	男有訂婚能力（民 973）。
未滿18歲	未滿 12 歲之兒童及 12 歲以上未滿 18 歲之少年，受兒童及少年福利法保護（兒少 2），兒童及少年不得吸菸、飲酒、嚼檳榔（兒少 26）。 政府應規劃實施未滿 18 歲兒童及少年之醫療照顧措施，必要時並得視其家庭經濟條件補助其費用（兒少 20 I）。 未滿 18 歲之人不得出入酒家、特種咖啡茶室、限制級電子遊戲場及其他涉及賭博、色情、暴力等場所（兒少 28）。 引誘、容留、媒介、協助或以他法，使未滿 18 歲之人為性交易者，處 1 年以上 7 年以下有期徒刑，得併科新臺幣三百萬元以下罰金。以詐術犯之者，亦同（兒少性 23 I）。以強暴、脅迫、恐嚇、監控、藥劑、催眠術或其他違反本人意願之方法，使未滿 18 歲之人為性交易者，處 7 年以上有期徒刑，得併科新臺幣七百萬元以下罰金（兒少性 24 I）。意圖使未滿 18 歲之人為性交易，而買賣、質押或以他法，為他人人身之交付或收受者，處 7 年以上有期徒刑，併科新臺幣七百萬元以下罰金。以詐術犯之者，亦同（兒少性 25 I）。 拍攝、製造未滿 18 歲之人為性交或猥褻行為之圖畫、錄影帶、影片、光碟、電子訊號或其他物品者，處 6 個月以上 5 年以下有期徒刑，得併科新臺幣五十萬元以下罰金（兒少性 27 I）。引誘、媒介或以他法，使未滿 18 歲之人被拍攝、製造性交或猥褻行為之圖畫、錄影帶、影片、光碟、電子訊號或其他物品者，處 1 年以上 7 年以下有期徒刑，得併科新臺幣一百萬元以下罰金（兒少性 27 III）。以強暴、脅迫、藥劑、詐術、催眠術或其他違反本人意願之方法，使未滿 18 歲之人被拍攝、製造性交或猥褻行為之圖畫、錄影帶、影片、光碟、電子訊號或其他物品者，處 5 年以上有期徒刑，得併科新臺幣三百萬元以下罰金（兒少性 27 IV）。 禁止兒童及少年於不正當場所之侍應工作或從事危險、不正當或其他足以危害或影響其身心發展之工作（兒少 29 I）。 未滿 18 歲人不得處死刑或無期徒刑（刑 63）。

| 滿18歲 | 18 歲以上之人與 16 歲以上未滿 18 歲之人爲性交易者，處 1 年以下有期徒刑、拘役或新台幣十萬元以下罰金（兒少性 22Ⅱ）。中華民國人民在境外與未滿 18 歲之人性交易者，亦處罰之（兒少性 22Ⅲ）。
男有結婚能力（民 980），未成年人已結婚者，有行爲能力（民 13Ⅲ），因此有訴訟能力（民訴 45）。
刑法上有完全責任能力（刑 18Ⅲ）。
得申請汽車學習駕駛執照及考領普通駕駛執照、輕型或普通重型機器腳踏車及職業駕駛執照（道安 57Ⅰ、60）。 |

| 滿20歲 | 成年（民 12），有訴訟能力（民訴 45），有選舉權（憲 130）。
少年被告應羈押於少年觀護所，於年滿 20 歲時，應移押於看守所（少 71Ⅱ）。
考領大型重型機器腳踏車駕駛執照（道安 57Ⅰ），可考領職業駕駛執照（道安 60）。 |

滿21歲	少年轉介輔導處分及保護處分之執行，至多執行至滿 21 歲爲止（少 54Ⅰ）。
滿23歲	有公職候選人資格（憲 130）。
滿26歲	有鄉（鎮、市）長候選人資格（公選 24Ⅰ）。
滿30歲	有直轄市長、縣（市）長候選人資格（公選 24Ⅰ）。
滿35歲	有被提名爲監察委員資格（監組 3 之 1Ⅰ）。

滿40歲	有總統、副總統候選人資格（憲 45）。
滿55歲	勞工工作 15 年以上年滿 55 歲得申請退休（勞 53）。
滿60歲	公務人員任職 5 年以上年滿 60 歲可自願退休（公退 4Ⅰ①）。 勞工年滿 65 歲雇主得強制退休（勞 54）。

| 滿65歲 | 公務人員屆齡退休（公退 5Ⅰ①）。
年滿 65 歲以上爲老人（老 2）。老人搭乘國內公、民營水、陸、空大眾運輸工具、進入康樂場所及參觀文教設施，應予以半價優待（老 22）。 |

| 未滿80歲 | 失蹤滿 7 年後，即得死亡宣告（民 8Ⅰ）。 |
| 滿80歲 | 80 歲以上者，失蹤滿 3 年後，即得死亡宣告（民 8Ⅱ）。
滿 80 歲人之行爲，得減輕其刑（刑 18Ⅲ）。
刑罰上不得處死刑或無期徒刑，本刑爲死刑或無期徒刑者，減輕其刑（刑 63）。 |

| 遇特別災難 | 失蹤滿 1 年後，即得死亡宣告（民 8Ⅲ）。 |
| 死亡 | 因死亡而喪失權利能力（民 6）。
所有資產與債權債務開始繼承。 |

法人的一生

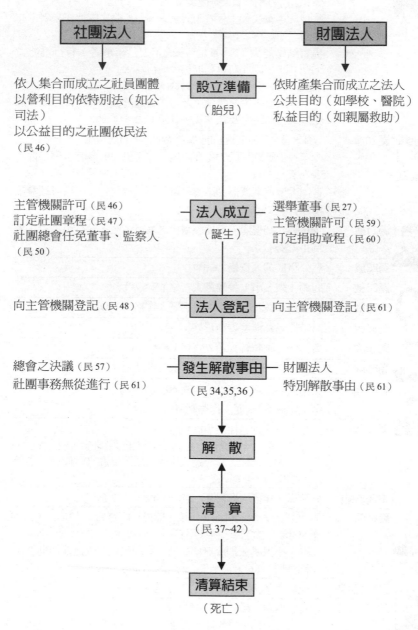

| 社團法人 | | 財團法人 |

依人集合而成立之社員團體
以營利目的依特別法（如公司法）
以公益目的之社團依民法
（民46）

設立準備
（胎兒）

依財產集合而成立之法人
公共目的（如學校、醫院）
私益目的（如親屬救助）

主管機關許可（民46）
訂定社團章程（民47）
社團總會任免董事、監察人
（民50）

法人成立
（誕生）

選舉董事（民27）
主管機關許可（民59）
訂定捐助章程（民60）

向主管機關登記（民48）

法人登記

向主管機關登記（民61）

總會之決議（民57）
社團事務無從進行（民61）

發生解散事由
（民34,35,36）

財團法人
特別解散事由（民61）

解　散

清　算
（民37~42）

清算結束
（死亡）